Heinzpeter Höller

Kommunikationssysteme -
Normung und soziale Akzeptanz

DuD-Fachbeiträge

herausgegeben von Karl Rihaczek, Paul Schmitz, Herbert Meister

Heinzpeter Höller

Kommunikationssysteme - Normung und soziale Akzeptanz

Die Deutsche Bibliothek - CIP-Einheitsaufnahme

Höller, Heinzpeter:
Kommunikationssysteme : Normung und soziale Akzeptanz /
Heinzpeter Höller. - Braunschweig ; Wiesbaden : Vieweg, 1993
  (DuD-Fachbeiträge ; 15)

NE: GT

ISBN-13: 978-3-528-05321-5   e-ISBN-13: 978-3-322-85802-3
DOI: 10.1007/978-3-322-85802-3

Vorwort

Bei dem vorliegenden Buch handelt es sich um eine leicht überarbeitete Fassung meiner Dissertation, die ich am Fachbereich Mathematik und Informatik der Universität Bremen eingereicht habe. Jede solche Arbeit entsteht in einem Forschungskontext, unterliegt einer je eigenen Entwicklungsgeschichte und nimmt eine Reihe von Gedanken aus unterschiedlichsten Diskussionszusammenhängen auf. Ein Vorwort böte nun die Möglichkeit, neben der später folgenden inhaltlichen Einleitung, eine "entstehungsgeschichtliche" und damit weitgehend persönliche Einordnung der Arbeit vorzunehmen. Auf eine solche Vorrede will ich verzichten, nicht nur, weil ich Geduld und Beharrungswillen der Leserinnen und Leser noch stark in Anspruch nehmen werde, sondern auch, weil ich glaube, daß diese Arbeit in der Art der Argumentation und der Würdigung der Ergebnisse an vielen Stellen meinen persönlichen Zugang zu dieser Thematik offenlegt, ohne daß dies hier ausführlich vorangestellt werden müßte.

Auf die zweite Möglichkeit, die mir der Rahmen eines Vorwortes bietet, nämlich all denjenigen zu danken, die unmittelbar zum Gelingen dieser Arbeit beigetragen haben, möchte ich dagegen nicht verzichten.

Mein Dank gilt zunächst Herrn Prof. Dr. Herbert Kubicek, von dem ich viele wertvolle Anregungen erhalten habe, die Eingang in diese Arbeit fanden. Besonders aber die nun mehrjährige Zusammenarbeit, die oftmals kontrovers geführten Diskussionen über den Charakter und Stellenwert der Telekommunikation sowie das stete Ringen um ein gemeinsames Verständnis von einer Angewandten Informatik, haben bei mir zu einem gedanklichen Bezugssystem beigetragen, ohne das die Bausteine dieser Arbeit keine Ordnung gefunden hätten. Herrn Prof. Dr. Jürgen Friedrich gilt mein Dank für die kritischen Anmerkungen und hilfreichen Einordnungen, die mir halfen, das Gebiet der Software-Ergonomie für mein Anliegen zu erschließen. Den Herren Rechtsassesoren Jochen Rieß und Knud Bach danke ich für ihre Hilfsbereitschaft, mit der sie mir bei mancher juristischen Frage zur Seite standen.

Ganz besonders danke ich Frau Frauke Mischke, die über mehrere Monate hinweg die Arbeit begleitet, meine Handschrift entschlüsselt, die Texte erfaßt und mich bei den oftmaligen Korrekturrunden tatkräftig unterstützt hat. Frau Beate Oliva verdient meinen Dank dafür, daß sie in der mühsamen letzten Phase der Dissertation spontan zur Hilfe bereit war und noch viele Tipp- und Formulierungsfehler aufspürte.

Daß mir bei der Überführung der Dissertation in dieses Buch der Rat und die Hilfe meines Bruders und Freundes Lothar Höller zur Seite standen, hat trotz der verschiedenen hier behandelten Disziplinen und den damit einhergehenden Unterschieden in den Sprachregelungen dazu geführt, daß der Text an vielen Stellen lesbarer und die Formulierungen an manchen Stellen schöner wurden.

**Doris, Johannes, Victor und
meinen Eltern gewidmet**

Inhaltsverzeichnis

1 Einleitung

"Wir leben in einer Techno-Welt". Dies stellen Lenk & Bungard (1988, S. 7) fest, der eine Philosoph, der andere Psychologe - mithin Vertreter zweier Professionen, die sicher nicht leichtfertig nach einer Wortneuschöpfung greifen, wie dies in technischen Disziplinen allzu häufig geschieht. Sie greifen zu einem Kunstwort, um das Künstliche dessen, was uns umgibt, zu benennen: Techno-Welt als künstliche Welt; Technik, die unser aller Leben durchdringt, derer sich unsere Gesellschaft in immer stärkerem Maße bedient. Technik erzeugt unsere Energie. Technik gewährt uns Mobilität. Technik ist die Grundlage von Produktivität und Wohlstand.
Dennoch, trotz dieser Liste positiver Wertungen - manche sprechen von Segen -, die beliebig zu verlängern ein leichtes wäre, scheinen die Zeiten eines ungebrochenen Technikoptimismus endgültig vorüber zu sein.
Es ist selbstredend, daß Technik Wirkungen hat. Sie ist geschaffen, um zu (be-)wirken, um den Menschen in die Lage zu versetzen, mit seiner natürlichen und - zunehmend auch - mit seiner sozialen Umwelt in einer Weise umzugehen, wie es ihm seine körperlichen und geistigen Kräfte allein nicht erlauben. Der Mensch will unter Zuhilfenahme von Technik handeln und Wirkungen erzielen.

Lange Zeit jedoch war der Blick auf die Wirkungen der Technik - zumindest aus heutiger Sicht - erstaunlich selektiv; er galt dem Erwünschten alleine. Heute bedarf es keiner prognostischen Anstrengung mehr, um die negativen Folgen jener Techniken zu sehen, über deren Entwicklung und Anwendung unter weitgehender Ausblendung unerwünschter Wirkungen entschieden wurde. Ihre Liste ist ebenfalls lang. Wir erkennen das Waldsterben und die Zerstörung der Ozonschicht als unmittelbare Folgen von Technikanwendungen. Die Welt hat ihre erste große Reaktorkatastrophe erleben müssen. Radioaktive Abfälle werden produziert, ohne daß ihre Entsorgung sichergestellt ist.

"Die dem Menschenglück zugedachte Unterwerfung der Natur hat im Übermaß ihres Erfolges, der sich nun auch auf die Natur des Menschen selbst erstreckt, zur größten Herausforderung geführt, die je dem menschlichen Sein aus eigenem Tun erwachsen ist" (Jonas 1984, S. 7).

Diese mit so eindringlichen Worten beschriebene Herausforderung bedarf nach Jonas einer neuen Ethik, "die nicht mehr an den unmittelbar mitmenschlichen Bereich der Gleichzeitigen gebunden bleibt" (ebd., S. 8). Er nennt dies das "Prinzip Verantwortung"; eine Verantwortung "mit Zeit- und Raumhorizonten, die denen der Taten entsprechen" (ebd. S. 9).
Wie aber kann die Menschheit, wie können ihre Gesellschaften eine Verantwortung für Taten übernehmen, die mit ihren Wirkungen sie selbst überdauern? Als "erste Pflicht" einer Zukunftsethik nennt Jonas "die Beschaffung der Vorstellung von den Fernwirkungen" und fordert eine "Wissenschaft hypothetischer Vorhersagen, eine 'vergleichende Futurologie'" (ebd., S. 62f).

Technikbewertung - eine wissenschaftliche und gesellschaftliche Aufgabe

Einer solchen Forderung hätte es zu diesem Zeitpunkt eigentlich nicht mehr bedurft. Seit geraumer Zeit existiert mit der Technikfolgenabschätzung bzw. der Technikbewertung ein weit-

gefächertes Forschungsfeld, dessen herausragendes Merkmal die Zukunftsbezogenheit der wissenschaftlichen Untersuchungen ist. Die historischen Wurzeln einer Technikfolgenforschung reichen offenbar weiter zurück (vgl. Huisinga 1985, S. 41ff) als die Vorgänge in den USA, die letztlich zur Gründung des Office of Technology Assessment (OTA) im Jahre 1973 geführt haben und von manchen Autoren (VDI 1991; Heppner 1989) als Ausgangspunkt auch der Technikfolgenabschätzungs- bzw. Technikbewertungsdiskussion[1] in der Bundesrepublik aufgefaßt werden. So reichhaltig wie die Literatur zur Technikbewertung sind ihre Definitionen. Sie konvergieren im wesentlichen zu folgender Bestimmung:
Technikfolgenbewertung macht es sich zur Aufgabe, die Auswirkungen einer Technik in allen betroffenen Bereichen der Gesellschaft und der natürlichen Umwelt abzuschätzen und zu bewerten, um den jeweiligen Entscheidungsträgern Hilfestellungen für ihre Entscheidungen an die Hand zu geben (vgl. u. a. Böhret & Franz 1982; Dierkes, Petermann & von Thienen 1986; BMFT & BMWI 1989; VDI 1991).

In der Technikbewertung lassen sich einzelne Phasen idealtypisch voneinander unterscheiden: Im Rahmen einer Bestandsaufnahme muß zunächst der technische Gegenstand eingegrenzt und näher bestimmt werden (vgl. Heppner 1989; Garbe & Lange 1991-2).
Im nächsten Schritt werden Anwendungsszenarien ausgearbeitet, in die der technische Gegenstand projiziert wird. Hieraus werden Folgen bzw. Risiken abgeleitet. Für ihre Bewertung werden Bewertungskriterien entwickelt, die in einem geeigneten Bewertungsverfahren angewendet werden.
Als Ergebnis einer Technikbewertungsstudie wird meist von Entscheidungshilfen oder Empfehlungen gesprochen, die dem - politischen - Entscheidungsträger als Katalog möglicher Maßnahmen an die Hand gegeben werden (Garbe & Lange 1991-2). In seinem Konzept einer sozialorientierten Telekommunikationsforschung schlägt Kubicek (1991-3) hierfür eine gesonderte Regulierungsforschung vor, denn die Umsetzung der Erkenntnisse der Technikbewertung in politische Steuerung ist "keineswegs trivial" und erfordert "neben dem politischen Willen auch differenziertes Wissen über Steuerungselemente, die sowohl den neuen Zielen als auch dem zu steuernden Gegenstand angemessen sind" (ebd. S. 61).

Technikbewertung der Informationstechnik

Die Informationstechnik ist einer der Bereiche, die seit längerem Gegenstand der Technikfolgenforschung sind. Ihr bestimmendes Merkmal ist, im Gegensatz zu herkömmlichen Techniken, die Automatisierung intellektueller Fähigkeiten. Mit ihr werden positive ökonomische, ökologische und soziale Erwartungen verbunden, die zu einem verheißungsvollen Bild einer zukünftigen Informationsgesellschaft geformt werden. Andererseits löst sie umfassende Befürchtungen aus: Man rechnet mit einem kaum zu kompensierenden Rationalisierungsschub, mit zusätzlichen ökologischen Belastungen, mit Gefahren für die Persönlichkeitsrechte der Bürger und mit Gefährdungen des sozialen Miteinander.

Angesichts solch widerstreitender Erwartungen verwundert es nicht, daß Technikfolgenabschätzungs-, Technikbewertungs- und Regulierungsmaßnahmen auf diesem Gebiet schon

---

[1] In der einschlägigen Literatur wird zumeist der Begriff "Technikfolgenabschätzung" verwendet. Es handelt sich dabei um eine Übersetzung des englischen Begriffs "Technology Assessment", der dort jedoch weitergefaßt wird. "Assessment" bedeutet mehr als die reine Abschätzung von Folgen und beinhaltet auch Bewertung (vgl. Paschen 1982; Garbe & Lange 1991). Wenn ich im Folgenden den Begriff "Technikbewertung" verwende, so soll er die Technikfolgenabschätzung umfassen.

frühzeitig und umfangreich ergriffen wurden (vgl. dazu die Zusammenstellung in Kubicek 1991-3). Dazu können gezählt werden:

- Die von der Bundesregierung 1971 gebildete "Kommission für wirtschaftlichen und sozialen Wandel", in deren Rahmen die mit dem "technischen, wirtschaftlichen und sozialen Wandel zusammenhängenden Probleme im Hinblick auf die Gesellschaftspolitik" in einem Gutachten geklärt werden sollten.
- Die Novellierung des Betriebsverfassungsgesetzes von 1972 zur Stärkung der Arbeitnehmerrechte zur Abwehr der mit zunehmendem Technikeinsatz einhergehenden negativen Folgen.
- Die Verabschiedung der Datenschutzgesetze des Bundes und der Länder Ende der 70er Jahre zur Vermeidung von Beeinträchtigungen der Persönlichkeitsrechte durch die zunehmende Verarbeitung personenbezogener Daten.
- Das Forschungsprogramm "Humanisierung des Arbeitslebens", das insbesondere nach seiner Umbenennung in "Arbeit und Technik" neben dem Produktions- auch den Bürobereich und die Anwendung der Informationstechnik eingehender betrachtet.
- Die Wirkungsforschung auf dem Gebiet der Informationstechnik in der Gesellschaft für Mathematik und Datenverarbeitung (GMD). Dabei handelte es sich um einen Querschnittsbereich "Wirkungsforschung" innerhalb dieser Großforschungseinrichtung. Ihre forschungskonzeptionelle Ausrichtung ist zurückzuführen auf ein von Reese, Kubicek, Lange, Lutterbeck & Reese (1979) erarbeitetes, aus mehreren Einzelansätzen bestehendes Konzept zur Wirkungsforschung.
- Die Enquête-Kommission "Neue Informations- und Kommunikationstechniken", die 1981 vom Bundestag mit dem Auftrag eingesetzt wurde, die Probleme der Informationstechniken unter rechtlichen, gesellschaftspolitischen, wirtschaftlichen und technischen Aspekten darzustellen und darüber hinaus Entscheidungsempfehlungen zu erarbeiten. Sie brach ihre Arbeit mit einem Zwischenbericht (Deutscher Bundestag 1983) ab.
- Das Programm "Mensch und Technik - sozialverträgliche Technikgestaltung" des Landes Nordrhein-Westfalen. Hierin standen allein die Mikroelektronik und die Informations- und Kommunikationstechnik im Mittelpunkt. Das Programm war stark diskursorientiert und um die Durchführung möglichst vieler konkreter Gestaltungsprojekte bemüht.
- Der Verband Sozialwissenschaftlicher Technikforschung, in dem unter den drei thematischen Schwerpunkten "Technik und Alltag", "Technik und Arbeit" und "Technikgenese" ein großer Kreis sozialwissenschaftlicher Technikforschungsinstitute ihre Arbeit koordiniert.

Diese bei weitem nicht vollständige Zusammenstellung zeigt, daß die Informationstechnik einen bedeutenden Schwerpunkt in der Technikfolgenforschung einnimmt.

Die Technikfolgenforschung ist in weiten Teilen sozialwissenschaftlich dominiert. Ergebnisse einer Technikbewertung richten sich in erster Linie an "technologie-politische Entscheidungsgremien" (Heppner 1989, S. 17). Technikbewertung wird daher oft als Politikberatung verstanden.
Wenn aber die Ergebnisse der Technikbewertung technologie-politischen Entscheidungen dienen sollen, so ist damit ein besonderer Begriff von Technikgestaltung als politische Steuerung und Regulierung verbunden.

Technikgestaltung und Technikbewertung - inhärente Aufgaben der Informatik

Die Notwendigkeit, sich verstärkt auch den nicht beabsichtigten, zumeist negativen Folgen der Technik zuzuwenden, wurde aus der von Jonas geforderten Verantwortungsethik hergeleitet. Eine solche Verantwortung wird zunehmend auch von der Informatik als der einschlägigen technisch-wissenschaftlichen Gestaltungsdisziplin gesehen und angenommen. In seiner Stellungnahme "Informatik und Verantwortung" weist der Arbeitskreis "Grenzen eines verantwortbaren Einsatzes von Informationstechnik" der Gesellschaft für Informatik (GI 1989) jedoch auf mehrere "Verantwortungsdilemmata" hin, in denen im Kern die Frage aufgeworfen wird, wie weit die Informatik angesichts der Vielseitigkeit und Abstraktheit informationstechnischer Systeme überhaupt Verantwortung für ihr Tun übernehmen kann. Hinsichtlich der dort postulierten Entwicklungsleitlinie der "Sozialen Zweckbestimmtheit" und der vielseitigen Verwendbarkeit informatischer Systeme wird auf die Verantwortung von Anwendungsentwicklern, Benutzern und politischen Gremien verwiesen. Mit der zweiten Entwicklungsleitlinie des "Werkzeugcharakters" wird auf die Arbeitsteilung zwischen Mensch und Maschine abgestellt, und es werden sehr allgemeine Merkmale eines angemessenen Menschenbildes, an dem sich die informatische Gestaltung orientieren sollte, benannt.

Offenbar klafft eine enorme Lücke zwischen der sozialwissenschaftlichen Technikfolgenforschung einerseits, die die Folgen der Technik abschätzt und bewertet, als Entscheidungsträger jedoch die politisch Verantwortlichen im Blick hat, und der Informatik bzw. den Informatikern andererseits, die in einem auf Programme, Systeme und Werkzeuge ausgerichteten Entscheidungsraum selbst Entscheidungsträger sind und auf Abschätzungen und Bewertungen als zu berücksichtigende Entscheidungshilfen hoffen.
Unter anderem hierzu einen Beitrag zu leisten, ist die Aufgabe der Angewandten Informatik. Sie ist eine Teildisziplin der Informatik, die allerdings nur an wenigen bundesdeutschen Hochschulen[2] ein integraler Bestandteil der Informatikforschung und -lehre ist. Wilhelm Steinmüller kommt das Verdienst zu, für diesen Teil der Informatik eine umfassende Grundlegung geschaffen zu haben (Steinmüller 1992). Er weist der Angewandten Informatik "eine Brückenfunktion zwischen der Informatik und den Anwendungsfächern, die 'die' Informatik zwar zur Realisierung ihrer Systeme braucht, selbst aber nicht ersetzen kann" (Steinmüller 1991-1, S. 23), zu.

Der Angewandten Informatik kommt die Aufgabe zu, zwischen der (Kern-)Informatik und den Anwendungsgebieten zu vermitteln, sozusagen im ständigen "Brückengang" zu einem Abgleich unterschiedlicher Sichten innerhalb verschiedener Sinnsysteme (Kubicek 1984) beizutragen.
Auch die Angewandte Informatik betreibt in einer Reihe von Projekten Technikbewertung im obigen, auf die politischen Entscheidungsträger ausgerichteten Sinne. Hinsichtlich des Gestaltungsanspruches und der Gestaltungsebene sollte man hier in der Zielsetzung von einer Entscheidungshilfe für die politische **Steuerung** weit gefaßter technischer Entwicklungslinien sprechen.
Die Technikbewertung steht hier im Beziehungsgeflecht von Anwenderbranchen, Herstellerbranchen, Wirtschafts-, Technologie- und Sozialpolitik und den betroffenen wissenschaftlichen Disziplinen.

---

[2] Universitäten Berlin, Bremen, Dortmund und Hamburg.

Die Angewandte Informatik hat aber auch die Aufgabe, präzise Anforderungen an spezielle informationstechnische Systeme oder Systemklassen zu formulieren. Hier verfolgt sie das Ziel der "besseren" **Gestaltung** von Informationssystemen. Hier agiert sie im Beziehungskontext von Anwendern, Betreibern, Benutzern und Systementwicklern. Technikbewertung ist hier vorrangig Softwarebewertung.

Die (Kern-)Informatik fügt diesen Begriffen oft den der **Entwicklung** hinzu und meint, damit eine systemtechnische Ebene von der der Anwendungsgestaltung abgrenzen zu können, für die sie sich nicht zuständig hält (Steinmüller 1991-2, S. 4). Jedoch reicht der Bewertungs- und Gestaltungsanspruch der Angewandten Informatik auch in diesen Bereich systemnäherer Entwicklung hinein, wenn dortige Entwicklungsentscheidungen für soziale Folgen verantwortlich sind.

Ich stelle meine Arbeit ausdrücklich in den Kontext einer um Gestaltung und Entwick-lung bemühten Angewandten Informatik. Für den inhaltlich noch näher zu bestimmenden Bereich kommunikationstechnischer Normen soll hier eine Technikbewertung vorgenommen werden, bei der die Arbeit von Systementwicklern (bzw. Normern) im Mittelpunkt steht und deren Bewertungsergebnisse an Systementwickler als Entscheidungsträger adressiert sind.

Zur Bewertung der Kommunikationstechnik

Bei der sozialwissenschaftlichen Technikfolgenforschung mag es in vielen Fällen ausreichend sein, auf Informations- und Kommunikationstechnik gemeinsam zu blicken. Hier allerdings ist ein genauer Blick auf den technischen Gegenstand zu werfen: Im Zentrum der Arbeit werden kommunikationstechnische Normen stehen. Um sich ihnen zu nähern, muß zunächst auf die Probleme hingewiesen werden, die sich schon dadurch ergeben, daß man hinsichtlich des Gegenstandsbereiches von der Informations- zur Kommunikationstechnik wechselt.
Ein wesentliches Problem besteht darin, daß die für die Informationstechnik entwickelten Bewertungs- und Gestaltungsmodelle und -kriterien nicht ohne weiteres auf die Kommunikationstechnik übertragen werden können.
Die Informationstechnik greift in Form der Datenverarbeitung teilautomatisierend in die Arbeitsaufgaben von Benutzern ein. Die Bewertung und Gestaltung solcher Systeme wirft immer unmittelbar die Frage nach der Mensch-Computer-Funktionsteilung auf. Daß sie hierauf nicht zu beschränken ist, darauf wird in der Diskussion um die Gestaltung betrieblicher Systeme stets hingewiesen. In den für diesen Kontext entwickelten Gestaltungsmodellen kommt zum Ausdruck, daß dieser tiefe Eingriff in die Arbeitsaufgabe weitergehende Folgen hat, die bis hin zu Fragen der Stellenbewertung, Entlohnung und Stellenbesetzung reichen können.

Kommunikationstechnische Systeme, wie Telefon, Telex oder Telefax, wurden in diesem Diskussionszusammenhang bisher kaum betrachtet. Offensichtlich liegt dies darin begründet, daß die genannten Systeme weitgehend nutzungsneutral sind. Kommunikation ist in der Regel nur ein Ausschnitt - oft nicht der bestimmende - einer Arbeitsaufgabe, und die Systeme beschränken die Benutzer inhaltlich hinsichtlich der zu übertragenden Informationen kaum. Wenn auch neuere Beispiele, etwa ISDN-Nebenstellenanlagen, zeigen, daß die Funktionsvielfalt auch solcher Systeme steigt, bleibt ihr Eingriff in die inhaltlichen Aspekte einer Aufgabe zumeist peripher. Auf der anderen Seite bewirken Kommunikationssysteme einen Eingriff auf der Ebene (arbeitsbezogener) menschlicher Kommunikation und Interaktion, der bisher nur wenig betrachtet wurde. Der Blick auf eine "Mensch-Computer-Beziehung" ist hier nicht ausreichend. Betrachtet werden müssen die oftmals komplexen Beziehungen zwischen zumeist zwei, oft mehreren Kommunikanten, den Betreibern betrieblicher und öffentlicher Kommunikationssysteme sowie denjenigen, die als "Verdatete" Gegenstand der Kommunikation sind (Kubicek 1988).

Die aus dem eher peripheren Eingriff in die Arbeitsaufgabe einerseits und den komplexeren Beziehungen zwischen den Beteiligten andererseits entstehenden Bewertungsprobleme haben sich insbesondere im Zusammenhang mit der Bewertung von ISDN-Systemen gezeigt. Für die Software-Ergonomie, als eine einschlägige Forschungsrichtung, treten erhebliche Probleme bei der Übertragung ihrer Kriteriensätze auf die Verhältnisse bei kommunikationstechnischen Systemen auf (vgl. Herrmann 1988; Nake 1988).

In mehreren Arbeiten (Höller 1988-2; Hammer, Pordesch & Roßnagel 1989; Andelfinger, Pordesch & Roßnagel 1991) wurde versucht, grundrechtliche Vorgaben zu solchen Bewertungskriterien zu verdichten, die Kommunikation als Mittel der Identitätsbildung zum Bewertungsmaßstab machen. Hier hat Roßnagel (1990, 1991) mit der Formulierung eines Rechts auf (tele-)kommunikative Selbstbestimmung den Blick für die grundsätzliche Neuartigkeit der Probleme geweitet.

Ein besonderes Bewertungsproblem ist von einer Reihe von Autoren benannt worden (vgl. Herrmann 1988; Roßnagel 1990; Kubicek 1991-1; Höller 1991-2), eine Lösung steht bisher aus. Es geht um die Konflikte, die dadurch auftreten, daß nicht mehr ein Benutzer, sondern mehrere Benutzer bzw. Teilnehmer gleichzeitig Anforderungen an das gleiche System stellen, die miteinander konfligieren können.
Wenn den aus der Einzelsicht der Teilnehmer formulierten berechtigten Anforderungen nicht gleichzeitig nachzukommen ist, so wird von den Systemen oft zu Gunsten einer Seite entschieden. Die Bewertung dieser Entscheidungen, nämlich danach, ob sie gerechtfertigt und angemessen sind, ist eines der Kernprobleme der Bewertung kommunikationstechnischer Systeme. Bisher liegen keine Kriterien vor, anhand derer Systeme hinsichtlich der in ihnen implementierten Konfliktentscheidungen beurteilt werden könnten.

Allerdings wird der Wert allgemeiner Kriterien zur Technikbewertung mit Skepsis gesehen (vgl. Kubicek 1991-3). Um die Globalität und Interpretationsbedürftigkeit allgemeiner Kriterien zu kompensieren, wird deshalb auf der betrieblichen Ebene die Beteiligung der jeweils Betroffenen an der Systemgestaltung zur situationsspezifischen Konkretisierung gefordert: Hier stößt man auf ein zweites Problem, das beim Übergang von der Informations- zur Kommunikationstechnik der besonderen Beachtung bedarf.

Bisher orientieren sich die Bewertungs- und Gestaltungsmodelle sowie die Beteiligungskonzepte überwiegend an der Vorstellung einer in den Betrieben stattfindenden Systemgestaltung. Dies trifft bei Lichte betrachtet schon heute in wesentlichen Bereichen nicht mehr zu (vgl. Rauterberg 1991).
Augenfällig ist dies bei der sogenannten "Standardsoftware", etwa für allgemeine Büroaufgaben. Die konkreten Marktverhältnisse zeigen, daß Textverarbeitungs-, Graphik-und Kalkulationsprogramme von wenigen, zumeist amerikanischen Firmen fernab vom einzelnen anwendenden Betrieb entwickelt werden. Eine ähnliche Entwicklung kann auch bei solcher Stan-

dardsoftware beobachtet werden, die inhaltlich weiter in die betrieblichen Funktionsbereiche hineinreicht.

Die Definitionsmacht hinsichtlich der Anforderungen verlagert sich im ersten Fall nahezu vollständig, im zweiten Fall in erheblichem Ausmaß auf die Hersteller solcher Produkte. Dem Anwender verbleiben Spielräume hinsichtlich der betrieblichen Konfiguration (Höller & Kubicek 1991), die je nach Typ und Universalität der jeweiligen Software sehr unterschiedlich groß oder auch klein sind.

Zur Rolle kommunikationstechnischer Normen

Bei der Entwicklung von Kommunikationstechnik kommt eine weitere, eminent wichtige Gestaltungsebene hinzu: die technische Normung.

Technische Normung ist auch in der Informationstechnik ein bekanntes Phänomen. Genormt werden Betriebssysteme, Bussysteme, Benutzerschnittstellen, Programmiersprachen u. a. (Wildhack 1989).

Die besondere Bedeutung der Normung in der Kommunikationstechnik ergibt sich durch den technischen Zwang zur Normeinhaltung (Höller, Kubicek & Bach 1992). Während Hersteller in vielen der zuvor genannten Bereiche dann von Normen abweichen und ihre Produkte dennoch weiter absetzen können, wenn sie die Kunden davon überzeugen, daß ihre Lösung "besser" ist als die Norm, gilt dies für Kommunikationsnormen kaum noch. "Besser" heißt immer "anders", und das bedeutet in der technischen Kommunikation in der Regel Inkompatibilität. Kommunikationsnormen nicht zu beachten oder sich von ihnen abzusetzen, ist in vielen Fällen nur um den Preis der Funktionsunfähigkeit möglich. Handelt es sich um weithin akzeptierte Normen, so kommt dies einem weitgehenden Marktausschluß gleich.

In einem Markt, der durch eine schnelle technische Entwicklung und kurze Produktzyklen gekennzeichnet ist, kann sich die Normung nicht mehr auf ein nachträgliches Festhalten eines gesicherten Standes technischer Erkenntnisse zurückziehen, sondern muß als entwicklungsbegleitende Normung "zum richtigen Zeitpunkt ein(zu)setzen und für eine dynamische Anpassung" sorgen (Riesenhuber 1989, S. 122). Damit wird die Normung ein "integraler Bestandteil der technischen Entwicklung" (Voelzkow 1989, S. 21) und prägt "die Angebotsstruktur auf dem Markt der Informationstechnik" (BMFT & BMWI 1989, S. 65).

In der Kommunikationstechnik reichen Normungsentscheidungen bis in die benutzerrelevante Funktionsweise der Systeme und in die Festlegung personenbezogener Daten hinein. Die der Normung damit zukommende bedeutende Rolle für die Gestaltung kommunikationstechnischer Systeme hat zu der Forderung geführt, die Betroffenen, respektive deren Vertretungen, weit stärker als bisher an der Normungsarbeit zu beteiligen (GRVI & IKÖ 1991; GI 1991). Besonders von seiten der Gewerkschaften wird diese Forderung derzeit intensiv vorgetragen (vgl. Welsch 1990; Zwingmann 1991; DGB 1991 sowie das Schwerpunktheft "Normung" der Zeitschrift Mitbestimmung, Januar 1992).

So berechtigt und konsequent diese Beteiligungsforderung auch ist, die derzeit bestehenden Hinderungsgründe, die so leicht nicht zu beseitigen sind, dürfen nicht verkannt werden (vgl. GRVI & IKÖ 1991; Eichener & Voelzkow 1992 sowie Höller, Kubicek & Bach 1992). Sie ergeben sich zum einen aus der mangelnden Transparenz der Normungsprozesse, der beteiligten Gremien und deren Verfahren. Normung ist zudem äußerst kostspielig; nicht nur wegen der immensen Reisekosten, sondern auch wegen der erforderlichen externen Qualifikation, die "einzukaufen" die meisten Betroffenenverbände gezwungen wären. Darüber hinaus stellt sich die Frage, wie weit der Einfluß auf die Entscheidungen angesichts eines von der nationalen über die europäische bis hin zur internationalen Ebene mehrfach vermittelten Normungsprozesses überhaupt reichen kann.

Letztlich aber kann selbst eine Beteiligung an der Normung, nicht wie bei der betrieblichen Gestaltung, das bestehende Bewertungsproblem durch eine anwendungsbezogene Konkretisierung von Kriterien lösen. Angesichts der vielfältigen Verwendungsmöglichkeiten von Kommunikationsnormen, für die zum Zeitpunkt ihrer Entstehung die späteren Anwendungsfelder nur sehr grob bestimmt werden können, sind auch die Betroffenenvertreter auf möglichst verallgemeinerbare Bewertungsansätze und -kriterien angewiesen. Den damit zusammenhängenden Fragen soll in dieser Arbeit nachgegangen werden.

<u>Determination von Produkteigenschaften durch kommunikationstechnische Normung</u>

Zunächst stellt sich die Frage, welche prägende Kraft von Normen für die letztlich zur Anwendung kommenden Produkte ausgeht. Zu ihrer Klärung sind zwei Untersuchungen notwendig.
Zum einen muß festgestellt werden, welche Eigenschaften kommunikationstechnischer Produkte überhaupt genormt werden. In der Normung wird hierzu durchgängig die Auffassung vertreten, daß sie sich allein auf kommunikationsrelevante Aspekte zu beschränken habe. Hierunter werden all jene funktionalen Eigenschaften eines Systems verstanden, für deren Realisierung eine technische Kommunikation - in einem sehr restriktiven Sinne - mit anderen Systemen erforderlich ist.
Kommunikationstechnische Normung beschränkt sich damit auf einen gewissen Ausschnitt der Funktionen und Leistungsmerkmale, die letztlich Anwendern und Benutzern eines Kommunikationsproduktes zur Verfügung stehen.
Diesen Ausschnitt und damit den Begriff der kommunikationsrelevanten Eigenschaften gilt es näher zu bestimmen.

Zum zweiten ist der Frage nachzugehen, wie die in den Normen festgelegten Eigenschaften zu tatsächlichen Produkteigenschaften werden. Normen sind nämlich zunächst papierene Dokumente. Eine prägende Kraft für spätere Produkte geht von ihnen nur dann aus, wenn sie sich auch tatsächlich auf dem Markt für kommunikationstechnische Produkte durchsetzen werden. Hierfür eine gesicherte Prognose abzugeben ist schwierig. Dennoch muß der Versuch unternommen werden, die Prozesse näher zu analysieren, die auf die Normdurchsetzung gerichtet sind, um ihre Kraft einzuschätzen. Hiermit sollte zumindest eine Einschätzung der Wahrscheinlichkeit möglich sein, daß die zu betrachtenden Normmerkmale sich auch tatsächlich in späteren Produkten wiederfinden werden.
Wenn diese Relevanz der Normen offensichtlich gegeben ist, scheint eine Normbewertung gerechtfertigt.

Die Determination von Produkteigenschaften durch Kommunikationsnormen ist damit ein zweistufiger Prozeß, bei dem zunächst über die Normfestlegungen gewisse kommunikationstechnische Eigenschaften bestimmt werden, die dann im Zuge der Prozesse, die auf die Normdurchsetzung gerichtet sind, in tatsächliche Produkteigenschaften überführt werden.

Bewertung von Normen

Die zweite Frage, die sich stellt, ist die, ob Kommunikationsnormen angesichts ihrer Abstraktheit überhaupt einer sozialen Bewertung zugänglich sind. Dabei ist es das Ziel dieser Arbeit, mit der Bewertung sehr nah an den gestalterischen Entscheidungen der Entwickler, d. h. der Normer, zu bleiben, mit denen sie weniger Einfluß auf die im Normungsauftrag vorgegebenen Grundleistungen einer Norm haben, jedoch maßgeblich die benutzerrelevante, exakte Funktionsweise bestimmen und vielfach - teilweise aus vermeintlich technischer Notwendigkeit heraus - personenbezogene Daten festlegen. Ein solches Bewertungsvorhaben liegt sicher näher an einer Softwarebewertung denn an einer technologie-politisch motivierten Technikbewertung. Dennoch sind Normdokumente keine Softwareprodukte. Sie können jedoch als Softwarespezifikationen aufgefaßt werden. Das eröffnet die Möglichkeit, Produkteigenschaften schon frühzeitig, also bevor die Produkte überhaupt verfügbar sind, zu bewerten. Die Grenzen der Normbewertung bestehen offensichtlich darin, daß nur ein Ausschnitt späterer Produkteigenschaften bewertet werden kann.

Hinsichtlich bewertungsmethodischer Fragen zeigt ein Blick auf die Gesamtheit der Normen darüberhinaus, daß die durch Normen bestimmten späteren Systeme einen sehr unterschiedlichen Charakter haben. Manche normbestimmten Systeme lassen wegen ihrer Universalität kaum einen genaueren Blick auf einen Verwendungszusammenhang zu, hinsichtlich dessen die Entwicklungsarbeit bewertet werden könnte. Andere normbestimmte Systeme können zwar hinsichtlich ihrer Kommunikationsleistung näher klassifiziert werden, die Verwendung einer allgemeinen Bewertungsmethode über diese Klassen hinweg erscheint jedoch kaum möglich.

Um zu einem konkreten Bewertungsergebnis zu kommen, muß man sich daher auf eine exemplarische Bewertung beschränken.
Angesichts der schon angedeuteten besonderen Bewertungsprobleme bei solchen Systemen, die der Kommunikation zwischen Menschen dienen, halte ich es für lohnend, einen Bewertungsansatz für diesen Systemtyp zu entwickeln und die Normen für ein Mitteilungsübermittlungssystem (Message Handling System) nach diesem Ansatz zu bewerten.

Wozu kann eine solche Bewertung dienen?

Zunächst scheint es dringend erforderlich, angesichts der im ISDN-Kontext aufgetretenen Bewertungsprobleme, einen Beitrag zur Weiterentwicklung der Bewertungsmethodik zu leisten, in dem der Frage auftretender Anforderungskonflikte besondere Aufmerksamkeit geschenkt wird. Indem die Bewertung sehr nah an den Normfestlegungen bleibt, also immer fragt, was wird durch die Normen definitiv entschieden und was lassen die Normen offen, sollten die Bewertungskriterien geeignet sein, direkt bei der Normerarbeitung verwendet werden zu können.

Dabei werde ich der Frage, wer eine solche Bewertung vornehmen könnte, nicht weiter nachgehen. Sollten die Bemühungen um eine stärkere direkte Beteiligung von Betroffenenvertretern in der Normung Erfolg haben, so sollten die methodischen Ergebnisse hierfür hilfreich sein.
Denkbar und wünschenswert ist es jedoch auch, daß die Ergebnisse Eingang in die Normung finden, indem die Normer selbst sie verwenden. Ihnen sollte deutlicher werden, in welch

komplexem Beziehungsgeflecht ihre Gestaltungsentscheidungen wirken und welche Anforderungen sie in ihrer Arbeit zu berücksichtigen haben, um zu sozial akzeptablen Lösungen zu gelangen.

In diesem Sinne könnte diese Arbeit dazu beitragen, sehr dicht an der Normung - sie begleitend - eine fortwährende Bewertung der Entscheidungen vorzunehmen, um die Ergebnisse ständig neu in den Gestaltungsprozeß einzubringen und ihn zu korrigieren.

Aufbau der Arbeit

Diesen soweit umrissenen Fragestellungen werde ich in der Arbeit in folgenden Schritten nachgehen.

Im Mittelpunkt der beiden folgenden Kapitel steht der <u>Normetablierungsprozeß</u>. Damit wird ein aufeinander abgestimmtes Bündel von Maßnahmen bezeichnet, das zur Lösung technischer und organisatorischer Probleme im Zusammenhang mit der softwaretechnischen Implementierung internationaler Basisnormen, deren Prüfung auf Normkonformität sowie deren Beschaffung ergriffen wird. Der Begriff der Normetablierung ist mit Vorsicht gewählt. Der Normetablierungsprozeß ist auf die Durchsetzung der Normen abgestellt, ohne notwendigerweise diese Durchsetzung auch tatsächlich zu gewährleisten. Mit seiner Darstellung werden mehrere Ziele verfolgt:

a) Sie soll einen Überblick über die technischen Problemstellungen geben, die nach der Festlegung von internationalen Basisnormen bestehen und neben anderem einer Durchsetzung der Normen bisher im Wege stehen. Die Veränderung der konkreten Marktbedingungen hinsichtlich des Angebotes an und der Nachfrage nach normkonformen Produkten ist u. a. von ihrer Lösung abhängig.
b) Im Zuge der Darstellung werden die technischen Grundlagen gelegt, die zum Verständnis dieser Arbeit notwendig sind.
c) Dem Normetablierungsprozeß liegt ein umfassendes Konzept zugrunde, nach dem politische Kräfte und Normungsorganisationen ihre Aktivitäten ausrichten. Sie reagieren damit auf besondere Probleme, die sich bei der Etablierung von durch Normungsgremien gesetzten Normen ergeben. Die Maßnahmen sind darauf gerichtet, die praktischen Durchsetzungsdefizite hinsichtlich der Verfügbarkeit und des mangelnden Vertrauens in die tatsächliche Funktionsfähigkeit wirksam zu reduzieren und dazu beizutragen, daß die technisch komplexen und in erster Linie der Produktentwicklung dienenden Normen zunehmend auch als Beschaffungsgrundlage für die Verantwortlichen in Unternehmen und Verwaltungen genutzt werden.
Von der Schlüssigkeit dieses Konzeptes sowie von der Kraft und der Konsequenz, mit der die technischen und organisatorischen Fragen angegangen werden, hängt es erheblich ab, ob es zu einer in den Herstellerhäusern sowie in den anwendenden Unternehmen und Verwaltungen wahrnehmbaren, praktischen Veränderung der Marktbedingungen zugunsten der normkonformen Produkte kommt.

d) Der Normetablierungsprozeß hat auch Auswirkungen auf die in den später folgenden Kapiteln weiter zu bestimmende Eigenschaftsdetermination durch Normung. Die Darstellung des Prozesses soll auch aufzeigen, welchen Veränderungen und Präzisierungen die Festlegungen der Basisnormen im Zuge der Einzelschritte unterworfen werden und welchen

Beitrag dies zur Eigenschaftsdetermination leistet.

Der Normetablierungsprozeß wird institutionell von einer Reihe von miteinander verzahnten Akteuren getragen, die nicht allein dem Normungsbereich zugeordnet werden können. Die Zielausrichtung ihres Handelns sowie die Strukturen, innerhalb derer sie agieren, sind eingebettet in umfassende politische Maßnahmen, die für den europäischen Bereich von der Europäischen Gemeinschaft ergriffen wurden. In Kapitel 2 wird diese Politik im Zusammenhang dargestellt. In ihr nimmt das Ziel, kommunikationstechnische Normen für einen "Offenen Systemverbund" (Open Systems Interconnection), also die sogenannten OSI-Normen, auch in den Bereichen durchzusetzen, die einer direkten, politisch-administrativen Einflußnahme schwer zugänglich sind, eine bedeutende Stellung ein.
Das zentrale Anliegen dieser Politik ist es, über die Harmonisierung von Normen einen europäischen Binnenmarkt herzustellen und über die Ausnutzung dieses Marktes zur Verbesserung der Wettbewerbssituation europäischer Hersteller auf dem Weltmarkt beizutragen.
Diese Politik und eine hieraus abgeleitete, deutlich sichtbare Normungspolitik, die sich stets im Grenzgang zwischen freiwilliger Normung einerseits und politisch-administrativem Einfluß andererseits befindet, prägt den Normetablierungsprozeß und wirkt in all seine Phasen hinein.

Dieser Normetablierungsprozeß wird in Kapitel 3 in seiner technischen und institutionellen Dimension ausgeleuchtet. In technischer Hinsicht sollen vor allem die Problemstellungen und Lösungsansätze dargestellt werden, die sich an die Basisnormung anschließen, sowie deren Einfluß auf die Eigenschaftsdetermination bestimmt werden.
Im Hinblick auf die institutionelle Dimension konzentriere ich mich auf die Frage, welche Institutionen in diesem Normetablierungsprozeß mitwirken und welche Abläufe sich zwischen - nicht in - ihnen herausgeformt haben oder im Entstehen sind. Um es anders zu sagen: Es wird aufgezeigt, wie die Staffel von der internationalen, einer politischen Kraft kaum zugänglichen Ebene, an die europäische und nationale Normungsebene weitergereicht wird, die in eine gesamteuropäische Normungspolitik eingebunden ist, so daß am Ende die Voraussetzungen dafür geschaffen sein sollen, daß normkonforme Produkte in marktbedeutsamem Umfang produziert und eingesetzt werden.

Wenn es der europäischen Politik und den durch sie maßgeblich beeinflußten Folgemaßnahmen gelingt, OSI-Normen im Markt zu etablieren, dann stellt sich die Frage, wie weit diese Normvorschriften in die Produkte hineinreichen und welche Eigenschaften der Produkte sie so bestimmen, daß Gestaltungsspielräume von Herstellern und Anwendern weitgehend aufgehoben sind.

In Kapitel 4 wird hierzu ein systematischer Zugang unternommen. Anhand eingeführter Architekturmodelle, die geeignet sind, sowohl funktional-technische als auch sozio-technische Aspekte einzuordnen, werden die Eigenschaften von Kommunikationsprodukten klassifiziert und hierin die durch Kommunikationsnormen bestimmten Eigenschaften identifiziert. Mit Blick auf die Gesamtheit der Normen soll damit der Rahmen abgesteckt werden, innerhalb dessen sich die produktbestimmenden Entscheidungen der Normfestlegungen bewegen.
Bezogen auf diesen Bewertungsgegenstand soll dann ausführlicher auf methodische Fragen einer eigenständigen Normbewertung eingegangen werden. Hierzu wird zunächst ein Überblick über die Technikfolgendiskussion hinsichtlich der Kommunikationstechnik gegeben. In diesen Kontext wird das Problem der Normbewertung gestellt. Dabei wird zunächst der An-

satz einer auf die operative Normerarbeitung gerichteten Bewertung näher dargestellt. Für
diesen Ansatz werden dann geeignete Gestaltungs- und Bewertungsmodelle sowie Kriteriensätze diskutiert. Die Grundlage hierfür bildet eine Klassifizierung weniger kommunikationstechnischer Systemtypen, die von Kommunikationsnormen festgelegt werden.
Noch immer mit Blick auf alle Normen wird dann der Frage nachgegangen, welche dieser
verabschiedeten oder noch zu erstellenden Normen hinsichtlich der zuvor geführten Diskussion von größter Bedeutung sind, bei welchen also eine Bewertung notwendig erscheint.
Es wird insgesamt deutlich werden, daß kein homogenes Bewertungsinstrumentarium für alle
Normen angewendet werden kann.

Mit den Normen zu einem Message Handling System (Mitteilungsübermittlungs-system), die
als X.400-Empfehlungen der CCITT (Comite Consultatif International Telegraphique et Te-
lephonique) bzw. als gleichlautende ISO (International Standardization Organisation)-Nor-
men 10021 vorliegen, werden solche Normen herausgegriffen, die einen Systemtyp zur Unterstützung menschlicher Kommunikation festlegen. Für diese Normen werden durch eine
Normanalyse im Detail die Eigenschaften bestimmt, die durch die Normen in späteren Produkten determiniert werden. Diese Eigenschaften werden einer Bewertung unterzogen.

Um hierfür die Voraussetzungen zu schaffen, wird in Kapitel 5 näher auf diese Normen eingegangen. Nach einer begrifflichen Einordnung von Mitteilungsübermittlungssystemen werden die Normen im Überblick dargestellt. Hieran anschließend wird für die heute vollzogenen
Schritte des die Message Handling Normen betreffenden Etablierungsprozesses aufgezeigt,
welchen Einfluß sie auf die letztliche Gestalt normkonformer Kommunikationsprodukte haben.

In Kapitel 6 werden die Grundlagen für die Normbewertung gelegt. Hierzu wird zunächst der
Bewertungsgegenstand auf die hinsichtlich des Umfangs und des hier verfolgten Bewertungsansatzes bedeutendsten Normteile, nämlich denen zu einem Message Transfer System, eingegrenzt.
Hieran anschließend wird ein spezifischer Bewertungsansatz und ein Satz geeigneter Bewertungskriterien entwickelt. Sie stützen sich auf Software-Ergonomiekriterien einerseits sowie
auf aus grundrechtlichen Vorgaben abgeleitete normative Kriterien andererseits.
Der Bewertungsansatz abstrahiert, wie die X.400-Normen selbst, weitgehend von konkreten
Anwendungsbedingungen, in denen spezifische rechtliche, organisatorische und aufgabenin-
haltliche Faktoren wirken. Er orientiert sich grundsätzlich an der Vorstellung einer textbasier-
ten Kommunikation zwischen Personen, die mit grundrechtlich verbürgten Entfaltungs- und
Schutzrechten einander gegenüberstehen. Sie verfolgen Kommunikationsinteressen, die mit
ihrer im Individuum selbst begründeten Zwecksetzung verborgen bleiben. Aus den Kommunikationsinteressen leiten sich Nutzungsinteressen hinsichtlich der Anwendung des technischen Kommunikationsmediums ab. Diese Nutzungsinteressen allein können sichtbar gemacht und in Kriterien gebündelt werden.

Die Besonderheit des hier verfolgten Ansatzes liegt in der systematischen Berücksichtigung
der Konflikte, die sich durch die aus der Sicht des einzelnen Teilnehmers formulierten Kriterien ergeben. Diese Konflikte werden offengelegt und die Systemmechanismen zur Konfliktentscheidung bewertet.

Die Bewertung richtet sich allein auf normdeterminierte Systemeigenschaften hinsichtlich der entwickelten Kriterien sowie auf die Art und Weise, wie Konflikte im System behandelt werden.

Die Festlegungen zum Message Transfer System werden dann in <u>Kapitel 7</u> der Analyse und Bewertung unterzogen.
Als zu betrachtende Systemeigenschaften werden Leistungsmerkmale zu Leistungsmerkmalsgruppen gebündelt. Sie werden sukzessive hinsichtlich der technischen Eigenheiten beschrieben und jeweils der Bewertung unterzogen.

Zum Abschluß werden in <u>Kapitel 8</u> die wesentlichen Ergebnisse der Arbeit zusammengefaßt.

2 Politische und institutionelle Rahmenbedingungen des Normetablierungsprozesses

2.1 Begriffliches

Mit dem Begriff der <u>Norm</u> wird Bezug genommen auf die Definition des Deutschen Instituts für Normung (DIN), das darunter "die planmäßige, durch die interessierten Kreise gemeinschaftlich durchgeführte Vereinheitlichung von materiellen und immateriellen Gegenständen zum Nutzen der Allgemeinheit" (DIN 820, Teil 1) versteht. Im englischen Sprachraum wird hierfür der Begriff 'standard' verwendet, während das deutsche Wort 'Standard' vom DIN nicht gebraucht wird (Wende 1991-2).

Das DIN faßt eine Norm weiterhin als das "herausgegebene(s) Ergebnis der Normungsarbeit" (DIN 820, Teil 3) auf. Sie ist "eine technische Beschreibung oder ein anderes Dokument", das "von einer auf nationaler, regionaler oder internationaler Ebene anerkannten Organisation gebilligt worden" ist (ebd.). Mit dem Hinweis auf "anerkannte Organisationen" werden diese Normen hinsichtlich eines bestimmten Aushandlungssystems näher bestimmt. Schmidt & Werle (1991) unterscheiden drei idealtypische Koordinationsformen, innerhalb derer Normen bzw. Standards entstehen, die sich in der Praxis verschränken:

- <u>Hierarchie</u>: Hierbei setzt ein Akteur, der aufgrund politisch-rechtlicher oder ökonomischer Macht hierzu in der Lage ist, eine Norm, die für andere Akteure bindend ist. Besonders in der Telekommunikation wurde diese Rolle lange Zeit von nationalen Fernmeldeverwaltungen eingenommen.
- <u>Markt</u>: Im Rahmen der Marktmechanismen können Standards dadurch entstehen, daß in einer bestimmten historischen Phase technische Probleme eine einheitliche Lösung erfordern und dann auf gerade Vorhandenes zurückgegriffen wird. Solche Standards werden nicht kontrolliert eingeführt, und über sie wird nicht kollektiv entschieden.
- <u>Komitees</u>: Bei dieser Entstehungsform werden Normen zwischen interessierten Kreisen kollektiv ausgehandelt. Dies geschieht in Normungsgremien auf internationaler, regionaler[3] und nationaler Ebene.

In dieser Arbeit wird allein auf solche Normen Bezug genommen, die innerhalb dieser letzten Koordinierungsform und innerhalb der vom DIN bezeichneten Organisationen (dazu 2.6) entstehen[4].

---

[3] Als Region werden solche Räume verstanden, in denen jeweils eine Reihe von Ländern in der Normung zusammenarbeiten. Die bedeutendsten Normungsregionen sind Europa, Nordamerika und der asiatische Raum.

[4] Eine Norm ist damit der Oberbegriff. Dennoch müssen an einigen Stellen auch die Begriffe Standard und Empfehlung verwendet werden. Der Begriff Standard ist in den deutschen Sprachraum schon durch die Übernahme aus dem Englischen eingedrungen. Er wird nur dort verwendet, wo er eine Norm im hiesigen Sinne bezeichnet, sie jedoch inhaltlich näher bestimmt (z. B. funktionaler Standard). Auch das Wort Empfehlung wird im Sinne einer Norm verwendet (siehe dazu "Basisnormen").

Unter <u>Kommunikationsnormen</u>, als einer bestimmten Klasse dieser Normen, werden hier ausschließlich Normen für einen "Offenen Systemverbund" (OSI[5]-Normen) verstanden. In ihnen werden die Eigenschaften technischer Systeme im Hinblick auf technische Kommunikation festgelegt. Der Gegenstand dieser Normung wird näher bestimmt durch das OSI-Basisreferenzmodell (dazu ausführlich 3.1). Innerhalb dieses Rahmens sind Basisnormen gegenüber funktionalen Normen[6] abzugrenzen.

<u>Basisnormen</u> sind internationale Normen. Sie sind die nach den jeweiligen Regeln verabschiedeten internationalen Standards (International Standard (IS)) der ISO (International Organisation for Standardisation) bzw. der IEC (International Electrotechnical Commission) oder Empfehlungen (Recommendations) des CCITT (Comité Consultatif International Télégraphique et Téléphonique).

<u>Funktionale Normen bzw. Standards</u> nehmen Basisnormen zur Grundlage, kombinieren und präzisieren diese und werden überwiegend als regionale (z. B. europäische) oder nationale Normen herausgegeben.

Die Darstellung der Normetablierungsmaßnahmen wird im Hinblick auf Basisnormen vorgenommen. Sie sind in aller Regel der Ausgangspunkt für alle weiteren Schritte, die letztlich zur Implementierung von normkonformen Produkten führen. Unter einem **Kommunikationsprodukt** wird ein beliebiges Hardware- oder Softwaresystem verstanden, **dessen Funktionen insbesondere dem Austausch von Nachrichten mit anderen Hardware- oder Softwaresystemen dienen.**

Ein Kommunikationsprodukt muß nach dieser Definition <u>nicht ausschließlich Kommunikationsleistungen</u> realisieren. Der im Basisreferenzmodell festgelegte Kommunikationsbegriff ist sehr restriktiv. Zu einer (technischen) Kommunikation gehören danach nur Vorgänge, die unmittelbar den Versand und Empfang von Nachrichten betreffen. Alle lokalen Vorgänge in einem Kommunikationsprodukt, die etwa für die menschliche Nutzung dieses Produktes notwendig oder nützlich sind, die jedoch nicht unmittelbar eine Nachricht erzeugen, werden als nicht kommunikationsrelevant aufgefaßt. Nehmen wir als Beispiel einen Telefonapparat, den man spontan als ein reines Kommunikationsprodukt auffassen würde. Legt man den engen OSI-Kommunikationsbegriff zugrunde, so dienen bestimmte Leistungen eines solchen Apparates nicht der Kommunikation. Etwa die Speicherung von Rufnummern als Kurzwahlnummern wäre eine solche, nicht kommunikationsrelevante Leistung, da nicht die Speicherung, sondern erst die spätere Nutzung einer Kurzwahlnummer unmittelbar einen Kommunikationsvorgang auslöst. In dieser Strenge müßte man die einen solchen Apparat konstituierenden Elemente weiter zerlegen, um letztlich diejenigen zu identifizieren, die im OSI-Sinne "kommunikationsrelevant" sind.
Ein weiteres Beispiel für ein Kommunikationsprodukt ist ein elektronisches Postsystem. Neben dem Versand und Empfang von Nachrichten werden in solchen Produkten regelmäßig auch Leistungen angeboten, die der lokalen Verwaltung von Nachrichten dienen. Beispiele hierfür sind das Editieren von Texten, die Ablage, das Wiederauffinden, etc. All diese Leistungen sind im OSI-Sinne nicht kommunikationsrelevant und werden von der Normung

---

[5] Open Systems Interconnection
[6] Sie werden auch als funktionale Standards bezeichnet.

nicht erfaßt. Dennoch werden sie in einem Produkt, hier einem elektronischen Postsystem, angeboten werden. Es ist daher notwendig, den Begriff des Kommunikationsproduktes so weit zu fassen, damit er mit marktfeilen Produkten auch tatsächlich korrespondiert.

Der Nachrichtenbegriff ist ebenfalls weit gefaßt. OSI-Normen legen jedwedes technisches Kommunikationserfordernis fest. Auf der "untersten" Ebene der physikalischen Übertragung würde man nachrichtentechnisch eher von Signalen sprechen. Auf der Ebene von Netzen spricht man im Telefondienst von Sprache und bei anderen Diensten von Daten. Auf der Ebene von Anwendungen wird der Übertragungsinhalt noch spezieller als Datei oder Mitteilung, bis hin zu Rechnung und Lieferschein, bezeichnet. Eine Nachricht soll hier als Oberbegriff verwendet werden und alle Arten der Übertragungsinhalte bezeichnen.

2.2 Zur derzeitigen Bedeutung der OSI-Normen

Eine Kernthese dieser Arbeit ist die, daß ein maßgeblicher Teil des Gestaltungsprozesses sowohl aus den Anwender- als auch Herstellerbetrieben hinaus verlegt wird und sich insbesondere in der Kommunikationstechnik zu einem wesentlichen Teil im Rahmen der institutionalisierten Normung vollzieht.

Die Gültigkeit dieser These hängt in hohem Maße davon ab, daß die papierenen Normen durch ihre Implementierung in marktbestimmendem Umfang zu Eigenschaften konkreter Kommunikationsprodukte werden, daß es also zu einer starken Eigenschaftsdetermination kommt. Erst wenn glaubhaft gemacht werden kann, daß Normen in dieser Weise die angebotenen Produkte bestimmen oder bestimmen werden, ist es sinnvoll, die durch die Normen konkret determinierten Eigenschaften zu bestimmen und zu bewerten.

Es sind grundsätzlich zwei Vorgehensweisen denkbar. Zum einen könnte man empirisch vorgehen. Man könnte den Markt für Kommunikationsprodukte im Hinblick auf das Angebot an und die Nachfrage nach OSI-normkonformen Produkten untersuchen und so eine Aussage über die Marktdurchdringung von dieser Erhebung abhängig machen.

Das Ergebnis eines solchen Vorgehens würde höchstwahrscheinlich eine Zweiteilung ergeben. Auf dem Gebiet der öffentlichen Telekommunikationsnetze und einiger Telekommunikationsdienste sind OSI-Normen (hier als CCITT-Empfehlungen) durchgesetzt (Lübbert, Reichardt & Hänle 1988, S. 1-6). Sehr frühzeitig nämlich haben sich die Fernmeldeverwaltungen für öffentliche Datennetze auf einheitliche Standards - durchaus mit nationalen Abweichungen - geeinigt[7] und diese über verbindliche technische Vorschriften für die Zulassung von Endgeräten und den Ankauf von Netzkomponenten durchgesetzt. Trotz anhaltender Liberalisierung des Telekommunikationsmarktes bleibt dieser technisch reguliert. Damit bleibt auch für zukünftige technische Entwicklungen, insbesondere im Netzbereich, die Möglichkeit der direkten Einflußnahme auf die Normeinhaltung gegeben.

---

[7] Die besonders wichtigen X.25-Empfehlungen von CCITT wurden bereits vor der Formulierung des OSI-Referenzmodells verabschiedet (Görgen, Koch, Schulze, Struif & Truöl 1985, S. 131) und sahen die explizite Trennung nach Schichten noch nicht vor. Sie gelten dennoch als erste OSI-Normen, weil sie wesentliche konzeptionelle Ansätze des Modells vorwegnahmen.

Besonders außerhalb der Telekommunikation, innerhalb der dem freien Wettbewerb unterliegenden betrieblichen Kommunikationstechnik spielen OSI-Normen eine weitaus geringere Rolle. Hier vertrauen Anwender oft auf Gesamtlösungen eines oder weniger Hersteller, vertrauen auf de-facto Marktstandards oder sind schlicht mit der Beschaffung normkonformer Produkte in diesem komplexen Feld überfordert.

Hersteller versprechen OSI-Produkte, deren tatsächliche Konformität zu den Normen dann oft nicht gegeben ist. Auftretende Inkompatibilitäten zwischen Produkten unterschiedlicher Hersteller können dann leicht der generellen Instabilität der zugrundeliegenden Normen oder der mangelhaften Implementierung dieser Normen durch die jeweils anderen Hersteller zugeschrieben werden. Manche Hersteller kündigen die "Migration" ihrer Produkte zu OSI an und ziehen sich dann unverhofft hiervon wieder zurück[8].

Bei all diesen für den Erfolg der Normdurchsetzung nicht zu unterschätzenden Problemen scheint das Interesse an OSI ungebrochen. So setzen nach einer Untersuchung zur "Einstellung der Anwender zu OSI" zwar nur 19% der Befragten derzeit OSI-Produkte ein, dagegen äußern 35% großes Interesse an OSI, 22% haben gar den Entschluß gefaßt, zukünftig OSI-Produkte zu verwenden, während OSI bei nur 3,4% auf keinerlei Interesse stößt[9].

Aus dieser bisher geringen Bedeutung der OSI-Normen in wichtigen Feldern der Kommunikationstechnik den Schluß zu ziehen, dies bliebe auch in Zukunft so, wäre ebenso verfrüht, wie sich für eine gegenteilige Einschätzung auf die Prognosen derer zu verlassen, die in der Fachpresse seit Jahren behaupten, OSI-Normen würden sich in absehbarer Zukunft breit im Markt durchsetzen.

Wenn ich dem, im Anschluß idealtypisch skizzierten Normetablierungsprozeß in seiner konkreten Ausgestaltung durch die Politik der Europäischen Gemeinschaft sowie der hierdurch maßgeblich beeinflußten weiteren Akteure einen besonderen Beitrag zur Veränderung der Situation beimesse, so geschieht dies aus mehreren Gründen.

Die darzustellenden Maßnahmen setzen an den praktischen Durchsetzungsproblemen an. Sie sind das Ergebnis einer pragmatischen Situationsanalyse, in der danach gefragt wurde, was eigentlich die Hinderungsgründe sind, die einerseits Hersteller davon abhalten, normkonforme Produkte in großem Umfang anzubieten, wie andererseits Anwender davon abhalten, solche Produkte konsequent nachzufragen. Das nunmehr sichtbare Konzept gibt hierauf Antworten.

Es verläßt sich nicht mehr allein auf eine öffentlichkeitswirksame Proklamation von OSI-Normen mit ständigem Verweis auf die insbesondere im Hinblick auf die Anwender angenommenen Vorteile dieser Normen. Anwender - und dies scheint eine späte Einsicht zu

---

[8]　So zog bspw. Digital Equipment (DEC) eine Ankündigung, wonach ihr verbreitetes DECnet sukzessive auf OSI-Normen umgestellt werden sollte, mit der Begründung zurück: "Wir wollen heute noch keinen Kunden dazu zwingen, ins kühle OSI-Wasser zu springen" (Computerwoche vom 2. Aug. 1991).

[9]　Vgl. "Schleppende Normierung lähmt den Einsatz von OSI in Europa", Computerwoche vom 19. Juli 1991.

sein - handeln in ihrer großen Überzahl nicht normungsstrategisch[10], auch wenn die in der Zukunft dadurch zu erreichenden Vorteile offensichtlich sein mögen. Sie richten ihr Handeln an derzeitigen oder in näherer Zukunft zu erwartenden Marktbedingungen aus. Und da sind die Defizite der OSI-Normen unverkennbar.

Das in Europa verfolgte Normetablierungskonzept setzt genau hier an. Es greift die praktischen Probleme der softwaretechnischen Implementierung, der Sicherstellung der Funktionsfähigkeit sowie der Beschaffung der Produkte durch Nicht-Normungsexperten auf. Die Antworten hierauf sind technisch überzeugend.
In das Konzept werden bestehende sowie eigens zu diesem Zweck neu gegründete Organisationen eingebunden. Für die Abstimmung zwischen ihnen sind umfangreiche Kooperationsstrukturen entworfen und zum großen Teil bereits geschaffen worden. Für die Gesamtheit der ins Auge gefaßten Maßnahmen werden erhebliche finanzielle und personelle Resourcen eingesetzt.
Bemerkenswert ist zudem, wie dieses Konzept den besonderen Marktstrukturen der Kommunikationstechnik, mit der weiterhin regulierten Telekommunikationstechnik einerseits sowie der unregulierten übrigen Kommunikationstechnik andererseits, Rechnung trägt.

Bei aller Vorsicht und eingedenk dessen, daß hiermit nicht die Wirkung aller Kräfte und Interessen bestimmt ist, geben dieses Konzept und die bisher erkennbaren Umsetzungsschritte begründeten Anlaß, hiervon eine nachhaltige Veränderung der gegenwärtigen Situation zu erwarten.

2.3 Phasen des Normetablierungsprozesses

Nach Schmidt & Werle (1991) ist zwischen der Normsetzung und ihrer Implementierung zu unterscheiden. Die zweite Phase bezeichne ich als Normetablierung. In der Kommunikationstechnik können diese Phasen weitgehend gegeneinander abgegrenzt werden.

Der <u>Phase der Normsetzung</u> werden hier alle interorganisatorischen Prozesse und intraorganisatorischen Verfahren der Normungsgremien zugeordnet, die im Ergebnis zur Verabschiedung einer internationalen Basisnorm führen.

Der <u>Phase der Normetablierung</u> werden all diejenigen Prozesse und Verfahren zugeordnet, die zur Förderung der Produktion normkonformer Produkte und der Marktnachfrage nach solchen Produkten führen[11]. Der Etablierungsprozeß nimmt die Basisnormen als Ausgangspunkt und zielt auf Produktimplementierungen einerseits und Beschaffungen andererseits.
Als Ausgangspunkt für die Phase der Normetablierung nehmen wir stets eine <u>Basisnorm</u> an (Abb. 1). Darunter wird entweder eine von den Normungsorganisationen ISO oder IEC verabschiedete internationale Norm oder eine Empfehlung des CCITT verstanden.

---

[10] Die Ausnahmen hiervon, wenn große, international tätige Unternehmen normungsstrategische Ziele verfolgen, werden oft herausgestellt (vgl. z. B. Janssen 1989) und sind in der Gefahr, überbewertet zu werden.

[11] Normung als Aushandlungsprozeß innerhalb und zwischen den hierfür autorisierten Gremien kann nach dieser Definitionen keiner der Phasen alleine zugeordnet werden. Manche der Basisnormung folgenden Schritte vollziehen sich ebenfalls in Normungsgremien, dienen jedoch bereits der Etablierung der Basisnormen.

Basisnormen zeigen eine Reihe von Eigenschaften auf, die ihre direkte Umsetzung in ein Kommunikationsprodukt erheblich erschweren. Gründe hierfür sind u.a. (dazu ausführlicher unten 3.2):

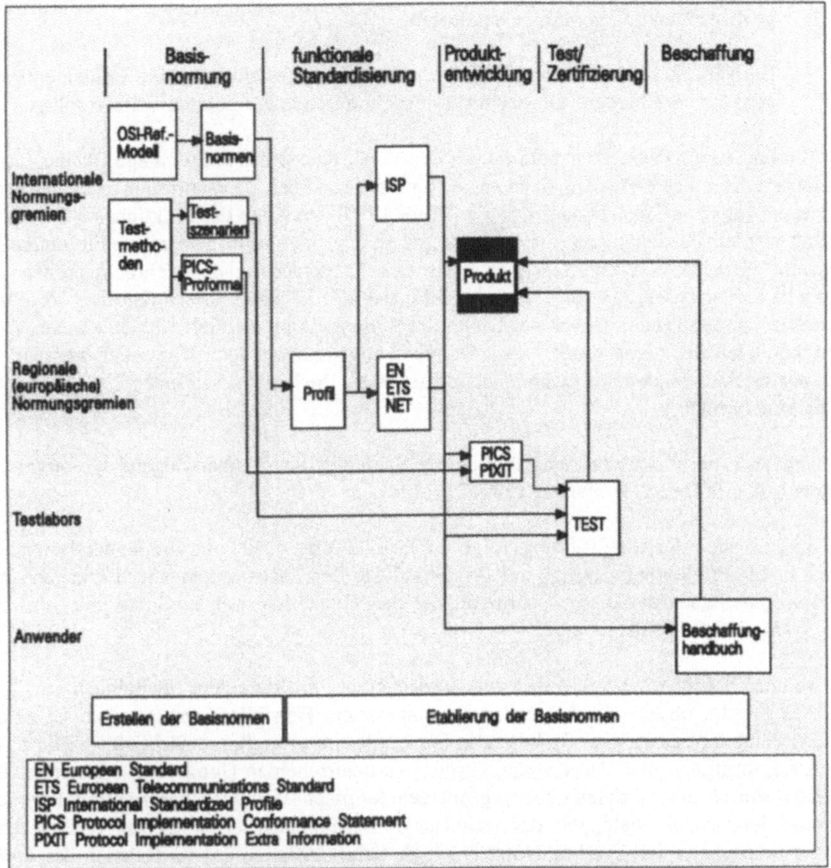

Abb. 1: Akteure, Phasen und Dokumente des Normetablierungsprozesses

- Basisnormen bilden einen Funktionspool, in dem alle denkbaren Funktionen zusammengefaßt werden. Es wird gleichzeitig unterstellt, daß nicht jedes Produkt alle Funktionen enthält. Dadurch ist die Interoperabilität[12] von Produkten unterschiedlichen Funktionsumfanges gefährdet.

- Basisnormen beziehen sich jeweils auf eine Funktionsschicht des OSI-Referenzmodells. Ein in sich geschlossener Kommunikationsdienst wird jedoch jeweils durch einen Satz von Kommunikationsnormen realisiert. Über dieses Zusammenspiel im

---

[12] Das ist die Fähigkeit der technischen Zusammenarbeit zwischen verschiedenen Implementierungen auf der Basis der gleichen Norm(en) (Lamb 1991).

Hinblick auf einen konkret zu erbringenden technischen Dienst machen die Einzelnormen i. d. R. keine Aussage.

- Basisnormen verwenden Parameter, deren Wertebereiche und erforderlichen Längenbeschränkungen offengelassen sind.

- Basisnormen arbeiten mit Optionen, ohne genau festzulegen, wie Implementierungen, die verschiedene Optionen verwenden, miteinander kommunizieren sollen.

Die Konkretisierung von Basisnormen mit dem Ziel, eine präzise Grundlage für die Implementierung von Produkten zu erhalten, erfordert einen, der Basisnormung nachgelagerten Schritt der funktionalen Standardisierung (Truöl 1989). Im Zuge der funktionalen Standardisierung werden Festlegungen getroffen, die die in der Basisnorm gelassenen Freiräume begrenzen, Einzelnormen untereinander in Beziehung setzen sowie Mehrdeutigkeiten und mögliche Fehler beseitigen. Es wird unterstellt, daß das Ergebnis dieses Schrittes so präzise formuliert ist, daß Produkte nachweisbar konform hierzu implementiert werden können. Auch in funktionalen Standards werden noch Optionen zugelassen, jedoch wesentlich weniger und auch nur solche, von denen angenommen wird, daß sie die Interoperabilität zwischen Produkten nicht gefährden.

Das Ergebnis dieses Schrittes sind funktionale Standards oder - überwiegend syn-onym verwendet (ISO 1990-1, S. 2; Donner 1989) - Profile.

Der funktionalen Standardisierung folgt im Etablierungsprozeß die Implementierung der Norm in der Produktentwicklung auf der Grundlage der Basisnormen und der zugehörigen funktionalen Standards. Dieser Schritt obliegt den Herstellern der Produkte und wird hier nicht weiter berücksichtigt.

Als weiterer Schritt folgt das Testen und Zertifizieren von Produkten. Im Rahmen von Tests wird festgestellt, ob eine Implementierung, von der ein Hersteller behauptet, sie sei zu den entsprechenden Normen bzw. funktionalen Standards konform, dies tatsächlich ist. Es ist zwischen Konformitäts- und Interoperabilitätstests zu unterscheiden (Jung 1988). Erstere stellen die Konformität einer Implementierung mit den formalen Vorgaben der zugrundeliegenden Normen, letztere die Fähigkeit der technischen Zusammenarbeit zwischen verschiedenen Implementierungen der gleichen Norm(en) (vgl. Lamb 1991, S. 25) im Rahmen der grundsätzlich begrenzten Verifikationsmöglichkeiten durch Tests sicher. Die Grundlage für Konformitätstests werden von verschiedenen Normungsgremien durch genormte Testmethoden und Testfälle gelegt. Konformitätstests werden von autorisierten Testlabors oder im Eigentest durchgeführt. Das Ergebis sind Testberichte als Grundlage für die Zertifizierung der Konformität. Interoperabilitätstests sind methodisch bisher wenig untersucht (Dilonardo 1991, S. 381). Sie werden derzeit nur im Rahmen von Hersteller- und Anwenderinitiativen durchgeführt[13].

Die Zertifizierung der Normkonformität stellt die Versicherung einer glaubwürdigen Institution dar, daß ein bestimmtes Produkt entsprechende Tests erfolgreich durchlaufen hat und seine Konformität gegeben ist (Reihlen 1990-1).

---

[13] Im wesentlichen von den Organisationen EuroOSInet und SPAG (KEG 1991-3, S. 104).

Normen, präzisiert durch funktionale Standards, sind etabliert und durchgesetzt, wenn auf Konformität geprüfte und zertifizierte Produkte in marktbestimmendem Umfang produziert und auch tatsächlich beschafft werden. Eine Beschaffung selbst ist ein Vorgang, über den letztlich in den einzelnen Unternehmen und öffentlichen Verwaltungen entschieden wird. Ihr vorgeschaltet ist ein Etablierungsschritt, in dem einzelne Beschaffungsmaßnahmen so koordiniert werden, daß sie zusammen ein solches Nachfragepotential nach normkonformen Produkten erzeugen, daß hierdurch das Angebot entsprechender Produkte beeinflußt werden soll. Es gibt eine Reihe solcher Initiativen, die privatwirtschaftliches[14] oder öffentliches[15] Beschaffungsverhalten koordinieren sollen. Wir werden uns hier auf das <u>öffentliche Beschaffungswesen</u> und die in diesem Rahmen unternommenen Etablierungsversuche konzentrieren.

2.4 Zur Notwendigkeit einer spezifischen Normungspolitik

Diese idealtypische Unterscheidung von Etablierunsphasen kann in der Praxis manchen Verschränkungen unterliegen, die Phasen können gegeneinander weniger deutlich abgegrenzt sein, und es können Rückbeziehungen zwischen diesen Phasen bestehen.
Dennoch ist eine solche Phasenunterscheidung für die Strukturierung der auf die Basisnormung folgenden technischen Probleme sowie der erforderlichen organisatorischen und institutionellen Maßnahmen geeignet.

Hinsichtlich der zu unterscheidenden Phasen ist der Normetablierungsprozeß zunächst auch nicht an bestimmte Akteure gebunden. Die in ihm zusammengefaßten Problemstellungen und erforderlichen Maßnahmen folgen aus bestimmten Merkmalen internationaler Basisnormen sowie den Erfordernissen, die sich ergeben, wenn marktabseitig verhandelte Normen in einem unregulierten Markt durchgesetzt werden sollen.
In den Grundstrukturen kann dieser Prozeß bereits bei Initiativen identifiziert werden, die schon geraume Zeit vor den EG-Aktivitäten von seiten der Wirtschaft ergriffen wurden. Hinzuweisen ist in diesem Zusammenhang auf die MAP- und TOP-Initiativen (dazu 3.3.1), bei denen zunächst jeweils ein großes Unternehmen den Etablierungsprozeß in den dargestellten Schritten durchgeführt hat. Auch in diesen Einzelinitiativen wurden Basisnormen präzisiert und als Produktanforderungen formuliert. Auch die Test- und Zertifizierungsschritte sowie letztlich der Beschaffungsvorgang waren - wenn auch nicht in dieser strikten Trennung - Teil des Vorgehens.

Ich konzentriere mich allein auf den Normetablierungsprozeß im europäischen Kontext. Dabei kommt dem verbleibenden Teil dieses Kapitels die Aufgabe zu, diesen Prozeß in den Kontext der Politik der Europäischen Gemeinschaft zu stellen und ihn innerhalb der dort entwickelten Instrumente genauer zu verorten. Diese Politik wirkt gleichsam als Klammer, die die verschiedenen Phasen, die jeweils entwickelten oder noch zu entwickelnden

---

14 Zum Beispiel die MAP- und TOP-Spezifikationen der MAP/TOP-User Groups (Suppan-Borowka & Simon 1986; Suppan-Borowka 1987) oder das Musterpflichtenheft der Benutzerorganisation Count (Communications User & Network Technology Exchange) (vgl. Gronert 1991).
15 Zum Beispiel die GOSIP (Gouvernmental OSI Profiles)-Spezifikationen der britischen oder US-amerikanischen Regierung, die Leitlinien der internationalen IPSIT (International Public Sector IT)-Gruppe (vgl. KEG 1990-2) sowie das EPHOS (European Procurement Handbook for open Systems) Beschaffungshandbuch (vgl. dazu ausführlich 3.5.2.).

Koordinationstrukturen sowie die eingebundenen Akteure kraft eines politischen Willens zusammenhält.

2.4.1 Die Rolle der Normung bei der Verwirklichung des Binnenmarktes

Mit der Einheitlichen Europäischen Akte (EEA) wurde 1987 der EWG-Vertrag novelliert. In Art. 8a wurde als politisches Ziel der Gemeinschaft die Schaffung eines Binnenmarktes als "Raum ohne Binnengrenzen, in dem der freie Verkehr von Waren, Personen, Dienstleistungen und Kapital ... gewährleistet ist", festgelegt. Die Voraussetzung für seine Verwirklichung ist die Aufhebung von Handelsbeschränkungen und von "Maßnahmen gleicher Wirkung" (Art. 30 EWGV).

In einer Entscheidung des EuGH (Dossonville-Urteil[16]) wurden Maßnahmen gleicher Wirkung definiert als solche, "die geeignet (sind), den innergemeinschaftlichen Handel unmittelbar oder mittelbar, tatsächlich oder potentiell zu behindern."

In den Mitgliedsländern wurden jedoch eine Reihe unterschiedlicher technischer Vorschriften hinsichtlich sicherheits- und gesundheitsrelevanter Aspekte entwickelt und Aufsichtsgremien zu deren Überprüfung geschaffen. Nach dem Dassonville-Urteil bestand die Gefahr der "Einebnung der mitgliedschaftlichen Schutzvorschriften auf dem jeweils niedrigsten Niveau" (Reuter 1990, S. 541).
Mit dem Cassis de Dijon-Urteil des EuGH[17] wurde, gestützt auf Art. 36 EWGV, diese Konsequenz des Dassonville-Urteils vermieden. Handelsbeschränkende Wirkungen von Maßnahmen der Mitgliedstaaten wurden sanktioniert, soweit sie dem Schutz der Ordnung, der Sicherheit, der Gesundheit und des Verbraucherschutzes dienen[18].
Fortan waren die weiteren Schritte daran zu orientieren, einerseits die Kompetenz der Mitgliedstaaten zur technischen Regelsetzung in den angesprochenen Bereichen zu akzeptieren und andererseits eine unverhältnismäßige Behinderung des Warenverkehrs zu verhindern. Dafür boten sich grundsätzlich zwei Wege an. Zum einen die gegenseitige Anerkennung einzelstaatlicher Regelungen, mit der offensichtlichen Gefahr, damit eine Vielzahl unterschiedlicher Regeln zu schaffen. Zum anderen die gemeinschaftsweite Harmonisierung der Vorschriften, ein äußerst zeitraubendes Vorgehen (ebd.).

Das ursprünglich verfolgte Ziel der möglichst weitgehenden Rechtsharmonisierung wurde aufgegeben (Reihlen 1990-1) und durch eine neue Konzeption zur technischen Harmonisie-

---

[16] Dabei ging es um die Verweigerung der Anerkennung eines französischen Dokumentes, mit dem die Richtigkeit einer Ursprungsbezeichnung für Branntwein nachgewiesen wird. Belgische Behörden erkannten dieses Dokument nicht als Nachweis an. Dagegen klagte ein Importeur, der englischen Branntwein aus Frankreich bezog (EuGH Slg. 1974, 837).

[17] Ein deutsches Handelsunternehmen wollte den Branntwein "Cassis de Dijon" importieren. Dies wurde ihm von nationalen Behörden untersagt, da in der Bundesrepublik für Branntwein ein Mindestalkoholkgehalt festgelegt ist, der von diesem Produkt unterschritten wurde (EuGH Slg. 1979, 649).

[18] Gemäß dieser Grundsätze wurde dann ein Mindestalkoholgehalt als "Maßnahme gleicher Wirkung" gewertet.

rung ersetzt[19] (vgl. Berghaus 1991). Diese sieht ein gestuftes Verfahren vor: Grundsätzlich tritt an Stelle der Harmonisierung die gegenseitige Anerkennung. Zur Herstellung eines einheitlichen Niveaus werden andererseits Sicherheits- und Gesundheitsstandards als "wesentliche Anforderungen" per EG-Richtlinie verbindlich festgelegt.

Um die Gesetzgebung von technischen Einzelheiten zu entlasten (Schlecht 1989), werden diese Anforderungen allgemein formuliert. Zur technischen Konkretisierung, wie die Einhaltung der wesentlichen Anforderungen erreicht werden kann, wird jeweils auf - zumeist europäische - Normen verwiesen, "um den Herstellern eine Reihe technischer Daten an die Hand zu geben, die in der Richtlinie als Voraussetzung für die Übereinstimmung mit wesentlichen Forderungen anerkannt werden" (KEG 1990-1). Die Anwendung der Normen bleibt auch nach der "Neuen Konzeption" freiwillig.

Dennoch, für die faktische Bindungswirkung der Normen ist die Systematik des neuen Ansatzes von hoher Bedeutung. Hersteller, deren Produkte konform zu den jeweiligen Normen produziert sind, unterliegen der Vermutung des Gesetzgebers, "daß deren Erzeugnisse frei in der gesamten Gemeinschaft zirkulieren dürfen" (Schulte-Braucks 1990, S. 675). Bezweifelt ein Mitgliedsland, daß die Normen geeignet sind, die Einhaltung anerkannter grundlegender Anforderungen zu gewährleisten, so "trifft diesen Mitgliedstaat die Beweislast" (ebd.). Ein Hersteller, der die für die wesentlichen Anforderungen geeigneten Normen einhält, kann also grundsätzlich davon ausgehen, daß seine Produkte in der gesamten Gemeinschaft in Verkehr gebracht werden dürfen.

Dennoch bleibt es jedem Hersteller prinzipiell unbenommen, Erzeugnisse in den Verkehr zu bringen, die nicht den einschlägigen Normen entsprechen. "Er trägt aber in diesem Falle die Beweislast für die Übereinstimmung seiner Erzeugnisse mit den grundlegenden Sicherheitsanforderungen" (Reihlen 1989, S. 450). Behörden, auf der anderen Seite, werden verpflichtet, die Übereinstimmung mit Anforderungen anzunehmen, wenn nach Europäischen Normen produziert wurde (ebd.).

Trotz der prinzipiellen Freiwilligkeit der Normeinhaltung ist es für die Hersteller somit opportun, bei ihren Produkten die relevanten Normen zu beachten. Die Normeinhaltung impliziert den Nachweis, daß ihre Produkte die wesentlichen Anforderungen erfüllen und damit frei in den Verkehr gebracht werden können, und sie garantiert ihnen den Zugang zum öffentlichen Beschaffungsmarkt in der gesamten Gemeinschaft.

Die Normung nimmt damit eine zentrale Rolle in der Harmonisierungspolitik der Europäischen Gemeinschaft ein. Aus der Sicht der Normung trägt sie damit die "Hauptlast der neuen Politik" (Reihlen 1990-1, S. 445). Andererseits wird offensichtlich, daß damit "Kompetenzen der Rechtsetzungsorgane der Gemeinschaft auf die europäischen Normungsorganisationen verlagert" werden (Rieß 1991, S. 561).

---

[19] Entschließung des Rates vom 7. Mai 1985 über eine neue Konzeption auf dem Gebiet der technischen Harmonisierung und der Normung (85/C 136/01).

2.4.2 Industriepolitische Bedeutung der Kommunikationstechnik und ihrer Normung

Allein mit der Verwirklichung des Binnenmarktes und der sich hierdurch ergebenden Notwendigkeit zur technischen Harmonisierung ist die Normungspolitik der Europäischen Gemeinschaft insbesondere im Bereich der Informations- und Kommunikationstechniken nicht zu deuten. Technische Harmonisierung ist dort dringlich, wo einzelstaatliche Regelungen mit Bezug auf nationale Normen bestehen und diese in Übereinstimmung gebracht werden müssen.

Für die Kommunikationstechnik findet sich diese Situation überwiegend im Bereich der öffentlichen Telekommunikationsnetze, also bei Endgeräten und Netzkomponenten sowie bei einigen bereits bestehenden Telekommunikationsdiensten. Hier bestehen nationale Varianten internationaler Basisnormen, auf die sich Zulassungsverfahren beziehen und die einander angeglichen werden müssen.

Für weite Teile der Kommunikationstechnik, ob als Teil der Informationstechnik im nicht regulierten Bereich oder als Telekommunikationstechnik[20], stellt sich eine andere Situation dar. Nicht die Angleichung nationaler Normen ist hier das Problem, sondern die gemeinschaftsweit einheitliche Übernahme der internationalen Basisnormen als europäische bzw. nationale Normen (vgl. KEG 1987, S. 65). In weiten Teilen der Kommunikationstechnik steht nämlich nicht die Kompatibilisierung und Integration von Teilmärkten (Voelzkow, Hilbert & Bolenz 1987), sondern die Konstituierung neuer Märkte auf Gemeinschaftsebene im Mittelpunkt.

Im Grünbuch zur Telekommunikation[21] heißt es dazu: "Eine nur auf der gegenseitigen Anerkennung basierende Politik würde zwar Handelshemmnisse beseitigen und zur Schaffung eines wirklich gemeinsamen Handelsmarktes führen, wäre aber keine geeignete Voraussetzung für die Schaffung eines expandierenden Marktes und der Wettbewerbsfähigkeit, die von einem einheitlichen Markt kontinentalen Ausmaßes ausgehen kann." (KEG 1987, S. 65).

Die Informations- und Kommunikationstechniken sollen anders als andere Wirtschaftsbereiche nicht nur Nutznießer technisch harmonisierter und dadurch ausgeweiteter Märkte, sondern Nutznießer sich noch bildender Märkte werden, die aber von Anfang an auf gleichen Normen basieren sollen. Hiermit wird die Hoffnung verbunden, den derzeit geringen Anteil der europäischen Unternehmen am Weltmarkt insbesondere gegenüber den USA und Japan wirksam zu erhöhen.

Das gilt zum einen für Informationsdienstleistungen. Von einheitlichen Zugangsbedingungen zu europaweiten Telekommunikationsnetzen und -diensten wird ein maßgeblicher Impuls für die Schaffung neuer Informationsdienstleistungen im europäischen Rahmen und mit Ausstrahlung auf den Weltmarkt erwartet. Insbesondere aber im Bereich der

---

[20] Zur Fassung der Begriffe Informationstechnik und Telekommunikationstechnik siehe unten 2.5.2.1.

[21] Ich werde im folgenden das "Grünbuch über die Entwicklung des Gemeinsamen Marktes für Telekommunikationsdienstleistungen und Telekommunikationsendgeräte" (KEG 1987) als Grünbuch zur Telekommunikation und das "Grünbuch der EG-Kommission zur Entwicklung der europäischen Normung: Maßnahmen für eine schnellere technologische Integration in Europa" (KEG 1990-1) als Grünbuch zur Normung bezeichnen.

Telekommunikationsendgeräte und kommunikationsfähigen DV-Anlagen wird die Stärkung der Wettbewerbssituation europäischer Hersteller auf den Außenmärkten erhofft.

Die konsequente Ausrichtung europäischer Telekommunikationsnetze und -dienste auf internationale Normen soll deren weltweiter Durchsetzung entscheidende Impulse geben. Zugleich führte dies dazu, daß europäische Hersteller frühzeitig für einen solchen Markt mit hohen Stückzahlen produzieren könnten und damit ihre Wettbewerbsfähigkeit im Weltmarkt erhöhten. Dabei wird nicht allein auf Telekommunikationsgeräte zur Netzausstattung oder als Endgeräte gesetzt. Von der Telekommunikation wird auch erwartet, daß sie zu einem erheblichen Nachfragezuwachs im gesamten Bereich der Mikroelektronik und Informatik durch zunehmende Vernetzung in allen Anwendungsbereichen führt (vgl. KEG 1987, S. 38).

Das Ziel der Wettbewerbsverbesserung europäischer Unternehmen auf dem Weltmarkt steht für die EG-Kommission und die Normungsgremien gleichwertig neben dem Ziel der technischen Harmonisierung und wird im Vertrag zwischen der EG-Kommission und CEN/CENELEC formuliert als: "strengthening the competitiveness of European industry both on the internal market and on the markets of third countries, particularly in the field of new technologies..."(KEG, CEN & CENELEC 1984, S. 2).

OSI-Normen sind Normen für die technische Kommunikation und als solche neben denen für Programmiersprachen, Betriebssysteme oder Bussysteme nur eine unter vielen Normsparten der Informationstechnik. Dennoch nehmen sie im Normungskonzept, das für alle Normungssektoren gilt, eine vorrangige Stellung ein. So umreißt die EG-Kommission folgende Anforderungen an die Normung, um den "spezifischen Erfordernissen" im Bereich der Informationstechnologie und des Fernmeldewesens nachzukommen:

"- Sie muß ein Maximum an Kompatibilität und Kommunikationsfähigkeit zwischen den Systemen gewährleisten.
- Sie muß die Bedeutung der einschlägigen internationalen Normen (insbesondere des CCITT und der ISO) und die Notwendigkeit, zu einer gemeinsamen Interpretation dieser internationalen Normen auf Gemeinschaftsebene zu gelangen, berücksichtigen.
- Sie muß die Forderung nach offenen Systemen, wie sie die OSI- und die ISDN-Normen gewährleisten, unterstützen" (KEG 1987, S. 65).

Die enge Verknüpfung der Normungspolitik mit OSI-Normen und das erklärte Ziel der Verbesserung der Wettbewerbssituation europäischer Hersteller läßt die Durchsetzung von OSI-Normen zu dem Teil der Normungspolitik werden, der weit über das mittelfristige Ziel der Verwirklichung des Binnenmarktes hinausreicht[22]. Hier wächst die Normungspolitik mit einer allgemeinen Technologiepolitik der Europäischen Gemeinschaft zusammen, in der die Telekommunikation eine strategische Schlüsselstellung einnimmt (Rieß 1991).

Dabei sieht sich die Normung - insbesondere im informations- und kommunikationstechnischen Sektor - völlig neuen Problemen und Herausforderungen gegenübergestellt. Die bishe-

---

[22] Gottschalk (1991, S. 162ff) bezeichnet die Erstellung und Durchsetzung von OSI-Normen als "industriepolitische Schlacht um 'offene Kommunikation'", die zunächst vorrangig von westeuropäischen Herstellern gegen den Konkurrenten IBM geführt wurde und zur Formulierung des Referenzmodells führte. Die EG-Normungspolitik sieht er als eine der wesentlichen flankierenden Maßnahmen, um die OSI-Normen gegen IBM durchzusetzen.

rigen Verfahren der "ex-post"-Festlegung eines "erreichten technischen Standes" sind nicht mehr adäquat. Normung erfolgt zunehmend entwicklungsbegleitend (hierzu u.a. Voelzkow 1989; Pfau 1989; Reihlen 1989), d.h zum richtigen Zeitpunkt muß in die technische Entwicklung eingegriffen werden und ein Stand "ex-ante" abgestimmt und zumindest vorrübergehend festgeschrieben werden (KEG 1989). Damit sollen die für diesen Technikbereich üblichen Schnittstellenprobleme angegangen und die Voraussetzungen dafür geschaffen werden, diese Technologien schneller in die Praxis umzusetzen (Kämpfer 1992). Diese kontinuierlich intervenierende Normung wird so selbst zu einem wesentlichen Bestandteil der technischen Entwicklung (Voelzkow 1989).

Entwicklungsbegleitende Normung erfordert höhere Arbeitsgeschwindigkeit, kürzere Durchlaufzyklen und neue Organisationsformen - und dies angesichts einer sich ohnehin drastisch erhöhenden Arbeitsbelastung in den Gremien[23].

Innerhalb der bisherigen Normungsorganisation und ihrer Arbeitsform in zumeist sporadisch tagenden Arbeitsgruppen und angesichts des Status der Normen selbst, der durchgängig Gültigkeit auf längere Dauer reklamiert, ist den Anforderungen entwicklungsbegleitender Normung nicht Rechnung zu tragen (vgl. Reihlen 1989 sowie KEG 1990-1, S. 25ff).

Die Erkenntnis, daß Normung einerseits eine wesentliche Voraussetzung zur Verwirklichung des Binnenmarktes ist und die Erwartung, daß sie zur Konstituierung neuer Märkte insbesondere auf dem Gebiet der Informations- und Kommunikationstechniken und zur Verbesserung der Konkurrenzsituation europäischer Hersteller sowohl auf dem Binnenmarkt als auch auf Drittmärkten beiträgt, hat zu einer spezifischen Normungspolitik der Gemeinschaft geführt, die sich einerseits über alle Industriesektoren spannt, andererseits hinsichtlich der für uns relevanten Fragen so differenziert ist, daß sie den besonderen Marktstrukturen Rechnung trägt, innerhalb derer OSI-Normen Anwendung finden. Diese Politik soll in ihren Grundzügen skizziert werden.

2.5 Die Normungspolitik der Europäischen Gemeinschaft

2.5.1 Sektorenübergreifende Richtlinien zur Normung

Zur Vermeidung handelsbeschränkender Wirkungen von Normen und technischen Vorschriften in den Mitgliedsländern wurde die sogenannte Informationsrichtlinie[24] erlassen. Sie richtet sich an die Mitgliedsländer hinsichtlich der Verabschiedung bindender technischer Vorschriften und wurde zur Grundlage der Zusammenarbeit der Mitglieder der europäischen Normungsorganisationen CEN und CENELEC. Im Kern werden folgende Festlegungen getroffen (vgl. auch CEN 1990, KEG 1990-1, S. 16):

- Die EG-Kommission und alle anerkannten Normungsgremien sind regelmäßig über Normungsvorhaben und -entwürfe der nationalen Normungsgremien zu informieren. Die Informationen müssen über den Charakter der Normungsvorhaben, insbesondere ob es sich um die Übertragung internationaler oder europäischer Normen handelt

---

[23] So ist die Anzahl der europäischen Normungsvorhaben von 210 im Jahre 1980 auf 2641 im Jahre 1988 gestiegen (vgl. Reihlen 1989). Schlecht (1989) nennt die europäische Normung angesichts der bestehenden und auf sie zukommenden Arbeitsbelastung eine "Großbaustelle".

[24] Richtlinie des Rates vom 28. März 1983 über ein Informationsverfahren auf dem Gebiet der Normen und technischen Vorschriften (83/189/EWG).

oder ob neue nationale Normen geplant sind, Aufschluß geben. Diese Informationen werden gesammelt und stehen zum Abruf zur Verfügung. Als anerkannte Normungsgremien gelten bisher die nationalen Normungsgremien (in der Bundesreplublick das Deutsche Institut für Normung (DIN) und die Deutsche Elektrotechnische Kommission (DKE)) und die beiden europäischen Gremien CEN (Comité Européen de Normalisation) und CENELEC (Comité Européen de Normalisation Electrotechnique)[25].
Hierdurch soll ein einheitlicher Informationsstand in allen Mitgliedsländern sowie auf Gemeinschaftsebene erreicht werden.

- Normungsgremien sollen auf Wunsch an Vorhaben anderer Normungsgremien mitwirken können.
- Ein Stillhalteverfahren sichert, daß nationale Vorhaben ruhen, wenn eine entsprechende europäische Norm erarbeitet wird.
- Es wird ein ständiger Ausschuß gebildet, der die Kommission berät und insbesondere Vorschläge für neue erforderliche Normungsvorhaben auf europäischer Ebene macht.
- Es wird ein Verfahren eingerichtet, nach dem die Kommission in Abstimmung mit dem Ausschuß die europäischen Normungsgremien um die Erstellung bestimmter Normen ersucht.

Die Informationsrichtlinie sollte die allgemeine Informationslage hinsichtlich der nationalen Planung von Normvorhaben verbessern und damit die Grundlage für gezielte Interventionen zur Verhinderung drohender Divergenzen bilden. Über die neue Harmonisierungskonzeption (dazu oben 2.4.1) wird der europäischen Normung nunmehr eine aktive Rolle bei der Verwirklichung des Binnenmarktes zugewiesen, indem die technische Konkretisierung der in Einzelrichtlinien festgelegten grundlegenden Anforderungen den Normungsgremien übertragen wird.

2.5.2 Normung im Bereich der Informationstechnik und der Telekommunikation

Diese Bausteine der europäischen Normungspolitik gelten für alle Industriesektoren, einschließlich der Informationstechnik und der Telekommunikation. Bei der Darstellung der besonderen Normungspolitik in den letztgenannten Bereichen treten erhebliche Abgrenzungsprobleme auf. Sie ist jedoch erforderlich, da gezeigt werden soll, daß die Normungspolitik den Spezifika der Marktverhältnisse, die für die Kommunikationstechnik gelten, differenziert Rechnung trägt.

2.5.2.1 Abgrenzung zwischen Informationstechnik und Telekommunikation

In der Sprachregelung der europäischen Technologie- und Normungspolitik werden regelmäßig die beiden Begriffe Informationstechnik und Telekommunikation einander gegenüber-

---

[25] Das neu gegründete ETSI (European Telecommunications Standards Institute) (dazu unten 2.6.3.2) ist zum Zeitpunkt der Abfassung dieser Arbeit wegen Verfahrensmängeln hinsichtlich der nationalen Fortsetzung seiner Arbeit - die für die Bundesrepublik allerdings schon seit längerem ausgeräumt sind (dazu unten 2.6.2.1) - in diesem Rahmen noch nicht anerkannt. Die Anerkennung steht jedoch unmittelbar bevor.

gestellt[26]. Diese Begriffswahl kann aus unterschiedlichen Gründen als nicht gelungen angesehen werden. Wenn an dieser Stelle eine Auseinandersetzung mit ihnen erfolgt, so deswegen, weil das normungspolitische Handeln der Gemeinschaft entlang beider Begriffe strukturiert ist[27]. Für unsere Fragestellung besteht das Problem darin, daß die Kommunikationstechnik in diese Begrifflichkeit bisher nicht explizit eingeordnet ist. Diese Einordnung soll hier vorgenommen werden, da ansonsten nicht deutlich werden kann, warum sich die Normungspolitik hinsichtlich der Kommunikationstechnik so unterschiedlicher Instrumentarien bedient.

Die Unterscheidung von Informationstechnik und Telekommunikation ist am ehesten nachzuvollziehen, wenn man auf beide Bereiche als Industrie- bzw. Dienstleistungssektoren blickt.

Der Telekommunikationssektor stellt sich dar als ein zwar liberalisierter, in Teilbereichen jedoch weiterhin regulierter Markt. Die Liberalisierung des Fernmeldesektors hat in der gesamten Europäischen Gemeinschaft dazu geführt, daß die Monopole der nationalen Fernmeldeverwaltungen bis auf wenige Ausnahmen aufgehoben und die entsprechenden Bereiche dem Wettbewerb unterworfen wurden (Gebhardt 1991; Rieß 1991).

Weiterhin jedoch unterliegen Telekommunikationsendgeräte Zulassungsverfahren. Einige Dienste werden weiterhin im Monopol betrieben, andere werden von Betreibern in der Ausübung besonderer Rechte angeboten, und selbst die "freien" Wettbewerbsdienste können Auflagen unterworfen werden. Auch die Politik der Europäischen Gemeinschaft trägt zu einer weiteren Regulierung des Sektors, etwa durch die Verpflichtung von Netzbetreibern zum "Offenen Netzzugang" (ONP), bei, dies freilich mit dem Ziel einer weitergehenden Liberalisierung des Dienstebereiches, die diesen offenen Zugang zum Netz zur Voraussetzung hat.

Diesem in Teilen regulierten Bereich steht der Informationstechniksektor gegenüber, der vom freien Wettbewerb geprägt ist. Grundsätzlich können Computertechnik, Hard- und Softwaresysteme für die Datenverarbeitung von jedermann hergestellt und frei angeboten werden. Hier stehen sich Hersteller und Anwender im Rahmen von Marktregeln gegenüber.
Daraus ergibt sich, - und das als Bemerkung voraus - daß angesichts dieser unterschiedlichen Verfaßtheit beider Sektoren politische Ziele - etwa die Etablierung von OSI-Normen zur Verbesserung der Wettbewerbsfähigkeit der europäischen Herstellerindustrie - nur mit unterschiedlichen Instrumentarien zu erreichen sind. Dies gilt insbesondere für die Normungspolitik.

Um dies für die OSI-Normen nachvollziehbar zu machen, muß die Unterscheidung der Informationstechnik und der Telekommunikation auf ihren technischen Gehalt bezogen werden.

---

[26] Der Beschluß 87/95/EWG vom 22. Dezember 1986 (dazu unten 2.5.2.2) spricht von der Normung auf dem Gebiet der Informationstechnik und der Telekommunikation. Im Grünbuch zur Telekommunikation wird vom "Zusammenwachsen von Telekommunikation und Informationstechnik" (S. 28) gesprochen. Und im Grünbuch zur Normung werden zwei getrennte (Industrie-)Sektoren, die Informationstechnologie und die Telekommunikation, unterschieden (S. 30).

[27] Keineswegs soll hier der Versuch unternommen werden, einen Lösungsbeitrag zur allgemeinen Abgrenzungsproblematik zu leisten, wie sie in diesem Technikfeld allerorten auftritt. Die heftige Auseinandersetzung um die disziplinäre Abstimmung von Informatik und Elektrotechnik hat deutlich vor Augen geführt, wie schwer eine allgemein akzeptable Abgrenzung möglich ist.

Es erscheint sinnvoll, unter <u>Telekommunikationstechnik</u>

> alle Systeme, Anlagen, Bauteile und Softwareprodukte, die der Vermittlung und Übertragung von Nachrichten auf einer öffentlichen Telekommunikationsinfrastruktur dienen,

zu verstehen.

> Alle anderen Systeme, Anlagen, Bauteile und Softwareprodukte, die dem Wiederauffinden, der Verarbeitung, der Speicherung, der Vermittlung und der Übertragung von Nachrichten dienen,

sollen als <u>Informationstechnik</u> bezeichnet werden[28].

Wenn wir orientiert an der sektoralen Unterscheidung so beide Technikbereiche fassen, so müssen wir im nächsten Schritt hierzu die Kommunikationstechnik in Beziehung setzen, denn OSI-Normen sind Normen für die Kommunikationstechnik und kennen diese sektoralen Grenzen nicht.

Die <u>Kommunikationstechnik</u> soll hier aufgefaßt werden als:

> alle Systeme, Anlagen, Bauteile und Softwareprodukte, die der Vermittlung und Übertragung von Nachrichten dienen.

Nach dieser Definition ist <u>Telekommunikationstechnik stets Kommunikationstechnik</u>.

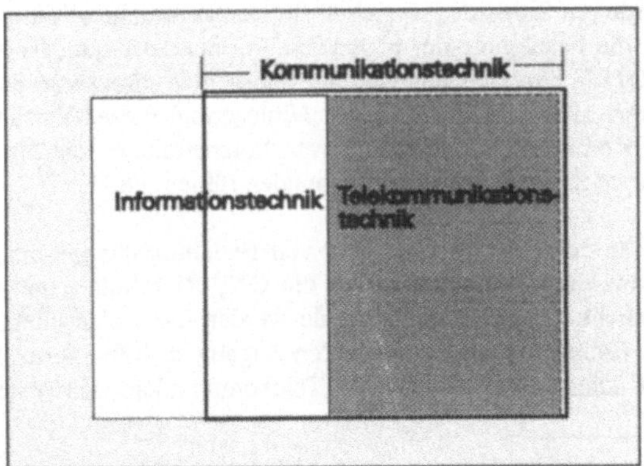

Abb. 2: Die Kommunikationstechnik als Teil der Informations- und der Telekommunikationstechnik

---

[28] Diese Definition lehnt sich an diejenige im Beschluß 87/95/EWG (dazu unten 2.5.2.2) an.

Die <u>Informationstechnik</u> ist jedoch <u>nur soweit Kommunikationstechnik, als es sich um spezielle Komponenten für die technische Kommunikation handelt.</u> Beispielsweise gehören zur Kommunikationstechnik lokale Netze, Anschlußeinrichtungen hierfür, Netzbetriebssysteme, Bürokommunikationssysteme etc. Nicht hierzu zählen Datenbanksysteme, Betriebssysteme, Programmiersprachen oder beliebige Anwendungsprogramme, soweit sie nicht der technischen Kommunikation dienen bzw. sich ihrer nicht bedienen.

Es wird deutlich, daß die Kommunikationstechnik in beide Bereiche fällt (vgl. Abb. 2) und deshalb die Normungspolitik, die auf die Etablierung von OSI-Normen zielt, den jeweiligen Marktbedingungen gerecht werden muß.

Um die Marktbedingungen insbesondere für die Telekommunikationstechnik, mit regulierten und nicht regulierten Teilen, mit angemessener Trennschärfe darstellen zu können, bedarf es einer weiteren Unterscheidung. Hier ist mit Fangmann, Scheurle, Schwemmle & Wehner (1990, S. 285) zwischen den Funktionsebenen <u>Netze, Endeinrichtungen</u> und <u>Dienste</u> zu unterscheiden.

2.5.2.2 Die normungspolitischen Instrumente

<u>Telekommunikation</u>
Bezieht man nun die normungspolitisch relevanten Instrumente auf die zuvor getroffenen Unterscheidungen, so ergibt sich folgendes Bild:

OSI-Normen werden faktisch verbindlich über die Endgeräterichtlinie[29] durchgesetzt, die zum 1.1.1992 in Kraft getreten ist. Mit ihr wurde das bisherige Verfahren (vgl. Quander 1989, S. 27ff) völlig geändert. Die Festlegung verbindlicher Normen wurde aus dem Zuständigkeitsbereich des CEPT herausgenommen und einem Gemeinschaftsmechanismus unterworfen. Es wurde ein Zulassungsausschuß für Telekommunikationsendgeräte (ACTE[30]) eingerichtet, der für die Festlegung der bindenden Normen zuständig ist. Die nicht mehr als NET[31] sondern als CTR[32] bezeichneten Vorschriften werden direkt von der EG-Kommission herausgegeben (Eckert 1990). Offensichtlicher Hintergrund dieser Verfahrensänderung war die Befürchtung der Kommission, daß sich private Netzbetreiber nicht hinreichend durch die im CEPT gebräuchliche Selbstverpflichtung gebunden fühlen (ebd.).

Während die Endgeräterichtlinie die Hersteller von Endeinrichtungen auf OSI-Normen verpflichtet, wird die netzseitige Einhaltung über die ONP-Richtlinie[33] und die dazugehörigen Einzelrichtlinien erreicht. In der ONP-Richtlinie werden die technischen, organisatorischen und wirtschaftlichen Rahmenbedingungen für den Zugang zu öffentlichen Telekommunikationsnetzen festgelegt. Dies soll Anbietern von Telekommunikationsdiensten europaweit ein-

---

[29] Richtlinie des Rates vom 23. Mai 1991 zur Angleichung der Rechtsvorschriften der Mitgliedstaaten über Telekommunikationsendgeräte einschließlich der gegenseitigen Anerkennung ihrer Konformität (91/263/EWG)

[30] Approval Committee for Communications Equipment

[31] Norme Européenne de Télécommunications

[32] Common Technical Regulation

[33] Richtlinie des Rates vom 24. Juli 1990 zur Verwirklichung des Binnenmarktes für Telekommunikationsdienste durch Einführung eines offenen Netzzugangs (Open Network Provision) (90/387/EWG).

heitliche Zugangsbedingungen gewährleisten und zur Förderung des Dienstangebotes beitragen (Rieß 1991, S. 560f). Die konkreten ONP-Bedingungen werden, bezogen auf die jeweiligen Netzeigenschaften, in Einzelrichtlinien konkretisiert. Dazu zählen die technischen Schnittstellen, die nach europäischen Normen festzulegen und die ihrerseits auf internationale Basisnormen zu stützen sind.

Was nun die Dienste anbelangt, so läßt sich zur Zeit kein klares Bild zeichnen. Zunächst ist die Abgrenzung zwischen Netz und Dienst äußerst brüchig. So versteht das Fernmeldeanlagengesetz (FAG) darunter die "Übertragungswege einschließlich der zugehörigen Abschlußeinrichtungen" (§ 1) und grenzt damit Vermittlungsstellen aus[34]. Damit wird jede Übertragungsleistung, bspw. im Datex-P-(Netz), zum Dienst, da hier die Vermittlungsstellen miteinbezogen sind.

Legt man den Schnitt zwischen Netz und Dienst so niedrig, so werden Normungsapekte solcher Dienste bereits durch die Endgeräterichtlinie erfaßt. Dort werden Endgeräte als "Geräte, die über ein öffentliches Telekommunikationsnetz kommunikationsfähig sind", festgelegt. Diese Formulierung stellt auf die Kommunikationsfähigkeit zwischen Endgeräten ab und umfaßt damit die Kommunikationsfähigkeit mit den Vermittlungsstellen, die erst eine Verbindung zwischen den Endgeräten herstellen müssen. Da aber die Vermittlungstellen bereits Teil des Dienstes sind, impliziert dies die Konformität zum Dienst.

Desweiteren richten sich die Bemühungen der EG darauf, über die Netzaspekte hinaus und hinsichtlich bestimmter, europaweit anzubietender Dienste die Fernmeldeverwaltungen und "Anbieter von Diensten vergleichbarer Bedeutung" (Ungerer 1989, S. 13) auf Normen zu verpflichten, die "eine gemeinschaftsweite Kommunikationsfähigkeit und Interoperabilität" (ebd.) gewährleisten. Die bisher hierfür in Betracht kommenden Dienste auf ISDN-Basis, so z. B. Fernsprechen (mit 64 Kbit), Telefax (Gruppe IV) und Telefonkonferenz, für die OSI-Normen zum Teil noch zu entwickeln sind, werden in der Empfehlung 86/659/EWG[35] festgelegt.

Für die Etablierung von OSI-Normen bedeutet all dies, daß die EG-Instrumente, ergänzt um nationale Maßnahmen, zur faktisch bindenden Durchsetzung von OSI-Normen im Bereich der Endgeräte, der Netze und in Teilbereichen der Dienste führen. Dennoch, ähnlich wie die Informationstechnik als ganze, sind auch die Telekommunikationsdienste weitgehend unreguliert und nicht auf Normen verpflichtet, so daß sie sich einer direkten normungspolitischen Einflußnahme im Rahmen des aufgezeigten Instrumentariums entziehen.

An dieser Stelle sollte darauf hingewiesen werden, daß das X.400-Mitteilungsübermittlungssystem, das im späteren Teil der Arbeit im Mittelpunkt stehen wird, bisher nicht als Dienst von solcher Bedeutung eingestuft wurde, daß über eine europaweite Interoperabilität zu wachen wäre.

Wenn wir nun noch einmal auf die Bereiche Telekommunikationstechnik und Informationstechnik blicken (vgl. Abb. 3), so können wir zusammenfassen und feststellen:

---

[34] Zur Fragwürdigkeit dieser Definition Fangmann u.a. 1990, S. 287.
[35] Empfehlung des Rates vom 22. Dezember 1986 über die koordinierte Einführung des dienstintegrierenden Fernmeldenetzes (ISDN) in der Europäischen Gemeinschaft (86/659/EWG).

1) Die Durchsetzung von OSI-Normen wird für die Funktionsebenen Endeinrichtungen und Netze weitgehend über Rechtsinstrumente gesichert.

2) Weite Teile der Telekommunikationsdienste und die gesamte Kommunikationstechnik in der Informationstechnik werden von diesen Instrumenten nicht erfaßt.

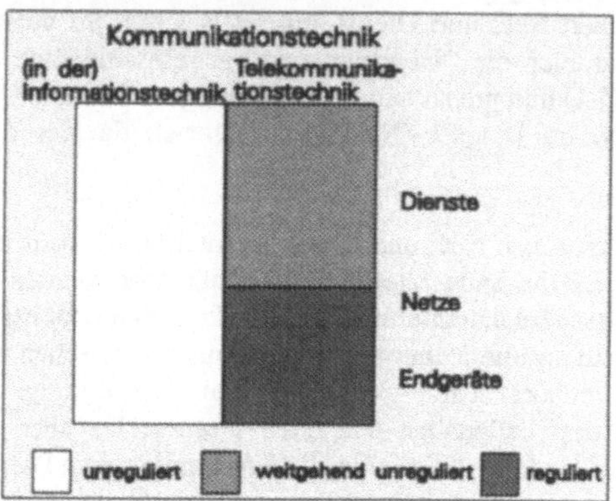

Abb.3: Kommunikationstechnik als überwiegend unregulierter Bereich

Übrige Kommunikationstechnik

Der somit verbleibende Teil der Kommunikationstechnik bedarf zur Normetablierung anderer Instrumente, die den Bedingungen eines weitgehend unregulierten Marktes Rechnung tragen und dennoch zu einer Ausweitung des Angebotes an sowie der Nachfrage nach normkonformen Produkten führen. Dieser Bereich ist derjenige, in dem die Kommunikationstechnik in Form von Kommunikationsprodukten in die Betriebe und Haushalte hineinreicht und mit ihren besonderen Merkmalen die Lebens- und Arbeitsbedingungen der Menschen beeinflußt.

In dieser aufgezeigten Lücke setzt der Beschluß 87/95/EWG[36] an. Er bezieht sich auf die Normung in der Informationstechnik (Art. 3), eingeschränkt auf Normen für die Übermittlung und den Austausch von Informationen und Daten sowie für die Kompatibilität von Systemen (Art. 5), was als Einschränkung auf die Kommunikationstechnik und die OSI-Normen verstanden wird (KEG 1990-2). Aus der Telekommunikationstechnik (als Teil der Kommunikationstechnik) werden explizit Endgeräte und Netzkomponenten ausgeschlossen (Art. 3), mithin genau die Bereiche, auf die sich die oben vorgestellten Instrumente richten.

In der Begründung zu diesem Beschluß wird direkt auf das Ziel einer umfassenden "Übernahme von Normen für den Informations- und Datenaustausch im Rahmen des Offenen Systemverbunds (Open System Interconnection)", also auf OSI-Normen hingewiesen, denn eine "verstärkte europäische Normung wird dem europäischen Binnenmarkt in allen, nicht nur den staatlich geregelten Bereichen nutzen" (KEG 1990-1, S. 13).

---

[36] Beschluß des Rates vom 22. Dezember 1986 über die Normung auf dem Gebiet der Informationstechnik und der Telekommunikation.

Art. 2 des Beschlusses, der die Maßnahmen auf Gemeinschaftsebene festlegt, markiert konsequent die oben formulierten Etablierungsschritte, die vor allem im unregulierten Bereich so differenziert und aufeinander abgestimmt erfolgen müssen.
Im einzelnen wird festgelegt, daß

- mindestens einmal jährlich der erforderliche Normungsbedarf festgestellt wird, um Arbeitsprogramme zu erstellen und Normen ausarbeiten zu lassen,

- auf der Grundlage internationaler (Basis-)Normen europäische Normdokumente (Normen, Vornormen etc.) zu erstellen sind. Falls entsprechende internationale Normen fehlen, sollen technische Spezifikationen erstellt werden, die als europäische Normen dienen können[37]. Dieser Schritt entspricht im wesentlichen der <u>funktionalen Standardisierung</u>.

- die Maßnahmen der Mitgliedstaaten auf den Gebieten <u>Test und Zertifizierung</u> koordiniert werden,

- die Anwendung der Normen bei <u>öffentlichen Lieferaufträgen</u> und technischen Vorschriften gefördert wird.

Die Maßnahmen auf Gemeinschaftsebene werden ergänzt durch die Verpflichtung der Mitgliedstaaten, die erforderlichen Maßnahmen zu treffen, um sicherzustellen, daß bei <u>öffentlichen Lieferaufträgen</u> auf die entsprechenden Normen Bezug genommen wird[38].

2.6 Die Akteure in der Etablierungsphase

Die OSI-Normung vollzieht sich in der industriesektoralen Normung der Informationstechnik einerseits sowie der der Fernmeldetechnik andererseits. Die hierunter zu fassenden Gremien arbeiten auf drei Ebenen: der nationalen, der regionalen und der internationalen (Schulz 1984). Ziel der nachfolgenden Darstellung ist es ausdrücklich nicht, diese vielfach

---

[37] Hierdurch werden der europäischen Normung Spielräume eröffnet, auch ohne Bezugnahme auf internationale Basisnormen europäische Normen zu entwickeln. Um dem Vorwurf europrotektionistischer Tendenzen (Schlecht 1989) vorzubeugen, wird jedoch stets auf den Vorrang der internationalen Normung hingewiesen. Dennoch kann es durch eine vorlaufende europäische Normung zu Abweichungen bzgl. der hier angenommenen Schrittfolge der Etablierung kommen.

[38] Hieraus hat die Bundesregierung früh Konsequenzen gezogen. Die Koordinierungs- und Beratungsstelle der Bundesregierung für Informationstechnik in der Bundesverwaltung (KBSt) hat bereits 1988 das Gutachten "Untersuchung zur praktischen Umsetzung des EG-Ratsgeschlusses vom 22.12.86 über die Normung auf dem Gebiet der Informationstechnik und der Telekommunikation (EUGUNIT)" erstellen lassen (Lübbert u. a. 1988). Die Ergebnisse gingen z. B. in die Verwaltungsvorschrift "Grundsätze für Datenübermittlung und Datenträgeraustausch (Datenübermittlungsgrundsätze)" (KBSt 1990) ein, die explizit die Verwendung von OSI-normkonformen Kommunikationsprodukten bestimmt. Auf der europäischen Ebene arbeitet die Bundesregierung zusammen mit Frankreich und Großbritannien an einem europaweit harmonisierten Beschaffungshandbuch für die öffentlichen Verwaltungen, dem "European Procurement Handbook for Open Systems (EPHOS)" (Ossenberg 1991 sowie ausführlicher unter 3.5.2).

miteinander "vermaschten" Bezüge (Scherer 1985, S. 337) oder den "Dschungel" (Truöl 1986) vollständig zu entwirren[39]. Da ich mich auf den Normetablierungsprozeß konzentriere, liegen die vorgelagerten Schritte der Normsetzung selbst und damit die Struktur der Zusammenarbeit zwischen den Akteuren in dieser Phase außerhalb des Betrachtungsfeldes.

Die bisher skizzierte Politik der Europäischen Gemeinschaft bringt für ihren Einflußbereich einen politischen Willen zum Ausdruck und gibt einen Rahmen für die Normungsarbeit vor. Letztlich aber muß dieser von einer Vielzahl von Akteuren durch die Erarbeitung und Verabschiedung entsprechender Arbeitsergebnisse in geeigneten Kooperationsstrukturen ausgefüllt werden.

In der später folgenden ausführlichen Darstellung des Normetablierungsprozesses stelle ich folgende Aspekte in den Mittelpunkt:

a) Die technischen Probleme, die den jeweiligen Schritt erforderlich machen, sowie die diskutierten bzw. gefundenen Lösungen. Hierzu liegen eine Reihe von Normen, Memoranden, Arbeitspapieren, etc., mithin Dokumente vor, die als Arbeitsergebnisse der beteiligten Gremien die Umsetzungsschritte des politisch umrissenen Etablierungskonzeptes markieren.

b) Die interorganisatorischen Bezüge zwischen den beteiligten Normungsorganisationen. Hierdurch soll nachgezeichnet werden, in welcher Weise Normungsgremien und andere Einrichtungen mit dem Ziel der Normetablierung interagieren.

Im Mittelpunkt stehen also weniger die intraorganisatorische Verfaßtheit der beteiligten Organisationen und ihre internen Verfahrensregeln, sondern die Beziehungen zwischen ihnen, innerhalb derer sichtbar wird, wie sich Normungsaktivitäten, politische Mechanismen und marktbeeinflussende Maßnahmen ergänzen.

Um jedoch zu vermeiden, daß spätere Verweise auf Normungsgremien und andere Organisationen innerhalb dieser Arbeit nicht nachvollzogen werden können, stelle ich zunächst eine kurze Beschreibung der wichtigsten Organisationen voran. Daraus sollte auch erkennbar werden, daß es neben den strukturellen Bezügen auch zu starken personalen Verschränkungen zwischen den Organisationen kommt.

Zunächst wird auf die Situation auf der internationalen Ebene eingegangen, die das Aushandlungsforum für die Erstellung von Basisnormen, dazugehörigen Testspezifikationen und internationalen funktionalen Standards (International Standardized Profiles (ISP)) darstellt.

In den nationalen Gremien wird weiterhin die Hauptlast der Arbeit getragen, sitzen doch in übernationalen Gremien letztlich immer die Vertreter aus den nationalen Gremien. Dennoch ist die nationale Arbeit besonders in der OSI-Normung nur im Kontext der internationalen Bezüge bedeutsam. Eine eigenständige nationale Normung findet hier nicht statt (Groenke 1985; Eckert 1991).

---

[39] Mit dieser Zielsetzung liegen eine Reihe ausführlicher Darstellungen vor, insbesondere Fredriksson, Bus & Wegdwood 1987 sowie Scherer 1985, Bahr & Schröder 1987 und Lübbert u. a. 1988.

Aus diesen Gründen und durch das Vorangegangene gerechtfertigt, konzentriere ich mich danach stärker auf die europäische Ebene. Es werden hier über die reinen Normungsgremien hinaus auch solche Organisationen und Ausschüsse angesprochen, die die skizzierte Normungspolitik der Europäischen Gemeinschaft tragen.

Solche Organisationen, die im wesentlichen Interessenvertretung bestimmter Unternehmenskreise betreiben, wie etwa SPAG[40] auf Seiten der Hersteller und OSITOP[41] auf Seiten der Anwender, werden hier nicht ausführlicher dargestellt. Ihr vormals bestimmender Einfluß besonders auf die funktionale Standardisierung hat sich in dem Maße verringert, in dem diese von offiziellen Normungsgremien übernommen wurde. Sie spielen jedoch auch heute noch dort eine Rolle, wo das Normetablierungskonzept, wie etwa im Bereich des Testens und Zertifizierens, Lücken aufweist. An diesen Stellen wird auf den Beitrag der jeweiligen Organisation eingegangen.

	Industriesektorale Normung	Fernmeldetechnische Normung
International	ISO, IEC, JTC1	CCITT
Europäisch	CEN, CENELEC, ITSTC EWOS EOTC, ECITC	ETSI, TRAC
Deutsch	DIN, DKE DEKITZ	DKE, TBETSI

Tab. 1: Überblick über die nachfolgend vorgestellten Gremien

Jede Beschreibung soll kurz

- die Aufgaben,
- den Sitz,
- die Mitglieder und
- die herausgegebenen Dokumente

der jeweiligen Organisation enthalten sowie auf gemeinschaftlich unterhaltene Koordinationsgremien hinweisen (vgl. zum Überblick Tab. 1). Außerdem sollen die Aktivitäten im Hinblick auf die Stellung im Etablierungsprozeß eingeordnet werden.

2.6.1 Die internationale Ebene

Auf allen Normungsebenen ist grundsätzlich zwischen der industriellen und der fernmeldetechnischen Normung zu unterscheiden[42]. Innerhalb der industriellen Normung hat sich darüber hinaus der elektrotechnische Sektor eigenständig entwickelt.

---

[40] Standards Promotion Application Group
[41] Open Systems Interconnection Technical and Office Protocols
[42] Die Sonderstellung der Fernmeldetechnik ist darauf zurückzuführen, daß die nationalen Fernmeldeverwaltungen mit hoheitlichen Aufgaben betraut sind bzw. waren und zu eigenen internationalen Organisationsformen fanden, innerhalb derer sich auch die Normung, strikt von anderen Sektoren getrennt, vollzog. Im Zuge der sukzessiven Deregulierung dieses Bereiches wird

2.6.1.1 ISO, IEC und JTC1

Die Internationale Organisation für Standardisierung (ISO[43]) befaßt sich auf der internationalen Ebene mit der industriellen Normung in allen Sektoren, mit Ausnahme des elektrotechnischen Bereiches. Die ISO hat ihren Sitz in Genf. Mitglieder der ISO sind die nationalen Normungsgremien[44] mit gleicher Aufgabenstellung, für die Bundesrepublik das DIN[45].
Die Internationale Elektrotechnische Kommission (IEC[46]) erarbeitet Normen auf dem Gebiet der Elektrotechnik. Ihr Sitz ist ebenfalls in Genf. Mitglieder sind die nationalen Gremien gleicher Augabenstellung, für die Bundesrepublik die DKE[47].

Die historisch gewachsene Trennung zwischen ISO und IEC wird angesichts der vielfältigen Überschneidungen gerade im Bereich der Informations- und Kommunikationstechniken zunehmend als Anachronismus empfunden (Reihlen 1989), der in der Vergangenheit zu langwierigen Koordinationsproblemen geführt hat (Schulz 1984).
Als Ergebnis eines länger währenden Annäherungsprozesses zwischen beiden Organisationen wurde das JTC 1 (Joint Technical Committee) gegründet, in dem für beide Organisationen alle Normungsvorhaben der Informations- und Kommunikationstechnik koordiniert werden und in dem nach einheitlichen Regeln gearbeitet wird (vgl. ISO/IEC 1990-4).

Beide Organisationen gliedern sich hinsichtlich der technischen Arbeit in Technische Komitees (TC), die jeweils für größere Arbeitsgebiete zuständig sind. JTC 1 ist insofern ein solches gemeinsames Technisches Komitee. Es ist, wie auch die anderen TCs in Unterkomitees (SC) gegliedert. Die 16 Unterkomitees von JTC 1 arbeiten in vier Gruppen: Application Elements, Systems, Equipment & Media und System Support.
Normen, die im Zuge dieser Kooperation erstellt werden, werden als "ISO/IEC International Standard" veröffentlicht. Ihre Anwendung ist freiwillig.

Im Etablierungsprozeß treten ISO, IEC und JTC 1 mehrfach als Akteure auf. Die von ihnen verabschiedeten internationalen Standards im Bereich der OSI-Normung sind Basisnormen. Zu den Basisnormen werden Testnormen (Testmethoden, Testfälle) herausgegeben. Als Ergebnis der funktionalen Standardisierung werden von ihnen international standardisierte Profile verabschiedet.

2.6.1.2 CCITT

Das CCITT (Comité Consultatif International Télégraphique et Téléphonique) ist ein Ausschuß der Internationalen Fernmeldeunion (ITU), der weltweiten Vereinigung der Fernmeldeverwaltungen. Das CCITT nimmt international die Normungsaufgaben im Hinblick auf Fernemeldenetze, -endgeräte und -dienste wahr. Mitglieder des CCITT sind sowohl die Fern-

---

auch die fernmeldetechnische Normung zunehmend als industriesektorale Normung aufgefaßt (KEG 1990-1, S. 30).
[43] International Standardisation Organisation
[44] Wenngleich derzeit auch eine stärkere direkte Zusammenarbeit zwischen den internationalen und den europäischen Gremien angestrebt wird (Kestens 1991).
[45] Deutsches Institut für Normung
[46] International Electrotechnical Commission
[47] Deutsche Elektrotechnische Kommission im DIN und VDE

meldeverwaltungen der Mitgliedsländer als auch anerkannte private Betreibergesellschaften. Der Sitz des CCITT ist Genf.

Die Querschnittseigenschaften der Informations- und Kommunikationstechnik haben auch zu starken Überschneidungen zwischen ISO/IEC einerseits und dem CCITT andererseits geführt. In einigen Fällen kam es zu einer Zusammenarbeit und der Verabschiedung weitgehend übereinstimmender Dokumente[48]. Es ist jedoch aufgrund der international noch unterschiedlichen Verfaßtheit des Fernmeldesektors nicht damit zu rechnen, daß es darüber hinaus kurzfristig zu einer engen, formellen Kooperation zwischen der ISO/IEC- und der CCITT-Normung kommen wird.

Die Arbeit von CCITT vollzieht sich in Zyklen von 4-jährigen Studienperioden. Die während dieser Zeit zu leistende Arbeit ist auf Studiengruppen mit jeweils größeren Themenbereichen aufgeteilt. In jeder Studiengruppe werden Einzelthemen (Questions) auf Berichtsgruppen (Rapporteurs Group) aufgeteilt, in denen die Vorschläge erarbeitet werden.

Als Ergebnis gibt das CCITT Empfehlungen (Recommendations) heraus, die am Ende einer Studienperiode von der Vollversammlung verabschiedet werden[49]. Auch diese Empfehlungen sind freiwillig, haben jedoch de facto bindende Wirkung für die Mitgliedsorganisationen (Scherer 1985, S. 341).

Die Empfehlungen des CCITT im OSI-Bereich werden als Basisnormen aufgefaßt und stehen damit am Anfang des Etablierungsprozesses. Das CCITT greift in den skizzierten Etablierungsprozeß selbst nicht erkennbar ein.

2.6.2 Die nationale Ebene

2.6.2.1 DIN und DKE

Das Deutsche Institut für Normung (DIN) ist in der Bundesrepublik für die industrielle Normung in allen Sektoren - den elektrotechnischen wiederum ausgenommen - zuständig.
Die Deutsche Elektrotechnische Kommission (DKE) ist das für die elektrotechnische Normung zuständige Gremium.
Mitglieder von DIN und DKE sind Unternehmen und andere juristische Personen u. a. aus dem Bereich der Hersteller, des Handels, der Wissenschaft, der öffentlichen Verwaltung, der Gewerkschaften und der Verbraucher.

---

[48] Ein Beispiel hierfür ist das X.400-Message Handling System. Nachdem offensichtlich wurde, daß die Arbeiten von CCITT und ISO parallel verliefen und im technischen Gehalt nahezu identisch waren, stellte die ISO auf Druck einiger Mitgliedsländer die Arbeit ein (Babatz, Bogen & Pankoke-Babatz 1990, S. 12). Es kam letztlich zu einem gemeinsamen Dokument, das allerdings an einigen Stellen die deutlich unterschiedlichen Sichtweisen von Fernmeldeverwaltungen (CCITT) und von Herstellern privater Systeme (ISO) offenbart.

[49] Auch das CCITT hat in jüngster Zeit durch Änderung der Verfahrensregeln auf die neuen Erfordernisse der Normung reagiert. So wurde eine besondere Verabschiedungsprozedur eingeführt, mit der von den vierjährigen Studienperioden abgewichen wird. Nach der Verabschiedung einer Empfehlung in den Arbeitsgremien kann danach eine schriftliche Abstimmung zwischen den Verwaltungen eingeleitet werden. Die Empfehlung erhält dann offiziellen Charakter, wenn eine qualifizierte Mehrheit (71%) ihr zugestimmt hat.

Die Verbindungen zwischen beiden Gremien sind sehr eng. Die DKE ist ein gemeinsames Organ des DIN und des VDE (Verband Deutscher Elektrotechniker). Beide Organisationen sind Mitglieder in den entsprechenden internationalen[50] und europäischen[51] Normungsgremien.

Im DIN vollzieht sich die Arbeit in Normungsausschüssen. Im Bereich der Informationstechnik, zu der die OSI-Normung dort gehört, wird sie vom Normungsausschuß Informationsverarbeitungssysteme (NI) geleistet, der sich mit der DKE abstimmt (Groenke 1985). Die Bedeutung der rein nationalen Normung geht allgemein stark zurück[52]. Eine eigenständige OSI-Normung mit rein nationalem Charakter findet nicht statt. Die Aufgaben der nationalen Gremien konzentrieren sich auf die gestaltende Mitarbeit in den internationalen und regionalen Gremien und die Durchführung der Kommentierungsphase zur Formulierung eines nationalen Standpunktes in der Phase der Normsetzung.
Nach der Verabschiedung erhalten sowohl internationale wie auch europäische Normen erst durch ihre Übernahme als deutsche Normen Gültigkeit. Den nationalen Normungsgremien obliegt die Überführung in das nationale Normenwerk[53].

Deutsche Normen werden als DIN-Normen, übernommene internationale Normen als DIN ISO- und europäische als DIN EN-Normen herausgegeben[54]. Die Anwendung der Normen ist freiwillig.

Eine bemerkenswerte Veränderung des nationalen Normungsfeldes hat die Gründung des Europäischen Instituts für Telekommunikationsnormung (ETSI) mit sich gebracht. Die Anerkennung als Normungsgremium[55] erfordert, daß auch die korrespondierenden nationalen Gremien gewisse Verfahrensvoraussetzungen (Veröffentlichung, Kommentierungsphase, Übernahme in das nationale Normenwerk, etc.) gewährleisten. DIN und DKE sind in diesem Rahmen anerkannte Normungsgremien. Das ETSI stützt daher die nationale Fortsetzung seiner Normungsarbeit auf die DKE in Verbindung mit dem DIN[56] (Eckert 1990, S. 27ff). Diese Normen werden in der Bundesrepublik als DIN-ETS veröffentlicht. Damit verliert die Deutsche Bundespost die nationale Normungsverantwortung für die Telekommunikation.

---

[50] Das DIN ist ISO-Mitglied, die DKE ist IEC-Mitglied.

[51] Das DIN ist CEN-Mitglied, die DKE ist CENELEC-Mitglied.

[52] Lediglich 25% der DIN-Normungsvorhaben haben allein nationalen Charakter (DIN 1991).

[53] Im Grünbuch der EG-Kommission zur Normung (KEG 1990-1) wird vorgeschlagen, europäischen Normen direkt mit ihrer Verabschiedung Gültigkeit in den Mitgliedsländern zu verleihen (Europäische Normen aus eigenem Recht) (S. 47). Hiergegen wendet sich das DIN in seiner Stellungnahme zum Grünbuch (DIN 1991) offensichtlich auch deswegen, weil die Überführung in nationale Normen mit einigen, für die nationalen Gremien vorteilhaften Konsequenzen im Hinblick auf Urheberrechte und den Verkauf der Normdokumente verbunden ist.

[54] Zu den vom DIN angewendeten Regeln für die Überführung von Europäischen Normen und Europäischen Vornormen in das deutsche Normenwerk siehe Mohr (1990).

[55] Aufnahme in die Liste 1 der anerkannten Normungsgremien des Anhanges zur Informationsrichtlinie (83/189/EWG).

[56] Dazu wurde ein "Technischer Beirat für Normungsfragen des ETSI" (TBETSI) gegründet, der in die DKE-Struktur hochrangig eingeordnet wurde und dessen Mitglieder von den nationalen Mitgliedsorganisationen des ETSI berufen werden.

2.6.2.2 DEKITZ

Die Deutsche Koordinierungsstelle für IT-Normenkonformitätsprüfung und Zertifizierung (DEKITZ) hat die Aufgabe, das Prüfungs- und Zertifizierungswesen in der Bundesrepublik auf dem Gebiet der Informationstechnik zu koordinieren (Wende 1991-1). Ihr obliegt die Akkreditierung von Prüflabors und Zertifizierungsstellen[57]. Hierzu gehört die technische Begutachtung beider Einrichtungsarten, ihre Anerkennung und laufende Überwachung (Schock 1990). Prüfberichte akkreditierter Prüflabors werden von Zertifizierungsstellen als Grundlage für die Vergabe eines Zertifikates anerkannt.

DEKITZ ist auf der europäischen Ebene Mitglied des ECITC (European Committee for IT-Testing and Certification) und vertritt dort die nationalen Interessen.
In der Bundesrepublik ist DEKITZ nunmehr in die Trägergemeinschaft für Akkreditierung (TGA) integriert worden. Diese Organisation soll zukünftig als Dach mehrerer Akkreditierungsstellen, auch anderer Industriesektoren, fungieren und damit ein Akkreditierungswesen etablieren, wie es in anderen europäischen Ländern bereits existiert (Volkmann 1991).

2.6.3 Die europäische Ebene

2.6.3.1 CEN und CENELEC

Das Europäische Komitee für Normung (Comité Européen de Normalisation (CEN)) und das Europäische Komitee für elektrotechnische Normung (Comité Européen de Normalisation Electrotechnique (CENELEC)) sind die Spiegelgremien zu ISO/IEC auf internationaler sowie DIN/DKE auf nationaler Ebene. Mitglieder in beiden Organisationen sind die nationalen Normungsgremien, sowohl der EG- als auch der EFTA-Länder. Der Sitz beider Organisationen ist Brüssel.

Zwischen CEN und CENELEC besteht trotz organisatorischer Trennung eine enge Zusammenarbeit. Die gesamte Normungsarbeit beider Gremien ist gemeinsamen Regeln unterworfen[58] (CEN/CENELEC 1990). Im Bereich der Informations- und Kommunikationstechnik

---

[57] Bisher sind bspw. das ROLAND-Testlabor der Deutschen Bundespost TELEKOM, Wiesbaden, als Prüflabor (Stöttinger 1989) und das Fernmeldetechnische Zentralamt (FTZ), Darmstadt, als Zertifizierungsstelle akkreditiert worden (Bauernfeind 1990).

[58] Diese Annäherung muß bereits als direkte Folge der besonderen Bedeutung angesehen werden, die die EG der Normung beimißt. So wurde 1984 zwischen der Komission und den Gremien CEN und CENELEC eine Vereinbarung "General guidelines for the cooperation between the Commission of the European Communities and the European Standardization bodies the European Committee for Standardization (CEN) and the European Committee for Electrotechnical Standardization (CENELEC)" getroffen, in der die besondere Rolle der Normungsgremien bei der Verfolgung der "Neuen Konzeption" anerkannt wurde. Es kam daraufhin zu finanziellen Zusagen zur Unterstützung der ansonsten freifinanzierten Normungsarbeit. Im Gegenzug verpflichteten sich CEN und CENELEC, ihre Arbeit stärker zu koordinieren, ihre Resourcen zu verstärken sowie sich weitgehend an internationalen Normen zu orientieren. Erst auf Ersuchen der Kommision kam es dann zu gemeinsamen Regeln, in denen auch die obligatorische Übernahme Europäischer Normen durch nationale Gremien und die Änderung der Abstimmungsverfahren nach qualifizierter Mehrheit festgelegt wurden (KEG 1987, S. 69f; KEG 1990-1).

wird ihre Arbeit zusammen mit der von ETSI durch einen Steuerungsausschuß (IT Steering Committee (ITSTC)) koordiniert.

Die Normungsarbeit von CEN und CENELEC vollzieht sich in Technischen Komitees (TC) und umfaßt größere Arbeitsgebiete. Diese Arbeitsgebiete sind weiter in Unterkomitees (SC) untergliedert. Die detaillierte Ausarbeitung von Normtexten wird häufig in Arbeitsgruppen vorbereitet (CEN/CENELEC 1990 sowie Schulz 1984).

Als Ergebnis ihrer Arbeit geben CEN und CENELEC folgende Normdokumente heraus[59] (CEN/CENELEC 1990):

- Europäische Norm (EN). Sie wird in Übereinstimmung mit den Verfahrensregeln der Gremien verabschiedet und muß anschließend von den nationalen Gremien unverändert übernommen werden. Entgegenstehende nationale Normen müssen zurückgezogen werden.

- Harmonisierungsdokument (HD). Es unterliegt den gleichen Verfahrensregeln wie eine Europäische Norm. Bei der nationalen Übernahme jedoch bestehen Spielräume, die nationale Abweichungen erlauben. Es muß nicht direkt als nationale Norm übernommen, jedoch als Harmonisierungsdokument veröffentlicht werden. Entgegenstehende nationale Normen müssen zurückgezogen werden.
Oft werden Harmonisierungsdokumente in den Fällen verabschiedet, in denen keine Einigung auf eine Europäische Norm erreicht werden konnte (KEG 1990-3).

- Europäische Vornorm (ENV). Die Europäische Vornorm wird gemeinhin als die Innovation im europäischen Normwesen angesehen, die insbesondere im Bereich der Informations- und Kommunikationstechnik den Erfordernissen der entwicklungsbegleitenden Normung Rechnung trägt (Riesenhuber 1989; Reihlen 1989).
Europäische Vornormen werden verabschiedet, wenn es einen aktuellen Bedarf für eine schnelle Festlegung gibt, der erreichte Stand jedoch für eine endgültige Norm (EN) nicht ausreicht. Eine ENV ist zur vorübergehenden Anwendung gedacht. Ihre Gültigkeit ist zunächst auf drei Jahre begrenzt. Danach kann sie - im Rahmen des formalen Verfahrens - als EN verabschiedet, durch eine neue Ausgabe ersetzt, oder ihre Gültigkeitsdauer kann einmalig um zwei weitere Jahre verlängert werden. Bewährt sich die ENV nicht und erhält nicht innerhalb der Fristen den Status einer Europäischen Norm, so wird sie ersatzlos gestrichen. Konfligierende nationale Normen können während der Gültigkeitsdauer einer ENV beibehalten werden (CEN/CENELEC 1990).
An die Vornormen wird die Erwartung geknüpft, daß einerseits hierauf aufbauende technische Entwicklungen zu einem frühen Zeitpunkt eine hinreichend verläßliche Basis erhalten und daß bzgl. der Vornorm Erfahrungen gesammelt werden können, die anschließend in die endgültige Norm Eingang finden.

Die Leitlinie, nach der die internationale Normung stets Vorrang hat, beschränkt die europäische OSI-Normung im Grundsatz auf die Übernahme vorhandener internationaler Normen. Wie dargestellt, entziehen sich OSI-Basisnormen dieser direkten Übernahme, und es bedarf

---

[59] Daneben werden Themen von allgemeinem Interesse, die nicht unmittelbar zur Normung bestimmt sind, in Fachberichten (Technical Reports) veröffentlicht (Schulz 1984).

der funktionalen Standardisierung. Hier ist die eigentliche Rolle von CEN und CENELEC anzusiedeln[60]. Wenn auch ein großer Teil der technischen Detailarbeit an anderer Stelle, etwa von EWOS (European Workshop for Open Systems, dazu unten 2.6.3.3), geleistet wird, übernehmen CEN und CENELEC die Überführung funktionaler Standards in Europäische Normen.

2.6.3.2 ETSI

Auf europäischer Ebene wurden die Normungsaufgaben in der Telekommunikation traditionell von der Kommission Fernmeldewesen innerhalb der Europäischen Konferenz der Verwaltungen für Post- und Fernmeldewesen (CEPT (Conference Européen des administrations des Postes et des Télécommunications)) wahrgenommen.
Die Mitarbeit war grundsätzlich auf die Post- und Fernmeldeverwaltungen beschränkt, wenngleich die Telekommunikationsindustrie in beschränktem Maße hieran beteiligt wurde. Benutzerinteressen konnten in diese Arbeit nicht eingebracht werden (vgl. Scherer 1985, S. 342f).
Die mangelnde Offenheit sowie die Schwerfälligkeit der Verfahren des CEPT angesichts enorm anwachsender Anforderungen an die europäische Telekommunikationsnormung standen seit längerem in der Kritik der Europäischen Gemeinschaft (vgl. Eckert 1990, S. 4f).

In ihrem Grünbuch zur Telekommunikation (KEG 1987) schlug die Kommission die Einrichtung eines neuen Gremiums für die Normung auf dem Gebiet der Telekommunikation vor. Im Jahre 1988 wurde dann das Europäische Institut für Telekommunikationsstandards (European Telecommunications Standards Institute (ETSI)) gegründet. Mittlerweile sind die Normungsaufgaben des CEPT auf das ETSI übergegangen. Damit ist nun ETSI für die Normung auf dem Gebiet der Telekommunikation zuständig.

Diese Aufgabenzuweisung ist in Abgrenzung zu CEN/CENELEC im Bereich der Endgeräte und der Netzkomponenten weitgehend unproblematisch. Keine klare Abgrenzung wurde dagegen in den Normungsbereichen außerhalb der Netztechnik gefunden. Es ist die Aufgabe des ITSTC, die Normungsarbeit zwischen CEN, CENELEC und ETSI zu koordinieren. Da eine allgemeingültige Abgrenzung letztlich nicht möglich ist, hat man sich auf eine Liste geeinigt, in der die Zuordnung zwischen technischen Bereichen und Gremien vorgenommen wird (CEN/CENELEC/ETSI 1989-2 sowie CEN/CENELEC/ETSI 1990).

Mitglieder von ETSI sind nicht mehr allein nationale Fernmeldeverwaltungen, sondern alle betroffenen europäischen Organisationen im Telekommunikationssektor sollen an der Arbeit teilnehmen können (Eckert 1990). Sitz des ETSI ist Valbonne-Cedex (Nizza).

Die ETSI-Arbeit wird, wie in übernationalen Gremien üblich, in Technischen Komitees geleistet, die für größere Arbeitsgebiete zuständig sind. Diese wiederum sind in Unterkomi-

---

[60] Das gemeinsame Memorandum M-IT-02 von CEN, CENELEC und auch von ETSI (CEN/CENELEC/ETSI 1989-1) bezieht sich ausschließlich auf OSI-Normung und beinhaltet ein Verzeichnis all der funktionalen Standards, die für erforderlich gehalten werden. Die Ergänzung zu diesem Memorandum "Program for developement of functional standards for information technology (for interworking in an OSI environment)" (CEN/CENELEC/ETSI 1989-2) gilt als gemeinsames Arbeitsprogramm dieser Gremien und ist allein auf die funktionale Standardisierung gerichtet.

tees (STC) unterteilt. Die Arbeitsform in den Komitees ist insofern konventionell organisiert, als mit regelmäßigen Arbeitstreffen gearbeitet wird. Als innovatives Element, insbesondere im Hinblick auf die Umsetzung des Konzeptes entwicklungbegleitender Normung, sieht ETSI Arbeiten in Projektteams vor[61] (Gagliardi 1989). Sie werden von der Technischen Versammlung[62] eingerichtet. In ihnen arbeiten Experten, die von den Mitgliedsorganisationen freigestellt sind und von ETSI bezahlt werden. Ihre Arbeit ist zeitlich befristet, soll klar umrissen sein und dient überwiegend dazu, innerhalb angemessener Zeit durch kontinuierliche Befassung mit den Problemen zu einem Normentwurf zu kommen (Eckert 1990, S. 10).

ETSI gibt als Normdokumente ETS (Europäische Telekommunikationsstandards) sowie den ENVs vergleichbare I-ETS (Interim-ETS) heraus. Sie nehmen im Bereich der freiwilligen Normung die gleiche Rolle ein wie die Normen von CEN/CENELEC.

Ein Teil der ETSs erhält jedoch im Rahmen der Endgerätezulassung bindende Wirkung, da sie als Grundlage für NETs dienen. NETs wiederum sind technische Vorschriften, zu deren Einhaltung sich die meisten CEPT-Mitglieder verpflichtet haben (dazu oben 2.5.2.2).
Wie für CEN und CENELEC gilt auch für ETSI, daß eine wesentliche Aufgabe in der Überführung internationaler Basisnormen als funktionale Standards in Europäische Telekommunikationsnormen (ETS) besteht.

2.6.3.3 EWOS

EWOS (European Workshop for Open Systems) wurde 1987 von einigen Hersteller- und Anwendervereinigungen[63] mit Sitz in Brüssel gegründet. Die vorwiegende Aufgabe von EWOS besteht darin, funktionale Standards sowie dazugehörige Testspezifikationen vorbereitend zu erarbeiten (EWOS 1991-1). Damit setzt EWOS die von einer Herstellerinitiative im Rahmen von SPAG (Standards Promotion and Application Group) begonnene Arbeit fort[64]. Mit der Gründung von EWOS wurde die funktionale Standardisierung in Europa[65] - im Gegensatz zu den SPAG-Vorläuferaktivitäten - auf eine breitere Basis gestellt.

Die Mitgliedschaft bei EWOS ist grundsätzlich offen für alle Organisationen, Hersteller, Anwender, politischen Gremien, Fernmeldeverwaltungen, Forschungseinrichtungen, Standardisierungsgremien etc., die zur EWOS Arbeit beitragen wollen (EWOS 1991-1).

EWOS ist ein assoziiertes Gremium im Rahmen der gemeinsamen CEN/CENELEC Regeln (CEN/CENELEC 1990) und darf als solches seine Arbeitsergebnisse direkt in die formalen Abstimmungsprozeduren von CEN/CENELEC einbringen. Einen vergleichbaren Status (S-

---

[61] Hiermit erfüllt ETSI eine Forderung der EG-Kommission an die Normungsarbeit insgesamt und geht damit über die CEN/CENELEC-Ansätze hinaus. Auch für diese Gremien hat die Kommission die Einrichtung von Projektteams angemahnt (KEG 1990-1, S. 26). Hiergegen gibt es offensichtliche Widerstände in Normungskreisen (DIN 1991, S. 266).

[62] Die Technische Versammlung ist allen Technischen Komitees übergeordnet.

[63] COSINE, ECMA, EMUG, OSITOP, RARE, SPAG

[64] SPAG hatte die wesentlichen Grundlagen für den Ansatz der funktionalen Standardisierung vorbereitet und ihn im bekanntgewordenen "Guide to the use of standards" (SPAG 1985) veröffentlicht (dazu unten 3.3.1).

[65] Vergleichbare regionale Workshops wurden in den Vereinigten Staaten als OSI-Implementors Workshop (OIW) und für Asien als Asia-Oceania Workshop for Open Systems (AOW) gegründet.

Liaison (ISO/IEC 1990-4)) nimmt EWOS auch gegenüber der internationalen Normungsarbeit zur funktionalen Standardisierung ein.

Die technische Arbeit von EWOS vollzieht sich in Expertengruppen (EG), denen die Verantwortung für größere Aufgabengebiete (z.B. Directory, MHS oder FTAM) auf Dauer übertragen ist.
Zusätzlich können Projektgruppen (PT) gebildet werden, denen die Lösung spezieller Probleme übertragen wird. Projektgruppen arbeiten im Gegensatz zu Expertengruppen an der vorgegebenen Fragestellung für eine gewisse Dauer, bis ein Ergebnis vorliegt. Danach wird die Arbeit der Gruppe eingestellt.
Da EWOS die funktionale Standardisierung für CEN/CENELEC trägt, findet auch in dieses Umfeld eine den Anforderungen der entwicklungsbegleitenden Normung angemessene Arbeitsweise Eingang[66].
EWOS gibt seine Arbeitsergebnisse als EWOS Documents (ED) nach einem formalen Abstimmungsverfahren (EWOS 1991-1) heraus. Diese gehen direkt als Vorschlag für eine Europäische Vornorm (prENV) in die CEN/CENELEC- und als Vorschlag für einen ISP-Entwurf (pDISP) in die ISO/IEC JTC1-Verfahren ein.

Die Rolle von EWOS im hier betrachteten Etablierungsprozeß liegt ganz überwiegend im Bereich der funktionalen Standardisierung. Mit der Erarbeitung von Testspezifikationen, die über die Basisnormen hinaus zusätzlich für funktionale Standards notwendig werden, trägt EWOS auch zur weiteren Entwicklung des Test- und Zertifizierungswesens bei.

2.6.3.4 EOTC und ECITC

Die Europäische Organisation für Prüfung und Zertifizierung (European Organisation for Testing and Certification (EOTC)) soll als unabhängige Einrichtung neben den Normungsgremien Aufgaben der Prüfung und Zertifizierung für alle Sektoren wahrnehmen.

Innerhalb dieser Dachorganisation nimmt das Europäische Komitee für IT-Prüfung und -Zertifizierung (European Committee for IT-Testing and Certification (ECITC)) die Rolle eines Sektorenkomitees für die Informationstechnik ein.
Seine Einrichtung geht auf das Memorandum M-IT-03 (CEN/CENELEC/CEPT 1987) zurück, in dem ein umfassender Strukturvorschlag für ein europäisches Prüf- und Zertifizierungswesen auf dem Gebiet der Informationstechnik erarbeitet wurde (dazu ausführlich unten 3.4.2.1) und welches nach der Unterzeichnung der "Absichtserklärung zur Durchführung des CEN/CENELEC/CEPT-Memorandums M-IT-03" zur gemeinsamen Grundlage für die unterzeichnenden EG- und EFTA Länder wurde (Schock 1990).

Die Aufgabe des ECITC ist die Förderung des Prüf- und Zertifizierungswesens in Europa und die Sicherstellung der gegenseitigen Anerkennung von Prüfergebnissen und Zertifikaten sowie der Anwendung gleicher Kriterien bei der Akkreditierung von Prüf- und Zertifizierungsstellen in den Mitgliedsländern (Wiechers & Nilsson 1991). Mitglieder des ECITC sind natio-

---

[66] Die EG-Kommission mahnt dazu im Grünbuch Normung CEN/CENELEC an, verstärkt auf assoziierte Gremien zurückzugreifen und die Arbeitsweise in Prokjektgruppen zu fördern (KEG 1990-1, S. 26f).

nale Koordinierungsstellen, die das jeweilige Prüf- und Zertifizierungswesen in den Mitgliedstaaten koordinieren und beaufsichtigen[67].

Die Aufgabe des ECITC auf europäischer Ebene besteht im wesentlichen in der Koordination der nationalen Aktivitäten und der Vermittlung zwischen den Positionen der nationalen Koordinierungsstellen (KEG 1990-3). Die Detailarbeit wird hinsichtlich der Bedingungen für die gegenseitige Anerkennung der Ergebnisse von Recognition Arrangements (RA) geleistet (dazu unten 3.4.2.3). Die operativen Aufgaben der Organisation und die Durchführung der Prüfung und Zertifizierung werden überwiegend im nationalen Rahmen zwischen Koordinierungsstelle, Prüflabors und Zertifizierungsstellen wahrgenommen.

Das gesamte Prüf- und Zertifizierungswesen ist in seiner Struktur noch sehr neu und nicht in allen Einzelheiten stabil. Ich werde die Zusammenhänge zwischen den verschiedenen Einrichtungen unter 3.4.2 noch einmal aufgreifen und - soweit heute sichtbar - näher erläutern.

---

[67] Diese nationalen Koordinierungsstellen sind bisher nicht in allen Ländern eingerichtet. In der Bundesrepublik wurde hierfür das DEKITZ gegründet (dazu oben 2.6.2.2). In (SPAG 1990) findet sich eine Zusammenstellung weiterer nationaler Koordinierungsstellen.

3 Der Normetablierungsprozeß in seiner technischen und institutionellen Dimension

Nach dem Stand unserer bisherigen Untersuchungen kennen wir die grundsätzliche Struktur des Normetablierungsprozesses. In der skizzierten Politik der Europäischen Gemeinschaft kommt deren Wille zum Ausdruck, die Etablierung von OSI-Normen in allen ihr zugänglichen Phasen zu beeinflussen. Diese Politik gibt für die europäischen Etablierungsbemühungen einen allgemeinen Rahmen vor, auf den politische Kräfte auf europäischer Ebene sowie in den Mitgliedsländern innerhalb der Reichweite der EG-Politik verpflichtet werden. Außerhalb dieser Reichweite werden Normungsgremien und andere Institutionen durch vertragliche Übereinkünfte eingebunden, die diesen die jeweils besondere Stellung in den Verfahren sichern und finanzielle Unterstützung gewährleisten.

Die politischen Rahmenvorgaben sind also deutlich. Nun soll der Normetablierungsprozeß nicht mehr allgemein, sondern so wie er für den europäischen Bereich konzipiert und teilweise implementiert ist, dargestellt werden.

Dies umfaßt technische Aspekte einerseits sowie organisatorische und institutionelle Aspekte andererseits.

Die Ausleuchtung der technischen Dimension der Normetablierung soll zur Klärung der Frage beitragen, worin eigentlich die technischen Probleme bestehen, die nach der Basisnormung, also dann, wenn die wesentliche Arbeit geleistet scheint, auftreten und der zügigen Akzeptanz durch den Markt im Wege stehen. Hinsichtlich dieser Problemstellungen werden die derzeit diskutierten Lösungsansätze vorgestellt.

Im Zuge dieser Darstellung werden auch die technischen Grundlagen gelegt, die für das Verständnis der gesamten Arbeit notwendig sind. Auch aus diesem Grunde beginne ich mit der Diskussion des OSI-Referenzmodells, das sowohl für die Einsicht in die kommunikations- und normungstechnischen Fragen als auch für die Ausführungen zum später diskutierten Message Handling System von grundlegender Bedeutung ist.

Darüber hinaus sind insbesondere die auf den Normungsgegenstand gerichteten technischen Maßnahmen hinsichtlich der uns später stärker beschäftigenden Eigenschaftsdetermination relevant. In diesem Zusammenhang soll aufgezeigt werden, in welchen Phasen und mit welcher Wirkung im Normetablierungsprozeß hierauf Einfluß genommen wird.

Die Darlegung der organisatorisch-institutionellen Dimension des Normetablierungsprozesses hat im wesentlichen zum Ziel zu zeigen, wie das politische Rahmenkonzept aus Kapitel 2 in ein praktisches Umsetzungskonzept überführt wurde. Sie benennt die jeweiligen Gremien und Organisationen, innerhalb und außerhalb des herkömmlichen Normungsfeldes, die ihnen zugewiesenen Rollen sowie die vorgesehenen bzw. bereits geschaffenen Kooperationsstrukturen. Mit dieser Darstellung soll die Einschätzung weiter gestützt werden, daß das Gesamtkonzept nicht nur geeignete Antworten auf technische Problemstellungen gibt, sondern auch in seiner prozessualen Abstimmung so konsequent konzipiert ist, daß es zu einer Veränderung der konkreten Marktbedingungen beitragen kann.

3.1 Rahmensetzung durch das OSI-Referenzmodell der ISO

Die wesentliche Grundlage aller Normungsarbeiten in der Kommunikationstechnik bildet das 1984 als internationaler Standard der ISO veröffentlichte Dokument 7498, das gemeinhin als OSI-Referenzmodell bekannt wurde[68]. Dieses OSI-Referenzmodell ist die Antwort auf mehrere wesentliche Fragen, die sich bei der Normung von Kommunikationsfunktionen stellten:

1. Welche Funktionen umfaßt ein zu normendes Kommunikationssystem?
2. Wie können die zu normenden Funktionen so gegeneinander abgegrenzt werden, daß die Normungsarbeit arbeitsteilig erfolgen kann?
3. Wo liegen die Grenzen der Normung?

3.1.1 Grenzziehung durch Schnitte

Wesentliche Probleme ergaben sich hinsichtlich der Grenzziehung. Zum einen mußte Klarheit darüber geschaffen werden, worin der Normungsgegenstand besteht, was er umfaßt und wogegen er abzugrenzen ist. Zum anderen mußten innerhalb der zu normenden Funktionen die Grenzen so gezogen werden, daß eine modulare Normung möglich wurde.

Die Art und Weise, wie diese Grenzziehung im Referenzmodell vorgenommen wurde, wird von Burkhardt & Schindler (1981) als das Schnittkonzept ("cut") vorgestellt: "A cut seperates an inner world from an outer world and defines discrete interaction points at which the inner world and the outer world may interact with each other" (p. 157).

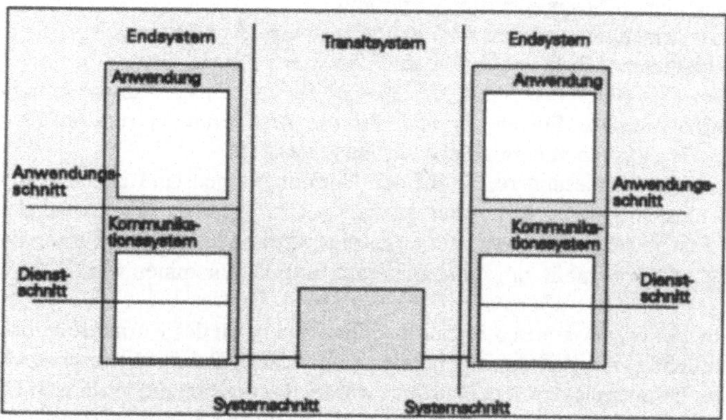

Abb. 4: Schnitte im Referenzmodell

Im Referenzmodell werden mehrere solcher Schnitte angesetzt und damit die Modellkomponenten gegeneinander abgegrenzt (vgl. Abb. 4). Der <u>Systemschnitt</u> grenzt Endsysteme von

---

[68] Vgl. zum Folgenden neben dem Originaldokument auch Stöttinger 1989-1; Barz 1991; Effelsberg & Fleischmann 1986; Blumann 1985 sowie Görgen, Koch, Schulze, Struif & Truöl 1985.

Transitsystemen und anderen Endsystemen, der <u>Dienstschnitt</u> grenzt Kommunikationsfunktionen gegeneinander und der <u>Anwendungsschnitt</u> grenzt eine Anwendung gegen das Kommunikationssystem ab.

Bzgl. der oben formulierten Fragen werden mit den angesetzten Schnitten folgende Vorstellungen verbunden:

1. Die OSI-Normung soll sich nur auf das Kommunikationssystem beziehen. Es soll beliebigen, nicht genormten Anwendungen einen in sich geschlossenen Kommunikationsdienst anbieten, unter dessen Zuhilfenahme sie Daten untereinander austauschen können. Diese Daten sollen für das genormte Kommunikationssystem transparent sein[69].

---

[69] In der Kommunikationstechnik - und das wird für viele Technikbereiche gelten - ist mit dem Problem umzugehen, daß Dinge bezeichnet werden müssen, für die im Grunde die Worte fehlen. Die sind in der Regel durch soziale Phänomene wie bei Kommunikation, Protokoll, Dienst etc. belegt. Teilweise werden die Bezeichnungen, wenn nur eine vage Anlehnung an umgangssprachliches Verständnis möglich scheint, umgedeutet oder man läßt dem englischen Sprachraum die Probleme, indem man fremde (englische) Bezeichnungen einführt.

Die Verwendung des Wortes Transparenz macht allerdings auch dem um Verständnis Bemühten Schwierigkeiten. Transparenz heißt Durchsichtigkeit. Man spricht von Transparenz von Strukturen, Transparenz von Abläufen oder von der Transparenz einer Situation und meint damit jeweils, daß man in etwas Einblick erhält und daß Hindernisse, Dinge, die einem den Blick verstellen könnten, nicht im Wege stehen. Eine Glasscheibe ermöglicht Transparenz dessen, in das man durch sie Einblick erhält.

Der kommunikationstechnische Transparenzbegriff meint auch Durchsichtigkeit, er meint die Glasscheibe. Die Glasscheibe besitzt die Eigenschaft der Durchsichtigkeit, und sie ist transparent. Es geht also bei diesem Begriff um das, was den Blick verstellen könnte, nicht um das, worin man Einblick erhielte.

Den Begriff so verwendet, sollen transparente Daten bedeuten, daß das Kommunikationssystem durch die Daten hindurchschaut, sie nicht wahrnimmt. Das Kommunikationssystem nimmt von den Daten, die zwischen den Anwendungen ausgetauscht werden, keine Notiz, es transportiert sie nur und interpretiert sie nicht.

Wenn man so weit noch gemeinsame Begriffswurzeln erkennen kann, laufen die Begriffe jedoch zunehmend auseinander. Der Gedanke, nämlich Daten als transparent zu bezeichnen, wenn das System sie nicht interpretiert, impliziert, daß das System keine Kenntnis der Struktur der Daten hat. Jetzt konvergiert der technische Transparenzbegriff gegen Unkenntnis und dies in gänzlichem Widerspruch zur alltäglichen Verwendung. Als Transparenz wird mittlerweile vieles bezeichnet, was, weil es technisch komplex ist, gegenüber anderem verdeckt wird. Der Mensch z. B. soll eine Systemleistung transparent nutzen heißt: Er soll nicht wissen, was i. e. dahinter steht. So findet denn diese Begriffsentwicklung in einer Definition von Oslowsky-Klein & Schröder (1991) eine bemerkenswerte Fassung: "Transparenz eines Systems bedeutet, daß bestimmte Eigenschaften dem Anwender, aber auch den Anwendungen selbst verborgen bleiben" (S. 107).

Transparenz so gefaßt, bedeutet nicht mehr Einblick, sondern Verbergen, nicht mehr Wissen, sondern Nicht-Wissen.

Dennoch, am Begriff der transparenten Datenübertragung kommt man in der Kommunikationstechnik nicht vorbei. Die Alternativen, etwa bedeutungslose oder nicht interpretierende Übertragung, sind kaum angemessener. Daher werde ich weiterhin von transparenten Daten sprechen und meinen, daß diese Daten vom jeweiligen technischen Element nicht analysiert und interpretiert werden.

2. Die Normung erfaßt nur das Außenverhalten von Kommunikationssystemen. OSI-Normen sollen nur festlegen, wie sich ein Kommunikationssystem nach außen - hin zum Transitsystem oder zum anderen Endsystem - zu verhalten hat, wie es auf bestimmte Ereignisse zu reagieren hat. Die Normung soll nicht die konkrete Implementierung, also die Abbildung des genormten Verhaltens auf das konkrete hard- und softwaretechnische System vorschreiben.

3. Die von einem Kommunikationssystem insgesamt notwendig zu erbringenden Funktionen sollen in Form von abstrakten Dienstdefinitionen gegeneinander abgegrenzt werden.

3.1.2 Die sieben Funktionsschichten

Mit den oben skizzierten Grenzziehungen wird das zu normende Kommunikationssystem aufgefaßt als eine hierarchische Ordnung von sieben Funktionschichten, die aufeinander aufbauend insgesamt einen OSI-konformen Kommunikationsdienst erbringen.
Um zu verdeutlichen, wie einzelne Schichten eine bestimmte Kommunikationsfunktion erbringen und wie diese Funktionen über die Schichtenhierarchie so zusammengefügt werden, daß eine Anwendung letztlich einen Kommunikationsdienst nutzen kann, wurde ein schichteninternes Modell, eine abstrakte Vorstellung über die Abläufe innerhalb einer einzelnen Schicht entwickelt.

3.1.3 Das interne Schichtenmodell

Ein Kommunikationssystem stellt einer Anwendung einen Kommunikationsdienst zur Verfügung. Um ihn zu erbringen, arbeiten die hierarchisch geordneten Schichten so zusammen, daß sich aus der Summe ihrer Leistungen letztlich der spezifische Kommunikationsdienst ergibt.
Für eine beliebige aber feste Schicht N besteht folgende Vorstellung (vgl. Abb. 5): Eine Schicht wird in jedem beteiligten System durch eine <u>Schichteninstanz</u> ("entitiy") repräsentiert[70].

Die Schicht N erbringt der Schicht N + 1 am <u>Dienstzugangspunkt</u> ("service access point" (SAP)) einen <u>Dienst</u> ("service"). Die Bereitstellung erfolgt über <u>Dienstprimitive</u> ("element of service"). Um den Dienst erbringen zu können, stützt sich die Schicht N auf den Dienst der Schicht N - 1 und reichert diesen um die spezifische Leistung der Schicht N an. Die schichtspezifische Leistung der Schicht N wird durch die Abwicklung eines <u>Protokolls</u> zwischen zwei Instanzen der Schicht N in den beteiligten Kommunikationssystemen erbracht.

<u>Dienst</u>
Der Dienst einer Schicht stellt die Gesamtheit der Leistungen dar, die eine Schicht N als Diensterbringer ("Service Provider") einer Schicht N + 1 ("Service User") anbietet. Dieser Dienst ist die Summe aller Dienste der Schichten 1...N-1 ergänzt um die spezifische Leistung der Schicht N. Um diesen Dienst zu nutzen, greift die Schicht N+1 über Dienstprimitive hierauf zu. Die Dienstprimitive machen im wesentlichen folgende Dienstleistungen verfügbar:

---

[70] Mit dem Begriff der Instanz soll von konkreten Erscheinungsformen, etwa in Form einer Station, eines Rechners, eines Prozesses oder eines Benutzers, abstrahiert werden.

- Aufbau einer Schicht-N-Verbindung
- transparente Übertragung der Schicht-N+1-Daten
- Abbau der Schicht-N-Verbindung.

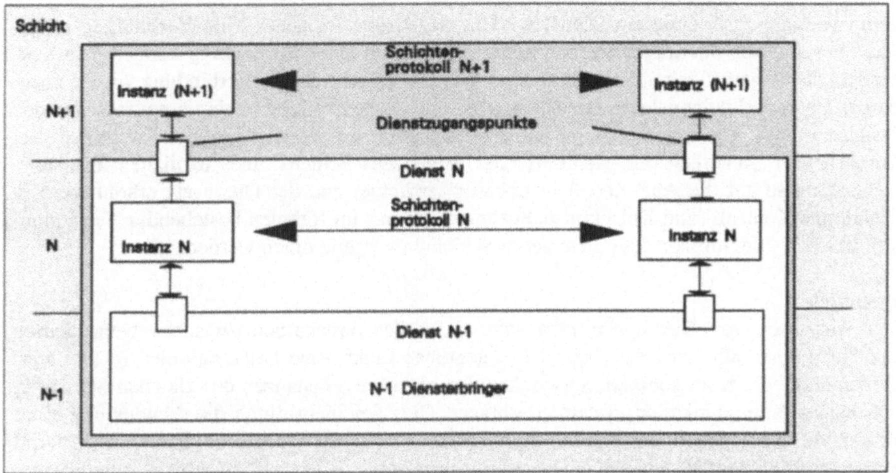

Abb. 5 :Modell einer Schicht und ihrer Interaktion mit benachbarten Schichten. (Quelle: Görgen u.a. 1985, S. 24)

Es können vier Dienstprimitivtypen unterschieden werden (vgl. Abb. 6):

request: Eine N+1-Instanz fordert einen Dienst bei der Schicht N an.

indication: Eine Schicht N zeigt einer N+1-Instanz das request einer entfernten N+1-Instanz oder ein lokales Ereignis an.

response: Eine N+1-Instanz reagiert auf ein indication der Schicht N.

confirmation: Eine Schicht N reagiert gegenüber der N+1-Instanz auf ein zuvor entgegengenommenes request.

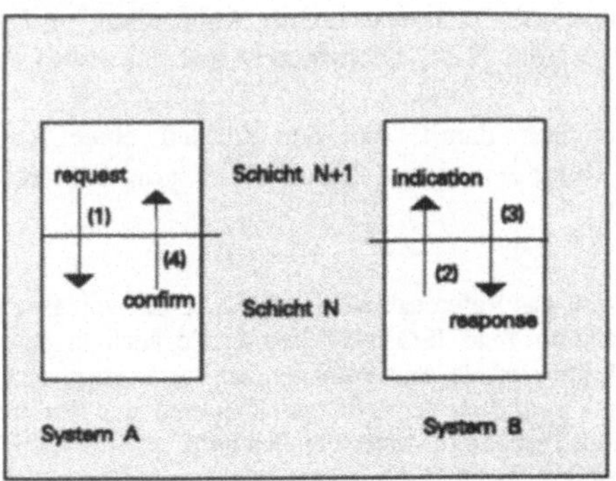

Abb. 6: Austausch von Dienstprimitiven zwischen benachbarten Schichten.

Es ist grundsätzlich zwischen zwei Dienstmodi, dem verbindungsorientierten sowie dem verbindungslosen Dienst, zu unterscheiden[71] (Giese, Görgen, Hinsch, Schulze & Truöl 1985).

Beim verbindungsorientierten Dienst wird zwischen den Instanzen eine Verbindung aufgebaut, bevor Daten übertragen werden können. Innerhalb einer Verbindung können dann z.B. Fehlerbehebungsmaßnahmen vorgenommen werden. Danach ist die Verbindung wieder abzubauen. Beim verbindungslosen Dienst besteht eine solche explizite Verbindung zwischen den Instanzen nicht. Sie kommunizieren ohne Bezugnahme auf vorangegangene Ereignisse. Bei hinreichender Sicherheit des Mediums oder wegen des Fehlens eines expliziten Transitsystems kann so auf die Auf- und Abbauphasen verzichtet und der Durchsatz erhöht werden. Bestimmte Kontroll- und Korrekturmaßnahmen, die nur im Rahmen bestehender Verbindungen sinnvoll sind, müssen dann in anderen Schichten vorgenommen werden.

Protokolle

Der Austausch von Dienstprimitiven steuert die Zusammenarbeit zwischen benachbarten Schichten innerhalb eines Systemes. Die eigentliche funktionale Leistung einer Schicht wird jedoch durch die Kommunikation zwischen den beteiligten Instanzen der gleichen Schicht in den beiden Kommunikationssystemen erbracht. Dies geschieht durch die Abwicklung eines Protokolls. Zwischen ihnen werden Protokolldateneinheiten ("protocol data unit" (PDU)) ausgetauscht. Jede PDU besteht aus einem Steuerdatenblock und ggf. aus einem transparenten Nutzdatenblock ("User Data") der Schicht N+1.
Jede PDU hat eine bestimmte Bedeutung, die über die Steuerdaten ausgedrückt wird. Die Bedeutung ist in dem jeweiligen (genormten) Schichtenprotokoll eindeutig festgelegt. Empfängt eine Schichtinstanz eine PDU, so ist ihr über die Protokollfestlegungen vorgeschrieben, entweder mit einem Dienstprimitiv an die höhere Schicht oder durch die Rücksendung einer PDU zu reagieren.

Beispiel eines Kommunikationsablaufes

Der Zusammenhang zwischen der Dienstnutzung/-erbringung benachbarter Schichten eines Systems und der Funktionsrealisierung über das Schichtenprotokoll soll am Beispiel eines Verbindungsaufbaus verdeutlicht werden (vgl. Abb. 7).

Nehmen wir vereinfachend an, eine Anwendung im System A wollte eine Dateneinheit beliebiger Bedeutung an eine mit ihr kooperierende Anwendung im System B übertragen und setzte hierfür auf einer Schicht N als Dienstnutzer auf. Sie selbst soll als Schicht N+1 bezeichnet werden.[72]
Die Kommunikation beginnt damit, daß der Aufbau einer Kommunikationsbeziehung (Schicht-N-Verbindung) über ein request-Primitiv (1) bei der Schicht N angefordert wird.

---

[71] Diese Unterscheidung sah das Referenzmodell zunächst nicht vor. Erst mit einer Ergänzung zum Referenzmodell (Addendum 1 zu ISO 7498) wurde sie auch in den OSI-Rahmen eingeführt. Hierdurch ergeben sich gravierende Auswirkungen auf das Normenwerk, indem jetzt - zumeist in verschiedenen Normen - zwischen verbindungsorientierten und verbindungslosen Diensten und hierzu jeweils gehörenden Protokollen unterschieden wird.

[72] Diese Annahme ist insofern nicht OSI-konform, als Anwendungen keine Schichtinstanzen sind und über der höchsten OSI-Schicht liegen. Es erleichtert jedoch das Verständnis, sich direkt eine Anwendung als Dienstnutzer vorzustellen.

Um eine solche Verbindung aufbauen zu können, muß die Schicht-N-Instanz im System A den Verbindungsaufbauwunsch der korrespondierenden Schicht-N-Instanz im System B mitteilen. Allerdings besteht zunächst keine Verbindung zwischen diesen Systemen, über die dieser Wunsch mitgeteilt werden könnte. Zuvor muß also diese Verbindung über eine (N-1)-Schichtenverbindung hergestellt werden. Dies macht die Anforderung einer Schicht-(N-1)-Verbindung erforderlich, die wiederum über ein request bei der Schicht N-1 angefordert wird (2). Wir lassen die Vorgänge inner- und unterhalb der Schicht N-1 außer acht und setzen zu dem Zeitpunkt wieder an, zu dem die (N-1)-Schicht über ein confirm-Primitiv angezeigt hat, daß nunmehr eine (N-1)-Verbindung besteht (3).

Erst jetzt steht überhaupt ein Kommunikationskanal für beide Schichtinstanzen zur Verfügung, und der Aufbau einer Schicht-N-Verbindung kann begonnen werden. Dies geschieht über den Austausch von Protokolldateneinheiten zwischen den Schicht-N-Instanzen. Die Schicht-N-Instanz im System A schickt ein connect-PDU an die Schicht-N-Instanz im System B, um ihr mitzuteilen, daß sie mit ihr eine Verbindung aufnehmen möchte (4).

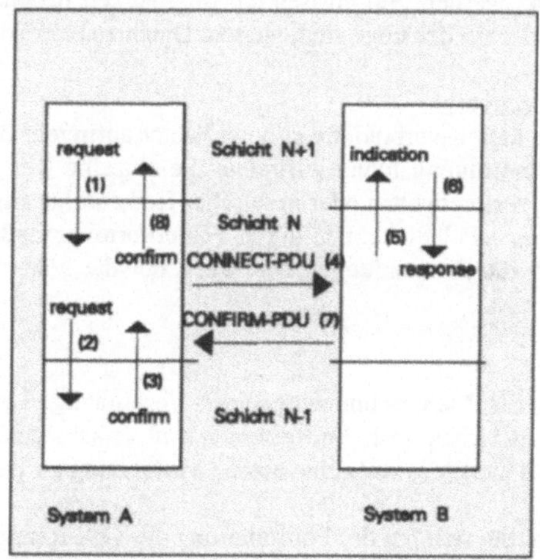

Abb. 7: Beispiel eines Verbindungsaufbaus

Nach Empfang dieser PDU durch die N-Instanz im System B benachrichtigt diese die Anwendung (N+1) im System B über den Aufbau einer Schicht-N-Verbindung (5). Akzeptiert die Anwendung diese Verbindung (6) so liefert die N-Instanz ein confirm-PDU an die N-Instanz im System A (7). Das bedeutet, daß die B-Seite die Verbindung akzeptiert hat, und die N-Instanz im System A kann nunmehr die Anwendung über den erfolgreichen Aufbau einer Schicht -N-Verbindung über ein confirm-Primitiv unterrichten. Die N-Verbindung geht jetzt in die Datenphase über und ist bereit, Daten für die Anwendung zu übertragen.

3.1.4 Die Aufgaben der Funktionsschichten

Bisher wurde modellhaft die Zusammenarbeit hierarchisch geordneter Schichten über Dienstprimitive und zwischen korrespondierenden Schichten gleicher Ebene über den Austausch von Protokolldateneinheiten erläutert. Sinn dieses Zusammenspiels ist es letztlich, Anwendungen einen Kommunikationsdienst anzubieten, der sie aller kommunkationsrelevanter Aufgaben entledigt.

Aber worin bestehen diese Aufgaben, die ein Kommunikationssystem zu erbringen hat? Aus der Sicht einer Anwendung ist dies relativ leicht zu beantworten. Ein Kommunikationssystem soll <u>Verbindungen aufbauen</u>, <u>die Übertragung von Daten ermöglichen</u> und <u>Verbindungen abbauen können</u>.

Um dies einer Anwendung zur Verfügung stellen zu können, müssen im Kommunikationssystem jedoch vielfältige Zusatzfunktionen erbracht werden. Drei wesentliche Aufgaben sind (vgl. Görgen u.a. 1985, S. 61f sowie Barz 1991, S. 27ff):

<u>Flußkontrolle ("flow control"):</u>
Zwei kommunizierende Systeme müssen darauf achten, daß das empfangende System in der Lage ist, alle Daten auch wirklich in der Geschwindigkeit zu empfangen, wie diese vom sendenden System verschickt werden. Sie müssen die Möglichkeit haben, einander mitzuteilen, wenn sie nicht (oder wieder) in der Lage sind, weitere Daten zu empfangen.

<u>Fehlerbehebung ("error recovery")</u>
Während einer Kommunikationsverbindung können Fehler auftreten. Bspw. können aufgrund physischer Störungen Übertragungsfehler auftreten, die einzelne Bits verändern. Es können auch ganze Datenblöcke verlorengehen oder in falscher Reihenfolge angeliefert werden. Manche - nicht alle denkbaren - Fehler können durch Fehlerkorrekturmaßnahmen behoben werden, ohne daß hierdurch die Anwendungen oder auch nur die höheren Schichten betroffen werden.

<u>Multiplexing</u>
Hierunter versteht man die Mehrfachnutzung einer Verbindung. Über Multiplexing kann bspw. eine Verbindung zwischen zwei Endsystemen von verschiedenen Anwendungspaaren genutzt werden, ohne daß hierfür jeweils eine eigene Verbindung aufgebaut werden müßte.

Die entscheidende Frage, die sich bei der Formulierung des OSI-Referenzmodells stellte, lautete: Wie können die einzelnen Aufgaben so zusammengefaßt werden, daß sie jeweils ein zusammenhängendes Funktionsmodul ergeben, das bei der Erstellung der entsprechenden Normen für sich und unabhängig von anderen Modulen betrachtet werden kann?

Die Antwort hierauf wurde mit den sieben Funktionsschichten des OSI-Referenzmodells gegeben: Bitübertragungs-, Sicherungs-, Vermittlungs-, Transport-, Kommunikationssteuerungs-, Darstellungs- und Anwendungsschicht. Die untersten vier Schichten werden dabei als <u>transportorientierte</u>, die oberen drei als <u>anwendungsorientierte</u> Schichten (vgl. u.a. Blumann 1985, S. 325) bezeichnet (vgl. Abb. 8).

Die unteren Schichten bauen streng aufeinander auf und "sind durch systematische Verbesserung oder funktionelle Erweiterungen der Eigenschaften eines Transportmediums, welches in einem offenen System verwendet wird, entstanden." (Görgen u.a. 1985, S. 39). Diese strenge additive Hierarchie der Schichten gilt, obwohl sie in der Modellentwicklung und in der Formulierung der Schichtinteraktionen stets so durchgehalten wird, für die anwendungsorientierten Schichten nicht. "Sie bilden eher eine nebeneinanderliegende sich gegenseitig ergänzende

Gruppierung der kommunikationsbezogenen Aspekte, die für Anwendungen bedeutsam sind."
(ebd.)

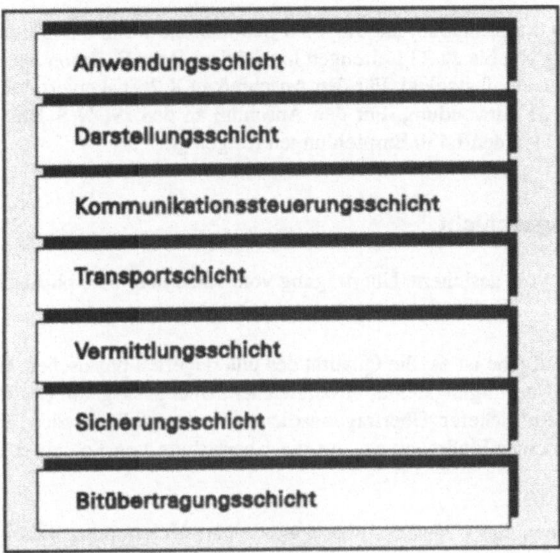

Abb. 8: Die Hierarchie der sieben Funktionsschichten

Die sieben Schichten des OSI-Referenzmodells stellen den ordnenden Rahmen für die Einordnung bestimmter Kommunikationsfunktionen und damit einhergehend der Kommunikationsnormen dar. Nachfolgend sollen nun die Aufgaben, die den Schichten i. e. zugewiesen sind, beschrieben und beispielhaft auf einige Normdokumente verwiesen werden. Mit der Darstellung soll zudem ein erster Eindruck davon vermittelt werden, mit welchen Problemen die Basisnormen hinsichtlich einer einfachen Umsetzung in untereinander problemlos kommunizierende Produkte behaftet sind.

3.1.4.1 Bitübertragungsschicht

Sie ist die unterste Schicht des Modells und befaßt sich mit dem physikalischen Übertragungsmedium, bspw. mit analogen Telefonleitungen, lokalen Netzen oder Anschlüssen an öffentliche Weitverkehrsnetze[73]. Die wesentlichen Festlegungen hier beziehen sich auf die Darstellung der Signale (Bits), die Belegung von Steckerpolen und einfachste Protokolle zum

---

[73] Kauffels (1989, S. 17ff) unterscheidet folgende Netzttypen: Global Area Network (GAN) (Verwendung von Satelliten, keine räumliche Beschränkung), Wide Area Network (WAN) (leitungsgebunden, > 1000 km), Metropolitan Area Network (MAN) (begrenzt auf Städte bzw. Regionen), Local Area Network (LAN) (Betrieb, privates Gelände) und Very Local Area Network (VLAN) (Ausdehnung in m oder cm, Clusterbildung für Rechner). Der Begriff des Weitverkehrsnetzes entspricht dem des WAN. Er wird oft mit dem eher ordnungspolitisch bestimmten Begriff des öffentlichen Netzes gleichgesetzt.

Auf- und Abbau physischer Verbindungen. Der von dieser Schicht angebotene Dienst ist die ungesicherte Übertragung von Bits über eine physikalische Leitung.

Unter den Normen dieser Schicht hat die V.24-Schnittstelle weite Verbreitung gefunden. Für sie ist die Belegung von bis zu 23 Leitungen hinsichtlich ihrer Funktion als Daten-, Erdungs-, Steuerungsleitungen etc. festgelegt. Für den Anschluß an X.25-paketvermittelnde Netze (z. B. Datex-P) findet X.21 Anwendung. Für den Anschluß an den ISDN S_0-Bus ist der Netzwerk Terminator 1 (NT 1) in den I.430 Empfehlungen festgelegt.

3.1.4.2 Sicherungsschicht

Diese Schicht bietet die gesicherte Übertragung von Daten über eine physische Übertragungs-leitung an[74].

Ihre wesentliche Aufgabe ist es, die Qualität des unterlagerten physischen Transportmediums zu verbessern und Übertragungsfehler auszugleichen. Unabhängig von der Zuverlässigkeit ei-ner Leitung soll ein sicherer Übertragungsdienst bereitgestellt werden. In dieser Schicht kommt es auch zu einer Flußregelung, um die Überlastung von Schicht-2-Instanzen zu ver-hindern.

Mit dem Aufkommen neuer Netztopologien wurde eine Unterteilung dieser Schicht notwen-dig (Hegering 1988, S. 149), die so im Referenzmodell nicht vorgesehen ist. Wurde zuvor stets davon ausgegangen, daß einem Endsystem ein physisches Medium ausschließlich zur Verfügungen steht - so wie dem Telefon die Anschlußleitung zur Vermittlungsstelle - gilt dies für neuere Netztopologien nicht mehr. Hier konkurrieren die Endsysteme um den Zugriff auf ein gemeinsames Medium. Es wurde daher notwendig, Zugangsverfahren festzulegen, die eine gemeinsame Nutzung durch mehrere Stationen regeln.
Die bekanntesten hierfür sind das CSMA/CD-, das Token-Ring und das Token-Bus-Verfah-ren, für Glasfaserkabel ist derzeit das FDDI-Verfahren in der Diskussion (Kauffels 1989, S. 55ff). Diese Ebene der Regelung des Zugriffs wurde als MAC-Sublayer (Media Access Control) unter die eigentliche Sicherungsschicht in die Schicht 2 eingefügt.

Angesichts neuer Bedingungen wurden die Aufgaben der Sicherungsschicht insgesamt neu diskutiert und festgelegt. Zum Zeitpunkt der Formulierung des OSI-Referenzmodells ging man grundsätzlich von Weitverkehrsnetzen mit ihrer Einteilung in Endsysteme und ein Tran-sitsystem aus (vgl. Abb. 4). Die Aufgabe der Sicherungsschicht war es dabei, jeweils die Strecken zwischen den einzelnen System abzusichern, bspw. die Leitung zwischen einem Endsystem und der nächsten Vermittlungsstelle. Die Herstellung der Verbindung zwischen zwei Endsystemen oblag der Vermittlungsschicht.
Bei lokalen Netzen z. B. ist in der Regel kein expilizites Transitsystem (Vermittlungsstelle) mehr zwischengeschaltet. Wird in einem lokalen Netz eine Schicht-2-Verbindung aufgebaut, so entspricht das einer Endsystemverbindung. Die in einem Weitverkehrsnetz wohl zu unter-scheidenden Aufgaben von Schicht 2 und 3 vermischen sich.

---

[74] Diese Formulierung soll noch einmal auf die Addition der Dienste Bitübertragung und Sicherung hinweisen.

Das hat dazu geführt, daß für die LLC (logical link control)-Teilschicht mehrere Varianten festgelegt wurden, von denen dann die Aufgaben der Vermittlungsschicht abhängen.

Die schwächste Alternative stellt der verbindungslose Datagrammdienst dar, mit dem Endsysteme Datenpakete versenden können, ohne daß eine Schicht-2-Verbindung aufgebaut würde. Es findet keine Flußkontrolle und kein Quittieren statt. Fehler müssen in den höheren Schichten behoben werden. Eine etwas angereicherte Form umfaßt die Quittung empfangener Dateneinheiten. Die dritte Möglichkeit ist verbindungsorientiert. Es wird eine Schicht-2-Verbindung aufgebaut, und in ihr wird eine Flußkontrolle, ein Multiplexing und eine Fehlerbehebung vorgenommen. Bei Verwendung dieser Sicherungsschichtalternative verbleiben kaum Aufgaben für die Vermittlungsschicht, die in der Folge bei vielen Implementierungen leer ist.

Entsprechend verwirrend ist die Normungssituation. Wie angesprochen, wurde für die Schicht 2 ein MAC-Sublayer definiert. Der MAC-Service, der den Zugriff auf Medien verschiedenster physikalischer Eigenschaften mit unterschiedlichen Zugangsverfahren sichert, wird im ISO-Dokument 10039 definiert. Die Zugangsverfahren selbst sind in der Reihe ISO 8802 festgelegt. 8802-3 bspw. legt das CSMA/CD-Verfahren fest, bei dem die Stationen zufällig auf das Medium zugreifen und dann auftretende Kollisionen aufgelöst werden. 8802-5 bezieht sich dagegen auf das geregelte token-ring-Verfahren, bei dem das Zugriffsrecht über eine Berechtigungsmarke (token) kontrolliert wird.

Oberhalb des MAC-Sublayers sind die angestammten Schicht-2-Aufgaben genormt. ISO 8886 und CCITT X.212 beschreiben den Dienst der Sicherungsschicht. Eines der ältesten Schicht-2-Protokolle ist HDLC (High Level Data Link Control). Es wird als Teil der X.25-Empfehlungen insbesondere beim Anschluß an paketvermittelnde Netze verwandt. Für lokale Netze ist das ISO-Dokument 8802-2 von besonderer Bedeutung. Die hierin festgelegte LLC (Logical Link Control) realisiert die angesprochenen Varianten vom unbestätigten Datagramm-Dienst bis hin zum HDLC-ähnlichen verbindungsorientierten Dienst.

3.1.4.3 Vermittlungsschicht

Die wesentliche Aufgabe der Vermittlungsschicht ist das Herstellen einer Endsystemverbindung. Es hängt ganz von den spezifischen Gegebenheiten eines Netzes ab, welche Aufgaben notwendig in der Vermittlungs-Schicht wahrzunehmen sind. Die zunächst ganz am Weitverkehrsnetz orientierte OSI-Schicht siedelte hier eine Reihe von Aufgaben an. Ihr obliegt danach die komplexe Aufgabe des Routings (vgl. Barz 1991, S. 77ff), also die Wahl des Weges innerhalb eines Netzes oder über mehrere Teilnetze hinweg. In dieser Schicht findet auch eine Segmentierung statt, bei der der Datenstrom in Pakete der für das Netz zulässigen Größe zerlegt wird. Bei der Verbindung von Teilnetzen müssen die Paketgrößen ggf. angepaßt werden. Auch das Multiplexen von Teilnehmerverbindungen und eine Flußregelung sind hier angesiedelt.

Insbesondere bei lokalen Netzen, zumal, wenn kein Verkehr mit Stationen außerhalb des Netzes erfolgt, kann sich eine ganz andere Aufgabenteilung zwischen den Schichten als vorteilhaft erweisen. Es kommt dann bspw. auf den Typ des Schicht-2-Dienstes an. Wird hier der verbindungsorientierte LLC-Typ verwandt, dann steht bereits eine Endsystemverbindung bereit. Eine besondere Verbindungsschicht ist dann nicht mehr notwendig. Denkbar ist auch, den Verbindungsmodus erst in der Transport-Schicht aufzunehmen (Saltzer, Reed & Clark 1984) und die entsprechenden Funktionen erst hier durchzuführen.

Trotzdem die OSI-Normung durch ISO und CCITT gerade bzgl. der Vermittlungsschicht hinter De- facto-Standards zurückhängt (Barz 1991, S. 76), ist die Anzahl der Normungsdokumente hierzu äußerst groß. Darunter findet sich die Service Beschreibung in ISO 8348 bzw. CCITT X.213. Dieser verbindungsorientierte Dienst ist um einen verbindungslosen durch einen Anhang (Addendum 1) zu ISO 8348 ergänzt worden. Das verbindungslose Protokoll wird in ISO 8473 definiert. Festlegungen zum verbindungsorientierten X.25[75]-Protokoll finden sich in den Dokumenten ISO 8208, 8878 und 8881.

3.1.4.4 Transportschicht

Nach der ursprünglichen Auffassung wurde allein in der Vermittlungsschicht eine Endsystemverbindung aufgebaut. Die Aufgabe der Transportschicht war es, Endsystemverbindungen zu Teilnehmerverbindungen zu "verlängern". In einem Endsystem (z.B. einem Großrechner) wird es in der Regel eine Reihe von kommunikationsfähigen Anwendungsprozessen - mehrere Benutzerprozesse, Datenbanken, File Transfer - geben. Es reicht daher nicht aus, wie beim Telefon, allein eine Endsystemverbindung herzustellen, sondern innerhalb dieser Endsysteme müssen Prozesse miteinander verbunden werden, die über sogenannte TSAP-Adressen (Transport Service Access Point) eindeutig bestimmt sind.
Bei dieser Sicht der Transportschicht sind erneut alle Funktionen wie Fehlerbehandlung, Multiplexing und Flußregelung anzutreffen, nur jetzt bezogen auf Prozeßverbindungen.
Wie die vorangegangenen Diskussionen gezeigt haben, sind die tatsächlich notwendigen Funktionen der Transportschicht von der Arbeitsteilung zwischen den Schichten 2 - 4 insgesamt abhängig. Je mehr Aufgaben in den unteren Schichten übernommen werden, desto weniger fallen in der Transportschicht an.

Auch für die OSI-Transportschicht sind wieder ein verbindungsorientierter (ISO 8072/CCITT X.214) und ein verbindungsloser (Addendum 1 zu ISO 8072) Dienst und die entsprechenden Protokolle (ISO 8073/CCITT X.224 bzw. ISO 8602) definiert. Die Festlegungen sind insofern weiter differenziert, als der Transportdienst in fünf Klassen (TP0 - TP4) unterteilt wird, die jeweils über unterschiedliche Protokolle (im obigen Dokument enthalten) realisiert werden. Diese Klassen bauen funktional aufeinander auf, wobei bei der Klasse 0 (Einfachklasse) lediglich eine Transportverbindung aufgebaut wird. Die Funktionalität wird entlang der Klassen sukzessive um Fehlererkennungs- und -behebungsfunktionen sowie um Multiplexing ergänzt. Diese Klassenunterteilung erfordert es, daß sich die Endsysteme zu Beginn einer Verbindung auf eine Klasse einigen.

Die Transportschicht ist die höchste der transportorientierten Schichten und umfaßt - in Zusammenarbeit mit den unterlagerten Schichten - alle Funktionen, die sich auf die Herstellung von Prozeßverbindungen einer gewissen Qualität beziehen. Mit einer Transportverbindung steht den Anwendungsprozessen ein Kommunikationskanal zur Verfügung, über den sich zwei Anwendungsprozesse "hören" können (Görgen u.a. 1985, S. 38). Die oberen, anwendungsorientierten Schichten kümmern sich fortan nicht mehr um Systemverbindungen oder die Behebung von Übertragungsfehlern. Sie übernehmen die "logische" Steuerung der Kommunikation zwischen zwei Anwendungsprozessen.

---

[75] Diese eigentlich von CCITT stammende Bezeichnung wird auch von ISO verwendet.

3.1.4.5 Kommunikationssteuerungsschicht

Die Kommunikationssteuerungsschicht gehört zu den anwendungsorientierten Schichten. In ihr sind Funktionen angesiedelt, die gleichsam als Werkzeugkasten für die Anwendungen dienen, mit deren Hilfe eine Kommunikation an die jeweiligen Bedingungen einer Anwendung angepaßt werden kann (Hegering 1988, S. 151). Eine allgemeine Charakterisierung dieser Schicht ist kaum noch möglich. Man muß sich daher die Aufgaben im einzelnen anschauen.

Die Hierarchie, die bezüglich der Dienstnutzung über Dienstprimitive und der Protokollabläufe durchaus auch hier realisiert ist, ist dabei nachrangig. Es ist, um OSI-konform zu bleiben, eine hierarchische Struktur der Ebenen beibehalten worden, die die tatsächlichen Gegebenheiten nicht mehr trifft. In den unteren Schichten galt, daß eine Schicht nach oben einen Dienst anbietet und die darunterliegenden Dienste vollkommen überdeckt.

Bei den anwendungsorientierten Schichten ist dies anders. Hier greift die Anwendungsschicht eigentlich direkt auf die Leistungen der Kommunikationssteuerungsschicht zu. Allerdings ist zwischen der Kommunikationssteuerungsschicht und der Anwendungsschicht die Darstellungsschicht definiert. Da ein direkter Durchgriff nicht OSI-konform wäre, wird das Problem so gelöst, daß die Anwendungsschicht bei der Darstellungsschicht einen Dienst (ein Werkzeug) anfordert. Die Anforderung wird dann von der Darstellungsschicht direkt an die Kommunikationssteuerungsschicht durchgereicht und dort bearbeitet.

Fazit: Insbesondere die Schichten 5 und 6 liegen eher nebeneinander und bieten der Anwendungsschicht Hilfsmittel an. Die Schichteneinteilung ist nachrangig.

Nun zu den Aufgaben der Kommunikationssteuerungsschicht: Mit dem Aufbau einer Transportverbindung besteht ein Kommunikationskanal, über den Anwendungen Daten miteinander austauschen können. Die wesentliche Aufgabe der Kommunikationssteuerungsschicht ist es, Mittel zur logischen Strukturierung dieses Datenflusses bereitzustellen. Der Datenaustausch wird dabei in Sitzungen, Dialogeinheiten und Aktivitäten[76] unterteilt. Das heißt Datenaustauschsequenzen werden - unter der Kontrolle der Anwendungsschicht - zu voneinander unterschiedenen Einheiten zusammengefaßt.

Die Mittel zur Sequenzbildung und logischen Strukturierung sind Synchronisationspunkte. Über sie wird ein gemeinsamer Fortschritt im Dialog zwischen zwei Anwendungen dokumentiert. Das Setzen eines Synchronisationspunktes und das Quittieren durch die Gegenseite bedeutet, daß beide Seiten übereingekommen sind, daß ein Datenaustausch bis zu einem bestimmten Punkt erfolgreich stattgefunden hat.

Synchronisationspunkte ermöglichen die Resynchronisierung zu einem späteren Zeitpunkt. D.h. im Falle eines Fehlers oder der Unterbrechung einer Sitzung kann auf einem Synchronisationspunkt wieder auf- und der Dialog fortgesetzt werden. Denn bis zu diesem Punkt, so war die Übereinkunft, hatten beide Partner den gleichen Stand des Dialoges.

Es ist allerdings nicht die Aufgabe der Kommunikationssteuerungsschicht, diese Resynchronisierung selbst durchzuführem, etwa Log.-Dateien zu führen. Ob, wann und in welcher Form Synchronisationsmaßnahmen durchgeführt werden, obliegt alleine der Anwendung.

---

[76] Die Begriffe variieren hier - abhängig von den existierenden Normen - etwas.

So stellt die Kommunikationssteuerungsschicht in Wirklichkeit nur Sprachmittel zur Verfügung, um Synchronisationspunkte zu setzen, Aktivitäten zu verwalten und die Verwaltung des "Initiativsrechts", des sogenannten tokens, zu ermöglichen.

Die Beschreibung des Kommunikationssteuerungsdienstes findet sich in den Dokumenten ISO 8326 bzw. CCITT X.215 (verbindungsorientiert) und Addendum 3 zu ISO 8326 (verbindungslos), die der Protokolle in ISO 8327 und CCITT X.225 bzw. ISO 9548. Auch hier werden, wie schon in der Transportschicht, unterschiedliche Klassen (Kernel, BCS, BSS und BAS) unterschieden, die jedoch nicht aufeinander aufbauen, sondern die verschiedenen Dienstleistungen jeweils - unter Einschluß des Kernels - anders zusammenstellen. Die Funktionsklasse muß beim Verbindungsaufbau ausgehandelt werden.

3.1.4.6 Darstellungsschicht

Die Aufgabe der Darstellungsschicht ist es, den beteiligten Anwendungsinstanzen Hilfsmittel an die Hand zu geben, mit denen sie sich über Syntax und Semantik der zwischen ihnen ausgetauschten PDUs verständigen können.
Während die PDUs der niedrigeren Schichten in ihrem Aufbau relativ einfach sind, werden zwischen Anwendungsinstanzen z.T. sehr komplexe Protokolldateneinheiten übertragen. Damit diese auf beiden Seiten gleich "verstanden" werden und in der jeweiligen Darstellung der beteiligten Systeme zum gleichen Ergebnis führen, müssen zwischen den Anwendungsinstanzen Absprachen über Syntax und Semantik der PDUs getroffen werden.

Um sich die notwendigen Funktionen dieser Schicht zu verdeutlichen, müssen zunächst einige Begriffe voneinander unterschieden werden: Die konkrete Syntax ist die Syntax, in der die zwischen den Anwendungsinstanzen auszutauschenden Protokolldateneinheiten auf einem realen System vorliegen. Es kann sich dabei um einfache oder strukturierte Datentypen handeln. Solche Syntaxbeschreibungen werden auf zwei unterschiedlichen Systemen voneinander abweichen.
Man einigt sich deshalb zwischen beiden Partnern auf eine abstrakte Syntax. Eine abstrakte Syntax ist eine beiden Instanzen gemeinsame Annahme über die Struktur der zwischen ihnen auszutauschenden Protokolldateneinheiten. Hierin sind die einfachen Datentypen (z.B. BOOLEAN, INTEGER, REAL etc.) und strukturierte Datentypen, die beim Austausch verwendet werden können, festgelegt.
Die Kommunikation zwischen den Anwendungsinstanzen kann aber erst gelingen, wenn sich beide Seiten auf eine Transfersyntax geeinigt haben. Unter der Transfersyntax versteht man eine Absprache darüber, wie die in der abstrakten Syntax festgelegten Datenstrukturen codiert werden, wie also eine empfangende Anwendungsinstanz die PDUs richtig entschlüsseln und in ihrer konkreten Syntax darstellen kann. Ein typisches Beispiel für Bestimmungen in einer Transfersyntax ist die genaue Festlegung der Art und Weise und der Reihenfolge, wie ein Datentyp aus einer Menge aufeinanderfolgender Bytes zusammengesetzt ist. Eine solche Kodierungsregel könnte etwa lauten: das erste Byte gibt den Datentypbezeichner an, das zweite gibt die Länge des Inhaltes an und die folgenden Bytes enthalten den Inhalt selbst.

Die Darstellungsschicht liegt in der strengen Hierarchie des Referenzmodells zwischen der Anwendungs- und der Kommunikationssteuerungsschicht. Es wurde bereits darauf hingewiesen, daß diese Hierarchie in den oberen Schichten die Verhältnisse nicht recht trifft. Eine

Folge davon ist, daß an der Dienstschnittstelle der Darstellungsschicht Funktionen angeboten werden, die eigentlich Aufgaben der Kommunikationssteuerungsschicht sind und aus diesem Grund von der Darstellungsschicht auch direkt an die Kommunikationssteuerungsschicht weitergegeben werden.

Die Darstellungsschicht selbst bietet den Anwendungssinstanzen die Möglichkeit an, sich zum Zeitpunkt des Verbindungsaufbaus auf eine oder mehrere abstrakte Syntaxen und jeweils eine dazugehörige Transfersyntax zu einigen. Während der Datenphase kann der Kontext (das Paar aus abstrakter Syntax und Transfersyntax) gewechselt werden, und die Darstellungsschicht übernimmt während der Verbindung die "Übersetzung" der Transfersyntax in die lokale konkrete Syntax.

In der Darstellungsschicht stehen nicht nur die Festlegung der Dienste (ISO 8822/CCITT X.216 (verbindungsorientiert) und Addendum 1 zu ISO 8822 (verbindungslos)) und Protokolle (ISO 8823/CCITT X.226 (verbindungsorientiert) und ISO 9576 (verbindungslos)) dieser Schicht im Mittelpunkt. Enormer Normungsaufwand ist zu betreiben, um entsprechende Syntaxfestlegungen zu treffen. In den letzten Jahren wurde hierfür eine Sprache, die ASN.1 (Abstract Syntax Notation One) (ISO 8824/CCITT X.208), entwickelt, in der zunehmend die syntaktischen Festlegungen von PDUs beschrieben werden. Hierzu wurden ebenfalls Dekodierungsregeln (ISO 8825/CCITT X.209) zur Ableitung der Transfersyntax entwickelt.

3.1.4.7. Anwendungsschicht

Die Anwendungsschicht ist die oberste Schicht des Referenzmodells[77]. Sie bietet einem Anwendungsprozeß, unterstützt durch die Dienste der unteren Schichten, einen in sich geschlossenen Kommunikationsdienst an. Die Anwendungsschicht ist der "Zugang zur OSI-Welt" (Truöl 1989, S. 2), "eine Durchreiche oder ein Fenster" (Stöttinger 1989-1, S. 144), das die lokale Anwendung mit anderen verbindet.

Die Aufgaben der Anwendungsschicht lassen sich nicht mehr als allgemeine Kommunikationsfunktionen auffassen, die so bei jeder Kommunikation auftreten, wie dies für die meisten unteren Schichten gilt. Die Funktionen der Anwendungsschicht sind inhaltlich weniger bestimmt als die nicht genormten, frei programmierten Funktionen einer konkreten (verteilten) Anwendung innerhalb eines konkreten Anwendungszusammenhangs. Sie sind andererseits stärker auf Anwendungssituationen - darunter werden verallgemeinerbare Kommunikationssituationen verstanden - ausgerichtet als die genormten Funktionen der darunterliegenden Schichten. Man kann daher die Aufgaben dieser Schicht nicht mehr abschließend über ihr fest zugeordnete Kommunikationsfunktionen beschreiben.

Man muß sich vielmehr auf die heute diskutierten, vielfältigen Kommunikationsdienste beziehen, die derzeit genormt sind oder sich in der Normung befinden.

Die Dienste und Protokolle der Anwendungsschicht sind grob in zwei Gruppen zu unterteilen[78]:

---

[77] Vgl. hierzu insbesondere (Beyschlag 1988-1).

[78] Die Zuordnung der Anwendungsfunktionen zu diesen beiden Gruppen erfolgt in der Literatur unterschiedlich. Auch in den Normungsgremien scheint hierüber Verwirrung zu herrschen (Kauffels 1989, S. 234).

1. Allgemeine Anwendungsdienste (Common Application Service Elements (CASE))
2. Spezifische Anwendungsdienste (Specific Application Service Elements (SASE))

Die allgemeinen Anwendungsdienste erbringen Funktionen, die für die Realisierung spezifischer Anwendungsdienste benötigt werden. Sie sind gesondert genormt worden, so daß spezielle Anwendungsnormen (etwa File Transfer (FTAM) oder Elektronische Post (X.400)) für bestimmte Funktionen auf diese Normen verweisen können bzw. Implementierungen der spezifischen Anwendungsdienste sich auf Implementierungen dieser allgemeinen Dienste stützen können. CASE-Dienstelemente können jedoch auch von nicht genormten Anwendungen genutzt werden. Verteilte Anwendungen außerhalb genormter Dienste können auf die separat zu implementierenden CASE-Dienste zugreifen.

Die wesentlichen CASE-Normen sind:

ACS (Association Control Service) (ISO 8649 und 8650 bzw. CCITT X.217 und X.227): Zwischen Anwendungsinstanzen werden - in Abkehr von der sonstigen Begriffsbildung (Barz 1991, S. 150) - Assoziationen aufgebaut. ACS stellt für den Auf- und Abbau von Assoziationen die Sprachmittel zur Verfügung. Da Anwendungsassoziationen nur über ACS aufgebaut werden können, muß ACS von jeder Anwendung benutzt werden.

CCRS (Commitment, Concurrency and Recovery Service) (ISO 9804 und 9805 bzw. CCITT X.237 und X.247): Mit Hilfe des CCR-Dienstes lassen sich nebenläufige Transaktionen koordinieren (concurrency), wobei sichergestellt wird, daß Transaktionen entweder vollständig abgearbeitet sind (commitment) oder daß nach einem Fehler auf einen gesicherten Zustand wiederaufgesetzt werden kann (recovery). CCRS nutzt die Sprachelemente der Kommunikationssteuerungsschicht und bildet daraus einen für die Anwendungsdienste homogenen Dienst. Solche Dienstleistungen werden insbesondere bei konkurrierender Nutzung von Datenbeständen zur Sicherung der Integrität benötigt.

ROS (Remote Operation Service) (ISO 9072 (1-2) bzw. CCITT X.219 und X.229): Der Remote Operation Service modelliert eine asymmetrische Auftraggeber-(Client)/Auftragnehmer-(Server)Beziehung zwischen zwei Anwendungsbereichen und weicht damit von den sonst vorherrschenden gleichberechtigten Interaktionen zwischen Instanzen ab. Beim ROS ist die jeweilige Rolle stets fest bestimmt. Nur der Client kann eine Operation aufrufen. Der Server führt diese aus und liefert ein Resultat oder andernfalls einen Fehler zurück. Die gesamte Interaktion zwischen den funktionalen Objekten des X.400 Message Handling Systems ist in der Notation des ROS spezifiziert (dazu ausführlicher 5.2.4).

RTS (Reliable Transfer Service) (ISO 9066 (1-2) bzw. CCITT X.218 bzw. X.228): Der Reliable Transfer Service ist im Grunde ein Koppelelement zwischen der Anwendungs- und der Kommunikationssteuerungsschicht, das letztere nur geringfügig anreichert. Er versetzt die Anwendungsdienste in die Lage, sich über den geordneten Austausch des Senderechts zu verständigen.

Während die CASE-Dienstelemente wie Bausteine für die Belange einzelner Anwendungen und Anwendungsdienste jeweils zusammengestellt werden, stellen die SASE-Elemente die eigentlichen Anwendungsdienste dar. Im folgenden ist eine kleine Auswahl dieser Normen bzw. Normvorhaben mit knapper Beschreibung zusammengestellt. Hieraus werden die ISO 10021- bzw. X.400-Normen später herausgegriffen und ausführlich behandelt.

FTAM (File Transfer, Access and Management) (ISO 8571 (1-4)): Dieser Dienst ermöglicht die Übertragung, aber auch das Öffnen und Schließen von sowie den Zugriff auf Dateien eines entfernten Rechnersystems.

MHS (Message Handling System) (ISO 10021 und X.400): Dieser Dienst erlaubt den Austausch von Mitteilungen, die innerhalb des Systems mehrfach zwischengespeichert werden, bis sie letztlich den Empfänger erreichen.

Directory (ISO 9594 (1-10) bzw. X.500ff): Dieser Dienst stellt dem Nutzer ein (prinzipiell weltweit) verteiltes Verzeichnis zur Verfügung, in dem alle relevanten Angaben zu Teilnehmern an beliebigen Telekommunikationsdiensten vorgehalten werden. Diese Angaben werden dort verwaltet und können abgefragt werden.

VT (Virtuell Terminal) (ISO 9040 und 9041): Dieser Dienst erlaubt die von konkreten Terminals unabhängige Übertragung von Daten, die dann lokal auf die Eigenschaften eines konkreten Terminals umgesetzt und dargestellt werden können.

RDA (Remote Database Access) (ISO 9579): Dieser Dienst erlaubt den genormten Zugriff auf entfernte Datenbanken.

3.1.5 Die besondere Stellung der Anwendungsschicht

a) Zum Verhältnis zwischen Anwendung und Anwendungsschicht

Die genaue Funktionszuweisung an die Anwendungsschicht hat in der Vergangenheit die größten Probleme bereitet. Im Kern geht es um die Frage der genauen Grenzziehung zwischen einer beliebigen, im Dienste einer anwendenden Organisation stehenden, inhaltlich bestimmten (verteilten) Anwendung und eines genormten und damit Implementierung und Nutzung einschränkenden Anwendungsdienstes der Schicht 7.
Versteht man unter einer Anwendung die "Anwendungsprogramme zusammen mit den organisatorischen Regelungen und Verhaltensvorschriften, die notwendig sind, um die Anwendungsprogramme in einer realen Umgebung ... organisatorisch zu implementieren ... und zur Wirkung zu bringen" (Schneider 1983, S. 30), so wird deutlich, daß der Anwendungsbegriff, der im OSI-Kontext verwendet wird, hiermit wenig gemein hat.
Beschränkt man den Begriff auf seinen technischen Gehalt, so ist eine Anwendung eine Zusammenfassung von Programmen, die im Rahmen der Zielbestimmung einer Organisation bzw. eines hierin liegenden Funktionsbereiches genutzt wird, um eine bestimmte Aufgabe automatisiert zu erfüllen.

Solche Anwendungen zu normen, war nie Ziel der OSI-Normung. Vielmehr wurde stets vertreten, daß die eigentliche Anwendung außerhalb des "Betrachtungsbereiches des Schichtenmodells" (Kauffels 1989, S. 228) liegt, daß nur die "kommunikationsrelevanten Teile eines Anwendungsprozesses" (Görgen u.a. 1985, S. 44) in der Anwendungsschicht zu normen sind.

Effelsberg & Fleischmann (1986, S. 295) wollen die Normung auf "einige Standardanwendungen, für die es einen sehr weiten Interessentenkreis gibt z.B. die Nachrichtenübermittlung (elektronische Post), File Transfer, Remote Job Entry, usw." und bei denen die Funktionen so ähnlich seien, "daß eine Standardisierung der Funktionalität und damit auch der Protokolle möglich ist.", beschränkt sehen.

Im Grunde liegt das Problem in der Verwendung des Anwendungsbegriffes. Die nach meinem Dafürhalten fälschlicherweise so bezeichnete Anwendungsschicht birgt nicht Anwendungen in sich, sondern abgeschlossene und für bestimmte Anwendungssituationen taugliche Kommunikationsdienste, die von Anwendungen für die jeweiligen Erfordernisse gewählt werden können.
Nehmen wir als Beispiel eine Anwendung in einem Versicherungsunternehmen, die beim Ablauf eines Versicherungsvertrages einen Außendienstmitarbeiter hierüber informiert und ihn zum Besuch bei einem Kunden auffordert. Für eine solche Anwendung könnte es sinnvoll sein, den Message Handling Kommunikationsdienst zu nutzen und dem Mitarbeiter eine Mitteilung zukommen zu lassen. Hierzu ist keine sofortige Systemverbindung notwendig, die Mitteilung kann mit einer gewissen Zeitverzögerung zugestellt werden.
Nehmen wir dagegen an, eine Warenwirtschaftsanwendung solle jeweils zum Geschäftsschluß Abverkaufsdaten aus Filialen in die Zentrale übertragen. Eine solche Anwendung wird eher on-line eine Verbindung zu den Filialrechnern aufnehmen und ganze Dateien sofort über den FTAM-Dienst übertragen.

Insofern handelt es sich bei den Funktionen der Anwendungsschicht nicht um (Standard-)Anwendungen, sondern um die Umsetzung bestimmter Kommunikationskonzepte in einen Kommunikationsdienst, der von Anwendungen für ihre Zwecke und unter ihrer Kontrolle verwendet wird. Sie sollten eher als anwendungsdienliche Kommunikationsdienste bezeichnet werden.

b) Kaum Anwendungsbezug bei den "allgemeinen" Anwendungsdiensten

Eine weitere Eigentümlichkeit stellen die "allgemeinen" Anwendungsdienste CASE, wie CCR, ROS und RTS dar. Sie unterscheiden sich dadurch von den anwendungsdienlichen Kommunikationsdiensten, daß sie selbst eben keinen abgeschlossenen Kommunikationsdienst erbringen. Sie nehmen Aufgaben wahr, die in vielen anwendungsdienlichen Kommunikationsdiensten in gleicher Weise zu erbringen sind. Sie können auch von Anwendungsprozessen direkt genutzt werden. Das heißt, sie stellen sozusagen genormte Unterprogramme für bestimmte Kommunikationsaufgaben dar, die von Anwendungsprogrammierern direkt, d.h. ohne einen anwendungsdienlichen Kommunikationsdienst zu nutzen, verwendet werden können, um eine beliebige Anwendung zu programmieren.

c) Neue Struktur der Anwendungsebene

Die anhaltende Diskussion um die genaue Aufgabenbestimmung für die Anwendungsschicht förderte eine Reihe sehr unterschiedlicher Sichtweisen zutage.
Die weitgehend vertretene Ansicht, wonach die Normung die eigentliche Anwendung außer acht lassen soll, wurde am grundsätzlichsten durch Mertens (1985) kritisiert. Er sieht eine der wesentlichen Zukunftsaufgaben der Kommunikationstechnik darin, den innerbetrieblich weit fortgeschrittenen Trend zur Integration betrieblicher DV-Systeme auch auf die zwischenbe-

triebliche Integration (ZBI) zu übertragen[79]. "So wie bei innerbetrieblicher Integration einzelne EDV-Aufgaben und -Programme aufeinander abgestimmt werden, damit sie eine gemeinsame Datenbasis benutzen und sich Daten so übermitteln können, daß menschliche Interventionen vermieden werden, versucht man bei ZBI, korrespondierende Programme in den beteiligten Unternehmen so auszulegen, daß die Datenflüsse weitgehend automatisierbar sind, klassische Post sich erübrigt und letztlich die EDV-Anlagen der Unternehmen 'miteinander arbeiten' oder gar 'miteinander verhandeln'"(S. 81). Hegering (1988, S. 157) fordert als eine der zukünftig notwendigen Anforderungen an die OSI-Normung: "Es sollten viel mehr Anwendungen genormt werden."

Wenn Mertens (1985) fordert, "die Schichten 6 und 7 der OSI-Pyramide so weit wie nach dem jetzigen Stand noch möglich für Protokolle zu reservieren, die wirklich Anwendungsbedürfnisse abdecken, und sie nicht für rein übertragungstechnische Zwecke zu mißbrauchen" (ebd., S. 89), so stellt dies die geltende Vorstellung in Frage, nach der Normen auf der Anwendungsebene den Anwendungen einen Kommunikationsdienst zur Verfügung stellen, sich jedoch aus der inhaltlich-logischen Nutzung des Dienstes durch die Anwendungen heraushalten.

Die mangelnde Präzisierung der Aufgaben und Stellung der Anwendungsschicht schlug sich auch in einer Tendenz zur Teilschichtenbildung nieder. So legte die Norm zum X.400 Message Handling in der Version von 1984 zwei hierarchisch übereinanderliegende Teilschichten fest, die den zwischen Personen stattfindenden Nachrichtenübermittlungsdienst als "user agent layer" gegenüber dem zwischen den Zwischenrechnern stattfindenden Nachrichtenübermittlungsdienst als "message transfer layer" abgrenzte.
Auch die oben deutlich gewordene Unterscheidung in spezifische und allgemeine Dienste der Anwendungsschicht wurde im Laufe der Zeit als eine weitere Unterscheidung von Teilschichten angesehen (vgl. Effelsberger & Fleischmann 1986 sowie Kauffels 1989, S. 238). Zusammengenommen hätte dies zu einer Dreiteilung der Anwendungsschicht geführt.

Die fortwährende Diskussion um die Anwendungsschicht hat letztlich zu einem eigenen Strukturmodell für diese Schicht geführt, das mittlerweile als ISO-Dokument (ISO 9545) vorliegt[80]. Hierin wird auf die oben beschriebenen Probleme reagiert, indem folgende Festlegungen getroffen werden:

1. Anwendungen i.S. inhaltlich bestimmter Aufgabenerfüllung bleiben weiterhin außerhalb des OSI-Betrachtungskontextes. "Sie enthält also nicht Anwendungen selbst, sondern Kommunikationsfunktionen, welche die Anwendungen unterstützen" (Plattner, Lanz, Lubich, Müller & Walter 1989, S. 28). In die OSI-Umgebung reicht allein das sogenannte Benutzerelement, das den Anwendungsprozeß in seinen OSI-relevanten Eigenschaften repräsentiert.

2. Teilschichten werden nicht zugelassen. Vielmehr werden spezifische und allgemeine Anwendungsdienstelemente (SASE, CASE) unterschieden. Sie liegen nicht hierarchisch

---

[79] Die Reichweite der hinter der zwischenbetrieblichen Integration stehenden Vorstellungen und der damit verbundenen Normungserfordernisse wird von Frankl (1984, S. 62ff) am Beispiel einer automatisierten, zwischenbetrieblichen Auftragsabwicklung illustriert.

[80] Die genaue Erläuterung dieser Struktur würde hier zu weit führen. Auf die Einordnung der X.400 ff(88)-Normen wird an späterer Stelle (5.2.4) ausführlicher eingegangen.

übereinander, sondern werden als Anwendungskontext (application context) für bestimmte Kommunikationsaufgaben jeweils zusammengefaßt.

d) Datenaustauschformate außerhalb des durch das Referenzmodells vorgegebenen Rahmens.

Diese Neustrukturierung hat bei Lichte betrachtet nicht zur Klärung der Frage beigetragen, ob es eine, hinsichtlich der spezifischen Zwecksetzung durch einen Verwendungskontext obere Grenze der Normung gibt, oberhalb derer eine Normung unzweckmäßig ist und sich aus dieser Grenzziehung heraus verbietet. Auch das Dokument ISO 9545 wiederholt den bekannten Grundsatz, wonach nur kommunikationsrelevantes Verhalten genormt werden soll, ohne hinsichtlich der inhaltlich-logischen Aspekte - aus denen man sich heraushalten will - eine Grenzziehung vorzunehmen. Eine Grenzziehung, sollte sie möglich sein, muß dort ansetzen, wo das OSI-Referenzmodell zwischen festgelegten Protokolldaten und transparenten Nutzdaten unterscheidet. Dazu noch einmal ein Blick darauf, was in einer Schichtennorm eigentlich festgelegt wird. Weiter oben wurde die Normung von Protokollen dargestellt. Protokollnormen legen fest, welche Steuerdaten (PDUs) zwischen Schichtinstanzen <u>ausgetauscht</u> werden und mit welchen genormten Prozeduren die Instanzen auf empfangene PDUs zu <u>reagieren</u> haben. Festgelegt werden also <u>in ihrer Bedeutung bestimmte Daten</u> und ein fest vorgegebenes Verhalten. Wichtig ist darüber hinaus, daß jede Schicht für die nächst höhere <u>Daten transparent</u> überträgt, d.h. nur ein gewisser Ausschnitt der zwischen zwei Instanzen ausgetauschten Daten ist festgelegt (Steuerdaten), die restlichen Daten sind in ihrer Bedeutung für diese Schicht unbekannt und haben nur für die nächst höhere Schicht Bedeutung (vgl. Abb. 9).

Überträgt man diese Vorstellung nun auf die Anwendungsschicht, so ergibt sich folgendes Bild: Kommunikationsinstanzen der Anwendungsschicht tauschen miteinander Daten aus, deren Semantik teilweise durch die Norm festgelegt ist und sie zur Einhaltung eines bestimmten Verhaltens zwingt (Steuerdaten und genormte Prozeduren). Der restliche Teil der Daten, nämlich der, der ihnen von den Anwendungen übergeben wurde, ist für sie ohne Bedeutung, er wird von ihnen transparent übertragen. D.h. die Aussage, Anwendungen werden nicht von der OSI-Normung erfaßt, soll bedeuten, daß OSI-Normen weder die zwischen Anwendungsinstanzen ausgetauschten Daten noch mit ihnen verbundene, verbindliche Prozeduren, also fest vereinbarte algorithmische Verarbeitungsschritte festlegen. Diese Beschränkung wird in der Literatur überwiegend so gesehen (vgl. u.a. Beyschlag 1988-2, S. 16 sowie Bormann, Bormann & Schindler 1989; im Widerspruch hierzu Krönert 1989 und Handwerg 1988).

Was aber würde eine solche Beschränkung der OSI-Normung bedeuten? Der Verzicht auf festgenormte Anwendungsprozeduren kann zunächst nachvollzogen werden. Es spricht zu Recht vieles dafür, bei den prozeduralen Abläufen nicht zu tief in die anwendungsabhängige Transaktionsabfolge einzugreifen. Selbst wenn sich einige Transaktionen zwischen Betrieben ähneln mögen, scheint es nicht sinnvoll, hier durch die Norm feste Abfolgen festzulegen und so den Gestaltungsspielraum der Anwender einzuschränken.
Die Normung von OSI-Kommunikationsdiensten ohne die gleichzeitige Festlegung der Bedeutung der hierüber übertragenen Anwenderdaten bedeutet aber letztendlich, daß Anwendungsprozesse Daten sicher, fehlerfrei, mit Zwischenspeicherung etc. austauschen können - sie aber nicht verstehen. Sie können sie nicht weiterverarbeiten, weil sie die Bedeutung der Daten nicht kennen. Das aber macht für die Überzahl der Anwendungen - bei denen nicht der Mensch die Interpretationsleistung übernehmen soll - keinen Sinn. Sollen die Daten in den

kommunizierenden Endsystemen von - nicht genormten - Anwendungen automatisch weiterverarbeitet werden, so bedarf es einer Normung der aus OSI-Sicht transparenten Daten.

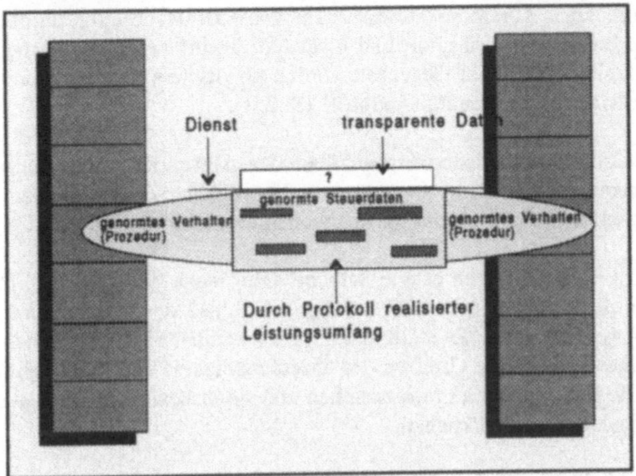

Abb. 9: Semantisch bestimmte Steuerdaten und nicht interpretierte "transparente" Nutzdaten

Eine Normung von Anwendungsdaten als Datenaustauschformate findet folgerichtig allerorten statt. Im Rahmen von Branchenverbänden werden Daten zum Austausch innerhalb der Chemie-, der Automobil- und der Transportbranche festgelegt (vgl. u.a. Häßler 1989 und Christiann 1989). Branchenunabhängige Geschäftsdokumente wie Rechnungen, Angebotsanfragen und Lieferscheine werden standardisiert (Handwerg 1988), Formate für graphische Daten, produktdefinierende Daten (Mund 1989), für Bürodokumente (Scheller 1988, Krönert 1989) etc. werden vereinbart.

Nach Hegering (1988) "bestand von vornherein die Absicht, sich nicht nur auf den Informationsaustausch (d. h. den Datentransfer) zu beschränken, sondern auch den Kooperationsaspekt zu berücksichtigen. Dies betrifft Funktionen, die verschiedene Systeme und Prozesse benötigen, um eine gemeinsame (verteilte) Aufgabe erfüllen zu können." (S. 141).

Wenn die OSI-Normung darunter mehr eine technische Kommunikationsaufgabe als eine durch Anwendungsprobleme bestimmte Aufgabe versteht und sich an dieser Stelle nicht für zuständig erklärt, so hat das sicher historische Gründe. Die immer wieder von der Herstellerindustrie sowie den Fernmeldeverwaltungen vorangetriebene Formulierung des OSI-Referenzmodells entspringt deren Fernmeldeperspektive (Kubicek 1991-3) und widerspiegelt deren Interesse, Standards zu schaffen, die den Anschluß genormter Geräte an genormte Netze und Dienste gewährleisten. Die Festlegung der Bedeutung dessen, was Anwendungen aus einem bestimmten Anwendungskontext heraus miteinander austauschen müssen, um letztlich eine betriebliche Funktion zu erfüllen, haben sie - möglicherweise zu Recht - als außerhalb ihrer Zuständigkeit, wohl auch ihrer Kompetenz gesehen und damit außerhalb des Referenzmodells gelegt. Stöttinger (1989-1) faßt dies so: "Das OSI-Modell entspricht mit seiner Gestaltung der Ignoranz, welche der Datenkommunikation eigen ist. Dieses OSI-Modell beschreibt zum überwiegenden Teil nur die Datenkommunikation, wobei der Rest der Welt mit seiner Datenverarbeitung, dem eigentlichen Sinn und Zweck einer Rechneranlage, auf einen kleinen Teil der 7. Schicht (dem Nutzerelement (NE)) reduziert wird, obwohl der primäre Zweck eines Computers die Datenverarbeitung und nicht die Datenübertragung ist. Hier scheinen noch die 'alten Kommunikationsdienste' wie z.B. das Telefon durch, wo es vordergründig um den Informationstransport und nicht um die Informationsverarbeitung ging. Die Datenkommunikation aber ist im Gegensatz zu den klassischen Telekommunikationsdiensten Mittel zum Zweck der Datenkommunikation[81]" (S. 35f).

Das Kommunikationssystem dadurch gegenüber der Anwendung abzugrenzen, daß es für diese Daten transparent überträgt, setzt einen willkürlichen Schnitt, für den angesichts der derzeitigen Vorstellungen keine Kriterien angegeben werden können.

"Die Schicht 7 ist eine nach oben offene Schicht" (Hegering 1988, S. 152). Dies könnte das Fazit sein, wenn nicht andererseits offensichtlich wäre, daß der Normung verteilter Anwendungen Grenzen gesetzt sind[82]. Es bleibt daher hier festzuhalten, daß es inhaltlich durch den Anwendungskontext bestimmte Grenzen der Zweckmäßigkeit und Praktikabilität einer Normung gibt, daß sie jedoch nicht a priori bestehen und sie insbesondere nicht aus dem OSI-Referenzmodell abgeleitet werden können.

Aus den unterschiedlichen Sichtweisen - OSI hier und Datenaustauschformate dort - haben sich jedoch sehr unterschiedliche institutionelle Standardisierungsverfahren ergeben und auch die auf den Normungsgegenstand bezogene Herangehensweise, die Art der formalen Beschreibung etwa, differiert sehr stark.

Es macht daher insbesondere in dieser Arbeit einen enormen Unterschied, welche Normungsgegenstände man betrachtet. Wenn ich im folgenden den Normetablierungsprozeß darstelle, so orientiere ich mich - soweit dies möglich ist - allein an der OSI-Normung mit ihrer Beschränkung auf Kommunikationsfunktionen (genormte Daten <u>und</u> genormtes, prozedurales Verhalten) einerseits und ihrer ganz spezifischen Verfaßtheit der institutionalisierten Normungsprozesse andererseits[83].

---

[81] Vermutlich ist hiermit Datenverarbeitung gemeint.

[82] Kubicek & Seeger (1991) verdeutlichen dies sehr eindringlich am Beispiel der konfliktreichen Aushandlung der EAN-Artikelnummer und der trotz zustande gekommener Standardisierung verbleibenden praktischen Probleme.

[83] Für die Darstellung der institutionalisierten Verfahren zur Festlegung von Datenaustauschformaten sei auf Roden 1990 verwiesen.

3.2 Basisnormen als Grundlegung

Im vorangegangenen Abschnitt wurde das OSI-Referenzmodell vorgestellt, das für die gesamte Normung den Rahmen abgibt. Es ist eine Art Sortierrahmen mit sieben Fächern, in die mit der Zeit die entwickelten Normen eingeordnet werden.

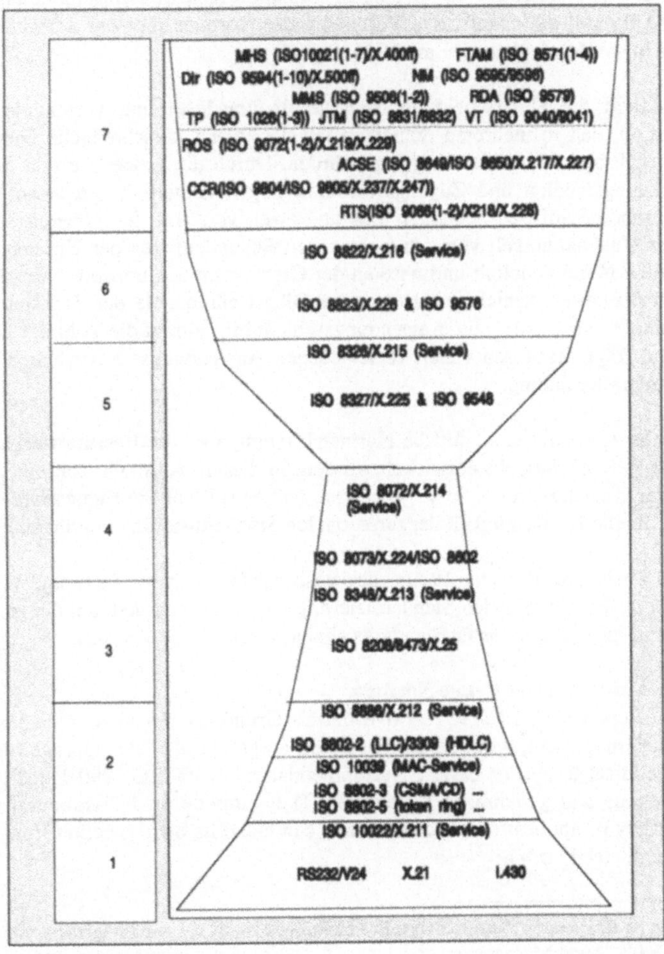

Abb. 10: Das "OSI-Weinglas"

Bezogen auf Einzelnormen kann natürlich das Referenzmodell nicht jeweils als der erste Schritt aufgefaßt werden. Das Referenzmodell gilt für alle Kommunikationsnormen und ist prinzipiell festgeschrieben[84].

Die in Abb. 10 zusammengestellten Basisnormen wurden bei der Diskussion des Referenzmodells bereits angesprochen[85]. Dabei handelt es sich um einen sehr kleinen Ausschnitt[86]. Die gewählte Form der Darstellung als "Weinglas" orientiert sich an einer Abbildung von Rösch (1990)[87]. Mit ihr soll die quantitative Verteilung der Normen über die Schichten zum Ausdruck gebracht werden (vgl. auch Barz 1991, S. 19).

Zunächst bedingt die Unterscheidung nach verbindungsloser und verbindungsorientierter Kommunikation, daß in mehreren Schichten jeweils zwei unterschiedliche Dienst- und die dazugehörigen Protokollnormen festgelegt wurden. Durch die große Vielzahl unterschiedlicher Übertragungsmedien und Zugangsverfahren liegen derzeit entsprechend viele Dokumente, insbesondere auf den Schichten eins und zwei, vor. Auf den höheren Schichten mit zunehmender Unabhängigkeit von den technischen Besonderheiten der Übertragungsmedien verengt sich die Normenvielfalt und wird an der Grenze von den transportorientierten zu den anwendungsorientierten Schichten, also an der Dienstschnittstelle der Transportschicht zusammengeführt[88]. Nach oben, zur Anwendungsschicht hin, nimmt die Zahl der Normen wiederum zu und trägt damit den vielen verschiedenen Anwendungserfordernissen - im aufgezeigten Rahmen - Rechnung.

Der eigentliche Ausgangspunkt für die Normetablierung sind die Basisnormen, die im Rahmen des OSI-Referenzmodells entwickelt wurden. In diesem Abschnitt soll nun geklärt werden, was unter einer Basisnorm zu verstehen ist, und es soll auf die Eigenschaften eingegangen werden, die die Notwendigkeit der funktionalen Standardisierung begründen.

Die Begriffe Basisnorm (Donner 1989) oder Basisstandard (Truöl 1989) sind Neuschöpfungen, die erst mit der funktionalen Standardisierung notwendig wurden, um die grundlegenden (Basis-)Normen gegen funktionale Standards abzugrenzen.

Basis-Normen sind internationale Normen.
Im Technical Report ISO/IEC/TR 10000-1, der als Grundlage der internationalen funktionalen Standardisierung dient, wird ein Basisstandard aufgefaßt als: "An approved International Standard, Technical Report or CCITT-Recommendation" (ISO/IEC 1990-1, p.2), "which define fundamentals and generalized procedures. They provide an infrastructure that can be used by a variety of applications, each of which can make its own selection from the options offered by them" (ebd., p.V).

---

[84] Auch wenn in den letzten Jahren einige Erweiterungen, so z. B. zur Integration von Sicherheits- (vgl. ISO 7498-2) und Managementaspekten (vgl. ISO 7498-4) vorgenommen wurden.

[85] Für einen umfänglichen Überblick sei auf Plattner u. a. 1989, S. 287ff sowie Murgan 1991 verwiesen.

[86] In dem, wie schon bei der obigen Darstellung, auf die Kennzeichnung des Normungsstatus verzichtet wurde. Es handelt sich dabei also nicht durchgängig um bereits verabschiedete Normen.

[87] Diese Abbildung findet sich auch bei Murgan (1991, S. 31), dort wiederum mit dem Logo der Fa. SCS. Es bleibt unklar, auf wen sie letztlich zurückgeht.

[88] Die Transportschicht wird deshalb bildlich als "Flaschenhals" (Lübbert u.a. 1988) oder "Brücke" (Hegering 1988) bezeichnet.

Im Memorandum M-IT-01 (CEN/CENELEC/CEPT 1986), das dem ISO/IEC-Dokument vorausging und zunächst die europäische Grundlage bildete, wurde der Begriff Basis-Norm bzw. "base standard" nicht verwendet. Hier wurde allgemein von "standard" oder "base document" gesprochen. In der Ausgabe 2 des Memorandum (CEN/CENELEC/ETSI 1991) wird dann die Sprachregelung von ISO/IEC übernommen. Es besteht also Einigkeit darüber, daß als Basis-Normen internationale Normen von ISO, IEC und CCITT anzunehmen sind.

Basisnormen sind Normen für eine Schicht des Referenzmodells.
Internationale Basisnormen beziehen sich jeweils auf eine Funktionsschicht des Referenzmodells.
Vor allem in der Anfangszeit wurde dies nicht strikt eingehalten. So umfaßte die CCITT-Empfehlung X.25 Festlegungen für die Schichten eins bis drei. Auch die X.400-Empfehlungen aus dem Jahre 1984 enthielten noch Normteile, die sich auf mehrere Schichten bezogen. Diese wurden später aus den X.400-Empfehlungen herausgenommen und den entsprechenden Schichten zugeordnet. Heute kann davon ausgegangen werden, daß eine Basisnorm jeweils genau einer Schicht zugeordnet ist.

Mehrere Basisnormen für eine Schicht
Jede Norm ist einer Schicht fest zugeordnet. Für jede Schicht aber existieren eine Reihe verschiedener Normen. Dies hat im einzelnen ganz unterschiedliche Gründe:

Unterschiede in der Netztechnik
Die unterschiedlichen Übertragungstechniken und die Art des Zuganges zum Übertragungsmedium machen mehrere Normen erforderlich. So existieren etwa in der Schicht zwei eine Vielzahl von Basisnormen sowohl für den Zugang zu Weitverkehrsnetzen als auch für den Zugang zu unterschiedlichen Typen lokaler Netze (token ring, CSMA/CD etc.).

Unterschiede im Verbindungsmodus
Die Unterscheidung von verbindungsorientierter und verbindungsloser Kommunikation hat dazu geführt, daß für die meisten Schichten jeweils zwei entsprechende Dienste sowie unterschiedliche Protokolle festgelegt werden.

Unterschiedliche Anwendungen
Die Anwendungsebene ist stärker auf die Anforderungen unterschiedlicher Anwendungsprobleme ausgerichtet. Das erfordert eine Reihe unterschiedlicher Normen, die Dienste anbieten, die untereinander kaum noch vergleichbar sind.

Keine schichtenübergreifende Kopplung von Basisnormen
Basisnormen unterschiedlicher Schichten sind grundsätzlich voneinander unabhängig. Die Schichteninteraktion ist abstrakt über den Dienst und den Austausch von Dienstprimitiven definiert. Stehen jedoch Protokollalternativen zur Realisierung eines Dienstes zur Verfügung, so muß sichergestellt sein, daß die kommunizierenden Implementierungen das gleiche Protokoll verwenden.

Basisnormen als Funktionspool
Basisnormen legen jeweils sehr umfangreiche Funktionen fest. Sie beinhalten "alle vorhersehbaren Anwenderwünsche" (Truöl 1989), um "für einen längeren Zeitraum vielfältige Anfor-

derungen abdecken zu können." (Mendoza 1988, S. 107). Diese Schmelztiegeleigenschaft der Basisnormen ist zumindest zwei Gründen geschuldet: Zum einen soll funktionale Reichhaltigkeit die Normen so weit wie möglich gegen nachträgliche Veränderungen und Erweiterungen abschotten. Es besteht die Hoffnung, man könne weitgehend alle Anwendungswünsche voraussehen und eine Norm vorlegen, aus der sich eine beliebige Implementierung jeweils das für sie Notwendige herausgreift.

Zum anderen muß man sich vergegenwärtigen, daß es sich bei der Formulierung der internationalen Normen um einen schwierigen Aushandlungsprozeß handelt, bei dem letztlich auf eine breite Zustimmung der Beteiligten hingewirkt wird. Dies führt dazu, daß viele Erfahrungen und Ideen für spätere Anwendungserfordernisse eingebracht werden, die zu einer enormen Vielzahl von Funktionen in der Norm führen. Teilweise stehen dahinter natürlich auch handfeste Interessen einzelener Akteure, die Festlegungen in den Normen durchsetzen wollen, um mit ihren Produkten möglichst konform zu einer Norm zu bleiben.

Basisnormen und Optionen

Basisnormen sind durch ihre umfangreiche Funktionalität so konzipiert, daß, wo immer eine technische Kommunikation eine bestimmte Funktion benötigt, die beteiligten Systeme auf eine entsprechende Norm zurückgreifen können sollen. Andererseits besteht Einvernehmen, daß nicht jede Implementierung alle in einer Basisnorm festgelegten Funktionen beinhalten muß. Dies führt dazu, daß eine Norm in der Regel einen Kern (Kernel) an Funktionen festlegt, der in jeder Implementierung enthalten sein muß, und darüber hinaus eine Vielzahl weiterer Funktionen, deren Verwendung optional ist, d.h. sie müssen in einer Implementierung nicht realisiert werden.

Diese Technik, in den Basisnormen alles Erdenkliche zu formulieren, die Implementierung dessen jedoch nur zu einem kleinen Teil vorzuschreiben, hat folgende Konsequenz: Alle verbindlich vorgeschriebenen Eigenschaften einer Basisnorm werden - über alle Etablierungsschritte hinweg - definitiv zu Eigenschaften eines normkonformen Kommunikationsproduktes.

Die für Optionen in den Normfestlegungen verwendeten Formulierungstechniken sind unterschiedlich. Teilweise werden wie in X.400 ein zwingender (mandatory) Kern und daneben nicht weiter akkumulierte optionale Funktionen festgelegt. In anderen Fällen werden Funktionen in Klassen gebündelt, die funktional hierarchisch aufeinander aufbauen (z. B. die Transportklassen TP0-TP4 des Transport Service), oder es werden funktionale Einheiten gebildet, die sich bezüglich des Funktionskerns überlappen, ansonsten jedoch unterschiedliche Dienste erbringen (z. B. die functional units des Session Service).

Basisnormen definieren abstrakte Dienste und Protokolle

Basisnormen definieren Dienste und Protokolle abstrakt, d.h. sie legen fest, was eine Funktionsschicht der ihr überlagerten Schicht als Dienst anzubieten hat. Normen sind aber keine Implementierungsanweisung. Sie legen nicht fest, wie eine Implementierung unter den Bedingungen eines konkreten Rechnersystems auszusehen hat. Dadurch bleiben trotz Normung bestimmte Definitionslücken etwa bzgl. der Länge oder der konkreten Werte von Parametern, der Größe von Puffern in den Endsystemen etc. Sie können zu Schwierigkeiten bei der Anwendung von Normen führen.

Zusammenfassend läßt sich somit sagen, daß internationale Basisnormen jeweils einen Funktionspool darstellen, in den jede denkbare - oder besser: zum Zeitpunkt der Formulierung als nützlich erachtete - Funktion eingebracht wurde. Sie sind Bausteine einer umfassenden, für verschiedenste Techniken und Anwendungsbedürfnisse nutzbaren Infrastruktur, die durch das Referenzmodell eine Ordnung erfahren.

Um aber eine kompatible, problemlose Kommunikation zwischen kommunizierenden Systemen, die sich auf die gleichen Normen stützen, zu gewährleisten, sind weitere Absprachen bzgl. der verwendeten Optionen, Klassen, der schichtübergreifenden Kombination der Normen und bestimmter Implementierparameter erforderlich. Unter anderem hier setzen die funktionalen Standards an, die die zu verwendenden Funktionsausschnitte exakt festlegen und die verbleibenden Definitionslücken weitgehend schließen.

3.3 Funktionale Standardisierung zur Präzisierung der Basisnormverwendung

Die Erwartungen, die von vielen in die Normung der Kommunikationstechnik gesetzt werden, haben sich bisher nicht in dem angenommenen Maße erfüllt. Auch in der Fachdiskussion verstummt die Euphorie, die in den früheren Phasen aufkam. So schreiben noch Görgen u.a. (1985, S. 10): "Offene Systeme besitzen die herstellerunabhängige Fähigkeit zur freizügigen Kommunikation. Sie wird dadurch erreicht, daß offene Systeme standardisierte Prozeduren für den Informationsaustausch einhalten, genormte Regeln (Protokolle), die ihr externes Verhalten bestimmen." Sie beziehen sich dabei auf die internationale Normung. Der Begriff der Funktionalen Standardisierung spielte zum damaligen Zeitpunkt kaum eine Rolle.

Heute sind diese frühen Erwartungen der skeptischen Einsicht gewichen, daß allein die Formulierung internationaler Normen nicht ausreicht, um das Ziel herstellerunabhängiger Kommunikation zu erreichen. Truöl (1986, S. 15) merkt hierzu an: "OSI, herstellerübergreifend, weltweit und offen, ist damit Realität geworden? - Dies ist leider nicht der Fall. Es beginnt eine emsige Arbeit, auf die sich Hersteller, Implementierer, Anwender und Nutzervereinigungen stürzen, um OSI wirklich praktikabel zu machen, um die Kommunikationsfähigkeit heterogener Systeme sicherzustellen."

Hiermit ist freilich nicht die direkte Umsetzung der Normen in Programme und deren praktische Anwendung gemeint. Die emsige Arbeit, von der er spricht, muß im Zuge der funktionalen Standardisierung geleistet werden. Hierunter soll zunächst die Präzisierung der Verwendung von Basisnormen, die die praktische Kommunikationsfähigkeit normbasierter Implementierungen sichert, verstanden werden.

Um die Notwendigkeit funktionaler Standardisierung und die zu lösenden Pobleme zu verstehen, ist es notwendig, sie auf die skizzierten Grundeigenschaften der Basisnorm zu beziehen.

<u>1. Eine Basisnorm bezieht sich grundsätzlich auf eine Schicht des Referenzmodells, und für jede Schicht existieren mehrere Normen.</u> Eine Norm stellt damit nur die grundsätzliche Kommunikationsfähigkeit zwischen zwei Instanzen der gleichen Schicht sicher. In ihr ist nicht festgelegt, auf welche Norm bzw. welches Protokoll der unteren Schichten sie sich stützt. Die Aussage, für ein Produkt seien nur genormte Protokolle implementiert worden, gewährleistet keineswegs, daß zwei beliebige Implementierungen miteinander kommunizieren können, wenn nicht sichergestellt ist, daß in jeder Schicht auch die gleichen Protokolle implementiert sind.

<u>2. Basisnormen sind funktional umfassend und lassen viele Optionen zu.</u> Basisnormen sollen alle Funktionen umfassen, von denen angenommen werden kann, daß hierfür ein Anwendungsbedarf bestehen könnte. Aber auch den Gremien war bewußt, daß diese reichhaltige Funktionalität nicht in jedem Fallle benötigt wird, daß oft ein Ausschnitt der Funktionen ausreicht, um die spezifischen Anwendungserfordernisse zu befriedigen. Jede Norm enthält daher eine Reihe von Festlegungen, deren Implementierung nicht zwingend vorgeschrieben ist. Solche Freiheitsgrade sind sehr vielfältig. Normen lassen Optionen bzgl. der Dienstelemente und der Protokollelemente zu. Sie legen unterschiedliche Klassen des gleichen Protokolls oder unterschiedliche Bündelungen von Funktionen in funktionalen Einheiten fest. Es ist zu beachten: Diese Freiheitsgrade bestehen innerhalb einer Schichtennorm. Damit aber ist nicht einmal gewährleistet, daß zwei Schichtinstanzen, die auf der Grundlage der gleichen Basisnorm arbeiten, miteinander kommunizieren können.

<u>3. Basisnormen sind abstrakte Beschreibungen von Diensten und Prokollen. Sie sind keine Implementierungsanweisungen.</u> Auf diesen Grundsatz der OSI-Normung ist bereits mehrfach hingewiesen worden. Er führt in einer Reihe von Fällen auch dazu, daß u.a. der Wertebereich für Parameter und Obergrenzen für deren Länge nicht festgelegt sind. Ohne diese konkreten Festlegungen aber werden Fehler dadurch auftreten, daß verschiedene Implementierungen unterschiedliche Festlegungen treffen.

Angesichts dieser offensichtlichen Probleme, die der praktischen Anwendung internationaler Normen im Wege stehen, drängt sich die Frage auf, warum diese nicht unmittelbar im Zuge der internationalen Normung gelöst wurden und der nachlaufende Prozeß der funktionalen Standardisierung vermieden wurde. Hierüber ist kein klares Bild zu erhalten. Jung (1988, S. 115) gibt an, es handele sich um ein von CCITT und ISO bewußt verfolgtes Konzept, um "weitere Gruppen in die Standardisierung von Details" einzubeziehen. "Dies führt einerseits zu einer besseren Qualität dieser zusätzlichen Festlegungen und ist andererseits akzeptanzfördernd" (ebd.). Die funktionale Standardisierung wurde zunächst regional vorgenommen, womit Unstimmigkeiten zwischen den Normungsregionen einhergingen (vgl. Mendoza 1988), und es bedurfte großer Anstrengungen, diesen Prozeß wieder unter einem internationalen Dach zusammenzuführen. Es erscheint zweifelhaft, ob die internationalen Gremien diese Entwicklung wirklich bewußt herbeigeführt haben. Nach Babatz, Bogen & Pankoke-Babatz (1990, S. 111) sind diese Probleme erst nachträglich erkannt worden[89]. Dann wäre die funktionale Standardisierung als "Nacharbeit" zur Basisnormung zu verstehen. Wenn diese Ansicht auch überrascht, so deutet doch einiges darauf hin, daß diese Probleme im einzelnen vorab nicht gesehen wurden.

3.3.1 Entwicklung der funktionalen Standardisierung

Präzisierung von CCITT Empfehlungen
Das CCITT verfügt über langjährige Erfahrungen mit der Standardisierung von Kommunikationstechnik und der Ausarbeitung von Basisnormen mit allen oben skizzierten Problemen. Für deren Lösung jedoch gab es ein Schema, dessen Bedeutung einerseits und mangelnde Übertragbarkeit auf die ISO-Normung andererseits möglicherweise nicht erkannt wurde.

---

[89] so auch Hegering (1988, S. 145).

Die funktionale Standardisierung, wenn auch nicht mit diesem Begriff belegt, übernahmen die nationalen Fernmeldeorganisationen. Sie waren es, die in Form technischer Richtlinien die Freiräume der Norm durch präzise Festlegungen ausfüllten und diese gegenüber den Herstellern durchsetzten (Scherer 1985, S. 351ff). Diese Rolle mächtiger Netzmonopolisten ist auf die heutigen Normungsverhältnisse aus zumindest vier Gründen kaum zu übertragen:

1. Die Normungserfordernisse in der Kommunikationstechnik gehen immer öfter nicht nur über die netztechnischen Fragen (Schichten 1-3) hinaus, sondern betreffen zunehmend auch die Kommunikation zwischen den Endgeräten bzw. DV-Anlagen, deren Normkonformität nicht mehr von Netzbetreibern kontrolliert werden kann. Deren Rolle könnten allenfalls für bestimmte Normen (z. B. X.400) Dienstanbieter übernehmen, womit nicht gesichert werden kann, daß Implementierungen für unterschiedliche Dienstanbieter miteinander kommunizieren könnten.

2. Andere genormte Kommunikationsdienste, so z.B. FTAM, können weder vom Netznoch von einem Dienstanbieter kontrolliert werden. Die Funktionsfähigkeit von FTAM hängt alleine von der Normkonformität und der identischen Nutzung von Optionen der beteiligten Endsysteme ab. Die netztechnischen Anlagen der Betreiber sind nicht involviert.

3. Im Zuge der schrittweisen Deregulierung des Fernmeldebereiches sowie der Harmonisierungsbestrebungen auf Gemeinschaftsebene verlieren die Fernmeldeverwaltungen die bestimmende Rolle, die bisher die Normeinhaltung sicherstellte.

4. Die Kommunikationstechnik reicht über die Telekommunikationstechnik hinaus in die betriebliche Anwendung hinein.
   Dort wird besonders deutlich, daß es zum einen einzelnen Anwendern schwerfällt, internationale Normen soweit zu präzisieren, daß grundsätzlich gesichert ist, daß Produkte verschiedener Hersteller miteinander kooperieren können. Zum anderen müßte ein solcher Anwender auch in der Lage sein, die von ihm gewählte Präzisierung gegenüber den Herstellern durchzusetzen.

Die MAP- und TOP-Initiativen
Als Vorläufer der funktionalen Standardisierung - außerhalb der Telekommunikation und den besonderen Problemen der betrieblichen Anwendung Rechnung tragend - kann die MAP (Manufactory Automation Protocol)-Initiative aufgefaßt werden, die General Motors 1980 ergriff. Aus einer Reihe von Gründen sah sich General Motors gezwungen, die wachsenden Probleme, die sich aus der Inkompatibilität der eingesetzten Komponenten in der Produktion ergaben, energisch anzugehen (vgl. hierzu ausführlich Dankbaar & van Tulder 1989, S. 29ff). Der Lösungsansatz bestand darin, daß General Motors über alle Schichten des Referenzmodells hinweg festlegte, welche - z.T. noch instabilen - Normen, welche Optionen, Parameter etc. Produkte implementieren mußten, die fortan bei General Motors eingesetzt werden sollten. Das Ergebnis wurde als MAP-Spezifikation veröffentlicht (vgl. u.a. Suppan-Borowka & Simon 1986; Gora 1986 zu den genauen Festlegungen). Eine ähnliche Initiative ging von Boing, jetzt aber für den Bürokommunikationsbereich unter der Bezeichnung TOP (Technical and Office Protocol) aus (vgl. Suppan-Borowka 1987).

Damit war die Richtung vorgegeben. Um internationale Basisnormen in reale, kompatible Produkte umzusetzen, mußten einerseits klare, eingrenzende Festlegungen getroffen werden, und sie mußten durch die Marktmacht auf der Nachfrageseite durchgesetzt werden.

Von SPAG zu EWOS - die europäische funktionale Standardisierung.

Die weitere Entwicklung, die von MAP und TOP ausging, sich über die Ausweitung der beteiligten Unternehmen und die Bildung von weltweiten und regionalen Benutzergruppen fortsetzte, soll hier nicht im einzelnen dargestellt werden (vgl. hierzu Dankbaar & van Tulder 1989, S. 29ff).

Wichtig für die europäische, aber auch die weltweite Entwicklung war der Zusammenschluß von zwölf großen europäischen Herstellern im Rahmen von SPAG (Standards Promotion and Application Group). Abgesehen davon, daß es sich hierbei gerade nicht um Anwender handelte, die die Kraft ihrer Nachfrage zusammenfaßten, bestand in dem von ihnen verabschiedeten "Guide to the use of standards" (SPAG 1985) ein weiterer Unterschied zu den MAP- und TOP-Spezifikationen, der die Entwicklung bis dahin verdeutlichte. Dieses Dokument enthielt eine Reihe von Festlegungen und bezog sich auf wesentlich mehr Normen und Einsatzzwecke als die MAP- und TOP-Spezifikationen mit ihren klaren Beschränkungen auf wenige Anwendungen. Schon hier wurde erkennbar, daß die nachträgliche Präzisierung sich im Grunde auf alle Basisnormen zu beziehen hatte und daß sie organisatorisch auf eine breitere Basis zu stellen ist.

Das SPAG-Konzept ist später von EWOS übernommen worden, einer Organisation, die als assoziiertes Gremium im Rahmen der europäischen Normung arbeitet und in der eine Reihe weiterer Akteure vertreten sind (dazu oben 2.6.3.3).

Spätestens jetzt löst sich das Konzept der funktionalen Standardisierung aus dem von MAP und TOP vorgegebenen Rahmen und erhält folgende Konturen:

- Funktionale Standardisierung gilt nunmehr als eingenständige Normungsaktivität der angestammten Normungsgremien.
- Gegenüber MAP/TOP (anwenderseitig) und SPAG (herstellerseitig) wird die funktionale Standardisierung aus dem engen Interessensraum der jeweiligen Mitglieder herausgenommen.
- Funktionale Standards werden jetzt zu offiziellen Normdokumenten und zum wichtigen Bezugspunkt für die Entwicklung von Produkten durch die Hersteller, die Entwicklung von Beschaffungsrichtlinien für die Anwender und die Durchführung von Konformitäts-und Interoperabilitätstests und somit zum Fixpunkt eines konsequenten Etablierungskonzeptes.

Die Grundlage für die europäische funktionale Standardisierung bildet seit seinem ersten Erscheinen im März 1986 das Memorandum M-IT-01 (CEN/CENELEC/CEPT 1986), das von CEN, CENELEC und CEPT im Zusammenwirken mit dem ITSTC verabschiedet wurde. Nachdem auch in anderen Regionen (USA, pazifischer Raum) ähnliche Aktivitäten aufgenommen wurden und ein Auseinanderfallen der funktionalen Standisierung drohte, wurde versucht, diese Aktivitäten wieder international zusammenzuführen (Donner 1989). Dies führte zur Verabschiedung des Dokumentes TR 10000-1 (ISO/IEC 1990-1) durch ISO und IEC, das nun als gemeinsame Grundlage für die Erstellung internationaler funktionaler Standards dient. Als Reaktion hierauf wurde das europäische Dokument M-IT-01 an diese gemeinsame internationale Grundlage angepaßt (CEN/CENELEC/ETSI 1991). Auf diese beiden Dokumente beziehen sich die folgenden Ausführungen.

3.3.2 Begriffsbestimmung

Im Dokument TR 10000-1 wird ein <u>Profil</u> (profile) definiert als:

"A set of one or more base standards, and, where applicable, the identification of chosen classes, subsets, options and parameters of those base standards, necessary for accomplishing a particular function" (S. 2).

Ein Profil ist also zunächst ein ganz bestimmter Zuschnitt einer Basisnormzusammenstellung, die so ausgewählt und präzisiert ist, daß sie eine ganz bestimmte Funktion erfüllt. Profilfestlegungen besagen: "Um die Anwendungsfunktion X zu realisieren, benutze die Standards A, B, C, ... in der folgenden Weise" (Truöl 1989).

Der Funktionsbegriff ist zunächst vage und muß im Zusammenhang mit den jeweiligen Basisnormen näher präzisiert werden. Gemeint sind damit jeweils zusammengehörige Ausschnitte aus der funktionalen Vielfalt der betroffenen Basisnormen, die zusammengenommen eine sinnvolle Kommunikationsfunktion ergeben.

Ein solches Profil, niedergelegt in einem Dokument, hat keinen offiziellen Status. Es ist lediglich ein Papier, das nach Vorgaben hinsichtlich des Aufbaus und des Inhalts, so wie sie etwa in TR 10000-1 festgelegt werden, erstellt wurde.

Dagegen wird im TR 10000-1 ein <u>International Standardisiertes Profil</u> (International Standardized Profile (ISP)) definiert als:
"An internationally agreed-to, harmonized document which identifies a standard or group of standards, together with options and parameters, necessary to accomplish a function or a set of functions" (S. 2)

Ein ISP ist also ein internationales, offizielles Dokument, das von ISO und IEC gemäß deren Verfahrensregeln verabschiedet wird. Es ist allerdings - hierauf wird ausdrücklich hingewiesen - mit einem zuvor erstellten Profil nicht notwendigerweise deckungsgleich, da ein ISP u.U. mehrere Profile enthalten kann.

Der Begriff des <u>funktionalen Standards</u> wird international nicht verwendet. Im europäischen Memorandum M-IT-01 (issue 2) wird er jedoch definiert als:

"A European agreed-to, harmonized document which identifies a standard or group of standards, together with options and parameters, necessary to accomplisch a function or set of functions" (S. 7).

Diese Definition ist mit der eines ISP weitgehend deckungsgleich und weist einem funktionalen Standard die Stellung eines von den europäischen Gremien angenommenen europäischen Dokuments zu.
Allerdings wird hierdurch keine neue Normensparte geschaffen, sondern funktionale Standards werden von CEN/CENELEC als Europäische Norm (EN) und von ETSI als Europäi-

sche Telekommunikationsnorm (ETS) veröffentlicht. Ein funktionaler Standard entspricht damit einer Europäischen (Telekommunikations-)Norm.

Wenn ich mich nachfolgend insbesondere mit Profilen auseinandersetze, so deswegen, weil in diesem Profilkonzept das wesentliche Anliegen der funktionalen Standardisierung zum Ausdruck kommt und hierin die inhaltlichen Festlegungen und der formale Rahmen niedergelegt sind.
Die Kombination von Profilen und ihre Verabschiedung als funktionaler Standard bzw. als Norm ist dann ein formeller Abstimmungsvorgang in und zwischen den Gremien.

Die <u>funktionale Standardisierung</u> soll den gesamten Prozeß bezeichenen, in dessen Zuge aus einer internationalen Basisnorm letztlich eine Europäische Norm (funktionaler Standard) oder ein ISP erstellt und verabschiedet wird.

3.3.3 Das Profil-Konzept

Mit der Erarbeitung von Profilen werden mehrere Ziele verfolgt:

1. Ein Profil soll den Herstellern eine verbindliche und exakte Grundlage für die Implementierung von Kommunikationsprodukten liefern.

2. Für die Anwender sollen Profile einen Bezugspunkt für Beschaffungen darstellen. Damit soll es ihnen ermöglicht werden, sich für einen bestimmten Anwendungswunsch auf vorhandene Profile zu beziehen, um dann sicher zu sein, daß Produkte, die nach diesen Profilen implementiert wurden, auch genau diese Funktion erfüllen und mit anderen Produkten nach dem gleichen Profil zusammenarbeiten können.

3. Letztlich bilden Profile die Grundlage für Konformitätstests. Um insbesondere die Interessen der Anwender zu wahren, ist es notwendig, daß Produkte, von denen die Hersteller behaupten, sie seien gemäß eines Profils entwickelt, daraufhin getestet werden.

3.3.3.1 Profilklassen

Nun zu den inhaltlichen und formalen Aspekten eines Profils. Ein wesentlicher Festlegungsbedarf besteht bzgl. der Frage, welche Kombination von Basisnormen der verschiedenen Schichten zusammen implementiert werden muß, um die durch das Profil angestrebte Funktion zu realisieren.

In den MAP/TOP-Spezifikationen, wie ebenfalls für einige ältere CCITT-Dienste (Teletex, Telefax) wurde diese Normkombination über alle Schichten hinweg festgelegt. Profile dagegen tragen der durch das Referenzmodell vorgenommenen Strukturierung in transport- und anwendungsorientierte Schichten sowie der Abgrenzung zu den Datenaustauschformaten Rechnung (vgl. Abb. 11). Es werden daher grundsätzlich folgende Profiltypen unterschieden:
  a) transportorientierte Schichten (1-4)
  b) anwendungsorientierte Schichten (5-7)
  c) Datenaustauschformate (oberhalb Schicht 7)

Implementierungen dieser Profiltypen sollen untereinander beliebig kombiniert werden können. Innerhalb des jeweiligen Typs legen die Profile die Kombination von Basisnormen der betreffenden Schichten jedoch fest.

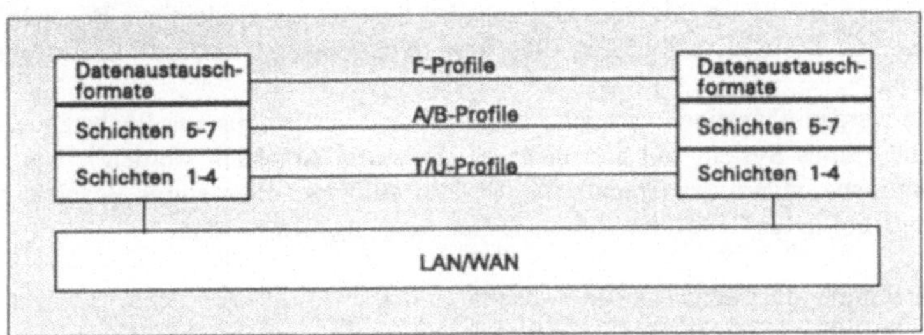

Abb. 11: Profilklassen

Bezogen auf die Profiltypen werden dann verschiedene Profilklassen unterschieden.

Profile für Datenaustauschformate werden als F-Profiles bezeichnet.

Bei den transport- und anwendungsorientierten Typen wird danach unterscheiden, ob ein verbindungsorientierter oder verbindungsloser Dienst angeboten wird. Profile für den verbindungsorientierten Transportdienst werden als T-Profiles , die für den verbindungslosen als U-Profiles bezeichnet.

Profile für Anwendungsdienste, die sich auf den verbindungsorientierten Transportdienst stützen, werden als A-Profiles, die, die sich auf den verbindungslosen Transportdienst beziehen, als B-Profiles bezeichnet.
In TR-10000-1 wird eine weitere Profilklasse, die R-Profiles eingeführt. Hierbei handelt es sich um Profile für Relayfunktionen zur Verbindung von Teilnetzen (vgl. Abb. 12).

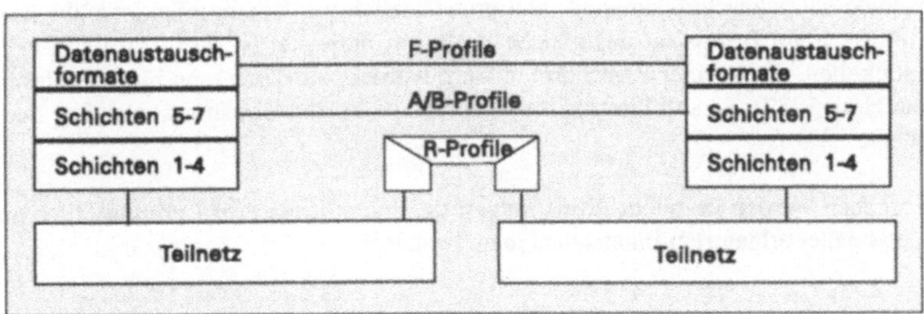

Abb. 12: R-Profile zur Verbindung von Teilnetzen

In der europäischen funktionalen Standardisierung werden darüber hinaus zwei weitere Klassen verwendet:

S-Profile: Zeichensätze für Grafik- und Kontrollzeichen, auf die in F-Profilen Bezug genommen wird und

Y-Profile: Profile für Kommunikationsfunktionen, die außerhalb der OSI-Standardisierung stehen[90].

Diese Klasseneinteilung ist Teil eines umfassenden Systems zur eindeutigen Bezeichnung und Einordnung von Profilen, auf die in ISPs bzw. funktionalen Standards Bezug genommen werden kann.

Die Profile werden über einen Bezeichner identifiziert, der jeweils aus Buchstaben und Ziffern besteht. Dieses System soll hier nicht im einzelnen dargestellt werden[91]. Nur zur Verdeutlichung insbesondere der Granularität der Profilbildung sollen einige Bespiele bzgl. der Anwendungsprofile für FTAM und Message Handling gegeben werden:

AFT 11 Simple (unstructured) File Transfer Service
AFT 13 Full (Hierarchical) File Transfer Service
AFT 23 Full (Hierarchical) File Access Service
AMH 11 Common Facilities MTA and MTS
AMH 13 Common Facilities UA or MS to MTA (P3)
AMH 23 IPMS IPM UA or IPM MS to MTA (P2 over P3)

Hierbei bedeutet im Bespiel AFT 13:
  A: Anwendungsprofil auf der Basis eines verbindungsorientierten Transportdienstes
  FT: File Transfer, Access and Management
  1: Nur Dateiübertragung (File Transfer Service)
  3: Übertragung hierarchisch strukturierter Dateien (im Gegensatz zu sequentiellen Dateien ohne weitere Strukturinformationen).

3.3.3.2 Wesentliche Regelungsgegenstände in Profilen

Das Ziel eines Profils ist es, für eine bestimmte Kommunkationsfunktion (bspw. das Übertragen einer strukturierten Datei (AFT 13 (siehe Beispiel))) festzulegen, welche Basisnormen auf den verschiedenen Schichten (bei FTAM Schichten 5-7) zu verwenden sind und welche Freiheitsgrade so einzuschränken sind, daß grundsätzlich die Kommunikationsfähigkeit zwischen Produkten mit Bezug auf das gleiche Profil gewährleistet ist. Ein Profil soll weiterhin Mehrdeutigkeiten, die in einer Basisnorm erkannt wurden, ausräumen und ggf. Fehler berichtigen (van Herp 1987). Es soll niemals im Widerspruch zu den Basisnormen stehen und diese nicht ändern.

Diese Vorgaben werden in einem Profil umgesetzt, indem jedes Profil grundsätzlich aus den nachfolgend näher erläuterten Inhaltselementen besteht[92].

---

[90] Hier setzt sich die Europäische funktionale Standardisierung von der internationalen ab, die sich ausschließlich auf OSI-konforme Normen bezieht.

[91] Die vollständige Klassifizierung findet sich in (ISO/IEC 1990-2).

[92] Zur Veranschaulichung beziehe ich mich in den Beispielen auf das Profil "Access to Public and Private MHS (1988) - Common Facilities - MTS end-User to MTS end-User and MTA" mit der Bezeichnung A/3311, das von EWOS und ETSI zusammen ausgearbeitet und nunmehr als EWOS ED verabschiedet wurde (EWOS 1991-2). Ein entsprechendes ISP liegt bisher nicht vor, sondern

<u>Exakte Funktionsbeschreibung</u>
Profile sollen nicht mehr wie Basisnormen einen umfassenden Dienst festlegen, der alle diesbezüglichen Aspekte umfaßt. Profile sollen einzelne Funktionen separieren und auf diese Funktion hin die notwendigen Basisnormen präzisieren. Jedes Profil muß daher eine Funktionsbeschreibung enthalten, die exakt festlegt, welche Kommunikationsfunktion durch das Profil definiert wird.

Diese Funktionsbeschreibung lautet für AMH11:

"This functional profile describes communication between Message Handling Systems based on MTA to MTA interworking, using the 1988 CCITT X.400 series of Recommendations and ISO/IEC 10021 MOTIS Standards. ...
It describes services of and communication between MTAs using the P1 protocol, as well as the Elements of Service and the abstract services, provided by the MTA. It also describes the interaction of the MTA and MTS-User. ...
End User Services, UA, MS and AU functions are not covered by this functional profile" (EWOS 1991-2, p. 5).

Diese Funktionsbeschreibung legt den betrachteten Ausschnitt aus den X.400 bzw. ISO 10021-Normen fest und schließt andere Teile dieser Normen aus.

<u>Szenario</u>
Ein Szenario dient dazu, den Ausschnitt aus den relevanten Basisnormen, der durch das Profil erfaßt wird, anhand einer kurzen Skizze anschaulich zu verdeutlichen (vgl. Abb. 13).

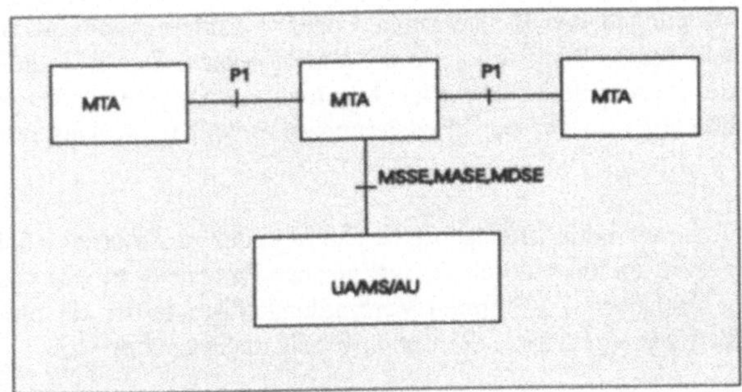

Abb. 13: Graphische Erläuterung des Ausschnitts

Die aus AMH11 entnommenen Abbildungen zeigen, daß das Profil sich einerseits auf das Kommunikationsprotokoll P1 zwischen MTAs und andererseits auf die spezifischen Anwen-

---

EWOS ist beauftragt, ein entsprechendes internationales Profil auszuarbeiten (vgl. ISO/IEC 1990-3), das mit dem europäischen Dokument A/3311 übereinstimmen wird.
Die Bezeichnung A/3311 orientiert sich noch an der zunächst für Europa entwickelten Klassifizierung. Da nunmehr die ISO/IEC-Klassifizierung angewendet werden soll, trägt das Dokument auch die internationale Bezeichnung AMH11 und fügt sich damit in das internationale System ein.

dungsdienstelemente MSSE, MASE und MDSE, somit auf die den MTS-Benutzern angebotenen Leistungsmerkmale bezieht (vgl. hierzu ausführlich 5.3 und 5.4). Die nächste Abbildung gibt an, welche Basisnormen im einzelnen von den Festlegungen des Profils betroffen sind und stellt sie, den Schichten zugeordnet, zusammen.

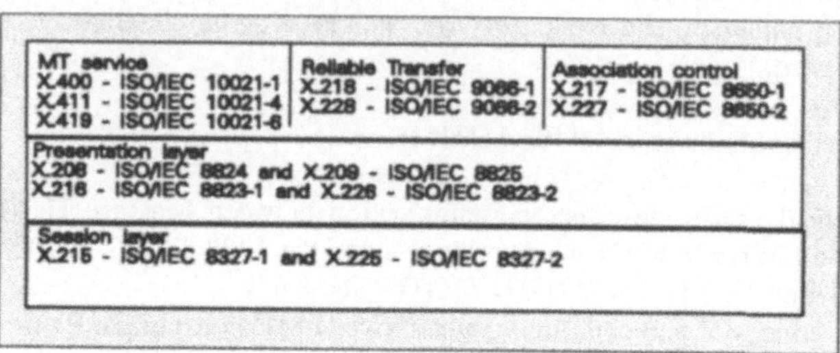

Abb. 14: Von der Profilbildung erfaßte Basisnormen

Darüber hinaus enthält ein Profil eine Zusammenstellung (Normative References) all der Normen und Dokumente, "conformance to which is identified as potentially having an impact on achieving interoperation using the profile" (ISO/IEC 1990-1, S. 4).

<u>Festlegung der Anwendung der Basisnormen</u>
Dieser Teil bildet den Kern eines Profils. Hierin sollen alle Festlegungen getroffen werden, die die Verwendung der Basisnormen soweit präzisieren, daß eine korrekte Implementierung und deren Test möglich werden.

Profile sollen Festlegungen der Basisnormen weder verändern noch ihnen widersprechen. Damit sind der funktionalen Standardisierung Grenzen gesetzt. Durch sie dürfen keine neuen Leistungsmerkmale, Protokollelemente oder Argumente hinzugefügt oder bestehende in ihrem Charakter verändert werden. Der Präzisierungsspielraum ist im wesentlichen darauf beschränkt,

- Mehrdeutigkeiten oder offensichtliche Fehler in der Basisnorm zu beheben,
- Festlegungslücken hinsichtlich der technischen Parameter zu schließen und
- die in der Basisnorm bestimmten Verbindlichkeitsgrade der einzelnen Festlegungen nach strikt festgelegten Transformationsregeln zu verändern.

Diese letzte Funktion der funktionalen Standardisierung ist von zentraler Bedeutung, weil hierdurch insbesondere das Problem der inkompatiblen Optionsselektion angegangen wird.
Um diese Präzisierungsspielräume näher zu bestimmen, bedarf es eines Blickes auf die ISO/IEC-Norm 9646 "OSI conformance Testing Methodology and Framework". Diese Norm ist im Hinblick auf das Testen von OSI-Protokollen geschrieben worden (dazu ausführlicher 3.4). An den hierin formulierten Konformitätsanforderungen setzt auch die funktionale Standardisierung an. Sie beziehen sich u. a. auf die Verbindlichkeit, die für die Implementierung einzelner Eigenschaften gilt sowie auf das dynamische Verhalten einer Implementierung. Folgende Einstufungen werden unterschieden:

mandatory (m): Diese Normfestlegung (Leistungsmerkmal, abstrakter Dienst, Parameter) muß immer implementiert werden.

conditional (c): Anforderungen, die als conditional gekennzeichnet sind, sind in der Norm Bedingungen unterworfen. Eine konforme Implementierung muß eine bedingte Anforderung so implementieren, daß sie unter genau den Bedingungen sichtbar wird, die in der Norm festgelegt sind.

optional (o): Eine optionale Eigenschaft kann - muß aber nicht - von einer Implementierung realisiert sein. Eine Implementierung, für die Konformität zu einer optionalen Anforderung reklamiert wird, muß die damit verbundene Eigenschaft exakt so implementieren, wie es die Norm vorsieht.

not applicable (-), execluded (x): Eine Eigenschaft oder ein Verhalten einer Implementierung ist unter bestimmten Bedingungen nicht sinnvoll oder explizit ausgeschlossen. Beides darf unter den angegebenen Bedingungen nicht sichtbar werden.

Ein Profil darf in der Basisnorm festgelegte Konformitätsanforderungen bzw. Verbindlichkeitsgrade nur nach folgenden Vorschriften verändern (vgl. Abb. 15):

mandatory: Ein mandatory-Element der Basisnorm muß auch im Profil stets als mandatory festgelegt werden (<u>verbindliche Elemente pflanzen sich fort !</u>).

conditional: Ein conditional-Element soll auch im Profil als conditional festgelegt werden. Das Profil kann jedoch die Bedingungen gegenüber der Basisnorm soweit einschränken, daß diese entweder immer oder nie erfüllt werden. In diesen Fällen kann ein Element der Basisnorm im Profil als mandatory (Bedingung immer wahr) oder als not applicable (Bedingung immer falsch) festgelegt werden.

not-applicable / excluded: Solche Elemente sind unverändert in das Profil zu übernehmen.

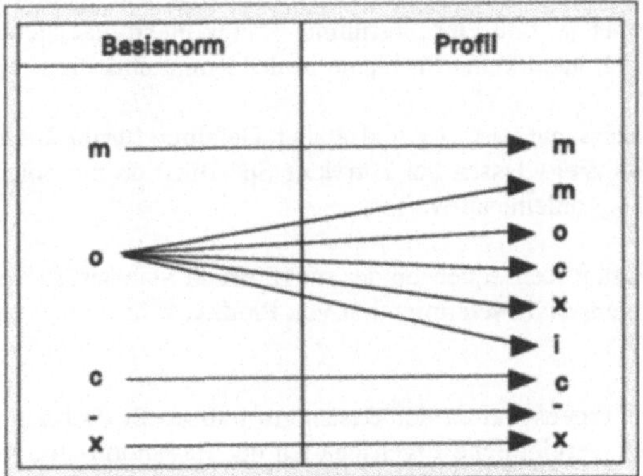

Abb. 15: Transformationsregeln für Konformitätsanforderungen

optional: Hinsichtlich des zentralen Problems optionaler Eigenschaften kann in einem Profil in folgender Weise verfahren werden:

a) Die Verwendung eines optionalen Elementes kann als <u>mandatory</u> fest vorgeschrieben werden (<u>Ausweitung der verbindlich zu implementierenden Eigenschaften</u>).

b) Das Profil kann für die Verwendung eines optionalen Elementes konkrete Bedingungen angeben und ihm somit den Status <u>conditional</u> zuweisen;

c) Bestimmte optionale Elemente können sich im Kontext des Profils als irrelevant erweisen und ihnen kann der Status <u>Out-of-scope</u> (TR 100000-1 verwendet hierfür die Bezeichnung "i" (vgl. Abb. 15)) zugewiesen werden;

d) Optionale Eigenschaften dürfen nur dann, wenn sie sich auf das dynamische Verhalten einer Implementierung (dazu 3.4.1.1) beziehen, ganz ausgeschlossen werden.

e) In allen anderen Fällen bleiben optionale Elemente auch im Profil optional.

Gerade durch die letzte Regel aber scheint das originäre Ziel der Profile verfehlt. Das gilt jedoch nur begrenzt. Zunächst verhindern optionale Elemente in Profilen, daß die Menge unterschiedlicher Profile nicht zu groß wird. Verzichtete man in Profilen gänzlich auf Optionen, so müßte man für eine fast identische Funktion zwei unterschiedliche Profile ausarbeiten, eines, in dem ein einzelnes Element fest vorgeschrieben und eines, in dem das Element nicht benutzt wird.

Darüber hinaus muß ein Hersteller, der ein Produkt einem Konformitätstest unterzieht im mitzuliefernden PICS (Protocol Implementation Conformance Statement) (dazu unten 3.4.1.4) genau angeben, ob und wie das Produkt die verbleibenden optionalen Elemente unterstützt.

Letztlich führen Optionen nicht zwingend zu Interoperabilitätsproblemen. Ist etwa ein Leistungsmerkmal als optional klassifiziert und ein Produkt hat es nicht implementiert, so wird es dem Nutzer des Produktes nicht angeboten. Daraus ergeben sich jedoch keine zwingenden Probleme im Verhältnis zu anderen Implementierungen. Ein nicht implementiertes Leistungsmerkmal bedeutet ja, daß eine bestimmte Protokollaktivität nicht ausgeführt werden muß. Also ergeben sich auch keine Probleme in der Kommunikation mit einer anderen Implementierung.

Dennoch, optionale Elemente bergen grundsätzlich Gefahren für die Interoperabilität. Profile - so das ausgewiesene Ziel - lassen bei korrekter Spezifikation nur solche Optionen zu, die keine Interoperabilitätsprobleme aufwerfen.

Ich werde die wichtigsten Konsequenzen der funktionalen Standardisierung hinsichtlich ihrer Bedeutung für die Eigenschaftsdetermination von Produkten hier noch einmal zusammenfassen:

1. Verbindliche Eigenschaften der Basisnorm müssen in Profilen verbindlich bleiben. Das bedeutet, verbindliche Eigenschaften der Basisnorm sind **verbindliche Eigenschaften eines normkonformen Kommunikationsproduktes.**

2. Profile dürfen bedingte Eigenschaften so präzisieren, daß sie die jeweilige Bedingung so festlegen, daß sie entweder immer wahr oder immer falsch ist und dadurch

entweder verbindlich vorgeschrieben oder ausgeschlossen wird. Das bedeutet, daß **manche bedingten Eigenschaften als verbindlich im Profil festgelegt werden können und dann eine zusätzliche verbindliche Eigenschaft eines normkonformen Kommunikationsproduktes sind.**

3. Optionale Eigenschaften der Basisnormen können zu verbindlichen Eigenschaften des Profils erklärt werden. Das bedeutet, daß **solche optionalen Eigenschaften der Basisnorm zu zusätzlichen verbindlichen Eigenschaften eines normkonformen Kommunikationsproduktes werden.**

4. Da im Rahmen der funktionalen Standardisierung lediglich präzisiert (Mehrdeutigkeiten und Fehler), selektiert (über die Transformation der Verbindlichkeitsgrade) sowie kombiniert (über die Festlegung der Protokollklassen) werden darf, gilt, daß **alle Eigenschaften entweder nicht oder genau so, wie es die Basisnormen festlegen, zu implementieren sind.**

3.3.4 Institutionelle und prozedurale Aspekte

Profile in der oben beschriebenen Art werden in Europa vornehmlich von EWOS ausgearbeitet und verlassen diese Organisation als ein EWOS DOCUMENT (ED) (vgl. EWOS 1991-1). In den Fällen, in denen der Gegenstand des Profiles auch den Bereich von ETSI erfaßt, wird das Profil von beiden Organisationen zusammen erarbeitet.

Ein solches Dokument wird über verschiedene Wege in den nachfolgenden Normungsprozeß eingebracht (EWOS 1991-1; KEG 1990-3; Eckert 1990) (Abb. 16).

Zum einen findet es direkten Eingang in den europäischen Abstimmungsprozeß durch CEN/CENELEC. Ein ED wird dort unmittelbar als Entwurf für eine Europäische Vornorm (prENV) anerkannt. Durchläuft es diesen Prozeß erfolgreich, so erhält es den Status einer Europäischen Vornorm und ggf. den einer Europäischen Norm.

Die Arbeit der regionalen Workshops ist mittlerweile so gut koordiniert, daß kaum Doppelarbeit geleistet wird. International wird die Profilerstellung als Auftrag an einen dieser Workshops vergeben[93]. EWOS bringt ein ED auch als Vorschlag für einen ISP (pDISP) in das Abstimmungsverfahren von ISO/IEC ein. Ist dieses erfolgreich durchlaufen, erhält es den Status eines ISP. ISPs können, insbesonderes wenn sie nicht im europäischen Kontext vorbereitet wurden, wiederum in das CEN/CENELEC-Verfahren als Vorschlag für eine Europäische Norm eingebracht werden.

---

[93] Vgl. zum Überblick über die Profilaufträge (ISO/IEC 1990-3)

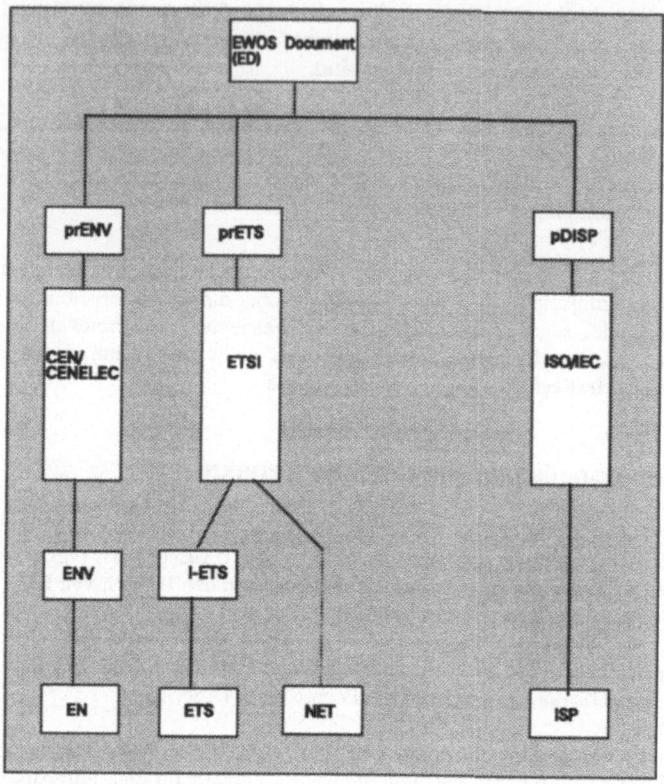

Abb. 16: EWOS-Dokumente als Vorlage für die europäische und internationale Normung

In den Zuständigkeitsbereichen von ETSI geht ein Profil als Vorschlag für ein ETS ein. Wiederum nach erfolgreichem Durchlaufen der Prozeduren erhält es den ETS- oder I-ETS-Status. Ein ETS kann darüber hinaus auch als Grundlage für verbindliche CTRs dienen.

3.4 Testen und Zertifizieren zur Sicherstellung der Normkonformität

Das Testen und Zertifizieren von Produktimplementierungen ist konsequenterweise der nächste Schritt bei der Normetablierung. Während die funktionale Standardisierung weitgehend als Schritt zur Verbesserung der Implementierungsgrundlage anzusehen ist und sich damit in erster Linie an Hersteller wendet, bildet das Test- und Zertifizierungswesen das Bindeglied zwischen Herstellern und Anwendern.

Test und Zertifizierung geben den Herstellern die Möglichkeit, nachzuweisen, daß ihre Produkte auch tatsächlich konform zu den relevanten Normen implementiert wurden und grundsätzlich die Kommunikationsfähigkeit mit anderen normkonformen Produkten gegeben ist. Anwendern dienen Testergebnisse und Zertifikate als Beleg dafür, daß sie auf eine Konformitätsaussage vertrauen können (Stöttinger 1991).

Ein Test einer Implementierung stellt im Gegensatz zur formalen Verifikation nicht ihre Korrektheit sicher (Stoll 1989, S. 5). Ein Testergebnis ist nur hinsichtlich bestimmter, vorher festgelegter Testziele gültig. Hinsichtlich dieser Testziele ist zwischen Konformitäts- und Interoperabilitätstests zu unterscheiden.

Konformitätstests prüfen, ob eine Implementierung mit den formalen Festlegungen der Basisnormen übereinstimmt, für die Konformität reklamiert wird (Lamb 1991, S. 25).
Tests dieser Art werden grundsätzlich so durchgeführt, daß die Implementierungen gegen eine immer gleiche, allgemein anerkannte Referenzimplementierung (Tester) getestet werden (KEG 1991-3, S. 102).
Konformitätstests können angesichts der Komplexität der zu überprüfenden Funktionen nie vollständig sein. Das Testen durch eine Referenzimplementierung kann die Anwesenheit von Fehlern bzgl. der durchgeführten Tests nachweisen, nicht jedoch die völlige Fehlerfreiheit garantieren. Es besteht daher Übereinstimmung darin, daß allein Konformitätstests die volle Kompatibilität zwischen verschiedenen Implementierungen nicht sicherstellen können (Stöttinger 1989-1, S. 189; Jung 1988, S. 118f).

Interoperabilitätstests ergänzen Konformitätstests um einen weiteren Aspekt. Sie überprüfen, ob eine Implementierung über die Konformität zu einer Referenzimplementierung hinaus auch tatsächlich mit anderen Implementierungen der gleichen Basisnormen fehlerfrei kommunizieren kann (Lamb 1991, S. 25).
Bei dieser Methode wird die zu testende Implementierung in eine heterogene Umgebung[94] eingebunden und in diesem Verbund getestet.

Bisher gibt es keine allgemein anerkannten Methoden für diese Testform. Insbesondere besteht ein Bewertungsproblem, da im Fehlerfalle nicht sicher davon ausgegangen werden kann, daß dieser Fehler auch tatsächlich von der zu testenden Implementierung herrührt.

---

[94] Damit ist ein Verbund von Implementierungen unterschiedlicher Hersteller gemeint.

Nach Reihlen (1990-1, S. 445) versteht man unter **Zertifizierung**

> "die Bestätigung durch Dritte, daß ein Produkt die einschlägigen technischen Regeln in ihrer jeweils neuesten Fassung berücksichtigt und einhält. Überwiegend wird unter Zertifizierung zusätzlich die Prüfung und Bestätigung durch eine dritte, d.h. herstellerunabhängige Prüfstelle verstanden".

Im Test- und Zertifizierungswesen für die Informationstechnik, wie es derzeit im Aufbau begriffen ist, werden Zertifikate auf der Grundlage von Konformitätstests vergeben, und sie bescheinigen alleine die Konformität, nicht jedoch die Interoperabilität. Dieses Test- und Zertifizierungswesen soll nun genauer dargestellt werden.

Die methodischen Grundlagen, die sich ausschließlich auf Konformitätstests beziehen, werden überwiegend in internationalen Gremien und ergänzend, zumeist bezogen auf zusätzliche Erfordernisse der funktionalen Standardisierung, in europäischen Gremien festgelegt.
Die Lösung der methodischen Probleme bildet allerdings nur einen Ausschnitt der sich insgesamt stellenden Aufgaben. In der Folge muß eine breite Infrastruktur geschaffen werden, die die konkrete Durchführung von Tests und Zertifizierungen gewährleistet. Im Anschluß an die Darstellung der methodischen Grundlagen werden daher das für die Europäische Gemeinschaft vorliegende Durchführungskonzept sowie der derzeitige Entwicklungsstand dargestellt. Zum Abschluß wird auf Interoperabilitätstests eingegangen, die jedoch methodisch und institutionell bisher weniger stark konturiert sind.

3.4.1 Konformitätstests als Gegenstand der Normung

Die mit Konformitätstests im Zusammenhang stehenden Fragen beschäftigen die Normungsgremien auf internationaler wie auf europäischer Ebene intensiv. Die Gründe dafür, die Tests selbst der Normung zu unterwerfen, liegen darin, daß solche allgemein anerkannten Festlegungen die Grundlage dafür bieten, daß die Tests an verschiedenen Orten durchgeführt werden können und dennoch gewährleistet bleibt, daß Implementierungen jeweils gleichen Tests unterzogen und Testergebnisse unabhängig von der testenden Institution - deren Vertrauenswürdigkeit vorausgesetzt - identisch sind. So wird die Grundlage für die gegenseitige Anerkennung von Testergebnissen geschaffen.

Lange Zeit blieb der Konformitätsbegriff unscharf und damit die Frage, welchen Anforderungen eine Implementierung für eine reklamierte Konformität exakt genügen muß und was außerhalb dieser Anforderungen liegt. Eine erste Präzisierung lieferte das Dokument "Final answer to the question on Conformance to OSI standards" (ISO 1985), in dem die begrifflichen Grundlagen gelegt wurden und das später in die Norm ISO/IEC 9646 "OSI Conformance Testing Methodology and Framework" einging[95]. Das hierin entwickelte Konzept umfaßt drei Schwerpunkte (Colas 1991):

> 1. ISO/IEC 9646 selbst legt die methodischen Grundlagen:
>   - Es klärt den Konformitätsbegriff.
>   - Es definiert und klassifiziert die Testmethoden.
>   - Es macht grundsätzliche Aussagen zur Art und Struktur von Testfällen.

---

[95] Das entsprechende CCITT-Dokument liegt mit X.290 vor.

- Es führt das Konzept der "Protocol Implementation Conformance Statements" (PICS) ein.

Ähnlich wie das Referenzmodell für die Basisnormen, gibt ISO 9646 den methodischen Rahmen vor, der dann für jede Einzelnorm durch spezifische Festlegungen zu den Testfordernissen ergänzt wird. Für jede Einzelnorm müssen folgende Festlegungen getroffen werden:

2. Konkrete Testszenarien als nach gewissen Regeln strukturierte Zusammenstellung von Testfällen und

3. PICS - Proformas, die angeben, welche Informationen ein Hersteller über seine Implementierung zur Testdurchführung vorzulegen hat.

Nachfolgend sollen die wichtigsten Begriffe und Normungsgegenstände der Norm 9646 erläutert werden[96].

3.4.1.1 Konformitätsanforderungen

Konformitätsanforderungen müssen von einer Implementierung erfüllt sein, wenn für sie die Konformität zu einer (bzw. mehreren) Norm(en) reklamiert wird. Es werden drei Kategorien unterschieden.

Verbindlichkeitsgrade der Implementierung
Implementierungen, die Konformität zu Basisnormen bzw. funktionalen Standards reklamieren, müssen Dienste und Protokollelemente entsprechend den in den Normen festgelegten Verbindlichkeitsgraden implementieren. Hierzu werden die bereits unter 3.3.3.2. erläuterten Grade **mandatory, conditional und optional** unterschieden.

Statische und **dynamische Konformitätsanforderungen**
Statische Anforderungen beziehen sich eher auf die Existenz bestimmter Eigenschaften, die in der Norm gefordert, oder deren Implementierung vom Hersteller im PICS (dazu unten 3.4.1.4) behauptet werden (Stöttinger 1989-2). Statische Anforderungen, die in der Regel in der obigen Kategorie der Verbindlichkeitsgrade beschrieben werden, verlangen von einer Implementierung, daß sie bestimmte Dienste, Protokollelemente, Parameter oder Timerwerte[97] implementiert hat bzw. einhält.
Die dynamischen Anforderungen beziehen sich auf das konkrete Protokollverhalten während der Kommunikation. Diese Anforderungen werden als erlaubte (vorgeschriebene), verbotene und - unter bestimmten Bedingungen - nicht sinnvolle Aktionen klassifiziert.

3.4.1.2 Testmethoden

Bei Tests wird grundsätzlich zwischen einer externen (black box) und einer internen (white box) Betrachtungsweise unterschieden (Stoll 1989, S. 5). OSI-Protokolle werden durchgängig im Rahmen einer externen Betrachtungsweise getestet.

---

[96] Vgl. hinsichtlich aller folgenden technischen Aspekte: neben dem Originaldokument insbesondere Plattner u.a. 1989, S. 237ff, Stöttinger 1989-1, S.188ff, Stoll 1989, S.5ff sowie Jung 1988.

[97] Timer sind Zeitgrößen, über die in einem Protokoll das Verhalten der Partnerinstanz überwacht wird. In der Regel muß eine Protokollreaktion (Senden einer bestimmten PDU) innerhalb eines bestimmten Zeitraumes (Timerwert) erfolgen.

Die Tests sind so konfiguriert, daß eine Implementierung (Implementation under Test (IUT)) gegen eine Referenzimplementierung (Tester) getestet wird (Grosse 1991; Stöttinger 1991). Die IUT wird als black box aufgefaßt, und nur das Verhalten an den Schnittstellen wird beobachtet. Eine IUT wird an der oberen und der unteren Dienstschnittstelle kontrolliert, die sie als Dienstnutzer bzw. Diensterbringer bedient. Ein Tester besteht demzufolge aus einem oberen Tester (Upper Tester (UT)), der die obere und einem unteren Tester (Lower Tester (LT)), der die untere Dienstschnittstelle der Implementierung kontrolliert.

Die Testmethoden unterscheiden sich danach, wie IUT, LT und UT auf Rechner-systeme verteilt sind und in welcher Weise UT und LT ihre Testaktivitäten koordinieren. Vier Testmethoden sind zu unterscheiden:

<u>Lokales Testen</u>: Hierbei sind sowohl der LT als auch der UT in dem System (System under Test (SUT)) installiert, das auch die IUT beherbergt. LT und UT koordinieren ihre Aktiviäten über eine Testkoordinierungsprozedur.

Bei den drei nachfolgenden Testmethoden sind die IUT und der LT nicht im gleichen System installiert, so daß es möglich wird, die Testkomponente und die zu testende Implementierung etwa über ein öffentliches Netz zu verbinden[98].

<u>Koordiniertes Testen</u>: Beim Koordinierten Testen ist der UT im SUT installiert, während der LT im entfernten Testsystem residiert. UT und LT stimmen ihre Aktivitäten über eine protokollgesteuerte Testkoordinierungsprozedur ab.

<u>Verteiltes Testen</u>: Die Verteilung von UT und LT entspricht der beim koordinierten Testen. Die Abstimmung zwischen UT und LT erfolgt hierbei nicht über eine Koordinierungsprozedur. Die Abfolge der Testaktivitäten wird durch die Struktur des Testszenarios festgelegt.

<u>Abgesetztes Testen</u>: Beim abgesetzten Testen ist kein UT implementiert, so daß alleine das Testsystem als LT aktiv Testsequenzen anstoßen kann. Diese Methode soll nur angewendet werden, wenn die obere Schnittstelle des IUT nicht kontrollierbar ist (Dilonardo 1991, S. 381).

3.4.1.3 Testszenarien

Ein Testszenario ist die Zusammenfassung aller Testfälle, für die die Konformität geprüft werden soll. Im Dokument ISO 9646 wird ein Testszenario wiederum nur als konzeptioneller Rahmen festgelegt und dessen grundsätzliche Struktur beschrieben. Ein Testszenario besteht aus einer Reihe von Testgruppen und diese aus Testfällen. Testfälle werden in Testschritte und diese in nicht weiter untergliederte Testereignisse zerlegt. Wie diese Struktur für eine bestimmte Norm aussieht, muß jeweils festgelegt werden und ist von den dortigen Dienst- und Protokollelementen, vom erlaubten und untersagten Verhalten und der anzuwendenden Testmethode abhängig.

---

[98] Im Rahmen der europäischen Testinfrastruktur sollen nur solche Testmethoden angewendet werden (Dilonardo 1981, S. 381).

X.403 definiert für das Testen von MTS -und IPMS-Implementierungen fünf Testgruppen, hierunter:

- zum anfänglichen Überprüfen der wesentlichen Konformitätsanforderungen (mandatory-Eigenschaften),
- hinsichtlich der korrekten Kodierung und Dekodierung der Protokollelemente,
- zur Überprüfung des Verhaltens beim Empfang von Protokollelementen.

Mit der kurzen Erläuterung der Konformitätsanforderungen, Testmethoden und der Struktur von Testfällen sind die konzeptionellen Bausteine vorgestellt, auf die sich konkret durchzuführende Tests stützen.

Es soll hier nicht mehr im einzelnen darauf eingegangen werden, wie aus diesen allgemeinen und den basisnorm-spezifischen Festlegungen letztlich Referenzimplementierungen (Tester) und konkrete Testfälle abgeleitet und die Tests durchgeführt werden (vgl. hierzu ausführlich Plattner u. a. 1989, S. 259ff; Stoll 1989).

3.4.1.4 PICS und PIXIT

Beim Stand der bisherigen Ausführungen kann unterschieden werden zwischen der Testumgebung (Referenzimplementierung, Methoden, Fälle, Koordinierungsprozeduren) und der zu testenden Implementierung.

Um nun eine Implementierung in einer konkretisierten Testumgebung prüfen zu können, bedarf es eines weiteren Bausteins. ISO/IEC 9646 führt hierfür mit PICS (Protocol Implementation Conformance Statement) und PIXIT (Protocol Implementation Extra Information for Testing) ein weiteres Konzept ein. Hierbei handelt es sich um bestimmte Informationen, die etwa ein Hersteller einem Testlabor zur Verfügung stellen muß und aus denen hervorgeht, welche Testerfordernisse sich aus den Spezifika der zu testenden Implementierung ergeben (vgl. auch Grosse 1991).

Während PIXIT Informationen darüber enthält, welche technischen Randbedingungen bei der Testdurchführung für die Implementierung zu beachten sind (z.B. wie kann das Testsystem auf die Schnittstellen der IUT zugreifen?), enthält das PICS Informationen über die implementierten Normeigenschaften selbst.

Im PICS wird erklärt, welche Eigenschaften in der zu testenden Implemtierung realisiert und welche nicht realisiert wurden. Es wird Auskunft darüber gegeben, welche Parameterwerte und Obergrenzen gewählt wurden. Das PICS ist insbesondere im Hinblick auf die optionalen Eigenschaften bedeutsam. Nur für die im PICS als implementiert bezeichneten optionalen Eigenschaften reklamiert der Hersteller Normkonformität, und auch nur diese optionalen Eigenschaften werden überprüft. Die PICS-Angaben dienen der Auswahl der Testfälle und der Parametrisierung des Testers (Stöttinger 1991).

Dieses allgemeine Konzept wiederum ist im Rahmen der Basisnorm zu konkretisieren. Für die Basisnormen werden dann sogenannte PICS-Proformas festgelegt. Dabei handelt es sich um standardisierte Formulare, in denen die für die Testdurchführung erforderlichen Informationen vorzulegen sind.

Durch die funktionale Standardisierung verlieren die auf Basisnormen bezogenen PICS teilweise ihre Bedeutung, weil sich mehr Konformitätsanforderungen zwingend aus dem funktionalen Standard ergeben. Dennoch lassen auch diese - wie gezeigt - Implementierungsfreiräume, so daß auch hierfür das Konzept Anwendung findet. So werden auch hinsichtlich funktionaler Standards sogenannte ISPICS (International Standardized Profile Implementation Conformance Statement[99]) festgelegt, die beim Test vorzulegen sind.

3.4.2 Institutionelle und prozedurale Aspekte

Die Festlegungen in ISO/IEC 9646 und ihre basisnormspezifische Konkretisierung bilden die Voraussetzung dafür, grundsätzlich weltweit vergleichbare Tests auf Normkonformität durchzuführen. Sie bilden die methodischen Grundlagen, die auch im europäischen Kontext weithin aktzeptiert werden (Colas 1991, S. 126).

Anders als bei der funktionalen Standardisierung, die im wesentlichen auf die bestehenden europäischen Normungsgremien gestützt werden konnte, wirft die flächendeckende Durchführung von Konformitätstests und Zertifizierung eine Reihe organisatorischer Probleme auf. Das Augenmerk der europäischen Etablierungsbemühungen richtet sich derzeit auf die Einrichtung eines umfassenden, europäischen Systems zur Konformitätsprüfung und Zertifizierung mit dem Ziel der gegenseitigen Anerkennung von Testergebnissen und Zertifikaten in allen Mitgliedsländern.

Schon im Anhang zur Entschließung des Rates vom 7. Mai 1985 über die "Neue Konzeption" zur technischen Harmonisierung und Normung (85/C 136/01) werden die Leitlinien bzgl. Konformitätstests und Zertifizierung festgelegt. Im Beschluß des Rates vom 22. Dezember 1986 über die Normung auf dem Gebiet der Informationstechnik und der Telekommunikation (87/95/EWG) werden zur Förderung der Anwendung von Normen Maßnahmen zur Überprüfung der Normkonformität auf der Basis harmonisierter Verfahren vorgesehen.

3.4.2.1 Das Memorandum M-IT-03

Die Konkretisierung dieser politischen Leitlinien findet sich für den gesamten Sektor der Informationstechnik im "Memorandum M-IT-03 on Certification of Information Technology Products" (CEN/CENELEC/CEPT 1987), das gemeinsam von CEN/CENELEC und CEPT im Rahmen des ITSTC verabschiedet wurde. In einem neuerlichen "Memorandum of Unterstanding" zur Durchführung des M-IT-03[100] einigten sich die Länder der EG und einige der EFTA-Staaten darauf, das Dokument M-IT-03 zur Grundlage eines gemeinsamen Systems auf dem Gebiet der Konformitätsprüfung und Zertifizierung zu machen.

Das wesentliche Anliegen des M-IT-03-Konzeptes ist es, eine europäische Struktur für Konformitätstests und Zertifizierung zu entwickeln. Die neue europaweite Struktur soll nicht völlig neu aufgebaut werden, sondern sich weitgehend auf derzeitige Gegebenheiten in den Mitgliedsländern stützen und sie auf europäischer Ebene zusammenführen.

---

[99] Diese Bezeichnung wird auch für die europäischen Dokumente verwendet (CEN/CENELEC/ETSI 1991, p. 9).

[100] Dazu der vollständige Wortlaut in deutscher Fassung in (Schock 1990)

Im M-IT-03 wird deutlich darauf hingewiesen, daß zwischen der Konformitätszertifizierung bzgl. der Einhaltung von Standards einerseits und den Zulassungsverfahren für Endgeräte andererseits zu unterscheiden ist (dazu auch Bauernfeind 1990). Hiermit wird noch einmal der durch den Ratsbeschluß 87/95/EWG vorgegegebene Rahmen deutlich, der die Etablierungsmaßnahmen vornehmlich auf den unregulierten Bereich der Informationstechnik bezieht. Das im M-IT-03 ausgearbeitete Konzept soll ein freiwilliges Test- und Zertifizierungssystem aufbauen und sich speziell mit der Normeinhaltung beschäftigen. In diesem Sinne kann das Testen und Zertifizieren der Konformität von Kommunikationsprodukten als Teil von Zulassungsverfahren ("which may include the use of certificates of conformity of standards" (CEN/CENELEC/CEPT 1987, p. 2)) angesehen werden[101], es soll jedoch nicht diese administrativen Verfahren ersetzen[102].

3.4.2.1.1 Vorschläge zu Konformitätstests

Obgleich die ISO-Normen zu Konformitätstests die wesentliche methodische Grundlage darstellen, reichen diese Arbeiten zur Realisierung der sehr konkreten und unter zeitlichem Druck stehenden Absichten in Europa nicht aus. Im Memorandum werden daher die methodischen Probleme noch einmal aufgegriffen, und es wird auf die bestehenden Lücken sowie die sich aus den europäischen Aktivitäten ergebenden zusätzlichen Erfordernissen hingewiesen. Es ist das Ziel, zu einem pragmatischen Vorgehen zu kommen, das die methodischen Vorarbeiten sowie die vorliegenden praktischen Erfahrungen schnell zusammenführt.

Im M-IT-03 werden als die diesbezüglich wesentlichen Erfordernisse genannt:

- Entwicklung gemeinsamer Testmethoden,
- Entwicklung gemeinsamer Methoden zur Spezifikation von Testszenarien,
- Erstellung eines gemeinsamen Satzes von Testszenarien,
- Implementierung der Testszenarien,
- Entwicklung und Angleichung der Testwerkzeuge,
- Schaffung einer Infrastruktur zur praktischen Durchführung der Tests durch den Aufbau entsprechender Testlabors.

Diese Vorschläge zu Konformitätstests beziehen sich im wesentlichen auf die Erarbeitung allgemeiner Testmethoden und Ansätze zur praktischen Durchführung. Sie sind auf die grundsätzliche Befähigung zur Durchführung von Tests in einem europäischen System gerichtet.

3.4.2.1.2 Vorschläge zur Zertifizierung

Die darauf folgenden Vorschläge richten sich auf eine Struktur, innerhalb derer sich die Testaktivitäten mit den Verfahren der Zertifizierung verbinden. Sie sollen letztlich zu einer europaweiten Harmonisierung von Tests und Zertifikaten führen.

---

[101] Andererseits gehen die Konformitätstests über die Zulassungsverfahren hinaus, die sich i. w. auf den störungsfreien Betrieb von Geräten am Netz (no harm to the net) beschränken (Bauernfeind 1990).

[102] In der Bundesrepublik etwa werden Tests zum Zweck der Endgerätezulassung sowohl von der ZZF als auch vom akkreditierten Testlabor ROLAND durchgeführt. Die ROLAND-Testergebnisse werden vom ZZF anerkannt (Grosse 1991-2).

Die Grundstruktur der Vorschläge zerlegt die Aktivitäten in nationale und solche auf der europäischen Ebene. Auf der nationalen Ebene sollen alle Maßnahmen ergriffen werden, die direkt mit der Durchführung von Tests und der Zertifizierung zusammenhängen. Auf europäischer Ebene werden die nationalen Aktivitäten koordiniert und harmonisiert, mit dem Ziel der gegenseitigen Anerkennung der Testergebnisse und Zertifikate.

Die Vorschläge sehen auf nationaler Ebene im einzelnen vor:

- In jedem Land soll es eine nationale Zertifizierungskoordinierungsstelle (National IT Certification Member) geben. Sie koordiniert die nationalen Aktivitäten des Testens und Zertifizierens. Sie vertritt zudem das jeweilige Land auf der europäischen Ebene.

- Zertifizierung und Testen wird von einer oder mehreren Zertifizierungsstellen sowie einem oder mehreren Testlabors durchgeführt. Beide müssen von der nationalen Zertifizierungskoordinationsstelle akkreditiert werden.

- Die Zertifizierungsstellen bescheinigen die Konformität durch harmonisierte Europäische Zertifikate.

- Die Testlabors führen Tests auf der Grundlage anerkannter Testmethoden, Testwerkzeuge und Reportformulare durch und stellen harmonisierte Europäische Testreports aus.

- Ein Hersteller, dessen Produkt erfolgreich getestet wurde, erhält auf der Grundlage des Testreports ein Zertifikat, das in allen Mitgliedsländern anerkannt wird.

Auf der europäischen Ebene soll es ein Europäisches Komitee für Zertifizierung in der Informationstechnologie geben (European Committee for IT Certification).

- Mitglieder dieses Kommittees sind die nationalen Zertifizierungskoordinierungsstellen.
- Das Kommittee legt die Regeln für die gegenseitige Anerkennung von Zertifikaten fest.

3.4.2.2 Das CTS-Programm

Wesentliche Vorarbeiten, auf die sich das neue System stützen kann, wurden im CTS-Programm (Conformance Testing Services) erarbeitet, das schon vor dem Beschluß 87/95/EWG und dem M-IT-03 initiiert wurde[103].

Das Programm erstreckt sich auf die gesamte Informations- und Kommunikationstechnik und damit über die OSI-Normen hinaus auch auf: Programmiersprachen, Betriebssysteme, Busse, Bankkarten etc.. Der Schwerpunkt liegt auf OSI-Konformitätstests. Es ist das Ziel dieses Programmes, für jeden Testbereich (z.B. FTAM) jeweils nur einen Test zu erarbeiten, der dann

---

[103] Vgl. KEG 1991-1 sowie die ausführlichen Informationsblätter der Generaldirektion XIII der KEG: "Conformance Testing Services" (KEG (o. J.)).

europaweit oder gar international standardisiert wird. Für die Erarbeitung, Fortentwicklung und Pflege eines Tests ist nur eine Stelle zuständig, die konkrete Durchführung eines Tests soll jedoch zumindest in zwei Mitgliedsstaaten angeboten werden. Die Testdurchführung soll stets den gleichen Prozeduren unterworfen sein, es sollen die gleichen Dokumente verlangt und die gleichen Ergebnisreports erstellt werden, die wechselseitig anerkannt werden.

Das langfristige Ziel ist es, die sich im Rahmen dieses Programms ergebende Testinfrastruktur von der direkten finanziellen Förderung der EG unabhängig zu machen[104]. Testlabors sollen zwar weitgehend unabhängig von bestimmten Interessen sein, sie sollen sich jedoch langfristig selbst finanzieren und untereinander konkurrieren (vgl. KEG 1990-3).

Das Programm gliedert sich in mehrere Teilprojekte, von denen für die OSI-Tests besonders CTS-WAN (wide area networks) von Bedeutung ist.
Die Arbeit in diesem Projekt, das sich derzeit in der dritten Phase (CTS 3) befindet, ist erheblich fortgeschritten, eine Vielzahl von Testlabors sind aufgebaut, und viele Tests werden angeboten. In der Bundesrepublik bestehen acht "centres of excellence" (KEG 1990-3), darunter die Deutsche Bundespost Telekom, die Frauenhofergesellschaft und die Gesellschaft für Mathematik und Datenverarbeitung[105].

3.4.2.3 Die Europäische Test- und Zertifizierungsstruktur

Die im M-IT-03 vorgeschlagene Struktur für das Test- und Zertifizierungswesen ist im Aufbau begriffen, einige wesentlichen Schritte sind vollzogen (vgl. Schock 1990; Wende 1991-1 sowie Abb.17).

Auf der **europäischen** Ebene wurde das "European Committee for IT-Testing and Certification" (ECITC) gegründet. Es fungiert als Dach der nationalen Koordinierungsstellen, koordiniert die nationalen Interessen und ist mit der Gewährleistung der gegenseitigen Anerkennung von Testreports und Zertifikaten betraut.

Während sich der M-IT-03-Vorschlag allein auf die Informationstechnik bezog, wurde darüber hinaus eine Dachorganisation "European Organisation for Testing and Certification" (EOTC) für alle Industriesektoren gegründet (Döttinger & Spaegele 1991; Warner 1991). ECITC nimmt hierin die Rolle eines Sektorenkomitees für die Informationstechnik ein (DEKITZ 1991).

Neben dem ECITC hat sich eine weitere Strukturkomponente herausgebildet, die "Recognition Arrangements" (RA) (Halliwell 1991; Baconnet 1991). Hierunter wird zunächst eine Vereinbarung verstanden, "die auf der Annahme durch die eine Partei aller jener Ergebnisse, die von einer anderen Partei vorgelegt werden und sich aus der Anwendung eines oder mehrerer bestimmter funktionaler Elemente eines Zertifizierungssystems ergeben, beruht" (Schock 1990, S. 102). Im Kern bedeuten solche Vereinbarungen, daß sich die Mitglieder

---

[104] Derzeit wird dieses Prgramm zu 50% von der Europäischen Gemeinschaft finanziert.
[105] Es sei angemerkt, daß es sich hier zunächst um Testlabors im CTS-Projekt handelt und nicht bereits um akkreditierte Labors im Rahmen des neuen Systems. Die sich im CTS-Programm zusammengefundenen Institutionen bilden zwar die Basis für das neue System, ihre formale Akkreditierung steht jedoch überwiegend noch aus.

verpflichten, Ergebnisse (Prüfberichte, Zertifikate) gegenseitig anzuerkennen, wenn diese Ergebnisse auf gemeinsam vereinbarten Grundlagen wie der Testmethode, den Testwerkzeugen und Testfällen etc. basieren.

RAs werden von den nationalen Prüf- und Zertifizierungsstellen gemeinsam jeweils für bestimmte Bereiche der Informationstechnik festgelegt und binden diese Stellen untereinander.

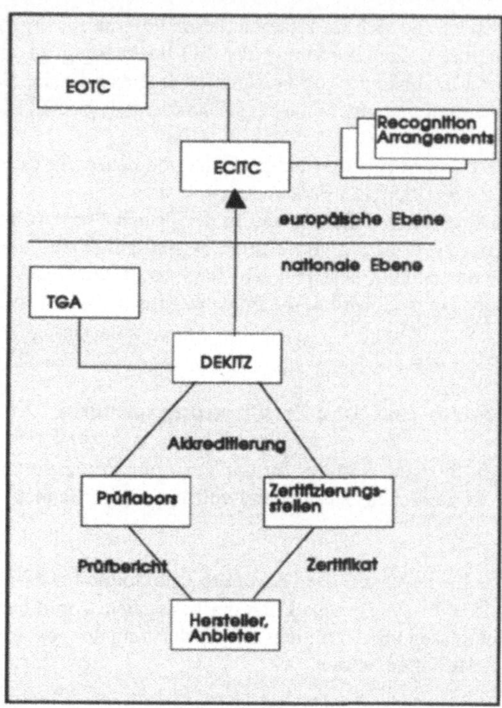

Abb. 17: Struktur des sich im Aufbau befindlichen Test- und Zertifizierungswesens für die Informa-tionstechnik

Die Begriffsbildung ist insofern etwas irreführend, als auch die einzelnen Gruppen, die solche Vereinbarungen treffen, selbst als Recognition Arrangements bezeichnet werden.

In dieser Doppelbedeutung, als Vereinbarung einerseits und als Zusammenfassung von Prüf- und Zertifizierungsstellen im Rahmen einer Vereinbarung andererseits, müssen Recognition Arrangements vom ECITC annerkannt werden. Damit überläßt ECITC die inhaltliche Ausgestaltung des Test- und Zertifizierungswesens diesen Organisationen, nimmt jedoch eine Aufsichtsfunktion wahr, die die allgemeine Akzeptanz des Systems gewährleisten soll.

Derzeit sind folgende, für den OSI-Bereich bedeutsame, Recognition Arrangements anerkannt:

OSTC[106] (Open System Testing Consortium)
ETCOM (European Testing and Certification for Office and Manufacturing Protocols)

Auf der **nationalen** Ebene sah M-IT-03 die Einrichtung nationaler Koordinierungsstellen vor. Eine solche ist mit DEKITZ für die Bundesrepublik gegründet worden und nimmt hier die Rolle als Akkreditierungseinrichtung für die nationalen Testlabors und Zertifizierungsstellen ein und wirkt auf der europäischen Ebene in die Arbeit von ECITC hinein.

Damit unterliegt die praktische Durchführung der Tests und Zertifizierung zwei Kontrollmechanismen. Die gemeinsame Grundlage für die gegenseitige Anerkennung von Ergebnissen bilden die RAs, die von ECITC auf europäischer Ebene anerkannt werden müssen. Für die Überwachung und Akkreditierung der nationalen Zertifizierungsstellen, die an den RAs mitwirken und besonderen Eignungs- und Zuverlässigkeitskriterien[107] genügen müssen, ist dann die nationale Koordinierungsstelle zuständig.
In der Bundesrepublik sind das Eurolab des Fernmeldeamtes Wiesbaden als Testlabor (Grosse 1991) sowie das Fernmeldetechnische Zentralamt in Darmstadt als Zertifizierungsstellen akkreditiert (Deutsche Bundespost Telekom (1991)).

3.4.3 Interoperabilitätstests - eine Domäne der Hersteller

Ein wesentlicher technischer Baustein ist bisher nicht in das Etablierungskonzept integriert worden. Alle bisher dargestellten Testaktivitäten richten sich auf Konformitätstests. Interoperabilitätstests bleiben unberücksichtigt.

Seit einigen Jahren wird im Rahmen sogenannter "Multi-Vendor-Shows" jedoch auch die praktische Anwendung von OSI-Normen im Sinne der Interoperabilität demonstriert[108]. Bei solchen Veranstaltungen zeigen Hersteller, daß ihre OSI-Produkte untereinander kommunikationsfähig sind.
Diese Veranstaltungen können als Vorläufer von Interoperabilitätstests angesehen werden. Dennoch, allein der Nachweis, daß eine bestimmte Menge von Implementierungen miteinander kommunizieren kann, kann nicht als Beleg für die generelle Interoperabilität eines Produktes mit beliebigen anderen Implementierungen anerkannt werden (Plattner u.a. 1989, S. 238). Natürlich hat es - und das war Beteiligten und Außenstehenden klar - notwendige Absprachen über die genaue Verwendung der Basisnormen gegeben.

Die methodischen Probleme von Interoperabilitätstests sind bis heute unterbelichtet. Es gibt derzeit keine weithin akzeptierten Antworten darauf, welche Testmethoden und Testfälle anzuwenden sind[109] und wie im Fehlerfalle die Fehlerzuordnung sicherzustellen ist.

---

[106] OSTC ist direkt aus dem CTS-WAN Projekt hervorgegangen (Stöttinger 1991).

[107] Bei der Akkreditierung der Stellen müssen die Europäischen Normen der Reihe EN 45 000 angewendet werden (Boehling 1991). Hierin werden Anforderungen an die Organisation, die Ausbildung des Personals und die sachliche Ausstattung der Stellen als Voraussetzung für die Akkreditierung formuliert (Rayner 1991).

[108] Eine Zusammenstellung der wichtigsten Veranstaltungen dieser Art findet sich in (Mendoza 1988).

[109] Dilonardo (1991) stellt einige, bisher erarbeitete Ansätze hinsichtlich der Abfolge von Testsequenzen und der Testkonfiguration vor. Beim gegenwärtigen Stand bleibt offen, in welcher Weise diese Vorschläge Eingang in die offiziellen Etablierungsbemühungen finden werden.

Während die offiziellen Normungsgremien bisher keine wesentlichen Fortschritte in diesem Feld erzielt haben, ist die Initiative von Interessenverbänden ergriffen worden. Die Anwendervereinigung EuroOSInet und die Herstellervereinigung SPAG arbeiten auf diesem Gebiet. EurOSInet hat bisher einen Satz von Testfällen für einige OSI-Produkte entwickelt und betreibt ein Demonstrationsnetzwerk, in dem verschiedene OSI-Implementierungen (u.a. X.400 und FTAM) unterschiedlicher Hersteller eingebunden sind (Knight 1991). EuroOSInet veröffentlicht darüber hinaus eine Liste von Produkten, die seine Interoperabilitätstests erfolgreich durchlaufen haben.

Besondere Aufmerksamkeit hat eine jüngste Initiative von SPAG auf sich gezogen. Diese Herstellerorganisation hat die Einführung eines Warenzeichens "PSI" angekündigt, das Hersteller als Beleg für das erfolgreiche Durchlaufen eines von SPAG festgelegten "Process to Support Interoperability" auf ihren Produkten aufbringen dürfen (SPAG 1991).

Diese Initiative bezieht sich dabei explizit auf die dargestellten Etablierungsschritte: Die zu testende Implementierung muß sich auf Basisnormen, funktionale Standards und ggf. Beschaffungshandbücher (z.B. EPHOS, dazu unten 3.5.2) beziehen und bereits einen Konformitätstest bestanden haben. Erst dann wird eine Implementierung einem Interoperabilitätstest unterzogen, dessen Testfälle dann weniger auf die formalen Normvorgaben, als vielmehr auf praktische Anwendungssituationen abstellen.

SPAG verspricht den Anwendern, daß Probleme, die bei Produkten mit einem "PSI"-Zeichen auftreten, unverzüglich behoben werden und behält sich das Recht auf Sanktionen gegenüber dem Hersteller solcher Produkte vor.

3.5 Verbindliche Durchsetzung über Beschaffungsrichtlinien für öffentliche Verwaltungen

Bis zu dieser Stelle wurden die Etablierungsschritte funktionale Standardisierung, Test und Zertifizierung dargestellt. Mit ihnen soll erreicht werden, daß

- Hersteller in der Lage sind, auf der Grundlage präziser Spezifikationen normkonforme Produkte zu implementieren,
- Hersteller ihr Produkt testen können, um die Qualität ihrer Implementierung beurteilen zu können,
- Hersteller Produkte auf den Markt bringen können, deren Konformität mit den jeweiligen Normen ihnen durch ein allgemein anerkanntes Zertifikat bestätigt wird und
- Anwender, die OSI-Produkte kaufen wollen, sicher sein können, daß ein zertifiziertes Produkt normkonform ist.

Die Normdurchsetzung hängt jedoch letztlich davon ab, daß es zu einem marktrelevanten Angebot an OSI-normkonformen Produkten kommt und dem eine entsprechende Nachfrage entgegensteht. Hält man sich die für Anwender angenommenen Vorteile "offener Systeme" vor Augen, so erscheint es zunächst verwunderlich, daß sich OSI-Produkte derzeit noch nicht breit durchgesetzt haben. Es wird u. a. darauf hingewiesen (vgl. z. B. Wildhack 1989), daß

- die Abhängigkeit von einzelnen Herstellern durch die Austauschbarkeit von Systemkomponenten reduziert wird,
- es über die verstärkte Konkurrenz zu Preis- und Konditionsvorteilen kommen wird,

- durch die vermehrten Marktteilnehmer ein größeres Innovationspotential entsteht, das besser und schneller genutzt werden kann und
- Investitionen auch hinsichtlich der Schulung und der Systemeinführung rentabler werden.

Wenn es dennoch bisher nicht zur breiten Durchsetzung von OSI-Produkten gekommen ist, so sind auch dafür eine Reihe nachvollziehbarer Gründe anzuführen:

- Viele der Kommunikationsfunktionen, die im OSI-Rahmen derzeit genormt werden oder wurden und nun dem oben beschriebenen mühsamen Prozeß der Präzisierung unterworfen werden müssen, gibt es bereits, z.T seit längerer Zeit, auf der Basis von Herstellerlösungen oder als de-facto-Standards (Bürokommunikationssysteme mit elektronischer Post, TCP/IP-Protokolle als Transportsoftware mit vielen Anwendungsfunktionen, darunter File Transfer, etc.). Diese Produkte können unverzüglich beschafft und eingesetzt werden.
- Viele Unternehmen setzen bereits heute vielfältige Kommunikationssysteme ein, die - in ihren Grenzen - kompatibel und funktionsfähig sind. Die Umstellung auf OSI-Produkte führte in solchen Fällen zu Inkompatibilitäten, die statt Kosten zu sparen zusätzliche erzeugen können[110].
- Es ist kein leichtes Unterfangen, OSI-konforme Produkte überhaupt zu beschaffen. Hersteller sind schnell bereit, die Konformität ihrer Produkte zu bekunden. Man muß die Normen und viele der oben dargestellten Zusammenhänge kennen, um solche Aussagen überhaupt beurteilen zu können. OSI-Normen selbst, aber auch die Probleme der Konformität und Interoperabilität, sind so kompliziert, daß viele sich letztlich lieber auf ihre (großen) Hersteller bzw. Lieferanten verlassen, die ihnen die Funktionsfähigkeit ihrer Systeme sicherstellen und die im Fehlerfalle haftbar gemacht werden können, als gegen deren Widerstand auf die Normeinhaltung zu pochen.

Alle bisher dargestellten Etablierungsschritte sind in Kenntnis dieser praktischen Schwierigkeiten auf die Veränderung der konkreten Marktbedingungen gerichtet.
Sie werden im Rahmen des Gesamtkonzeptes der EG zur Durchsetzung von OSI-Normen durch einen weiteren Schritt ergänzt. Im Blickpunkt steht das öffentliche Beschaffungswesen der EG und ihrer Mitgliedsstaaten. Hierauf gerichtet wird versucht, das Nachfragepotential der öffentlichen Hand in den Dienst des Etablierungsziels zu stellen. Es werden Maßnahmen ergriffen, die die vor Ort Verantwortlichen auf dieses Ziel verpflichten und ihnen Handreichungen zur fachlich schwierigen Umsetzung geben.

Im Anschluß sollen die europäische Beschaffungspolitik sowie das "Europäische Beschaffungshandbuch für offene Systeme" EPHOS (European Handbook for Open Systems) als Beispiel für die praktische Umsetzung dargestellt werden.

---

[110] Dies wird im übrigen auch vom Beschluß 87/95/EWG als schwerwiegendes Problem anerkannt (Art. 5(3)). In solchen Fällen kann eine öffentliche Beschaffung entgegen der Verpflichtung auf normkonforme Produkte auch andere Produkte umfassen. Die verantwortliche Stelle muß dann aber einen "Migrationsplan" vorlegen, in dem aufgezeigt wird, wie langfristig der Übergang zu einer normkonformen Infrastruktur beabsichtigt ist (vgl. Lübbert u.a. 1988, S. 5-4).

3.5.1 Das öffentliche Beschaffungswesen als Hebel zur Normdurchsetzung

Das öffentliche Beschaffungswesen stellt ein enormes Nachfragepotential dar[111] und ist seit geraumer Zeit Gegenstand europolitischer Einflußnahme. Die Gründe hierfür sind vielfältig.

Den Verwaltungen in den Mitgliedsländern werden nationale Ressentiments und die Bevorzugung der ansässigen Unternehmen bei der Auftragsvergabe unterstellt ("Hoflieferantentum" (Gleim 1991, S. 40)). Die politische Einflußnahme zielt auf die Öffnung der nationalen Märkte, zumindest für Anbieter aus den Mitgliedsländern der Gemeinschaft.

Gemeinsames Beschaffungsverhalten der öffentlichen Verwaltungen weitet den Markt, erhöht die absetzbaren Stückzahlen und stärkt die Wettbewerbsfähigkeit europäischer Unternehmen. Eine Verpflichtung des öffentlichen Beschaffungswesens auf Normeinhaltung fördert das normungspolitische Ansinnen der EG hinsichtlich der OSI-Normen auch über den öffentlichen Sektor hinaus, denn "viele Benutzer, die nicht dem öffentlichen Sektor angehören, werden dem Beispiel folgen, wenn sie feststellen, daß diese Normen allgemein angewendet werden." (KEG 1987, S. 68).

Aber nicht nur die Öffnung und Ausweitung von Märkten geben der Gemeinschaft den Antrieb für diese Politik. Es wird immer wieder darauf hingewiesen, daß mit dem EG-Binnenmarkt eine wesentlich verbesserte Kooperation zwischen den öffentlichen Verwaltungen der Mitgliedsländern einhergehen müsse und hierbei wird auf technische Kommunikation bei Verwendung durchgängig gleicher Normen gesetzt.

Bei der Durchsetzung von Kommunikationsnormen kann zudem ein Eigeninteresse der nationalen Verwaltungen unterstellt werden. Wie andere große Anwender(vereinigungen) sind sie an genormten Kommunikationsprodukten mit den bekannten Vorteilen interessiert. Gemeinsame Grundsätze für die Beschaffung auf der Ebene der Gemeinschaft stärken ihre Marktstellung und erhöhen ihre Durchsetzungskraft.

3.5.1.1 Das Instrument der Lieferrichtlinie

Bereits 1976 wurde das öffentliche Beschaffungswesen der Mitgliedsländer der Richtlinie 77/62/EWG[112] unterworfen. Deren Bestimmungen binden alle öffentlichen Auftraggeber bei der Vergabe öffentlicher Lieferaufträge[113] (vgl. hierzu ausführlicher Kohlhepp 1989 und Gleim 1991). Als öffentliche Auftraggeber gelten alle staatlichen Stellen, Gebietskörperschaften und eine Reihe juristischer Personen des öffentlichen Rechts, die in der Richtlinie für jedes Mitgliedsland aufgelistet sind (Art 1(b)).

---

[111] Vgl. hierzu auch Korn 1991 und Gleim 1991, die das Auftragsvolumen unterschiedlich in einer Spanne von 260-600 Mrd. ECU jährlich beziffern.

[112] Richtlinie des Rates vom 21. Dezember 1976 über die Koordinierung der Verfahren zur Vergabe öffentlicher Lieferaufträge (77/62/EWG).

[113] Hiergegen werden Bauaufträge abgegrenzt, die nicht von dieser Richtlinie erfaßt, sondern eigens geregelt sind.

Sie wurden auf ein europaweites, transparentes Vergabeverfahren für die betroffenen Aufträge verpflichtet. Die Zuschlagskriterien, die über den Preis hinaus angewendet werden sollen, wurden vereinheitlicht. Eignungskriterien, an denen Auftraggeber die bietenden Unternehmen messen und über deren Nichtentsprechung sie Ausschlüsse begründen können, wurden festgelegt. Zudem wurden die Auftraggeber zu verschiedenen Mitteilungen an die Kommission verpflichtet, so über die nach der Richtlinie vergebenen Aufträge, zu einem Bericht über die Maßnahmen zur Durchführung der Richtlinie und über die Anwendung von Ausnahmeregelungen, die in der Richtlinie enthalten sind.

Die Richtlinie enthält spezielle Bestimmungen zur Verwendung technischer Vorschriften. Auftraggeber sind verpflichtet, die technischen Vorschriften in allen Ausschreibungs- und Vertragsunterlagen offenzulegen und Vorschriften mit diskriminierender Wirkung zu unterlassen. Auffallend ist die Formulierung: "Bei der Festlegung der technischen Merkmale kann auf geeignete Normen Bezug genommen werden" (Art. 7). Die Verwendung von Normen bleibt völlig unverbindlich.

Die Richtlinie läßt auch ansonsten eine Reihe von Ausnahmen zu. So werden bestimmte Sektoren von der Verpflichtung zu ihrer Anwendung ausgenommen. Dies gilt für die Bereiche Verkehr, Wasser und Energie und für das Fernmeldewesen. Beziehen sich diese Ausnahmen auf den Kreis der verpflichteten Auftraggeber, so gibt es hinsichtlich der betroffenen Aufträge weitere Ausnahmen. Aufträge können dem Geltungsbereich der Richtlinie auch in folgenden Fällen entzogen werden (Art. 6):

- wenn der Wert des Auftrags unterhalb von 200.000 ECU liegt,
- aufgrund technischer oder künstlerischer Besonderheiten der Ware,
- wenn vom Auftraggeber die in der Richtlinie geforderten Fristen nicht eingehalten werden können und
- im Rahmen von teilweisen Erneuerungen und Ergänzungen bestehender Einrichtungen und wenn der Wechsel des Lieferanten mit unverhältnismäßigen Nachteilen verbunden wäre.

Die zaghaften Formulierungen der Richtlinie, ihre lückenhafte Umsetzung bzw. oftmalige Nichtanwendung, die mißbräuchliche Nutzung von Ausnahmen und die Zunahme technischer Hindernisse haben zur Änderungsrichtlinie 88/295/EWG[114] zur Lieferrichtlinie geführt. Danach wird der Begriff des "öffentlichen Lieferauftrags" auf Miete, Pacht und Leasing ausgedehnt.
Der Bezug technischer Vorschriften auf Normen wird nun "unbeschadet zwingender einzelstaatlicher technischer Vorschriften, sofern diese Vorschriften mit dem Gemeinschaftsrecht vereinbar sind" (Art. 7(2)), vorgeschrieben. Anzuwenden sind innerstaatliche Normen, die europäische Normen umsetzen. Sind solche europäischen Normen nicht verfügbar, so können sie in folgender Reihenfolge ersetzt werden:

- innerstaatliche Normen, die im Vergabeland angenommene internationale Normen umsetzen;

---

[114] Richtlinie des Rates vom 22. März 1988 zur Änderung der Richtlinie 77/62/EWG über die Koordinierung der Verfahren zur Vergabe öffentlicher Lieferaufträge und zur Aufhebung einiger Bestimmungen der Richtlinie 80/767/EWG (88/295 EWG).

- andere innerstaatliche Normen des Vergabelandes;
- andere Normen (Art 7(5)).

Weiterhin bleiben die Bereiche Verkehr, Wasser, Energie und Fernmeldewesen ausgeklammert[115].

3.5.1.2 Beschaffungsvorschriften für den Bereich der Informationstechnik und der Telekommunikation

Die Lieferrichtlinie gibt den Rahmen für alle öffentlichen Beschaffungsmaßnahmen vor. Der Beschluß 87/95/EWG, eigentlich ein Beschluß zur Normung, greift das Instrument des öffentlichen Beschaffungswesens auf und stellt es explizit in den Dienst der Normetablierung[116]. In Art. 5 (1) heißt es dazu:

> "In Anbetracht der unterschiedlichen nationalen Verfahren ergreifen die Mitgliedstaaten die erforderlichen Maßnahmen, um sicherzustellen, daß bei öffentlichen Lieferaufträgen auf dem Gebiet der Informationstechnik
> - auf europäische Normen und europäische Vornormen nach Artikel 2 Buchstabe b),
> - auf internationale Normen, wenn diese im Land des Auftraggebers übernommen worden sind,
> Bezug genommen wird, so daß diese Normen bei der Übermittlung und dem Austausch von Informationen und Daten und für die Kompatibilität der Systeme zugrunde gelegt werden."

Schon unter 2.5.2.2 wurde darauf hingewiesen, daß dieser Beschluß auf die Durchsetzung von OSI-Normen gerichtet ist und im wesentlichen die Kommunikationstechnik im nicht regulierten Bereich betrifft. Dieser Ausschnitt des öffentlichen Beschaffungswesens wird durch den Beschluß besonderen Regelungen unterworfen.
Gegenüber der Änderungsrichtlinie 88/295/EWG, die noch "andere innerstaatliche Normen des Vergabelandes" sowie "andere Normen" zuläßt, bedeutet dies eine weitere Verschärfung. Es darf nur auf europäische Normen oder Vornormen sowie auf national übernommene internationale Normen Bezug genommen werden. Da sich europäische Normen auf die internationalen Vorarbeiten zu stützen haben (Art. 2 (b)), paßt sich die Einflußnahme auf das Beschaffungswesen konsequent in die Etablierung internationaler Basisnormen ein.

Einschränkend muß auf die Ausnahmen gemäß Art 5 (3) hingewiesen werden. Danach kann vom Bezug auf die genannten Normen u.a. dann verzichtet werden, wenn sie der "Notwendigkeit eines kontinuierlichen Betriebs im Falle bereits bestehender Systeme" entgegenstehen. In diesem Falle werden jedoch klar umrissene "Strategien für den späteren Über-

---

[115] Mittlerweile ist für diese ausgenommenen Sektoren die "Richtlinie des Rates 90/531/EWG vom 17. September 1990 betreffend die Auftragsvergabe durch Auftraggeber im Bereich der Wasser-, Energie- und Verkehrsversorgung sowie im Telekommunikationssektor" erlassen worden, die eigens für diese Bereiche das Beschaffungswesen regelt. Der Telekommunikationssektor wird hier jedoch nicht weiter betrachtet, weil das Beschaffungsverhalten hinsichtlich der Normeinhaltung durch die unter 2.5.2.2 diskutierten Richtlinien ohnehin stark bestimmt wird.

[116] Die von mehreren Autoren betonte Verbindlichkeit dieses Beschlusses für die öffentlichen Verwaltungen (Ossenberg 1991; Lübbert u.a. 1988) kommt ihm als unmittelbar geltende Rechtsquelle zu (Gleim 1991), die einer Umsetzung in nationales Recht nicht bedarf.

gang zu internationalen und Europäischen Normen und funktionalen Spezifikationen" gefordert[117].

Auch wegen mangelnder technischer Eignung oder aus wirtschaftlichen Gründen kann auf den Normbezug verzichtet werden. In diesen Fällen wird anderen Mitgliedsländern faktisch ein Beschwerderecht gegen die Nutzung einer solchen Ausnahme zugestanden. Wiederum können Aufträge unterhalb eines bestimmten Wertes von der Anwendung der Richtlinie ausgenommen werden. Die Grenze von 100.000,- ECU bedeutet jedoch eine weitere Eingrenzung des durch die Lieferrichtlinie vorgegebenen Rahmens.

3.5.2 Das Beschaffungshandbuch EPHOS

Der Ratsbeschluß 87/95/EWG verpflichtet die Verantwortlichen bei öffentlichen Auftraggebern, bei der Beschaffung von Produkten der Kommunikationstechnik auf OSI-Normen Bezug zu nehmen.

Das allerdings ist kein leichtes Unterfangen. "OSI-Normen (sind) von Spezialisten für Spezialisten geschrieben ... und zwar im Hinblick auf die Spezifizierung und Entwicklung entsprechender Produkte" (Ossenberg 1991, S. 370). Die Verfasser der Normen haben sicher nie den Einkäufer im Blick gehabt, der nun OSI-Normen verwenden muß, um die genauen Eigenschaften eines Produktes zu beschreiben. Dieses Problem trifft durchaus nicht nur den beschaffenden Laien, auch für Verantwortliche mit fundierten Kenntnissen der Informationstechnik sind die Begriffswelt und insbesondere die hier dargestellten Zusammenhänge zwischen Basisnormen, Profilen, Europäischen Normen und Vornormen und auch die Konformitäts- und Interoperabilitätsprobleme nicht leicht verständlich.

Diese praktischen Beschaffungsprobleme, gepaart mit weiterhin gegebenen Ausnahmeregeln, bergen die Gefahr in sich, daß das Ziel des Beschlusses verfehlt wird. Die Verantwortlichen in den Mitgliedsländern haben hierauf reagiert. In der Bundesrepublik wurde im Auftrag der Koordinierungs- und Beratungsstelle der Bundesregierung für die Datenverarbeitung in der Bundesverwaltung (KBSt) eine Untersuchung zur praktischen Umsetzung des Ratsbeschlusses in Auftrag gegeben (Lübbert u. a. 1988). Das Ergebnis liegt als Handbuch vor, das den Kurztitel EGUNIT (EG-Ratsbeschluß zur Umsetzung der Normung in der Informations-Technik) trägt und für die verantwortlichen "Beschaffer" einen umfangreichen Überblick über die technischen Problemstellungen sowie die praktischen Fragen gibt, die sich aus der Umsetzung des Beschlusses ergeben.

Hierin wird darauf hingewiesen, daß EGUNIT nicht als deutsche Entsprechung des britischen GOSIP[118] gedacht ist. Damit wird auf ein Beschaffungshandbuch der britischen Regierung[119] hingewiesen, das schon Anwendung fand, bevor sich das europäische Etablierungskonzept deutlich abzeichnete, und im Grunde funktionale Standardisierung (Profilbildung) und spezifische Beschaffungsanforderungen in einem Dokument vereinigte.

Um den Harmonisierungsbestrebungen nachzukommen und die Herausbildung nationaler Varianten zu vermeiden, wird derzeit ein europäisches Beschaffungshandbuch EPHOS (European Procurement Handbook for Open Systems) (KEG 1991-3) erarbeitet. Dieses

---

[117] Dies wird oft als Migration zu OSI-Normen bezeichnet (Lübbert u.a. 1988, S. 5-4; Janssen 1989).

[118] Government OSI Profile.

[119] Unter der gleichen Bezeichnung wird auch von den amerikanischen Behörden ein Handbuch verwandt.

Handbuch wird konsequent in das Etablierungskonzept eingepaßt. Es geht nämlich - anders als der nationale Vorläufer - von den europäischen Normen und Vornormen aus, die als funktionale Standards bereits enge Profile bilden. Die dort verbleibenden Freiräume werden im Hinblick auf die Erfordernisse öffentlicher Verwaltungen weiter eingegrenzt, so daß die Entscheidungs- und Gestaltungsspielräume der letztlich anwendenden Behörde abermals eingeschränkt werden (vgl. auch Gleim 1991).

EPHOS liegt derzeit in der Version 5[120] vor und umfaßt folgende Bereiche:
- Message Handling Systeme (MHS)
- File Transfer, Access and Management (FTAM)
- X.25

3.5.2.1 Ziel und Inhalt des Handbuches

Mit EPHOS werden vordringlich folgende Ziele verfolgt (Ossenberg 1991, S. 370f): Es soll

1. die Verantwortlichen bei öffentlichen Auftraggebern bei
   - der Erstellung von Ausschreibungsunterlagen,
   - der Bewertung von Angeboten,
   - dem Verständnis von Testberichten und
   - der Vertragsgestaltung unterstützen,

2. die auch nach der funktionalen Standardisierung bleibenden Probleme der Interoperabilität durch weitere Einschränkungen reduzieren und

3. als Grundlage für ein einziges, harmonisiertes Handbuch zur Verwendung in allen Mitgliedsländern dienen.

Das Handbuch gliedert sich in fünf Kapitel und zwei Anhänge[121].

In **Kapitel 1** (Introduction) wird der Zweck des Handbuches und sein Aufbau beschrieben. Es wird ein kurzer Überblick über die Zusammenhänge zwischen OSI-Basisnormen, funktionalen Standards und Europäischen Normen gegeben. Außerdem wird auf die Verpflichtung durch den Beschluß 87/95/EWG und die Rolle öffentlicher Beschaffer hingewiesen.

Kapitel 2 (Guide to the choice of solutions) stellt die Verbindung zwischen Anwendungserfordernissen und den technischen, normbasierten Lösungen her. Ziel dieses Kapitels ist es, den bzgl. OSI-Normen weniger qualifizierten Beschaffer so zu orientieren, daß er das Handbuch richtig anwenden kann.
Hierfür wird zunächst die grundsätzliche Unterscheidung zwischen anwendungs- und kommunikationsorientierten Diensten[122] erläutert. Danach werden die behandelten technischen Gebiete in diese Klassifizierung eingeordnet (MHS und FTAM: anwendungsorientiert, X.25: kommunikationsorientiert).

---

[120] Stand 25.3.1991
[121] Vgl. hierzu neben dem Originaldokument (Version 5) auch Ossenberg (1991, S. 372f)
[122] Hiermit wird von der sonst üblichen Unterscheidung in anwendungs- und transportorientierte Aspekte abgewichen.

Anhand von kleinen Anwendungsbeispielen und Vergleichen zwischen den technischen Gegenständen (z.B. zwischen MHS und FTAM) werden dem Beschaffer Anhaltspunkte für die Auswahl im Hinblick auf seine Anwendungsprobleme gegeben.

Den Kern des Handbuches bildet **Kapitel 3** (Procurement Solutions). Hierin wird für jeden Technikbereich die Information zusammengestellt, die für die Durchführung einer Beschaffungsmaßnahme erforderlich ist. Aus Kap. 3 soll der Beschaffer nur die Teile berücksichtigen müssen, die für ihn nach seiner Entscheidung - angeleitet durch Kap. 2 - notwendig sind. Während in Kap. 2 versucht wird, mit wenig speziellen technischen Begriffen auszukommen, wird in Kap. 3 sehr präzise auf die technischen Gegenstände eingegangen. Derzeit werden in Kapitel 3 die Bereiche MHS, FTAM und X.25 in Unterkapiteln abgehandelt.

Jedes Unterkapitel enthält wieder drei Teile[123]:
Teil 1 (Introduction) führt in den jeweiligen Bereich kurz ein und erläutert die Funktion der verbleibenden Teile.
Teil 2 (Standards, Options und Procurement Clauses) enthält die exakten Anforderungen, die unter Bezugnahme auf die relevanten Normen von Beschaffern an das jeweilige Produkt zu stellen sind. Sie beziehen sich für ein MHS durchgehend auf die Europäischen Vornormen ENV 41201 und 41202, die sich ihrerseits auf die X.400-Empfehlungen der Version 1984 beziehen. In den ENVs wurde eine Unterscheidung zwischen privaten MHS-Systemen, die mit privaten MHS-Systemen verbunden sind (PRMD to PRMD, ENV 41201), und privaten MHS-Systemen, die mit einem öffentlichen MHS-System, oder öffentliche MHS-Systeme, die untereinander verbunden sind (PRMD to ADMD, ADMD to ADMD, ENV 41202), getroffen[124] [125].

Wir greifen hier der Vereinfachung halber nur die Festlegungen zur ENV 41201 heraus. Danach müssen Produkte für öffentliche Verwaltungen folgenden Anforderungen genügen:

a) Alle zwingenden (mandatory) Eigenschaften, die in der ENV festgelegt sind, müssen implementiert sein.
b) Eine im Handbuch festgelegte Liste von Leistungsmerkmalen muß zusätzlich in allen Produkten, die in einer europäischen, öffentlichen Verwaltung eingesetzt werden sollen, implementiert sein. Es wird ausdrücklich darauf verwiesen, daß die Beschaffung dieser zusätzlichen Leistungsmerkmale nicht dem Ermessensspielraum des Auftragsgebers unterliegt[126].
c) Danach werden die Leistungsmerkmale aufgelistet, die weder in der Norm als mandatory bezeichnet, noch in der vorherigen Liste der "Additional Requirements of European Public Administrations Collectively" enthalten sind. Die Beschaffung dieser Leistungsmerkmale unterliegt der Entscheidung vor Ort.

---

[123] Ich beziehe mich hier auf das Unterkapitel für Message Handling Systeme.
[124] Vgl. hierzu 5.3.1
[125] Diese Unterscheidung wird im Funktionalen Standard AMH11 zur Version 1988 (vgl. hierzu 5.3.1) nicht mehr vorgenommen.
[126] Wodurch diese verbindliche Formulierung letztlich rechtliche Gültigkeit erlangt, bleibt abzuwarten. Aus dem Beschluß 87/95/EWG ist sie für das EPHOS-Handbuch selbst nicht direkt ableitbar.

Für jede der Anforderungsgruppen (a-c) wird jeweils eine "Clause" formuliert, die vom Beschaffer direkt in Beschaffungsunterlagen kopiert werden kann (vgl. Abb.18).

CLAUSE:
The following service elements shall be included and supported in the roles specified

---

Abb. 18: Formulierungsklausel bezogen auf die zusätzlichen Leistungsmerkmale

Darauf folgt eine Liste von Leistungsmerkmalen, die, je nachdem ob Spielräume bestehen, direkt oder nach entsprechender Abänderung in die Beschaffungsunterlagen kopiert werden können (vgl. Tab. 2).

Service Element	Origination	Reception
Alternate Recipient Allowed	Supported	Not Applicable
Authorizing User's Indication	Supported	Supported
Blind Copy Recipients Indication	Supported	Supported
Multi-Part Body	Supported	Supported
Non-Receipt Notification	Non-Supported	Supported
Receipt Notification	Non-Supported	Supported
Reply Request Indication	Supported	Supported

Tab. 2:   Liste der Leistungsmerkmale, die über die Norm hinaus für alle öffentlichen Verwaltungen verbindlich beschafft werden sollen.

Teil 3 dient der genaueren technischen Erläuterung des Gegenstandes. Hier werden das MHS-Modell vorgestellt, die Begriffe genauer erläutert und weitere Informationen zu den Leistungsmerkmalen sowie zur 1988er Version der X.400-Empfehlungen gegeben.

Kapitel 4 beschäftigt sich mit Fragen der Konformitäts- und Interoperabilitätstests. Dort werden die - in dieser Arbeit ausführlich dargestellten - Zusammenhänge skizziert. Dabei wird auf die Bedeutung von Tests im Rahmen von Beschaffungsmaßnahmen eingegangen, die Unterscheidung zwischen Konformitäts- und Interoperabilitätstests erläutert, die Struktur des Test- und Zertifizierungswesens dargestellt sowie die Stellen benannt, die entsprechende Tests durchführen. Auch dieses Kapitel endet in der Formulierung konkreter Anforderungen ("Clauses"), die von Herstellern oder Lieferanten Konformitätserklärungen und Testergebnisse verlangen und wiederum direkt in den Ausschreibungstext übernommen werden sollen.

3.5.2.2 Zukünftige Gegenstandsbereiche

Letztlich ist es das Ziel des EPHOS-Projekts, ein Handbuch für alle OSI-Bereiche zu entwikkeln. Die auf drei technische Gegenstände beschränkte derzeitige Fassung ist nur als erster Schritt anzusehen. Als demnächst prioritär anzugehende weitere Bereiche werden genannt[127] (KEG 1990-2):

- Zeichensätze (wegen der großen Unterschiede in den Mitgliedsländern),
- lokale Netze,

---

[127] EPHOS befindet sich derzeit in der Phase 2, in der diese Bereiche ausgearbeitet werden (KEG 1991-3).

- Sicherheitsaspekte
- Elektronischer Datenaustausch (EDI),
- Dokumentenarchitektur (ODA),
- Terminalunterstützung,
- Management- und Verzeichnissysteme und
- das POSIX-Betriebssystem[128]

3.5.2.3 Institutionelle und prozedurale Aspekte

Die Ausarbeitung des Handbuches wird von der EG-Kommission finanziert. Sie wird dabei von der "Public Procurement Group" (PPG) unterstützt, einer Gruppe höherer Beamter aus allen Mitgliedstaaten, die die Kommission in allen Fragen der Beschaffung von Informationstechnik berät (vgl. Ossenberg 1991).
Am Projekt sind Großbritannien, Frankreich und die Bundesrepublik beteiligt. Die Federführung liegt in der Bundesrepublik beim Bundesministerium des Inneren (BMI) und dort in den Händen der KBSt. Weiterhin sind beteiligt:

- Das Bundesministerium für Wirtschaft (BMWi),
- der Kooperationausschuß ADV Bund/Länder/Kommunaler Bereich (KoopA ADV),
- der interministerielle Koordinierungsausschuß für Informationstechnik in der Bundesverwaltung (IMKA) und
- das Bundesamt für Sicherheit in der Informationstechnik (BSI)

3.6 Zusammenfassung

In den beiden vorangegangenen Kapiteln wurde ein Normetablierungskonzept vorgestellt, das fest in den Kontext einer europäischen Wirtschaftspolitik eingebunden ist. Diese Politik zielt ab auf die Herstellung eines gemeinsamen Binnenmarktes sowie die Schaffung neuer Märkte für die Informationstechnik. Dabei spielen die Normen zum "offenen Systemverbund", die OSI-Normen, eine herausragende Rolle.
Die politischen Zielvorgaben wurden konsequent in ein Etablierungskonzept umgesetzt, dessen organisatorische Struktur deutlich erkennbar und in vielen Bereichen implementiert ist. Es setzt an den derzeitigen Marktbedingungen und den sichtbaren Hindernissen für eine breite Marktakzeptanz der OSI-Normen an. Es nimmt sich der technischen Probleme an, die nach der Basisnormung weiter bestehen und gibt hierauf adäquate Antworten. Es bindet vielfältige Akteuere ein, um die praktische Realisierung der Gesamtmaßnahmen zu sichern.

Bei aller Vorsicht, die bei der Aufstellung von Prognosen zu technischen Entwicklungen am Platze ist, muß, bezogen auf den europäischen Wirtschaftsraum, von diesem Konzept ein wesentlicher Beitrag zu einer Veränderung der derzeitigen Marktdurchdringung mit OSI-konformen Produkten erwartet werden. Damit werden über den regulierten Sektor der Telekommunikation hinaus OSI-Normen auch im Bereich der nicht regulierten Anwendung kommunikationstechnischer Produkte weiter an Bedeutung gewinnen. Eine weitergehende Auseinander-

---

[128] Hier wird augenscheinlich der durch den Beschluß 87/95/EWG vorgezeichnete Rahmen, in den sich EPHOS stellt, verlassen

setzung mit dem Einfluß der OSI-Normung auf die tatsächlichen Eigenschaften normkonformer Kommunikationsprodukte erscheint gerechtfertigt.

Hinsichtlich der Eigenschaftsdetermination hat die Darstellung des Normetablierungskonzeptes zu einem ersten Ergebnis geführt (vgl. Abb. 19):

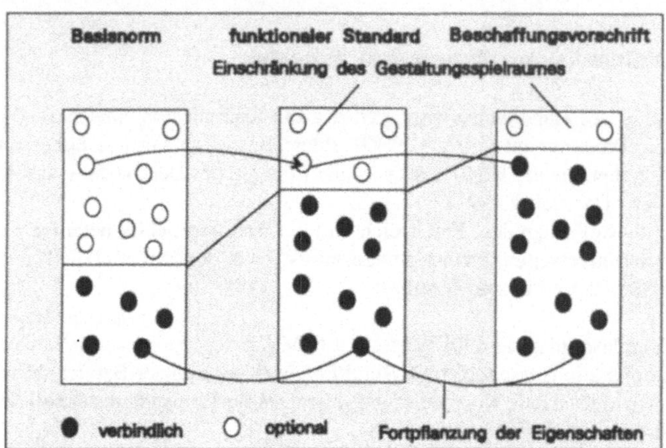

Abb. 19: Einfluß der funktionalen Standardisierung und Beschaffungsvorschriften auf normdeterminierte Eigenschaften

Die Festlegungen der Basisnorm werden über Konformitätsanforderungen mit unterschiedlicher Verbindlichkeit festgelegt. Neben einer bestimmten Menge fest vorgeschriebener Eigenschaften bleiben andere optional. Ihre Implementierung bleibt freiwillig. Funktionale Standards schränken diese Wahlfreiheit ein und erklären mehr Festlegungen der Basisnormen für verbindlich. Am Beispiel des europäischen Beschaffungshandbuches haben wir dann gesehen, daß auf der Grundlage der funktionalen Standards abermals der Kreis verbindlicher Eigenschaften für den Anwendungsbereich öffentlicher Verwaltungen ausgeweitet und der Entscheidungsspielraum für die behördlichen Entscheidungsträger eingeschränkt wird.

Bei diesen drei Schritten handelt es sich um solche der Präzisierung und Selektion. Sie nehmen Einfluß auf den Umfang der normkonformen Eigenschaften, der in einer Implementierung realisiert sein muß. Anders steht es um den funktionalen Gehalt, der sich in Form von Leistungsmerkmalen und Prozeduren hinter den Eigenschaften verbirgt. Keiner dieser Schritte nämlich darf die festgelegten Eigenschaften selbst ändern. Damit gilt für die Fortpflanzung der Basisnormfestlegungen folgende Regel:
Entweder geht eine durch die Basisnorm bestimmte Eigenschaft nicht, oder wenn, dann nur so, wie sie dort festgelegt wurde, in eine Eigenschaft einer konkreten Implementierung über.

4 Eigenschaftsdetermination im Rahmen der OSI-Normung

Mit der Darstellung des Normetablierungsprozesses wurde aufgezeigt, wie die Festlegungen der Basisnorm schrittweise präzisiert und zu verbindlichen Vorgaben für die Implementierung kommunikationstechnischer Systeme werden. Beide Phasen nehmen in unterschiedlicher Weise gestaltenden Einfluß auf spätere Produkte und führen so zu einer Determination der tatsächlichen Eigenschaften eines Kommunikationsproduktes.

Kommunikationstechnischen Systemen werden in der Technikfolgendiskussion soziale Wirkungen zugerechnet. Da die Kommunikationstechnik durch Normung in ihren Eigenschaften mitbestimmt wird, ist es angezeigt, sich mit den Möglichkeiten und Grenzen einer Normbewertung auseinanderzusetzen.
Technikbewertung setzt die Bestimmung des Bewertungsgegenstandes voraus. Die Transformationsmechanismen, mit denen die Basisnormfestlegungen durch die Normetablierung in Implementierungsvorschriften überführt werden, sind nunmehr bekannt. Um die Bedeutung beider Gestaltungsschritte genauer einordnen zu können, ist es jedoch erforderlich, die Normfestlegungen in ihrem technischen Gehalt wesentlich genauer zu bestimmen. Bisher ist noch recht unklar, welche Eigenschaften insbesondere durch die Basisnormen überhaupt festgelegt werden, welchen Anteil sie an einem letztlich eingesetzten Produkt ausmachen und wie sie während der Verwendung etwa gegenüber einem Benutzer in Erscheinung treten.

Um diese Fragen zu beantworten, werde ich zunächst ein Architekturmodell für kommunizierende Systeme vorstellen. In dieses Modell werden dann die normdeterminierten Systemeigenschaften eingeordnet. Hieran anschließend werde ich einige methodische Fragen einer gesonderten Normbewertung diskutieren. Dazu stelle ich das Problem der Normbewertung zunächst in den größeren Kontext der Bewertung der Informations- und Kommunikationstechnik. Da Normen einen Teil kommunikationstechnischer Systeme bestimmen, steht zu vermuten, daß ihnen ein Teil der der Kommunikationstechnik insgesamt zugerechneten Folgen auch maßgeblich zuzuordnen ist. Um diese Folgen näher bestimmen und Bewertungskriterien entwickeln zu können, wird das zuvor entwickelte Architekturmodell im Hinblick auf unterschiedliche, durch Normen bestimmte Systemtypen konkretisiert, die verschiedener Herangehensweisen bei der Normbewertung bedürfen.
Unter Bezug auf diese Systemtypen werden dann Kriterien diskutiert, die sich grundsätzlich zu deren Bewertung eignen. Es wird allerdings deutlich werden, daß die Anwendung eines homogenen Bewertungsverfahrens für alle Normen nicht möglich ist. Daher wird in den darauffolgenden Kapiteln eine exemplarische Bewertung der X.400 Normen zum Message Handling vorgenommen. Das Kapitel wird durch eine Grobklassifizierung der OSI-Normen abgeschlossen, die nach noch zu bestimmenden Kriterien von solcher Bedeutung sind, daß eine soziale Bewertung notwendig erscheint.

4.1 Ein Architekturmodell zur Eigenschaftsklassifizierung

Eine einheitliche Terminologie, mit der die konstituierenden Elemente von Softwaresystemen beschrieben werden könnten, existiert in der Informatik nicht. Eine Vielzahl von Begriffen, wie etwa Programm, Prozeß, Prozedur, Funktion oder Werkzeug, die in bestimmten Zusammenhängen durchaus wohl voneinander unterschieden sein können, findet Verwendung. Die Kommunikationstechnik fügt ihnen zumindest zwei weitere, eng verwandte Begriffe hinzu, nämlich Dienst und Protokoll. Für all diese Benennungen soll die (funktionale) **Eigenschaft** zunächst als Oberbegriff dienen. Hierunter soll - als allem vorigen gemeinsam - eine einzelne Leistung eines Computers verstanden werden, bestimmte Eingabedaten nach vorgegebenen Regeln zu verarbeiten und Ausgabedaten zu erzeugen.

Um das Zusammenwirken von Softwarekomponenten zu erklären, ist es in der Informatik üblich, mit Architekturmodellen zu arbeiten. In Kap. 3 wurde das OSI-Referenzmodell als ein solches Architekturmodell vorgestellt. Es beschreibt ein abstraktes Kommunikationssystem über eine Hierarchie von Funktionsschichten und deren interne Interaktion.

In der Software-Ergonomie findet das IFIP-Modell für Benutzerschnittstellen Verwendung (Dzida 1983). Es dient dort der Identifizierung unterschiedlicher Aspekte von Benutzerschnittstellen und der Zuordnung software-ergonomischer Gestaltungs- bzw. Bewertungskriterien. Es wird hier eingeführt und näher dargestellt, weil es anders als viele der in der Informatik verwendeten Modelle den Benutzeraspekt explizit modelliert. Es bleibt hinsichtlich der rechnerinternen Strukturierung allerdings vage, was einer direkten Verwenung für unsere Problemstellung entgegensteht. Es sei darauf hingewiesen, daß die Vorstellungen des IFIP-Modells an dieser Stelle nur der Vorbereitung auf die hier zu leistende Eigenschaftsklassifizierung dient. Die software-ergonomisch teilweise widersprüchlich diskutierten Implikationen dieses Modells werden soweit notwendig unter 6.3.2 angesprochen.

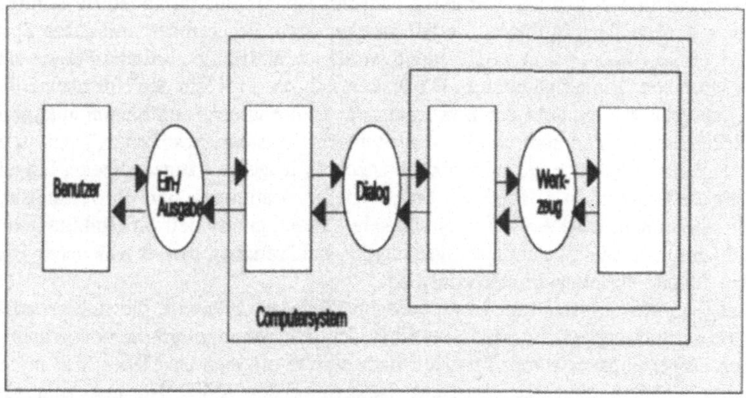

Abb. 20: IFIP-Modell für Benutzerschnittstellen

Das Modell unterscheidet vier für den Benutzer relevante Schnittstellen, von denen in Abb. 20 die Ein-/Ausgabe-, die Dialog- und die Werkzeugschnittstelle herausgegriffen sind[129].

---

[129] Ich verzichte auf die Organisationsschnittstelle, weil es mir hier zunächst um die rechnerinterne Strukturierung von Eigenschaften geht. Der insbesondere durch die Organisationsschnittstelle zum Ausdruck kommende weite Gestaltungsanspruch der Software-Ergonomie ist ebenfalls an späterer Stelle zu diskutieren.

Die Eigenschaften der **Ein- und Ausgabeschnittstelle** sind durch die Regeln bestimmt, wie ein Benutzer Eingaben in das System machen kann und das System seine Ausgaben für den Benutzer darstellt. Eingaberegeln beziehen sich darauf, wie Befehle eingegeben werden können, ob über alphanumerische Zeichenfolge oder das Anklicken eines bezeichneten Bildschirmfeldes. Sie legen auch fest, ob die Eingabemarke durch Tasten oder eine "Maus" bewegt werden kann. Die Ausgaberegeln legen fest, in welcher Art das Softwaresystem Daten und Werkzeuge am Bildschirm darstellt, etwa in Tabellenform oder durch graphische Objekte (Ikonen).

Die Eigenschaften der **Dialogschnittstelle** umfassen die Regeln, nach denen das Softwaresystem und der Benutzer interagieren. Hier wird die Schrittfolge festgelegt, in der der Benutzer auf die Leistungen des Systems zugreifen und sie beeinflussen kann, welche Informationen ihm zum Verständnis der einzelnen Werkzeuge angeboten werden und wie er auf Fehler hingewiesen wird.

Die Eigenschaften der **Werkzeugschnittstelle** sind durch die Regeln bestimmt, nach denen der Benutzer auf die Werkzeuge des Softwaresystems zugreifen kann.
"Den Benutzer interessiert, welche Dienste die Werkzeuge anbieten, wie gut die Werkzeuge aufeinander abgestimmt sind, ob bspw. für das Verwenden einer Nachricht derselbe Editor zur Verfügung steht wie für das Formulieren eines Monatsberichtes. Für den Benutzer stellt der Computer eine Menge von kombinierten Werkzeugen dar; die Kombinationsprinzipien bestimmen die Werkzeugschnittstelle ..." (ebd., S. 6).

Die Benutzerschnittstellen, als Zusammenfassung der Einzelschnittstellen, gelten nach der Modellvorstellung als anwendungsunabhängig[130] (ebd.). Die Benutzerschnittstelle soll
- unabhängig von den Anwendungen, auf die der Benutzer über die Benutzerschnittstelle zugreift, gestaltbar sein und
- für viele Anwendungen gleichbleibend verwendet werden (Balzert 1986).

Während hinsichtlich des Charakters von Ein-/Ausgabe- und Dialogschnittstelle weitgehende Übereinstimmung herrscht, bleiben die Spezifika der Werkzeugschnittstelle umstritten. "Die Terminologie des IFIP-Modells läßt den Werkzeugbegriff sehr vage. Es ist unklar, ob damit Anwendungssysteme gemeint sind oder eine Schicht von generischen Operationen und Objekten, die sich zwischen Mensch-Computer-Schnittstelle und den eigentlichen Anwendungssystemen befindet" (ebd., S. 114).

Balzert modifiziert aus diesem Grunde das IFIP-Modell und unterscheidet zwischen der Mensch-Computer-Schnittstelle (MCS), die weiterhin die Ein-/Ausgabe- und die Dialogschnittstelle umfaßt und dem Anwendungssystem (AS). Über eine MCS sind mehrere AS zugänglich. Diese Trennung zwischen Benutzerschnittstelle und Anwendungssystem kommt auch in einer Reihe anderer Architekturmodelle zum Ausdruck (vgl. ebd. für einen ausführlichen Überblick).

---

[130] Das Postulat der Anwendungsunabhängigkeit ist in der Software-Ergonomie umstritten. Ich werde bei der Enwicklung von Bewertungskriterien (6.3.2) näher auf die damit zusammenhängenden Probleme eingehen.

Auch auf die Beschränktheit des IFIP-Modells angesichts vernetzter Systeme wird zunehmend hingewiesen. Balzert (1988) macht auf den Umstand aufmerksam, daß die Leistungen des Anwendungssystems, auf das über die Benutzerschnittstelle zugegriffen wird, immer öfter durch "kooperierende, verteilte Anwendungen" erbracht werden. Er macht deutlich, daß die mit dem Modell verbundene Vorstellung von der Benutzerinteraktion mit genau einem Rechner auf Dauer nicht trägt.

Zuweilen werden zur grundsätzlichen Charakterisierung der Computernutzung die beiden Metaphern vom "Computer als Werkzeug" und "Computer als Medium" verwendet (vgl. z.B. Coy 1992). Das IFIP-Modell in diese grobe Schematisierung eingeordnet, bezieht sich allein auf die erste Metapher. Auch die durch Balzert vorgenommene Erweiterung trägt zwar der notwendigen Differenzierung hinsichtlich des "Computers", der nun als verteiltes System aufzufassen ist, Rechnung, läßt aber außer acht, daß Computer zunehmend auch als Kommunikationsmedium, also nicht allein zur Mensch-Maschine-Interaktion, sondern zur Kommunikation zwischen Menschen verwendet werden.

Hierauf stellen Nake (1988) und Kubicek (1988) ab. Sie stellen einander ähnliche Modelle vor, in denen die von der klassischen Software-Ergonomie unterstellte Mensch-Computer-Beziehung zu einer Mensch-Computer-Computer-Mensch-Konstellation erweitert wird.

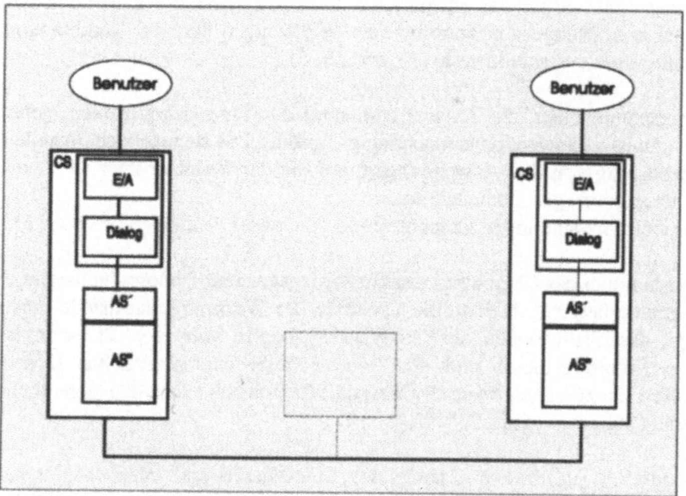

Abb. 21: Benutzer- und Anwendungsschnittstellen in kommunizierenden Systemen

Um nun die von OSI-Kommunikationsnormen festgelegten Eigenschaften näher zu bestimmen und sie in den Kontext der software-ergonomischen Modelle einzuordnen, ist es erforderlich, all diese Aspekte durch ein geeignetes Architekturmodell zu fassen (vgl. Abb. 21).

Hierin werden zunächst zwei Computersysteme (CS) unterschieden[131], mit denen jeweils ein Benutzer interagiert. Innerhalb eines CS wird zwischen einer Mensch-Computer-Schnittstelle (MCS) und einem Anwendungssystem (AS) unterschieden.

Die MCS umfaßt, wie von Balzert vorgeschlagen, die Ein-/Ausgabe- und die Dialog-Schnittstelle. Das AS umfaßt in Anlehnung an das IAO-Modell (Bullinger, Fähnrich, Hanne & Ziegler 1984, modifiziert in Balzert 1986) die Schnittstellen AS', die dort als Werkzeugrepräsentation und AS", die dort als Anwendungsrepräsentation bezeichnet werden.

Die AS'-Schnittstelle orientiert sich stark an der Werkzeugschnittstelle des IFIP-Modells. Sie wird durch die Regeln bestimmt, nach denen die MCS auf die Anwendungsfunktionen zugreifen kann. Dort bestimmt sich, wie Funktionen zugänglich gemacht werden, wie sie miteinander kombiniert werden können und ob und wie Anwendungssysteme miteinander kommunizieren können. Es ist die Schnittstelle, die grundsätzlich nicht nur von der Benutzerschnittstelle, sondern auch von anderen Anwendungssystemen genutzt werden kann. Sie ist insbesondere auch durch ein API (Application Programming Interface) bestimmt, also durch die exakte Syntax und Semantik, mit der über eine Programmiersprache auf die Anwendungsfunktionen zugegriffen werden kann.

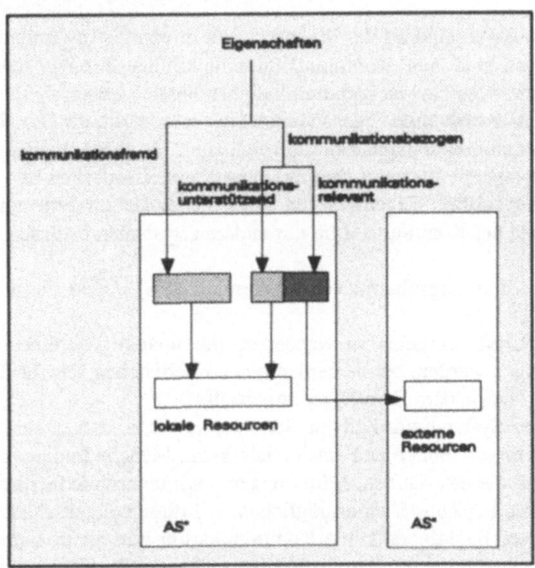

Abb. 22: Klassifizierung der Eigenschaften im AS"

AS" ist die abstrakte Repräsentation der Anwendungsfunktionen. In ihr ist festgelegt, welche anwendungsspezifischen Basisfunktionen vorhanden sind und welchen Beitrag sie zur Lösung bestimmter Anwendungsprobleme leisten.

AS" legt in seiner Gesamtheit fest, <u>was</u> ein Anwendungssystem leistet, nicht <u>wie</u> es zugänglich ist.

---

[131] Das angedeutete, nicht notwendigerweise vorhandene Transitsystem, für das keine direkte Benutzerinteraktionsmöglichkeit angenommen wird, wird in diesem Modell nicht weiter berücksichtigt.

Zur Klassifizierung der normdeterminierten Eigenschaften benötigen wir eine weitere Präzisierung innerhalb eines Anwendungssystems (Abb. 22).

Bei unserer allgemeinen Fassung des Eigenschaftsbegriffes stellt jedes Anwendungssystem eine Vielzahl von Systemeigenschaften bereit. Hierbei ist zunächst zwischen kommunikationsfremden und kommunikationsbezogenen Eigenschaften zu unterscheiden.

Kommunikationsfremd sind all die Eigenschaften in einem Anwendungssystem, die weder der technischen Kommunikation dienen noch der technischen Kommunikation bedürfen und sich allein auf lokale Resourcen stützen[132].
Nehmen wir als Beispiel ein einfaches Graphikprogramm, mit dem Daten in Form unterschiedlicher Diagramme graphisch aufbereitet werden können. Wenn bei einem solchen Programm der Programmcode auf dem lokalen Computersystem vorliegt und es die erforderlichen Daten auf dem zugehörigen externen Speichermedium als lokaler Resource im Zugriff hat, dann handelt es sich um ausschließlich kommunikationsfremde Eigenschaften.

Kommunikationsbezogen sind all die Eigenschaften in einem Anwendungssystem, die notwendig oder hilfreich sind, um Kommunikationsfunktionen bereitzustellen. Sie umfassen kommunikationsunterstützende und kommunikationsrelevante Eigenschaften.
Kommunikationsunterstützende Eigenschaften sind solche, die für den Nutzer bei der Heranziehung einer Kommunikationsfunktion hilfreich sind, für deren Realisierung jedoch keine Kommunikation mit einem entfernten Anwendungssystem erforderlich ist.
Kommunikationsrelevante[133] Eigenschaften sind solche, die zur Erbringung der mit ihnen verbundenen Leistung der Kommunikation mit anderen Systemen bedürfen.

Am Beispiel eines Mitteilungsübermittlungssystems (MHS) sollen diese Unterscheidungen nachvollzogen werden.
Ein MHS dient dazu, Mitteilungen zu versenden, die solange von einem Zwischenrechner zum anderen übertragen werden, bis sie denjenigen erreicht haben, der für den Empfänger zuständig ist. Dort werden sie dem Empfänger zugestellt.
Die Mehrzahl solcher Systeme wird einem Benutzer anbieten, daß er eine Mitteilung editieren, Änderungen darin vornehmen und ausdrucken kann. Manche Implementierungen werden Funktionen vorsehen, die es erlauben, Mitteilungen nach unterschiedlichsten Selektionskriterien zu verwalten und den Zugriff zu ermöglichen. All diesen Eigenschaften ist gemein, daß die Realisierung dieser Funktionen keine Kommunikation mit einem anderen System erfordert. Notwendig ist ein Programm, das ausführbar vorliegt und auf Mitteilungen zugreift, die auf dem lokalen Speichermedium vorgehalten sind.
Das heißt, ein Teil der Eigenschaften, die offensichtlich einem Kommunikationsprogramm zuzuordnen sind, erfordern selbst keine technische Kommunikation mit einem anderen System. Es sind <u>kommunikationsunterstützende Eigenschaften</u> und unterscheiden sich nur dadurch von den <u>kommunikationsfremden</u> Eigenschaften, daß sie der Nutzung eines Kommunikationsprogrammes dienen.

---

[132] Damit wird, wie bei OSI üblich, technische Kommunikation als solche zwischen getrennten Systemen (End- und Transitsysteme) aufgefaßt. Rechnerinterne Kommunikation über Bussysteme bleibt hiervon ausgeschlossen. Daß aber auch hier die Grenzen fließend sind, zeigt die Entwicklung von VLANs (Very Local Area Networks) (Kauffels 1989, S. 24).
[133] Hiermit nehme ich direkt auf den im OSI-Zusammenhang gebräuchlichen Begriff Bezug.

Primäre Aufgabe eines MHS ist jedoch nicht die lokale Verwaltung von Mitteilungen, sondern deren Austausch. Mitteilungen können versandt und empfangen, Rückmeldungen über die Zustellung können angefordert werden, und innerhalb des verteilten Gesamtsystems müssen andere Systeme wissen, in welchen Fällen und an wen Mitteilungen und Rückmeldungen geschickt werden sollen. All diese Leistungen können nicht lokal erbracht werden, sondern erfordern die Kommunikation mit anderen Systemen. Sie sind kommunikationsrelevant.

4.2 Gegenstand der Normfestlegungen

Entlang dieses Modells können nun die durch die OSI-Normen determinierten Eigenschaften eingeordnet werden (vgl. Abb. 23).
OSI-Normen treffen **keinerlei Festlegungen** hinsichtlich der **Benutzerschnittstellen** (MCS). Sie reglementieren damit weder Aspekte der Ein-/Ausgabe- noch der Dialogschnittstelle[134].

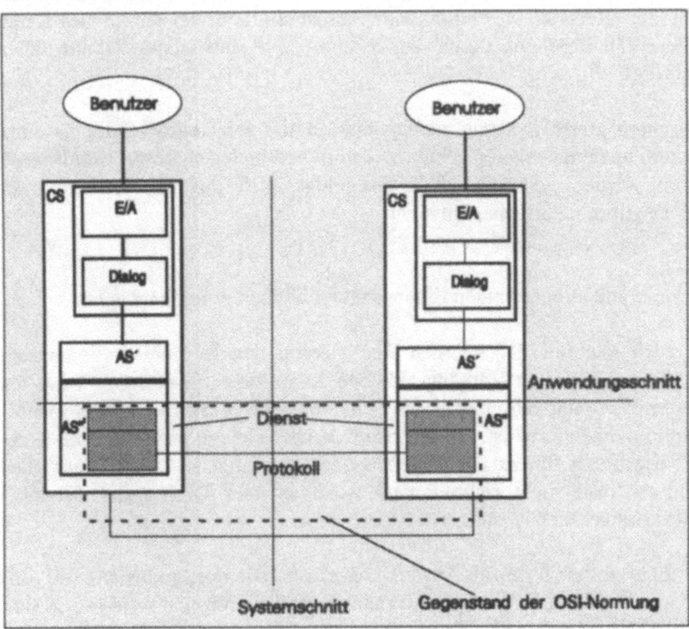

Abb. 23: Einordnung der normdeterminierten Eigenschaften in das Architekturmodell

Auch die **Anwendungsschnittstelle AS'** wird von der OSI-Normung **nicht reglementiert**. Das gilt zum einen für die klassischen Merkmale der Werkzeugschnittstelle, da OSI-Normen keine Aussagen hinsichtlich der Kombination von Anwendungssystemen machen. Es gilt zum

---

[134] Dies ist mittlerweile als grundsätzliches Defizit der OSI-Normung erkannt worden und hat zu Überlegungen geführt, die OSI-Normung und die Normung von Benutzerschnittstellen zwar nicht zusammenzufassen, jedoch stärker aufeinander zu beziehen (vgl. Oslowsky-Klein & Schröder 1991).

anderen sogar für die Programmierschnittstelle (API). Das heißt, OSI-Normen legen keine exakten Schnittstellen fest, über die andere Programme (z.B. ein Benutzerschnittstellenprogramm oder beliebige Anwendungsprogramme) einheitlich auf die Leistungen genormter Eigenschaften zugreifen können. Die OSI-Normung abstrahiert hiervon durch die Festlegung eines Dienstes, der die semantischen, nicht aber die syntaktischen Aspekte der Schnittstelle festlegt. Auch dieses Defizit der OSI-Normung wird zunehmend kritisiert (vgl. Hegering 1988 sowie Barz 1991). Diese Abstraktion hatte den Sinn, die - lokalen - Implementierungsfreiräume nicht zu beschneiden. Jeder Hersteller sollte selbst über die Realisierung der Normen und die konkrete Interaktion zwischen den Schichten entscheiden können. Aus diesem Grunde wurden keine konkreten Programmierschnittstellen genormt. Das aber bedeutet, "daß OSI-Protokolle nur zwischen Rechnern offen sind. Innerhalb eines Rechners ist man zumeist auf einen Hersteller angewiesen, denn dieser muß keine Layer-Schnittstellen offenlegen" (Barz 1991, S. 18).

Damit liegen die normdeterminierten Eigenschaften allein innerhalb des Anwendungssystems (AS"). Auch hier bilden sie wiederum einen Ausschnitt, der über die im OSI-Referenzmodell vorgenommene Grenzziehung durch den System- und Anwendungsschnitt näher bestimmt werden kann (vgl. 23).

Der <u>Systemschnitt</u> grenzt Systeme voneinander ab, die zur Überwindung der Trennung miteinander kommunizieren müssen. Nur die damit verbundenen **kommunikationsrelevanten** Eigenschaften werden genormt. Nicht festgelegt wird dagegen lokales, systeminternes Verhalten. Das gilt in mehrfacher Hinsicht:

- Alle kommunikationsfremden Eigenschaften bleiben unreglementiert.

- Aber auch alle mit der internen Realisierung des Kommunikationssystems zusammenhängenden lokalen Vorgänge bleiben unberührt. OSI-Normen legen fest, was zur korrekten Kommunikation zwischen Schichtinstanzen erforderlich ist, nicht wie es konkret zu implementieren ist. Es gibt bspw. keine Festlegungen hinsichtlich einer lokalen Pufferverwaltung für zu übertragende oder empfangene Daten. Auch diese Aspekte werden als lokal, nicht kommunikationsrelevant und damit außerhalb der Normungsreichweite angesehen.

- Diese Sicht gilt auch für die Anwendungsebene. Die dortige Instanz soll die kommunikationsrelevanten Aspekte der Anwendung modellieren und wird nur in ihrem Außenverhalten festgelegt. Alle lokalen Vorgänge, die erforderlich sind, sich nach außen normgerecht zu verhalten, wie die Verwaltung notwendiger Parameter (Adressen, Nachrichteninhalte) bleiben ungenormt. Dabei handelt es sich gerade um die kommunikationsunterstützenden, lokalen Eigenschaften.

Der <u>Anwendungsschnitt</u> trennt eine inhaltlich durch den Anwendungskontext bestimmte Anwendung gegenüber dem Kommunikationssystem ab, das auf der obersten, der Anwendungsschicht, die kommunikationsrelevanten Aspekte der Anwendung modelliert.
Dies suggeriert die Möglichkeit, eine inhaltliche, am Zweck einer verteilten Datenverarbeitung ausgerichtete Trennung zwischen Anwendung und Kommunikationssystem vornehmen zu können. Es müßte dann möglich sein, eine obere Grenze der inhaltlichen Zweckbestim-

mung zu finden, unterhalb derer die - kommunikationsrelevanten - Eigenschaften von Anwendungen genormt und oberhalb derer sie ungenormt blieben. Ich verweise hier auf die unter 3.1.5 geführte Diskussion, die aufzeigt, daß eine solche Begrenzung aus dem Referenzmodell nicht abzuleiten ist. Gestützt auf den Anwendungsschnitt kann daher keine weitere systematische Klassifizierung normdeterminierter Eigenschaften vorgenommen werden. **OSI-Normen legen also alleine kommunikationsrelevante Eigenschaften fest**

Wir haben bisher mit einem sehr allgemeinen Eigenschaftsbegriff operiert und ihn - als Oberbegriff für vieles - mit der regelgesteuerten Verarbeitung von Eingabedaten und der Erzeugung von Ausgabedaten gleichgesetzt.. Worin aber bestehen nun die alleine normdeterminierten, kommunikationsrelevanten Eigenschaften? Was wird in Normen hierzu festgelegt? Dazu soll zunächst der Eigenschaftsbegriff präziser gefaßt werden.

Im Bereich der Programmiersprachen wird grundsätzlich eine Unterscheidung zwischen einer Prozedurvereinbarung und ihrer Realisierung getroffen. Im Kern steht dahinter folgende Vorstellung: Einer Prozedur ist eine bestimmte funktionale Leistung zugeordnet. Eine Prozedur "procedure vertausche (a,b)" wird bspw. bedeuten, daß nach ihrer Ausführung der Prozedurparameter "a" den Wert von "b" enthält und umgekehrt. Ein Programmierer muß die Bedeutung einer solchen Prozedur kennen. Mit der Vereinbarung dieser Prozedur nimmt er auf diese Bedeutung Bezug und kann durch ihren Aufruf innerhalb eines Programmes ihre Leistung in Anspruch nehmen. Mit der Vereinbarung ist also immer eine Vorstellung darüber verbunden, <u>was</u> eine Prozedur macht.
Hiervon ist die Realisierung der Prozedur zu unterscheiden, mit der festgelegt ist, <u>wie</u> sie die Leistung erbringt. Dies geschieht dadurch, daß dem Prozedurnamen und seinen Eingabeparametern an anderer Stelle ein Algorithmus zugeordnet wird, der die Einzelheiten der Leistungserbringung festlegt[135].

Mit Bezug auf die Prozedur haben wir einen Begriff verwendet, der innerhalb der Programmiersprachen weitgehend präzise gefaßt ist. Hier jedoch wollen wir weiter von einer (funktionalen) Eigenschaft sprechen und darunter
  - die Beschreibung einer funktionalen Leistung, die angibt, <u>was</u> bereitgestellt wird und
  - ihre Realisierung, die angibt, <u>wie</u> es getan wird,
verstehen.

Im Kontext der Kommunikationstechnik werden für ganz ähnliche Sachverhalte z.T. andere Begriffe, z.T. auch gleiche Begriffe mit anderer Bedeutung verwendet. Dennoch können beide Aspekte funktionaler Eigenschaften auf die Kommunikationstechnik übertragen werden.

OSI-Normen legen **Dienste** fest. Ihnen wird über die Dienstdefinition eine Bedeutung gegeben, mit der bestimmt wird, <u>was</u> einem Dienstnutzer als Leistung zur Verfügung gestellt wird.

---

[135] Diese Unterscheidung zwischen einer nach außen angebotenen Leistung und ihrer internen "versteckten" Realisierung gehört zu den wesentlichen Konzepten abstrakter Datentypen (vgl. Meyer 1990).

Vom Dienst ist als der zweite Normungsgegenstand das Protokoll zu unterscheiden, das weiter zu differenzieren ist. Es besteht jeweils aus der Festlegung der Protokolldateneinheiten (PDU) und den Prozeduren[136].

Die Prozeduren beschreiben die Algorithmen, die in den kommunizierenden Systemen zu implementieren sind. Sie entsprechen damit der Prozedurrealisierung, wie sie oben beschrieben wurde, wobei zu beachten ist, daß diese Realisierung nun verteilt erfolgt.

Über die Protokolldateneinheiten werden die verteilten Prozeduren gesteuert. Die Festlegung der PDUs ist in der Kommunikationstechnik eine ganz wesentliche Notwendigkeit. Auch bei der herkömmlichen, nicht-verteilten Programmierung übernehmen Datenvariablen ähnliche Steuerungsaufgaben, ohne daß ihnen konzeptionell eine vergleichbare Aufmerksamkeit geschenkt würde. In der Kommunikationstechnik ist die Unterscheidung zwischen Prozeduren als verteilte Algorithmen und den sie steuernden Protokolldaten von großer Bedeutung.

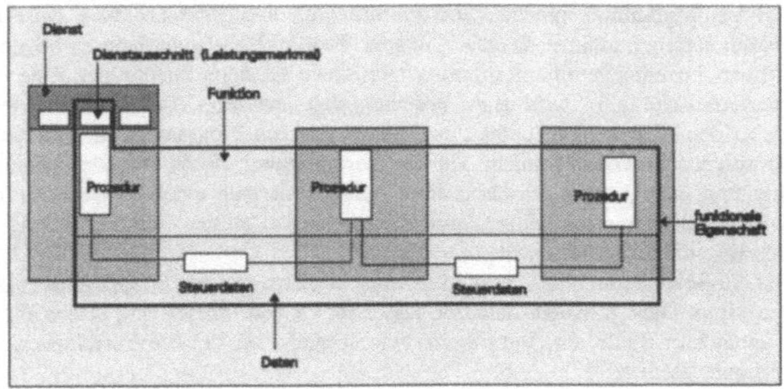

Abb. 24: Kommunikationsrelevante Eigenschaften als Dienst, Prozedur und Steuerdaten
        bzw. als Funktion und Daten.

Unter einer normdeterminierten, kommunikationsrelevanten **funktionalen Eigenschaft** ist also in der kommunikationstechnischen Terminologie zu verstehen (vgl. Abb. 24):

- ein Dienst- bzw. ein Dienstausschnitt[137], dem eine bestimmte Bedeutung zugeordnet ist, die besagt, **was** der Dienst als Leistung einem Dienstnutzer zur Verfügung stellt <u>und</u>
- ein Protokoll, in dem
  - Prozeduren, die bestimmen, <u>wie</u> der jeweilige Dienst durch Algorithmen in den beteiligten Systemen zu erbringen ist, und
  - Steuerdaten, die bestimmen, wie die verteilten Prozeduren ihr Verhalten durch den Austausch von PDUs zu steuern haben,
  festgelegt werden.

---

[136] Man beachte, daß dies ein anderer, in der Kommunikationstechnik verwendeter Prozedurbegriff ist.

[137] Eine funktionale Eigenschaft ist damit nicht nur für einen gesamten Dienst einer Schicht, sondern auch für beliebige Ausschnitte, z. B. für Leistungsmerkmale, die als "elements of service" bezeichnet werden, definiert.

Damit ist der Gegenstand der Normung exakt gefaßt. Auf Dauer ist der Begriff der funktionalen Eigenschaft jeweils als Zusammenfassung der obigen Begriffselemente jedoch schwer handhabbar. Ohne ihn dadurch zu verändern, kann man sie so zusammenfassen, daß unter einer **funktionalen Eigenschaft** auch verstanden werden kann:

- eine <u>Funktion</u>, unter der ein bestimmter Dienst(ausschnitt) und die zu seiner Realisierung erforderlichen (verteilten) Prozeduren verstanden werden und
- die <u>Daten</u>, womit genau die Steuerdaten gemeint sind, die zur Steuerung der für diesen Dienst(ausschnitt) erforderlichen Prozeduren benötigt werden.

Das soll noch einmal am Beispiel des Leistungsmerkmals "Umleiten" verdeutlicht werden, wie es in der Norm zum Message Handling festgelegt ist:
Der betrachtete <u>Dienstausschnitt</u> ist das Leistungsmerkmal Umleiten, für das festgelegt ist, daß Teilnehmer Umleitungen einrichten können und daß Absender Umleitungen unterbinden können.
In den <u>Prozeduren</u> ist nun bestimmt, daß, wenn ein System eine Mitteilung erhält, für die die Umleitung verboten ist, und wenn gleichzeitig der beabsichtigte Empfänger eine Umleitung aktiviert hat, die Mitteilung nicht umgeleitet werden darf. Sie ist dann unzustellbar. Wenn der Absender eine Rückmeldung über die Zustellung haben möchte, muß zu diesem Zeitpunkt eine Rückmeldung erzeugt werden.
Beides zusammen wird als die <u>Funktion</u> "Umleiten" bezeichnet.
Damit die Prozeduren wie beschrieben vorgehen können, müssen ihnen entsprechende <u>Steuerdaten</u> übermittelt werden. In den PDUs sind daher die Felder "Verbot der Umleitung durch Empfänger" sowie "Rückmeldung erbeten" vorgesehen.
Der Dienst(ausschnitt) sowie die Prozeduren und Steuerdaten (das Protokoll) zusammen werden als funktionale Eigenschaft "Umleiten" bezeichnet. Anders gruppiert verkörpert der Dienst(ausschnitt) zusammen mit den Prozeduren die Funktion, und die Steuerdaten verkörpern die Daten.
Während in der Normung hauptsächlich von Diensten und Protokollen gesprochen wird, werde ich im Folgenden von Funktionen und Daten als normdeterminierten funktionalen Eigenschaften sprechen.

4.3 Zum Problem der Normbewertung

Der Normungsgegenstand und damit der Bewertungsgegenstand ist nunmehr bestimmt. Mit Blick auf die Gesamtheit der Normen sollen nun die Konturen einer eigenständigen Normbewertung herausgearbeitet werden. Kommunikationsnormen sind Teil der Kommunikationstechnik. Bevor ich mich dem Problem der Normbewertung im engeren Sinne widme, stelle ich es daher zunächst in den Kontext der Bewertung der Kommunikationstechnik insgesamt. Dazu gebe ich einen kurzen Überblick über die der Kommunikationstechnik zugeschriebenen Folgen sowie die mit ihr einhergehenden Modellvorstellungen und Bewertungskriterien.

4.3.1 Kommunikationstechnik und ihre Bewertung

Folgen der Kommunikationstechnik

Der Kommunikationstechnik werden weitgehend die gleichen Folgen zugeschrieben wie der Informationstechnik, in der sie eine ihrer Wurzeln hat, mit der sie jedoch nicht gleichzusetzen ist (dazu oben 2.5.2.1). Die in diesem Zusammenhang geführte Diskussion auch nur annähernd in ihrer Breite hier darstellen zu wollen, würde den Rahmen der Arbeit bei weitem sprengen. Es ist an dieser Stelle auch nicht das Ziel, eine vertiefte Einführung in die Folgendiskussion zu geben. Es bedarf angesichts der Übereinstimmung, die über alle Interessensphären hinweg, von der Herstellerindustrie (ITG 1991; Klumpp 1989) über den Deutschen Gewerkschaftsbund (DGB 1991), die Konferenz der Datenschutzbeauftragten (BDSB 1991) bis hin zum Wissenschaftlichen Institut für Kommunikationsdienste der Deutschen Bundespost (Garbe & Lange 1991-1) und der kritischen Wissenschaft (Kubicek 1991-2), darüber besteht, daß mit der Kommunikationtechnik soziale Folgen einhergehen, an dieser Stelle keiner grundlegenden Rechtfertigung. Es soll genügen, die diskutierten Folgen synoptisch zusammenzustellen, um einen ersten Eindruck davon zu erhalten, in welchen Wirkungskontext die Kommunikationsnormen zu stellen sind.

Kommunikationstechnik führt zur **Rationalisierung**. Sie beschleunigt und automatisiert Kommunikationsprozesse. Ein wesentliches Rationalisierungsfeld ist der Büro- und Verwaltungsbereich. Dort werden besonders kommunikationsintensive Arbeitsplätze im Bereich der Sekretariats- und Schreibkräfte besonders betroffen sein. In anderen Funktionsbereichen werden die Rationalisierungsfolgen der Informationstechnik durch die kommunikationstechnische Vernetzung verstärkt. Diese Wirkungen werden insbesondere in den Dienstleistungsbranchen wie Banken und Versicherungen erwartet.
Aber auch in die industrielle Fertigung greift die Kommunikationstechnik sowohl durch die interne Vernetzung von Produktionsanlagen als auch durch die betriebsübergreifende Vernetzung und Einbindung von Zulieferbetrieben ein. Sie bildet damit die Grundlage für   integrierte Fertigungskonzepte (Produktionsplanung und -steuerung, computerintegrierte Fertigung) und überbetriebliche "Just-in-Time"-Verbünde.

Kommunikationstechnische Systeme verändern die **Arbeitsbedingungen** der Beschäftigten. Die Rationalisierungseffekte der Kommunikationstechnik führen zur Ar-beitsverdichtung. Die Kommunikationstechnik etwa in Form von Bürokommunikationssystemen stellt herkömmliche Kooperationsstrukturen in Frage und zwingt zur Änderung der Arbeitsorganisation in vielen Anwendungsbereichen. Mit der zunehmenden Durchdringung der Arbeitswelt bedienen immer mehr Beschäftigte immer öfter Bildschirmgeräte, nicht mehr nur um Datenverarbeitungsleistungen in Anspruch zu nehmen, sondern auch um Kommunikationsaufgaben zu erledigen. Es entstehen psychische und physische Belastungen bei der Bedienung von Hard- und Software.

Kommunikationstechnik verstärkt **Datenschutzprobleme**. Die Verdatungsgefahr ist im Kontext der Technikfolgendiskussion der Informationstechnik deutlich erkannt worden. Zu ihrer Minderung wurden Datenschutzgesetze verabschiedet. Kommunikationstechnik wirft diese Frage nicht neu auf, verstärkt sie jedoch nachhaltig. Vormals "isolierte" Computersysteme treten über die Kommunikationstechnik in Verbindung. Die Möglichkeiten der Datenübermittlung werden wesentlich effizienter und vielfältiger. Die datenschutzrechtlich gebotene Abschottung ist immer schwieriger sicherzustellen.

Dieser grundsätzlichen Öffnung und Verbindung von Datenbeständen fügen die technischen Merkmale der Kommunikationstechnik selbst weitere Risiken hinzu. Ihre rechnergesteuerte Funktionsweise erfordert die Erfassung personenbezogener Daten. Betreiber kommunikationstechnischer Systeme werten diese Daten aus. Der Umfang dieser Datenverarbeitung hat im Kontext des ISDN-Netzes zu einer heftigen öffentlichen Auseinandersetzung geführt. Dabei sind die Möglichkeiten und Gefahren der Verarbeitung von Kommunikationsdaten angesichts eines ständig wachsenden Angebotes an Kommunikationsdiensten heute nicht abschließend bekannt.

Die Kommunikationstechnik steigert die **Verletzlichkeit** der Gesellschaft. Sowohl der Staat als auch die Wirtschaft und private Haushalte nutzen zunehmend kommunikationstechnische Systeme. Behörden bauen umfassende Verwaltungsnetze auf. Privatkunden nutzen neue Telekommunikationstechniken, um Rechtsgeschäfte abzuschließen. Banken wickeln große Teile des Zahlungsverkehrs über Kommunikationsnetze ab. Von der Verfügbarkeit und Sicherheit dieser Netze werden so immer weitere gesellschaftliche Transaktionen abhängig. Die Gefahren durch den Ausfall der technischen Einrichtungen oder den bewußten Angriff werden zunehmend als gewichtiges Problem erkannt.

Kommunikationstechnik verändert **soziale Kommunikation**. In der Arbeits- und der Privatwelt hat das Telefon einerseits zur Reduzierung direkter, zwischenmenschlicher Kommunikation geführt, andererseits neue Kommunikationsmöglichkeiten geschaffen. Auch die neueren Kommunikationstechniken, einerseits als Weiterentwicklung des Telefons und andererseits als neue Formen der Textkommunikation, werden zu einer weiteren Veränderung der sozialen Kommunikation beitragen.

Modelle zur Technikbewertung

Modelle sind für die Technikbewertung in mehrfacher Hinsicht von Bedeutung. Sie werden verwendet, um den technischen Gegenstandsbereich zu klären sowie die Ebenen der Bewertung und Gestaltung zu identifizieren.

Auf Modelle der Technikbewertung wollen wir nun einen genaueren Blick werfen. Zunächst haben wir selbst im vorangegangenen Abschnitt erheblichen Aufwand darauf verwandt, ein zur Bestimmung des technischen Gegenstandes der Kommunikationsnormen geeignetes Modell zu entwerfen. In Anlehnung an das IFIP-Modell für Benutzerschnittstellen haben wir zudem auf ein Modell zurückgegriffen, daß einerseits zur Bestimmung eines technischen Gegenstandes, nämlich der Benutzerschnittstellen, dient. Andererseits werden damit auch die Ebenen der herkömmlichen software-ergonomischen Bewertung und Gestaltung identifiziert. Um eine Bewertung von Kommunikationsnormen vornehmen zu können, müssen wir das Verhältnis des zuvor entworfenen Architekturmodells zu anderen Bewertungsmodellen näher betrachten.

Auch hier würde man sich schnell verlieren, wollte man alle diesbezüglichen Modelle vorstellen und ihre jeweiligen Unterschiede herausarbeiten[138]. Als repräsentativ für die Modellierung eines bestimmten Problemausschnittes kann jedoch das von Döbele-Berger, Berger & Ku-

---

[138] Einen recht umfangreichen Überblick hierzu findet sich bei Paetau (1990, S. 57ff).

bicek (1985) in Anlehnung an einen Vorschlag von Kubicek (1980) vorgestellte Modell angesehen werden, auf das gelegentlich auch als "Zwiebel-Modell" Bezug genommen wird. Es ist deshalb repräsentativ, weil es sich allein auf die innerbetriebliche Bewertung und Gestaltung informationstechnischer Systeme bezieht. Das kennzeichnet die lange vorherrschende Problemsicht, nach der Bewertung und Gestaltung von Informationssystemen im wesentlichen als Frage des innerbetrieblichen Handelns angesehen wurden. Es stellt ab auf die Anforderungen an informationstechnische Systeme aus der Sicht von Arbeitnehmern. Das Modell unterscheidet insgesamt 10 Gestaltungsebenen (vgl. Abb. 25):

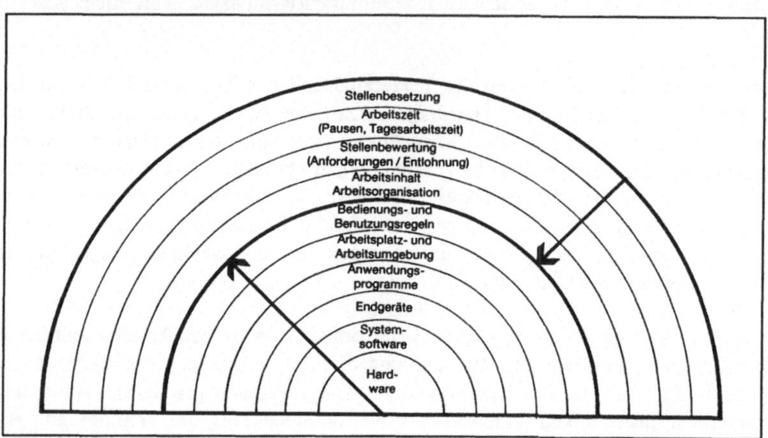

Abb. 25: Gestaltungs- und Bewertungsebenen von Anwendungen der Informationstechnik
(Quelle: Döbele-Berger, Berger & Kubicek 1985, S. 82)

Es handelt sich hierbei um ein soziotechnisches Gestaltungs- und Bewertungsmodell. Es wird also nicht allein das technische System (die inneren Ebenen bis hin zu den Anwendungsprogrammen) gesehen, sondern die Einbettung des technischen in das soziale System "Betrieb" betrachtet. Die dahinter liegende Vorstellung geht davon aus, daß die Gestaltung des technischen Systems in seiner Wirkung nie hierauf beschränkt bleibt und jede Gestaltung des technischen auch eine Gestaltung des sozialen Systems impliziert.
Die Intension des Modells sowie die angemessene Differenzierung des Gestaltungsbereiches hat zu einer breiten Verwendung und Weiterentwicklung durch andere Autoren geführt (Rödiger 1985; Nullmeier 1988 und Wicke 1988).

Wenn auch das Augenmerk zum Zeitpunkt der Modellentwicklung auf der Informationstechnik gelegen haben mag, ist es grundsätzlich auch zur Verwendung im Zusammenhang mit der - allerdings innerbetrieblichen - Kommunikationstechnik verwendbar. Aspekte der überbetrieblichen Kommunikation sind mit diesem Modell nicht zu erklären. Hier setzt eine Weiterentwicklung durch Höller & Kubicek (1991) an, die aus der gleichen Perspektive, nämlich im Hinblick auf die Arbeitsfolgen, dem auf den Einzelbetrieb bezogenen Modell die Ebenen der überbetrieblichen Interaktion und Kooperation hinzufügen.
Mambrey, Oppermann & Tepper (1986, S. 23) benennen zudem eine gesellschaftliche Ebene der sozialen Anpassung der Technik als Gestaltungs- und Bewertungaufgabe.

Faßt man dies soweit zusammen, so fügen sich die Modelle als Ebenen betrieblicher, überbetrieblicher und gesellschaftlicher Gestaltungs- und Bewertungsebenen zusammen. Auch die Kommunikationstechnik ist grundsätzlich mitgedacht.

Auch das bereits oben (4.1) näher erläuterte IFIP-Modell für Benutzerschnittstellen kann hierein eingeordnet werden. Das Modell soll Benutzerschnittstellen als Ebenen der Gestaltung und Bewertung identifizieren. Es reicht mit der Ein-/Ausgabe, der Dialog- und der Werkzeugschnittstelle offensichtlich bis zur Ebene der Bedienungs- und Benutzungsregeln des "Zwiebelmodells". Nimmt man die oben zunächst ausgeblendete Organisationsschnittstelle hinzu, so deckt sich der Bewertungs- und Gestaltungsanspruch beider Modelle weitgehend. Damit scheint eine in sich geschlossene und auch auf die Kommunikationstechnik übertragbare Modellvorstellung zu bestehen. Kubicek (1988, S. 53) jedoch weist auf einige Charakteristika kommunikationstechnischer Systeme hin, die in den bisherigen Modellen nicht explizit berücksichtigt, aber für ihre Bewertung von großer Bedeutung sind. Sein hierauf bezogenes Modell liegt quer:

1. Es verläßt den ausschließlich betrieblichen Kontext und widmet dem Verhältnis zwischen den Teilnehmern, auch wenn sie - etwa als Privatpersonen - nicht in einem gemeinsamen Arbeitskontext stehen, Aufmerksamkeit. Das liegt neben den oben benannten Ebenen der überbetrieblichen Interaktion und Kooperation und muß aus anderer, denn allein arbeitsbezogener Perspektive betrachtet werden.

2. Gerade im Hinblick auf die Software-Ergonomie und das mit ihr verbundene IFIP-Modell erweitert es die Perspektive und macht deutlich, daß die Anwendung kommunikationstechnischer Systeme nicht allein als eine Mensch-Computer-Interaktion gesehen werden kann. Menschen kommunizieren auch hier mit technischen Geräten, womit diese Sicht eingeschlossen ist. Insbesondere kommt es aber zur technisch vermittelten Interaktion zwischen Menschen, die vom IFIP-Modell nicht modelliert und in der Software-Ergonomie erst langsam berücksichtigt wird.

Kriterien der Technikbewertung

Behält man die zuvor dargestellte Schichtung im Auge, so kann festgestellt werden, daß für viele dieser Ebenen heute Kriteriensysteme bzw. Kriterienbündel vorliegen[139].

---

[139] Bei der Diskussion von Bewertungskriterien mute ich dem Leser eine Mehrstufigkeit zu, die eines unterstützenden Leitfadens bedarf. An dieser Stelle, an der wir noch auf die Kommunikationstechnik als ganze blicken, dient die Zusammenschau der Kriterien dazu, ihre Vielfältigkeit aufzuzeigen (1). Aus diesen Kriterien muß bei der Diskussion des Normbewertungsproblems - hinsichtlich aller Normen - eine Auswahl getroffen werden (2). Die Erwägungen dort dienen der Begründung einer solchen Auswahl sowie der Skizzierung der Probleme, die bei ihrer Verwendung zur Normbewertung dennoch verbleiben.
In Kap. 6 dann trennen wir das Problem der Bewertung von Normen mit Einfluß auf die Kommunikation zwischen Menschen aus dem allgemeinen Normbewertungsproblem heraus (3). Dort wird mit den Normen zum MHS der exakte Bewertungsgegenstand sowie der spezifische Bewertungsansatz bestimmt. An dieser Stelle ist es erforderlich, eigene Bewertungskriterien zu entwickeln. Dies geschieht mit Bezug auf vorhandene, jedoch stark eingegrenzte Kriterienbündel. Es erfolgt eine ausführliche Darstellung des jeweiligen Diskussionszusammenhangs, der zugrundeliegenden Wertvorstellungen, der entwickelten Kriterien sowie der Möglichkeit, die einzelnen Kriterien für unsere Zwecke konkret nutzbar zu machen.

Aus einer <u>gesamtgesellschaftlichen</u> Interessensperspektive, die als Axiom die Erhaltung der "Lebens- und Entwicklungsfähigkeit der Gesellschaft" annimmt, formulieren Müller-Reissmann, Bohmann & Schaffner (1987) ein umfangreiches Kriteriensystem zur "Bewertung von neuen Informations- und Kommunikationstechniken und ihrer Alternativen" mit den Kategorien: Funktionsfähigkeit, Sozialverträglichkeit, Solidarität und Verantwortung, Volkswirtschaftlichkeit und Realisierbarkeit.

Roßnagel (1990, 1991) nimmt das Grundgesetz als die Kodifizierung eines Konsens hinsichtlich gesellschaftlicher Normen und Ziele an und leitet hieraus "grundrechtliche Vorgaben" wie: Schutz unbefangener Kommunikation, (tele-)kommunikative Selbstbestimmung, informationelle Selbstbestimmung und autonome Arbeitsplatzgestaltung für die Gestaltung von Kommunikationstechnik ab.

Nimmt man ein kollektives Zielstreben eines gesellschaftlichen Gemeinwesens an oder zumindest die Gültigkeit eines stabilen Konsens über dessen Grundwerte, so scheinen derartige Kriterien geeignet, als Handlungsanleitung in der staatlichen Wirkungssphäre dienen zu können.

Dennoch ist offensichtlich, daß auch und gerade auf der gesamtgesellschaftlichen Ebene, angesichts eines eher evolutionären und weniger praktisch-politischen Gemeinstrebens und der Interpretationsbedürftigkeit grundrechtlicher Regelungen, realistischerweise nicht von einem objektiven Bewertungsinstrumentarium ausgegangen werden kann (vgl. u. a. Naschold 1987).

Auf der <u>betrieblichen</u> Ebene stehen sich im Rahmen der "organisatorischen Einbettung" (Mambrey u. a. 1986, S. 23) des technischen in das sozio-technische System "Betrieb" die Interessen der Arbeitgeber und Arbeitnehmer offener gegenüber.

Das für Arbeitnehmer relevante Wirkungsfeld wurde von der Projektgruppe "Arbeitswissenschaft für Arbeitnehmer (AWA)" des DGB entlang folgender Leitkriterien aufgespannt: Arbeitsverhältnis, Belastung/Beanspruchung/Gesundheit, Herrschaft/Kontrolle/Kommunikation, Beteiligung/Interessenvertretung, Entlohnung/abgeforderte Arbeitsergebnisse, Arbeitsinhalt/Qualifikation/Persönlichkeit (vgl. Meine 1983). Sie dienen sowohl der Wirkungsdifferenzierung als auch der Ableitung spezifischer Bewertungskriterien und reichen teilweise bis auf die Arbeitsplatzebene.

Auf der Ebene des <u>einzelnen Arbeitsplatzes</u> und der Arbeitsplatzumgebung und damit bzgl. der unmittelbaren Techniknutzung durch den Menschen hat sich die Software-Ergonomie dort, wo sie den Schwerpunkt auf die Dialogschnittstelle legt, als Gestaltungs- und Bewertungsfeld stabilisiert und mit ihr ein Kriterienraster, das mittlerweile als Norm formuliert ist (DIN 1988).

Das Gestaltungsziel bzw. der Bewertungsmaßstab geht in seiner humanen Ausrichtung auf die arbeitspsychologischen Zielwerte der Ausführbarkeit, der Schädigungs- und Beeinträchtigungslosigkeit, der Lern- und Persönlichkeitsförderlichkeit sowie der Ermöglichung von sozialer Interaktion zurück (vgl. Frese & Brodbeck 1989, S. 20f).

Für den Gestaltungsgegenstand "Dialog" formuliert die Norm DIN 66234, Teil 8 die Kriterien: Aufgabenangemessenheit, Selbstbeschreibungsfähigkeit, Steuerbarkeit, Erwartungskon-

---

Eine ausführliche Erörterung aller Kriterienkomplexe an der jetzigen Stelle wäre für die Arbeit wenig nützlich. Andererseits wäre eine genaue Darstellung bereits stark eingegrenzter Kriterienbündel jetzt nicht nachvollziehbar zu begründen.

formität und Fehlerrobustheit. Auf den insbesondere durch die Organisationsschnittstelle zum Ausdruck kommenden weiteren Gestaltungsanspruch, der weit in die betriebliche Ebene hineinreicht, hatte ich bereits hingewiesen.

Ebenfalls hinsichtlich der unmittelbaren Techniknutzung wurden in einer Reihe von Arbeiten (Hammer, Pordesch & Roßnagel 1989; Höller 1988-2; Andelfinger, Pordesch & Roßnagel 1991) Kriterien zur Bewertung von Kommunikationssystemen entwickelt.
Hammer u. a. haben für die Bewertung von ISDN-Nebenstellenanlagen neben anderen die Kriterien Entscheidungsfreiheit, Transparenz und Werkzeugeignung vorgeschlagen, die sich stark mit software-ergonomischen Kriterien überlappen. Andere Kriterien beziehen sich auf die Einpassungsfähigkeit technischer Systeme in eine Organisation und die dort geltenden Regeln und Verfahren, wie etwa die Mitbestimmungseignung oder die Kontrolleignung.

Eine wertvolle Perspektivenerweiterung wird durch ihre Kriterien Zweckbindung und Erforderlichkeit herbeigeführt, weil mit ihnen die Bedeutung des Datenschutzes bei der Bewertung kommunikationstechnischer Systeme explizit zum Ausdruck kommt. Das Ziel des Datenschutzes wird u. a. im Bundesdatenschutzgesetz (BDSG) formuliert, nämlich "den einzelnen davor zu schützen, daß er durch den Umgang mit seinen personenbezogenen Daten in seinem Persönlichkeitsrecht beeinträchtigt wird" (§ 1 (1) BDSG). Es richtet sich auf die Wahrung der Freiheit der Betroffenen (Steinmüller 1991-3). Das Datenschutzgesetz verbietet die Verarbeitung personenbezogener Daten grundsätzlich und bindet Ausnahmen an strenge Zulässigkeitsbedingungen, darunter die zentralen Regelungsinstitute der Erforderlichkeit und Zweckbindung.
Die Datenschutzdiskussion hat sich zunächst im Zusammenhang mit den frühen Gefährdungen für die Bürger durch staatliche Datenverarbeitung entwickelt. Der Datenschutz ist mittlerweile zu einem umfassenden Gestaltungsziel geworden, für das von Steinmüller (1991-2, S. 23) zehn verallgemeinerungsfähige Gestaltungs- bzw. Bewertungskriterien (Postulate) zusammengestellt wurden.

Auch in der Fachdiskussion werden Datenschutz und Datensicherung oft synonym verwandt. Nach Löbel, Schmid und Müller (1982) ist unter Datensicherung die "Gesamtheit der organisatorischen und technischen Maßnahmen" (S. 156) zu verstehen, die gegen Verlust, Verfälschung und unberechtigte Aneignung von Daten sichern. Ihr Schutzziel ist die **Datensicherheit**. Datensicherheit ist ein Unterziel anderer, außerhalb gebildeter Schutzziele. Sie dient in diesem Sinne dem Datenschutzziel wie gleichsam dem Schutz von Geschäftsgeheimnissen.
Zur Gewährleistung der Datensicherheit werden für den Datenschutz in der Anlage zu § 9 BDSG Maßnahmen wie Zugangskontrolle, Datenträgerkontrolle, Zugriffskontrolle, etc. genannt. Mit der zunehmenden Vernetzung von Systemen wird die Datensicherheit zu einem eifrig bearbeiteten Feld auch innerhalb der Kommunikationstechnik. Die dort entwickelten Gestaltungskriterien werden in der Regel im Hinblick auf die Verhinderung von Angriffen formuliert. Über Angriffsszenarien werden zumeist Angriffstypen bestimmt und klassifiziert und hierauf technische Abwehrmaßnahmen gerichtet (vgl. dazu 5.2.10 sowie ISO 7498-2; Schneider 1990; Plattner u. a. 1989).

Nur hingewiesen werden soll auf andere Kriteriensätze für enger bestimmte Teilklassen technischer Systeme, etwa für die Bürokommunikation (VDI 1990) und für Datenbanksysteme (Bräutigam, Höller & Scholz 1990) oder für bestimmte Anwendungsfelder, etwa die öffentliche Verwaltung (Grimmer 1991).

Die Unzulänglichkeiten mancher abstrakter Gestaltungskriterien werden oft deutlich, wenn es darum geht, die ihnen gemäßen Eigenschaften eines Anwendungssystems abzuleiten. Dann fehlt den Kriterien oft die real gestaltende Kraft.

Wenn nach Frese & Brodbeck (1989, S. 20) Werkzeuge stets "zwei Kriteriengruppen genügen müssen: denen der Leistungs- und Aufgabenerfüllung und denen der menschengerechten Arbeit", dann erscheint die Entwicklung allgemeiner Kriterien, insbesondere bzgl. der Leistungs- und Aufgabenerfüllung, besonders schwierig.
Auch Kubicek (1992) zweifelt am Wert abstrakt formulierter Kriterien, die in Stellvertretung für Benutzer von Wissenschaftlern angewendet werden. Er will - insbesondere wegen des immer bestehenden Bewertungsproblems - nur die, die auf demokratisch legitimierte Normen zurückgreifen, gelten lassen. Ansonsten kann seiner Meinung nach die Gestaltung und Bewertung nur partizipativ, in Abstimmung mit den Betroffenen unter Berücksichtigung deren konkreter Anforderungen und Interessen in bestimmten Nutzungssituationen erfolgen. Den Kriterien mißt er indes hohen "heuristischen Wert in Diskussionen mit betroffenen Zielgruppen, wo sie anwendungs- und situationsbezogen konkretisiert werden können", bei (ebd., S. 48).

4.3.2 Kommunikationsnormen und ihre Bewertung

Bereits in der Einleitung hatte ich der (sozialwissenschaftlichen) Technikbewertung die Softwarebewertung gegenübergestellt.
Technikbewertung ist dadurch gekennzeichnet, daß sich ihre Untersuchungen zumeist auf gesamtgesellschaftlich relevante Techniklinien beziehen und sie ihre Ergebnisse in einen technologie-politischen Handlungskontext mit dem Ziel einbringen, Hilfestellungen für die Techniksteuerung bzw. -regulierung zu geben. Der Blick auf die jeweilige Technik ist zumeist grobmaschig. Oft werden alternative Entwicklungspfade anhand stark kontrastierter und wenig differenzierter technischer Merkmale diskutiert.

Die Softwarebewertung unterscheidet sich von einer solchen Technikbewertung der Informations- und Kommunikationstechniken dadurch, daß mit ihr ein wesentlich engerer Blick auf die zu betrachtende Technik verbunden ist und sich ihre Ergebnisse an die unmittelbar an der Systementwicklung Beteiligten, also die Systementwickler, die Anwender oder die Benutzer richten. Auch die Softwarebewertung ist ein heterogenes Feld mit unterschiedlichen Bewertungszielen, Methoden und Kriterien. Die eher technische Softwarebewertung mißt den technischen Gegenstand an Kriterien wie Effizienz, Korrektheit und Wartbarkeit. Die software-ergonomische Bewertung beurteilt ihn nach unterschiedlichen Humankriterien. Und für eine überwiegend auf die Leistungs- und Aufgabenerfüllung ausgerichtete Softwarebewertung müssen die Kriterien in Abhängigkeit vom konkreten Anwendungszusammenhang immer neu gefunden werden.

Softwarebewertung ist im Gegensatz zur Technikbewertung nur sehr schwer prospektiv möglich. Die Fülle der möglichen Gestaltungsentscheidungen ist kaum a priori bestimmbar. Softwarebewertung ist daher entweder als Evaluation eines existierenden Systems oder als evolutionärer Prozeß von Zyklen aus Gestaltungs- und Bewertungsschritten möglich, bei denen etwa vorläufige Prototypen oder eher Softwarespezifikationen bewertet werden (Floyd 1986; Oppermann u. a. 1988).

Normen nehmen als technischer Bewertungsgegenstand zwischen gesamtgesellschaftlich relevanten Techniklinien und konkreten Einzelsystemen eine besondere Stellung ein. Sie können hinsichtlich beider Ansätze bewertet werden.

Kommunikationstechnische Normen, insbesondere solche für öffentliche Telekommunikationsnetze, sind oft von gesamtgesellschaftlicher Bedeutung. Augenfällige Beispiele sind die ISDN-Norm, die Normen für Mobilfunk und sicher auch die für Elektronische Postsysteme (Message Handling Systeme). Ihre Verwendungsmöglichkeit in den verschiedensten Anwendungsbereichen macht sie zum lohnenden Gegenstand einer **Technikbewertung**.

Hinsichtlich der Bewertung des technischen Gegenstandes kommt es darauf an, die **fundamentalen Merkmale** einer solchen Norm, die hinsichtlich der Szenarienbildung und Folgenabschätzung wesentlich sind, zu erkennen und zu extrahieren.

Eine Technikbewertung der ISDN-Normen könnte sich bspw. auf folgende fundamentalen Eigenschaften stützen:
- Norm für die Vermittlungsschicht;
- leitungsvermittelt;
- Möglichkeit der Übertragung mehrerer Nachrichtenformen;
- Realisierbarkeit innerhalb des bestehenden Telefonnetzes;
- gleichzeitige Nutzung zweier Dienste;
- komfortable Leistungsmerkmale, insbesondere für den Sprachdienst etc.

Die grundsätzliche Vorgehensweise bei der Technikbewertung bleibt bei dieser Art der Normbewertung unverändert. Es sind geeignete Szenarien zu bilden, Folgen zu bestimmen und nach geeigneten Kriterien zu bewerten. Die Ergebnisse solcher Untersuchungen werden wiederum in der Regel politische Handlungsempfehlungen sein. Als Adressaten kommen angesichts des doch engeren Bewertungsgegenstandes auch Entscheidungsträger in bestimmten Anwendungsbranchen in Frage. Hier können bspw. die Tarifparteien die Ergebnisse nutzen. Charakteristisch für solche Empfehlungen wird sein, daß mehr die politische, soziale oder organisatorische Bewältigung negativer Folgen im Mittelpunkt steht oder auch grundsätzliche technische Alternativen vorgeschlagen werden (vgl. u.a. Berger, Kubicek, Kühn, Mettler-Meibom & Voogd 1988). Weniger zu erwarten sind technische Gestaltungsanforderungen, die bis auf die Ebene alternativer funktionaler Eigenschaften der durch die Norm bestimmten Systeme reichen.

Für die zu betrachtenden Folgen ist wiederum die verhältnismäßig grobe Bestimmung des Gegenstandes über die fundamentalen Merkmale der Normen bedeutsam. Ihnen können, ohne daß ein vertiefter Blick auf die Fülle der genormten funktionalen Eigenschaften notwendig wäre, bereits Folgen zugeordnet werden. Eines dieser für alle Normen geltenden Merkmale, das so grundlegend ist, daß es kaum der Erwähnung bedarf, ist die Herstellung von Kompatibilität und Interoperabilität zwischen Systemen verschiedener Hersteller. Das führt - und es ist Sinn und Zweck jeder Kommunikationsnorm - zur Rationalisierung. Das fundamentale Merkmal der X.500-Normen, ein weltweit verteiltes Teilnehmerverzeichnis festzulegen, führt unweigerlich zu Datenschutz- und Datensicherheitsproblemen. ISDN mit seiner Fähigkeit, alle Dienste über ein Netz anbieten zu können, impliziert ebenfalls Rationalisierungspotentiale, Probleme der Datensicherheit, des Datenschutzes und der Verletzlichkeit.

Allein die Existenz einer Norm mit bestimmten fundamentalen Merkmalen und ihre breite Akzeptanz bringen diese Folgen mit sich. Man kann sie als **existenzabhängige Folgen** einer Norm bezeichnen.

Der Vorteil einer so gefaßten Normbewertung liegt zum einen im frühen Zeitpunkt und zum anderen in der relativ konkreten Bestimmung des Gegenstandes. Eine Bewertung läßt sich nämlich bereits in der Phase der Formulierung des Normungsauftrages ansetzen, zu dem Zeitpunkt also, zu dem die operativen Normungsgremien die Vorgaben für ihre Arbeit erhalten. Bereits dann liegen die fundamentalen Eigenschaften einer zukünftigen Norm fest. Eine Bewertung kann also vorgenommen werden noch bevor die Norm selbst existiert oder gar mit der konkreten Planung und Einführung der auf ihrer Grundlage entstehenden Dienste und Systeme begonnen wurde.

Eine Normbewertung kann andererseits mit einer stärkeren Anlehnung an die **Softwarebewertung** durchgeführt werden. Hierfür ist ein wesentlich genauerer Blick auf die **spezifischen Merkmale** einer Norm erforderlich. Sie sind das Ergebnis der Normausarbeitung und repräsentieren die Entscheidungen, die Normer im Rahmen der ihnen verbleibenden Gestaltungsfreiheit getroffen haben. Gegenstand einer solchen Bewertung sind also die funktionalen Eigenschaften, mithin die festgelegten Funktionen und Daten.
Eine solche Normbewertung ist eine indirekte Softwarebewertung. Denn Normen sind abstrakte Softwarespezifikationen. Das heißt, sie beschreiben eine zukünftige Software auf einer solchen Abstraktionsebene, daß zwar die semantischen Aspekte bestimmt sind, deren Umsetzung in eine konkrete Implementierungsvorlage aber noch zu leisten ist.

Kommunikationstechnische Normen legen, wie wir wissen, nur einen ganz bestimmten Ausschnitt späterer normkonformer Produkte fest. Die Normbewertung ist damit auch Produktbewertung für genau diese normdeterminierten Produkteigenschaften. Und hier liegen die Vorzüge und die Begründung der besonderen Notwendigkeit dieser Art der Normbewertung: Die Normfestlegung läuft der Produktentwicklung voraus. Man ist also schon frühzeitig, bevor die ersten Produkte hergestellt sind, in der Lage, Aussagen über einen Teil ihrer Eigenschaften zu machen.
Da kommunikationstechnische Normen ja gerade zur Interoperabilität von Produkten verschiedener Hersteller beitragen sollen, geht die Normbewertung über eine spezielle Produktbewertung hinaus, indem sie einen allen Produkten einer ganzen Produktklasse gemeinsamen Kern von funktionalen Eigenschaften zum Gegenstand hat.
Das aber begründet auch ihre besondere Notwendigkeit. Sind Normen einmal verabschiedet und zur Implementierungsgrundlage einer ganzen Produktklasse geworden, so kann die produktbezogene Bewertung zu einer nachträglichen Gestaltung grundsätzlich nur noch in dem Rahmen beitragen, der durch die Norm und die Schritte des Normetablierungsprozesses abgesteckt ist. Aus den Untersuchungen in Kapitel 3 wissen wir, daß diese Spielräume dann nur noch gering sind.
Stellt die Produktbewertung die normdeterminierten Eigenschaften in Frage, so müssen die festgestellten Mängel schon erheblich sein, um nachträglich eine Normveränderung zu bewirken.

Ich werde mich im weiteren ganz auf diese Art der Normbewertung konzentrieren.

Zu den Folgen kommunikationstechnischer Normen

Geht man von beiden Normbewertungsansätzen aus, so werden bei einer an den fundamentalen Merkmalen orientierten Technikbewertung die existenzabhängigen Folgen betrachtet. Nun gilt im Grundsatz, daß die fundamentalen Merkmale, die im Normungsauftrag vorgegeben und damit das Ziel der Normerarbeitung sind, nicht der Gestaltungsfreiheit der operativen Normungsgremien unterliegen. Die gesamte Normerarbeitung ist darauf gerichtet, die fundamentalen Merkmale des Zielproduktes Norm im Detail festzulegen. Das geschieht über eine enorme Vielfalt von einzelnen Normfestlegungen, die die genauen Einzelmerkmale, die letztlich das Ergebnis ausmachen, bestimmen.

Der zusätzliche Einfluß der operativen Normungsarbeit auf die Folgen, die mit den schon vorher festliegenden fundamentalen Merkmalen einhergehen, ist eher gering. Eine Bewertung der operativen Normungsarbeit sollte sich auf die Ergebnisse richten, die der grundsätzlichen Gestaltungsfreiheit in dieser Phase unterliegen. Die zu betrachtenden Folgen stehen dann in unmittelbarem Zusammenhang mit den funktionalen Eigenschaften, d. h. den Funktionen und Daten, und können als **ausprägungsabhängige Folgen** bezeichnet werden.

Nun hat die Diskussion des OSI-Referenzmodells (dazu oben 3.1) sowie die nähere Bestimmung des Normungsgegenstandes (dazu oben 4.2) gezeigt, daß diese Festlegungen ganz unterschiedlichen Charakter haben. Dieser wird durch die jeweilige Schicht geprägt, in der eine Norm anzusiedeln ist. In vielen Schichten sind die Normfestlegungen sehr abstrakt und dienen kommunikationstechnischen Problemlösungen, für die eine soziale Bewertung schwierig erscheint. Konkreter werden sie in der Anwendungsebene, wo der Zweck einer Kommunikation deutlicher zutage tritt. Aber auch hier ist die Vielfalt noch so groß, daß eine allgemeine Aussage zu den unmittelbar den einzelnen festgelegten Funktionen und Daten zuzuordnenden Folgen kaum möglich ist. Es ist daher notwendig, zunächst eine genauere Modellvorstellung zu entwickeln, die den Blick auf mögliche Folgen und angemessene Bewertungskriterien erleichtert.

Modelle zur Bewertung von Kommunikationsnormen

Das bereits vorgestellte "Zwiebelmodell" ist deshalb so wertvoll, weil es besonders die über die Technik hinausragenden Gestaltungsebenen sehr differenziert bestimmt. Für unsere Zwecke ist es jedoch nur begrenzt tauglich. Zum einen ist der technische Gegenstand nur recht grob modelliert. Die Unterscheidung der Ebenen Hardware, Systemsoftware, Endgeräte und Anwendungsprogramme ist zur Identifizierung von Gestaltungsebenen innerhalb eines so engen Ausschnittes, wie ihn die OSI-Normen bilden, nicht ausreichend. Zum anderen muß gesehen werden, daß dieses Modell vordringlich die Informationstechnik im Auge hatte, die durch die Automatisierung bzw. Teilautomatisierung von Arbeitsprozessen stark in die für Arbeitnehmer wichtigen Fragen der Arbeitsbedingungen und Arbeitsorganisation hineinragt. Von wenigen Ausnahmen abgesehen (z.B. Beschäftigte in einer Telefonzentrale, telefonische Auftragsannahme, etc.), bildet die Kommunikation und ihre technische Unterstützung zumeist nur einen Tätigkeitsausschnitt aus einer Arbeitsaufgabe.
Von der Kommunikationstechnik sind daher weniger spezifische Wirkungen auf Arbeitsinhalt, Arbeitsorganisation, Stellenbewertung und Stellenbesetzung zu erwarten. Zudem muß davon ausgegangen werden, daß, je weiter man in die technikferneren Arbeitsaspekte vordringt, die Wirkungen mehr und mehr der betrachteten Kommunikationstechnik als solcher

und mithin der Existenz und weniger der besonderen Ausprägung entsprechender Normen zuzuschreiben sind.

Um mich den ausprägungsabhängigen Folgen der Normen zu nähern, soll zunächst genauer bestimmt werden, welcher Art Kommunikationssysteme sind, die auf OSI-Normen basieren. Dazu sollen nachfolgend einige Systemtypen unterschieden werden.

Hierfür sind die beiden Methaphern vom Computer als Werkzeug und als Medium hilfreich. Das IFIP-Modell für Benutzerschnittstellen stellt gerade auf den Werkzeugcharakter des Computers ab, indem die Interaktion zwischen dem Benutzer und dem Computer, der ihm, ähnlich einem Werkzeug, eine bestimmte, nützliche Leistung erbringen soll, betrachtet wird. Bei vernetzten Systemen wird die Computerleistung verteilt erbracht. Die notwendige Kommunikation wird über Kommunikationsnormen sichergestellt. In diesem Kontext legen Kommunikationsnormen einen Systemtyp fest, der hier als MCC-System (Mensch-Computer-Computer) bezeichnet werden soll. Er kann aus dem unter 4.1 entwickelten Modell herausgelöst werden (vgl. Abb. 26).

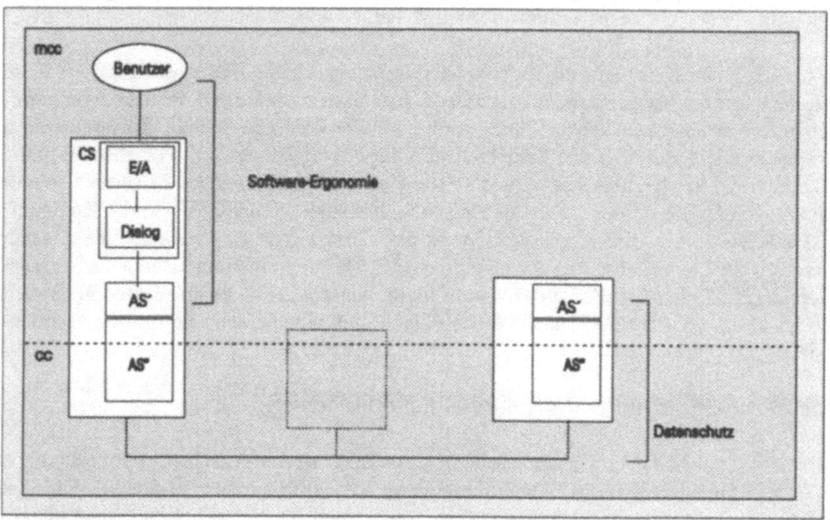

Abb. 26: MCC-System

Ein anschauliches Beispiel für diesen Systemtyp stellen die X.500-Normen für einen Verzeichnisdienst dar. Hierfür sind u. a. zwei Systemkomponenten und deren Kommunikation genormt: der Directory User Agent (DUA) und der Directory System Agent (DSA). Der DUA nimmt Aufträge für eine Verzeichnisauskunft an und leitet sie an den DSA. Dort werden die Informationen zusammengestellt und an den DUA zurückgeschickt, der sie dem Nutzer zur Verfügung stellt.
Der Verzeichnisdienst stellt damit eine Systemleistung zur Verfügung, die eher der einer Datenbank gleicht. Ein Benutzer formuliert eine Anfrage - in unserem Falle etwa nach Telekommunikationsadressen eines Teilnehmers - und erwartet vom Computersystem die Rückgabe der entsprechenden Information. Diese zunächst singuläre Mensch-Computer-Interaktion muß insofern erweitert werden, als die nachgefragte Leistung nicht von einem Computer

alleine, sondern erst durch die Zusammenarbeit mehrerer Computer als Komponenten des Verzeichnisdienstes erbracht werden kann.

Bei MCC-Systemen kann also die dem IFIP-Modell inhärente Sichtweise beibehalten werden. Für sie können mithin arbeitspsychologische Folgen vermutet werden, und zu ihrer Bewertung kann auf die Software-Ergonomie zurückgegriffen werden. Offensichtlich aber ergeben sich neue Folgen und Bewertungsaspekte hinsichtlich des Datenaustausches zwischen den kommunizierenden Systemen und damit hinsichtlich des Datenschutzes und der Datensicherheit.

Als zweiter Systemtyp, der durch OSI-Normen festgelegt werden kann, sind hiervon MCCM-Systeme zu unterscheiden (vgl. Abb. 27). Sie dienen der Kommunikation zwischen Menschen und korrespondieren mit der Metapher vom Computer als Medium.

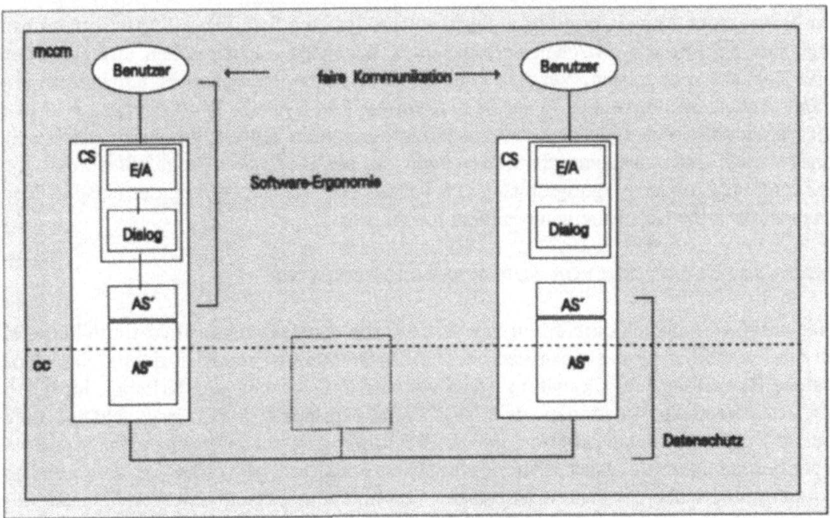

Abb. 27: MCCM-System

Sie umfassen weiterhin auch Aspekte der Mensch-Computer-Interaktion, da Benutzer sich zum Zwecke der Kommunikation technischer Systeme bedienen. Hierzu aber treten Aspekte, die vom IFIP-Modell nicht erfaßt werden. Wie bereits erwähnt, ergeben sich neuartige Probleme hinsichtlich des Verhältnisses zwischen den kommunizierenden Teilnehmern untereinander sowie jeweils zwischen Teilnehmer und Betreiber.
Die X.400-Normen zum Message Handling System sind hierfür ein passendes Beispiel. In dieser Norm werden u.a. zwei Komponenten festgelegt. Der User Agent (UA) unterstützt den Benutzer beim Erstellen, Versenden und Empfangen von Mitteilungen. Der Message Transfer Agent (MTA), den man auch als "elektronisches Postamt" bezeichnen kann, ist für die Übertragung der Mitteilungen verantwortlich (dazu genauer Kap. 5). Insgesamt ermöglicht das System, daß Teilnehmer Mitteilungen austauschen können.

Wiederum sind arbeitspsychologische, datenschutz- und datensicherungsrelevante Folgen zu vermuten.

Von beiden ist ein letzter Systemtyp zu unterscheiden: CC-Systeme. Bedenkt man die Vielfalt der OSI-Normen, die sich schon durch die Funktionsschichten ergeben, so wird schnell deutlich, daß eine Vielzahl der Normen keinen der vorgenannten Systemtypen festlegt. Greift man bspw. die Normen zur Transportschicht heraus, so wird hierüber nach der OSI-Vorstellung ein Transportsystem definiert. Der Zweck, dem ein solches System jedoch dient, ob es zu einem MCC- oder MCCM-System oder gar zu einem System beiträgt, bei dem der Benutzeraspekt eine eher geringe Rolle spielt (z.B. ein Produktionssteuerungssystem), ist mit einer solchen Norm nicht verbunden. Als CC-Systeme sollen daher solche verstanden werden, für die lediglich ein durch Kommunikationsnormen bestimmter Ausschnitt späterer Anwendungssysteme festgelegt ist. CC-Systeme sind Teil eines MCC- oder eines MCCM-Systems (vgl. Abb. 26 und Abb. 27).

Selbst Normen der Anwendungsebene legen solche Systeme fest. Die FTAM-Normen bspw. ermöglichen es, Dateien zwischen verschiedenen Rechnern auszutauschen und auf Dateien anderer Rechner zuzugreifen. Versieht man eine FTAM-Implementierung auf beiden Seiten mit einer Benutzerschnittstelle, so ergibt sich ein MCCM-System. Wird dagegen FTAM auf beiden Seiten von höher aggregierten Anwenderprogrammen genutzt, um automatisch weiterzuverarbeitende Daten auszutauschen, dann kann dies als CC-System aufgefaßt werden.
Eine Zuordnung von ausprägungsabhängigen Folgen und eine Bewertung der entsprechenden Normen ist für reine CC-Systeme besonders schwierig.

Kriterien zur Bewertung von Kommunikationsnormen

Bereits mehrfach habe ich darauf hingewiesen, daß die Anwendung abstrakt formulierter Kriterien für Technikbewertung umstritten ist. Die Einwendung ist zunächst richtig, daß eine erfolgreiche Bewertung und Gestaltung stark von der Präzisierung der Kriterien hinsichtlich konkreter Anwendungssituationen, etwa im Rahmen partizipativer Prozesse, abhängt. Bereits einleitend wurde darauf hingewiesen, daß die Beteiligung an der Normung zwar mittlerweile zu einer besonders von Gewerkschaften erhobenen Forderung geworden ist, daß bestehende Beteiligungsmöglichkeiten derzeit jedoch nur beschränkt wahrgenommen werden und einer zukünftig stärkeren Beteiligung von Betroffenenvertretern erhebliche Hinderungsgründe entgegenstehen. Selbst wenn sie erfolgen sollte, muß sie zu einem gewissen Grade vermittelt und abstrakt bleiben. Weder ist es realistisch, von einer umfassenden Beteiligung der direkt Betroffenen noch von einer Konkretisierung hinsichtlich aller möglichen Anwendungssituationen auszugehen.
Für eine Bewertung von Normen, deren Entwicklung der späteren Anwendung weit vorausläuft und die Grundlage ganzer Produktlinien sind, sind Kriterien, selbst wenn sie von vielem abstrahieren müssen, von großer Bedeutung.

Die bisherige Diskussion hat deutlich gemacht, daß **software-ergonomische Fragen** sowohl bei MCC- als auch bei MCCM-Systemen eine bedeutende Rolle spielen. Zur Bewertung kann damit an die umfassende Software-Ergonomie-Diskussion angeknüpft und auf die in diesem Kontext entwickelten Kriterien zurückgegriffen werden.
Die Bewertung von Normen hat jedoch zumindest mit zwei Schwierigkeiten umzugehen:

1. Kommunikationsnormen legen keine Benutzerschnittstellen fest. Damit ist einer der zentralen Gegenstände software-ergonomischer Bewertung, nämlich die Dialogkomponente, außerhalb der unmittelbaren Festlegungsreichweite der Normung.
2. Die Normung hat andererseits Einfluß auf die Schnittstelle AS', der wir Aspekte der Werkzeugschnittstelle zugeordnet hatten. Gerade der Charakter der Werkzeugschnittstelle des IFIP-Modells ist aber bisher nicht präzise bestimmt.

Sowohl bei MCC- als auch bei MCCM-Systemen treten durch Kommunikationsnormen hervorgerufene **Datenschutz-** und **Datensicherheitsprobleme** auf. Sie rühren u. a. daher, daß in den Normen Protokolldaten festgelegt werden, die personenbezogen sein können. Sie werden - in der Regel technisch notwendig - erhoben und zwischen den kommunizierenden Systemen ausgetauscht. Sie verlassen also die Endgeräte der Teilnehmer und passieren verschiedenste Zwischensysteme, die in einigen Fällen von Betreibern öffentlicher Telekommunikationsnetze und -dienste, in anderen Fällen von Unternehmen als innerbetriebliche Systeme kontrolliert werden. In diesen Systemen unterliegen personenbezogene Daten Datenschutz- und Datensicherheitsgefährdungen. Zur Bewertung dieser Aspekte ist auf die entsprechenden Kriterien Bezug zu nehmen. Die besondere Schwierigkeit bei der Bewertung dieser Aspekte im Kontext der Kommunikationsnormen besteht darin, daß die Normen alleine kommunikationsrelevante Eigenschaften festlegen. Damit können die Protokolldaten bestimmt werden. Wie diese Daten zu verarbeiten sind, wird in der jeweiligen Norm nur hinsichtlich der Kommunikationsfunktionen festgelegt. Eine darüberhinausgehende Verarbeitung dieser Daten in Betreibersystemen ist als lokale Datenverarbeitung nicht Gegenstand der Norm und mit Blick auf sie nicht bewertbar.

Bei MCCM-Systemen tritt dann ein Aspekt auf, der in der bisherigen Diskussion stark vernachlässigt wurde. Ich bezeichne dies als das Problem einer **fairen Kommunikation** zwischen den Teilnehmern. Als Bewertungs- und Gestaltungsproblem für ein MCCM-System bezieht es sich auf Funktionen, die die Kommunikation zwischen Teilnehmern ermöglichen und die Daten, die zwischen den Teilnehmern ausgetauscht werden. Mit der Anwendung solcher Funktionen, werden die Kommunikationsbedingungen zwischen den Teilnehmern mitbestimmt. Faire Kommunikation soll bedeuten, daß keiner der Kommunikanten solche Bedingungen durchsetzen kann, die den jeweils anderen in seinen schutzwürdigen Belangen beeinträchtigen.
Die herkömmliche Software-Ergonomie greift hier zu kurz, da sie Teilnehmer-Teilnehmer-Beziehungen kaum betrachtet. Einige software-ergonomischen Arbeiten (Herrmann & Nake 1989; Herrmann, Maaß & Paetau 1989) beschäftigen sich seit neuerem auch mit kommunikationstechnischen Systemen als software-ergonomischer Fragestellung und versuchen, die Kriterien hierauf zu übertragen.
Auch die Arbeiten von Roßnagel (1991, 1990), Hammer u.a. (1989), Andelfinger u. a. (1991) und Höller (1988-2) stellen auf die Bewertung solcher Kommunikationsfunktionen und der zwischen den Teilnehmern übertragenen Daten ab.

Diese Vorarbeiten weisen allerdings ein wesentliches Defizit auf. Sie formulieren, wie in der klassischen Software-Ergonomie üblich, die Kriterien aus der Sicht jeweils eines Kommunikanten. Die dabei möglicherweise auftretenden Anforderungskonflikte werden zwar gelegentlich benannt, präzise Vorschläge, wie solche Konflikte aufgelöst werden sollen, liegen derzeit allerdings nicht vor.

An dieser Stelle sollte die Diskussion einer an der Softwarebewertung orientierten Normbewertung zusammengefaßt werden. Diese Bewertung bezieht sich allein auf die Festlegung normdeterminierter Eigenschaften und damit auf Funktionen und Protokolldaten. Bei der Bewertung einer konkreten Norm ist zu bestimmen, welcher der unterschiedenen Systemtypen durch sie festgelegt wird. Hierauf ist das Kriteriensystem auszurichten. Sowohl bei MCC- als auch bei MCCM-Systemen können geeignete Software-Ergonomie-Kriterien sowie Datenschutz und Datensicherheitskriterien verwendet werden. Bei MCCM-Systemen kann zum Teil auf vorhandene Kriterien zurückgegriffen werden. Hinsichtlich des Problembereichs fairer Kommunikation und auftretender Anforderungskonflikte müssen geeignete Bewertungsansätze erst gefunden werden.

Eine Bewertung von Kommunikationsnormen entlang einer einheitlichen Modellvorstellung sowie mit gleichen Kriterien ist nicht möglich. Sie ist gegenstandsabhängig und bedarf der präzisen Bestimmung der konkret zu bewertenden Norm. Hieran müssen dann die Kriterien ausgerichtet werden. In Kapitel 5 werde ich die X.400-Normen zum Message Handling als Bewertungsgegenstand genauer erläutern. In Kapitel 6 werde ich dann ein Kriteriensystem entwickeln, daß dem Charakter der durch X.400-Normen festgelegten MCCM-Systeme Rechnung trägt.

4.4 Einige Überlegungen zur Identifikation "wichtiger" Normen

Nach der eben geführten Diskussion ist deutlich, daß erst nach konkreter Bestimmung des Gegenstandes einer Norm und ihrer Klassifizierung hinsichtlich des von ihr festgelegten Systemtyps eine Normbewertung möglich ist.

Bevor wir diesen Schritt mit Beginn des nächsten Kapitels unternehmen, soll auf eine offene Frage, die noch mit Blick auf die OSI-Normen in ihrer Gesamtheit zu klären ist, eingegangen werden. Wenn wir davon ausgehen, daß überwiegend Normen, die MCCM- oder MCC-Systeme bestimmen, einer Normbewertung zugänglich, solche für CC-Systeme mit diesem Ansatz jedoch kaum bewertbar sind, so sollte man den Versuch unternehmen, die Gesamtheit der Normen in dieser Hinsicht zu klassifizieren, um eine allgemeine Einschätzung über die soziale Relevanz von Normen zu gewinnen.
Es sollen also nicht einzelne Normen, sondern Normklassen, in denen MCC- und MCCM-Systeme und solche, in denen CC-Systeme festgelegt werden, bestimmt werden.

4.4.1 Normen und Softwarefunktionen

Das entscheidende Kriterium, sowohl für MCC- als auch für MCCM-Systeme, war die interaktive Nutzung durch einen Teilnehmer. Es ist daher sinnvoll, zunächst die Normklasse zu bestimmen, deren festgelegte Funktionen zur interaktiven Nutzung durch Teilnehmer geeignet sind. Hier treffen wir auf das bekannte Problem, daß die OSI-Normen keine Benutzerschnittstelle festlegen. Dennoch wissen wir anhand der Beispiele, daß bestimmte genormte Systeme der direkten Nutzung durch Teilnehmer - zum Zwecke der bloßen Interaktion oder der Kommunikation mit anderen - dienen sollen.

Zwischen dem Anwendungssystem, von dem OSI-Funktionen einen Teil bilden, einerseits und der Dialog- und Ein-/Ausgabeschnittstelle andererseits arbeiten stets vermittelnde Softwarekomponenten. Sie binden die Funktionen (Werkzeuge) in einen Dialogablauf ein und bestimmen die Art der Ein- und Ausgabe. Wenn eine OSI-Norm Funktionen festlegt, die zur interaktiven Nutzung nur einfache Abbildungsoperationen auf die Benutzerschnittstellen erfordern, so wollen wir dies eine schwache Vermittlung nennen. Dann kann nämlich leicht von den Normfunktionen auf tatsächliche, interaktiv nutzbare Funktionen geschlossen werden. X.400 und X.500 sind Beispiele für diese Art der Normen. Erfordern Normen dagegen komplexe Zwischenfunktionen oder sind sie so "anwendungsfern", daß sie ohne komplexe Zwischenfunktionen von Menschen nicht genutzt werden können, so wollen wir dies eine starke Vermittlung nennen. Hierfür sind etwa die Normen der Kommunikationssteuerungsschicht ein Beispiel. Die Funktionen dieser Schicht können nur von anderen Softwarekomponenten (genormt oder nicht genormt) genutzt werden. Für einen menschlichen Nutzer ist ihre Verwendung ungeeignet.

MCC- und MCCM-Systeme werden daher nur von solchen **Normen bestimmt, deren Funktionen schwach vermittelt auf eine Benutzerschnittstelle abgebildet werden können.**

Betrachten wir unter dieser Perspektive die von Kommunikationsnormen festgelegten Funktionen, so läßt sich die Überzahl der Normen wegen des fehlenden Anwendungs- bzw. Benutzungsbezuges als weniger bewertungsrelevant ausgrenzen.

Dies gilt für Normen der Schichten 1-2 und 4-6. Die Dienste all dieser Normen können nur von der jeweils höheren Schicht, niemals aber - schwach vermittelt - von Menschen genutzt werden. Sie realisieren jeweils technische Hilfsfunktionen, die erst durch die höheren Schichten in eine Form gebracht werden, in der sie - vermittelt - für einen menschlichen Benutzer verwendbar sind. Diese Normen konstituieren jeweils CC-Systeme.

Normen der Schicht 7 ist grundsätzlich Bewertungsrelevanz beizumessen. "Die Dienste der Anwendungsinstanzen sind somit nicht an eine höhere Schicht gerichtet, sie werden unmittelbar von den Anwendungsprozessen benutzt" (Görgen u.a. 1985, S. 44). Im Anwendungsprozeß wirkt eine Anwendungsinstanz, und sie ist "eine Abstraktion, hinter der sich ein menschlicher Bediener an einer Dialogstation, ein Datenbankverwaltungs- oder -zugriffsprogramm oder ein Prozeßkontrollprogramm verbergen kann" (ebd., S. 19). Das heißt, die Anwendungsschicht ragt aus allen genormten Kommunikationsfunktionen heraus und in die Anwendung hinein. Ihre Funktionen werden über keine weitere Norm vermittelt. Eine Vermittlung hin zum Benutzer erfahren sie nur über lokale - nicht genormte - Softwarefunktionen. Beispiele für in diesem Sinne relevante Normen der Schicht 7 sind u. a.:

Message Handling System: Das Message Handling System dient dazu, Mitteilungen auszutauschen. Die Leistungsmerkmale - die zusammen den Dienst ausmachen - sind unmittelbar für die Nutzung durch Menschen sinnvoll und können durch eine triviale Abbildung an einen Nutzer weitergereicht werden. Gleichwohl kann ein Message Handling System auch von einem Programmsystem genutzt werden, das nicht in erster Linie dem Austausch von Mitteilungen zwischen Benutzern dient und über das sich die Normeigenschaften nur stark vermittelt an einer Benutzerschnittstelle manifestieren. Allein die grundsätzliche, schwach vermittelte, interaktive Nutzungsmöglichkeit begründet jedoch die Bewertungsrelevanz.

Verzeichnissystem: In der X.500-Norm wird ein verteiltes Verzeichnissystem (Directory Service) festgelegt, in dem Teilnehmeradressen für Telekommunikationsdienste verwaltet werden. Auf die Datenbestände kann über ebenfalls genormte Operationen zugegriffen werden.

X.500 zielt gleichermaßen auf die menschliche wie die maschinelle Nutzung. Einerseits soll insbesondere das X.400 Message Handling System selbst als maschineller Benutzer auftreten. Es soll durch Zugriff auf den Verzeichnisdienst einen relativ einfachen Verzeichnisnamen auf eine wirkliche Telekommunikationsadresse abbilden.

Andererseits soll dieser Dienst wie ein Telefonbuch auch von Teilnehmern genutzt werden können. Die Festlegungen der Norm reichen auch hier nicht bis zu den vorderen Benutzerschnittstellen, dennoch können die festgelegten Operationen durch eine triviale Abbildung einem Benutzer angeboten werden.

Auch die Normung des **Remote Database Access** sowie des **Network Management** zielt auf die interaktive Nutzung durch Teilnehmer und ist bewertungsrelevant.

Aus den Erläuterungen unter 3.1.4.7 wissen wir jedoch, daß in der Schicht 7 zwischen allgemeinen (CASE) und spezifischen (SASE) Diensten unterschieden wird. Die vorgenannten Beispiele gehören zu den spezifischen Diensten. Die allgemeinen Dienste können ebenfalls als kaum bewertungsrelevant angesehen werden. Sie bieten nur solche Dienste an, die entweder von anderen (spezifischen) Anwendungsdiensten oder von "frei" programmierten Anwendungen genutzt werden können. Weder CCR, noch RTS oder ROS können - schwach vermittelt - von menschlichen Benutzern verwendet werden.

Offen blieben bisher die Normen der Schicht 3, der Vermittlungsschicht. Der ISDN-D-Kanal ist eine Norm der Schicht 3, und wir wissen aus der anhaltenden Diskussion um ISDN, daß eine Reihe der in der Norm festgelegten Leistungsmerkmale sich direkt auf die Kommunikationsbedingungen der Teilnehmer auswirken (Höller 1991-1). Eine andere Norm der Vermittlungsschicht ist X.25. Sie ist im deutschen Datex-P-Netz implementiert und wurde bisher von einer derartigen Diskussion nicht erfaßt.

Was ist hinsichtlich der genormten Leistungsmerkmale der Unterschied zwischen beiden Normen, daß die eine so unmittelbar nutzungsrelevant ist, die andere dagegen kaum Auswirkungen auf die Nutzungsbedingungen hat?
Beide sind Normen der Vermittlungsschicht, d.h. sie stellen Verbindungen zwischen Endsystemen her. Der ISDN-D-Kanal stellt Verbindungen her, über die viele Nachrichtenformen in verschiedenen Diensten übertragen werden können. Eine Nutzungsform ist das Telefonieren. X.25 stellt paketvermittelte Verbindungen her. Diese eignen sich ebenfalls für eine Reihe von Nachrichtenformen, nicht jedoch zur Nutzung als Telefonverbindungen. Und hier liegt der Unterschied.

Eine X.25-Verbindung kann nicht von einem Menschen genutzt werden. Über eine X.25-Verbindung können Daten übertragen werden. Hierfür werden Funktionen (dort Dienstprimitive genannt) zum Aufbau und Abbau von Verbindungen sowie etwa zum Rücksetzen angeboten. Damit sich aus dieser Datenübertragungsfähigkeit für einen Benutzer ein Dienst zum Austausch von Mitteilungen, Dateien etc. erschließt, bedarf es gerade der darüberliegenden Schichten 4-7, welche die reine Datenübertragung auf der Vermittlungsschicht zu einem durch Menschen nutzbaren Dienst anreichern.

Im Sprachdienst, also beim Telefonieren, entfallen diese Schichten. In der Literatur werden die oberen Schichten oft über das menschliche Verhalten in einem Telefongespräch erläutert. Stöttinger (1989-1, S. 37ff) erklärt bspw. die Kommunikationsteuerungsschicht mit der Gesprächsdiziplin zwischen zwei Kommunikanten. Beim Telefonieren ersetzen implizite menschliche Verhaltensregeln, nach denen etwa ein Gesprächspartner erst zu sprechen beginnt, wenn der andere ausgesprochen hat, die Kommunikationssteuerungsschicht. Die Darstellungsschicht wird oft als eine Art "Dolmetscher" erklärt, der die Sprache des einen in die des anderen zu übersetzen hat. Auch hierfür sind beim Telefonieren die Menschen verantwortlich.

Das aber hat auch zur Folge, daß eine Reihe von Leistungsmerkmalen im Sprachdienst, die man unter Berufung auf das Referenzmodell mit guten Gründen auch als anwendungsschichtspezifische Leistungsmerkmale verstehen könnte, dann bereits in der Schicht 3 realisiert werden[140]. Das bedeutet also, daß Normen zur Sprachübertragung bereits auf der Schicht 3 MCCM-Systeme festlegen können, während dies für die Text- und Datenkommunikation erst in der Schicht 7 möglich ist.

Unter Beachtung dieser Zusammenhänge scheinen hinsichtlich der dort festgelegten Funktionen bzw. Leistungsmerkmale u. a. die Normungsvorhaben zur mobilen Sprachkommunikation, wie sie unter den Bezeichnungen GSM (Groupe Special Mobile) sowie PCN (Personal Communication Network) bzw. DCS 1800 (Digital Communication System) vorangetrieben werden (vgl. Hillenbrand 1991), derzeit von großer Bedeutung zu sein.

4.4.2 Normen und personenbezogene Daten

Personenbezogene Daten treten in Kommunikationssystemen als Teil der Protokolldaten oder als Inhalt der zu übertragenden Nutzdaten auf.

4.4.2.1 Protokolle und personenbezogene Daten

Der Personenbezug innerhalb von Kommunikationssystemen stellt sich regelmäßig über Kommunikationsadressen, wie einer Telefon-, einer Telefax- oder einer elektronischen Postadresse, her. Über diese Adresse können der Kommunikationsinhalt und die die näheren Umstände der Kommunikation bezeichnenden Daten auf Personen bezogen werden.
Kommunikationsadressen sind Teil der in Protokollen festgelegten Steuerdaten. Damit werden vom abstrakten Standpunkt des Referenzmodells aus Kommunikationsinstanzen in den Endsystemen adressiert. Solche Adressen können nur dann personenbezogen sein, wenn (Anwendungs-)Instanzen Personen repräsentieren, wenn also Menschen überhaupt Nutzer dieses Dienstes sein können und sie als einzelne Teilnehmer im System unterschieden werden. Das gilt für Normen, die MCC- oder MCCM-Systeme bestimmen und damit - mit gleicher Begründung - für die oben genannten Normen der Schicht 7.

Bei den unteren Schichten muß man nun genauer differenzieren. Im synchronen Sprachverkehr - Telefondienst - ist die Schicht 3 relevant. Hier werden Teilnehmerendgeräte - Telefonapparate - über die Telefonnummer adressiert. Ihr Personenbezug ist unstrittig.

---

[140] Leistungsmerkmale des ISDN wie etwa Umleiten, Anzeige der Rufnummer und Kurzwahl sind mit anderer Benennung auch Leistungsmerkmale eines MHS und somit in Schicht 7 angesiedelt.

Angesichts der fortschreitenden Verbreitung von Personalcomputern einerseits und der Entwicklung neuer Netztypen andererseits ist der Personenbezug hinsichtlich der unteren Schichten insbesondere bei Nicht-Sprachanwendungen schwer allgemein zu bestimmen. Personalcomputer[141] können - wie Telefonapparate - einer Person zugeordnet sein und einen Netzanschluß bedienen. Dann stellt sich auch über die entsprechenden Normen (z.B. X.25) ein Personenbezug ein. Sie werden grundsätzlich bewertungsrelevant.

Es kann allerdings nicht allein auf Normen der Ebene 3 abgestellt werden. Die Diskussion des OSI-Referenzmodells (dazu 3.1) hat gezeigt, daß insbesondere in lokalen Netzen die Verbindung zwischen Endsystemen auch auf die Schicht 2 oder die Schicht 4 verlegt werden kann. Damit kann auch die Adressierung hier personenbezogen werden.

4.4.2.2 Datenaustauschformate und personenbezogene Daten

Die Normung von Datenaustauschformaten bezieht sich auf die Nachrichteninhalte. Es gibt keinen systematischen Zugang, nach dem man Datenaustauschformate danach klassifizieren könnte, ob in ihnen personenbezogene Daten festgelegt werden. Solche Entscheidungen obliegen ganz denjenigen, die ein Datenaustauschformat standardisieren. Es kommt auf deren Interessenlage und auf die Erfordernisse des jeweiligen Bereiches an, ob personenbezogene Daten notwendig sind oder für notwendig gehalten werden. Die derzeit festgelegten Datenaustauschformate dienen u.a. zur Übertragung von Geschäftsdokumenten wie Rechnungen, Lieferscheinen etc. (EDIFACT), von strukturierten Textdokumenten wie Berichten, Gutachten, etc. (ODA/ODIF) sowie von produktbeschreibenden graphischen Daten (IGES und STEP).

In den EDIFACT-Festlegungen zum Dokument "Rechnung" z. B. werden Adressfelder festgelegt, in denen die Verkäufer-, Käufer- und Leistungsempfängeranschrift übertragen werden (Handwerg 1988, S. 50). Über diese Adressen erschließen sich dann weitere genormte Datenfelder, die Aufschluß über gelieferte Waren, Bankverbindung, Zahlungsbedingungen, etc. geben. Hierbei handelt es sich um personenbezogene Daten, wenn dadurch natürliche Personen adressiert werden[142].

Während es also bei einigen Datenaustauschformaten offensichtlich ist, daß Adressinformationen - als Schlüssel zu weiteren Daten - verwendet werden, liegt die Notwendigkeit bei anderen nicht notwendigerweise offen.

Es kann festgehalten werden, daß alleine durch die Normen der Schicht 7 sowie für den Sprachdienst von Normen der Schicht 3 MCC- bzw. MCCM-Systeme festgelegt werden. Normen beider Schichten ist damit besondere Aufmerksamkeit zu widmen.

Hiermit soll die auf die gesamte Breite der OSI-Normen bezogene Diskussion beendet werden. Im nachfolgenden Kapitel 5 werden die Normen zum Message Handling System ausführlich dargestellt. Sie sollen der Gegenstand sein, auf den der Bewertungsansatz und die Bewertungskriterien ausgerichtet werden (Kap. 6) und der einer ausführlichen Bewertung unterzogen wird (Kap. 7).

---

[141] Andere Bezeichnungen und Geräte sind denkbar.

[142] Zum derzeitigen Zeitpunkt ist jedoch von der Verwendung dieser Formate allein durch Unternehmen auszugehen.

5 Das X.400 Message Handling System

Die Normen zum Message Handling wurden bereits an mehreren Stellen angesprochen und als Beispiel verwendet. In den verbleibenden Teilen dieser Arbeit sollen nun diese Normen in den Mittelpunkt gestellt werden. Sie legen insgesamt ein MCCM-System fest. Sie gehören aus Benutzersicht zu den bedeutendsten OSI-Normen. Sie sollen nach einem noch zu entwikkelnden Ansatz speziell für MCCM-Systeme bewertet werden.

Die Bezeichnung Message Handling System bzw. - in der deutschen Übersetzung - Mitteilungsübermittlungssystem konkurriert mit einer Reihe anderer Bezeichnungen für asynchrone Textkommunikation. Zunächst soll daher eine begriffliche Einordnung dieser Systeme vorgenommen werden.
Die MHS-Normen sind ein sehr umfangreiches Normenwerk, das im Anschluß in seiner Gesamtheit vorgestellt werden soll. Dieser Überblick ist für das Verständnis der späteren detaillierten Diskussion der Normfestlegungen im Rahmen der Bewertung notwendig.
Neben dieser Grundlegung hat das nachfolgende Kapitel eine weitere Zielsetzung. Für die MHS-Normen soll nämlich der Einfluß des in Kapitel 3 allgemein diskutierten Normetablierungsprozesses - soweit er bis heute gediehen ist - aufgezeigt werden. Diese Ergebnisse werden in zweierlei Hinsicht weiterverwendet. Soweit es die Veränderung bzw. Präzisierung des technischen Gegenstandes betrifft, finden sie Eingang in die spätere Bewertung.
Die Konsequenzen für die Verlagerung der Gestaltungsorte und die Identifizierung von jeweils verbleibenden Gestaltungsfreiräumen werden am Ende dieses Kapitels näher beleuchtet, um bei der Zusammenfassung der Ergebnisse der gesamten Arbeit aufgegriffen werden zu können.

5.1 Begriffliches

Die im wesentlichen gleichlautenden CCITT-Empfehlungen X.400ff sowie die Normserie ISO 10021 legen ein Message Handling System[143] fest, das begrifflich eng mit anderen verwandt ist, darunter insbesondere: Elektronische Post und Mailboxsystem als denjenigen, die am häufigsten synonym verwendet werden.

---

[143] Bei der Abfassung der Arbeit hat sich das Problem der Verwendung der englischen oder deutschen Begriffe gestellt. Deutsche Übersetzungen der englischen Begriffe in der Norm liegen nur für die Leistungsmerkmale vor (vgl. Tietz 1989). Man wird schnell sehen, daß die deutschen Begriffe schwer über Lippe und Feder gehen. Dennoch habe ich für die Leistungsmerkmale im Text meistens die deutsche Fassung verwendet. Insbesondere, wenn es später um die mehr formale Darstellung von Operationen und Argumenten geht, überwiegen die englischen Bezeichnungen, die eng aufeinander abgestimmt sind und für die gewisse Konventionen hinsichtlich der Groß- und Kleinschreibung und der Verwendung von Bindestrichen und Leerzeichen bestehen. Eine Übersetzung aller Begriffe und die dann ebenfalls notwendige Anpassung in der Schreibweise halte ich für nicht angebracht.

Verwert (1985, S. 15) definiert **Elektronische Post** (electronic mail) als:

"the electronic, one-directional transfer of information in the form of a message, via an intermediate (tele-)communication system, from an identified sending party to one or more identified receiving parties".

Diese sehr allgemeine Fassung läßt es zu, nahezu alle Formen der elektronischen Textkommunikation wie Telex, Teletex und Telefax hierunter zu verstehen. Verwerts Erläuterungen zu den Begriffen "information" und "message" beziehen auch Daten mit ein, womit auch asynchrone Datenübertragung mit zur Elektronischen Post gerechnet werden kann.

Nach Plattner u. a. (1989, S. 4) versteht man unter der Elektronischen Post:

"einen rechnergestützten Telekommunikationsdienst, der maschinell verarbeitbare Dokumente von Sender zu Empfänger übermitteln und bei Bedarf auch zwischenspeichern kann."

Spengler-Rast & Kampen (1991) unterscheiden drei Begriffsfassungen unterschiedlicher Weite. Im engen Sinne definieren sie die Elektronische Post über folgende Bestimmungskriterien:

" - Aktive Beteiligung und Betroffenheit des Menschen,
 - Übertragungsmedium für eine Botschaft an (einen) bestimmte(n) Empfänger,
 - Asynchrone Kommunikation,
 - Postfach sowie
 - Weiterverwendbarkeit" (S. 6).

Unter Ausblendung der Kriterien Postfach und Weiterverwendbarkeit[144] erweitern sie den Begriff im ersten Schritt auf Techniken wie Telex und Telefax, und im zweiten Schritt weiten sie den Begriff auf alle Formen asynchroner, elektronischer Kommunikation aus.

Die enge Fassung von Spengler-Rast & Kampen weist Spezifika auf, die der Elektronischen Post einen eigenen Begriffsgehalt geben und sie angemessen gegenüber anderen elektronischen Kommunikationsmitteln abgrenzen. Sie soll zur Bezeichnung der Elektronischen Post angenommen werden.

Ein Message Handling System, wie es durch X.400 bzw. ISO 10021 definiert wird, deckt sich weitgehend mit einem Elektronischen Postsystem. Deshalb sollen die wesentlichen Merkmale eines MHS-Systems nach diesen Bestimmungskriterien vorgestellt werden. An einigen Stellen zeigen sich jedoch Unterschiede, die es gebieten, die Begriffe fortan nicht mehr synonym zu verwenden. Ich werde danach nur noch von einem Message Handling System (MHS) sprechen oder den deutschen Begriff Mitteilungsübermittlungssystem verwenden:

Übertragungsmedium und asynchrone Kommunikation: Ein MHS arbeitet auf der Basis von Zwischenrechnern (Message Transfer Agent (MTA)), die über lokale und öffentliche

---

[144] Das Kriterium der Weiterverwendbarkeit erscheint mir insofern unscharf formuliert, als eine Weiterverwendbarkeit übertragener Textdokumente in irgendeiner Form immer anzunehmen ist. Ich verwende daher das Kriterium "Automatische Weiterverarbeitbarkeit".

Kommunikationsnetze miteinander verbunden sein können. Als Sonderfall kann ein MHS aus einem MTA bestehen. Die asynchrone Kommunikation verläuft speziell nach dem "store-and forward"-Verfahren. Das Message Handling System übernimmt eine Mitteilung und überträgt sie solange zwischen den einzelnen MTAs, bis sie letztlich den Empfänger erreicht hat. In jedem dieser "elektronischen Postämter" wird die Mitteilung solange zwischengespeichert, bis sie erfolgreich zum nächsten übertragen worden ist oder vom Empfänger entgegengenommen wurde.

Postfach: Das MHS kennt Postfächer (Message Store (MS)), die Mitteilungen für einen Nutzer zwischenspeichern und zum Abruf bereithalten. Sie sind - im Gegensatz zur Elektronischen Post - <u>nicht notwendiger Bestandteil eines MHS</u>. Fehlen sie, so muß der Nutzer (resp. dessen Gerät) Mitteilungen unverzüglich übernehmen.

Botschaft: Ein MHS überträgt Mitteilungen. Mitteilungen sind Text-, Daten-, Sprach- und Graphikdokumente grundsätzlich beliebigen Inhalts. MHS-Systeme können auch auf bestimmte Inhaltstypen (z. B. persönliche Mitteilungen) ausgerichtet sein.

Beteiligung und Betroffenheit des Menschen und Automatische Weiterverarbeitbarkeit: MHS-Systeme können von Menschen zum Mitteilungsaustausch verwendet werden. Da der Inhalt von MHS-Mitteilungen weitgehend unbeschränkt ist, können beliebige Daten oder Daten nach standardisierten Datenaustauschformaten übertragen werden. Damit kann ein MHS auch <u>ohne direkte Beteiligung von Menschen</u> von automatischen Prozessen zur Datenübertragung genutzt werden.

Während die Begriffe Elektronische Post und Message Handling System nahe beieinander liegen, ist der des **Mailboxsystems** weniger scharf gefaßt. Sie bezeichnen sehr unterschiedliche Formen elektronischer Kommunikation (vgl. Mußtopf 1986). Dabei finden sie durchaus auch als elektronische Postsysteme Verwendung. Orientiert man sich an gängigen Erscheinungsformen, so kommt es oft nicht zu einer Übertragung von Mitteilungen zwischen verschiedenen Systemen. Viele Mailboxsysteme nämlich bieten den Übertragungsdienst als lokale Leistung eines zentralen Systems an. Das heißt, die Postfächer (mail box) der Teilnehmer befinden sich auf einem einzigen Rechner. Mitteilungen werden lokal kopiert und nicht etwa von einem System eines Absenders zu einem des Empfängers übertragen.
Eine andere, jedoch verbreitete Begriffsverwendung geht weit über die obigen Bestimmungskriterien hinaus. Ein Mailboxsystem ist dann eher eine elektronische Plattform, die man betritt und auf der eine Vielzahl ganz unterschiedlicher Leistungen, wie Datenbankabfragen, Dienstübergänge zu anderen Diensten, Dateiübertragung, etc., angeboten werden. Der postähnliche Austausch von Mitteilungen ist dann nur noch eines der Angebote.

5.2 Die Basisnormen

5.2.1 Die Normdokumente

Die erste Version der X.400ff-Normen zum Message Handling wurden 1984, eine zweite, wesentlich erweiterte Fassung in Abstimmung mit der ISO 1988 verabschiedet. Die enge Zusammenarbeit von CCITT und ISO bei der Formulierung der MHS-Normen hat dazu geführt, daß die Ergebnisse beider Organisationen weitgehend übereinstimmen. Tabelle 3 gibt einen Überblick über die Einzeldokumente.

Die Normen zum Message Handling stehen mit einer Reihe weiterer Dokumente in Verbindung, in denen u. a. die abstrakte Syntaxbeschreibung, der Remote Operation Service oder der Reliable Transfers Service beschrieben sind. Diese Dokumente sind in der Tabelle nicht enthalten.

Zunächst ist festzuhalten, daß die Dokumente X.403 (Conformance Testing) und X.408 (Encoded Information Type Conversion Rules) zwar CCITT-, nicht aber ISO-Normen sind. X.403 trifft Festlegungen zum Konformitätstest für die 84er Version. X.408 bezieht sich auf die wechselseitige Umsetzung von verschiedenen Kodierungsformen.

Die beiden Papiere X.400 (ISO 10021-1) sowie X.402 (ISO 10021-2) geben einen Überblick über die verschiedenen Modelle und Konzepte, die der gesamten Norm zugrunde liegen und aus den technischen Festlegungen der anderen Papiere nur sehr schwer herausgelesen werden können. Die nachfolgende Darstellung der Norm wird sich in wesentlichen Teilen an der Strukturierung in diesen Papieren orientieren.

Die einzelnen Normteile beschreiben umfassend die Dienste und Protokolle. In der Darstellung hat man in der 88er Version versucht, zu anschaulicheren Beschreibungen und gleichzeitig zu einer stärkeren Formalisierung zu finden. So sind die Dienste jeweils umfassend textlich beschrieben. Das erhöht die Lesbarkeit dieser Norm gegenüber anderen und ihrer Vorläuferversion erheblich. Um aber die Ungenauigkeiten solcher Beschreibungen zu reduzieren, wurde ein formales Beschreibungsverfahren im Dokument X.407 (ISO 10021-3) vorangestellt. Hierauf basieren die formalen Beschreibungen der darauffolgenden Dokumente.

Name des Dokuments	CCITT	ISO
MHS: System and Service Overview	X.400	10021-1
MHS: Overall Architecture	X.402	10021-2
MHS: Conformance Testing	X.403	
MHS Abstract Service Definition Conventions	X.407	10021-3
MHS: Encoded Information Type Conversion Rules	X.408	
MHS: MTS: Abstract Service Definition and Procedures	X.411	10021-4
MHS: MS: Abstract Service Definition	X.413	10021-5
MHS: Protocol Specifications	X.419	10021-6
MHS: Interpersonal Messaging System	X420	10021-7

Tab. 3: Die Einzeldokumente der MHS-Norm

Die Festlegungen zu den Diensten, Protokollen und Prozeduren folgen in den weiteren Normdokumenten. Das Message Transfer System, das im MHS als Transportsystem fungiert, wird im Dokument X.411(ISO 10021-4) festgelegt. Es gliedert sich im wesentlichen in zwei Teile, zum einen in den Dienst, den das MTS seinen Nutzern zur Verfügung stellt (Message Transfer System Abstract Service) und den Dienst, den sich die Systemkomponenten des Message Transfers Systems, die MTAs ("elektronische Postämter"), wechselseitig anbieten (Message Transfer Agent Abstract Service).

Mit dem Nachrichtenspeicher (Message Store (MS)) ist - gegenüber der 84er Version - eine neue Systemkomponente festgelegt worden. Er speichert zu versendende und empfangene Mitteilungen im Auftrag. Der von ihm angebotene Dienst (Message Store Abstract Service) wird im Dokument X.413 (ISO 10021-5) beschrieben.

Die mit den Diensten korrespondierenden Protokolle werden im Dokument X.419 (ISO 10021-6) festgelegt. Es umfaßt das Protokoll, das zwischen einem User Agent und dem Message Transfer System abzuwickeln ist. Es wird als "P3"-Protokoll bezeichnet. Darüber hinaus beschreibt das Dokument das Protokoll zwischen einem User Agent und einem Message Store (P7) und dasjenige zwischen zwei Message Transfer Agents (P1).

Den Abschluß bildet das Dokument X.420, in dem ein Interpersonal Messaging System festgelegt ist. Während die übrigen Normdokumente keine weiteren Annahmen über den Mitteilungsinhalt machen, wird hierdurch ein System zum Austausch einer gewissen Klasse von Mitteilungen, nämlich am Geschäftsbrief orientierter Dokumente, festgelegt.

5.2.2 Das MHS-Modell

Die Normen zum Message Handling gehören sicher zu den umfassendsten Kommunikationsnormen überhaupt. Ein solches Normenwerk ist nicht mehr aus dem Studium der Dienste und Protokollfestlegungen heraus zu verstehen. Die Norm beschreibt daher in den Überblickspapieren X.400 und X.402 sehr umfangreich die ihr zugrundeliegenden Modelle und Konzepte. Sie erläutern nicht nur, was bei einer normkonformen Implementierung als gemeinsame Vorstellung mitgedacht werden muß. Sie bilden heute auch mehr oder weniger einen Konsens darüber, was unter einem Message Handling System - auch außerhalb der Normung - zu verstehen ist.

Die nachfolgende Skizze des MHS-Modells bezieht sich durchgängig auf die Version 1988, die sich inhaltlich in großen Teilen mit der 84er Version deckt, jedoch um einige Komponenten erweitert wurde.

Zur Verdeutlichung des Modells sei eine Gegenüberstellung mit der gewöhnlichen Briefpost vorangestellt[145], über die der Zugang zum MHS-Modell erleichtert werden kann.

Bei der gelben Post wird zunächst ein Brief vom Absender erstellt und in einen Briefumschlag gesteckt. Danach wird dieser Brief (Umschlag und Inhalt) der Post in einem Briefkasten übergeben. Mit dem Briefkasten hat der Brief das "Transportsystem Post" erreicht. Die Briefe werden von Mitarbeitern der Bundespost in das zuständige Postamt transportiert, dort sortiert und in Postsäcke verpackt. Die werden, je nach Zielort, in Flugzeuge, Züge oder Lastkraftwagen geladen. Es können mehrere Transportschritte zwischengeschaltet sein, bevor ein Brief das für den Empfänger zuständige Postamt erreicht. Dort werden die Briefe erneut sortiert und von den Briefträgern über den privaten Briefkasten des Empfängers zugestellt.

Dieser beschriebene Vorgang umreißt im Grunde ein großes, organisatorisch aufwendiges **Transportsystem**. In Abb. 28 beginnt dieses Transportsystem beim posteigenen Briefkasten und endet bei dem des Empfängers. Der Briefumschlag befindet sich an der Begrenzung des

---

[145] Dieses Beispiel wurde abgeändert aus Babatz u.a. (1990, S. 22) entnommen.

Transportsystems hin zu den Nutzern dieses Systems. Ihn tauschen die Postteilnehmer mit
dem Transportsystem aus.

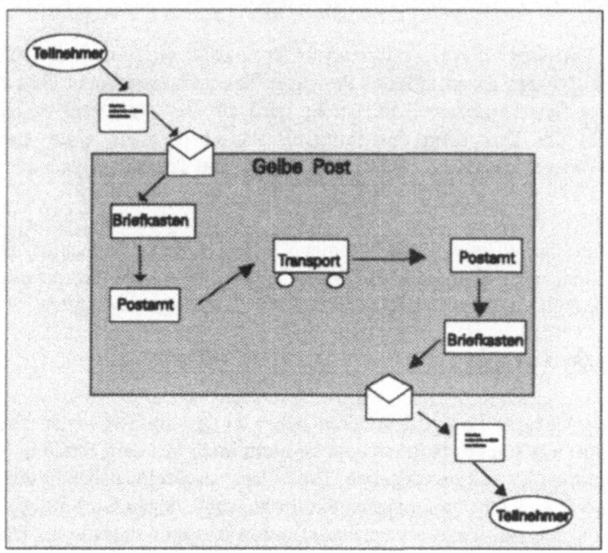

Abb. 28: Ablauf bei der Übertragung eines Briefes über die gewöhnliche Post

Für die gelbe Post reicht es aus, Umschläge zu transportieren. Sie sind die "Objekte", wofür
sie zuständig ist. Zwischen den Teilnehmern ist der Inhalt eines Umschlages von eigentlichem
Interesse. Er ist das Objekt, das sie - vermittels des Umschlages - über die gelbe Post miteinander austauschen.

Die für die gelbe Post dargestellten Abläufe können relativ leicht auf das MHS-Modell übertragen werden (vgl. Abb. 29).
Der Absender erstellt in Zusammenarbeit mit seinem User Agent (UA) eine Mitteilung. Der
User Agent übergibt dem Transportsystem (MTS) die Mitteilung, die aus einem elektronischen Umschlag und dem eigentlichen Inhalt besteht. Die Übergabe an das Transportsystem
erfolgt durch die Übertragung an einen Message Transfer Agent (MTA). Ähnlich wie bei der
gelben Post nun Sortier- und Transportarbeiten ausgeführt werden, um den Brief zu übertragen, wird im MTS die Mitteilung (Umschlag und Inhalt) über verschiedene MTAs solange
weitervermittelt, bis der für den Empfänger zuständige MTA erreicht ist. An dieser Schnittstelle verläßt die Mitteilung das MTS und geht in den Zuständigkeitsbereich des User Agents
über.

Wenn auch dieser prinzipielle Ablauf sich sehr an den bei der gelben Post anlehnt, zeigt das MHS-Modell doch einige Erweiterungen auf. Um die Modellkomponenten vollständig darzustellen, sollen nun die einzelnen "Schalen" des Gesamtmodells erläutert werden[146].

Das äußere Modell umschreibt das Message Handling Environment. Zu ihm gehören als Objekte die Teilnehmer (User), das Message Handling System (MHS) sowie Verteilerlisten. Diese Modellebene ist nur als Versuch zu verstehen, zum Ausdruck zu bringen, wer oder was insgesamt an einer Versand-Empfangsbeziehung beteiligt sein mag. Sie spielt in der Darstellung hier und in den Normdokumenten keine weitere Rolle, da sie so nicht - wie sollte sie auch - Gegenstand der Norm ist.

Die äußere Modellschale hält im Grunde nur fest, daß Teilnehmer (User) über ein Message Handling System (MHS) miteinander kommunizieren. Gegenstand der Normenserie ist das MHS. Ein Teilnehmer bzw. Benutzer ist nicht a priori ein Mensch, sondern kann ein beliebiger Anwendungsprozeß sein.

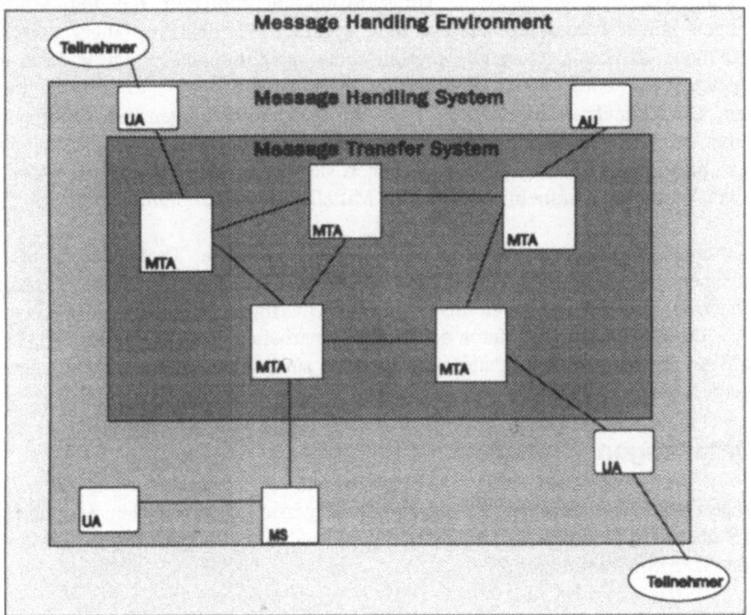

Abb. 29: Das Message Handling Modell

Die nächste Modellebene beschreibt das Message Handling System. Die hierin zusammengefaßten Objekte machen insgesamt die Reichweite der Norm aus. Jedes dieser Objekte wird von der Norm erfaßt und in seinen Eigenschaften bestimmt.

---

[146] In der Norm geschieht dies durch die Modellierung funktionaler Objekte und deren schrittweise Verfeinerung in funktionale Objekte niedrigerer Ordnung. Ich werde diese Herangehensweise und den damit einhergehenden Formalismus nicht konsequent einhalten, da die Verständlichkeit ab einer bestimmten Verfeinerungsebene darunter wieder leidet.

Die **User Agents** bilden das Kopplungsglied zwischen den Benutzern und dem Message Transfer System. Sie sind für die korrekte Aufbereitung von Mitteilungen, für deren Weiterleitung an das MTS - und damit an den MTA - und für den Empfang von Mitteilungen zuständig. Sie machen den Dienst, den das MTS bereitstellt, für die Teilnehmer verfügbar.

Das Modell berücksichtigt auch Übergänge vom Message Handling System zu anderen Kommunikationsdiensten. Dafür steht das Objekt **Access Unit** (AU). Diese AUs können als besondere UAs aufgefaßt werden. Werden beispielsweise Mitteilungen im MHS an einen Teilnehmer an einem anderen Kommunikationsdienst adressiert, so werden sie an die entsprechende AU geleitet. Sie nimmt die Mitteilungen dann stellvertretend an und leitet sie über den anderen Kommunikationsdienst weiter[147].

Das **Message Transfer System**, als innerste Modellschale, ist ein Transportsystem. Seine Aufgabe ist es, Mitteilungen entgegenzunehmen und an einer anderen Stelle zuzustellen. Die Beschränkung des MTS auf die reine Transportfunktion impliziert, daß ihm Mitteilungen ständig abgenommen werden müssen. Das MTS soll nicht für den Empfänger zwischenspeichern. Das hieße, daß die UAs ständig empfangsbereit sein müßten. Es wurde daher ein Mitteilungsspeicher als neues Objekt eingeführt: der **Message Store**[148]. Er ist ein reines Postfachsystem. Ein Teilnehmer bzw. dessen UA kann auf die Leistungen des Message Transfer System über den Message Store zugreifen. Der Message Store nimmt alle Mitteilungen, die für den UA bestimmt sind, entgegen und speichert sie für ihn. Der UA kann von Zeit zu Zeit mit dem MS Verbindung aufnehmen und seine Mitteilungen in Empfang nehmen.

Intern besteht das Message Transfer System aus **Message Transfer Agents**. Diese "elektronischen Postämter" sind es, über die UA, MS und AU Zugang zum MTS erhalten. An dieser Systemschnittstelle erbringen die MTAs den Übertragungsdienst, den Message Transfer Service. Dieser Service wird durch das Zusammenarbeiten der MTAs realisiert. Dazu bieten die MTAs eine weitere Schnittstelle, nämlich die zu anderen MTAs, denen gegenüber sie den Message Transfer Agent Service erbringen.

5.2.3 Mitteilungen im MHS

Im Message Handling System werden zwei Mitteilungsarten unterschieden: Mitteilungen, die vom MTS übertragen werden (MTS-Mitteilungen), und Mitteilungen, die im IPMS übertragen werden (IPMS-Mitteilungen)[149].

---

[147] AUs können auch als Dienstübergangspunkte oder Gateways bezeichnet werden.

[148] Die Version von 1984 sah diese Möglichkeit nicht vor. Offensichtlich standen damals noch die "älteren" Textübertragungsdienste Pate, die durchgängig dezidierte und ständig empfangsbereite Endgeräte voraussetzten.

[149] Soweit sich dadurch keine Mißverständnisse ergeben, wird diese Unterscheidung in den folgenden Kapiteln nicht mehr explizit vorgenommen.

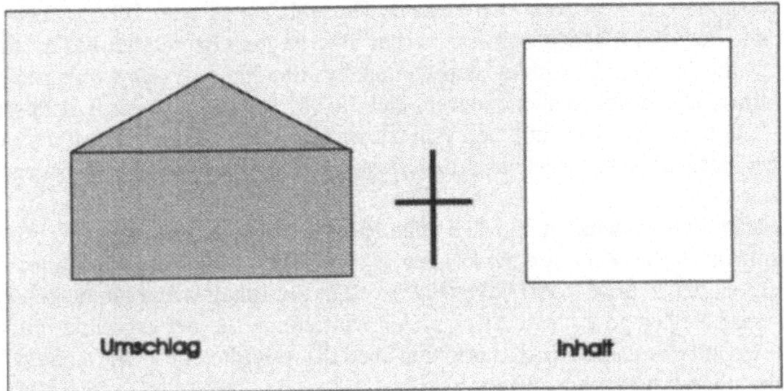

Abb. 30: Struktur einer MTS-Mitteilung

5.2.3.1 MTS-Mitteilungen

Für Mitteilungen wurde in der Norm ein "information model" entwickelt, das sich an die mit der gewöhnlichen Briefpost verbundene Vorstellung hält. Danach besteht eine MTS-Mitteilung aus einem Umschlag und einem Inhalt[150] (vgl. Abb. 30). Der UA "steckt" den zu übertragenden Inhalt in einen Umschlag und übergibt beides dem MTS zur Zustellung an den Adressaten[151].

Die als Umschlag bezeichneten Daten übertreffen bei weitem die Anzahl derer, die vom gewöhnlichen Briefdienst bekannt sind. Die Norm unterscheidet 36 unterschiedliche Datenfelder für einen Umschlag. Diese Vielzahl ist notwendig, weil das gesamte Systemverhalten des MTS über die Daten des Umschlags gesteuert wird.

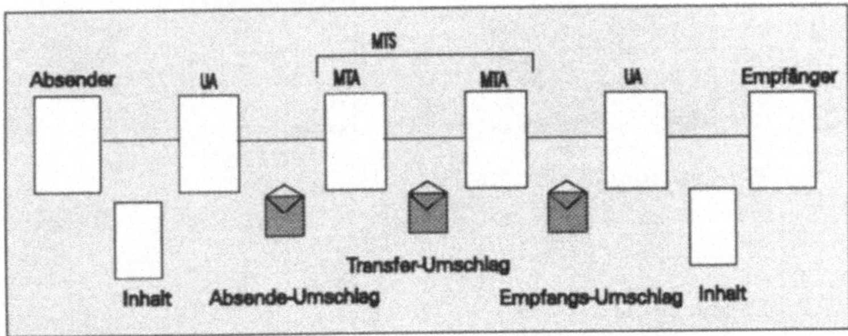

Abb. 31: Umschläge im MTS

---

[150] Protokolltechnisch ist eine MTS-Mitteilung nichts anderes als eine PDU, deren Steuerdatenanteil Umschlag und deren transparente Nutzdaten Inhalt genannt werden.

[151] D.h. das MTS arbeitet alleine aufgrund der Steuerdaten. Es nimmt grundsätzlich keinen Bezug auf den Inhalt, weder auf dessen Bedeutung noch auf dessen Struktur.

Im Gegensatz zur Briefpost arbeitet das MTS im Verlauf einer Übermittlung mit unterschiedlichen Umschlägen (vgl. Abb. 31). Der Absende-Umschlag wird vom Dienstnutzer (UA oder MS) erstellt und dem MTS übergeben. Die an der Übertragung beteiligten MTAs transportieren den Inhalt im Transfer-Umschlag und stellen ihn im Empfangs-Umschlag zu. Die verschiedenen Umschläge ergeben sich dadurch, daß die MTAs während des Transports weitere Datenfelder benötigen, um den internen Ablauf zu steuern. Auf dem Empfangs-Umschlag werden einige Daten des Absende-Umschlags weggelassen, andere zusätzlich übergeben.

Neben MTS-Mitteilungen werden im MTS auch Rückmeldungen (Reports) und Probe-Mitteilungen übertragen. Probe-Mitteilungen können, um im Bild zu bleiben, als bloße Umschläge aufgefaßt werden, denen kein Inhalt beigefügt ist. Statt des Inhaltes enthalten sie lediglich die Information über die Länge einer nachfolgenden Mitteilung, die der Absender zu versenden beabsichtigt. Reports enthalten Informationen über die erfolgreiche oder nicht erfolgreiche Zustellung einer vorangegangenen Mitteilung.

5.2.3.2 IPMS-Mitteilungen

Für das MTS ist der Inhalt einer MTS-Mitteilung im oben eingeführten Sinne transparent. Im Gegensatz dazu ist der Inhalt der Mitteilung der eigentliche Gegenstand des Interesses der Kommunikationspartner. Um ihn zu übertragen, nehmen sie die Leistungen des MTS in Anspruch. Um den Kommunikationszweck zu erfüllen, müssen Absender und Empfänger den Inhalt lesen und interpretieren können.

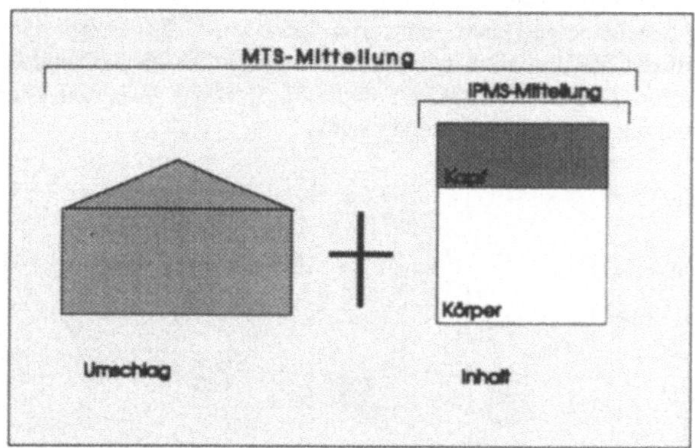

Abb. 32: IPMS-Mitteilung

Für menschliche Absender und Empfänger reicht es aus, daß der Inhalt einer Mitteilung einen lesbaren Text enthält. Soll der Mitteilungsinhalt jedoch automatisch oder teilautomatisch vom Empfänger weiterverarbeitet werden, so ist es erforderlich, daß die Struktur und Bedeutung des Inhaltes zumindest teilweise genormt wird. Diese Funktion haben Datenaustauschformate.

Im Dokument X.420 wird im wesentlichen ein solches Datenaustauschformat definiert[152]. Diese IPMS-Mitteilungen (vgl. Abb. 32) orientieren sich stark am Aufbau eines Geschäftsbriefes. Sie bestehen aus einem Mitteilungskopf und einem Mitteilungskörper.

Der Mitteilungskopf enthält Datenfelder, die bestimmte Angaben zur Mitteilung machen. Solche Angaben umfassen den Betreff (Subject-Datenfeld), Empfänger von Kopien oder Blind-Kopien (Copy-recipients, Blind-copy-recipients) oder einen Hinweis auf andere Mitteilungen, zu der diese in Verbindung steht (Related-IPMs).
Der Mitteilungskörper enthält dann die eigentliche Information. Es werden verschiedene Arten von Mitteilungskörpern unterschieden, die wiederum transparent und lediglich hinsichtlich bestimmter Nachrichtentypen bestimmt sind: Text (ia5-text, g3-faximile, teletex), Sprache (voice) oder verschlüsselte Nachricht (encrypted). Der Zusammenhang zwischen einer MTS-Mitteilung und einer IPMS-Mitteilung ist in Abb. 32 dargestellt.

5.2.4 Einordnung des MHS in das OSI-Referenzmodell

Bevor wir uns den funktionalen Objekten als den wesentlichen Normbestandteilen widmen, bedarf es einer Einordnung des MHS in das OSI-Referenzmodell sowie in die neue Struktur der Anwendungsebene. Dies soll hier nur soweit vorgenommen werden wie es für das Verständnis der nachfolgenden Darstellungen und für die genaueren Beschreibungen in Kap. 7 erforderlich ist[153].
Die 84er Version von X.400 umfaßte eine Reihe von Festlegungen, die eine heftige Diskussion über deren Stellenwert auslösten. Zum einen enthielt sie Teile, wie die ASN.1 Beschreibungssprache und den Remote Operation Service, die heute vom Message Handling Kontext losgelöst gesehen werden, zum anderen war die Unterteilung der Anwendungsschicht in eine User-Agent-Ebene und eine Message-Transfer-Ebene "klar im Widerspruch zu den aktuellen Vorstellungen über die Struktur der Anwendungsschicht" (Plattner u.a. 1990, S. 60). Die genauere Struktur der Anwendungsschicht wurde allerdings erst nach der Festlegung von X.400ff (84) entwickelt und liegt nun als ISO 9545 bzw. CCITT X.207 vor.

Die gesamte Anwendungsschicht wird heute als eine Sammlung von Anwendungsdienstelementen (Application Service Element (ASE)) gesehen (dazu oben 3.1.5). Unterschieden werden anwendungsunabhängige (Common Application Service Elements (CASE)) und anwendungsspezifische (Specific Application Service Elements (SASE)) Anwendungsdienstelemente. Die X.400ff Normen legen folgende anwendungsspezifische ASEs fest:

- MASE (Message Administration Service Element) für die Verwaltung der anschlußbezogenen Eigenschaften,
- MSSE (Message Submission Service Element) für den Versand von Mitteilungen und Probemitteilungen,
- MDSE (Message Delivery Service Element) für den Empfang von Mitteilungen und Reports,
- MTSE (Message Transfer Service Element) für die Weiterleitung von Mitteilungen, Probemitteilungen und Reports und

---

[152] Zur ausführlichen Diskussion siehe 5.2.7.2.
[153] Detaillierte Ausführungen hierzu finden sich in Plattner u. a. (1989) und Babatz u. a. (1990).

- MRSE (Message Retrieval Service Element) für den Zugriff auf (in einem Message
  Store) gespeicherte Mitteilungen.

Zu ihnen gehören die anwendungsunabhängigen ASEs:

- RTSE (Reliable Transfer Service Element) für die sichere Übertragung von Protokoll-
  daten,
- ROSE (Remote Operation Service Element) für den Aufruf und die Ausführung von
  Operationen und
- ACSE (Association Control Service Element) für den Auf- und Abbau von Assozia-
  tionen.

Bei den unteren Schichten des Referenzmodells ist man überwiegend von einem paarweisen,
symetrischen Verhalten der Schichtinstanzen ausgegangen, mit der Folge, daß zwei kommunizierende Instanzen nach einer exakt gleichen Normspezifikation arbeiten.
In der Anwendungsschicht, insbesondere beim MHS, sind die Verhältnisse wesentlich kom-
plexer. Das hat auch die Formulierung eines eigenen MHS-Modells erforderlich gemacht,
damit man überhaupt in der Lage ist, die Gesamtheit der kooperierenden Elemente und deren
Zusammenspiel zu verstehen. In diesem Modell wird deutlich, daß die Modellkomponenten -
die funktionalen Objekte - in unterschiedlichen Paarungen zusammenarbeiten. Ein UA
kooperiert mit einem MTA oder einem MS, ein MS kooperiert mit einem UA und einem
MTA etc.. Die MHS-Normen beschreiben also nicht mehr die Zusammenarbeit zweier gleich-
förmiger Schichtinstanzen, sondern:

- die paarweise Zusammenarbeit unterschiedlicher Instanzen in einem umfassenden
  Kooperationskontext und
- eine asymetrische Beziehung zwischen einem Instanzenpaar.

Dieser Heterogenität in den Beziehungen wird mit dem Strukturvorschlag zur Anwendungsschicht Rechnung getragen. Auf das MHS übertragen, zeigen sich folgende Grundzüge:

1) Zwischen zwei funktionalen Objekten werden Anwendungskontexte (application context)
   definiert. Aus der Gesamtheit der anwendungsspezifischen und der anwendungsunabhängigen ASEs werden diejenigen herausgegriffen, die für die besondere, paarweise Kooperation erforderlich sind und in einem Anwendungskontext zusammengefaßt[154].
   Zwischen einem UA und einem MTA (MTS) sind beispielsweise folgende ASEs im Anwendungskontext "mts-access" zusammengefaßt:

CASE	SASE
ACSE	MSSE
ROSE	MDSE
	MASE

Tab. 4: ASEs des Anwendungskontextes "mts-access"

---

[154] Unterschiedliche Anwendungskontexte für das gleiche Paar funktionaler Objekte beinhalten die
gleichen SASEs, jedoch unterschiedliche Kombinationen der CASEs.

Für die Zusammenarbeit zwischen UA und MS im Anwendungskontext "ms-access" gilt folgende Zusammenfassung:

CASE	SASE
ACSE	MSSE
ROSE	MRSE
	MASE

Tab. 5: ASEs des Anwendungskontextes "ms-access"

Das heißt, daß etwa eine UA-Instanz, die über einen MS auf das MTS zugreift, nicht alle ASEs beherrschen muß, sondern nur die im Anwendungskontext zusammengefaßten. Die über Anwendungskontexte definierten Kommunikationsbeziehungen werden weiterhin als Protokolle bezeichnet.

2) Jede ASE besteht aus einer oder mehreren abstrakten Operationen. Das Message Submission Service Element (MSSE) wird beispielsweise so definiert[155] (vgl. X.419, S. 514):

```
mSSE APPLICATION-SERVICE-ELEMENT
    CONSUMER-INVOKES{
            message-submission,
            probe-submission,
            cancel-deferred-delivery}
    SUPPLIER INVOKES{
            submission-control}
    :: = id-ase-mase
```

Tab. 6: Definition des Message Submission Service Element

Die Operationen haben folgende Bedeutung:
    message-submission (Versand einer Mitteilung),
    probe-submission (Versand einer Probemitteilung),
    cancel-deferred-delivery (Aufheben einer verzögerten Empfangsübergabe),
    submission-control (Kontrolle der Versandfunktionen).

Das heißt, einem UA, der über den "mts-access"-Anwendungskontext mit einem MTA verbunden ist, steht das SASE MSSE zur Verfügung. Das MSSE seinerseits umfaßt vier Operationen, über die UA und MTA miteinander kooperieren.

3) Operationen (als Teil eines ASEs (als Teil eines Anwendungskontextes (als Teil eines Protokolls))) stellen nun die faktische Ebene der Kooperation dar. Die Sprachmittel dafür stellt der Remote Operation Service bereit. Im Rahmen einer Operation werden Aufträge vergeben, Daten übertragen und Antworten zurückgegeben. Operationen sind asymmetrisch. Die beteiligten Instanzen nehmen darin entweder die Rolle eines Auftraggebers (Client) oder die eines Auftragnehmers (Server) ein (vgl. Abb. 33).

---

[155] Für die beiden, über ein ASE miteinander verbundenen Objekte ist neben der Client/Server-Beziehung (dazu unten) hinsichtlich einer Operation auch ein Consumer/Supplier-Verhältnis, bezogen auf das gesamte ASE, definiert. Hierauf gehe ich nicht weiter ein.

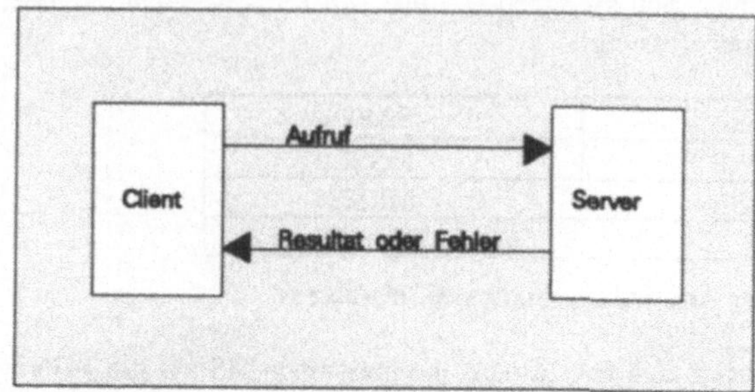

Abb. 33: Client/Server-Konzept der Operationen

Für die Operation "message-submission" beispielsweise ist der UA Auftraggeber, und der MTA führt sie aus, bei der Operartion "submission-control" ist es umgekehrt. Der Auftraggeber übergibt mit einem Auftrag eine Reihe von Argumenten. Der Auftragnehmer reagiert hierauf mit einem Resultat oder ggf. mit einem Fehler.

Die Operation "message-delivery" aus dem ASE MDSE wird beispielsweise so definiert:

```
MessageDelivery ::= ABSTRACT-OPERATION
        ARGUMENT SEQUENCE {
                COMPONENTS OF MessageDeliveryEnvelope,
                content Content }
        RESULT SET {
                recipient-certificate [0] RecipientCertificate OPTIONAL,
                proof-of-delivery [1] ProofOfDelivery OPTIONAL } DEFAULT {}
        ERRORS {
                DeliveryControlViolated,
                SecurityError,
                UnsupportedCriticalFunction }
```

Tab. 7: Definition der Operation "message delivery"

In der "ARGUMENT SEQUENCE" werden die Argumente festgelegt, die mit dem Aufruf durch den Auftraggeber (MTA) übergeben werden müssen. Das erste Argument verweist auf den "MessageDeliveryEnvelope", dessen einzelne Bestandteile in einer eigenen Syntaxdefinition bestimmt sind. Das zweite Argument stellt den Inhalt dar, wobei der Typ "Content" an anderer Stelle als beliebige Zeichenfolge definiert ist. Im "RESULT SET" sind die Datenfelder angegeben, die vom Auftragnehmer (UA oder MS) im Falle der erfolgreichen Ausführung der Operation zurückgegeben werden können (optional). Es handelt sich dabei um Datenfelder, die mit den Datensicherheitsleistungen zusammenhängen (dazu unten 5.2.10). Konnte die Operation nicht korrekt ausgeführt werden, muß einer der "ERRORS"-Werte zurückgegeben werden. Der Wert "SecurityError" beispielsweise weist darauf hin, daß der UA bzw. MS die mit den Datensicherheitsmerkmalen verbundenen Anforderungen nicht erfüllen konnte[156].

---

[156] Zur vollständigen Zusammenstellung der Argumente, Resultate und Fehler aller Operationen des MTS vgl. Anhang 2.

Im Dokument X.400 werden die Dienste des Message Handling Systems als "elements of service"[157] beschrieben, die in der deutschen Übersetzung als Leistungsmerkmale bezeichnet werden (Tietz 1989). Diese Leistungsmerkmale sind funktionale Eigenschaften, bezogen auf einen Dienstausschnitt. Ihre prozeduralen Aspekte, d. h. die Abläufe, die hinter den einzelnen Leistungsmerkmalen stehen, werden in der Norm erst bei der Beschreibung der Operationen deutlich. Dort allerdings wird - bis auf wenige Ausnahmen - kein Bezug mehr auf die Leistungsmerkmale genommen. Es ist daher unumgänglich, sich bei der genaueren Darstellung auf die Operationen zu beziehen. Deshalb werden bei der folgenden Darstellung neben dem Leistungsumfang (orientiert an der Beschreibung der Leistungsmerkmale) immer auch die abstrakten Operationen vorgestellt, über die die Leistungen erbracht werden. Die Kenntnis dieser Zusammenhänge ist insbesondere für das Verständnis der detaillierten Darstellung in Kap. 7 erforderlich.

5.2.5 Das Message Transfer System

Das Message Transfer System erbringt den MTS-Benutzern (UA, MS, AU) den <u>Message Transfer Dienst.</u> Hierfür arbeiten innerhalb des MTS mehrere MTAs zusammen. Sie erbringen sich gegenseitig - nach OSI-Sprachgebrauch - einen Dienst, nämlich den <u>Message Transfer Agent Dienst.</u> Ein MTA nimmt damit eine Doppelrolle ein, indem er - stellvertretend für das MTS - dem MTS-User den Message Transfer Dienst und anderen MTAs den Message Transfer Agent Dienst erbringt.

Dienste werden erbracht, indem Instanzen miteinander Protokolle abwickeln. Zwischen einem MTS-User und dem MTS wird das Protokoll mit der Bezeichnung P3, zwischen den MTAs das P1-Protokoll abgehandelt. Dienste und Protokolle des Message Transfer Systems werden im folgenden erläutert.

5.2.5.1 Der Message Transfer Service

Für den Message Transfer Service werden in der Norm insgesamt 49 Leistungsmerkmale ("elements of service") festgelegt. Weitere 16 Leistungsmerkmale beziehen sich auf die Zusammenarbeit zwischen Message Handling System und der gewöhnlichen Briefpost. Sie werden ebenfalls über die Benutzung des MTS-Dienstes gesteuert.

In den folgenden Ausführungen werden nicht die einzelnen Leistungsmerkmale erläutert, sondern jeweils ein Leistungskomplex, hinter dem unterschiedlich viele Leistungsmerkmale stehen. Eine vollständige Liste aller Leistungsmerkmale findet sich in Anhang 1.

5.2.5.1.1 Leistungsumfang

Die gesamten Systemleistungen werden nachfolgend in drei Bereiche eingeteilt. Leistungen der Mitteilungsübermittlung beziehen sich direkt auf den Versand und den Empfang von Mitteilungen. Die Leistungen Administration und Kontrolle dienen der Einrichtung und Änderung von bestimmten Merkmalen des Teilnehmeranschlusses. Der Auf- und Abbau von Verbindungen bezieht sich auf Verbindungen zwischen einem MTS-Benutzer und dem MTS, nicht zwischen zwei unterschiedlichen Teilnehmern.

---

[157] Diese dürfen nicht mit den Application Service Elements verwechselt werden.

5.2.5.1.1.1 Mitteilungsübermittlung

Versand und Empfang von Mitteilungen: Die Grundleistung des Message Transfer Systems besteht natürlich darin, daß ein Teilnehmer (vermittelt über seinen UA) eine Mitteilung absenden und ein anderer eine Mitteilung empfangen kann. Ein Mitteilungs-Umschlag muß immer zumindest den Absender und einen Empfänger enthalten. Mitteilungen können im MTS grundsätzlich gleichzeitig an mehrere Empfänger versendet werden.
Sobald das MTS eine Mitteilung übernommen hat, wird dem Absender der Übergabezeitpunkt mitgeteilt. In dem Umschlag, der den Empfänger erreicht, ist sowohl dieser Absendezeitpunkt als auch der Zustellzeitpunkt angezeigt.

Probe-Mitteilungen: Die Abläufe im MTS sind komplex, und eine erfolgreiche Zustellung hängt von vielen technischen und nicht technischen Bedingungen ab. Mit einer Probemitteilung kann ein UA vorab prüfen, ob eine nachfolgende Mitteilung gleicher Eigenschaften zugestellt werden könnte. Als Probemitteilung versendet er einen Umschlag, der genau die Datenelemente enthält, die eine nachfolgende echte Mitteilung enthalten soll. Dieser Umschlag führt keinen Inhalt mit sich, sondern nur die Angabe über dessen Länge. Das MTS versucht daraufhin die Probemitteilung zuzustellen. Der Absender erhält eine Rückmeldung (report) darüber, ob eine nachfolgende Mitteilung dieser Eigenschaften zugestellt werden kann oder nicht.

Rückmeldung: Das MTS benachrichtigt den Absender auf dessen Verlangen über den Ausgang einer Mitteilungs- bzw. Probe-Mitteilungsübermittlung. Das MTS sendet im Regelfall[158] eine Rückmeldung, wenn eine Zustellung nicht durchgeführt werden konnte. Der Absender kann dies unterdrücken oder zusätzlich eine Rückmeldung auch im Erfolgsfalle anfordern. Ihm kann mit einer Rückmeldung - bei Nicht-Zustellung - auch der Inhalt der versendeten Mitteilung zurückgesandt werden.
In einer Rückmeldung erhält der Absender umfangreiche Informationen über die genaueren Umstände der Zustellung, darunter den tatsächlichen Empfänger, den beabsichtigten Empfänger (beide unterscheiden sich, wenn die Mitteilung umgeleitet wurde), Gründe für stattgefundene Umleitungen, die Angabe, ob die Mitteilung über Verteilerlisten weitergegeben wurde sowie Angaben über ggf. stattgefundene Umkodierungen. Im Falle der Nicht-Zustellung werden die genauen Gründe mitgeteilt (Datenfelder "Non-delivery-reason-code" und "Non-delivery-diagnostic-code"). Wurde die Mitteilung zugestellt, so wird der Empfangszeitpunkt angegeben, und es werden Angaben zum Empfänger-UA (UA war eine Verteilerliste, UA war ein Postfach (Message Store), etc.) gemacht.

Umleitung: Mitteilungen können vom MTS auf verschiedene Art und Weise umgeleitet werden. Der Empfänger kann das MTS anweisen, Mitteilungen, die an ihn gerichtet sind, an einen anderen Anschluß weiterzuleiten. Mitteilungen können auch auf Verlangen des Absenders weitergeleitet werden, wenn sie dem eigentlich beabsichtigten Empfänger nicht zugestellt werden können. Eine weitere Form besteht darin, im Falle einer nicht vollständigen Adresse die Mitteilung an einen Ersatzempfänger zu senden, der sozusagen Mitteilungen aufsammelt, die bestimmte Adressteile richtig enthalten, bei denen andere aber

---

[158] Ein Regelfall bedeutet immer, daß das System bestimmte Grundeinstellungen hat, die in der Norm als Default-Werte festgelegt sind. Gibt der Teilnehmer nicht selbst einen bestimmten Wert - hier z. B. "keine Rückmeldung" - an, so verwendet das System immer die Default-Einstellungen.

fehlen oder falsch sind. Dieser Mechanismus kann beispielsweise in einem Unternehmen genutzt werden, um Mitteilungen zu sammeln, die an das Unternehmen gerichtet sind, bei denen aber die Personenangabe falsch ist.

Der Absender kann beide Formen der Umleitung (Umleitung durch Empfänger oder Zustellung an Ersatzempfänger) ausschließen.

Verteilerliste: Eine Gruppe von Teilnehmern kann sich zu einer Verteilerliste zusammenschließen. Mitteilungen, die an eine Verteilerliste gesendet werden, werden - abhängig von lokalen Regeln - an ihre Mitglieder weitergereicht. Verteilerlisten werden in einem Verzeichnisdienst (Directory Service) verwaltet. Für eine Verteilerliste ist jeweils ein MTA zuständig. Empfängt er eine Mitteilung, die an eine Verteilerliste adressiert ist, für die er zuständig ist, so erfragt er die Mitglieder der Verteilerliste beim Directory, wertet die vorliegenden Regeln ("local policy") aus und veranlaßt daraufhin die "Auflösung" der Verteilerliste, also den Versand an die Mitglieder.

Der Absender hat die Möglichkeit, die Auflösung von Verteilerlisten für eine von ihm versendete Mitteilung auszuschließen.

Einfluß auf die Zustelldauer: Ein Absender kann einer Mitteilung eine "Priorität" zuordnen. Es werden drei Werte unterschieden: "urgent", "normal" und "non-urgent". Je nach Wertbelegung wird die Mitteilung vom Message Transfer System unterschiedlich schnell transportiert.

Einfluß auf den Zustellzeitpunkt: Der Absender kann die Zustellung einer Mitteilung verzögern, indem er einen Zeitpunkt angibt, vor dem eine Mitteilung nicht zugestellt werden soll. Vor diesem Zeitpunkt besteht grundsätzlich auch die Möglichkeit, den Zustellwunsch zu widerrufen.

Einfluß auf den Zeitpunkt der Entgegennahme: Ein Teilnehmer kann seinen Anschluß vorübergehend sperren. Dieses Leistungsmerkmal erlaubt es, eine Zeit zu vereinbaren, für deren Dauer das MTS die Mitteilung hält ("Hold for Delivery") und darauf wartet, daß sie zugestellt werden kann[159]. Solange die Mitteilung zwischengespeichert ist, gilt sie als nicht zugestellt. Reports werden also erst erzeugt, wenn die Zeit abgelaufen oder die Mitteilung zugestellt wurde.

Konvertierung: Der Inhalt einer MTS-Mitteilung kann in unterschiedlichen Kodierungsformen (telex, ia5-text, g4-class-1, etc.) erzeugt werden. Die Kodierungsformen, die von den UAs verarbeitet werden können, werden sich jedoch unterscheiden. Das MTS bietet eine Umkodierung an, damit Mitteilungen auch an Empfänger zugestellt werden können, die die ursprüngliche Kodierungsform nicht verarbeiten können. Diese Leistung kann vom Absender kontrolliert werden, indem er angibt, ob und unter welchen Umständen er mit einer Umkodierung einverstanden ist.

Dienstübergänge: Zwischen dem MTS und anderen Telekommunikationsdiensten bestehen eine Reihe von Dienstübergängen, die in der X.400ff-Norm - bis auf den Übergang zur ge-

---

[159] Das bedeutet eine Abkehr von der reinen Transportfunktion des MTS, ist jedoch nur für Ausnahmefälle (z.B. Empfangsprobleme eines UAs) gedacht und ersetzt keineswegs den Message Store.

wöhnlichen Briefpost - nicht näher festgelegt sind. Ein Absender im MHS kann bestimmen, in welcher Form (als Telex-, als Teletex-, als MHS-Dokument, etc.) die Mitteilung zugestellt werden soll.

Dienstübergang zur gewöhnlichen Post: Auch die gewöhnliche Post ist in den MHS Verkehr miteinbezogen. Ein Absender kann eine Mitteilung auch an einen Teilnehmer am Briefdienst senden. Über das MTS kann der MHS-Teilnehmer praktisch all die besonderen Zustellungsarten anfordern, die einem normalen Briefdienstnutzer zur Verfügung stehen (postlagernd, Benachrichtigung, wenn nicht zustellbar, etc.)
Für den Übergang ist jeweils eine AU in einem MTA zuständig. Mitteilungen aus dem MHS werden dort ausgedruckt, in papierene Briefumschläge gesteckt und auf dem Postweg weiterverteilt.

Sicherheitsleistungen: Die Normen enthalten ein umfassendes Angebot an Sicherheitsleistungsmerkmalen. Eigens hierfür wurde ein "abstract security model for Message Transfer" entwickelt und in die Normfestlegungen eingearbeitet. Ihm liegt eine ausführliche Analyse von Sicherheitsbedrohungen zugrunde. Zu deren Abwehr wurden Sicherheitsdienstelemente definiert. Als solche Bedrohungen gelten z. B.: "Masquerade" - ein Objekt (MTA, UA, etc.) gibt vor, ein anderes Objekt zu sein. Die zur Abwehr festgelegten Dienste umfassen: "Message Origin Authentication" - ein sicheres Verfahren, wie etwa der Empfänger feststellen kann, ob die Mitteilung tatsächlich von dem Absender kommt, der vorgibt ihm die Mitteilung zu senden. Auf die Sicherheitsleistungen werde ich unter 5.2.10 ausführlicher eingehen.

5.2.5.1.1.2 Verwaltung und Kontrolle des eigenen Anschlusses

Neben der Grundleistung der Mitteilungsübermittlung, stehen den Teilnehmern auch Systemleistungen zur Verfügung, mit denen sie die Eigenschaften ihres Anschlusses einrichten und verändern können.

Längerwährende Festlegung von Anschlußeigenschaften: Ein Teilnehmer kann die seinem Anschluß zugeschriebenen Eigenschaften auf Dauer ändern. Das bezieht sich beispielsweise auf seinen O/R-Namen (dazu unten 5.2.9), seine physikalische Adresse oder auf Angaben, wie die maximale Länge einer zustellbaren Mitteilung. Auch die Adresse für eine Umleitung kann hier angegeben werden.

Einschränkung der Zustellung: Ein Teilnehmer kann die Zustellung hinsichtlich der Absender einschränken, von denen er Mitteilungen erhalten möchte. Er kann vorübergehend den Anschluß auch für Mitteilungen bestimmter Länge, Dringlichkeit und Kodierung sperren.

5.2.5.1.1.3. Auf- und Abbau von Verbindungen

Damit ein UA Mitteilungen an das MTS übergeben kann und in die andere Richtung das MTS Mitteilungen an den UA zustellen kann, muß zuvor eine Verbindung zwischen beiden aufgebaut werden. Während dieses Verbindungsaufbaus tauschen beide ihre Namen und sicherheitsrelevante Daten aus.

Dienstelement (ASE)	Port	Operation	Erläuterung	Aufrufen (Client)	Ausführen (Server)
Message Submission (MSSE)	Submission	Message-submission	Versand von Mitteilungen	MTS-User	MTS
		Probe-submission	Versand von Probemitteilungen	MTS-User	MTS
		Cancel-deferred-delivery	Die Zustellung einer Mitteilung, die noch auf Zustellung wartet, unterbinden	MTS-User	MTS
		Submission-control	Beschränkung der Versendemöglichkeit des Anschlusses	MTS	MTS-User
Message Delivery (MDSE)	Delivery	Message-delivery	Zustellen einer Mitteilung	MTS	MTS-User
		Report-delivery	Zustellung eines Reports	MTS	MTS-User
		Delivery-control	Beschränken des Empfangs	MTS-User	MTS
Message Administration (MASE)	Administration	Register	längerwährende Anschlußeigenschaften setzen oder ändern	MTS-User	MTS
		Change-credentials	Sicherheitsrelevante Daten (z. B. Passwort) ändern	MTS-User / MTS	MTS / MTS-User

Tab. 8: Abstract Service Elements, Ports und Operationen des Message Transfer Service

5.2.5.1.2 Das P3-Protokoll

Ein MTA arbeitet als Erbringer des MTS-Service mit den MTS-Nutzern (UA, MS) im Rahmen verschiedener Anwendungskontexte zusammen[160]. Sie werden zusammenfassend als das P3-Protokoll bezeichnet.

In Tabelle 8 sind alle verwendeten anwendungsspezifischen ASEs[161] und die dazugehörigen Operationen mit einer kurzen Erläuterung zusammengestellt. Außerdem wird nach Ports klassifiziert. Damit wird ein Begriff benutzt, mit dem in den Normdokumenten die zu einem ASE gehörenden Operationen zusammengefaßt werden (dazu auch 5.2.5.3).

5.2.5.2 Der Message Transfer Agent Service

Der Message Transfer Agent Service ist derjenige, den sich die MTAs gegenseitig anbieten und damit die Weiterleitung von Mitteilungen und Reports ermöglichen.

5.2.5.2.1 Leistungsumfang

Der Message Transfer Agent Service ist im Grunde schnell dargestellt. Die eigentliche Aufgabe ist es ja gerade, daß MTAs Mitteilungen, Probemitteilungen und Reports an andere MTAs weitergeben bzw. von anderen empfangen.

Es werden also zwischen den MTAs Umschläge und Inhalte transportiert. Hierin werden die Daten weitergereicht, die vom Absender zur Steuerung mitgegeben wurden (Absender, Empfänger, Umleitung verboten, etc.) sowie Daten, die dem Empfänger bei der Zustellung zusätzlich übergeben werden sollen (stattgefundene Verteilerlistenauflösung, Gründe von Umleitungen, etc.).

---

[160] Sie unterscheiden sich danach, ob das CASE RTSE verwendet wird.
[161] Die CASEs wurden nicht berücksichtigt.

Zu dieser Grundleistung kommen einige wenige hinzu, die benötigt werden, um im MTS bestimmte Zusatzfunktionen zu realisieren.

Protkollierung stattgefundener Aktionen: Allen Nachrichtentypen (Mitteilung, Probemitteilung oder Reports) können Protokollierungsdaten beigefügt sein, in denen aufgezeichnet ist, welche Aktionen auf dem bisherigen Weg stattgefunden haben. Das umfaßt die Bezeichnung des Betreibers des MTAs, der eine Aktion ausgeführt hat, die Ankunftszeit dort und andere Angaben, etwa, ob die Mitteilung nur weitergeleitet oder umgeleitet wurde oder ob eine Verteilerliste aufgelöst wurde. Bei diesen Protokollierungsdaten werden interne und externe unterschieden. Interne Protokollierungsdaten existieren nur, solange eine Mitteilung innerhalb eines Betreiberbereichs bleibt, externe werden zwischen Betreiberbereichen ausgetauscht.

Reports innerhalb des MTS: Unabhängig davon, ob der Absender einer Mitteilung einen Report verlangt hat, kann auch ein MTA verlangen, daß ihm ein Report über den Ausgang der Zustellung zugesendet wird. Er kann auch veranlassen, daß ihm die Protokollierungsdaten der ursprünglichen Mitteilung zurückgesendet werden.

Über diese Zusatzleistungen hinaus werden einige Argumente weitergegeben, die das weitere Verhalten steuern, etwa das **Responsibility**-Datenfeld, mit dem der Absender MTA dem nächsten die Verantwortung für die Zustellung übergibt oder das **Originaly-specified-recipient-number**-Datenfeld, anhand dessen die nächsten MTAs erkennen können, ob Kopien der Mitteilung erstellt sind.

5.2.5.2.2 Das P1-Protokoll

Die nachfolgende Tabelle faßt wieder die Operationen, Ports und die entsprechenden anwendungsspezifischen ASEs zusammen.

Dienstelement (ASE)	Port	Operation	Anwendungs-protokolldateneinheit (APDU)	Erläuterung
Message Transfer (MTSE)	Transfer	Message-transfer	message	Austausch einer Mitteilung
		Probe-transfer	probe	Austausch einer Probe-Mitteilung
		Report-transfer	report	Austausch eines Reports

Tab. 9: Application Service Elements Ports und Operationen des Message Transfer Agent Service

5.2.5.3 Die MTA-Prozeduren

Die Definition des "Abstract Service" sagt jeweils aus, <u>was</u> der entsprechende Dienst kann. Sie macht jedoch keine Aussagen darüber, <u>wie</u> der Dienst zu erbringen ist. Wenn beispielsweise Mitteilungen gleichzeitig an mehrere Empfänger versendet werden können, dann muß der MTS-User (UA, MS) beim Versand über die Operation "Message-submission" mehrere Empfänger angeben. Das sagt aber nichts darüber aus, wie das MTS bzw. die MTAs vorgehen, um diese Leistung zu erbringen. X.411 enthält in Kapitel 14 ("Procedures for Distributed Operation of the MTS") die Beschreibung der hierfür notwendigen Abläufe in einem MTA.

Für die Ablaufsteuerung wird in der Norm ein Vorschlag gemacht, wie die Softwaremodule eines MTAs strukturiert werden können, um die einzelnen Leistungen zu realisieren. Die in einem MTA notwendig zu implementierenden Abläufe werden hier detailliert modelliert und strukturiert. Es ist deshalb nur ein Vorschlag, weil es - streng nach OSI-Vorstellungen - dem Implementierer letztlich selbst überlassen bleiben muß, welche Struktur er seiner Implementierung gibt. Die Prozeduren sind hier jedoch deshalb von großer Bedeutung, weil sie die Abläufe - wie auch immer realisiert - exakt beschreiben und damit die spezifischen Verarbeitungsschritte offenlegen.

Der MTA tritt der "Außenwelt" (MTS-User oder MTA) über Ports gegenüber (vgl. Abb. 34).

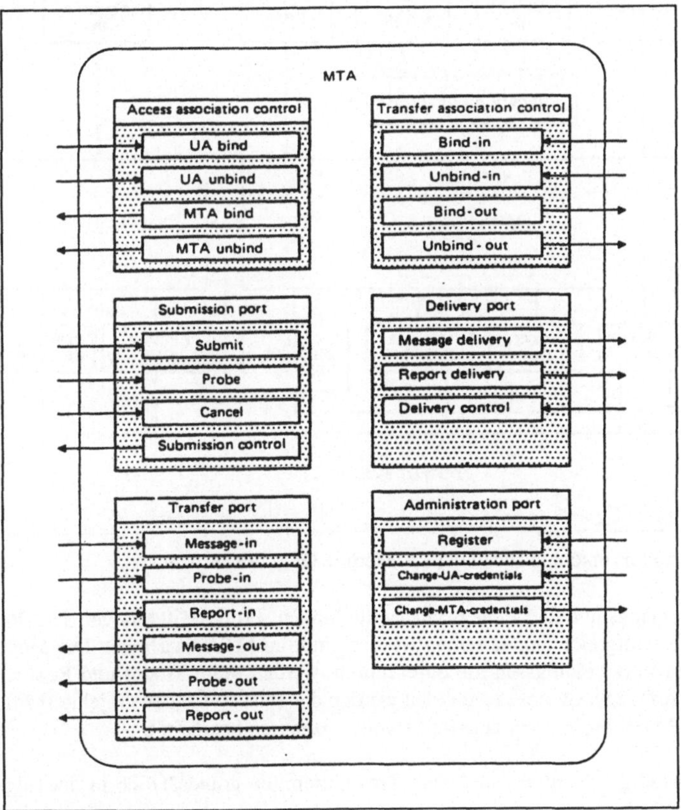

Abb. 34: Ports des MTA (Fig. 5/X.411)

Das sind Ein- und Ausgangsbereiche (Dienstzugangspunkte), an denen er Aufträge entgegennimmt[162] oder Aufträge absetzt[163]. Die Ports bündeln jeweils eine bestimmte, zusammenhängende Gruppe von Operationen und dazugehörige "schnittstellennahe" Module. Die Prozedur-

---

[162] als Server
[163] als Client

beschreibungen legen das "Innenleben" zwischen den Ports fest, also alles das, was zur Realisierung der Ports im MTA geschehen muß (vgl. Abb. 35). Hierbei handelt es sich ebenfalls um einen Vorschlag, d. h. diese Struktur ist nicht verpflichtend, sondern sie zeigt, wie die vorgegebenen Aufgaben strukturiert werden können, und er erläutert für denjenigen, der die abstrakten Dienste kennt, die notwendigen Softwarefunktionen.

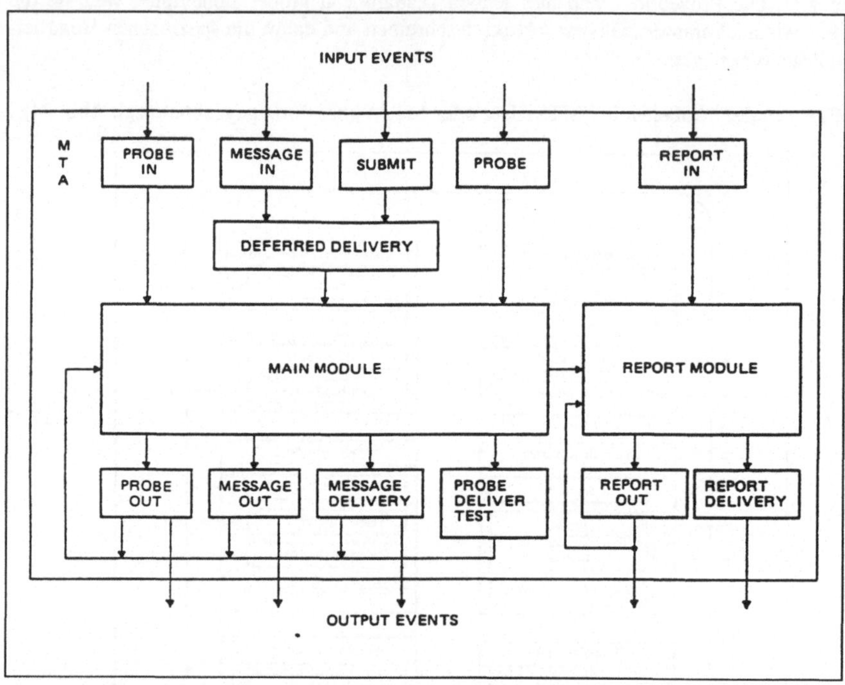

Abb. 35: Strukturvorschlag für die MTA Module (Fig. 6/X.411)

Von den Eingangsmodulen eingehende Mitteilungen, Probe-Mitteilungen und Reports werden, falls sie erfolgreich angenommen worden sind, im MTA bearbeitet. Die Module, die die wesentlichen Verarbeitungsschritte durchführen, werden Main Modul und Report Modul genannt (vgl. Abb. 35). In diesen Modulen werden die entsprechenden Objekte (Mitteilung, Report, Probe-Mitteilung) durch eine Reihe von Prozeduren bearbeitet:

Das **Main Modul** besteht aus mehreren Prozeduren, die grundsätzlich in der folgenden Reihenfolge durchlaufen werden.

Front End: Diese Prozedur erzeugt Protokollierungsinformationen, prüft, ob die Mitteilung angesichts des "spätesten Zustellzeitpunktes" noch zugestellt werden kann, nimmt Sicherheitsprüfungen vor und stellt sicher, daß sich die Mitteilung nicht in einer Schleife[164] befindet.

---

[164] Sie ist zum zweiten Male bei diesem MTA eingegangen.

Routing and Conversion Decision (RCD): Danach werden für jeden Adressaten der Mitteilung Routing- und Konvertierungsanweisungen erstellt, die dann den folgenden Prozeduren übergeben werden.

Redirection: Hat sich im vorherigen Schritt ergeben, daß eine Umleitung der Mitteilung notwendig ist, so wird in dieser Prozedur die Umleitungsadresse berechnet und die Mitteilung erneut der RCD-Prozedur übergeben.

Dispatcher: Diese Prozedur kontrolliert die folgenden Prozeduren anhand der Instruktionen, die sich aus der RCD-Prozedur ergeben haben.

Splitter: Die wesentliche Aufgabe des Splitters ist es, Kopien der Mitteilung zu erzeugen, damit diese in den anschließenden Prozeduren unterschiedlich behandelt werden können. Wie viele Kopien zu erstellen sind, hängt davon ab, wieviele unterschiedliche Konvertierungen notwendig sind, ob Verteilerlisten aufgelöst werden müssen, über wie viele "nächste" MTAs die Mitteilung weitergeschickt werden muß und ob der betreffende MTA für die Zustellung der Mitteilung an einen oder mehrere Adressaten selbst zuständig ist.

Conversion: In dieser Prozedur werden, falls erforderlich, Konvertierungen vorgenommen.

Distribution List Expansion: Verteilerlisten sind MTAs zugeordnet. Falls der betreffende MTA für eine Verteilerliste zuständig ist, an die die Mitteilung adressiert war, so wird nun die Verteilerlistenauflösung unter Beachtung der geltenden Regeln vorgenommen.

Error Processing: Sind in einem der obigen Schritte Fehler aufgetreten, so wird jeweils diese Prozedur angesprungen. Hier wird versucht, den Grund für den Fehler zu finden, um die Mitteilung doch noch zuzustellen. Gelingt das nicht, so wird ein Report erzeugt.

Das **Report Modul** wird durchlaufen, wenn ein Report von einem anderen MTA empfangen worden ist oder wenn während der Ausführung des Main Moduls entschieden wurde, daß ein Report erzeugt werden muß. Das Modul besteht aus folgenden Prozeduren:

Report Front End: Ähnlich wie bei der Behandlung einer Mitteilung, werden hier Protokollierungsdaten erzeugt, Sicherheitsprüfungen durchgeführt und geprüft, ob sich der Report in einer Schleife befindet.

Report Generation: Diese Prozedur wird nur ausgeführt, wenn sich die Notwendigkeit eines Reports aus dem Main Modul ergeben hat. Ansonsten liegt ja der Report, der von einem anderen MTA empfangen wurde, vor. In dieser Prozedur werden die Datenfelder des Reports belegt, insbesondere werden die Gründe für die Zustellung oder Nicht-Zustellung der Mitteilung, auf die sich der Report bezieht, eingetragen.

Report Routing: In dieser Prozedur wird entschieden, wie der Report weiterzuleiten ist. Der Adressat des Reports kann dem MTA zugeordnet sein, so daß der MTA den Report zustellen muß. Eine besondere Behandlung ist erforderlich, wenn eine Verteilerliste aufgelöst wurde und lokale Regeln der Verteilerliste zu beachten sind.

Die Skizze der MTA-Prozeduren gibt einen Eindruck von der Komplexität der Abläufe. In Kapitel 7 interessiert uns dann weniger das logische Zusammenspiel der Module als vielmehr die in ihrer Beschreibung zutage tretenden Behandlungsschritte. Während nämlich die Dienstbeschreibung aus der Dienstnutzersicht jeweils angibt, mit welchem Argument welches Ergebnis erzeugt wird, kann erst aus den Prozedurbeschreibungen herausgelesen werden, in welchen Schritten, mit welchen zusätzlichen Annahmen und Seiteneffekten ein Leistungsmerkmal realisiert wird.

5.2.6 Der Message Store

Das MTS soll Mitteilungen zwischen MTS-Usern transportieren und grundsätzlich nicht zwischenspeichern.

Das führt zu einer Reihe von Restriktionen für den Betrieb der Teilnehmerendgeräte. Sie müssen ständig empfangsbereit sein und dem MTS Mitteilungen immer abnehmen können. Es ist zu erwarten, daß auf die MTS-Leistungen zukünftig hauptsächlich über Personalcomputer zugegriffen werden wird. PCs als Endgeräte eines MHS werfen jedoch eine Reihe von Problemen auf (Babatz u.a., 1990, S. 151). Wird ein PC gerade zu einem anderen Zweck genutzt und ist deshalb nicht empfangsbereit, so ist die Mitteilung nicht zustellbar. Die Speicherkapazität eines PCs wird durch die Mitteilungen stark belastet. Personalcomputer oder tragbare Geräte können bisher nicht von beliebigen Stellen auf das System zugreifen, sondern müssen unter einer bestimmten Adresse ständig empfangsbereit sein. Diese Mobilitätsanforderung wird aber immer stärker gestellt werden.

In der Version 1988 der X.400ff-Normen wurde ein Nachrichtenspeicher (Message Store (MS)) festgelegt. Wenn ein Teilnehmer sich für die Nutzung eines Nachrichtenspeichers entscheidet, so tritt dieser zwischen den UA und das MTS. Der Nachrichtenspeicher empfängt die Mitteilungen vom MTS und speichert sie. Der UA kann dann auf die Mitteilungen zugreifen, sie verwalten und zu sich übertragen. Auch beim Versenden einer Mitteilung steht der MS zwischen dem UA und dem MTS. D. h. der MS bietet an seiner Schnittstelle den Message Transfer Service für den UA an, den er grundsätzlich nur vom MTS durchreicht. Der UA versendet also seine Mitteilungen über den MS an das MTS. Ein PC kann so unter Zuhilfenahme eines Nachrichtenspeichers sehr flexibel eingesetzt werden.

5.2.6.1 Leistungsumfang

Der Message Store bietet an seiner Schnittstelle zum UA Verwaltungsleistungen für eingegangene Mitteilungen sowie den Message Transfer Dienst an[165]. Die eigenständige Leistung liegt in folgenden Verwaltungsaufgaben:

Der MS verwaltet gespeicherte Nachrichten. Nachrichten können empfangene Mitteilungen und Reports sein. Jede Nachricht gilt als ein Eintrag, dem eine Reihe von Attributen zugeordnet sind. Dazu gehören die Datenfelder, die dem MS bei der Zustellung ("Message Delivery") der Mitteilung oder des Reports übergeben werden sowie weitere, die im MS erzeugt und verwaltet werden. Beispielsweise hat jeder Eintrag einen aktuellen Status, der angibt, ob ein Eintrag neu ist, ob über einen Eintrag bereits Informationen abgerufen wurden oder ob der

---

[165] Obwohl er ihn nur durchreicht, wird in der Norm, was formal richtig ist, beides als Dienst des MS beschrieben.

Eintrag vollständig "verarbeitet" wurde, was z. B. dann der Fall ist, wenn der UA den vollständigen Eintrag (Mitteilung oder Report) zu sich übertragen hat.

Auf diese Einträge beziehen sich die Systemleistungen. Der UA hat die gewünschten Einträge durch Selektionskriterien zu bestimmen und anzugeben, welche Informationen er als Antwort erwartet.

Ein UA kann sich eine **Zusammenfassung** über die gespeicherten Einträge geben lassen. Es werden ihm Informationen über die Anzahl von Einträgen geliefert, die zu der Anfrage passen, nicht aber konkrete Informationen über die Einträge selbst.

Der UA kann sich **für mehrere Einträge eine Liste relevanter Informationen** geben lassen. Er gibt die Einträge, für die er die Informationen wünscht, durch Selektionskriterien an und erhält die Informationen, die er in der Anfrage festgelegt hat.

Der UA kann auch **gezielt auf einzelne Einträge zugreifen** und sich hierzu bestimmte Informationen geben lassen. Hiermit kann er sich u.a. den Inhalt einer Mitteilung übertragen lassen. Solche Anfragen können beliebig oft gestellt werden, bis der Eintrag explizit gelöscht wird.

Wenn die Speicherung von Einträgen im MS nicht weiter erforderlich ist, **können sie gelöscht werden**. Wie bei den obigen Anfragen werden die Einträge, die gelöscht werden sollen, durch Selektionskriterien bestimmt. Alternativ können die betreffenden Einträge über ihre Referenznummer, die vom MS vergeben wird, gelöscht werden.

Für den Anschluß eines Teilnehmers am Nachrichtenspeichersystem werden eine Reihe von **Anschlußmerkmalen registriert und verwaltet**. Der MS-User kann diese Merkmale setzen und verändern. Solche Merkmale sind u.a.: Standardselektionskriterien für Anfragen oder das Paßwort.

Die soweit dargestellten Systemleistungen setzen voraus, daß der MTS-User aktiv wird und z. B. eine Anfrage an den MS stellt. Darüber hinaus sind in der Norm sogenannte "Autoactions" festgelegt. Dabei handelt es sich um Prozeduren, die der MS automatisch startet, wenn bestimmte Bedingungen, die der UA vorgegeben hat, zutreffen.

Die **"Auto-forward"-Prozedur** leitet automatisch eingehende Mitteilungen an eine vorher festgelegte Adresse weiter. Der UA muß bei der Registrierung angeben, welche (durch Angabe der Selektionskriterien) Mitteilungen er weitergeleitet haben möchte. Er kann weiterhin bestimmen, welche Datenwerte in den Absende-Umschlag der weiterzuleitenden Mitteilung aufgenommen werden sollen und ob die Nachricht danach gelöscht werden soll[166].

---

[166] Diese Weiterleitung ist nicht mit der Umleitung durch das MTS zu verwechseln. Bei der Weiterleitung durch den Nachrichtenspeicher ist die Mitteilung aus der Sicht des MTS bereits zugestellt worden. Der MS versendet die eingegangene Mitteilung erneut. Das MTS kann diesen Vorgang von einem normalen Versand nicht unterscheiden. Bei der Umleitung im MTS dagegen stellt das MTS die Mitteilung erst gar nicht an den ursprünglich adressierten Empfänger zu, sondern leitet sie selbst an eine andere Adresse weiter.

Über die **"Auto-alert"-Prozedur** weist das MS einen UA automatisch auf den Eingang einer Mitteilung hin.

5.2.6.2 Das P7-Protokoll

Der Nachrichtenspeicher bedient den Retrieval-, Indirect Submission- und Administration-Port als Server. Er selbst nutzt den Delivery-, den Submission- und den Administration-Port, die ihm vom MTS angeboten werden.
Sowohl der Submission- wie der Administration-Port werden vom MS nur durchgereicht. Das heißt, der MS-User kann z. B. eine Mitteilung versenden, indem er am Indirect-Submission-Port des MS die Operation "Message-submission" aufruft. Der MS macht dann nichts anderes, als seinerseits "Message-submission" gegenüber dem MTS aufzurufen und die übergebene Mitteilung weiterzureichen.
Der Nachrichtenspeicher ergänzt also die Leistungen des MTS nur über die Bereitstellung des Retrieval-Ports. Tabelle 10 stellt wieder die Operationen, ASEs und Ports zusammen.

Dienstelement (ASE)	Port	Operation	Erläuterung
Message Retrieval (MRSE)	Retrieval	Summarize	Zusammenfassende Informationen für mehrere Einträge
		List	Gezielt ausgewählte Informationen zu mehreren Einträgen
		Fetch	Gezielt ausgewählte Informationen zu einem Eintrag
		Delete	Löschen von Einträgen
		Register-MS	Verwalten von Anschlußparametern
		Alert	Benachrichtigung über eingegangene Mitteilungen oder Reports
Message submission (MSSE)	Indirect-submission	siehe oben	
Message Administration (MASE)	Administration	siehe oben	

Tab. 10: Abstract Service Elements, Ports und Operationen des Message Store Service

5.2.7 Das Interpersonal Messaging System

Das Interpersonal Messaging System (IPMS) ermöglicht es Teilnehmern IPMS-Mitteilungen miteinander auszutauschen. Es bedient sich dabei anderer Dienste, etwa des MTS- und MS-Dienstes. Das IPMS nimmt Mitteilungen vom Benutzer entgegen und übergibt sie - möglicherweise via MS - an das MTS oder nimmt sie vom MTS - möglicherweise via MS - entgegen und übergibt sie an den Benutzer.

5.2.7.1 Leistungsumfang

Diese einleitende Skizzierung hat sich bewußt an der durch das OSI-Referenzmodell vorgegebenen und in der Norm konsequent eingenommenen Sicht orientiert, nach der auch das IPMS ein gesondert zu unterscheidendes System ist, das einen spezifischen Dienst erbringt. Bezogen auf das IPMS hieße das, daß ein UA - als Teil des IPMS - dem Benutzer einen Dienst erbringt. Hierfür arbeiten die UAs innerhalb des IPMS zusammen, indem sie ein Protokoll (hier als P2-Protokoll bezeichnet) abwickeln, also Protokolldateneinheiten miteinander austauschen und mit festgelegtem Verhalten reagieren. Zusammen macht dies nach der gängigen Vorstellung ein Protokoll zur Realisierung eines Dienstes aus.

Schon beim Nachrichtenspeicher ist aber das Phänomen aufgetreten, daß Großteile des von ihm angebotenen Dienstes im wesentlichen nicht von ihm, sondern vom MTS erbracht und lediglich durchgereicht werden. Eine originäre Leistung des MS-Dienstes besteht immerhin noch in den Verwaltungsfunktionen am Retrieval-Port.

Für den IPMS-Dienst muß die Sinnhaftigkeit der Übertragung des Dienstbegriffes nun grundsätzlich in Frage gestellt werden (vgl. auch Babatz u.a. 1990, S. 64). Für den IPMS-Dienst gilt nämlich, daß ihm kaum noch eine wirkliche funktionale Leistung zugeschrieben werden kann. Um es genauer zu beleuchten, muß man die als "abstrakter Dienst" definierten Leistungen betrachten. Die Norm unterscheidet hier Absende-, Empfangs- und Managementleistungen.

Zunächst zu den Absende- und Empfangsdiensten: Hiermit ist es einem Teilnehmer möglich, IPMS-Mitteilungen, Rückmeldungen (IPN-Mitteilungen) und Probemitteilungen zu versenden und zu empfangen. Entscheidend ist die Beschreibung der Prozeduren, in denen sich die eigentliche Dienstleistung ausdrückt. Für den Versand einer IPMS-Mitteilung beispielsweise bestimmt die Norm (X.420, S. 577), daß der UA (als IPM-Diensterbringer) diesen Dienst erbringen soll, indem er seinerseits die Operation "Message-submission", also den Versanddienst des MTS, aufrufen bzw. benutzen soll. Dazu soll der vom Benutzer übergebene Umschlag und Inhalt an das MTS weitergereicht werden. Zusätzlich wird bestimmt, daß als "Originator-name" der O/R-Name des Benutzers und wenige andere Datenwerte in den Umschlag eingetragen werden sollen. Das bedeutet, der IPMS-Dienst fügt dem MTS-Dienst hier im Grunde nichts hinzu, bildet die Benutzer/UA-Schnittstelle auf die UA/MTS-Schnittstelle ab und reicht somit den MTS-Dienst lediglich durch. Das gleiche gilt für die anderen Versendeleistungen (originate probe, originate RN (receipt notification)).

Es gilt noch deutlicher für die Empfangsleistung. Für die Operation "Receive IPM" bestimmt die Norm, daß der UA, wenn ihm eine Mitteilung vom MTS durch "Message-delivery" zugestellt wird, diese unmittelbar und unverändert zum Benutzer weitergeben soll (X.420, S. 529).

Löst man sich etwas von der strikten OSI-Sicht und betrachtet die Versende- und Empfangsleistungen, so wird deutlich, daß das IPMS im Grunde keinen eigenen Dienst anbietet (vgl. hierzu auch Babatz u.a. 1990, S. 181). Eine funktionale Anreicherung im IPMS wird allenfalls durch automatische Prozeduren erbracht. Es handelt sich dabei um Prozeduren, die eingehende IPMS-Mitteilungen automatisch löschen, beantworten oder weiterleiten.

Automatisches Löschen (auto discard): Der Teilnehmer kann bestimmen, daß eingehende Mitteilungen automatisch gelöscht werden, wenn sie gegenstandslos (Auswertung des Datenfeldes "obsoleted IPMs") oder ungültig (Auswertung des Datenfeldes "expiry time") geworden sind.

Automatisches Beantworten (auto acknowledgement): Der Teilnehmer kann festlegen, daß eingehende Mitteilungen automatisch durch eine Empfangsbestätigung (receipt notification(RN)) beantwortet werden. Hierfür werden die Datenfelder "reply time" und "reply recipients" ausgewertet.

Automatisches Weiterleiten (auto forwarding): Der Benutzer kann bestimmen, daß Mitteilungen automatisch an eine andere Adresse weitergeleitet werden sollen. Dies gilt für alle Mitteilungen so lange, bis die Weiterleitung wieder aufgehoben wird.

5.2.7.2 Besonderheiten des IPM-Systems

In der Norm werden 22 Leistungsmerkmale des IPM-Dienstes genannt. Unter einem Dienst jedoch verstehen wir eine Leistung, die über ein Protokoll (Austausch genormter Steuerdaten, festgelegtes Verhalten) realisiert wird. Das trifft für den IPM-Dienst nicht zu. Zwar werden eine Reihe genormter Steuerdaten (als IPM-Kopf) festgelegt, sie tragen jedoch keine genormte Bedeutung. Es ist nicht festgelegt, was auf die Belegung eines Feldes mit einem Wert folgt, sondern es obliegt der Empfängerseite, die Datenfelder zu interpretieren (automatisch durch ein Programm oder nicht automatisch durch einen Teilnehmer). So sind auch Babatz u. a. (1990) zu verstehen, die feststellen: "Die gesamte Weiterverarbeitung von Mitteilungen durch die UAs wird nicht durch die bisherigen X.400-Empfehlungen festgelegt" (S. 181). Auch in der Norm kommt dies explizit zum Ausdruck, indem für die Datenfelder folgende Formulierung benutzt wird: "The phrase ... is not precisely defined by this Recommendation; it is given meaning by users." (X.420, S. 551).

Datenfeld	Erläuterung
this-IPM	Eine, bezogen auf den Teilnehmer, eindeutige Kennzeichnung der IPMS-Mitteilung
originator	Absender; kann ein formaler O/R-Name oder eine beliebige Zeichenkette sein
authorizing-users	Personen, die die Verantwortung für den Versand der Mitteilung übernehmen.
primary-recipients	Empfänger der Mitteilungen, von denen erwartet wird, daß sie die Mitteilung für ihre Arbeit benötigen
copy-recipients	Empfänger einer Kopie der Mitteilung
blind-copy-recipients	Empfänger einer Blindkopie
replied-to-ipm	Verweis auf eine Mitteilung, auf die die aktuelle eine Antwort ist
obsoleted-IPMs	Verweis auf Mitteilungen, die sich durch die aktuelle erübrigen
related-IPMs	Verweis auf Mitteilungen, auf die sich die aktuelle bezieht.
subject	Betreff
expiry-time	Zeitpunkt, zu dem die Mitteilung ihre Gültigkeit verliert
reply-time	Zeitpunkt, bis zu dem eine Antwort erwartet wird
reply-recipients	Teilnehmer, an die eine Anwort gesendet werden soll
importance	Wichtigkeit: niedrig, normal, hoch
sensitivity	Vertraulichkeit: persönlich, privat, Organisation betreffend
auto-forwarded	Mitteilung wurde weitergeleitet
extensions	Dieses Feld ist für zukünftige Erweiterungen gedacht.

Tab. 11: Datenfelder des IPM-Kopfs

In Tab. 11 sind Datenfelder des IPM-Kopfes zusammengestellt. Die bisherigen Überlegungen sollen am Beispiel des Feldes "expiry-time" verdeutlicht werden.

In den gängigen Vorstellungen hieße die Belegung dieses Feldes, daß der Absender bestimmt, daß eine Mitteilung zu einem bestimmten Zeitpunkt ungültig wird und das System hätte beispielsweise sicherzustellen, daß die Mitteilung zu diesem Zeitpunkt gelöscht würde.

Der empfangende UA hätte verbindlich mit diesem genormten Verhalten zu reagieren. Aber gerade das ist nicht vorgeschrieben. Das Datenfeld ist lediglich eine Mitteilung des Absenders an den Empfänger, zwar standardisiert, aber nicht prozedural bestimmt[167]. Der Dienst - so man ihn noch so nennen will - besteht daher in der Bereitstellung strukturierter Daten.

Die Bedeutung der Festlegungen des IPMS wird daher auch weniger in der Dienstdefinition als in der Festlegung der zu übertragenden Protokollelemente gesehen (Plattner 1989, S. 161). Die IPMS-Mitteilung als eine genormte Form eines elektronischen Geschäftsbriefes, kann als der zentrale Gegenstand der X.420-Norm angesehen werden. Hiermit wurde ein erstes Datenaustauschformat zur Übertragung im Message Handling System festgelegt[168].

5.2.8 Konfigurationsvarianten

Bisher wurden die funktionalen Objekte (UA, MTA, MS und AU) und deren Leistungsumfang dargestellt. Hieraus geht zunächst nicht hervor, wie sich die Objekte auf physikalische Systeme, also einzelne Computersysteme, verteilen können. Im folgenden sollen diese physikalischen Konfigurationmöglichkeiten näher beleuchtet werden. Von der Art und Weise, wie UA, MTA, MS und AU verteilt werden können, hängt ab, wie die mit ihnen verbundene Funktionalität als Teil einer vermarktbaren Dienstleistung von Betreibern angeboten werden kann.

Wir sind bisher von einem OSI-Dogma ausgegangen: Dienste werden über die Abwicklung von Protokollen zwischen voneinander getrennten Instanzen erbracht. Ohne dies über die Modelle (Referenzmodell und Struktur der Anwendungsebene) näher einzuordnen[169], muß hier darauf hingewiesen werden, daß Dienst und Protokoll beim MHS auch getrennt gesehen werden können. Das heißt, ein UA beispielsweise kann mit einem MTA in einem System gemeinsam realisiert sein. Dann muß der MTA dem UA zwar den spezifizierten Dienst anbieten, zwischen beiden muß jedoch kein Protokoll abgewickelt werden. Ihre Interaktion erfolgt über lokale Programmrealisierung. Daraus folgt, daß einerseits UA, MS und MTA in einem System zusammengefaßt werden können, weil aber zwischen den einzelnen funktionalen

---

[167] Auch die automatischen Prozeduren erbringen keinen Dienst im Sinne der gewöhnlichen OSI-Vorstellung. Es handelt sich nämlich im Grunde um lokale Prozeduren, die eigentlich nicht Gegenstand der OSI-Normung sein sollten. Etwa das automatische Löschen von Mitteilungen ist ja kein Dienst, der dem Absender durch die Zusammenarbeit der UAs erbracht wird. Es geschieht lokal und auf besonderen Wunsch des Empfängers. Dafür aber bedürfte es keiner OSI-Normfestlegung. Dieses Löschen erfordert keine Kommunikation mit anderen Systemen, ist damit nicht kommunikationsrelevant und eigentlich außerhalb der OSI-Perspektive. Was ein Empfänger (bzw. eine Empfänger-Implementierung) mit einer Mitteilung macht, sollte eigentlich nicht Gegenstand einer OSI-Norm sein.

[168] Mittlerweile wurde ein weiteres Protokoll dieser Art, das PEDI (X.435) verabschiedet, das insbesondere EDIFACT-Nachrichten übertragen soll.

[169] Was eine vertiefte Diskussion der Gründe zur Folge hätte, die in der 84er Version zu einer Schichtenbildung innerhalb des MHS-Modells führte (vgl. dazu Kap. 3).

Objekten jeweils ein Protokoll definiert ist, kann man andererseits die Objekte auf beliebige Computersysteme verteilen. Lediglich eine Ausnahme besteht. Die PDAU, die den Dienstübergang zum Briefdienst realisiert, muß stets mit einem MTA fest verbunden sein. Zwischen beiden sind weder abstrakte Operationen noch ein Protokoll festgelegt. Diese Schnittstelle ist damit nicht genormt und es ist eine Frage der lokalen Programmierung, wie der Zugriff einer PDAU auf den MTA realisiert wird.

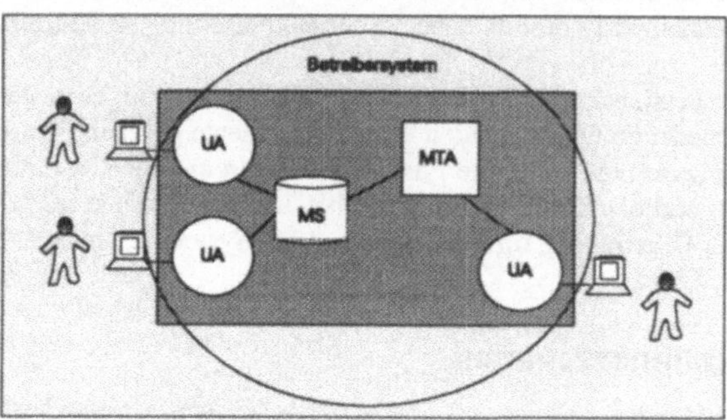

Abb. 36: Zentrale Konfiguration

Durch die flexiblen Verteilungsmöglichkeiten ergeben sich unterschiedliche Konfigurationsvarianten. Abb. 36 zeigt eine zentrale Konfiguration. Auf einem Computersystem sind sowohl die User Agents, ein Message Store und ein Message Transfer Agent realisiert. Dieser Konfigurationsvariante können viele der heutigen Mailboxsysteme zugeordnet werden, die den Teilnehmern ein Benutzerprogramm (UA), Speicherungsmöglichkeiten (MS) und den Versand von Mitteilungen (MTA) an andere Teilnehmer - die oft an das gleiche System angeschlossen sind - anbieten. Das Teleboxsystem der Deutschen Bundespost TELEKOM war längere Zeit ein solches zentrales System ohne Übergang zu anderen Mailboxsystemen. Diese Konfiguration ist zukünftig - insbesondere als Message Handling System nach X.400 - kaum noch zu erwarten, da ja X.400ff gerade den Austausch von Mitteilungen im MTS, d. h. zwischen verschiedenen MTAs erheblich erleichtert.

Abb. 37 zeigt eine dezentrale Konfiguration. Hierbei sind alle funktionalen Objekte auf unterschiedlichen Systemen realisiert. Man kann sich vorstellen, daß die UAs hier in PCs residieren. Ein Mitteilungsspeicher kann auf einem eigenen System mit hoher Speicherkapazität untergebracht sein, und andere Rechner beinhalten einen MTA. Diese Konfiguration macht auch deutlich, welche Betreiberkonstellationen möglich sind. Eine Message Transfer Dienstleistung können verschiedene Betreiber anbieten. Der Message Store Dienst kann eigenständig von Betreibern angeboten werden, die nicht notwendigerweise mit den MTS-Betreibern zusammenfallen müssen.
An dieser Konfiguration wird auch deutlich, daß es in einem solchen Fall keinen Anbieter, d. h. Betreiber eines IPMS-Dienstes geben kann. Ein MS-Dienstanbieter ist mehr oder weniger gezwungen, den Teilnehmern eine genormte Schnittstelle (Versand und Verwaltung der Mitteilungen) anzubieten. Der MTS-Dienstanbieter ist ebenfalls gezwungen die X.400-Konventionen einzuhalten.

Der sogenannte IPMS-Dienst wird hier von keinem Betreiber angeboten. Die UAs, die sich im Teilnehmerbereich befinden, müssen sich nur an die P2-(IPMS-Mitteilungs-)struktur halten.

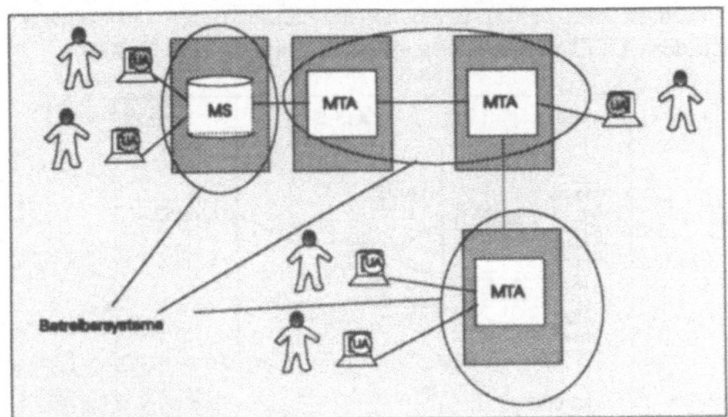

Abb. 37: Dezentrale Konfiguration

Die X.400ff-Normen gelten nicht alleine für öffentliche Message Handling Systeme, sondern sind in gleicher Weise auf innerbetriebliche Systeme übertragbar. In Abb. 38 werden zwei mögliche betriebliche Konfigurationen dargestellt.

Die obere Konfiguration zeigt ein MHS, bei dem die UA-Software in den Endgeräten - in der Regel PCs - liegt. MTA und MS sind hier beispielsweise in einem zentralen Großrechner untergebracht. In der unteren Variante liegen alle funktionalen Objekte auf einem Großrechner und die Teilnehmer haben über einfache Terminals Zugriff auf den UA.

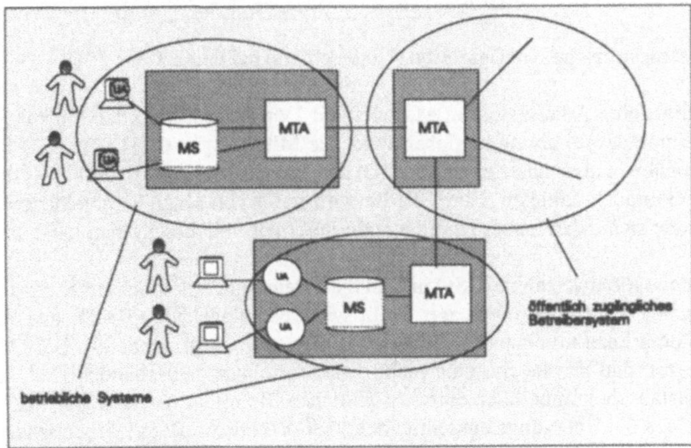

Abb. 38: Betriebliche Konfigurationen

Die X.400ff-Norm setzt sich mit der Betreiberfrage nur bezüglich des MTS-Dienstes ausein-
ander (X.402, S. 110ff). Es wird zwischen zwei unterschiedlichen Betreiberbereichen
(Management Domains) unterschieden, einer Administration Management Domain (ADMD)
und einer Private Management Domain (PRMD). Bei der Definition der Begriffe wie bei der
Festlegung des Verhältnisses beider Bereiche zueinander treten Differenzen zwischen dem
ISO Standard und der CCITT-Empfehlung auf (vgl. Anhang F zu X.402).

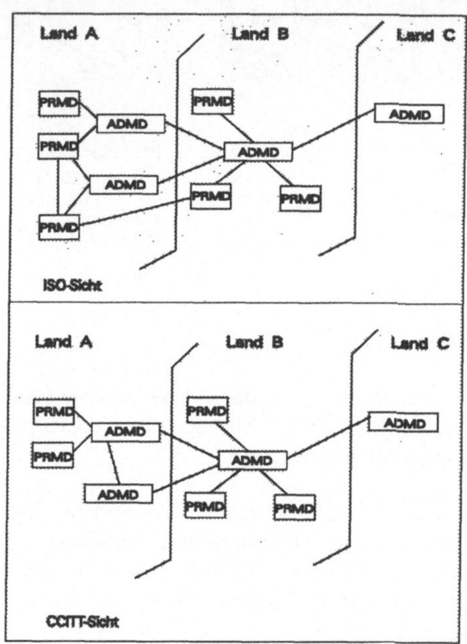

Abb. 39: Organisatorische Konfiguration (Unterschiede bei CCITT und ISO)

CCITT definiert eine Administration Management Domain darüber, daß ein solcher Bereich
von einer Fernmeldeverwaltung betrieben wird, die Mitglied des CCITT ist. ISO läßt dies offen. Beide verstehen aber unter einer ADMD, daß sie ein Message Handling System für den
öffentlichen Gebrauch anbieten. Eine PRMD wird nicht von einer Fernmeldeverwaltung betrieben. Es kann sich dabei insbesondere um ein innerbetriebliches System handeln.

Unterschiedliche Sichtweisen von ISO und CCITT treten noch deutlicher bei der sogenannten
organisatorischen Konfiguration zutage. In ihr wird festgelegt, wie PRMDs und ADMDs national und international miteinander verknüpfbar sein sollen (vgl. Abb. 39). Die CCITT-Empfehlung legt fest, daß private Systeme nicht direkt miteinander verbunden sind, sondern der
Mitteilungsaustausch immer über einen öffentlichen Betreiber zu erfolgen hat. Zwischen-
staatlich erfolgen die Übergänge ausschließlich über öffentliche Betreiberbereiche.

Der ISO Standard dagegen läßt zu, daß auch betriebliche Systeme direkt miteinander verbunden sind, auch über Landesgrenzen hinweg, und daß eine PRMD an zwei unterschiedliche öffentliche Bereiche angeschlossen werden kann.

5.2.9 Namen und Adressen

Um einen Empfänger erreichen zu können, ist dessen Adresse erforderlich. Dies gilt selbstverständlich für die Briefpost. Ein Brief wird adressiert, indem ein Name und eine Adresse auf den Umschlag geschrieben werden. Ein Name bezeichnet eine Person, ein Unternehmen, eine Behörde, etc.. Die Adresse (Ort, Straße, Hausnummer) ist eine Angabe darüber, wo der Zusteller den Adressaten finden kann. Sie verortet ihn in einem räumlichen Bezugssystem. Diese Unterscheidung gilt ebenso für Telekommunikationsdienste wie beispielsweise für das Telefon. Jeder Teilnehmer besitzt eine Telefonnummer, d. h. sein Name ist mit einer - im Bezugssystem Telefonnetz adressierenden - Nummer verbunden.

Das Problem der Unterscheidung zwischen Namen und Adressen ist ein generelles Problem bei Telekommunikationsdiensten und wird im X.400-Kontext heftig diskutiert (vgl. u.a. Grimm & Heagerty 1989; Plattner 1989, 33ff.). Es besteht im Kern darin, daß ein Name einen Teilnehmer bestimmen, dazu einprägsam sein und menschlichen Denkkategorien entgegenkommen soll. Eine Adresse dagegen muß es dem Telekommunikationsdienst ermöglichen, den mit Namen bezeichneten Teilnehmer zu erreichen. Das bedeutet immer, daß eine Adresse Routing-Informationen enthalten muß, also Angaben darüber, über welchen Weg eine Verbindung oder eine Information geleitet werden muß.

Die Adressierungskonzepte im X.400 Message Handling zielen daher auf eine explizite Trennung zwischen Namen und Adressen. Teilnehmer sollen in der Kategorie einprägsamer Namen denken und adressieren können. Die Abbildung dieser Namen auf technische, Routing-Informationen enthaltende Netzadressen soll von technischen Hilfsmitteln geleistet werden. X.400 wurde daher in enger Abstimmung mit dem X.500 Verzeichnisdienst (Directory Service) entwickelt. Er soll, wie ein Telefonbuch, Namenseinträge verwalten und ihnen Adressen zuordnen, die die Teilnehmer in - verschiedenen - Telekommunikationsdiensten besitzen. Mit der Verfügbarkeit solcher Verzeichnisdienste erhalten Teilnehmer einen Namen, der aus einer Reihe einprägsamer Attribute bestehen soll. Im MHS sollen Teilnehmer dann mit diesem Namen adressiert werden. Das MHS muß dann - in Zusammenarbeit mit dem Verzeichnisdienst - diesen Namen einer physischen Adresse zuordnen.

Dieser Weg ist u. a. aus zwei Gründen nicht konsequent gegangen worden: Liegt dem Absender die physische Adresse selbst vor, so ist der - vermutlich - kostenpflichtige Zugriff auf das Verzeichnis nicht erforderlich. Der zumindest derzeit wichtigere Grund liegt darin, daß Verzeichnisdienste erst entstehen und MHS-Systeme nicht durchgängig von deren Existenz ausgehen können.

Es wurde daher ein Mischkonzept verfolgt. Zentral ist dabei der Begriff des O/R-Namens (Originator/Recipient). Ein O/R-Name ist ein Konstrukt, das aus einem Verzeichnis-Namen und/oder einer O/R-Adresse besteht. Durch diese Mischform ist es möglich, beide Adressierungsformen - eine namens- oder adressorientierte - gleichzeitig zu verwenden. Besteht der O/R-Name nämlich alleine aus einem Verzeichnis-Namen, so wird ein Verzeichnis befragt[170]. Besteht er alleine aus der Adresse, so wird diese direkt zur Adressierung verwendet. Im Falle, daß beide Komponenten vorhanden sind, wird zunächst die Adresse benutzt und erst, wenn diese sich als falsch herausstellen sollte, das Verzeichnis befragt.

---

[170] Ist dies nicht möglich, so wird der Zustellversuch abgebrochen.

Die Struktur von Verzeichnisnamen wird nicht in X.400ff, sondern in X.500ff festgelegt. Folgender Verzeichnis-Name dient dort als Beispiel:

C(ountry)=GB, O(rganisation)=Telecom, L(ocality)=Ipswitch, C(ommon)N(ame)=Smith.

Wenn sich auch eine solche Namensform nicht mit der gängigen Vorstellung trifft, so ist sie doch insofern einprägsam, als sie eine von Telekommunikationsdiensten unabhängige Einordnung eines Adressaten vornimmt und sie für den einzelnen nachvollziehbar und leichter erinnerbar macht. Was gänzlich fehlt, sind Einzelheiten, die sich auf die technische Struktur eines Message Handling Systems beziehen.

Hier liegt der entscheidende Unterschied zu O/R-Adressen. In ihnen sind immer Routing-Informationen erforderlich. Die Norm legt eine ganze Reihe von O/R-Adressformaten fest. Eine davon ist eine numerische Variante, bei der die Angaben "Country Name", "Administration Domain Name" und "Numeric User Identifier" angegeben werden müssen. In diesem Falle muß man also außer dem Land auch den Betreiber eines MHS und dort die Nummer des UA kennen, über die der Teilnehmer erreichbar ist.
Neben dieser numerischen werden noch eine mnemonische (schon stärker am Verzeichnis-Namen-Konzept orientiert, aber mit Routing-Bestandteilen), eine terminalorientierte (mit Netzwerkadresse) und eine postalische (wegen des Übergangs zur gewöhnlichen Briefpost) Adressform unterschieden.

5.2.10 Datensicherheit

Das Problem der Datensicherheit bei Kommunikationssystemen nimmt einen zunehmend wichtigeren Stellenwert ein. In der ISO hat das dazu geführt, daß als Ergänzung zum OSI-Referenzmodell ein Sicherheitsmodell entwickelt wurde (ISO 7498), an dem sich auch die Normungsarbeiten zum Message Handling orientiert haben. Mit der Festlegung des X.400 Message Handling System wird die Hoffnung verbunden, daß es breite Akzeptanz in der geschäftlichen wie privaten Kommunikation findet. Das System soll nicht nur dazu genutzt werden, geschäftliche und private Mitteilungen zu übertragen, sondern auch zum Austausch von Dokumenten, Verträgen, Rechnungen und Zahlungsanweisungen dienen. Die Einbindung von Sicherheitsmechanismen in den 88er Standard nimmt daher breiten Raum ein (vgl. hierzu X.400, Kap. 15; X.402, Kap. 10, Anhang D; X.411; Mitchell, Walker und Rush 1989; Schneider 1990). Ich werde, was noch zu begründen sein wird, auf Datensicherheitsaspekte bei der Bewertung der Normfestlegungen nicht eingehen. Gerade weil man vermuten mag, daß bei einer Arbeit dieser Ausrichtung Datensicherheitsaspekte eine Rolle spielen sollten, stelle ich die Sicherheitsleistungen etwas ausführlicher dar, um am Ende zu einigen für die Arbeit wichtigen Schlußfolgerungen zu kommen.

Im Dokument X.402 wird ein Überblick über die Sicherheitsmechanismen gegeben. Das dortige Sicherheitsmodell bezieht sich auf umfangreiche Bedrohungsszenarien, die ich hier zunächst zusammenstelle. Dazu setze ich dann die Sicherheitsleistungsmerkmale in Beziehung, um zu zeigen, welches Sicherheitsleistungsmerkmal zur Verhinderung welcher Angriffe genutzt werden kann[171].

Die Bedrohungen werden grob in folgende Klassen eingeteilt (X.400, S. 27):

- Bedrohung des Zugangs,
- Bedrohungen von außen beim Austausch von Mitteilungen,
- Bedrohungen beim Austausch von Mitteilungen durch die Kommunikationspartner selbst und
- Bedrohungen für Speicherinhalte.

Diese Klassen werden dann entlang einzelner Bedrohungstypen weiter differenziert. Jedem Bedrohungstyp werden die Dienstelemente zugeordnet, die zu seiner Abwendung dienen sollen.

Vortäuschen einer falschen Identität gegenüber dem MTS
Personen könnten sich ungerechtfertigt Zugang zum MTS verschaffen, indem sie eine falsche Identität vorgeben.

<u>Secure Access Management:</u>
Beim Zugriff auf das Message Transfer System muß ein MTS-User ein Argument "Initiator-Credentials" übergeben. Dieses Argument kann im einfachsten Falle ein Paßwort enthalten, mit dem sich der MTS-User gegenüber dem MTS authentifiziert. Die Norm sieht auch strengere Formen der Authentifizierung vor, bei denen sogenannte Tokens und Sicherheitszertifikate ausgetauscht werden müssen.

Vortäuschen einer falschen Identität beim Versand einer Mitteilung bzw. einer Probemitteilung
Ein MTS-User könnte unter falschem Namen eine Mitteilung oder Probe-Mitteilung absetzen.

<u>Message Origin Authentication und Probe Origin Authentication</u>
Ein Absender kann mit beiden Leistungsmerkmalen für einen MTA sicherstellen, daß die Mitteilung auch tatsächlich von ihm stammt. Die Dienstelemente werden durch die Argumente "Message-origin-authentication-check" bzw. "Probe-origin-authentication-check" realisiert, die der Absender einer Mitteilung bzw. Probe-Mitteilung mitgeben kann. In diesen Argumenten sind bestimmte Angaben mit dem geheimen Schlüssel des Absenders verschlüsselt. Ein Empfänger kann den öffentlichen Schlüssel des Absenders zur Dechiffrierung benutzen und so sicherstellen, daß die Mitteilung vom Absender stammt.

Vortäuschen einer falschen Identität gegenüber einem MTS-User (UA, MS)
Ein Angreifer kann versuchen, sich gegenüber einem MTS-User als MTA auszugeben.

---

[171] Die zum Verständnis der sicherheitstechnischen Konzepte erforderlichen Grundlagen sollen hier nicht i. e. erörtert werden. Es sei daher insbesondere auf Ruland (1987) verwiesen.

<u>Secure Access Management:</u>
Oben wurde der sichere Zugang eines MTS-Users zum MTA besprochen, bei dem der MTS-User sicherheitsrelevante Daten (Paßwort, Token, Zertifikat) an den MTA übergibt. Dieser Zugang ist insofern symetrisch, als auch der MTS-User vom MTA die entsprechenden Daten zurückerhält, mit denen sich der MTA gegenüber dem MTS-User authentifiziert.

<u>Proof of Submission:</u>
Hiermit wird in erster Linie gegenüber dem Absender versichert, daß der MTA die Mitteilung zum Versand übernommen hat. Es sichert aber auch ab, daß der Absender die richtige Identität des MTAs erkennt. Das Leistungsmerkmal wird dadurch realisiert, daß der Absender das Argument "Proof-of-submission-request" übergibt. Hierauf antwortet der MTA mit dem Argument "Proof-of-Submission", in dem einige Angaben der übergebenen Mitteilung verschlüsselt enthalten sind. Der Absender kann - bei asymetrischer Verschlüsselungsmethode - durch Entschlüsselung mit dem öffentlichen Schlüssel des MTA feststellen, ob es sich um den richtigen MTA handelt.

<u>Report Origin Authentication:</u>
Dieses Leistungsmerkmal wird angewendet, um sicherzugehen, daß eine Rückmeldung über Empfang oder Nicht-Empfang auch tatsächlich von einem berechtigten MTA - das kann ein beliebiger innerhalb des MTS sein - kommt. Wenn der Absender durch das Argument "Message-origin-authentication-check" zuvor sicher erklärt hat, daß die Mitteilung von ihm stammt, dann sendet der MTA, der die Rückmeldung erzeugt, im Report ein Argument "Report-origin-authentication-check" zurück, anhand dessen sich der Absender (Empfänger des Reports) vergewissern kann, von welchem MTA der Report kommt.

Vortäuschen falscher Identität zwischen den MTAs
Innerhalb des MTS kann sich ein Angreifer als MTA ausgeben.

<u>Secure Access Management und Report Origin Authentication:</u>
Auch zwischen den MTAs bestehen die Mechanismen, die oben für den Zugang eines MTS-Users zum MTS dargestellt worden sind. So können die MTAs untereinander die Identität des anderen prüfen. Wenn ein MTA einen Report erzeugt hat und mit "Report-origin-authentication-check" seine Identität nachweist, kann jeder MTA dieses Argument nehmen, entschlüsseln und so die Identität prüfen.

Absendung vortäuschen
Ein Teilnehmer kann unter falscher Identität vortäuschen, Absender einer Mitteilung zu sein.

<u>Message Origin Authentication</u>
Ein Absender kann mit diesem Leistungsmerkmal für andere sicherstellen, daß die Mitteilung auch tatsächlich von ihm stammt[172].

---

[172] Es ist offensichtlich, daß dieses Leistungsmerkmal gegen diese Bedrohung nur lückenhaft schützt. Es setzt nämlich voraus, daß ein Absender - in diesem Falle sogar der unberechtigte - das Leistungsmerkmal anwendet. Davon kann nicht ausgegangen werden. Dieses Leistungsmerkmal macht zur Abwendung der Bedrohung nur einen Sinn, wenn der Empfänger die Anwendung dieses Leistungsmerkmals mit Kommunikationspartnern fest vereinbart hat. Dann kann er sicher sein, daß die Mitteilung mit dem privaten Schlüssel des Betreffenden verschlüsselt wurde.

Empfang vortäuschen
Dem Absender kann unter falscher Identität der Empfang einer Mitteilung vorgetäuscht werden.

Proof of Delivery:
Dieses Leistungsmerkmal soll sicherstellen, daß der Absender einen sicheren Beweis dafür erhält, daß ein bestimmter Empfänger die Mitteilung auch tatsächlich erhalten hat. Er steuert das durch das Argument "Proof-of-delivery-request" beim Versenden der Mitteilung. Dies erzwingt bei der Zustellung, daß der zuständige MTA vom Empfänger eine Rückmeldung über das Argument "Proof-of-delivery" anfordert. Dieses Argument enthält wieder verschlüsselte Daten. Es wird an den Absender zurückgegeben und er kann die Identität des Empfängers prüfen. Der Empfänger kann dann nicht leugnen und andere können dann nicht behaupten, die Mitteilung empfangen zu haben.

Wiedereinspielen einer Mitteilung oder Reihenfolge verändern
Ein Angreifer kann eine zuvor abgefangene Mitteilung unter falscher Identität erneut einspielen oder die Reihenfolge von Mitteilungen verändern.

Message Sequence Integrity:
Teilnehmer können die Reihenfolge von Mitteilungen durchnumerieren und so sicherstellen, daß Mitteilungen nicht doppelt gesendet oder deren Reihenfolge geändert wird. Dafür ist im Token (als Teil des Argumentes "Message-origin-authentication-check") ein verschlüsseltes Feld "message-sequence-number" enthalten.

Veränderung des Inhaltes von Mitteilungen

Message Origin Authentication:
Durch die Verschlüsselung des Inhaltes durch den Absender, kann der Empfänger den verschlüsselten Inhalt mit dem Klartextinhalt vergleichen und feststellen, ob beides übereinstimmt.

Content Integrity:
Dieses Leistungsmerkmal erbringt im Grunde die gleiche Leistung. Der Unterschied liegt darin, daß das Leistungsmerkmal "Message Origin Authentication" nur auf eine Mitteilung insgesamt angewendet werden kann, "Content Integrity" dagegen für jeden adressierten Empfänger, da hier auch mit symetrischen Schlüsseln gearbeitet wird und so den Empfängern unterschiedlich verschlüsselte Daten zugesendet werden können.

Zerstören von Mitteilungen

Message Sequence Integrity:
Die Message-sequence-number stellt sicher, daß Lücken in der Numerierung entdeckt werden. Dadurch kann festgestellt werden, ob eine Mitteilung fehlt.

Abstreiten, Absender zu sein
Ein Absender kann später behaupten, eine Mitteilung nicht versendet zu haben

<u>Non Repudiation of Origin:</u>
Das Leistungsmerkmal wird über die Argumente "Content-integrity-check" oder "Message-authentification-check" realisiert. Wenn also der Absender eines von beiden benutzt hat, kann er später die Versendung nicht bestreiten[173].

Abstreiten der Übernahme zum Versenden
Das MTS (bzw. dessen Betreiber) kann im nachhinein behaupten, eine Mitteilung nicht zum Versenden übernommen zu haben.

<u>Non Repudiation of Submission:</u>
Dieses Leistungsmerkmal entspricht dem Proof of Submission.

Abstreiten des Empfangs
Ein Empfänger kann später behaupten, eine Mitteilung nicht empfangen zu haben.

<u>Non Repudiation of Delivery:</u>
Das entspricht dem Proof of Delivery.

Verlust der Vertaulichkeit des Inhaltes
Ein Angreifer kann unberechtigt Mitteilungen lesen, kopieren oder weiterverarbeiten.

<u>Content Confidentiality:</u>
Dieses Leistungsmerkmal sichert, daß niemand außer dem beabsichtigten Empfänger eine Mitteilung lesen kann. Hierzu verschlüsselt der Absender die Mitteilung mit dem öffentlichen Schlüssel des Empfängers und der Empfänger entschlüsselt sie mit seinem privaten Schlüssel.

Soweit die Skizze der Sicherheitsleistungen im MHS. Sie werden über das Zusammenspiel einer Reihe von Sicherheitsbausteinen realisiert, deren Rolle nur angedeutet werden konnte. Dazu gehörten beispielsweise:

> certificates: Das sind weiter strukturierte Argumente, die nicht nur Schlüssel tragen, sondern zusätzlich gesicherte Angaben darüber, daß der Schlüssel auch dem gehört, der ihn verwendet. Dazu wird ein Zertifikat mitübertragen;

> tokens: Darin können mehrere sicherheitsrelevante Informationen, z. B. eine elektronische Unterschrift sowie die Bezeichnung des Verschlüsselungsalgorithmus zur Dechiffrierung der Unterschrift transportiert werden;

> security-labels: Sie stellen MTS-Objekte in den Kontext einer security-policy, über die in der Norm nichts ausgesagt wird. Sie wird normunabhängig festgelegt bzw. vereinbart. Die security-labels sind daher nur ein Sprachmittel, mit dem auf Sicherheitsleistungen Bezug genommen werden kann, die erst im Rahmen einer security-policy Bedeutung tragen.

---

[173] Hier hat man erneut den Fall, daß der, gegenüber dem man versichert sein will, selbst einen Beitrag dazu leisten muß. Wenn der Absender das Argument nicht verwendet, kann sich der Empfänger auch nicht sicher sein. Leistungsmerkmale dieser Art sind nur dann sinnvoll, wenn zwischen den Kommunikationspartnern Einvernehmen über das Sicherheitsziel besteht.

Zusammengenommen kann man zunächst feststellen, daß die Sicherheitsleistungen und Konzepte weitreichend sind und auf einer nachvollziehbaren Annahme über mögliche Bedrohungen basieren. Ohne hier eine Aussage über die Vollständigkeit und Stimmigkeit der Konzepte machen zu wollen, ist festzuhalten:

1) Alle Leistungsmerkmale und mit ihnen verbundene Steuerargumente sind als optional eingestuft. Eine Implementierung muß sie nicht vorsehen. Selbst der funktionale Standard (EWOS 1991-2) als wesentliche Präzisierung der Basisnorm läßt die Implementierung sämtlicher Sicherheitsmerkmale weiterhin optional.

2) Die Normen stellen z. T. nur Sprachmittel zur Verfügung. Die genaue Verwendung einzelner Parameter, ihre sicherheitstechnische Interpretation und Behandlung ist jedoch über eine Normanalyse nicht zugänglich.

3) Einige Leistungsmerkmale erfordern die Mithilfe dessen, der kontrolliert werden soll, oder anders: Der Betroffene muß oft selbst den Nachweis wollen, damit ein anderer ihn führen kann.

Dennoch soll hier die Konsequenz für die Untersuchungen in Kapitel 7 nicht übergangen werden. Sollte das gesamte Leistungsspektrum an Sicherheitsdiensten implementiert sein, können einige der dort identifizierten Schwächen gemindert oder ausgeglichen werden. Da man jedoch keineswegs von einer durchgängigen Implementierung der Sicherheitsleistungen ausgehen kann, bleiben die davon berührten Aussagen gültig.

5.3 Die Dokumente zur Normetablierung

Im Kapitel 3 wurde der Normetablierungsprozeß für OSI-Normen detailliert dargestellt. Dort wurde hinsichtlich der Eigenschaftsdetermination festgehalten, daß allein die Basisnormen für die besondere Gestalt der funktionalen Eigenschaften verantwortlich sind und große Freiräume hinsichtlich deren tatsächlicher Implementierung lassen. Entlang des Normetablierungsprozesses hatten wir aufgezeigt, wie diese Freiheitsgrade im Rahmen der funktionalen Standardisierung und - für den öffentlichen Bereich - von Beschaffungshandbüchern eingeschränkt werden. Basisnormen, funktionale Standards und Beschaffungshandbücher greifen so ineinander und führen insgesamt zu einer Determination der Produkteigenschaften. Diese Schritte sollen nunmehr für das Message Transfer System dargestellt werden. Anschließend sollen die dort getroffenen Festlegungen denen der Basisnorm gegenübergestellt werden.

Unter 4.2 wurden normdeterminierte, funktionale Eigenschaften als Zusammenfassung von
   - Funktion (Dienst und Prozeduren) und
   - Steuerdaten
definiert. Wir wollen hier die funktionale Eigenschaft auf Leistungsmerkmale beziehen und die Gegenüberstellung der Dokumente getrennt für den Funktions- und Datenaspekt vornehmen.

Die Gegenüberstellung stützt sich auf die X.400ff-Empfehlungen als Basisnorm. Als funktionaler Standard liegt derzeit das Dokument AMH11 "Access to Public and Private MHS(1988)

Common Facilities MTS end-user to MTS end-user and MTA" vor (EWOS 1991-2). Es hat derzeit den Status eines EWOS Dokuments (ED) und eines Vorschlages für eine Europäische Vornorm (pENV). Es bildet damit eine hinreichend verlässliche Grundlage für die weitere Untersuchung. Als Beschaffungshandbuch nehmen wir EPHOS in der Version 5 an.

Schon in Kapitel 3 bin ich näher auf die Struktur von Profilen bzw. funktionalen Standards eingegangen und habe das Dokument AMH11 des öfteren als Beispiel verwendet. Auch das Beschaffungshandbuch EPHOS ist dort ausführlich vorgestellt worden. An dieser Stelle nun ist ein ganz spezieller Aspekt der in diesen Dokumenten getroffenen Festlegungen von Interesse. Um die sukzessive Ausweitung der verbindlich zu implementierenden Eigenschaften und die damit einhergehende Einengung der Implementierungsfreiräume nachvollziehen zu können, ist es jetzt notwendig, sich speziell mit den Konformitätsanforderungen (dazu oben 3.3.3.2), die in den einzelnen Dokumenten formuliert sind, zu beschäftigen. Sie legen den Grad der Verbindlichkeit der Implementierung fest und bestimmen damit direkt den Grad der Eigenschaftsdetermination.

5.3.1 Der funktionale Standard AMH11 (A/3311)

Gegenstand des funktionalen Standards

Das Dokument AMH11 bezieht sich allein auf das Message Transfer System. Es präzisiert die Festlegungen zur Kommunikation zwischen Message Transfer Agents (MTA) über das P1-Protokoll und die vom MTS dem MTS-User bereitzustellenden Leistungsmerkmale. Der User Agent (UA), der Mitteilungsspeicher (MS) und die Zugriffseinheiten (AUs) werden hierin nicht behandelt.

Konformitätsanforderungen

Funktionale Standards sollen explizit die Anforderungen formulieren, die von einem normkonformen Produkt erfüllt sein müssen (vgl. ISO/IEC 1990-1 sowie CEN/CENELEC/CEPT 1986). Eine Implementierung, welche Konformität zu diesem funktionalen Standard reklamiert, muß folgende Konformitätsanforderungen erfüllen:

- Konformität zu den Anwendungskontexten (Application Contexts),
- Konformität zu Leistungsmerkmalen auf der Basis von funktionalen Gruppen,
- Konformität zu den präzisierenden Festlegungen hinsichtlich der Verwendung von Datentypen, der Länge von Zeichenketten, des Wertebereichs von integer-Zahlen, der Mindestlänge einer Meldung, etc.,
- Konformität zu kritischen Mechanismen (Criticality Mechanism),
- Konformität hinsichtlich der Nutzung der unterlagerten Dienste (Schichten 5-7) und
- Konformität zu abstrakten Operationen (Abstract Operations).

Wir konzentrieren uns auf die Konformitätsanforderungen hinsichtlich der Leistungsmerkmale und der Operationen.

X.400 listet alle Leistungsmerkmale in alphabetisierter Reihenfolge auf und weist jedem einen Verbindlichkeitsgrad zu. Im funktionalen Standard werden die Leistungsmerkmale zu sogenannten funktionalen Gruppen zusammengefaßt und zunächst einer gesamten Gruppe ein Verbindlichkeitsgrad zugeordnet. Jeder funktionalen Gruppe sind wiederum verbindliche Leistungsmerkmale zugeordnet, die, wenn die jeweilige funktionale Gruppe in einem Produkt realisiert ist, zwingend implementiert werden müssen.

Funktionale Gruppe	Verbindlichkeitsgrad
Minimum Kernel (minimaler Funktionskern)	M
Extended Kernel (erweiterter Funktionskern)	O
Redirection (Umleitung)	O
Distribution List (Verteilerliste)	O
Conversion (Codeumsetzungen)	O
Use of Directory (Verwendung eines Verzeichnissystems)	O
Physical Delivery (Zusammenarbeit mit gewöhnlicher Post)	O
84 Interworking (Zusammenarbeit mit Systemen auf der Basis der Version 1984)	O/M
Security (Datensicherheitsmerkmale)	O

Tab. 12: Die funktionalen Gruppen des funktionalen Standards AMH11

Jede Implementierung muß den <u>minimalen Funktionskern</u> und alle damit <u>verbundenen Leistungsmerkmale</u> enthalten.
Die Realisierung der anderen funktionalen Gruppen ist optional[174]. Werden <u>optionale Gruppen</u> implementiert, so müssen auch die damit <u>verbundenen verbindlichen Leistungsmerkmale implementiert sein</u>.

In der später folgenden Gegenüberstellung gehe ich auf die funktionalen Gruppen
- minimaler Funktionskern,
- erweiterter Funktionskern,
- Umleitung,
- Verteilerliste,
- Verwendung eines Verzeichnissystems und
- Zusammenarbeit mit gewöhnlicher Post
näher ein.

Rollen des Message Transfer Agents
In der Basisnorm besagen die Verbindlichkeitsgrade, ob ein Leistungsmerkmal von einem MTA verbindlich angeboten werden muß oder optional angeboten werden kann. Im funktionalen Standard wird dies weiter differenziert. Die Funktionalität eines MTAs wird hier nach Rollen differenziert, und die Verbindlichkeitsgrade werden auf diese Rolle bezogen. Die Einstufung eines Leistungsmerkmals als "mandatory" hat für die Rollen folgende Bedeutung:

<u>Beim Versand (Orig)</u>: Der MTA muß das Leistungsmerkmal dem MTS-User beim Versand einer Mitteilung anbieten
<u>Beim Empfang (Rec)</u>: Der MTA muß dem MTS-User die Information, die mit diesem Leistungsmerkmal verbunden ist, beim Empfang zur Verfügung stellen.
<u>Bzgl. der Implementierung (Imp)</u>: Im MTA müssen alle Prozeduren, die mit diesem Leistungsmerkmal verbunden sind, implementiert sein.

---

[174] Tatsächlich besteht der funktionale Standard aus zwei Unterprofilen, die sich darin unterscheiden, daß für den einen die Zusammenarbeit mit Systemen auf der Basis der X.400-Version von 1984 verbindlich ist. Ich vernachlässige diese Unterscheidung im folgenden.

Zum Verständnis soll diese Rollenunterscheidung an einigen Beispielen verdeutlicht werden: Das Leistungsmerkmal "Deferred Delivery" (verzögerte Empfangsübergabe) ist verbindlicher Teil des minimalen Funktionskerns und festgelegt als:

Versand	Implementierung	Empfang
M	M	-

Tab. 13: Verbindlichkeitsgrade des Leistungsmerkmals "Deferred Delivery" im minimalen Funktionskern

Jeder MTA muß einem Nutzer des MTS dieses Leistungsmerkmal für den Versand anbieten. In jedem MTA müssen alle Prozeduren, die in der Basisnorm hierfür festgelegt sind, implementiert sein. Mit dem Leistungsmerkmal sind auf der Empfangsseite keine Informationen verbunden, so daß eine Einstufung hier nicht sinnvoll ist.

Das zweite Beispiel bezieht sich auf das Leistungsmerkmal "Originator Requested Alternate Recipient" im erweiterten Funktionskern, mit dem ein Absender die Umleitung seiner Mitteilung vornehmen kann.

Versand	Implementierung	Empfang
M	O	-

Tab. 14: Verbindlichkeitsgrade des Leistungsmerkmals "Originator Requested   Alternate Recipient" im erweiterten Funktionskern

Hieran kann die Unterscheidung zwischen der Verfügbarkeit eines Leistungsmerkmals und der vollständigen Implementierung der zugehörigen Prozeduren gezeigt werden. Diese Festlegung besagt, daß jeder MTA dem MTS-User die Möglichkeit geben muß, dieses Leistungsmerkmal zu nutzen und damit zu bestimmen, an wen eine Mitteilung im Falle der Unzustellbarkeit weitergeleitet werden soll. Der MTA muß aber die Prozeduren, die nötig sind, dieses Leistungsmerkmal auch korrekt zu unterstützen, nicht implementieren. Dies klingt zunächst absurd. Es bedeutet jedoch folgendes: Ein normkonformer MTA muß den Wunsch des MTS-Users zur Umleitung entgegennehmen. Er selbst wertet das entsprechende Argument zwar nicht aus und nimmt auch keine Umleitungsmaßnahmen vor, aber er leitet dieses Argument weiter. Wenn dann eine Mitteilung in einem anderen MTA ankommt und dieser auch die nötigen Prozeduren implementiert hat (z. B. weil er die funktionale Gruppe Umleitung unterstützt), so wird dort die Mitteilung korrekt behandelt.

Hinsichtlich der Daten, d. h. der Operationsargumente   werden die Verbindlichkeitsgrade entlang der Operationen und bezogen auf die funktionalen Gruppen, in die die Operation fällt, festgelegt. Hierfür wird die übliche Klassifizierung (optional, mandatory, etc.) verwendet.

Bei der späteren Gegenüberstellung greife ich aus den Operationen zwei heraus und stelle sie denen der Basisnorm gegenüber. Die mit der Operation "Message Delivery" verbundenen Argumente werden betrachtet, weil in ihnen Daten über den Absender an den Empfänger übertragen werden. Die der Operation "Report Delivery" werden betrachtet, weil mit ihnen Daten über den Empfänger an den Absender gesendet werden. Beide Aspekte werden bei der Bewertung der MHS-Normen (Kapitel 7) eine zentrale Rolle spielen.

5.3.2 Das Beschaffungshandbuch EPHOS

EPHOS beinhaltet als einen Festlegungskomplex Message Handling Systeme nach X.400. Es werden drei Konformitätsanforderungsklassen unterschieden:

1. Anforderungen, die direkt aus dem funktionalen Standard übernommen werden,
2. Anforderungen, die über den funktionalen Standard hinausgehend für alle öffentlichen Verwaltungen verbindlich zu erfüllen sind und
3. Anforderungen, über die öffentliche Stellen je nach Anwendungserfordernis selbst entscheiden können.

Mit der ersten Anforderungsklasse wird bestimmt, daß alle verbindlichen Festlegungen des funktionalen Standards auch für nach EPHOS beschaffte MHS-Systeme verbindlich sind. Die verbindlichen Festlegungen des funktionalen Standards pflanzen sich so uneingeschränkt fort. Der zusätzlich determinierende Charakter von EPHOS gründet sich auf die zweite Anforderungsklasse. Hierdurch werden MHS-Eigenschaften, die im funktionalen Standard noch optional blieben, für öffentliche Verwaltungen verbindlich vorgeschrieben. Die dritte Klasse stellt keine weitere Einschränkung durch das Handbuch dar. Es steht den für eine konkrete Beschaffung Verantwortlichen frei, solche Anforderungen zu formulieren.

EPHOS trifft nur Festlegungen hinsichtlich der Leistungsmerkmals(funktionen). Die Operationsargumente werden nicht weiter betrachtet. Ihr Verbindlichkeitsgrad richtet sich nach den Bestimmungen des funktionalen Standards und der dort festgelegten Verbindung zwischen den Leistungsmerkmalen und Argumenten.

5.4 Gegenüberstellung der Festlegungen

Wie so oft, nimmt sich die Beschreibung grundsätzlicher Zusammenhänge etwas einfacher aus, als deren Darstellung mit konkretem Bezug auf den komplexen technischen Gegenstand. Es ist nun das Ziel, die einzelnen Dokumente einander so gegenüberzustellen, daß die schrittweise Ausweitung der verbindlich vorgeschriebenen funktionalen Eigenschaften deutlich wird. Dies ist nicht ohne weiteres möglich.
Zunächst ist eine Diskussion erforderlich, in der nachvollziehbar dargelegt wird, wie ich die unterschiedlichen Spezifizierungstechniken für die Konformitätsanforderungen ineinander überführe, so daß letztlich eine Gegenüberstellung möglich wird.

5.4.1 Zur Vergleichbarkeit der Festlegungen

Ich bin bei der Darstellung der Basisnormen auf die Verbindlichkeitsgrade einzelner Leistungsmerkmale nicht weiter eingegangen. Auch in der Basisnorm werden solche Verbindlichkeitsgrade festgelegt. Es wird jedoch eine völlig andere Klassifizierung verwendet, als die, die in der Norm ISO/IEC 9646 festgelegt ist. Und hierher rühren die wesentlichen Probleme, Festlegungen mit denen der anderen Dokumente zu vergleichen.

In X.400 werden folgende Verbindlichkeitsgrade unterschieden (Tietz 1989, S. 67):

<u>basic</u>: Diese Leistungsmerkmale sind unveränderlicher Teil des Dienstes. Sie werden immer bereitgestellt bzw. implementiert.

<u>essential</u>: Diese Leistungsmerkmale werden immer bereitgestellt. Sie sind jedoch im Gegensatz zu den "basic"-Leistungsmerkmalen insofern wahlfrei, als der Leistungsmerkmalnutzer über die Verwendung des Leistungsmerkmals entscheiden kann.

<u>additional</u>: Für diese Leistungsmerkmale obliegt es dem Dienstbetreiber bzw. Hersteller[175], ob er sie anbietet bzw. implementiert.

Wie für Leistungsmerkmale, werden auch für die Argumente der Operationen Verbindlichkeitsgrade bestimmt. Hier hält sich X.400 an die gebräuchliche Klassifizierung, was die Vergleichbarkeit mit den anderen Dokumenten erheblich erleichtert.

5.4.1.1 Transformationsregeln für die Verbindlichkeitseinstufungen der Leistungsmerkmale

Um die Verbindlichkeitsgrade der Basisnorm (basic, essential, additional) mit denen der anderen Dokumente vergleichen zu können, überführe ich sie in die ISO-Terminologie nach folgenden Regeln:

basic, essential ---> mandatory

Leistungsmerkmale, die als basic klassifiziert sind, müssen im MTS immer realisiert sein. Sie müssen vom Teilnehmer nicht angefordert werden. Beispielsweise die Einstufung des Leistungsmerkmals "Anzeige des Zeitpunktes der Sende-Übergabe" als basic bedeutet, daß dem Empfänger-UA mitgeteilt wird, wann die Mitteilung vom Absender-UA übergeben wurde. Das MTS muß dieses Leistungsmerkmal immer realisieren, und die Teilnehmer können es nicht steuern.
Gerade hier liegt der Unterschied zu den als essential klassifizierten Leistungsmerkmalen. Auch sie müssen im MTS immer implementiert sein. Die Teilnehmer allerdings können von Fall zu Fall darüber entscheiden, ob sie ein Leistungsmerkmal in Anspruch nehmen.

Für das MTS aber bedeutet das, daß beide Arten immer implementiert sein müssen und damit verbindlich (mandatory) sind.

---

[175] Wenn hier von einem Betreiber die Rede ist, so widerspiegelt das die CCITT-Sicht. Sie kennt in ihrer Terminologie nur den Betreiber (nationale Fernmeldeverwaltung oder anerkannte sonstige Organisationen), der Leistungsmerkmale im Rahmen eines Dienstes anbietet. Bei betrieblich eingesetzten Systemen spricht man dagegen nicht von einem Dienst, der vom System erbracht wird, sondern einfach vom Kommunikationssystem. Es entspricht daher der ISO-Sicht, wenn vom Hersteller die Rede ist. Dann nämlich geht es nicht um das Angebot eines öffentlichen Dienstes, sondern um die Implemetierung von Leistungsmerkmalen als technische Eigenschaften eines Kommunikationssystems. Diese beiden Sichten werden fortan nicht mehr konsequent unterschieden, denn das verbindliche Angebot eines Leistungsmerkmals durch einen Betreiber impliziert die verbindliche Implementierung der entsprechenden Systemleistung im öffentlichen Kommunikationssystem. Für private Systeme entsprechen sich "Dienstangebot" und implementierte Systemleistung.

additional --> optional

Die Implementierung der "additional"-Leistungsmerkmale ist freiwillig. Sie entsprechen optionalen Leistungsmerkmalen.

5.4.1.2 Transformationsregeln für die Verbindlichkeitseinstufungen der Argumente

Die Basisnorm klassifiziert für einige Operationen wenige Argumente als "mandatory" und dann die überwiegende Zahl als "conditional". Der funktionale Standard legt die meisten als "mandatory" fest und einige wenige als "optional". Während die "mandatory"-Argumente der Basisnorm so in den funktionalen Standard übergehen, werden die "conditional"-Argumente teilweise als "mandatory" und teilweise als "optional" klassifiziert. Diese Transformation bedeutet noch keine Veränderung, sondern liegt daran, daß hinter den "conditional"-Argumenten der Basisnorm ganz unterschiedliche Bedingungen stehen, von denen die Argumentbelegung abhängig ist (vgl. X.411, S. 274).
Wenn ich nun versuche, die Verbindlichkeitsgrade der Basisnorm mit denen des funktionalen Standards vergleichbar zu machen, so begebe ich mich ein Stück weit hinein in den Interpretationsspielraum der Basisnormen, der letztlich die funktionale Standardisierung rechtfertigt.

Um die Vergleichbarkeit zu gewährleisten, müssen folgende Fälle, die zur Einstufung als "conditional" in der Basisnorm führen, unterschieden werden:

1. <u>Statische Abhängigkeit der Argumentbelegung</u>
   Leistungsmerkmale und Argumente hängen sehr eng zusammen. Oft besteht eine eins-zu-eins-Beziehung, bei der einem Leistungsmerkmal genau ein Argument entspricht. Ist ein Leistungsmerkmal in der Basisnorm als "additional" klassifiziert, so ist seine Implementierung nicht zwingend vorgeschrieben. Daraus ergibt sich, daß das zugehörige Argument überhaupt nur dann belegt werden kann, wenn das Leistungsmerkmal auch implementiert ist. Die Belegung ist damit im ersten Schritt von der statischen Eigenschaft der Implementierung, nämlich ob ein Leistungsmerkmal überhaupt implementiert ist, abhängig.

2. <u>Dynamische Abhängigkeit der Argumentbelegung</u>
   Alle Argumentbelegungen, die als "conditional" klassifiziert sind, sind darüber hinaus von dynamischen Ereignissen abhängig. Manche Argumente werden nur dann belegt, wenn der Absender ein Leistungsmerkmal nutzt und dies zu einem Datum führt, das dann an den Empfänger weitergeleitet wird. Zum Beispiel wird das Argument "Other recipient names" nur dann mit Werten belegt an den Empfänger übertragen, wenn der Absender das Leistungsmerkmal "Disclosure of other Recipients" auch tatsächlich genutzt hat. Die Argumentbelegung ist in diesem Fall durch das Verhalten des Dienstnutzers bedingt.
   Die Bedingung für die Argumentbelegung kann darüber hinaus von Ereignissen innerhalb des MTS abhängen. Das Argument "Redirection reason" beispielsweise wird nur dann belegt, wenn auch wirklich eine Umleitung stattgefunden hat.

Die Basisnorm selbst gibt uns für die dynamische Abhängigkeit der Argumentbelegung einen Hinweis, wie diese zu übersetzen ist. Für all die Argumente, die dynamisch im System erzeugt werden, wird bei der Beschreibung zwischen den Formulierungen "It may be generated by the MTS" (vgl. z. B. X.411, S. 301, "Intended-recipient-name") und "It shall be generated by the MTS" (vgl. z. B. ebd., "This-recipient-name") unterschieden. Die erste Formulierung findet sich dort, wo das mit dem Argument verbundene Leistungsmerkmal selbst als optional (additional) eingestuft ist, die zweite dort, wo das entsprechende Leistungsmerkmal als "mandatory" (basic oder essential) klassifiziert ist.

Wenn wir in den Fällen der ersten Formulierung die Einstufung "conditional" in "optional" und in denen der zweiten Formulierung in "mandatory" übersetzen, so trifft das die Semantik, mit der die Klassifizierung im funktionalen Standard vorgenommen wird.

Für die Argumente, die von der Belegung durch den Absender abhängig sind - also nicht von dynamischen Ereignissen im System selbst -, fehlt eine solche eindeutige Formulierung.

Wir können dann analog so verfahren, daß wir Argumente, die mit einem "optionalen" Leistungsmerkmal verbunden sind als "optional" und die mit einem "mandatory"-Leistungsmerkmal verbunden sind als "mandatory" klassifizieren. Gemäß dieser Regeln sind die "conditional"-Einstufungen der Basisnorm in der folgenden tabellarischen Gegenüberstellung in "mandatory" bzw. "optional" überführt worden.

<u>EPHOS-Festlegungen</u>

EPHOS bezieht sich in der derzeitigen Version auf die X.400 Festlegungen aus dem Jahre 1984 und nicht auf die von uns betrachtete Version von 1988. X.400(84) ist in Europa als funktionaler Standard in die beiden Vornormen ENV 41201 und ENV 41202 umgesetzt worden. X.400(88) ist im Kern eine Erweiterung von X.400(84). Eine Reihe von Funktionen sind neu hinzugekommen. Ein großer Teil ist jedoch schon in der ersten Version vorhanden gewesen und in der neuen lediglich umbenannt worden.

Bezogen auf diese Menge gleicher Leistungsmerkmale kann man versuchen, die EPHOS-Festlegungen zum funktionalen Standard AMH11 in Beziehung zu setzen. EPHOS nimmt in der Anforderungsklasse 2 (vgl. 5.3.2) genau eine Erweiterung gegenüber den Vornormen vor. Es schreibt das Leistungsmerkmal "Alternate Recipient Allowed" verbindlich vor.

Hier tritt nun das Problem auf, daß dieses Leistungsmerkmal im funktionalen Standard AMH11 für die 88er-Version bereits verbindlich vorgeschrieben wird und damit die EPHOS-Festlegungen hierauf bezogen keine Ausweitung der verbindlichen Leistungsmerkmale vornehmen. Man kann an dieser Stelle also zur Kenntnis nehmen, daß EPHOS zwar eine Erweiterung vorgenommen hat, die aber für die, auf die Version von 1988 bezogenen Gegenüberstellung, keine weiteren Aufschlüsse liefert. Ich verzichte daher auf die Einbeziehung der EPHOS-Festlegungen.

5.4.2 Tabellarische Gegenüberstellung

Nach diesen umfangreichen Vorbemerkungen folgt nun eine tabellarische Gegenüberstellung der Festlegungen in der Basisnorm und im funktionalen Standard.

5.4.2.1 Leistungsmerkmale (funktionsorientierte Sicht)

Die Tabellen zu den Leistungsmerkmalen sind so aufgebaut, daß zunächst den "mandatory"-Festlegungen der Basisnorm diejenigen des funktionalen Standards gegenübergestellt werden. Hieraus wird ersichtlich, wie der funktionale Standard die genaue Bedeutung einer "mandatory"-Festlegung im Hinblick auf die verschiedenen Rollen interpretiert.

Leistungsmerkmal	X.400/ ISO 10021	AMH 11/A3311		
		Orig	Imp	Rec
Access Management	M	M	M	M
Alternate Recipient Allowed	M	M	C	C
Content Type Indication	M	M	M	M
Conversion Prohibited	M	M	M	M
Converted Indication	M	-	M	M
Deferred Delivery	M	M	M	-
Deferred Delivery Cancellation	M	M	M	-
Delivery Notification	M	M	M	-
Delivery Time Stamp Indication	M	-	M	M
Disclosure of other Recipients	M	M	M	M
DL Expansion History Indication	M	-	O	M
Grade of Delivery Selection	M	M	M	M
Message Identification	M	M	M	M
Multi Destination Delivery	M	M	M	M
Non-Delivery Notification	M	M	M	-
Original Encoded Information Types Indication	M	M	M	M
Probe	M	M	M	-
Requested Delivery Method	M	O	O	M
Submission Time Stamp Indication	M	M	M	M
User/UA Capabilities Registration	M	-	M	M
Conversion Prohibited in Case of Loss of Information	O	M	M	M
DL Expansion Prohibited	O	M	M	M
Explicit Conversion	O	M	O	-
Prevention of Non-Delivery Notification	O	M	M	-
Redirection Disallowed by Originator	O	M	M	-
Use of Distribution List	O	M	O	-

Tab. 15: Funktionale Gruppe "Minimaler Funktionskern"

Im unteren Teil der jeweiligen Tabelle finden sich die Fälle, in denen der funktionale Standard "optionale"-Festlegungen der Basisnorm nunmehr - zumindest für eine Rolle - als verbindlich erklärt. Optionale Festlegungen der Basisnorm, die auch im funktionalen Standard optional bleiben, wurden nicht berücksichtigt.

Zu den nun folgenden Tabellen sollte noch einmal angemerkt werden, daß es sich um freiwillige funktionale Gruppen handelt. Eine Implementierung muß nur den vorangegangenen minimalen Funktionskern implementieren. Die folgenden verbindlichen Festlegungen sind deshalb immer als "wenn-dann"-Bestimmungen zu lesen. Wenn die funktionale Gruppe implementiert wird, dann müssen die als verbindlich klassifizierten Leistungsmerkmale realisiert sein.

Leistungsmerkmal	X.400/ISO 10021	AMH11		
		Orig	Imp	Rec
Latest Delivery Designation	O	M	M	-
Originator requested alternate recipient	O	M	O	-
Return of Content	O	M	M	-

Tab. 16: Funktionale Gruppe "Erweiterter Funktionskern"

Leistungsmerkmal	X.400/ISO 10021	AMH11		
		Orig	Imp	Rec
Alternate Recipient Allowed	M	M	M	M
Alternate Recipient assignment	O	-	M	-
Originator Requested Alternate Recipient	O	M	M	-
Redirection of Incomming Message	O	-	M	M

Tab. 17: Funktionale Gruppe "Umleitung"

Leistungsmerkmal	X.400/ISO 10021	AMH11		
		Orig	Imp	Rec
DL Expansion History indication	M	-	M	M
Use of Distribution List	O	M	M	-

Tab. 18: Funktionale Gruppe "Verteilerliste"

Leistungsmerkmal	X.400/ISO 10021	AMH11		
		Orig	Imp	Rec
Designation of Recipient by Directory Name	M	M	M	-
Requested Delivery Method	O	M	M	M

Tab. 19: Funktionale Gruppe "Verwenden eines Verzeichnissystems"

In der folgenden Tabelle fällt auf, daß der funktionale Standard - bis auf eine Ausnahme - keine Prozeduren festlegt. Das ist insofern einsichtig, als er sich allein auf den MTA bezieht. Die erforderlichen Aktionen, die durch die Leistungsmerkmale angestoßen werden sollen, müssen aber entweder von der PDAU oder gar vom normalen Postdienst ausgeführt werden. Das MTS und damit die MTAs sind in dieser Hinsicht nur Transportmittel zwischen dem Absender und der empfangenden PDAU, indem sie die Leistungsmerkmalsanforderung an die PDAU übertragen.

Leistungsmerkmal	X.400/ISO 10021	AMH11		
		Orig	Imp	Rec
Basic Physical Rendition	M	M	-	M
Counter Collection	M	M	-	M
EMS (Express Mail Service)	M	M	-	M
Ordinary Mail	M	M	-	M
Physical Forwarding Allowed	M	M	-	M
Special Delivery	M	M	-	M
Undeliverable Mail with Return of Physical Message	M	M	-	M
Additional Physical Rendition	O	M	-	M
Counter Collection with Advice	O	M	-	M
Delivery via Bureaufax Service	O	M	-	M
Physical Delivery Notification by MHS	O	M	M	M
Physical Delivery Notification by PDS	O	M	-	M
Physical Forwarding Prohibited	O	M	-	M
Registered Mail	O	M	-	M
Registered Mail to Addressee in Person	O	M	-	M
Request for Forwarding Address	O	M	-	M

Tab. 20: Funktionale Gruppe "Zusammenarbeit mit der gewöhnlichen Post"

5.4.2.2 Argumente (datenorientierte Sicht)

In den folgenden Tabellen werden die Festlegungen des funktionalen Standards zu den Operationsargumenten denen der Basisnorm gegenübergestellt. Ich konzentriere mich hierbei auf die Argumente, die bei der Zustellung einer Mitteilung an den Empfänger (Message Delivery) und die bei einer Rückmeldung an den Absender übertragen werden (Report Delivery).

An dieser Stelle sollte allgemein darauf hingewiesen werden, daß grundsätzlich alle Daten, die in der späteren Bewertung diskutiert werden, schon im Rahmen des minimalen Funktionskerns und damit in jeder Implementierung verbindlich sind. Hiervon gibt es zwei generelle Ausnahmen:

1. Die mit Sicherheitsmerkmalen verbundenen Argumente bleiben optional und werden nur im Rahmen der Sicherheitsleistungsmerkmale, die hier nicht betrachtet werden, verbindlich.
2. Die Argumente, die mit der funktionalen Gruppe "Zusammenarbeit mit der gewöhnlichen Post" in Zusammenhang stehen, sind auch nur innerhalb dieser Gruppe verbindlich. Sie ist weiter in die Untergruppen P0 und P1 unterteilt.

Argument	X.400	Kern	Ext	Red	PD0	PD1	DL	Dir
Message-delivery-identifier	M	M						
Message-delivery-time	M	M						
Message-submission-time	M	M						
Originator-name	M	M						
This-recipient-name	M	M						
Redirection-reason	M	M						
DL-expansion-history	M	M						
Priority	M	M						
Implicit-conversion-prohibited	M	M						
Requested-delivery-method	M	M						
Content-type	M	M						
Content	M	M						
Intended-recipient-name	O	M						
Other-recipient-names	O	M						
Conversion-with-loss-prohibited	O	M						
Converted-encoded-information-types	O	M						
Original-encoded-information-types	O	M						
Content-identifier	O	M						
Physical-delivery-modes	O	O				M		
Physical-forwarding-prohibited	O	O				M		
Physical-forwarding-address-request	O	O				M		
Registered-mail-type	O	O				M		
Recipient-number-for-advice	O	O				M		
Physical-rendition-attributes	O	O				M		
Physical-delivery-report-request	O	O				M		
Originator-return-address	O	O				M		
Message-token	O	O						
Content-confidentiality-algorithm-identifier	O	O						
Content-integrity-check	O	O						
Message-Origin-authentication-check	O	O						
Message-security-label	O	O						
Proof-of-delivery-request	O	O						

Tab. 21: Argumente des "Message Delivery" Umschlags

P0: Die funktionale Untergruppe P0 umfaßt die Funktionen, die nötig sind, einem
Dienstnutzer die Leistungsmerkmale zur Verfügung zu stellen.

P1: In der Zusammenarbeit mit der gewöhnlichen Briefpost ist ja der eigentliche Empfänger einer MHS-Mitteilung zunächst die PDAU, die dann die weiteren Schritte unter-
nimmt. Die funktionale Untergruppe P1 bezieht sich auf solche MTAs, die auch in der
Lage sind, eine PDAU zu unterstützen, d. h. ihr die mit den Leistungsmerkmalen verbundenen Argumente zuzustellen.

Bedenkt man diese Unterscheidung in P0- und P1-Implementierungen, so wird deutlich, daß
eine Übertragung der Daten im Rahmen einer Mitteilungszustellung (Message Delivery) nur

dort stattfindet, wo P1 implementiert ist und eine PDAU die Daten entgegennimmt. Bei einer P0-Implementierung kommen solche Mitteilungen nicht an.

Argument	X.400	Kern	Ext	Red	PD0	PD1	DL	Dir
Subject-submission-identifier	M	M						
Actual-recipient-name	M	M						
Redirection-reason	M	M						
Origination-and-DL-expansion-history	M	M						
Reporting-DL-name	M	M						
Content-type	M	M						
Content-identifier	M	M						
Content-correlator	M	M						
Message-delivery-time	M	M						
Type-of-MTS-user	M	M						
Non-delivery-reason-code	M	M						
Intended-recipient-name	O	M						
Converted-encoded-information-types	O	M						
Supplementary-information	O	M						
Non-delivery-diagnostic-code	O	M						
Original-encoded-information-type	O	M						
Physical-forwarding-address	O	O			M	M		
Recipient-certficate	O	O						
Proof-of-delivery	O	O						
Reporting-MTA-certificate	O	O						
Report-origin-authentication-check	O	O						
Message-security-label	O	O						
Returned-content	O	M-	M					

Tab. 22: Argumente des "Report Delivery" Umschlags

Das Argument "Physical-forwarding-address" wird wieder in beiden Untergruppen verbindlich vorgeschrieben. Das liegt daran, daß sowohl ein P1- als auch ein P2-MTA die Leistungsmerkmale für den Absender unterstützen können. Damit müssen aber auch beide sicherstellen, daß ein Report empfangen werden kann.

5.5 Zusammenfassung

In diesem Kapitel wurden der X.400-Empfehlungen des CCITT sowie die ISO 10021 Normen zum Message Handling als Basisnormen im Überblick dargestellt sowie anschließend die Normetablierungsschritte - soweit zum derzeitigen Zeitpunkt möglich - und ihr Einfluß auf konkrete Implementierungen näher beleuchtet.
Auf die Basisnormfestlegungen wird im verbleibenden Teil der Arbeit noch an mehreren Stellen und wesentlich detaillierter eingegangen werden, so daß es einer zusammenfassenden Betrachtung an dieser Stelle nicht bedarf.
Die funktionale Standardisierung wird bei der Bewertung der Basisnormfestlegungen in Kap. 7 zwar an einigen Stellen berücksichtigt werden, ansonsten erst bei der Zusammenfassung und Diskussion der Ergebnisse der Arbeit erneut aufgegriffen werden. Hierfür sollen einige Konsequenzen vorbereitend diskutiert werden.

Die Gegenüberstellung der Festlegungen der Basisnorm und der des funktionalen Standards hat bestätigt, daß der funktionale Standard die von der Basisnorm gelassenen Freiräume beschränkt und viele der Festlegungen zusätzlich als verbindlich erklärt.

Hinsichtlich der Leistungsmerkmale erklärt der funktionale Standard alleine den "Minimalen Funktionskern" für verbindlich. Schon die darin zusammengefaßten Leistungsmerkmale gehen über die in der Basisnorm verbindlich vorgeschriebenen hinaus. Hierin liegt die unmittelbare und für alle Implementierungen gleichermaßen geltende Einschränkung des Gestaltungsspielraums.

Betrachtet man aber die Festlegungen zu den funktionalen Gruppen, so wird deutlich, daß alle hiermit im Zusammenhang stehenden Leistungsmerkmale implementiert sein müssen, wenn eine solche Gruppe implementiert wird. Die funktionale Gruppe Umleitung beispielsweise umfaßt eine Reihe sehr unterschiedlicher Leistungsmerkmale. Es gibt nicht nur die Umleitung durch einen Empfänger, sondern auch die durch einen Absender oder die Möglichkeit einen Ersatzempfänger zu bestimmen, wenn die Mitteilung ansonsten - etwa wegen teilweise falscher Adresse - nicht zugestellt werden könnte. Hier bedeutet die im funktionalen Standard vorgenommene Festlegungsmethode, daß bei der Implementierung und Beschaffung keine Möglichkeit besteht, einzelne Leistungsmerkmale herauszugreifen und andere nicht zu implementieren bzw. zu beschaffen.

Bei den betrachteten Argumenten fällt auf, daß die Festlegungen des funktionalen Standards hier weit über die der Basisnorm hinausgehen. Die Datenfelder werden weitgehend[176] unabhängig davon als verbindlich festgelegt, welche funktionalen Gruppen in einem bestimmten System implementiert sind.

In Kap. 7 werden wir die Funktionsweise der Leistungsmerkmale einer kritischen Prüfung unterziehen. Wir wissen, daß sie nur in den Basisnormen festgelegt wird. Dennoch sollte nun offensichtlich geworden sein, welch prägende Gestaltungskraft auch von der funktionalen Standardisierung ausgeht, denn auch das Auswählen aus einer vorgegebenen Menge von Möglichkeiten ist ein Gestaltungsakt und beschränkt nachfolgende Entscheidungsträger in ihren Möglichkeiten. Zudem muß darauf hingewiesen werden, daß Leistungsmerkmale nicht völlig unabhängig voneinander sind. Zwischen ihnen bestehen Querbezüge. Am Beispiel der Umleitung kann dies leicht gezeigt werden. Sowohl die Umleitung durch einen Empfänger (Redirection of incomming Messages) als auch das Verbot einer solchen Umleitung durch den Absender sind in der Basisnorm als nicht verbindlich klassifiziert. Ganz offensichtlich führte die Implementierung der Umleitungsmöglichkeit durch den Empfänger und der gleichzeitige Verzicht der Verbotsmöglichkeit durch den Absender zu einer Disparität. Dieses Problem ist im funktionalen Standard eindeutig erkannt worden und durch die gleichzeitige Verbindlichkeit in einer begrüßenswerten Weise gelöst worden. Funktionale Standardisierung gestaltet damit nicht nur durch Auswahl den Umfang zu implementierender Eigenschaften, sondern auch qualitative Aspekte deren Zusammenwirkens.

---

[176] Dies gilt nicht für die funktionalen Gruppen "Datensicherheitsmerkmale" und " Zusammenarbeit mit gewöhnlicher Post"

Diese Beiträge zur letztlichen Produktgestaltung wirken auf viele Akteure. Den Erfolg des Normetablierungsprozesses immer vorausgesetzt, werden zunächst Hersteller in ihrer Gestaltungsfreiheit betroffen. Ein zuweilen genanntes Argument für die Vielfalt der Basisnormfestlegungen bei gleichzeitig hohem Grad an Optionen war es, daß Hersteller damit in der Lage seien durch verschiedenste Implementierungskombinationen ihren Produkten ein spezifisches Design zu geben und sich damit gegenüber Konkurrenten profilieren zu können. Dieser Möglichkeit werden sie durch die funktionale Standardisierung benommen. Nicht nur für die "Basis"-Implementierung in Form des minimalen Funktionskern sind sie in ihrer Wahl beschränkt, auch alle denkbaren Erweiterungen sind durch die präzise Festlegung der übrigen funktionalen Gruppen vorweg bestimmt.

Über die Produktgestaltung durch die Hersteller hinaus wirken die normetablierenden Schritte auch auf Dienstbetreiber und Anwender von MHS-Systemen. Besonders im betrieblichen Kontext ist die Beschränkung der Gestaltungsmöglichkeiten problematisch. Wie sich in betrieblichen Auseinandersetzungen um ISDN-Nebenstellenanlagen gezeigt hat, sind die dort erzielten Kompromißlösungen einerseits sehr unterschiedlich und andererseits bis zur Regelung einzelner Leistungsmerkmale konkret. Schon in diesem Zusammenhang wurde offensichtlich, daß die Herstellerpraxis, eine Reihe von Leistungsmerkmalen zusammenzufassen und nur komplett zu implementieren, oft den betrieblich gefundenen Lösungen widerspricht. In manchen Fällen konnte jedoch der Hersteller dazu gedrängt werden, die betriebliche Auswahl einzelner Leistungsmerkmale zu ermöglichen.

Der Hersteller ist angesichts der dargestellten Normungspraxis weder der alleinige noch der wichtigste Adressat. Er ist, um normkonform zu bleiben, gezwungen, die vorgeschriebenen Leistungsmerkmale in genau der Kombination anzubieten, die der funktionale Standard vorschreibt.

Nun bleibt es möglich, die einzelnen Bestandteile so zu implementieren, daß im konkreten Anwendungskontext dennoch einzelne herausgenommen werden können. Ein solches System ist dann nicht mehr normkonform. Es muß hier unbeantwortet bleiben, welche Spielräume, insbesondere innerhalb der öffentlichen Verwaltung, wo auf die Normkonformität in besonderer Weise zu achten ist, hierfür zukünftig bleiben.

Damit soll die Darstellung und Diskussion des Message Handling Systems zunächst beendet werden. Bevor dieser technische Gegenstand nun einer Bewertung unterzogen werden kann, ist es im nächsten Kapitel erforderlich, ihn näher zu präzisieren und den vordringlich bewertungsrelevanten Teil zu bestimmen sowie adäquate Kriterien herauszuarbeiten.

6 Ein Ansatz zur Bewertung textbasierter Kommunikationssysteme

Nach der Vorstellung der MHS-Normen sollen nun die Grundlagen für ihre Bewertung gelegt werden. Wie bereits dargestellt, setzen sich die MHS-Normen aus einer ganzen Reihe von Einzelnormen zusammen. Sie unterscheiden sich sehr stark hinsichtlich der Mächtigkeit der in ihnen festgelegten Funktionen sowie des Umfangs und der Verbindlichkeit der Daten. Aus diesem Grunde soll zunächst der Untersuchungsgegenstand auf den wichtigsten Kern eingegrenzt werden. Hieran anschließend werde ich auf einige Arbeiten zur Technikbewertung von Elektronischen Postsystemen eingehen. Danach wird ein Bewertungsansatz für eine explizite Normbewertung entwickelt. Dazu wird zunächst der betrachtete Verwendungs- und Wirkungskontext näher bestimmt und eine hierauf gerichtete Bewertung in eine mehrstufige Bewertungshierarchie eingeordnet. Hieran schließt sich die Diskussion relevanter Bewertungskriterien an, aus der die hier anzuwendenden Kriterien abgeleitet werden. Den Abschluß bildet die Diskussion auftretender Konflikte zwischen diesen aus der jeweiligen Teilnehmersicht formulierten Kriterien. In diesem Zusammenhang werden Konfliktlösungsmechanismen diskutiert, und es wird auf das Problem der Konfliktaushandlung eingegangen.

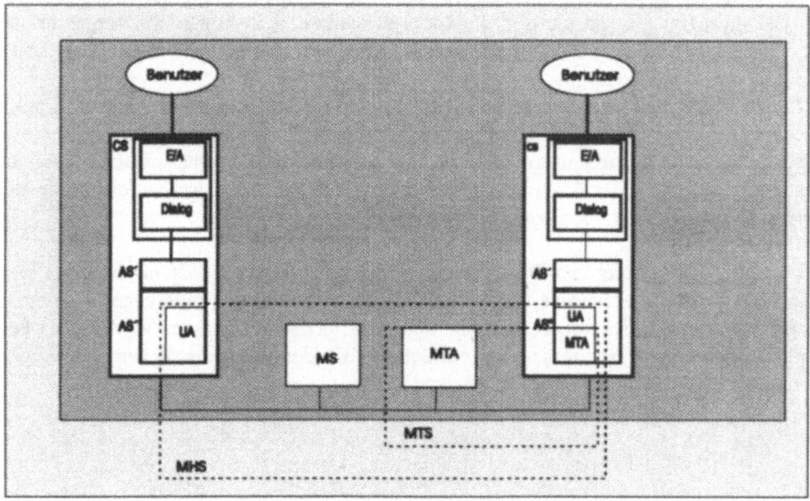

Abb. 40: Das MHS-System als Teil eines MCCM-Systems

6.1 Eingrenzung des Untersuchungsgegenstandes

Die MHS-Normen bestimmen nach der unter 4.3.2 vorgenommenen Klassifizierung ein MCCM-System. Sie legen als funktionale Eigenschaften Funktionen und Daten fest, auf die wir die Bewertung ausrichten wollen. Sie bestehen aus mehreren Normkomplexen, die sich auf die funktionalen Objekte beziehen. Die dort jeweils getroffenen Normfestlegungen sind ganz unterschiedlich weitgehend. In der nachfolgenden Diskussion soll gezeigt werden, daß der Gehalt mancher Festlegungen so gering ist, daß eine eigenständige Bewertung teilweise nicht möglich und teilweise nicht lohnend ist. Zu diesem Zweck werden die Festlegungen zunächst hinsichtlich der Bedeutung der dort getroffenen Funktions- und Datenfestlegungen betrachtet. Zum besseren Verständnis sind in Abb. 40 die funktionalen Objekte eines MHS in das unter 4.1 vorgestellte Architekturmodell eingeordnet.

Von den vielen Konfigurationsmöglichkeiten wurde in Abb. 40 eine herausgegriffen: Ein Computersystem enthält nur einen UA. Es nimmt die Leistungen des MTA über ein MS in Anspruch. Im zweiten System sind sowohl UA als auch MTA enthalten. Der UA setzt direkt - ohne Verwendung eines MS - auf den MTA auf.

Unter 5.2.4 wurde der Zusammenhang erläutert, daß die Protokolle zwischen den einzelnen Elementen über Anwendungskontexte, diese über Anwendungsdienstelemente und jene wiederum über Operationen definiert sind. Operationen werden zu Ports gebündelt und beschreiben die konkrete Interaktion zwischen den funktionalen Objekten.

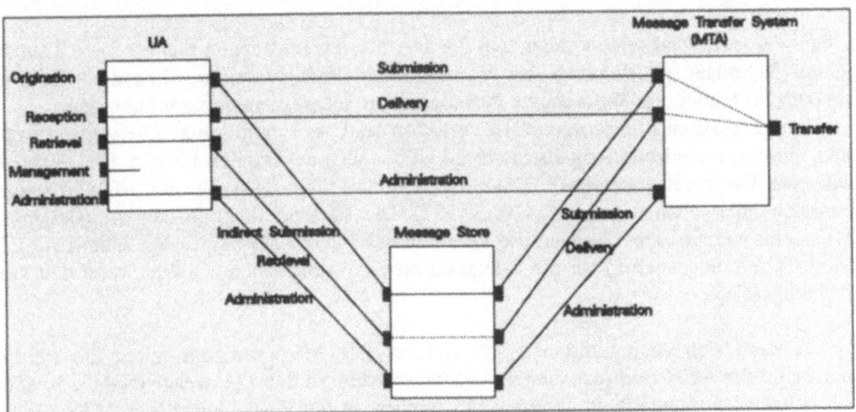

Abb. 41: Abbildung der UA-Funktionen auf die Ports von MTA und MS.

In Abb. 41 ist dargestellt, über welche Ports (d. h. den hierin zusammengefaßten Operationen) die funktionalen Objekte interagieren. Auf der Grundlage dieser Zusammenhänge wird die nachfolgende Diskussion geführt.

6.1.2 Die User Agent-Festlegungen

Schon unter 5.2.7.2 habe ich darauf hingewiesen, daß es sich beim IPMS um keinen Dienst im üblichen Sinne handelt. Für den UA, als Teil des IPMS, werden daher kaum Funktionen festgelegt. Fast alle von ihm angebotenen Funktionen sind MTS-Funktionen. Die für den UA festgelegten Daten sind zwar umfangreich. Da mit ihnen jedoch kaum genormte Funktionen verbunden sind, kommt es nicht zu einer durch die Norm erzwungenen Übertragung dieser Daten.

6.1.2.1 Die Funktionen

Die Abbildung 41 zeigt, daß von den genormten funktionalen Objekten der UA am weitesten zum Benutzer hinreicht. An seiner Schnittstelle werden die Leistungen des Gesamtsystems zugänglich.

An der Schnittstelle zum UA stehen dem Benutzer folgende Funktionsgruppen zur Verfügung:

1. Versenden von IPMS-Mitteilungen, Probemitteilungen oder Empfangsbestätigungen (Origination[177]);
2. Empfangen von IPMS-Mitteilungen und Empfangsbestätigungen (Reception);
3. Verwalten, Zugreifen und Löschen von IPMS-Mitteilungen (Retrieval);
4. Managementfunktionen zur Steuerung der automatischen Prozeduren des UA (Management) und
5. Managementfunktionen zur Steuerung der Anschlußeigenschaften am MTA oder MS (Administration).

Bei den **Versendefunktionen** stützt sich der UA auf die Leistungen des Message Transfer Systems. Veranlaßt ein Benutzer den Versand einer IPMS-Mitteilung (originate), so wird diese dem MTS über den Submissions-Port (operation: message submission) übergeben.
Die Normvorschriften zum prozeduralen Verhalten des UAs sind minimal. Die meisten Argumente, mit denen die Mitteilung übernommen wird, sollen unverändert bleiben. Einige andere sollen vom UA gesetzt werden[178]. Die Mitteilung soll dann direkt an den MTA (message submission) übergeben werden (X.420, S. 577). Die Versendefunktion des UA (Originate-IPM) ist eine triviale Abbildung auf die Versendefunktion des MTS (message submission). In unserer Terminologie wird also die Operation message-submission schwach vermittelt vom UA durchgereicht.

Der UA kann sich auch auf einen MS stützen. Der MS wiederum reicht die submit-Schnittstelle des MTS (indirect submission) unverändert an den UA weiter (X.413, S. 480). Auch bei der Zwischenschaltung eines MS bleiben so die Festlegungen des MTS für die spezifischen Leistungen des UA beim Versand bestimmend.

Beim **Empfang** ergibt sich ein ähnliches Bild. Die receive-Funktion des UA ist eine direkte Verlängerung der deliver-Funktion des MTS. Der UA fügt keine Eigenleistung hinzu (X.420, S. 579).

Stützt sich der UA auf einen MS, so werden die Deliver-Funktionen (delivery-port) nicht vom UA bedient. Er greift dann über die **Verwaltungsfunktionen** (retrieve) auf die Mitteilungen im MS zu und gibt sie an den Benutzer weiter. Diese Schnittstelle wird völlig transparent durchgereicht (X.420, S. 571). Eine Eigenfunktionalität des UAs gibt es nicht.

---

[177] Die englischen Normbegriffe werden zugefügt, um die UA-Funktionen gegenüber den MTS-Funktionen abzugrenzen.

[178] Dazu gehört die Absenderadresse (X.420, S. 577). Der UA soll sicherstellen, daß der Benutzer keine falsche Adresse angibt.

Tatsächliche Eigenfunktionen des UAs stellen die automatischen Prozeduren dar, die über die **Managementfunktionen** vom Benutzer gesteuert werden können. Der Benutzer kann hierüber festlegen, daß Mitteilungen automatisch gelöscht, beantwortet oder weitergeleitet werden können. Die notwendigen Prozeduren führt der UA aus.

Neben den Funktionen, in die der UA allenfalls prüfend und ergänzend eingreift, sollen alle anderen Funktionen, die MS und MTS anbieten (z.B. Cancel Deferred Delivery) transparent durchgereicht werden (X.420, S. 571).

Es kann somit festgehalten werden, daß die an der UA-Schnittstelle verfügbaren Funktionen überwiegend nicht vom UA, sondern vom MS und MTS realisiert werden. Eine funktionale Anreicherung geschieht allein durch die automatischen Prozeduren.

6.1.2.2 Die Daten

Hinsichtlich der Protokolldaten sind die UA-Festlegungen bedeutsam. Eine IPMS-Mitteilung ist eine besondere Ausprägung einer MTS-Mitteilung, speziell für den Austausch zwischen Personen. Die genormten Datenfelder tragen dem Rechnung und orientieren sich an einem Geschäftsbrief. Damit werden eine Reihe personenbezogener Daten festgelegt und übertragen.

Die Bedeutung dieser Festlegungen relativiert sich insofern, als es sich bei den UA-Festlegungen im wesentlichen um ein Datenaustauschformat handelt. Wir hatten Datenaustauschformate gegenüber anderen Normfestlegungen dadurch abgegrenzt, daß über sie nur die Struktur und Bedeutung, nicht aber die prozedurale Verarbeitung der Daten festgelegt werden. Wir haben gerade gezeigt, daß ein UA auf die Datenfelder kaum funktional reagiert und damit überwiegend keine Protokolleigenschaften aufweist. Damit einher geht, daß die Belegung der festgelegten Daten überwiegend freiwillig ist. Ein Absender kann auf die Eintragung der meisten Daten vollkommen verzichten, weil damit hauptsächlich Informationen an den Empfänger übertragen und kaum Funktionen gesteuert werden, für die sie notwendig belegt werden müßten.

6.1.3 Die Message Store-Festlegungen

Ein Message Store ist ein MCC-System innerhalb des MHS, für das nur Verwaltungsfunktionen festgelegt sind. Die MCCM-relevanten Funktionen werden im Zusammenhang mit dem MTS genormt. Für den MS werden kaum zusätzliche Daten festgelegt.

6.1.3.1 Die Funktionen

Der Mitteilungsspeicher bietet drei Funktionsports an:

1. Verwaltung von IPMS-Mitteilungen, Reports, etc. (retrieve)
2. Versenden von IPMS-Mitteilungen, Empfangsbestätigungen, etc. (indirect submission)
3. Verwalten von Anschlußeigenschaften bzgl. des MTS (administration)

Die MS-Festlegungen beschränken sich hinsichtlich des **Versendens** und der **Managementfunktionen** darauf, diese vom MTS schwach vermittelt an den UA weiterzureichen. Die

Aufgabe des MS reduziert sich auf gewisse Prüfungen der vom UA erhaltenen Aufträge und dem Rückleiten der Ergebnisse. Für die Realisierung der eigentlichen Funktionen ist wiederum das MTS verantwortlich (X.413, S. 480 und 482f).

Die **Verwaltungsfunktionen** werden dagegen vom MS erbracht. Der MS empfängt Mitteilungen über den Delivery-Port vom MTS. Der Zugriff des UA auf diese Mitteilungen wird dann durch die Retrieval-Funktionen des MS ermöglicht. Hierin liegt die Eigenfunktionalität mit Relevanz für den Benutzer, der nur über diese Funktionen auf eingegangene Mitteilungen zugreifen kann.

Die MS-Normfestlegungen bestimmen nur MCC-Funktionen. Die Verwaltungsfunktionen des MS stehen nur einem Teilnehmer, nämlich dem Empfänger von Mitteilungen, zur Verfügung. Sie sind über die Kommunikation zwischen Empfänger und MS zugänglich. Die MCCM-Funktionen (Versenden, Empfangen) werden dagegen vom MTS realisiert.

6.1.3.2 Die Daten

Der MS verwaltet IPMS-Mitteilungen. Die Datenfelder einer IPMS-Mitteilung sind zum einen über die UA-Festlegungen hinsichtlich des Briefkopfes und über die MTS-Festlegungen hinsichtlich des Briefumschlages festgelegt. Der MS fügt diesen Datenfeldern einige wenige Daten hinzu, die sich im wesentlichen auf den Status einer verwalteten Mitteilung beziehen. Er vermerkt, ob eine Mitteilung neu eingetroffen (new), ob bereits Informationen über einen Eintrag eingeholt wurden (listed) oder ob die Mitteilung bereits an den UA übertragen wurde (processed). Die zusätzlichen, datenrelevanten Festlegungen des MS sind somit gering.

6.1.4 Die Message Transfer System-Festlegungen

Das Message Transfer System ist das Kernstück der MHS-Normen. Es bestimmt, wie gezeigt, maßgeblich die Eigenschaften des UAs und des MS.

Es legt über die Operationen an den Ports die eigentlichen Versende- und Empfangsleistungen fest und ist demzufolge für den Austausch der Mitteilungen zwischen Kommunikanten bestimmend. Für den MTS-Briefumschlag werden umfangreiche Daten festgelegt. Im Unterschied zu den IPMS-Datenfestlegungen sind die MTS-Daten jeweils an funktionale Leistungen gekoppelt und damit nicht mehr freiwillig (Daten gegen Funktion).

Ohne hier detailliert auf die Eigenschaften des Message Transfer Systems einzugehen, kann zusammenfassend festgestellt werden, daß

-   die Funktionen des UAs kaum MCCM-relevant sind, da sie im wesentlichen nur die Funktionen von MS und MTS durchreichen,
-   für das IPMS umfangreiche, personenbezogene Daten festgelegt werden, deren Verwendung jedoch freiwillig bleibt,
-   die Funktionen des MS überwiegend MCC-relevant sind,
-   nur wenige Daten im Rahmen des MS zusätzlich festgelegt werden,
-   die funktionalen Festlegungen des MTS die Kommunikationsbedingungen zwischen Kommunikanten nachhaltig bestimmen und damit MCCM-relevant sind und

- für daß MTS umfangreiche, personenbezogene Daten festgelegt werden, deren Verwendung nicht freiwillig ist.

Trotz einiger bewertbarer Aspekte verzichte ich auf die Bewertung der UA- und MS-Festlegungen aus folgenden Gründen:

1. Die Bewertung soll sich auf funktionale Eigenschaften im oben eingeführten Sinn beziehen. Für den UA werden solche Eigenschaften nicht festgelegt. Die automatischen Prozeduren sind keine Funktionen im hier verwendeten Sinne (vgl. hierzu die ausführliche Diskussion unter 5.2.7.2).
2. Das später zu entwickelnde Bewertungsinstrumentarium wird auf MCCM-Systeme ausgerichtet. Da es sich beim MS um ein MCC-System handelt, mußte hierfür ein eigenes Instrumentarium entwickelt werden. Angesichts des geringen Umfangs der MS-Festlegungen weite ich die Arbeit nicht um einen solchen inhaltlichen Schwerpunkt aus.

Ich werde mich auf das Message Transfer System konzentrieren. Die dort zu bewertenden funktionalen Eigenschaften werden auf Leistungsmerkmale als den jeweils betrachteten Dienstausschnitt bezogen. Zwei Gruppen von Leistungsmerkmalen werden ausgeblendet: Konvertierung und Datensicherheit.

Die Konvertierungsleistungen des MTS sichern, daß zwischen Absender und Empfänger die Mitteilungen von einer Kodierungsform in eine andere, für den Empfänger verarbeitbare Kodierung, übertragen werden. Es handelt sich hierbei um Festlegungen, die keine Auswirkungen auf die Kommunikationbedingungen der Kommunikanten haben.

Obwohl Fragen des Datenschutzes bei der Normbewertung eine bedeutende Rolle spielt, werde ich auf die Datensicherheitsmerkmale des MTS aus folgenden Gründen nicht weiter eingehen:

1. Unter 4.3.1 hatte ich bereits darauf hingewiesen, daß die Datensicherheit ein Schutzziel ist, das in den Dienst des Datenschutzes gestellt werden kann, das aber selbst nicht mit dem Datenschutz gleichzusetzen ist. Sie ist eine wichtige, aber nicht die alleinige Voraussetzung zur Gewährleistung des Datenschutzes.

2. Die Datensicherheitsleistungen des MTS gründen sich auf eine umfangreiche Analyse möglicher Bedrohungen. Auf diese wird mit einem Bündel von Mechanismen reagiert, die jeweils bestimmte Bedrohungen ausschließen sollen. Eine Bewertung dieser Mechanismen muß die technische Frage beantworten, ob sie jeweils korrekt und vollständig sind. Das erfordert unweigerlich vertiefte Untersuchungen auf der Grundlage des derzeitigen Standes der Forschungen zur Datensicherheit. Das würde die Arbeit um einen inhaltlich sehr komplexen Schwerpunkt ergänzen, der ihren Rahmen sprengte und bei dem die Frage einer sozialen Bewertung in den Wirren der technischen Problemstellungen verloren ginge.

3. Weder in der MHS-Basisnorm noch im entsprechenden funktionalen Standard ist eines der Sicherheitsleistungsmerkmale als verbindlich für Betreiber oder Benutzer vorgeschrieben. Man muß daher davon ausgehen, daß eine Reihe von MHS-Systemen über keine Sicherheitsmechanismen verfügen oder diese - aus Unkenntnis oder wegen der Kosten - nicht genutzt werden. Auch aus diesem Grunde bleibt es erforderlich, die unter

Datenschutzgesichtspunkten wichtigen Eigenschaften des MTS unabhängig von den Sicherheitsmerkmalen zu untersuchen.

4. Selbst wenn eine Bewertung der technischen Eignung der Sicherheitskonzepte zu durchweg positiven Aussagen käme, wäre die tatsächliche Sicherheit nicht gewährleistet. Oft werden nur Sprachmittel genormt, mit denen auf Sicherheitsvereinbarungen Bezug genommen werden kann. Sie werden im Rahmen einer "security policy" vereinbart, die beliebige Festlegungen treffen kann und über die die Norm nichts aussagt. Viele der Normfestlegungen erhalten daher erst in Verbindung mit einer - der Normanalyse nicht zugänglichen - "security policy" ihre Bedeutung[179].

6.2 Zur bisherigen Technikbewertung von Elektronischen Postsystemen

Für elektronische Postsysteme werden zunehmend Technikfolgenabschätzungen und -bewertungen vorgenommen. Über die damit zusammenhängende Diskussion soll zunächst ein kurzer Überblick gegeben werden.

Das Office of Technology Assessment (USA) hat bereits sehr früh eine Studie über die Auswirkungen elektronischer Post auf das amerikanische Postwesen vorgelegt (OTA 1982). Hierin werden zwei Formen elektronischer Post unterschieden: Elektronische Versendung einer Mitteilung, physischer Ausdruck und Weiterleitung im gewöhnlichen Postdienst oder durchgehende elektronische Übertragung von Absender zu Empfänger. Insbesondere werden folgende Wirkungsdimensionen untersucht:

- Folgen für die Dienstqualität der "gelben" Post;
- Rationalisierungseffekte;
- Privacy[180] und Datensicherheit.

Unter unterschiedlichen Annahmen hinsichtlich der weiteren Entwicklung des herkömmlichen Briefaufkommens, konventioneller Produktivitätssteigerungen sowie der Substitution "gelber" durch beide Formen elektronischer Post kommt die Studie zu der Einschätzung, daß es nach anfänglich leichtem Beschäftigungszuwachs zu einem erheblichen Stellenabbau kommen wird. Die günstigsten Annahmen gehen von einer Reduktion von 2,7 % im Jahre 1995 und 13,8 % im Jahre 2000 aus, die ungünstigsten von 22,8 % bzw. 34,3 %. Die Privacy- und Datensicherheitsprobleme werden in der Studie nur sehr allgemein angesprochen, ohne deutliche Szenarien herauszuarbeiten. Es wird auf die rechtlich schwierige Einordnung zwischen den Post- und Telekommunikationsregularien hingewiesen. Zudem werden die

---

[179] Auf diesen grundsätzlichen Unterschied zwischen der Befähigung zur Datensicherheit und der tatsächlichen Datensicherheit eines Systems weisen Bräutigam, Höller & Scholz (1990, S. 154ff) hin. Sie bezeichnen dies als allgemeines und konkretes Systemrecht. Das allgemeine Systemrecht besteht aus technischen Konstrukten und Mechanismen. Im konkreten Systemrecht (eines konkreten Systems) werden diese nach der Maßgabe des geltenden Außenrechtes (z. B. Datenschutzvorschriften einer Behörde oder eben eine beliebige security policy) angewendet und führen zu einer bestimmten, zu einem Zeitpunkt geltenden Sicherheit eines Systems.

[180] Dem steht keine adäquate deutsche Übersetzung gegenüber. Unser Datenschutzbegriff faßt ihn nicht ausreichend.

Gefährdungen grob skizziert, denen Mitteilungen während der Übertragung und zwischenzeitlichen Speicherung ausgesetzt sind.

Die organisatorischen Wirkungen stehen im Mittelpunkt einer Arbeit zu den Perspektiven und Problemen der elektronischen Post (Spengler-Rast & Kampen 1991), die vom Wissenschaftlichen Institut für Kommunikationsdienste (WIK) herausgegeben wurde.
Die Autoren weisen zum einen auf den sich ergebenden Reorganisationsbedarf hin. Er ergibt sich aus dem Eindringen elektronischer Post in etablierte Ablaufstrukturen, durch die Erfordernis, elektronische Dokumente in ein rechtliches, an die Papierform gebundenes Umfeld zu integrieren sowie durch den Wegfall bestimmter Aufgaben, die eine aufbauorganisatorische Reorganisation von Stellenzuschnitten erfordern.
Darüber hinaus leiten sie aus den Eigenschaften elektronischer Post Impulse für die Realisierung neuer Arbeits- und Organisationsmodelle ab. Danach ist zu erwarten, daß es innerorganisatorisch zu neuen Formen der Gruppenkommunikation sowie hinsichtlich der Außenbeziehung zur Telearbeit kommt.
Letztlich weisen sie auf zu erwartende Kommunikationsveränderungen hin, wonach elektronische Postsysteme u. a. zu neuen Formen schriftlichen Ausdrucks (mehr persönlichkeitsbezogene Elemente, scherzhafte Redewendungen) sowie zur Herausbildung neuer, quer zu den organisatorisch implementierten Kommunikationswegen führen.

Von Jaburek (1990) wurde eine Risikostudie vorgelegt, die sich mit der Datenübermittlung speziell im Banken-, Handels- und Behördenbereich beschäftigt. Als eine Form der Datenübertragung[181] nimmt er explizit Bezug auf das MHS nach X.400.
Es werden Telekommunikationssysteme - insbesondere MHS - in den Kontext zivilrechtlicher Beziehungen und der sie konstituierenden Elemente (Willenserklärung, Angebot, Annahme, Schriftform) gestellt.
Diskutiert werden die technischen Eigenschaften der betrachteten Systeme, ihre rechtliche Einordnung angesichts der derzeitigen Gesetzeslage und Rechtsprechung sowie Erfordernisse zur rechtlichen Weiterentwicklung angesichts dieser neuen Techniken.
Die dann folgende ausführliche Risikoanalyse stützt sich auf traditionelle Methoden (ISO 7498; Pfitzmann, Pfitzmann & Waider 1988) der Identifizierung von Risikopunkten in - dann nicht mehr systematisch differenzierten - Telekommunikationssystemen, der Zuordnung von Ausfall- und Bedrohungstypen sowie dem Benennen von Lösungsmöglichkeiten.
Eine rechtliche Einordnung elektronischer Postsysteme wird u. a. auch hinsichtlich der zivilrechtlichen Implikationen des Verhältnisses zwischen Betreiber und Teilnehmer (Redecker 1986; Schneider 1988) sowie hinsichtlich des strafrechtlich relevanten Mißbrauchs zur Informationsverarbeitung (Stenger 1990) vorgenommen.

Elektronische Postsysteme werden zunehmend auch unter den Aspekten des Datenschutzes und der Datensicherung diskutiert.
In den USA, wo sie bereits einen hohen Verbreitungsgrad erreicht haben[182], ist derzeit eine intensive Diskussion im Gange. Im Mittelpunkt steht das grundsätzliche Problem, daß elektronische Mitteilungen prinzipiell auch von Dritten gelesen werden können. Insbesondere im betrieblichen Bereich kommt es dort zu Auseinandersetzungen darüber, ob und in welchen

---

[181] Im Grunde versteht er darunter jede Form des Nachrichtenaustausches.
[182] Etwa 12 Millionen Arbeitnehmer nutzen solche Systeme ständig (Casatelli 1991).

Fällen Arbeitgeber das Recht haben, elektronisch gespeicherte Mitteilungen zu lesen und den Inhalt zu verwenden (Salamone 1991).

Auch in Europa werden Datenschutz- und Sicherheitsaspekte im Kontext elektronischer Post diskutiert. In einer Studie, die vom Europarat herausgegeben wurde (Council of Europe 1989), wird auf die spezifischen Probleme hingewiesen. Technisch liegen sie demnach darin, unberechtigten Zugriff auf das System auszuschließen, die Identität des Senders zweifelsfrei festzustellen und die Integrität des Mitteilungsinhaltes zu sichern.

Als rechtliches Problem wird die bisher nicht eindeutige Einordnung elektronischer Mitteilungen zwischen der eines Briefes, auf den die rechtlichen Regelungen des Post- und Fernmeldegeheimnisses, oder als Datei, auf die die Datenschutzgesetze anzuwenden sind, gesehen. Eine weitere Schwierigkeit wird darin gesehen, die vertrauliche Behandlung von Mitteilungen durch die Systembetreiber zu gewährleisten. Hieraus wird als vordringlich abgeleitet:

1. eine rechtliche Situation zu schaffen, die eine Vertraulichkeit gewährleistet, wie sie bei traditionellen Briefen üblich ist und

2. technische Maßnahmen zu ergreifen, um die Sicherheit von Mitteilungen zu gewährleisten.

Auch in den eher technisch orientierten Veröffentlichungen (Plattner u. a. 1989; Babatz u. a. 1990; Schneider 1990) wird den Datensicherheitsfragen zunehmend Aufmerksamkeit geschenkt. Von der Realisierung der in ISO 7498 formulierten Sicherheitsarchitektur und ihrer spezifischen Formulierung innerhalb der MHS-Normen werden maßgebliche Beiträge zum Ausschluß von Gefährdungen für Nachrichteninhalte erwartet.

6.3 Bewertungsansatz und Kriterien

6.3.1 Entwicklung des Bewertungsansatzes

Unter 4.3.2 wurden zwei grundsätzliche Normbewertungsansätze unterschieden: einer, der mehr in der Tradition sozialwissenschaftlicher Technikbewertung steht und einer, der mehr an der Softwarebewertung orientiert ist.

Die unter 6.2 vorgestellten Untersuchungen sind durchweg als Technikbewertungsarbeiten anzusehen, bei denen die Bewertung einer bestimmten Techniklinie und der ihr zugrunde liegenden Normen weitgehend zusammenfällt. Der zur Bewertung anstehende Gestaltungsgegenstand "elektronische Post" ist jeweils weit gefaßt. Selbst die engste Fassung, die bei der Arbeit von Spengler-Rast & Kampen (1991) (dazu 5.1) zugrunde gelegt wurde, umfaßt noch sehr grobe Bestimmungskriterien, die als fundamentale Merkmale im oben (4.3.2) eingeführten Sinne zu verstehen sind.

Typisch für die damit einhergehenden existenzabhängigen Folgen ist die Rationalisierungswirkung elektronischer Postsysteme. Deren Eigenschaft, Mitteilungen elektronisch von Absender zu Empfänger zu übertragen, führt zur Rationalisierung im Bereich der gelben Post sowie des innerbetrieblichen Postwesens. Hat sie das noch mit anderen Textübertragungssystemen gemein, so ist es ihr fundamentales Merkmal, automatisch weiterverarbeitbare Dokumente übertragen zu können, das zu weiteren Rationalisierungspotentialen bei Textverarbeitungs- und Sachbearbeitungsaufgaben führt. Dabei kommt es weniger darauf an, wie diese fundamentalen Merkmale konkret realisiert sind, und an welchen Stellen exakt welcher funktionale Beitrag zur Gesamtleistung erbracht wird.

Gleiches gilt für die organisatorischen Implikationen. Elektronische Dokumente von Postfach zu Postfach übertragen zu können, verändert bestehende Kooperationsbeziehungen und begründet neue. Welche Funktionen das im einzelnen realisieren, ist hierfür weniger von Bedeutung.

Datensicherheitsprobleme ergeben sich bei MHS-Systemen dadurch, daß Mitteilungen elektronisch übertragen, im Zuge der Übertragung zwischengespeichert (store-and-forward) und zugestellt in Postfächern abgelegt werden. Daraus ergibt sich das Problem, daß Mitteilungen mitgeschnitten und daß an mehreren Stellen auf sie zugegriffen wird. Die Probleme bestehen immer, wenngleich ihr Ausmaß teilweise durch spezifische Gestaltungsmaßnahmen[183] verringert werden kann.

Die hier ins Auge gefaßte Normbewertung blickt genauer auf den technischen Gegenstand, der mit dem Message Transfer System nun deutlich bestimmt ist. Bei der Festlegung seiner funktionalen Eigenschaften, die wir über den Dienstausschnitt "Leistungsmerkmal" festgelegt haben, gehen wir von Gestaltungsfreiräumen in der Phase der Normerarbeitung aus. Den dort getroffenen Entscheidungen unterstellen wir ausprägungsabhängige Folgen.

Diese Art der Normbewertung hatte ich bereits unter 4.3.2, allerdings noch mit Blick auf die Gesamtheit aller Normen, in ihren Grundzügen skizziert. Hier nun soll sie zu einem für das MTS gültigen Bewertungsansatz konkretisiert werden.

6.3.1.1 Diskussionskontext für die Kriterienbildung

Ebenfalls unter 4.3.2 hatte ich bei der allgemeinen Kriteriendiskussion zur Bewertung von MCCM-Systemen grob auf den Diskussionskontext hingewiesen, an den angeknüpft werden kann. Ich will dies zur Rechtfertigung der nachfolgend ausführlicher vorgestellten Kriterienauswahl hinsichtlich des MTS noch einmal konkretisieren.

Unsere Bewertung soll bezogen werden auf Funktionen und Daten als Bestandteile funktionaler Eigenschaften. Alle **Funktionen** des MTS dienen dem Austausch von Mitteilungen und bewirken verschiedenste Formen, wie es zur Übertragung und Zustellung der Mitteilungen kommt. Hierfür benötigen wir Bewertungskriterien, die sehr nah an einzelne Softwarefunktionen und ihre detaillierte Funktionsweise heranreichen. Die Software-Ergonomie erscheint hier als rechter Ansatzpunkt, wenn auch gesehen werden muß, daß der hierin formulierte Bewertungsanspruch wesentlich weitgehender ist. Dort wiederum, wo die Kriterien mit Bezug auf die Dialogschnittstelle des IFIP-Modells sehr präzise gefaßt sind, ist er für unsere Absichten sehr eng. Es bedarf daher einer gründlichen Untersuchung, wie die Software-Ergonomie-Diskussion zur Bewertung des MTS nutzbar gemacht werden kann.

MHS und MTS lehnen sich - wie dargestellt - stark an die Abläufe bei der traditionellen Post an. Zur Bewertung des MTS ist es daher lohnend, die Postordnung (PostO) zu berücksichtigen. Dort, wo die Probleme vergleichbar sind, sollte man deshalb auf die dortigen Regelungen zurückgreifen.

---

[183] die jedoch zu einem großen Teil außerhalb der Kommunikationstechnik ergriffen werden müssen (Zugriffschutz in beteiligten Rechnern).

Hinsichtlich der in Normen festgelegten **Steuerdaten**[184] treten Datenschutzprobleme auf, da die Teilnehmer über die O/R-Namen eindeutig identifiziert werden. Das mit Blick auf die Normfestlegungen zu betrachtende Problem ist jedoch speziell. Normen bestimmen Daten, die zwischen Absender-UA, MTAs und Empfänger-UA ausgetauscht werden. Die Verarbeitung dieser Daten ist nur hinsichtlich der genormten Funktionen festgelegt. Jede konkrete Speicherung und weitere Verarbeitung ist möglich, aber nicht Gegenstand der Normfestlegungen. Der mit der Übermittlung von Daten in Kommunikationssystemen einhergehende Problemausschnitt wird am deutlichsten in Arbeiten herausgestellt, die entsprechende Kriterien aus dem von Roßnagel (1991) formulierten Recht auf telekommunikative Selbstbestimmung ableiten.

6.3.1.2 Bestimmung des für die Bewertung betrachteten Verwendungszusammenhangs

Die Bestimmung geeigneter Bewertungskriterien hängt vom technischen Gegenstand ab. Ebenso wichtig ist jedoch die Wahl des Verwendungszusammenhangs, in den man den technischen Gegenstand projiziert, um Folgen zu bestimmen.
Ich betrachte die **Verwendung eines Message Transfer Systems zum Austausch von Mitteilungen zwischen Menschen**. Es werden keine weiteren Annahmen hinsichtlich der zwischen ihnen bestehenden persönlichen, rechtlichen und sozialen Beziehungen gemacht.

Die Wahl dieses denkbar weiten Verwendungszusammenhangs muß zunächst verblüffen. Haben nicht in der Diskussion um die Einführung des ISDN erst konkrete Anwendungsannahmen zur Identifizierung von Problemen und zur Suche nach Lösungen geführt? So wurden die Probleme der Rufnummernanzeige erst dann augenfällig und allseits anerkannt, als auf die Notwendigkeit anonymer Anrufe bei Beratungsstellen aufmerksam gemacht wurde. Und in der betrieblichen Anwendung der Leistungsmerkmale offenbarten sich die Probleme angesichts der Gefahr von Leistungs- und Verhaltenskontrollen.

Um zu zeigen, daß ein so weit gefaßter Verwendungszusammenhang für die Bewertung der MTS-Normen notwendig ist, bedarf es einiger grundsätzlicher Überlegungen. MHS-Systeme sind, wie Telefonsysteme, als Kommunikationsinfrastruktur für ein breites Anwendungsspektrum konzipiert. Hiermit soll Kommunikation innerhalb und zwischen der Privat-, der Wirtschafts- und der staatlichen Sphäre unterstützt werden. D. h. weder das MHS- noch das Telefonsystem machen Annahmen, die im Verhältnis der Kommunikanten zueinander begründet sind. Sie sind Infrastruktur - und nicht Spezialsysteme.
Daraus ergibt sich im Grunde, daß solche Systeme allen Nutzungssituationen in gleicher Weise gerecht werden müßten. Das werden sie nicht, wie wir wissen. Um das tatsächlich zu erreichen, gibt es zwei prinzipiell unterschiedliche Wege.

---

[184] Diese bezeichne ich im folgenden auch als kommunikationsbegleitende Daten. In der Literatur finden sich eine Reihe von Klassifizierungen der in Kommunikationssystemen anfallenden Daten (Hammer u.a. 1989; Höller 1988-2; Schmidt 1988). Dort wird zumeist von Verbindungsdaten als solchen gesprochen, die technisch für die Herstellung und Aufrechterhaltung von Verbindungen notwendig sind. Der dahinterstehende Begriff der Verbindung ist auf die Verhältnisse bei MHS-Systemen nicht zu übertragen (dazu unten 7.1), so daß besser von kommunikationsbegleitenden Daten gesprochen wird

Das Prinzip des allwissenden Systems

Bei dem einen müßte man das Kommunikationssystem mit dem gesamten erforderlichen Wissen über Nutzungssituationen und mit Regeln ausstatten, wie es sich in bestimmten Situationen verhalten soll. Geht man diesen Weg, dann muß ein Telefonsystem wissen, ob es sich um den Anschluß der Feuerwehr handelt. In diesem Fall muß die Rufnummer des Anrufers angezeigt werden. In einem anderen Fall muß es wissen, ob es sich um den Anschluß einer Beratungsstelle handelt. Dann muß die Nummer unterdrückt werden.

Das sind aus der Praxis gegriffene Beispiele, bei denen das System mit Wissen um den Anwendungskontext ausgestattet wird. Es ist jedoch ein verschwindend geringer Ausschnitt aus den tatsächlichen Anwendungssituationen. Folgte man dieser Logik, dann müßte das System auch wissen, ob ein Anrufer (und daß es sich um einen Anrufer handelt), der nach 22.^{00} Uhr anruft, die Angerufene (und daß es sich um eine Angerufene handelt) kennt oder nicht, um davon abhängig zu machen, ob die Rufnummer angezeigt wird. Es müßte wissen, wer die Vertretung eines Angerufenen übernommen hat oder daß ein Nachbar sich während des Urlaubs bereit erklärt hat, Anrufe entgegenzunehmen, um zu entscheiden, ob eine Umleitung gerechtfertigt ist.
Die Beispiele wären beliebig fortzusetzen. Das Ergebnis wäre ein System, das über alles und jeden Bescheid wüßte, um sehr differenziert auf Nutzungssituationen reagieren zu können.

Eine solche Forderung wurde bisher nicht aufgestellt. Sie wäre eine Schreckensvision.
Andererseits bedeutet das, daß es kein System geben wird, das auf der Grundlage ihm vorgegebener Informationen und Regeln allen Anwendungssituationen gerecht wird. Richtet man eine Systemfunktion auf eine Anwendungssituation aus, so nennt ein anderer ein Beispiel, bei dem sie zu einem nicht hinnehmbaren Eingriff in Rechte und Interessen von Teilnehmern führt.

Das Prinzip des schwächsten Eingriffs

Ich gehe im Grundsatz den genau entgegengesetzten Weg. Wenn ich vor dem Hintergrund, daß zwei Menschen miteinander kommunizieren, über deren Verhältnis das System keine anderen Annahmen machen kann als die, daß beide über ein MHS-System in einer Kommunikationsbeziehung zueinander stehen, bewerte, so stehen sich beide zunächst als Personen mit ihren individuellen Wünschen, Bedürfnissen und Interessen gegenüber. Und rechtlich gewendet unterliegen beide dem unumschränkten, grundrechtlichen Schutz ihrer Persönlichkeit. Jeder - immer gleiche - systemtechnische Eingriff, der einer Nutzungssituation gerecht wird, in einer anderen jedoch zu nicht vertretbaren Beeinträchtigungen führt, ist unter dieser Perspektive zunächst unzulässig. Das "Wissen" über die Anwendungssituation, die das System nicht haben soll, haben die Kommunikanten. Nicht das System soll nach vorgegebenen Regeln in die Rechte und Interessen der Teilnehmer eingreifen, sondern der einzelne muß in Kenntnis der Situation bestimmen können, unter welchen Bedingungen es zu einer Kommunikation kommen soll. Es gilt das Prinzip des schwächsten Eingriffs.

Der erste Weg ist natürlich überzeichnet. Man wird sich schnell darauf verständigen können, daß bei einem Anruf bei der Feuerwehr oder einem Rettungsdienst die Rufnummer des Anrufers auch tatsächlich übertragen und angezeigt werden muß. Darüber hinaus ist der Gesetzgeber dazu legitimiert, Regelungen zu treffen, die den einzelnen in der Anwendung eines

Kommunikationssystems beschränken oder technisch zu einem bestimmten Verhalten zwingen können. Hier könnte man etwa an eine Zwangszustellung einer Mitteilung im MTS denken, wie sie für die gelbe Post nach § 39 (1) PostO geregelt ist.

6.3.1.3 Normbewertung als mehrstufiger Prozeß

Dennoch ist mit dem zweiten prinzipiellen Vorgehen der Rahmen für die nachfolgende Bewertung abgesteckt, und ich nehme die Überlegungen zum Anlaß, grundsätzlich drei Bewertungsstufen zu unterscheiden[185]:

1. **Stufe:** Zunächst ist das MTS als das anzunehmen, was es werden soll: eine überall einsetzbare Technik zur Mitteilungsübertragung. Dabei sind alle funktionalen Eigenschaften miteinzubeziehen, unabhängig von deren Verbindlichkeitsgrad. Alle können letztlich implementiert werden.
Diese Technik ist mit den grundlegendsten Anforderungen zu konfrontieren, denen sie, unabhängig von jeder weiteren anwendungsspezifischen Konkretisierung, genügen muß. Es sind die Anforderungen, die sich aus der Verwendung des Systems durch freie Individuen ergeben, wo kein leichtfertiger, technisch-pragmatischer Eingriff geduldet werden kann. Dem einzelnen muß die Möglichkeit gegeben sein, das Kommunikationssystem so zu verwenden, daß er seinen auf das technische System gerichteten Nutzungsinteressen, die er aus übergeordneten Kommunikationsinteressen ableitet, Geltung verschaffen kann. Eine solche Basisbewertung, die auf die notwendigen Freiheitsgrade bei der Systemnutzung gerichtet ist, kann als Bewertung der **lokalen Gestaltbarkeit** bezeichnet werden.

2. **Stufe:** Kommunikationssysteme werden in vielen Anwendungszusammenhängen eingesetzt: in öffentlichen Verwaltungen, in Krankenhäusern, in Gerichten, in privaten Dienstleistungsunternehmen und in Industriebetrieben. Alle im Rahmen ihrer Aufgaben kommunizierenden Menschen handeln dort nicht als völlig freie Individuen, sondern als Aufgabenträger mit verschiedensten Verpflichtungen, aber auch im Rahmen von Schutzvorschriften.
Die Basisbewertung muß daher um den Aspekt einer **anwendungsspezifischen Konfigurierbarkeit** ergänzt werden. Hierbei geht es nicht mehr um die individuelle Nutzung, sondern um die organisationsspezifische Anpassung eines Gesamtsystems. Dabei werden alle in der Norm festgelegten funktionalen Eigenschaften (Leistungsmerkmale) als vorgegeben angenommen. Es wird gefragt, welche Möglichkeiten bestehen, Systeme nach Maßgabe der Anwendungserfordernisse angemessen zu konfigurieren; ob es bspw. möglich ist, bestimmte Leistungsmerkmale auszuschließen oder Daten zu unterdrücken. Eine solche Bewertung muß sich sowohl auf die Basisnorm als auch auf die Schritte des Normetablierungsprozesses (funktionaler Standard und Beschaffungshandbücher) beziehen, die ja durch ihre Festlegung der Verbindlichkeitsgrade auf die Konfigurierbarkeit vor Ort Einfluß nehmen.

3. **Stufe:** Bewertungen auf den vorangegangenen Stufen loten die Eignung einer vorgegebenen, infrastrukturellen "Einheitstechnik" zur Verwendung in recht weit gefaßten Anwendungszusammenhängen aus. Sie müssen um die Bewertung einer **speziellen Anwendungs-**

---

[185] Vgl. hierzu auch Herrmann (1988), der speziell für ISDN-Systeme ähnliche Stufen definiert, wobei er nicht die Normung, sondern die Gestaltung durch den Hersteller zum Ausgangspunkt macht.

tauglichkeit ergänzt werden. Hierfür müssen die Anforderungen aus wesentlich enger gefaßten Anwendungsszenarien abgeleitet werden. Für den Einsatz von MHS-Systemen in öffentlichen Verwaltungen beispielsweise ergeben sich sehr spezielle technische Anforderungen, die sich auf das umfassende Gebot der Schriftlichkeit gründen. Auch für öffentlich betriebene MHS-Systeme ist damit zu rechnen, daß der Gesetzgeber bzw. die nachgeordnete Regulierungsbehörde sehr spezielle Regelungen trifft, wie dies mit starkem Bezug auf das ISDN-Netz in den Verordnungen TDSV[186] und UDSV[187] geschehen ist.

Bewertungen mit speziellen Anliegen werden oft zu Anforderungen führen, denen das MTS, so wie es derzeit genormt ist, nicht gerecht wird. Dennoch sind sie notwendig. Je spezieller solche Anforderungen sind, desto weniger wird ihnen das MTS als "Einheitssystem" genügen.

Das wird auch zu Gestaltungsanforderungen führen, die sich möglicherweise nicht auf die Modifikation derzeit festgelegter Eigenschaften beschränken, sondern die die Ergänzung der Normfestlegungen erforderlich machen.

Ich werde meine Bewertung ganz überwiegend auf die Aspekte der lokalen Gestaltbarkeit, mithin auf die Eignung zur Unterstützung der Kommunikation zwischen grundsätzlich freien Individuen, beziehen. Erfordernisse einer anwendungsspezifischen Konfigurierbarkeit werde ich nur exemplarisch im Hinblick auf den Kontext arbeitsvertraglicher Beziehungen diskutieren. Dort stehen sich die Interessen von Arbeitgeber und Arbeitnehmer gegenüber. Eine Bewertung einer speziellen Anwendungstauglichkeit nehme ich nicht vor.

Keine Bewertung des Teilnehmer-Betreiber-Verhältnisses

Abschließend soll begründet werden, warum das Verhältnis zwischen Teilnehmer und Betreiber bei der Bewertung nicht betrachtet wird. Dies ergibt sich grundsätzlich als Konsequenz aus dem hier verfolgten Bewertungsansatz.

Wir bewerten Normfestlegungen, die normkonforme Systeme bestimmen. Der Betreiber eines solchen Systems ist hinsichtlich der Funktionen und Daten an die Normfestlegungen gebunden. Das wesentliche Problem des Teilnehmer-/Betreiber-Verhältnisses liegt in der Verarbeitung kommunikationsbegleitender Daten. Hierzu trifft die Norm nur insoweit Festlegungen, als sie die Verarbeitung dieser Daten im Rahmen der genormten Funktionen betreffen. Einem Betreiber bleibt jedoch die Möglichkeit, diese Daten auch anderweitig, etwa zur Gebührenberechnung, zu verwenden. Dies sind aus der abstrakten OSI-Sicht lokale, nicht zu normende Eigenschaften der Betreibersysteme. Zu solchen Datenverarbeitungen können auf der Grundlage der Normen keine Aussagen gemacht werden. Generell kann an dieser Stelle nur darauf hingewiesen werden, daß alle Protokolldaten zum Betreiber gelangen. Sie werden als Teil der Mitteilungen und Rückmeldungen an einen Betreiber übergeben und zwischen Betreibern ausgetauscht.

In der möglichen Verarbeitung dieser Daten in unterschiedlichsten Betreiberbereichen liegen deshalb erhebliche Gefährdungen. Sie bedürfen allerdings der Prüfung der in Betreiberbereichen jeweils geltenden Regelungen sowie der tatsächlich stattfindenden Auswertungen. Sie sind auf der Grundlage der Normen nicht zu bestimmen.

---

[186] "Verordnung über den Datenschutz bei Dienstleistungen der Deutschen Bundespost TELEKOM (TELEKOM Datenschutzverordnung (TDSV))"

[187] "Verordnung über den Dateneschutz bei Teledienst-Unternehmen (Teledienstunternehmen-Datenschutzverordnung (UDSV))"

Technischer Gegenstand	Bewertungsstufe	Betrachtetes Verhältnis
Message Transfer System (ohne Datensicherheit und Konvertierung)	lokale Gestaltbarkeit (Stufe 1)	Teilnehmer <--> Teilnehmer
	anwendungsspezifische Konfigurierbarkeit (Stufe 2)	Arbeitgeber <-- > Arbeitnehmer

Tab. 23: Der Bewertungsansatz im Überblick

In Tab. 23 sind die Grundzüge des Bewertungsansatzes zusammengefaßt. Ich werde mich nun der Bestimmung geeigneter Kriterien widmen.

6.3.2 Kriterien der Software-Ergonomie

Die Ergonomie beschäftigt sich mit dem "Verhältnis eines arbeitenden Menschen zu seinem Arbeitsgegenstand, seinen Arbeitsmitteln, seinen Arbeitsmethoden und seinen Arbeitsbedingungen" (Oppermann, Murchner, Paetau, Pieper, Simon & Stellmacher 1988, S. 1) und wird zuweilen mit der Arbeitswissenschaft selbst gleichgesetzt. Sie soll zu Erkenntnissen führen, die die Belastungen des Arbeitenden reduzieren und sein Wohlbefinden fördern. Historisch standen zunächst produktive Arbeitsplätze und Probleme der Maschinenbedienung im Mittelpunkt.

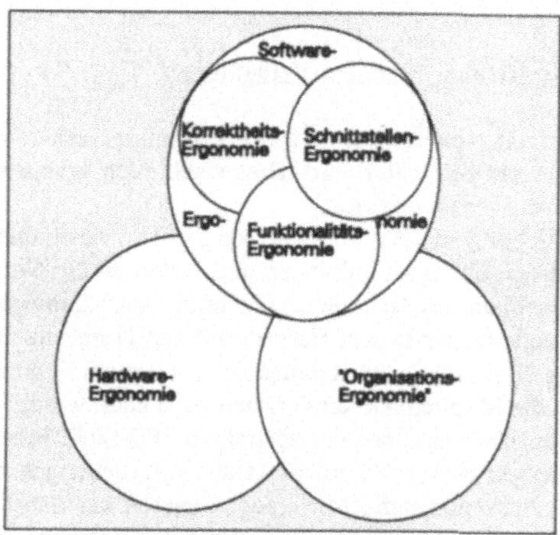

Abb.42: Ergonomie-Modell DV-technischer Systeme (Quelle: Oppermann u. a. 1988, S. 5)

Die hieran orientierte Sicht wurde dann auch auf die Arbeit an Bildschirmgeräten übertragen und begründete das Forschungsfeld der Hardware-Ergonomie. Sie konzentriert sich auf die Gestaltung des Bildschirmgerätes, des Arbeitsplatzes und seiner Umgebung, um Beeinträchtigungen für die Betroffenen zu vermeiden oder zu reduzieren.
Der Bildschirm ist jedoch in erster Linie der Zugangspunkt zu einem Computersystem, das wesentlich durch die in ihm vorhandene Software bestimmt wird. Das Bildschirmgerät selbst tritt in seiner Bedeutung zurück, denn das Arbeitshandeln wird maßgeblich durch die Soft-

ware bestimmt (Friedrich, Jansen, Kaup, Laubrock & Manz 1987, S. 23). Die mit ihr einhergehenden Belastungen werden im Rahmen der Software-Ergonomie untersucht.

Die sich mit der Informationstechnik beschäftigende Ergonomie jedoch auf diesen Teilbereich zu beschränken, wäre unzulässig. Schon das IFIP-Modell verdeutlicht durch die explizite Benennung der Organisationsschnittstelle, über die Benutzer und Computersystem in die Arbeitswelt eingebettet sind, den weiten Gestaltungs- und Bewertungsanspruch. Dieses damit betretene weite Feld arbeitsbezogener Bewertung und Gestaltung informationstechnischer Systeme nun andererseits mit der Software-Ergonomie gleichzusetzen, erscheint weder begrifflich tragfähig noch dem vornehmlichen Arbeitsgebiet angemessen.
Oppermann u. a. (1988) grenzen dann auch die <u>Software-Ergonomie</u> gegenüber der <u>Hardware-</u> und einer eigenen <u>Organisations-Ergonomie</u> innerhalb einer sich mit DV-Systemen beschäftigenden (DV-)Ergonomie (vgl. Abb. 42) ab.

Innerhalb der Software-Ergonomie wiederum unterscheiden sie drei Teilbereiche:
Die <u>Funktionalitäts-Ergonomie</u> bezieht sich auf "die Verfügbarkeit von Funktionen im System, die die Aufgaben des Benutzers effizient unterstützen" (ebd. S. 2).
Die <u>Korrektheits-Ergonomie</u> bezieht sich auf die Fehlerfreiheit des Systems, womit "die Übereinstimmung des tatsächlichen Systemverhaltens mit den spezifizierten bzw. beschriebenen Leistungen eines Systems" (ebd.) gemeint ist.
Die <u>Schnittstellen-Ergonomie</u> bezieht sich auf "die Art, in der sich das System dem Benutzer präsentiert und in der sich der Benutzer das System erschließen, mit ihm umgehen kann" (ebd.).

Im Mittelpunkt der Software-Ergonomie steht der Mensch - und dessen Verhältnis zu Softwaresystemen. Software-ergonomische Gestaltung wird von arbeitspsychologischen Zielkriterien geleitet, die eine effiziente Aufgabenausführung sowie menschliche Entwicklungsmöglichkeiten gewährleisten und dabei negative psychische Auswirkungen vermeiden oder minimieren sollen (Frese & Brodbeck 1989, S. 20). Mehrere Vorschläge für solche Kriterien liegen vor (Hacker 1980; Spinas, Troy & Ulich 1983; Frese & Brodbeck 1989) und sind weitgehend deckungsgleich.

Hacker nennt die Kriterien:
 - Ausführbarkeit,
 - Schädigungslosigkeit,
 - Beeinträchtigungslosigkeit und
 - Persönlichkeitsförderlichkeit

Die Eigenschaften von Systemen tragen den arbeitspsychologischen Zielen Rechnung, wenn sie hinsichtlich der Aufgabe des Benutzers nützlich, verläßlich und benutzbar sind (Oppermann u. a. 1988, S. 2f). Dabei bezieht sich die Nützlichkeit auf die Funktionalität, die Verläßlichkeit auf die Korrektheit und die Benutzbarkeit auf die Schnittstellen des Systems. Das heißt, zu den anthropozentrischen Zielen einer umfassenden ergonomischen Gestaltung eines Computersystems trägt die software-ergonomische Gestaltung bei, wenn sie Unterziele, nämlich die Nützlichkeit, Korrektheit und Benutzbarkeit eines Softwaresystems gewährleistet.

Software-ergonomische Gestaltungs- und Bewertungskriterien sollen dabei helfen. Sie sollen dem Gestalter Anhaltspunkte für die Festlegung angemessener Systemeigenschaften geben und den Bewerter in die Lage versetzen, die Qualität der Zielerreichung zu beurteilen.

Trotz der von Oppermann u. a. aufgezeigten Breite der Software-Ergonomie steht derzeit der relativ kleine Ausschnitt der Schnittstellen-Ergonomie, die auf das engste mit den Benutzer-schnittstellen des IFIP-Modells zusammenhängt, im Zentrum der Diskussion. Hierin werden, wie unter 4.1 näher erläutert, eine Ein-/Ausgabe-, eine Dialog-, eine Werkzeug- sowie eine Organisationsschnittstelle unterschieden. Hiervon wiederum ist die Dialogschnittstelle dieje-nige, die besonders intensiv untersucht wurde. Ich konzentriere mich nachfolgend auf die Dialogschnittstelle, für die ein weitgehend stabiles Kriterienbündel vorliegt und auf die Werkzeugschnittstelle, die für die Bewertung der in Kommunikationsnormen festgelegten Funktionen von hoher Bedeutung ist. Die Ein-/Ausgabe-Schnittstelle wird nicht weiter be-trachtet, da kein Zusammenhang mit den Normfestlegungen besteht. Auch die Organisations-schnittstelle wird hier nicht weiter diskutiert, da ich im Rahmen der Basisbewertung (Stufe 1) organisatorische Aspekte nicht näher betrachte.

6.3.2.1 Kriterien der Dialogschnittstelle

Neben der Ein-/Ausgabeschnittstelle kann die Dialogschnittstelle als diejenige angesehen werden, über deren Bestimmungsmerkmale die größte Einigkeit herrscht. Dies hat zu einer relativ starken Konzentration auf diese Schnittstelle geführt, so daß ihre Gestaltung oft mit dem Anliegen der Software-Ergonomie gleichgesetzt wird (vgl. Triebe, Wittstock & Schiele 1987, S. 9). Ein Ergebnis dessen ist, daß für die Dialogschnittstelle mittlerweile ein Kriteriensatz als DIN-Norm 66234 Teil 8 festgelegt wurde. Dort werden als Grundsätze der Dialoggestaltung genannt:

Aufgabenangemessenheit:
   Ein Dialog ist aufgabenangemessen, wenn er die Erledigung der Arbeitsaufgabe des Be-nutzers unterstützt, ohne ihn durch Eigenschaften des Dialogsystems unnötig zu belasten.

Selbstbeschreibungsfähigkeit:
   Ein Dialog ist selbstbeschreibungsfähig, wenn dem Benutzer auf Verlangen Einsatzzweck sowie Leistungsumfang des Dialogssystems erläutert werden können und wenn jeder ein-zelne Dialogsschritt unmittelbar verständlich ist oder der Benutzer auf Verlangen dem je-weiligen Dialogsschritt entsprechende Erläuterungen erhalten kann.

Steuerbarkeit:
   Ein Dialog ist steuerbar, wenn der Benutzer die Geschwindigkeit des Ablaufes sowie die Auswahl und die Reihenfolge von Arbeitsmitteln oder Art und Umfang von Ein- und Aus-gaben beeinflussen kann.

Erwartungskonformität
   Ein Dialog ist erwartungskonform, wenn er den Erwartungen der Benutzer entspricht, die sie aus Erfahrungen mit bisherigen Arbeitsabläufen oder aus der Benutzerschulung mit-bringen sowie den Erfahrungen, die sie sich während der Benutzung des Dialogssystems und im Umgang mit dem Benutzerhandbuch bilden.

Fehlerrobustheit:

Ein Dialog ist fehlerrobust, wenn trotz erkennbar fehlerhafter Eingabe das beabsichtigte Arbeitsergebnis mit minimalem oder ohne Korrekturaufwand erreicht wird. Dazu müssen dem Benutzer die Fehler zum Zwecke der Behebung verständlich gemacht werden.

Ein weiterer, umfangreicher Kriteriensatz ist Gegenstand der **VDI-Richtlinie 5005** zur Software-Ergonomie in der Bürokommunikation. In ihr wird ein vom IFIP-Modell abweichender Modellrahmen entwickelt, der zunächst skizziert werden muß: Es wird ein Handlungsmodell zur Beschreibung von Benutzerhandlungen und ein Anwendungsmodell zur Beschreibung der Funktionsweisen eines Bürosystems entwickelt. In diesem Modellrahmen werden hierarchische Abstraktionsebenen unterschieden: Aufgaben-Ebene, Funktionale Ebene, Operationale Ebene und Ein-/Ausgabe-Ebene.

Die Ein-/Ausgabe-Ebene offenbart schon von der Bezeichnung her die enge Verbindung zur entsprechenden IFIP-Schnittstelle. Die operative Ebene, deren Gegenstand "die Verständigung des Benutzers mit dem System" (VDI 1990, S. 15) ist, kann weitgehend mit der Dialogschnittstelle verglichen werden.

Den Software-Ergonomie-Kriterien wird insofern eine Brückenfunktion zugewiesen, als sie zwischen den Anforderungen des Benutzers und seiner Aufgabe einerseits sowie den Anforderungen aus der technischen Realisierung des Bürosystems andererseits vermitteln sollen (vgl. ebd., S. 6). Hierfür werden drei Hauptkriterien formuliert:

Kompetenzförderlichkeit

"Die software-ergonomische Gestaltung der Mensch-Rechner-Interaktion soll dazu beitragen, dem Benutzer einen kompetenten Umgang mit dem System zu ermöglichen und damit seine Handlungskompetenz zu fördern. Handlungskompetenz bedeutet, daß sich der Benutzer Wissen über das System und seine organisatorische Einbettung erworben hat und daß er dieses Wissen auf die von ihm zu erfüllenden Aufgaben beziehen kann" (ebd., S. 16).

Flexibilität

"Ein Bürosystem wird dann als flexibel angesehen, wenn es
- so ausgelegt ist, daß der Benutzer auch bei einer geänderten Aufgabenstellung seine Arbeit noch effizient mit demselben System erledigen kann,
- dem Benutzer das Erfüllen einer bestimmten Aufgabe auf alternativen Wegen ermöglicht, die er entsprechend seinem wechselnden Kenntnisstand und seiner aktuellen Leistungsfähigkeit wählen kann.
- unterschiedlichen Benutzern mit unterschiedlichem Erfahrungshintergrund das Erfüllen ihrer Aufgaben auf alternativen Wegen ermöglicht" (ebd., S. 18)

Aufgabenangemessenheit

"Hierbei wird die Aufgabenangemessenheit durch die beiden folgenden Fragen bestimmt,
- ob der Benutzer die Zielsetzung seiner Aufgabe überhaupt mit dem System oder der Anwendung erreichen kann oder andere Systeme oder Medien zu Hilfe nehmen muß (...) bzw.

- mit welchem Planungs- und Zeitaufwand (einschließlich des Aufwandes zur Korrektur von Fehlern) sowie mit welcher Qualität des Arbeitsergebnisses dieses Ziel erreicht werden kann" (ebd., S. 20).

Diese Hauptkriterien werden dann im Hinblick auf die Ebenen des Handlungs- und Anwendungsmodells durch untergeordnete Kriterien konkretisiert:
Auf der operativen Ebene wird dem Hauptkriterium Kompetenzförderlichkeit das Kriterium "konsistente, handlungsunterstützende Benutzeroperationen", der Handlungsflexibilität "alternative Benutzungsoperationen" und der Aufgabenangemessenheit "Effizienz der Benutzeroperationen" zugeordnet.

6.3.2.2 Kriterien der Werkzeugschnittstelle

Im Zusammenhang mit der Einführung des Architekturmodells in 4.1 hatte ich bereits darauf hingewiesen, daß die genauen Charakteristika der Werkzeugschnittstelle bisher nur vage umrissen sind.
An der Werkzeugschnittstelle wird ein Problem deutlich, das in der Software-Ergonomie widersprüchlich diskutiert wird. Es betrifft das Postulat der Anwendungsunabhängigkeit der Benutzerschnittstellen, wie es schon mit dem IFIP-Modell selbst formuliert wurde. Die damit einhergehende Vorstellung geht davon aus, daß die Benutzerschnittstellen unabhängig von den Anwendungssystemen und deren Funktionalität betrachtet, gestaltet und bewertet werden können.

Es drängt sich allerdings die Frage auf, ob diese Schnittstellen tatsächlich so unabhängig vom Anwendungssystem sind und ob nicht doch die Funktionalität Einfluß auf die Qualität der Benutzerschnittstellen hat? Im Grunde hat Balzert (1986), ansonsten ein Vertreter der "Anwendungsunabhängigkeits"-Sicht, aus der besonders engen Verflechtung zwischen Werkzeugschnittstelle und Funktionalität des Anwendungssystems die Konsequenz gezogen, beides nicht weiter zu unterscheiden.

Auch bei Oppermann u. a. (1988) bleibt die Frage des Einflusses der Funktionalität auf die Werkzeugschnittstelle offen. Sie grenzen zwar innerhalb der Software-Ergonomie die Funktionalitäts- gegenüber der Schnittstellen-Ergonomie ab und behandeln die Werkzeugschnittstelle isoliert. Andererseits deuten sie eine Überlappung von Funktionalitäts- und Schnittstellen-Ergonomie graphisch an und betonen, "daß es nicht-leere Schnittmengen zwischen den einzelnen Ergonomiebereichen gibt" (ebd., S. 4).
Es erscheint daher zulässig, die Werkzeugschnittstelle in engem Zusammenhang mit der Funktionalität zu betrachten.

Da wir wissen, daß Normen keine Festlegungen zu Benutzerschnittstellen treffen, wohl aber die (kommunikationsrelevanten) Funktionen im Detail festlegen, sollten bei ihrer Bewertung Kriterien der Werkzeugschnittstelle herangezogen werden können.

Der Stand der Kriterienbildung für diese Schnittstelle ist jedoch unbefriedigend. Dzida (1983) ordnet ihr die Kriterien Wartbarkeit, Reliabilität, Erweiterbarkeit und Portabilität zu. Daß es sich dabei eher um Kriterien der Qualitätsbewertung im Software-Engineering und nicht um arbeitspsychologische Kriterien handelt, ist augenfällig. Aber auch sonst bleiben die Anforderungen an die Werkzeugschnittstelle und Funktionalität weitgehend undifferenziert. Oppermann u. a. (1988) sprechen - wie erwähnt - von der Nützlichkeit, hinsichtlich derer die Funktionalität zu beurteilen ist. Balzert (1988) fordert: Es muß das "Ziel der Entwicklung sein, die elementaren Basisfunktionen zu ermitteln, die den Anwendungsbereich möglichst vollständig und orthogonal überdecken" (S. 348). Beachtenswert ist, daß er damit auf das Ziel der Flexibilität nicht nur für den Benutzer, sondern auch für den Software-Ergonomie-Spezialisten abstellt, dem damit Freiräume in der Gestaltung der Benutzerschnittstellen gegeben werden.

Das hieße im Ergebnis, daß die Normen zum Message Handling zwar als Festlegungen zur Werkzeugschnittstelle aufgefaßt werden könnten, hierfür jedoch keine geeigneten Kriterien vorliegen.
Nach dieser Diskussion ist daher ein erneuter Blick auf die Dialogschnittstelle notwendig. Denn auch an der Unabhängigkeit der Dialogschnittstelle von den Funktionen und der Funktionsweise des Anwendungssystems sind Zweifel angebracht. Nur zwei Beispiele sollen herausgegriffen werden. Die Steuerbarkeit eines Dialogs ist u. a. dann gegeben, wenn der Benutzer "die Auswahl und Reihenfolge der Arbeitsmittel ... beeinflussen kann" (DIN 1988, S. 15). Damit die Dialogschnittstelle so gestaltet werden kann, muß sie selbst Auswahl und Reihenfolge der Funktionsausführungen im Anwendungssystem bestimmen können. Jede Funktion aber faßt eine gewisse Anzahl von programmierten Verarbeitungsschritten in einer bestimmten Reihenfolge zusammen. Es kommt damit auch auf die Modularität des Anwendungssystems an, welche Einzelfunktionen zugreifbar und kombinierbar sind (vgl. Nake 1988, S. 108).
Auch die Selbstbeschreibungsfähigkeit eines Dialogsystems ist maßgeblich vom Anwendungssystem abhängig. Die Funktionskomplexität und damit die Gefahr der Undurchschaubarkeit ergibt sich in der Regel gerade durch die unterlagerten Systemleistungen. Das Dialogsystem ist auf Meldungen des Anwendungssystems über Zwischenergebnisse, besondere Zustände oder Fehler angewiesen, um seinerseits dem Kriterium der Selbstbeschreibungsfähigkeit zu genügen.

Wenn also die Funktionalität auch Einfluß auf die Qualität der Dialogschnittstelle hat, ist daraus die Konsequenz zu ziehen, daß die Kriterien der Dialogschnittstelle, soweit die Funktionalität auf die damit verbundenen Güteeigenschaften Einfluß hat, auch auf die Werkzeugschnittstelle/Funktionalität anwendbar sein sollten.
Welche dieser Kriterien nun für die Bewertung der MHS-Normen geeignet sind, sei zunächst dahingestellt.

6.3.2.3 Software-Ergonomie kommunikationstechnischer Systeme

Zunehmend wird auch die Kommunikationstechnik als eine Entwicklungslinie angesehen, der sich die Software-Ergonomie verstärkt zu widmen hat (Oberquelle 1991).

Die Sicht auf dieses Problem ist unterschiedlich. Balzert (1988) etwa orientiert auf verteilte Anwendungen als denjenigen, die dem Benutzer eine Systemleistung durch Kooperation von Anwendungssystemen auf unterschiedlichen Rechnern bereitstellen. Wir hatten solche als MCC-Systeme bezeichnet.

Arbeiten von Herrmann (1988, 1990) und Nake (1988) dagegen betrachten die menschliche Kommunikation mit Hilfe kommunikationstechnischer Systeme, die wir als MCCM-Systeme bezeichnet hatten.

In diesen Arbeiten wird darauf aufmerksam gemacht, daß die Software-Ergonomie in ihrer klassischen Ausrichtung auf eine singuläre Mensch-Computer-Interaktion den Verhältnissen bei diesen Systemen nur begrenzt gerecht wird. Ich hatte in diesem Zusammenhang bereits auf den Modellvorschlag von Nake hingewiesen (dazu oben 4.1).

Beide gehen zwar bei der Erörterung software-ergonomischer Fragen von den DIN-Kriterien für die Dialoggestaltung aus, machen jedoch deutlich, daß ihre Anwendung nur begrenzt möglich ist. Herrmann (1988) führt eine explizite Kriteriendiskussion. Dabei kommt er zu dem Ergebnis, daß die DIN-Kriterien aus unterschiedlichen Gründen nicht ausreichen. Einige Kriterien bedürfen der Modifikation und Erweiterung. Zwischen den Kriterien treten Widersprüche auf, und es kommt zu Widersprüchen dadurch, daß sich Benutzer mit ihren Anforderungen in den Rollen als Sender und Empfänger gegenüberstehen. Ich werde auf diese letzte Problematik unter 6.4 näher eingehen.

6.3.3 Rechtliche Kriterien zur Bewertung von Kommunikationssystemen

Das Gestaltungsinteresse der Software-Ergonomie zielt vordringlich auf Funktionen, unabhängig davon, welcher Schnittstelle sie zuzuordnen sind. Dem funktionalen Aspekt wird die wesentliche Bedeutung hinsichtlich der arbeitspsychologischen Wirkungen einer Software beigemessen.

Die Daten, insbesondere personenbezogene Daten, auf denen die Softwarefunktionen operieren, und die Art und Weise, wie sie verarbeitet werden, sind bisher kaum Gegenstand software-ergonomischer Bewertung[188].

Software-Ergonomie-Kriterien beziehen sich ganz überwiegend auf eine singuläre Mensch-Maschine-Interaktion, bei der Mensch und Maschine über Ein- und Ausgabedaten miteinander kommunizieren. Um welche Daten es sich handelt, ist zumeist unerheblich und ob auch an die Verarbeitung solcher Daten besondere Anforderungen zu stellen sind, wird kaum betrachtet. Schon wenn man die Perspektive etwas erweitert und davon ausgeht, daß mehrere Benutzer jeweils einen gemeinsamen Computer benutzen, wird es augenscheinlich relevant, daß sie durch die Eingabe von Daten und die Art und Weise, wie sie das System nutzen, Daten erzeugen, die ihnen als Person zugeordnet und damit personenbezogen sind.

Wir treffen also auch hier auf ein Datenschutzproblem. Nun wäre die Betrachtung des Datenschutzes allein aus einer solchen Perspektive bei weitem zu eng.

Historisch stand in der Datenschutzdiskussion zunächst das Verhältnis zwischen Staat und Bürger im Mittelpunkt. Hierfür zeichneten sich angesichts zunehmender Verarbeitung personenbezogener Massendaten durch staatliche Stellen Gefährdungen ab. Die ersten Datenschutzgesetze - und das gilt bis zu den heutigen - regeln daher auch die Verarbeitung personenbezogener Daten durch öffentliche Stellen sehr restriktiv, während für die Datenverarbeitung außerhalb des öffentlichen Bereiches wesentlich niedrigere Zulässigkeitsanforderungen formuliert werden.

Die grundrechtliche Einordnung der Bedeutung des Datenschutzes wurde vom Bundesverfassungsgericht im "Volkszählungs-Urteil" vorgenommen. Dort wurde das Recht auf informationelle Selbstbestimmung formuliert. Es stattet den einzelnen mit der Befugnis aus, grund-

---

[188] Wenngleich die Bedeutung dieser Probleme zunächst von Cornelius (1985) sowie dann im Kontext adaptiver (Friedrich 1990) und vernetzter Systeme (Herrmann 1990) gesehen wurde.

sätzlich "selbst über die Preisgabe und Verwendung seiner persönlichen Daten zu bestimmen"[189]. Das Gericht weist weiter darauf hin, daß dieses Recht auf informationelle Selbstbestimmung grundlegender Voraussetzungen bedarf. Wer nämlich "nicht mit hinreichender Sicherheit überschauen kann, welche ihn betreffenden Informationen in bestimmten Bereichen seiner sozialen Umwelt bekannt sind, und wer das Wissen möglicher Kommunikationspartner nicht einigermaßen abzuschätzen vermag, kann in seiner Freiheit wesentlich gehemmt werden, aus eigener Selbstbestimmung zu planen oder zu entscheiden"[190].

Beide Aspekte, die Entscheidungsfreiheit und Transparenz, können als die Konstituenten des Rechts auf informationelle Selbstbestimmung angesehen werden.
Das Recht auf informationelle Selbstbestimmung nimmt nicht auf eine bestimmte Technik Bezug. Dennoch, mit der Orientierung auf die Verarbeitung personenbezogener Daten steht ein Problem im Mittelpunkt, das auch bei der Kommunikationstechnik besteht, sich da allerdings mit einem weiteren Problem verschränkt. Kommunikationssysteme fördern nämlich nicht nur den Austausch und die Verarbeitung personenbezogener Daten, sondern greifen in Kommunikationsprozesse ein.

Hier setzt Roßnagel (1990) an, der für die Kommunikationstechniken eine risikoadäquate Rechtskonkretisierung fordert und ein Recht auf (tele-)kommunikative Selbstbestimmung vorschlägt. Unter den Schutz dieses Rechts soll die Kommunikation als aktueller "Prozeß der Identitätsbildung und Selbstdarstellung" gestellt werden (ebd., S. 277). "Die Technik der Telekommunikation gefährdet die Persönlichkeitsrechte der Bürger jedoch nicht nur durch die mit ihr verbundene Datenverarbeitung. Sie greift in die Kommunikation von Menschen ein und formt und bestimmt diese" (ebd.) .

Vor den damit einhergehenden Gefährdungen ist der einzelne durch die derzeitigen Konkretisierungen des Art. 2, Abs. 1 GG "Recht auf freie Entfaltung der Persönlichkeit" sowie Art. 1, Abs. 1 GG "Schutz der Menschenwürde" nur lückenhaft geschützt.
Als umfassende, den Risiken neuer Kommunikationstechniken adäquate Grundrechtskonkretisierung formuliert Roßnagel das R(ative Selbstbestimmung: "Autonome Selbstdarstellung, Freiheit zur eigenen Entscheidung und zu ihrer Umsetzung, setzt Selbstbestimmung in der Kommunikation mit anderen voraus. Kommunikative Kompetenz entscheidet auch über die Entscheidungs- und Handlungskompetenz. Über die Möglichkeiten zu kommunizieren darf daher nur unter Kenntnis des Betroffenen und unter seiner Mitwirkung entschieden werden. Dieses Recht auf kommunikative Selbstbestimmung schließt als notwendige Voraussetzung autonomer Selbstdarstellung nicht nur das Recht ein, den Gesprächsinhalt, sondern auch die Gesprächspartner und die Gesprächssituation frei zu wählen. Jede Kommunikation - auch zur Erfüllung dienstlicher oder arbeitsvertraglicher Aufgaben - dient grundsätzlich zumindest auch der individuellen Selbstdarstellung. Somit beinhaltet die durch Art. 2, Abs. 1 GG gewährleistete kommunikative Selbstbestimmung das Recht eines jeden, selbst darüber zu bestimmen, mit wem er wann wo über welchen Inhalt und mittels welchen Mediums kommunizieren will" (Roßnagel 1990, S. 283).

Aus den grundrechtlichen Vorgaben, insbesondere gestützt auf das Recht auf informationelle Selbstbestimmung sowie das auf kommunikative Selbstbestimmung, wurden in mehreren Ar-

---

[189] BVerfGE 65,1 (43)
[190] BVerfGE 65,1 (43).

beiten (Hammer u. a. 1989; Roßnagel 1990, 1991 und Andelfinger u. a. 1991) Kriterien zur Bewertung von kommunikationstechnischen Systemen abgeleitet[191].

Entscheidungsfreiheit

Um diesem Kriterium zu genügen, muß ein Kommunikationssystem dem Teilnehmer ermöglichen, "sich zu entscheiden, welche Kommunikationshandlung er wie wo wann und mit Hilfe welchen Mediums vornehmen möchte. Niemandem darf daher gegen seinen Willen eine Kommunikationsbeziehung aufgenötigt werden. Alle Randbedingungen (Kommunikationspartner, -zeit und -umstände) müssen daher so rechtzeitig signalisiert werden, daß alle Beteiligten die Möglichkeit haben, auf die spezifische Situation zu reagieren" (Roßnagel 1991, S. 101).

Transparenz

"Um das Grundrecht ausüben und sich gegen rechtswidrige Eingriffe wehren zu können, muß die Kommunikationssituation für alle Betroffenen transparent sein. Soll eine selbstbestimmte und unbefangene Kommunikation gewährleistet sein, müssen alle Partner rechtzeitig darüber informiert sein, wer in welcher Form an dem Kommunikationsvorgang teilnimmt" (ebd.).

Erforderlichkeit

Ein Kommunikationssystem "darf Daten nur insoweit erheben und verarbeiten, als dies für den jeweiligen konkreten Verwaltungszweck bzw. zur Durchführung der organisatorischen Maßnahme ISDN-Nebenstellenanlage unbedingt erforderlich ist. Sie darf sie auch nur solange speichern, wie dies für diese Zwecke unabdingbar ist. (...) Die Nutzung eines technischen Informations- und Kommunikationssystems ist danach nur insoweit zulässig, als durch technische und organisatorische Verbesserungen die Grundrechtseinschränkungen in einem ansonsten zulässigen Techniksystem nicht mehr weiter reduziert werden können" (Hammer u. a. 1989, S. 37).

Zweckbindung

"Soweit personenbezogene Daten verarbeitet werden, darf dies immer nur zu einem bestimmten Zweck erfolgen, der innerhalb der gesetzlichen Aufgabe der datenverarbeitenden Stelle liegt. Die Daten dürfen grundsätzlich nicht für andere Zwecke verwendet werden" (ebd., S. 38).

Werkzeugeignung

"Darüber hinaus ist die Anlage umso wekzeuggeeigneter, je weniger technische Sachzwänge sie enthält, die die Autonomie des Nutzers in der Gestaltung seiner Arbeit einengen. Sie muß ihm, soweit er keinen Weisungen unterliegt, ausreichende Freiheitsgrade in der Organisation der eigenen Arbeitsabläufe bieten" (ebd., S. 39).

---

[191] Zum Verständnis der Kriterienausrichtung sollte man jedoch darauf hinweisen, daß damit zunächst ISDN-Telekommunikationsanlagen in mehreren Hochschulen der Stadt Darmstadt - also im öffentlichen Bereich - bewertet werden sollten.

Mitbestimmungseignung

"Aus der Gewährleistung des Mitbestimmungsrechts ergibt sich die Gestaltungsforderung, daß die Anlage keine technischen Hindernisse aufweisen darf, berechtigte Forderungen des Personalrats oder sinnvolle Kompromisse zwischen ihm und der Dienststellenleitung technisch zu verwirklichen. Je flexibler die Anlage ist, desto geeigneter ist sie daher für die Anforderungen des Personalvertretungsrechts" (ebd., S. 40). Das Kommunikationssystem muß "nicht nur zum Zeitpunkt der Errichtung, sondern auch während der gesamten Betriebszeit möglichst flexibel gestaltbar sein, um spätere Einigungen zwischen Dienststellenleitung und Personalrat über die Gestaltung und Nutzung der Anlage nicht durch technische Sachzwänge zu verhindern" (ebd., S. 40).

Kontrolleignung

"Ein effektiver Schutz des Rechts auf kommunikative Selbstbestimmung setzt voraus, daß eine Beeinträchtigung dieses Rechts erkannt und beseitigt werden kann. Die zuständigen Kontrollorgane müssen kontrollieren können, inwieweit das technische System dieses Grundrecht gewährleistet, gefährdet oder verletzt. Eine wirksame Kontrolle dient einem vorgezogenen Rechtsschutz. Sie setzt jedoch voraus, daß alle sensitiven Aktivitäten innerhalb des Systems unveränderbar registriert werden und diese Kontrolldaten den Kontrollorganen in übersichtlicher Weise zur Verfügung gestellt werden" (Roßnagel 1991, S. 102f).

Damit soll die Darstellung von Kriteriensätzen, die als Grundlage für die Bewertung der MHS-Normen dienen können, abgeschlossen werden. Hieraus sollen nun die Kriterien ausgewählt werden, die entweder direkt auch zur MHS-Bewertung herangezogen werden können oder zumindest einen maßgeblichen Beitrag zu einem neu zu formulierenden Kriterium leisten.

6.3.4 Fassung der Kriterien

In der Software-Ergonomie hat die **Aufgabe** als Bezugspunkt der Bewertung und Gestaltung eine zentrale Bedeutung. Sie sieht den Menschen in der Arbeitswelt und dort stets mit einer Aufgabe betraut. Die Software soll - als höchstem der arbeitspsychologischen Zielkriterien - zur Persönlichkeitsförderung beitragen, die sich in der Arbeitswelt auch über die Aufgabe vermittelt.

Viele software-ergonomische Kriterien nehmen unmittelbar Bezug auf die Aufgabe des Benutzers. Das DIN-Kriterium der Aufgabenangemessenheit stellt auf die Dialogeigenschaften und ihre Eignung für die Aufgabe ab. Ohne daß dies im strengen Sinn darunter zu fassen wäre, werden oft auch Fragen der Funktionalität eines Anwendungssystems hinsichtlich der Aufgabenangemessenheit diskutiert. Bei den VDI-Kriterien gilt die Aufgabenangemessenheit gar als Oberkriterium, hier dann mit starker Betonung der Funktionalität. Mit Oppermann u. a. (1988) wird nach der Nützlichkeit von Funktionen für eine bestimmte Aufgabe gefragt.

Auch die zuvor dargestellten rechtlichen Kriterien sind zum Teil an eine konkrete Aufgabe gebunden. Dies gilt für die Werkzeugeignung in einem der Software-Ergonomie sehr ähnlichen Sinn. Das gilt besonders auch für die Datenschutzkriterien "Erforderlichkeit" und "Zweckbindung". Diese beiden zentralen Regelungsinstitute der Datenschutzgesetzgebung finden allein für den öffentlichen Bereich Anwendung. Und dort ist die Beurteilung der Zulässigkeit der Verarbeitung personenbezogener Daten direkt an die Aufgabe der jeweiligen öffentlichen Stellen gebunden.

Im Zusammenhang mit der Bewertung der MHS-Normen muß man sich noch einmal das Verhältnis zwischen Kommunikationstechnik und Arbeitsaufgaben vergegenwärtigen.

Ein MHS ist wie das Telefon eine Infrastrukturtechnik. Sie findet in der Arbeitswelt wie zukünftig im Privatbereich Anwendung. Kommunikation ist, bis auf wenige Ausnahmen (Telefonzentrale, telefonische Auftragannahme), nur ein Tätigkeitsausschnitt aus einer Arbeitsaufgabe. Auch die Zusammenfassung kommunikativer Tätigkeiten als Kommunikationsaufgabe (Hartmann, Herrmann, Korthen & Wulf 1991) ändert nichts an dem Sachverhalt, daß es sich hierbei in der Regel um einen, oft nicht den bestimmenden Ausschnitt einer übergeordneten Aufgabe handelt.
Die Software-Ergonomie betrachtet Softwareprogramme ja gerade deshalb so intensiv, weil sie tief in die Arbeitsaufgabe eindringen und einen Teil hiervon automatisieren. Der Zusammenhang zwischen dem Softwareprogramm und den inhaltlichen Aspekten einer Aufgabe ist hier sehr eng.
MHS-Systeme sind weit weniger aufgabenspezifisch und ihr Eingriff in die Aufgabe eher peripher. Sie erlauben den Austausch von Mitteilungen, den sie allein dadurch beschränken, daß sie die Textform vorgeben. Welche Inhalte Teilnehmer zur Erfüllung welcher Aufgaben miteinander austauschen, ist grundsätzlich nicht reglementiert.

Hinsichtlich der privaten Kommunikation via MHS erscheint der Aufgabenbegriff überhaupt ungeeignet. Hier könnte man allgemeiner von Kommunikationsabsichten sprechen. Hinsichtlich unseres oben weit gefaßten Bewertungskontextes sind die Kommunikationsabsichten so vielfältig wie es Teilnehmer und wie es Interessen, Bedürfnisse und Wünsche von Teilnehmern gibt.
Eine Arbeitsaufgabe kann noch unabhängig von demjenigen gesehen werden, der sie gerade wahrnimmt. Sie ist eine Zusammenfassung von notwendig zu erledigenden Tätigkeiten, die in ein höheres Organisationsziel eingebettet und durch einen Satz organisatorischer Regeln bestimmt ist. Eine solche Möglichkeit, Mensch und "Aufgabe" voneinander zu trennen, ist hinsichtlich der privaten Kommunikation kaum möglich. Persönlichkeit und Absicht verschränken sich hier, und die Kommunikationsabsicht ist kaum einer vom jeweiligen Menschen unabhängigen Kategorisierung zugänglich.

Ich halte es angesichts der weitgehenden inhaltlichen Unbestimmtheit einer solchen Kommunikationstechnik wie dem MHS und angesichts des von mir gewählten Bewertungskontextes für angezeigt, keine Bewertungskriterien zu verwenden, die die Kenntnis einer bestimmten Aufgabe voraussetzen.

Neben der Aufgabe spielt der Begriff der **Persönlichkeit**, auf den sich letztlich alle arbeitspsychologischen Zielkriterien beziehen, in der Software-Ergonomie eine bedeutende Rolle. Und hier trifft sie sich mit der Grundrechtsdiskussion, die ihren Ausgangspunkt ja gerade bei den Persönlichkeitsrechten nimmt. In beiden Diskussionszusammenhängen ist der Persönlichkeitsbegriff zentral. Wenn es auch zunächst verwundert, daß sich die rechtliche

Diskussion weitgehend unabhängig von der software-ergonomischen entwickelt hat und dennoch teilweise zu sehr ähnlichen Kriterien fand, so mag dies in der gemeinsamen Fixierung auf die Förderung und Entfaltung der Persönlichkeit begründet sein.
Offensichtlich sind solche Kriterien auch für den hier verfolgten Bewertungsansatz geeignet, der die Kommunikation zwischen zwei Menschen, die sich als Persönlichkeiten in einer nicht weiter bestimmten Beziehung gegenüber stehen, betrachtet.

Diese Nähe von Software-Ergonomie- und Grundrechtsdiskussion zeigt sich besonders bei den Kriterien "Steuerbarkeit" und "Entscheidungsfreiheit".
Aus der Steuerbarkeit leitet sich die Anforderung ab, daß der Benutzer Einfluß nehmen kann auf die Geschwindigkeit, die Auswahl und Reihenfolge der Arbeitsmittel. Sie zielt auf den Handlungsspielraum des einzelnen und auf seine Autonomie gegenüber der Maschine. Die Entscheidungsfreiheit ist auf die autonome Verwendung eines Kommunikationssystems gerichtet. Der einzelne soll Kommunikationspartner und -umstände frei wählen können und nicht durch das System beschränkt werden. Beide Kriterien haben weitgehend das gleiche Anliegen.

Es bleibt jedoch das unter 6.3.2.2 näher diskutierte Problem, daß das Kriterium der Steuerbarkeit zunächst eines zur Bewertung der Dialogschnittstelle ist. Andererseits haben wir schon dort gesehen, daß, wegen des Durchgriffs der Funktionalität - die bei den Normfestlegungen im Mittelpunkt steht - auch Dialogkriterien zur Funktionalitätsbewertung geeignet sein können. Und hier ist bemerkenswert, daß Oppermann u. a. (1988) für die Anwendung ihres EVADIS-Leitfadens das Kriterium der Flexibilität, das sie aus der Steuerbarkeit herleiteten, zur Beurteilung der Werkzeugschnittstelle heranzogen. Und hinsichtlich dieser funktionalen Flexibilität gibt uns Balzert (1988) den Hinweis, es müsse sich um elementare Basisfunktionen handeln, die den Anwendungsbereich möglichst vollständig und orthogonal überdecken sollen.

Aus all dem leite ich ein erstes Kriterium ab, mit dem die normdeterminierten Funktionen des MHS (MTS) bewertet werden sollen:

Flexibilität
Die Flexibilität ist für einen Teilnehmer an einem Message Handling System dann gegeben, wenn ihm für verschiedene Nutzungssituationen jeweils die Nutzungsoptionen zur Verfügung stehen, die er benötigt, um seine Kommunikationsinteressen optimal zur Geltung zu bringen.

Um dies zu gewährleisten, muß das Message Transfer System alle Basisfunktionen umfassen, die für eine flexible und selbstbestimmte Textkommunikation notwendig sind. Der Teilnehmer darf bei der Nutzung des Systems nicht unzulässig beschränkt oder zu ungewollten Handlungen gezwungen werden.
Flexibilität ist mehr als die Wahl zwischen mehreren technischen Möglichkeiten. Sie bedeutet bei einem Kommunikationssystem immer auch Entscheidungsfreiheit nicht nur gegenüber dem System, sondern auch in einem sozialen System. Das bedeutet, Entscheidungen in eine zwischen Menschen stattfindende und technisch gestützte Kommunikationsbeziehung einbringen und vertreten zu können.

Voraussetzung für diese Flexibilität ist, daß dem Teilnehmer die jeweilige Kommunikationssituation transparent ist, daß er die funktionalen Abläufe überschaut. Er muß auf die jeweiligen Bedingungen flexibel reagieren können.

Die Flexibilität erfordert damit ein hohes Maß an Handlungsfreiraum bei der Formulierung der gewünschten Kommunikationsbedingungen und bei der Reaktion auf die Bedingungen, die sich durch die Mitwirkung anderer Beteiligter einstellen[192].

Ein zweites, beiden Diskussionszusammenhängen gemeinsames Kriterium ist die Transparenz. In der Software-Ergonomie (Selbstbeschreibungsfähigkeit) soll sie den Benutzer in seiner Autonomie gegenüber dem Programm stärken. Er soll durchschauen können, was das System kann und was es gerade tut. Das System soll ihm nicht als nicht weiter offenzulegender Programmablauf gegenübertreten, den der Benutzer mit Daten zu versorgen und dessen Ergebnisse er zu akzeptieren hat. Auch dieses Kriterium der Dialogschnittstelle ziehen Oppermann u. a. (1988) zur Bewertung der Werkzeugschnittstelle heran.

In der Grundrechtsdiskussion nimmt die Transparenz sowohl als Konstituente des Rechts auf informationelle wie auf kommunikative Selbstbestimmung eine zentrale Rolle ein.
Als Kriterium, nach dem "alle Partner darüber informiert sein (müssen), wie die anfallenden Daten der Kommunikationsverbindung verarbeitet werden und wer in welcher Form an dem Informationsaustausch teilnimmt" (Hammer u. a. 1989, S. 36), ist es gegenüber dem software-ergonomischen Kriterium weiter gefaßt. Es stellt nicht allein auf die Tranparenz der Funktionsweise des Systems ab, sondern auch auf die sich daraus ergebenden Kommunikationssituationen (was den Blick auf andere Kommunikanten einschließt) und die stattfindende Datenübertragung und -verarbeitung.

Dies ist für uns deshalb bedeutsam, weil damit deutlich wird, daß die Transparenz nur begrenzt als eine ausschließliche Forderung an das System MHS selbst gerichtet werden und dem das System "aus sich heraus" gerecht werden kann. Aus seiner Funktionsweise nämlich kann es nur die grundsätzlichen Vorgänge und Bedingungen ableiten und dem Teilnehmer offenbaren, etwa daß und unter welchen grundsätzlichen Umständen es zu einer Umleitung kommen kann. Einen betroffenen Absender jedoch interessiert nicht nur die allgemeine Funktionsweise, sondern insbesondere das konkrete Ergebnis. Er wird wissen wollen, ob es zu einer Umleitung kommt oder - im Nachhinein - gekommen ist und an wen eine Mitteilung gelangt(e). Um diese berechtigte Forderung zu erfüllen, muß das System Aussagen über Umstände und Kommunikationsbedingungen machen, die vom Kommunikationspartner mit verantwortet werden. Es muß also personenbezogene Daten übertragen.

---

[192] Eine Anmerkung zu den praktischen Implikationen eines solchen Kriteriums: Im Kontext der ISDN-Diskussion wurde oft Skepsis darüber geäußert, ob ein solchermaßen flexibles und dadurch kompliziertes Endgerät überhaupt sinnvoll und handhabbar sei. Ich halte dies insbesondere bei MHS-Systemen für weitgehend ungerechtfertigt. Anders als bei einem Telefonapparat erfolgt der Zugang zu einem MHS stets über ein Softwareprogramm.
Man ist also nicht auf die (Mehrfach)belegung von "Knöpfchen" beschränkt, sondern kann die Komplexität der Softwarefunktionen durch Voreinstellungen und Zusammenfassung reduzieren. Flexibilität ermöglicht - wie von uns beabsichtigt - lokale Gestaltbarkeit. Jeder Teilnehmer kann dann selbst entscheiden, welche Beschränkungen der Flexibilität er für die Dauer bestimmter Voreinstellungen in Kauf nehmen möchte.

Ich spalte daher das Transparenzkriterium auf und unterscheide zwischen der in das System hineinreichenden, **funktionsorientierten Transparenz** und der durch das System zum Kommunikationspartner durchreichenden, **datenorientierten Transparenz.**

Funktionsorientierte Transparenz

Die funktionsorientierte Transparenz richtet sich auf den Ausschnitt des Systemverhaltens, der von den Systemfunktionen bestimmt wird und dessen Durchschaubarkeit nicht von Informationen abhängt, die sich auf andere Kommunikanten beziehen. Beispielweise das Leistungsmerkmal "Deferred Delivery", das ein Absender nutzen kann, um den Versand einer Mitteilung durch das MHS zu verzögern, ist eine Systemleistung, die nur im Verhältnis zwischen dem Absender und dem Kommunikationssystem wirkt. Um diese Funktion auch unter den konkreten Kommunikationsbedingungen zu durchschauen, kommt es nicht darauf an, Informationen über den empfangenden Teilnehmer und die durch ihn gesetzten Bedingungen zu erfahren. Die funktionsorientierte Transparenz bezieht sich nur auf die Aspekte der Durchschaubarkeit, die sich auf das Systemverhalten ohne Betrachtung der Einflüsse anderer Teilnehmer beziehen.

Datenorientierte Transparenz

Die datenorientierte Transparenz reicht weiter. Der konkrete Ablauf eines Mitteilungsaustausches ergibt sich durch die prinzipiellen Systemabläufe, gesteuert durch die konkrete Anwendung der Systemleistungen durch die an der Kommunikation beteiligten Kommunikanten. Um eine weitergehende Transparenz herzustellen, muß deshalb auch offenbart werden, welche Bedingungen andere Kommunikanten zu einem Kommunikationsablauf beigetragen haben und wohin letztlich der Kommunikationsinhalt und die begleitenden Verbindungsdaten gelangt sind.

Diese Anforderung richtet sich jedoch vor allem an die anderen Beteiligten, die demjenigen, der die Transparenz fordert, die notwendigen Informationen zukommen lassen müssen. Sie richtet sich erst in zweiter Linie an das System, das die technischen Voraussetzungen zur Verfügung stellen muß, um die hierfür notwendigen Daten auch zu übertragen.

Der Blick auf personenbezogene Daten, die bei der MHS-Nutzung anfallen und auf deren Verwendung der einzelne Einfluß haben muß, macht ein weiteres Kriterium erforderlich. Es muß sicherstellen, daß der Teilnehmer selbst darüber entscheidet, ob und welche Daten über ihn erhoben und übertragen werden. Hammer u. a. (1989) arbeiten dies in das Kriterium der Entscheidungsfreiheit ein: "Personenbezogene Daten dürfen nur verarbeitet werden, wenn der Betroffene einwilligt oder eine Rechtsvorschrift dies erlaubt" (S. 36).

Herrmann, Maaß und Pateau (1989) weisen auf eine sich aus dem Recht auf informationelle Selbstbestimmung ergebende Anforderung des "Bestimmen-Könnens" als "der zweite Teil von informationeller Selbstbestimmung"[193] (S. 53) hin. Sie ordnen diesen Aspekt dem Kriterium der Steuerbarkeit zu.

Ich halte die Übertragung dieses Aspektes in diese Kriterien in beiden Fällen nicht für geeignet. Man muß zum einen die Forderung erheben, ein technisches System - in unserem Falle ein Kommunikationssystem - aktiv und flexibel nutzen zu können, damit man ein primäres Ziel, nämlich den Versand und Empfang einer Mitteilung, erreicht.

---

[193] Den anderen Teil benennen sie mit "Wissen-Können", der mit unserem Transparenzkriterium korrespondiert.

Wenn ein solches System dann Daten erhebt, sie über weite Strecken an verschiedene Betreiber und Empfänger weiterleitet, so kommt zum anderen ein Schutzinteresse hinzu. Es ist nicht das originäre Nutzungsinteresse. Die Verarbeitung der eigenen Daten und der Wunsch, hierauf Einfluß zu nehmen, ist eine Folge der Nutzung, nicht ihr Ziel.

Das ist insbesondere deshalb bedeutsam, weil eine solche Forderung wiederum nicht allein auf das System gerichtet bleibt.
Erneut greift es durch das System hindurch und berührt das Interesse anderer, etwa des (der) Betreiber(s)[194] oder der Kommunikationspartner. Ihnen gegenüber willigt man in die Datenübertragung ein oder schließt sie aus.

Autonome Datenpreisgabe

Um den funktionsorientierten und auf die primären Nutzungsinteressen gerichteten Aspekt, der unter der Flexibilitätsanforderung gefaßt ist, von dem der Entscheidung über die Offenbarung personenbezogener Daten zu lösen, führe ich das eigenständige Kriterium der **autonomen Datenpreisgabe** ein. Wie Hammer u. a. (1989) und Herrmann u. a. (1989) ausführen, kann es sich auf das Recht auf informationelle Selbstbestimmung, das in Konkretisierung des Art. 2, Abs. 1 GG formuliert wurde und das dem einzelnen gewährleisten soll, "selbst über die Preisgabe und Verwendung seiner Daten zu bestimmen", berufen.
Diesem Kriterium darf widersprochen und damit in das Grundrecht eingegriffen werden, wenn eine Rechtsvorschrift dies vorsieht. Da wir aber keine weiteren Annahmen über den Nutzungskontext und damit die Rechtsstellung der Kommunikanten zueinander machen als die, die aus der bloßen Anwendung des MHS selbst ersichtlich ist[195], gilt im Grundsatz, daß dem Teilnehmer das uneingeschränkte Recht zusteht, selbst über die Preisgabe seiner Daten zu entscheiden.

Bei der Festlegung des zu betrachtenden Bewertungskontextes und der Einführung der Bewertungsstufen (dazu oben 6.3.1) hatte ich angekündigt, exemplarisch auch die anwendungsspezifische Konfigurierbarkeit für die betriebliche Verwendung eines MHS zu bewerten. Hierfür führe ich folgendes Kriterium ein:

Mitbestimmungseignung

Arbeitnehmer stehen wie alle Bürger im Schutz der Grundrechte. Im Rahmen einer arbeitsvertraglichen Beziehung unterliegen sie dem Direktionsrecht des Arbeitgebers. Hierdurch können sie in ihren Persönlichkeitsrechten beschränkt werden. Solchen Beschränkungen sind Grenzen gesetzt.

Aus dem Direktionsrecht des Arbeitgebers wird ein Kontrollrecht abgeleitet. Ihm wird zugestanden, die Leistung von Arbeitnehmern im Rahmen ihrer Aufgabenerfüllung zu kontrollieren.
Hinsichtlich des Einsatzes von technischen Einrichtungen zur Leistungs- und Verhaltenskontrolle wird das Kontrollrecht des Arbeitgebers durch den § 87, Abs. 1 Nr. 6 BetrVG beschnitten. Dem Betriebsrat als Vertretung der Arbeitnehmerschaft wird ein Mitbestimmungsrecht zugestanden. Personalvertretungsgesetze, die die Arbeitnehmerrechte im öf-

---

[194] Unter 6.3.1 wurde darauf hingewiesen, daß das Verhältnis Teilnehmer - Betreiber nicht weiter betrachtet wird.

[195] zur Diskussion von Rechtsvorschriften, die in dieser Hinsicht Anwendung finden könnten vgl. (6.3.2).

fentlichen Dienst regeln, enthalten ähnliche Vorschriften. Als Ergebnis der Ausübung dieser Mitbestimmungsrechte werden in der Regel Betriebs- bzw. Dienstvereinbarungen abgeschlossen. Sie regeln die näheren Umstände des Einsatzes der technischen Einrichtungen
und enthalten Kontrollrechte für die Arbeitnehmervertretung.

MHS-Systeme sind technische Einrichtungen, die geeignet sind, die Leistung und das Verhalten von Arbeitnehmern zu kontrollieren. Der Arbeitnehmer als Teilnehmer an einem
solchen System ist über eine Kennung (O/R-Name) identifiziert. Daten über den Zeitpunkt
des Versands, des Empfangs und des Zugriffs auf Mitteilungen werden neben anderen erhoben. Die Einführung und Anwendung eines MHS-Systems unterliegt damit grundsätzlich der Mitbestimmung.

Arbeitgeber und Arbeitnehmer müssen sich in einem Mitbestimmungsverfahren auf die
genauen Bedingungen der Einführung und Anwendung des Systems verständigen. Sie
müssen insbesondere den Grad zulässiger Leistungs- und Verhaltenskontrollen bestimmen.
Viele Betriebs- und Dienstvereinbarungen, insbesondere zu ISDN-Kommunikationssyste-
men, sehen Regelungen zu Leistungsmerkmalen vor, auch wenn damit nicht immer nur
Leistungs- und Verhaltenskontrollen ausgeschlossen, sondern andere, für den Betrieb als
angemessen befundene Verwendungsregeln aufgestellt werden.

Um eine Wahrnehmung des Mitbestimmungsrechtes überhaupt zu ermöglichen, ist die anwendungsspezifische Konfigurierbarkeit erforderlich. Hier setzt das Kriterium der Mitbestimmungseignung an. Entlang dieses Kriteriums wird die MHS-Norm daraufhin geprüft,
inwieweit bzgl. der Systemeigenschaften, wie der Leistungsmerkmale und der Daten, ein
betrieblicher Gestaltungsspielraum bleibt.

6.4 Kriterienkonflikte

Bewertungskriterien sind nur selten überschneidungs- und konfliktfrei. Schon die Software-
Ergonomiekriterien, die sich an der vergleichsweise einfachen singulären Mensch-Maschine-
Beziehung orientieren, geraten in partielle Zielkonflikte[196].
Besonders offensichtlich wird die Konflikthaftigkeit von Bewertungskriterien allerdings bei
der Anwendung auf Kommunikationssysteme. In der Software-Ergonomie werden die Kriterien stets aus der Sicht eines einzelnen Teilnehmers formuliert. Adressat ist das System.
Rückwirkungen auf andere werden selten betrachtet. Im Hinblick auf die Anwendung des
Transparenzkriteriums bei vernetzten Systemen merken Herrmann u. a. (1989) an: "Während
es früher bei der Transparenzdiskussion um die Transparenz des Systems als "Gegenüber"
ging, geht es nun um die Transparenz des Systems als Medium der Kommunikation und Kooperation" (S. 54).

Unbeachtet blieb lange, daß die Anwendung eines Kommunikationssystems stets zumindest
zwei, oft mehrere Teilnehmer betrifft. Jeder versucht unter Ausnutzung der ihm zur Verfü-

---

[196] So weisen Greuthmann & Ackermann (1989) auf den Konflikt zwischen den Kriterien
Flexibilität/Individualisierbarkeit und Transparenz hin, als häufig das Problem auftritt, "daß
Modifikationen eines Benutzers auf andere Benutzer ebenfalls Auswirkungen haben. Solche (Fremd-)
Modifikationen sind daher für die anderen Benutzer nicht mehr durchschaubar".

gung stehenden Systemfunktionen, die Kommunikationsbedingungen gemäß seinen Kommunikationsinteressen zu setzen. Davon aber sind immer auch die anderen Kommunikanten betroffen. Es kommt zu Konflikten (Höller 1991-1). "Vielleicht kann man sagen: Des einen Steuerbarkeit ist des anderen Transparenz. Oder: Des einen Interesse an Transparenz gerät in Konflikt mit des andern Interesse an Steuerbarkeit. Aus dem Problem der Interessenskonflikte folgt, daß man bei vernetzten Systemen nicht einfach individuelle Benutzerfreundlichkeit oder Transparenz fordern kann" (Herrmann u. a. 1989, S. 54).

Das gilt auch für die bislang formulierten Kriterien. Es wurde zwar deutlich gemacht, daß ein Kommunikationssystem eine veränderte Herangehensweise erfordert und gezeigt, daß andere Kriterien notwendig sind. Geblieben ist aber zunächst, daß die Kriterien aus der Sicht jeweils eines Teilnehmers formuliert sind.

Teilnehmer nutzen ein Kommunikationssystem, weil sie ein Kommunikationsinteresse verfolgen. Ein Teil der Kommunikationsbedingungen wird durch das technische System gesetzt. Hierauf richtet sich ihr Nutzungsintersse hinsichtlich der technischen Leistungen des Kommunikationssystems. Eine angemessene Abbildbarkeit der individuellen Nutzungsinteressen auf die technischen Möglichkeiten wollen wir über die Kriterien der Flexibilität und Transparenz gewährleisten.

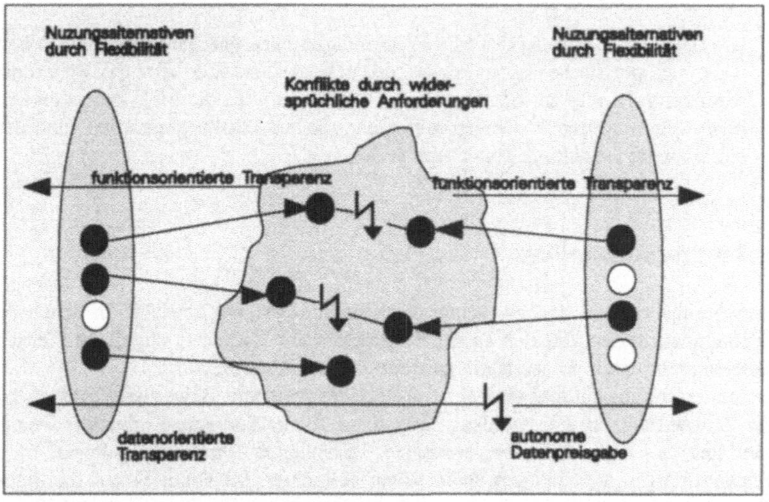

Abb.43: Daten- und funktionsbedingte Kriterienkonflikte

Kommunikationsinteressen jedoch können sich widersprechen. Eröffnet man über die Flexibilität die entsprechenden Freiräume, so können sich auch die abgeleiteten Nutzungsinteressen und eingeforderten Kommunikationsbedingungen widersprechen. Das heißt, das System wird aus verschiedenen individuellen Sichten heraus aufgefordert, Bedingungen herzustellen, die zueinander im Widerspruch stehen.

Löst das System einen Kommunikationsvorgang unter Sicherstellung der Bedingungen eines Kommunikanten aus, so kann das die Interessen des oder der anderen verletzen. Konflikte, die sich aus der allseitigen Flexibilität bei der Anwendung der Systemfunktionen ergeben, sollen als **funktionsbedingte Konflikte** (vgl. Abb. 43) bezeichnet werden.

Hierzu ein Beispiel: Wählt ein Teilnehmer das Leistungsmerkmal "Umleitung" und schließt der andere diese Umleitung aus, so kommt es zu einem funktionsbedingten Konflikt. Das System kann der Anforderung keines der Beteiligten entsprechen, ohne den anderen in seinen Interessen zurückzusetzen[197].

Worin funktionsbedingte Konflikte jeweils bestehen, ist nicht im voraus zu bestimmen. Sie hängen von den konkreten Funktionen und den darüber erzielbaren Wirkungen ab.
Dagegen ist der zweite Typ möglicher Konflikte durch die Setzung der Kriterien deutlich bestimmt. Die datenorientierte Transparenz entspricht der Forderung des jeweils einen Kommunikanten, Kenntnis über die genaueren Umstände zu erhalten, unter denen eine Mitteilung zugestellt wird. Ein Absender wird bspw. wissen wollen, wann und an wen eine Mitteilung letztlich zugestellt wurde. Ein Empfänger wird fragen, von wem eine Mitteilung stammt und wie sie zu ihm gelangte. Jede transparenzsteigernde Meldung über eine Zustellung ist mit der Übertragung personenbezogener Daten verbunden.
Dem steht die Anforderung des jeweils anderen Kommunikanten entgegen, selbst über die Preisgabe solcher Daten zu bestimmen. Auf genau diesen Widerspruch weisen auch Herrmann & Nake (1989) hin, die dazu anmerken: "Transparenz wird mit Kriterien im Widerspruch stehen, die den Datenschutz betreffen." Der Konflikt zwischen der datenorientierten Transparenz und der autonomen Datenpreisgabe soll hier als **datenbedingter Konflikt** bezeichnet werden.

6.4.1 Konfliktlösung bei funktionsbedingten Konflikten

Wie aber soll nun ein Kommunikationssystem bewertet werden? Wendet man die aus der Individualperspektive heraus formulierten Kriterien an, so kommt es zu Konflikten. Wie soll das System mit solchen Konflikten umgehen?

Roßnagel (1990) weist gar daraufhin, daß es sich bei Widersprüchen, die sich aus der Anwendung der von Hammer u. a. (1989) formulierten Kriterien ergeben, um Grundrechtskonflikte handelt und er fordert: "Aufgabe der Kommunikationstechnik muß es sein, praktische Konkordanz herzustellen, indem es jedem der Grundrechte zur optimalen Verwirklichung verhilft" (ebd., S. 286).

Dies ist ein zentrales Problem bei der Bewertung eines Message Handling Systems. Wie sieht diese praktische Konkordanz aus ? Wie soll das System solche Konflikte lösen oder entscheiden?

Bisher liegt hierfür ein Vorschlag von Herrmann u. a. (1989) vor, dem freilich nicht die juristische Strenge Roßnagels zugrunde liegt:
"Insgesamt können zur Lösung der Konflikte drei verschiedene Ebenen unterschieden werden:

---

[197] Dieses Beispiel wird auch von Herrmann & Nake (1989) angeführt und als Konflikt innerhalb des Kriteriums der Steuerbarkeit eingestuft.

1) Gewisse Handlungen sind so problematisch, daß ein Interessensausgleich via Netz nicht stattfinden kann. Sie haben auf dem Netz nichts zu suchen.
2) Für andere Handlungen sind Aushandlungsmöglichkeiten zu schaffen.
3) Noch andere sind unproblematisch" (Herrmann u. a. 1989, S. 54).

Das Bewertungsproblem besteht weiterhin - und zwar darin, problematische und nicht problematische Handlungen und sich hieraus ergebende Konflikte zu identifizieren. Faßt man sie, Roßnagel folgend, als Grundrechtskonflikte auf, so fällt es schwer, gewisse Konflikte als unproblematisch anzusehen. Immerhin führt dann jede Konfliktentscheidung im technischen System zugunsten des einen zum Eingriff in die Grundrechte der anderen. Eine solche Entscheidung, ein solcher Eingriff muß entsprechend legitimiert sein.

Diese Situation ist unbefriedigend. Zwar wird das Problem auftretender Konflikte immer wieder benannt, eine auch nur ansatzweise verallgemeinerbare Lösung jedoch steht aus. Eine Bewertung des MHS aber kann sich nicht auf die Anwendung der Kriterien aus der Individualperspektive beschränken, wenn von vornherein offensichtlich ist, daß eine Bewertung im Konfliktfall für zumindest einen Beteiligten keinen Bestand hat. Ich halte eine tiefergehende Auseinandersetzung mit diesem Problem für unabdingbar.

Richten wir daher noch einmal den Blick auf die bisherigen Kriterien und den Bewertungskontext. Gegenstand unserer Betrachtungen ist ein elektronisches Postsystem, ein System, das es beliebigen Personen und Organisationen in beliebigen Zusammenhängen erlauben soll, mit anderen Personen oder Organisationen Mitteilungen auszutauschen. Grundrechtseingriffe sind schwerwiegend. Ihre Rechtfertigung bedarf der gewissenhaften Einzelabwägung, der genauen Kenntnis der Interessen und Rechte, die sich in einer spezifischen Handlungssituation gegenüberstehen.

Läßt man eine Konfliktentscheidung durch das System zu, so manifestiert man einen - auf Dauer und grundsätzlich gegenüber jedem wirkenden - Grundrechtseingriff durch das technische System. Da sich aber die Abwägungsgründe für einen solchen - immer gleichen - Eingriff nur allein aus der Tatsache ergeben müssen, daß zwei Beteiligte miteinander Mitteilungen austauschen, muß dieser Eingriff in jeder Handlungskonstellation gerechtfertigt sein. Unabhängig davon, welche öffentliche Aufgabe wahrgenommen wird, welche Vertragsbeziehungen zwischen den Kommunikanten bestehen und welche berechtigten Interesssen der Beteiligten eingebracht werden, müßte der Grundrechtseingriff gleichermaßen legitimiert sein.

Sollte das System andererseits befähigt werden, spezifischere Entscheidungsgrundlagen zu erhalten, in unterschiedlichen Situationen unterschiedliche Entscheidungen zu treffen, hieße dies, man müßte es mit erheblichem Kontextwissen über die Aufgaben der Kommunikanten, ihre vertraglichen Verpflichtungen, etc. ausstatten. Es käme der Forderung nach dem "allwissenden System" gleich (dazu oben 6.3.1.2).

Wir orientieren uns an der Vorstellung, daß Teilnehmer einander grundsätzlich im uneingeschränkten Schutz der Grundrechte gegenüberstehen und Eingriffe nur insoweit statthaft sind, als sie sich aus der Verwendung des Kommunikationssystems und hierauf bezogener Rechtsvorschriften selbst ergeben und wir es demnach tatsächlich mit grundrechtlichen Konflikten zu tun haben.

Hinsichtlich funktionsbedingter Konflikte läßt sich nicht genau veraussagen, worin die Konflikte jeweils liegen. Sie hängen von den Systemfunktionen ab.

Noam (1990) klassifiziert Privacy[198]-Probleme hinsichtlich zweier grundlegender Aspekte, die mit ebenso grundlegenden Systemfunktionen in Verbindung stehen. Er unterscheidet
1. den Schutz vor Informationszufluß und
2. den Schutz vor Informationsabfluß.

An diesen Aspekten möchte ich mit zwei Fragen ansetzen:
1. Wer bestimmt die Bedingungen, unter denen eine Mitteilung die Einflußsphäre des Absenders verläßt?
2. Wer bestimmt die Bedingungen, unter denen eine Mitteilung den Empfänger erreicht?

Hinter beiden Fragen steht jeweils ein Grundkonflikt, der sich aus der Stellung der Kriterien zueinander systematisch ergibt. Diese beiden Konflikte werde ich zunächst diskutieren. Dazu ist es notwendig, die Kriterien normativ stärker auszuloten, um Konfliktkonstellationen und deren Qualität näher zu bestimmen. Es ist dabei mein Ziel, für diese Grundkonflikte Entscheidungsregeln zu finden, auf die ich mich später ohne wiederholende Argumentation beziehen kann.

Vorrang der Abschottung des Empfängers gegenüber zufließender Information

In jeder Kommunikation kann ein aktiver und ein passiver Teilnehmer ausgemacht werden. Aktiv ist derjenige, der einen anderen Menschen anspricht, ein Telefonat einleitet oder einen (elektronischen) Brief versendet. Diesen aktiven Teilnehmer wollen wir über das Kriterium der Flexibilität mit der Möglichkeit ausstatten, das technische System so variabel nutzen zu können, wie es seinen jeweiligen Kommunikations- und Nutzungsinteressen entspricht.
Auf den konkreten technischen Gegenstand gerichtet besteht sein Nutzungsinteresse darin, daß er an beliebige Teilnehmer Mitteilungen versenden kann, daß er Listen anlegen und an mehrere gleichzeitig versenden kann, daß er Verteilerlisten nutzen, Umleitungsziele angeben kann, etc.

Fassen wir nun die Flexibilität wie die Steuerbarkeit, die wir zur Kriterienfassung herangezogen hatten, als grundrechtlich abgeleitete Anforderung auf, dann muß das technische System über dieserart freie und ungehinderte Benutzbarkeit zur Sicherung von Kommunikationskompetenz sowie von Entscheidungs- und Handlungskompetenz beitragen, um so dem von Roßnagel (1990) formulierten Recht auf (tele-)kommunikative Selbstbestimmung zur Verwirklichung zu verhelfen, indem es den einzelnen in die Lage versetzt, selbst über "die Kommunikationspartner, den Kommunikationsort, die Kommunikationsart und das Kommunikationsmedium" (ebd., S. 281) zu bestimmen. In dieser Ausprägung ist das Recht auf kommunikative Selbstbestimmung eine Konkretisierung der allgemeinen Handlungsfreiheit nach Art. 2, Abs. 1 GG.

---

[198] Das mit der oftmalig verwendeten Übersetzung in Datenschutz nicht übereinstimmt und weiter zu fassen ist (Kubicek 1991-3).

Die Handlungsfreiheit des einzelnen ist jedoch dort beschränkt, wo sie die Rechte des anderen verletzt. Dem aktiven Kommunikanten steht regelmäßig ein passiver gegenüber. Ihn erreicht - ohne Eigeninitiative - ein Anruf, er findet einen Brief in seinem Briefkasten oder eine Mitteilung in seiner Mailbox.

Gesteht man dem aktiven Kommunikanten zu, sich kommunikativ frei zu entfalten und - technisch gewendet - flexible und mächtige Systemleistungen zur Durchsetzung seiner Kommunikationsinteressen zu verwenden, so muß sorgsam darauf geachtet werden, daß der passive Teilnehmer dadurch nicht unzulässig beeinträchtigt wird und daß er sich gegen solche Beeinträchtigungen schützen kann.

Sie können offensichtlich eintreten: Elektronische Textmedien können um sich greifen. Menschen und Organisationen können von der einfachen Art, Informationen zu verbreiten, extensiv Gebrauch machen, und die Werbewirtschaft kann das Medium entdecken. Der einzelne kann so einer unvorhersehbaren Flut von Nachrichten ausgesetzt sein ("Kontaktinfarkt" (Lange & Stöckler 1991)).

Die Notwendigkeit, sich hiergegen schützen zu können, wird durchaus gesehen. In der amerikanischen "Privacy"-Diskussion etwa wird in Anlehnung an die Unverletzlichkeit der Wohnung von einem "right to be left alone" gesprochen, das den einzelnen gegen "intrusion by unwanted information" (Noam 1990, S. 10) schützen soll. Es geht dabei um die Beschränkung zufließender Informationen (vgl. auch Kubicek 1991-1). Das damit einhergehende Phänomen der Überflutung mit großteils irrelevanter Information wird für textbasierte Systeme oft als "junk-mail" oder "junk-fax" bezeichnet. Auch in der Bundesrepublik wird - insbesondere im Hinblick auf die erweiterten Werbemöglichkeiten durch neue Medien - seit längerem die Problematik solcher Einwirkungen diskutiert (vgl. Podlech 1979). Die bundesdeutsche Rechtsprechung hat sich dieses Problems für eine Reihe elektronischer Medien (Telefon, Btx, Telex und Telefax) angenommen.

In mehreren Urteilen zur Telefonwerbung[199] wurde in erster Linie auf das Eindringen in die Privatsphäre des Angerufenen abgestellt. Der Bundesgerichtshof führt hierzu aus[200], der angerufene Anschlußinhaber sei "in der Regel gezwungen, das Gespräch, obwohl er den Gesprächspartner nicht kennt, auch in seinem privaten Bereich anzunehmen, da es sich um eine für ihn wichtige Nachricht handeln kann. Er erkennt erst im Verlauf des Gesprächs, daß er einer von ihm nicht gewünschten, in erster Linie geschäftlichen Zwecken des Anrufers dienenden Werbemaßnahme ausgesetzt ist. Dann aber ist die Störung bereits geschehen, die Zeit des Angerufenen aus dessen Sicht unnütz in Anspruch genommen und Ärger über die Balästigung entstanden, und der Abbruch des Gesprächs gerade gegenüber höflich auftretenden geschulten Werbern ist häufig nicht ohne weiteres möglich".

Auch hinsichtlich der rein geschäftlichen Kommunikation hat sich die Rechtsprechung mit dem Schutzrecht des Empfängers auseinandergesetzt und Grundsätze entwickelt, nach denen ein unaufgefordertes Zusenden von Werbeinformationen unzulässig ist. Im Telex-Urteil[201] stellt der Bundesgerichtshof auf die Beeinträchtigungen ab, die sich für den Empfänger dadurch ergeben, daß sein Telexgerät durch unaufgeforderte Mitteilungen so in Anspruch genommen wird, daß die bestimmungsgemäße Funktion beeinträchtigt wird. In den Telefax-Ur-

---

[199] BGHZ 54, 188 - Telefonwerbung I; BGH Urteil v. 8.6.1989, GRUR, 753, 754 - Telefonwerbung II; BGH Urteil v. 8.11.1989, GRUR, 280, 281 - Telefonwerbung III; BGH Urteil v. 24.1.1991, CR, 465, 467. - Telefonwerbung IV.

[200] BGH Urteil v. 24.1.1991, CR, 465 (466). - Telefonwerbung IV.

[201] BGHZ 59, 317 - Telex-Werbung

teilen[202] wird unter Bezugnahme auf das Telex-Urteil eine Beeinträchtigung in der Blockierung der Anlage, im Zeitaufwand zur Aussortierung der Werbepost aus der Geschäftspost und in den Kosten gesehen, die dem Empfänger durch beanspruchtes Papier und Farbflüssigkeit entstehen.

Ähnliche Beeinträchtigungen müssen auch im Hinblick auf elektronische Postsysteme gesehen werden. Durch das Zusenden von unaufgeforderten und für den Empfänger irrelevanten Informationen wird Speicherplatz in einer "Mailbox" belegt. Ist diese angemietet, so fallen hierfür Kosten für die Speicherung an, die der Empfänger zu tragen hat.
Im Gegensatz zum Telex- und Telefaxdienst - durch die Zwischenspeicherungen im elektronischen Postdienst - wird es nicht zu Blockaden eines Endgerätes kommen. Allerdings ist hier der Speicherplatz begrenzt. Während bei Telex und Telefax ständig neue Mitteilungen auf Papier ausgedruckt werden können, kann es beim elektronischen Postsystem dazu kommen, daß wegen Speicherplatzmangel nachfolgende Mitteilungen nicht mehr entgegengenommen werden können.

Die Unzulässigkeit unaufgeforderter Werbemitteilungen ist auch dann gegeben, wenn die Werbeart den "Keim zu einem immer weiteren Umsichgreifen in sich trägt und damit erst zu einer untragbaren Belästigung und zu einer Verwilderung der Wettbewerbssitten führt"[203]. Als solche wurde die Btx- und die Telefax-Werbung mit ihrer Tendenz zur Informationsüberhäufung angesehen.
Auch für elektronische Postsysteme ist dies in Rechnung zu stellen. Ohne daß es darauf ankäme, dieses schlüssig für die Zukunft nachzuweisen, können einige Anhaltspunkte für eine zukünftig weite Verbreitung gesehen werden.
Die elektronische Post hat bereits heute in der Wissenschaft und in vielen großen Unternehmen eine enorme Verbreitung gefunden. Da sie sich in der Funktionsweise stark an die gewöhnliche Briefpost anlehnt, setzt sie an vorhandenen Erfahrungen zukünftiger Nutzer an. Da es keiner besonderen Endgeräte bedarf, kann die elektronische Post mit der Verbreitung von Personalcomputern, die immer stärker privat genutzt werden, um sich greifen. Wie im Falle der Telefon- und Btx-Werbung besteht für die Werbewirtschaft die besonders attraktive Möglichkeit, den Umworbenen scheinbar individuell anzusprechen - und das über ein Medium, bei dem der Empfänger gezwungen ist, zunächst den Inhalt in Augenschein zu nehmen. Damit ist aber die Aufmerksamkeit bereits auf den Inhalt gelenkt[204].

---

[202] LG Hamburg Urteil v. 10.8.1988, CR, 1099,1102 - Unverlangte Werbung per Telefax; OLG Hamm Urteil v. 17.5.1990, CR, 542 - Telefax-Werbung
[203] BGH Urteil v. 3.2.1988, CR, 460 (462) - Btx-Urteil
[204] Vgl. Btx-Urteil, S. 462

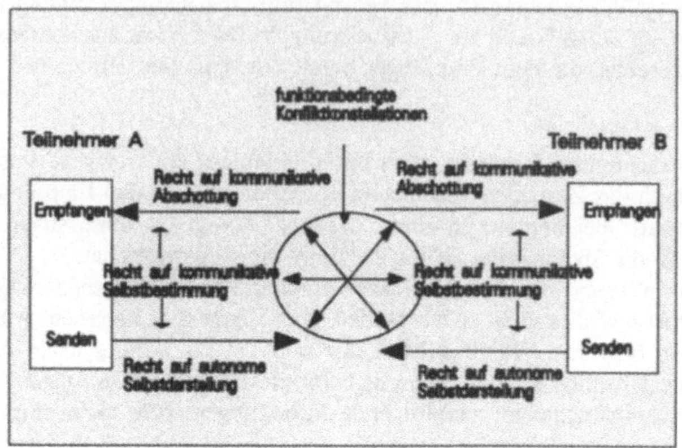

Abb. 44: Funktionsbedingte Konflikte

Zu der hier anstehenden Frage der Konfliktlösung tragen diese Erörterungen bisher nur insofern bei, als damit ein Schutzrecht des Empfängers vor unangeforderter Information bekräf-
tigt wird. Ich benenne dieses Schutzrecht als das <u>Recht auf kommunikative Abschottung</u>.
Damit, und das macht den grundsätzlichen Konflikt aus, steht dem Recht auf kommunikative
Selbstbestimmung als Entfaltungsrecht[205] des Absenders das Recht auf kommunikative Abschottung als Schutzrecht des Empfängers gegenüber (vgl. Abb. 44). Der Kriterienkonflikt,
der aus der beiderseitigen Flexibilitätsforderung erwächst, wird so zu einem nicht mehr sym-
metrischen Konflikt zwischen Entfaltungs- und Schutzrechten.

Für eine Konfliktlösung läßt sich aus dem Bisherigen ableiten, daß, wenn es bei den durch die
Rechtsprechung behandelten Fällen die technischen Möglichkeiten gegeben hätte, es dem
Empfänger zugestanden hätte, die Mitteilungen abzulehnen.
Der BGH erkennt in seinem Telefonurteil (Telefonurteil IV) grundsätzlich an, daß Werbean-
rufe, die in unmittelbarem Zusammenhang mit dem Geschäftsgang eines selbst Gewerbetrei-
benden stehen, häufig zulässig sein werden. Er weist andererseits darauf hin, daß nur im Einzelfall und unter Berücksichtigung der jeweiligen Interessen des Empfängers eine Beurteilung
möglich ist.

Die Rechtsprechung nimmt die jeweilige Technik als gegeben an. Sie formuliert ein Schutzrecht, das den Absender mangels technischer Möglichkeiten zur Unterlassung in bestimmten
Fällen verpflichtet. Bestünde die technische Möglichkeit zur selektiven Annahmeverweigerung, so müßte der Empfänger nicht auf die Unterlassung des Absenders vertrauen, sondern
könnte von seinem Schutzrecht selbstbestimmt Gebrauch machen[206]. Da aber ein solches
Schutzrecht nicht dem Vorbehalt der technischen Möglichkeit ausgesetzt werden darf

---

[205] In der Fassung von Roßnagel umfaßt das Recht auf kommunikative Selbstbestimmung beides. Es ist als
Entfaltungs- und als Schutzrecht formuliert.

[206] Das setzt voraus, daß MHS-Mitteilungen als Werbung gekennzeichnet sind und die Möglichkeit besteht,
eine solche Kennzeichnung - automatisch - auszuwerten und die Annahme hiervon abhängig zu machen,
ohne daß der einzelne gezwungen ist, die Mitteilung selbst in Augenschein zu nehmen. Zu den technischen
Erfordernissen siehe genauer unter 7.3.

(Roßnagel 1990, S. 284), ist es, auf das technische System gerichtet, angebracht zu fordern, daß dem Empfänger grundsätzlich eine solche Verweigerungsmöglichkeit zustehen und diese im Konflikt auch durchgesetzt werden muß.

Bei der nachfolgenden Anwendung der Bewertungskriterien werde ich also dort, wo der Konflikt zwischen dem Recht auf kommunikative Selbstbestimmung mit dem auf kommunikative Abschottung in Konflikt gerät, die technischen Systemeigenschaften danach bewerten, ob sie das Schutzrecht des Empfängers auch tatsächlich durchsetzen[207].

Sind solche technischen Möglichkeiten gegeben, dann heißt das zunächst, daß der Empfänger sich grundsätzlich gegen Informationszusendung schützen kann. Damit wird die technische Handlungsfreiheit zugunsten des Empfängers verlagert. Dem Zustellungswunsch des Absenders kommt nur unter dem Vorbehalt der Zustimmung des Empfängers Geltung zu. Eine technisch bedingte Verpflichtung zur Annahme wird ausgeschlossen.

Damit obliegt es dem Absender in den durchaus gegebenen Fällen, in denen eine Verpflichtung zur Informationsentgegennahme gegeben ist, diese anderweitig (nicht technisch) durchzusetzen. Für die gewöhnliche Briefpost, wo gemäß § 59 PostO ein grundsätzliches Recht auf Annahmeverweigerung besteht, gibt es Fälle, in denen die Post nach § 39 PostO beauftragt werden kann, Schriftstücke nach den Vorschriften der Zivilprozeßordnung zur Zustellung zu bringen. Gilt auch für ein elektronisches Postsystem das generelle Verweigerungsrecht, so ist es am Gesetzgeber, diese Vorschriften auch hierfür nachzubilden. Unter 6.3.1.3 hatte ich dies als Problem der speziellen Anwendungstauglichkeit bereits angesprochen und darauf hingewiesen, daß ich solche Anforderungen nicht näher betrachte.

Vorrang des Absenderwillens bei abfließenden Informationen

Es gibt eine weitere grundsätzliche Konfliktkonstellation, in der sich die Interessen von Absender und Empfänger gegenüberstehen können: Dem Empfänger wird über das Kriterium der Flexibilität eine weitestgehende Handlungsfreiheit zur Durchsetzung seiner Kommunikationsinteressen zugestanden. Solche Interessen können darin bestehen, daß der Empfänger erreichbar sein will, daß er demzufolge Mitteilungen in seinem Postfach erhalten möchte oder auch auf ein anderes Postfach umleiten möchte, wenn er vorübergehend nur darauf Zugriff haben kann. Auch seine Vertretbarkeit kann in seinem Interesse liegen. Er kann wünschen, daß Mitteilungen einem anderen Teilnehmer vertretungsweise zugestellt werden.
Man kann dem Empfänger durchaus auch ein allgemeines Informationsinteresse zugestehen, wonach es wünschenswert sein kann, von vielen Teilnehmern in unterschiedlichen Zusammenhängen Informationen zu erhalten, um - in seiner subjektiven Wahrnehmung - hinreichend informiert zu sein.
Auch dieses Entfaltungsrecht des Empfängers kann sich auf das Recht auf kommunikative Selbstbestimmung stützen.

Unstrittig wird sein, daß sich allein hieraus keine Informationsverpflichtung für einen Absender ergibt, die ein Empfänger einfordern könnte und woraus ein Konflikt entstünde. Zunächst kommt es auf den aktiven Schritt des Absenders an, eine Kommunikation zu beginnen, also etwa eine Mitteilung zu versenden, und damit seine Kommunikationsbereitschaft zu erklären.

---

[207] Ich nehme hierauf als "Regel 1" Bezug.

Um es deutlicher zu sagen: Aus dem allgemeinen Informationsinteresse des Empfängers kann keine technische Anforderung abgeleitet werden, auf nicht versandte Mitteilungen des - potentiellen - Absenders zuzugreifen.

Der grundsätzliche Konflikt, auf den ich abstelle, liegt anders. Mit dem Versenden einer Mitteilung übergibt der Absender die unmittelbare Verfügungsmacht über die Mitteilung an das technische System. Es kommt dann auf dessen Funktionsweise an, unter welchen Bedingungen und an wen die Mitteilung zugestellt wird. Dabei sind die möglichen Gefährdungen bei weitem höher als etwa beim Telefon. Dort nämlich gibt der Anrufer - vom speziellen Fall eines Anrufbeantworters einmal abgesehen - die Kontrolle über den Gesprächsinhalt nie aus der Hand. Der Anrufer kann es von den Bedingungen, unter denen es zu einer Verbindung kommt, abhängig machen, ob und in welcher Weise er ein Gespräch aufnimmt und welche Informationen er preisgibt. Hält er, nachdem eine Verbindung zustande kommt, den Zeitpunkt für unpassend, ist der gewünschte Partner nicht zu sprechen oder erreicht er etwa wegen einer bestehenden Umleitung einen anderen Teilnehmer, so kann er selbst darüber entscheiden, ob er unter diesen Bedingungen ein Gespräch beginnt und Informationen preisgibt.

Ganz offensichtlich sind diese Möglichkeiten bei der Verwendung eines elektronischen Postsystems nicht gegeben. Der Absender gibt die Verfügungsgewalt über seine Informationen schon zu einem Zeitpunkt an das System ab, zu dem die genauen Bedingungen, insbesondere wer letztlich der Empfänger sein wird, nicht bekannt sind.

Nun ist aber der einzelne in mehrfacher Hinsicht mit dem Recht ausgestattet, selbst über die Preisgabe ihn betreffender Informationen zu bestimmen[208]. Ich nenne dieses, in Zusammenfassung der Persönlichkeitsrechte nach Art. 2, Abs. 1 GG, das <u>Recht auf autonome Selbstdarstellung</u>.
Dieses Recht darf nicht dadurch verwirkt sein, daß ein Absender einem technischen System eine Information übergibt. Es muß vielmehr in diesem System fortwirken mit der Maßgabe, daß das System die Mitteilung nur unter den Bedingungen zustellt, die der Absender als Voraussetzung ansieht. Dies bedeutet gemäß dem Kriterium der Flexibilität zunächst, daß ihm die Möglichkeit gegeben sein muß, alle relevanten Bedingungen auch formulieren zu können.

Treten jedoch diese aus dem <u>Recht auf autonome Selbstdarstellung</u> resultierenden Bedingungen in einen <u>Konflikt</u> mit den sich aus dem <u>Recht auf kommunikative Selbstbestimmung</u> des Empfängers ergebenden Anforderungen, so wird bei der Bewertung grundsätzlich gefordert, daß das <u>technische System im Konfliktfall die Zustellung allein von den Bedingungen des Absenders abhängig macht</u>[209].

Auch hier soll darauf hingewiesen werden, daß <u>Verpflichtungen zur Informationsabgabe</u> in vielfältiger Form bestehen. Über sie wird grundsätzlich angenommen, daß sie sich auf die Stellung der Kommunikanten zueinander gründen, die außerhalb der Wissens- und Entscheidungsgrenzen des Systems liegen. Wird nach der hier formulierten Entscheidungsregel verfahren, so ist zunächst der Absender mit der alleinigen Verfügungsgewalt über seine elektronischen Briefe ausgestattet. Soll also eine besondere Verpflichtung zur Informationspreisgabe über das System durchgesetzt werden, so handelt es sich erneut um eine Anforderung zur Si-

---

[208] Zur juristischen Diskussion über die Einzelaspekte der selbstbestimmten Darstellung im gesprochenen Wort oder im eigenen Bild vgl. BVerfGE 65, 1 (41); Podlech 1979; Roßnagel 1990.
[209] Ich nehme hierauf als "Regel 2" Bezug.

cherstellung einer speziellen Anwendungstauglichkeit, die ich bei der Bewertung nicht betrachte.

Sieht man beide Entscheidungsregeln zusammen, so ist gewährleistet, daß der Absender die Kontrolle über seine Mitteilung nicht mit der Übergabe an das System verliert, sondern auch die Bedingungen bestimmt, unter denen es zu einer Zustellung an den Empfänger kommt. Die Zustellung der Mitteilung hängt davon ab, ob also der Empfänger diese Bedingungen zu akzeptieren bereit ist.

Das Kriterium der Aushandlungsfähigkeit

Beide Regeln sind Grundregeln. Ein System darf sie nicht verletzen. Sieht man die Regeln in dieser Weise verkettet, so ist schon über ihre Anwendung ein Interessenabgleich zwischen Absender und Empfänger gewährleistet. Zur Konfliktlösung ist diese Regelverkettung jedoch nicht ausreichend. Zum einen betrachtet sie alleine die Phase der Mitteilungsübermittlung und -zustellung. Unbeachtet bleibt, wer die Funktionen, die - in der zweiten Phase - zu einer Rückmeldung führen, kontrolliert und wie Konflikte hier gelöst werden können. Zum anderen führt die Regelanwendung dazu, daß eine Mitteilung entweder zugestellt oder definitiv nicht zugestellt wird. Eine möglicherweise mehrere Zyklen umfassende Verständigung, die auch die Modifikationen ursprünglicher Bedingungen erlaubte, ist allein auf dieser Basis nicht möglich.

Ich formuliere daher ein allgemeines Kriterium der **Aushandlungsfähigkeit**[210]. Wenn Konflikte auftreten, die nicht entscheidbar sind, so kann das System die von beiden Seiten geforderten Kommunikationsbedingungen nicht herstellen. In der Diskussion um die Rufnummernidentifizierung im ISDN-Netz wurde auf die Konflikthaftigkeit der Leistungsmerkmale mehrfach hingewiesen (Kubicek 1991-1; Hammer u.a. 1989) und ein "Handshakeverfahren" (Roßnagel 1990, S. 286) vorgeschlagen, mit dem sich die Kommunikationspartner darüber verständigen sollen, ob eine Rufnummeranzeige stattfindet. Dahinter steht die Vorstellung, daß wenn Konflikte nicht auflösbar sind, nur noch die Betroffenen selbst darüber entscheiden können, unter welchen Bedingungen eine Kommunikation stattfinden kann. Das Handshakeverfahren ist eine technische Lösung, die einerseits stark mit dem Spezialproblem "Anzeige der Rufnummer" verbunden ist und andererseits von einer synchronen Kommunikation per Telefon ausgeht.

Das Handshakeverfahren wurde von Albers & Heinze (1989) insofern verallgemeinert, als sie den auf die Nutzung des Leistungsmerkmals "Anzeige der Rufnummer" abzielenden Mechanismus zu einer Vorkommunikation erweiterten. Über die Vorkommunikation, so die Vorstellung, soll der Anrufer dem Angerufenen zunächst seine Kommunikationsbedingungen vollständig anbieten. Dies könnte über den Austausch einer entsprechenden Protokolldateneinheit realisiert werden. Der Angerufene soll daraufhin die Möglichkeit haben zu entscheiden, ob er die Verbindung unter diesen Umständen annimmt oder darauf verzichtet. Wird der Vorschlag des Anrufers akzeptiert[211], so wird unmittelbar die Verbindung hergestellt und die Kommunikanten können miteinander sprechen. Akzeptiert der Angerufene die Bedingungen nicht, so

---

[210] Vgl. hierzu auch Herrmann u.a. (1989).

[211] Möglicherweise automatisch, weil der Angerufene in seinem Endgerät vorher die Bedingungen festgelegt hat.

soll er seinerseits die Möglichkeit haben, den Vorschlag zu modifizieren oder neue Bedingungen zu nennen[212].

Das hieraus abzuleitende Kriterium der Aushandlungsfähigkeit erfordert also, daß die beteiligten Kommunikanten sich über alle Phasen der Kommunikation verständigen und ggf. in mehreren Zyklen die Bedingungen hierfür aushandeln können. Das System muß dazu geeignete Mechanismen bereitstellen und gewährleisten, daß die gefundene Konfliktlösung auch tatsächlich so durchgesetzt wird[213].

Die Aushandlungsfähigkeit eines Kommunikationssystems ist also dann notwendig, wenn vom System nicht zu entscheidende Konflikte auftreten, und gegeben, wenn das System Aushandlungsmechanismen bereitstellt, mit denen sich die Kommunikanten über ihre Kommunikationsbedingungen verständigen können.

6.4.2 Konfliktlösung bei datenbedingten Konflikten

Im Mittelpunkt der bisherigen Betrachtungen stand die Anwendung der Systemleistungen zur Übermittlung von Mitteilungsinhalten. Die hierbei auftretenden funktionsbedingten Konflikte entstehen, wenn die Beteiligten die Anwendungsmöglichkeiten des Systems so nutzen wollen, daß die daraus resultierenden Kommunikationsbedingungen unverträglich sind.

Das Transparenzkriterium wurde in die bisherigen Überlegungen nur in seiner funktionsorientierten Ausprägung miteinbezogen, also soweit, wie es in das System hineinreicht und das System selbst in der Lage sein muß, dem Teilnehmer die Transparenz über grundsätzliche Abläufe zu verschaffen. Aus seiner Anwendung ergeben sich keine Konflikte zwischen den Kommunikanten.

Für den zweiten Konflikttyp, den datenbedingten Konflikt, wurde bereits darauf hingewiesen, daß er stets gleich gelagert ist. Der Forderung nach (datenorientierter) Transparenz des einen steht regelmäßig die nach autonomer Datenpreisgabe des anderen gegenüber. Beide Kriterien stützen sich auf das Recht auf informationelle Selbstbestimmung.

Bei der Anwendung beider Kriterien kommt es also zu einem Konflikt unter Berufung auf das gleiche Grundrecht (vgl. Abb. 45).

Den hier grundsätzlich uneingeschränkten Grundrechtsschutz beider Kommunikanten unterstellt, ist eine allgemeine Konfliktlösung nicht möglich. Die Transparenzforderung kann nicht allgemein höher bewertet werden als die nach autonomer Datenpreisgabe. Ebensowenig kann umgekehrt verfahren werden. Grundrechtseingriffe sind jedoch immer dann zulässig, wenn sie gesetzlich legitimiert werden. Wir müssen also zur weiteren Problemerörterung nach sol-

---

[212] Zuweilen wird dieses Verfahren als unpraktikabel bezeichnet. Dabei ist es in der Kommunikationstechnik verbreitet. Man denke an die Aushandlung von Klassen, Funktionseinheiten und Syntaxvereinbarungen der Schichten 4-6.

[213] Es zeigt sich jedoch schnell, daß die für das (ISDN-)Telefon und damit für synchrone Kommunikation gefundenen Lösungen nicht ohne weiteres auf die im MHS gegebenen asynchronen Kommunikationsverhältnisse übertragen werden können. Auf diese Probleme gehe ich unter 7.1 und 7.3 vertieft ein.

chen Rechtsvorschriften suchen, die auf die Verwendung eines MHS-Systems Anwendung finden können.

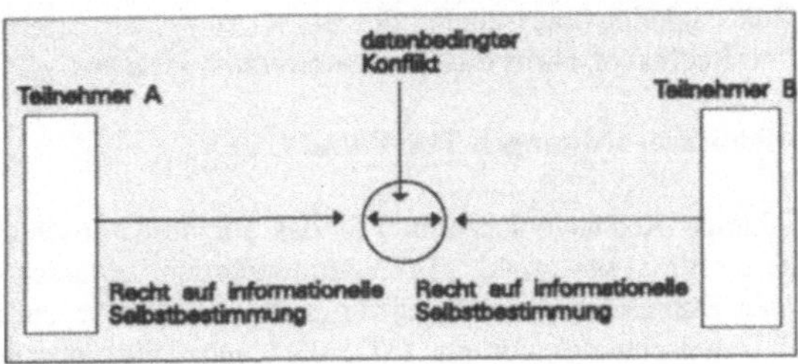

Abb.45: Datenbedingte Konflikte

Datenbedingte Konflikte ergeben sich gerade dadurch, daß in einem MHS-System personenbezogene Daten erhoben und übertragen werden. Wir betrachten insbesondere die Übertragung dieser Daten zwischen den Kommunikanten. Darauf sind grundsätzlich die Datenschutzgesetze anzuwenden. Im Rahmen des hier gewählten Bewertungskontextes, bei dem keine weiteren Annahmen über die Stellung der Kommunikanten zueinander gemacht werden, ist eine auf Erforderlichkeit und Zweckbindung einerseits oder Vertragsverhältnisse bzw. berechtigtes Interesse andererseits abstellende Bewertung der Zulässigkeit nicht möglich.
Es verbleibt als weitere mögliche Zulässigkeitsvoraussetzung des Datenschutzgesetzes die Einwilligung des Betroffenen nach § 5 BDSG. Hiermit kann, unabhängig von der besonderen Beziehung der Kommunikanten untereinander, eine Datenverarbeitung durch den betroffenen Teilnehmer zugelassen werden. Dem Kriterium der autonomen Datenpreisgabe kann also entsprochen werden, wenn die Übertragung der Daten, die dem einen zur Transparenz dienen sollen, von der Einwilligung des Betroffenen abhängig ist.

Von einer solchen <u>Einwilligung</u> kann allerdings bei keinem der übertragenen Daten gesprochen werden. Manche Daten sind vollkommen verbindlich festgelegt, d.h. eine Übertragung ohne diese Daten findet nicht statt. Das gilt z. B. für Absender- und Empfängeradresse. Manche Daten fügt das System automatisch und durch die Norm erzwungen hinzu (z.B. Zeitpunkt des Versandes). Andere Daten gibt der Absender zuvor zwar freiwillig ab[214], aber nur zu dem erkennbaren Zweck, daß das System eine bestimmte Leistung erbringt (wenn nicht erreichbar, leite um an ...). In keinem dieser Fälle kann davon ausgegangen werden, daß der Absender damit <u>in die Übertragung der Daten an den Empfänger</u> einwilligt.
In die andere Richtung, also bei der Übertragung von Empfängerdaten an den Absender, ist der Sachverhalt noch eindeutiger. Der Empfänger hat keinen Einfluß darauf, ob und mit welchen Daten eine Rückmeldung an den Absender ergeht.

Im Ergebnis heißt das: Aus der "Sicht" eines Message Handling Systems stehen zwei Kommunikanten über den Austausch einer Mitteilung miteinander in Beziehung. Dies begründet nach dem BDSG keine zulässige Übertragung von personenbezogenen Daten an einen der Teilnehmer. Ein Teilnehmer könnte sie für zulässig erklären, wenn er explizit einwilligen würde. Das ist nicht immer möglich.

---

[214] Hier ist Schmidt (1988, S. 320) zuzustimmen, der hieraus die Zulässigkeit der Speicherung notwendiger Verbindungsdaten durch den Systembetreiber ableitet.

Damit wäre eine Datenübermittlung aufgrund der fehlenden Einwilligung des Teilnehmers durch Einwilligung nach dem BDSG nicht zulässig.

Es gilt, eine letzte Zulässigkeitsvoraussetzung des BDSG zu prüfen. Sie ist nach § 5 (1) gegeben, wenn eine andere Rechtsvorschrift die Datenverarbeitung erlaubt.

Exkurs: Die Datenschutzverordnungen TDSV und UDSV

Zwei andere einschlägige Rechtsvorschriften i.S. des Bundesdatenschutzgesetzes sind die vom Bundesminister für Post- und Telekommunikation erlassenen Verordnungen: "Verordnung über den Datenschutz bei Dienstleistungen der Deutschen Bundespost TELE-KOM (TELEKOM Datenschutzverordnung (TDSV))" und "Verordnung über den Datenschutz bei Teledienstunternehmen (Teledienstunternehmen-Datenschutzverordnung (UDSV))". Beide Verordnungen widerspiegeln eine mehrjährige öffentliche Auseinandersetzung in der Bundesrepublik Deutschland um den Datenschutz in der Telekommunikation. Sie war stark auf das diensteintegrierende digitale Netz (ISDN) ausgerichtet, dessen Einführung anstand, und sie bezog sich in erster Linie auf den Sprachübermittlungsdienst (Telefondienst) in diesem Netz. Vor diesem Hintergrund verwundert es nicht, daß diese Verordnung hauptsächlich auf den Sprachdienst und die besonderen Netzeigenschaften des ISDN abstellt und in solchen Punkten sehr detailierte Regelungen trifft.

Aber andere Dienste werden in der Verordnung geregelt, darunter "Nachrichtenübermittlungssysteme mit Zwischenspeicherung" (§ 16), zu denen Message Handling Systeme zweifelsfrei zu rechnen sind. Diese Regelungen sind weniger umfangreich, und einige Querbeziehungen scheinen in der Verordnung - was zu begründen ist - nicht konsequent durchdacht.

Die Datenschutzverordnungen definieren Sprachkommunikationsdienste als "Dienstleistungen, die zur Übertragung oder Vermittlung von Sprache für andere über Fernmeldeanlagen, die für den öffentlichen Verkehr bestimmt sind, geschäftsmäßig angeboten werden;" (§ 2, Nr. 3).

   a) Hinsichtlich der Verbindungsdaten werden in § 6 (2) Sprachkommunikationsdienste gegen "alle(n) anderen Telekommunikationsdienste(n)" abgegrenzt und für die letzteren bestimmt, daß die Verbindungsdaten vollständig gespeichert werden dürfen.
   Nun kann der Inhalt einer MHS-Mitteilung auch eine Sprachmitteilung sein (vgl. auch § 15 (1)), die über Fernmeldeanlagen übertragen wird. Damit erhebt sich die Frage, ob in einem "Nachrichtenübermittlungssystem" nach § 15 für die jeweilige Mitteilung entschieden werden muß, ob es sich um eine Sprachdienstleistung oder eine sonstige Dienstleistung handelt. Das könnte eine unterschiedliche Behandlung bei der späteren Speicherung bedeuten.

   b) In § 5 (1) werden die Verbindungsdaten definiert. Dazu zählt "die Rufnummer oder Kennung des anrufenden oder angerufenen Anschlusses". Diese für Sprachleistungen zentralen Daten, die über den Anschluß (und das Endgerät) die Teilnehmer bestimmen, verlieren im Kontext eines MHS wesentlich an Bedeutung. Ein Teilnehmer mit einem UA in einem Personalcomputer bspw. nimmt eine durch zwei Rufnummern gekennzeichnete Verbindung lediglich mit dem MTA auf, dem er die Mitteilung zum Versand übergibt.

Für die Berechnung der Netzkosten (z. B. ISDN-Verbindung) ist das tatsächlich das relevante Nummernpaar. Mit dem Netzanschluß des Empfängers jedoch nimmt ein Absender nie eine direkte Verbindung auf.

c) Unter Datenschutzgesichtspunkten wesentlich wichtiger ist die eindeutige Teilnehmerkennung, die in MHS-Systemen verwendet wird. Sie ist mit der Anschlußnummer nicht identisch. Im Falle eines betrieblichen MTAs bspw. ist für das öffentliche Netz nur dessen Anschlußnummer sichtbar. Dahinter verbergen sich jedoch mehrere UAs, die, anders als etwa bei Telefonnebenstellen, nicht direkt adressiert werden. Die Abbildung auf eine Netzadresse - soweit notwendig - übernimmt der MTA, ohne daß dies für das öffentliche Netz sichtbar wäre.

Für einen Einzelgebührennachweis (§ 6 (9)) wesentlich interessanter werden daher die Teilnehmerkennungen von Absender und Empfänger innerhalb des MHS-Dienstes sein. Da es sich dabei nicht um Anschlußnummern handelt, ist zu klären, ob sie als Berechtigungskennungen i. S. des § 5 (1) gelten.

d) Bei einem Übermittlungssystem mit Zwischenspeicherung ist völlig unklar, was unter einer Verbindung und damit unter deren Beginn und Ende zu verstehen ist.

e) Im § 9 wird dem Teilnehmer das Recht zugestanden, die Anzeige der Rufnummer beim Angerufenen auf Dauer und zukünftig von Fall zu Fall zu unterdrücken. Damit wurde auf die Forderung nach der Möglichkeit anonymer Kommunikation reagiert. Die dort angeführten Argumente sind weitgehend auch auf die elektronische Post in MHS-Systemen übertragbar, und von der gewöhnlichen "gelben" Post her ist jedem vertraut, daß er anonyme Briefe verschicken kann.

Die Regelungen des § 9 reichen dafür keinesfalls aus. Wie bereits erläutert, kommt es in MHS-Systemen auf die personenbezogene Teilnehmerkennung an, die nur lose mit der Anschlußnummer verbunden ist. Die Rufnummerunterdrückung i. S. des § 9 erfaßt nur die erste Netzverbindung des Teilnehmers zum "elektronischen Postamt". Gerade darauf aber kommt es nicht an.

Entscheidend ist die Übertragung der Teilnehmerkennung an den Empfänger. Hierfür sieht die TDSV keine Regelung vor. Die X.400er-Norm schreibt die Übertragung fest vor.

f) In § 16 (1), Nr. 2 wird bestimmt, daß alleine der Teilnehmer durch seine Eingabe Inhalt, Umfang und Art der Verarbeitung bestimmt. Das bezieht sich für MHS-Systeme darauf, daß der Teilnehmer über die "Umschlagsdaten" festlegen kann, ob und in welcher Weise er gewisse Leistungsmerkmale nutzt. Der genaue Blick in die Norm aber zeigt, daß bestimmte Formen der Verarbeitung vom System selbständig durchgeführt werden, auch wenn der Teilnehmer hierzu keine Eingaben macht.

Soweit einige allgemeine Anmerkungen zur Einordnung von MHS-Systemen in den Regelungskontext der TDSV bzw. UDSV. Im derzeitigen Zusammenhang interessieren jedoch insbesondere die kommunikationsbegleitenden Einzeldaten, die Absender und Empfänger zugehen, und die diesbezüglichen Regelungen für MHS-Systeme.

Die Verordnungen gehen hierauf nur an einer Stelle ein, indem sie regeln, daß die Betreiber "dem Kunden mitteilen (dürfen), daß der Empfänger auf die Nachricht zugegriffen hat".

In MHS-Systemen gibt es diese Rückmeldungen in Form der Reports, die dem Absender, in manchen Fällen gar einem Dritten, zugehen, und in denen mitgeteilt wird, ob der Empfänger die Mitteilung erhalten (Form a) und ob er auf sie zugegriffen hat (Form b). Darin aber wird nicht nur der Erhalt oder der Zugriff - man könnte sich ein Ja oder Nein vorstellen -, sondern es werden eine Vielzahl von Daten über den genauen Hergang und die Umstände einer Zustellung oder Nicht-Zustellung übermittelt (vgl. Anhang 2). Hierzu finden sich keine Aussagen in der Verordnung.

Hinsichtlich der Übertragung von Absenderdaten an den Empfänger hatte ich bereits auf die Schwierigkeiten mit der Einordnung der Absenderkennung hingewiesen. Darüber hinaus wird wiederum eine Vielzahl von Daten übertragen, die entweder der Absender, meist im Zusammenhang mit der Nutzung von Leistungsmerkmalen, angeben muß oder die vom System erzeugt werden (vgl. Anhang 2).

In dieser Arbeit werden die Eigenschaften von MHS-Systemen nach X.4OO analysiert und bewertet. Bedenkt man die Länge und Intensität der Diskussion um ISDN und wie sich erst in ihrem Verlauf die Sichten und Argumente herausgebildet und in einem bestimmten Umfang Eingang in die Verordnung gefunden haben, so muß davon ausgegangen werden, daß wir in einer Diskussion um MHS-Systeme erst am Anfang stehen.

Obwohl also die Datenschutzverordnungen andere Rechtsvorschriften im Sinne des BDSG darstellen, halte ich es für angebracht, die Normbewertung grundsätzlicher anzulegen.

Die Normungsgremien haben mit der Formulierung der X.400ff-Normen die Grundlage für ein technisches System geschaffen, das bzgl. seiner rechtlichen Implikationen bisher kaum untersucht ist. Die Technik ist hier - wie so oft - der rechtlichen Diskussion und Bewältigung vorangeschritten.

Um eine an den tatsächlichen technischen Eigenschaften orientierte weitergehende Diskussion überhaupt zu ermöglichen, ist es erforderlich, daß diese Eigenschaften hierfür offengelegt werden. Dazu reicht es nicht aus, die X.400-Normen - wie in vielen Publikationen geschehen - rein funktional und mit ihren fundamentalen Merkmalen zu beschreiben. Die Arbeit geht darüber hinaus und bewertet die Verwendung der personenbezogenen Daten hinsichtlich des Konflikts zwischen den letztlich grundrechtlich begründeten Anforderungen nach Transparenz einerseits und autonomer Datenpreisgabe andererseits. Damit wird nicht eine unzureichende Rechtsvorschrift, sondern ein Kriterienpaar zur Richtschnur, das den Kern des informationellen Selbstbestimmungsrechts ausmacht.

Angemessenheit, Sensibilität und Aushandlungsnotwendigkeit als Bewertungskategorien für datenbedingte Konflikte

Bei der Übertragung von personenbezogenen Verbindungsdaten wird nachfolgend stets der Konflikt zwischen der Transparenzanforderung einerseits und der grundsätzlichen Autonomie bei der Datenpreisgabe andererseits unterstellt. Man hat es mit nur einer, stets gleichen Konfliktkonstellation zu tun, für die es keine allgemeine Lösungsregel geben kann. Nach unseren vorherigen Überlegungen bliebe so allein das Kriterium der Aushandlungsfähigkeit wegen des sonst nicht lösbaren Konfliktes.

zwischen den Kommunikanten vornehme, so bedarf das einer näheren Rechtfertigung. Geraume Zeit wurde die Zulässigkeit von Eingriffen in die Persönlichkeitsrechte auf der Basis der Sphärentheorie diskutiert. Nach ihr umgeben den einzelnen Schutzräume, in die verschieden stark eingegriffen werden darf. Die Sphärentheorie und der Versuch, personenbezogene Daten solchen Sphären zuzuordnen und damit sensible von nicht sensiblen Daten zu unterscheiden, wurde aufgegeben (BVerfGE 65, 1 (41)). Personenbezogene Daten unterliegen danach stets einem grundrechtlichen Schutz, weil sich mögliche Gefährdungen nicht aus den Daten selbst ableiten lassen, sondern sich erst durch den Verwendungszusammenhang ergeben (vgl. Podlech 1984).

Dennoch, eine zunehmend pragmatischere Sicht ist unverkennbar. Nicht zuletzt das Bundesdatenschutzgesetz hat durch seine Formulierungen hinsichtlich der Datensicherungserfordernisse - sie seien nur erforderlich, "wenn ihr Aufwand in einem angemessenen Verhältnis zum angestrebten Schutzzweck steht" (§9 BDSG) - und "je nach Art der zu schützenden personenbezogenen Daten" seien unterschiedliche Maßnahmen geeignet (Anlage zu §9 BDSG), zu einer Relativierung beigetragen. Hierauf gestützt und auf die Notwendigkeit einer pragmatischeren Herangehensweise verweisend, wurde vom Hamburger Datenschutzbeauftragten ein "Datenschutzkonzept für PC" (HDSB 1991) entwickelt, das Daten hinsichtlich der möglichen Beeinträchtigungen für den Betroffenen nach vier Schutzstufen klassifiziert[215].

Mir erscheint hinsichtlich des Anfalls personenbezogener Daten bei der Verwendung kommunikationstechnischer Systeme ebenfalls eine pragmatischere Sicht gerechtfertigt zu sein. Konkret auf den Gegenstand hier bezogen, ist zunächst unbestreitbar, daß personenbezogene Daten im Mitteilungsumschlag an Absender und Empfänger übertragen werden. Die gesamte vorherige Diskussion stützte sich hierauf.

Aus der Fülle dieser Daten greife ich zwei heraus:

1. Original-encoded-information-type: Mit diesem Datum wird dem Empfänger mitgeteilt, in welcher Kodierungsform die Mitteilung abgesendet wurde.

2. MTS-congertion: Mit diesem Datum wird dem Absender mitgeteilt, daß die Mitteilung nicht an den Empfänger zugestellt werden konnte, weil das MTS überlastet war.

Beide Daten sind auf Absender und Empfänger personenbezogen. Dennoch stellt sich die Frage, ob nicht solche Daten weniger sensibel sind als andere. Wenn grundsätzlich richtig festgestellt wird, daß jedes Datum in einem bestimmten Verwendungskontext Gefährdungen ausgesetzt sein kann, gilt das auch für solche Daten? Wenn, wie auch hier grundsätzlich unterstellt wird, technische Verbindungsdaten den unmittelbaren Raum des technischen Systems verlassen können, ist denn für solche Daten ein sozialer Verwendungskontext denkbar, in dem sie Grund für Gefährdungen des Betroffenen sein können? Die obigen Beispiele scheinen mir die Annahme zu stützen, daß ein Mißbrauch solcher Daten "keine besondere Beeinträchtigung erwarten läßt" (HDSB 1991, S. 10)

Angesichts der kontrovers geführten juristischen Diskussion ist jedes pragmatische Vorgehen ein Wagnis. Ohne alle möglichen Verwendungsbedingungen zu kennen, kann ein Mißbrauch eines Datums nie grundsätzlich ausgeschlossen werden. Wer also versucht, angesichts des

---

[215] Auch Steinmüller (1991-2, S. 85) räumt ein, daß bei isolierten monofunktionalen Informationssystemen die Bildung von Risikoklassen zweckmäßig sein kann. Er lehnt ein solches Vorgehen im allgemeinen jedoch ab.

gewählten, weiten Bewertungskontextes allgemeine Aussagen zur Gefährdung bzw. Nicht-Gefährdung zu machen, läuft Gefahr, falsche Urteile zu fällen.
Andererseits sind mit der Norm solche Urteile gefällt worden. Um sie bewerten zu können, halte ich ein Vorgehen für angezeigt, welches von unterschiedlicher Sensibilität von Daten ausgeht. Ein solches Vorgehen darf jedoch keine rechtliche Gültigkeit für sich in Anspruch nehmen. Vielmehr soll es dazu dienen, die Datenübertragung zwischen Teilnehmern überhaupt zu problematisieren und auf besondere Konfliktfälle hinzuweisen.
Ich verwende aus diesem Grunde keine juristisch streng gefaßten Begriffe wie etwa Zulässigkeit oder Erforderlichkeit.

Die Übertragung eines Datums an einen Kommunikanten soll als <u>angemessen</u> bezeichnet werden, wenn sie die Transparenz der Abläufe für ihn wirksam erhöht und ihm das Interesse an dieser Transparenzverbesserung zuzugestehen ist.
Die Übertragung soll als <u>in anderer Form angemessen</u> bezeichnet werden, wenn die damit einhergehende Information die Transparenz wirksam erhöht, die hierfür übertragenen Daten in ihrem Umfang oder ihrer Detailtiefe jedoch nicht notwendig erscheinen.
Sie wird als <u>wünschenswert</u> bezeichnet, wenn das Datum die Transparenz für den Empfänger nur marginal erhöht.
Sie wird als <u>unangemessen</u> bezeichnet, wenn sie zur Verbesserung der Transparenz nicht nachhaltig beiträgt.

Aus der Sicht des jeweils anderen Kommunikanten wird das zu übertragende Datum entweder als <u>sensibel</u> oder <u>weniger sensibel</u> bezeichnet. Diese Bewertung ist jeweils zu begründen, indem die mit dem Datum verbundene Aussage betrachtet und auf denkbare Gefährdungen hingewiesen wird.

Nur in den Fällen, in denen dem einen ein starkes Transparenzinteresse zugestanden werden muß, während für den anderen keine Beeinträchtigung gesehen wird, soll die Übertragung des Datums durch das System erfolgen. In den anderen Fällen soll nicht gegen die Interessen des - datenabgebenden - Betroffenen entschieden werden. Es muß zu einer Aushandlung über das Datum kommen. Für jedes Datum wird deshalb angegeben, ob eine Aushandlung dieses Datums <u>notwendig</u> oder <u>nicht notwendig</u> erscheint. Ist sie notwendig, so ist danach zu fragen, ob es einen geeigneten Aushandlungsmechanismus gibt.

6.5 Zusammenfassung

Die Diskussion der Bewertungskriterien und der Konfliktlösung kann nunmehr zusammengefaßt werden (vgl. Tab. 24): Es wird grundsätzlich zwischen funktions- und datenorientierten Kriterien und Konflikten unterschieden.

Die Normfestlegungen werden dementsprechend hinsichtlich der Funktionen anhand der Kriterien <u>Flexibilität</u> und <u>funktionsorientierte Transparenz</u> bewertet.
Bei allseitig flexibler Nutzung des Systems treten funktionsbedingte Konflikte auf. Das Systemverhalten wird bei auftretenden Konflikten danach bewertet, ob das System die oben aufgestellten Regeln einhält. Sind diese nicht anwendbar, so wird es danach bewertet, ob es Aushandlungsmöglichkeiten für die Teilnehmer bereitstellt.

	Einzelsicht A	Konfliktlösung	Einzelsicht B
Funktionen	Flexibilität	Regel 1 od. Regel 2 Aushandlungsfähigkeit	Flexibilität
	Funktionsorientierte Transparenz		Funktionsorientierte Transparenz
Daten	Datenorientierte Transparenz Autonome Datenpreisgabe	Abwägung hinsichtlich der Sensibilität Aushandlungsfähigkeit	Datenorientierte Transparenz Autonome Datenpreisgabe

Tab. 24: Überblick über die verwendeten Kriterien

Für die Bewertung der Datenübertragung werden die Kriterien datenorientierte Transparenz und autonome Datenpreisgabe angewendet. Sie stehen regelmäßig zueinander im Konflikt. Die Übertragung von Daten durch das System wird in Abhängigkeit vom Transparenzinteresse einerseits sowie der Sensibilität des betroffenen Datums andererseits vorgenommen. Das Systemverhalten wird positiv bewertet, wenn Daten nur dann automatisch übertragen werden, wenn das Transparenzinteresse hoch und das Datum weniger sensibel ist. Ansonsten wird auch hier darauf geachtet, daß den Teilnehmern Aushandlungsmöglichkeiten zur Verfügung stehen.

7 Bewertung der Normen zum Message Transfer System

Nach dem nunmehr vorgestellten Bewertungsansatz werden die Normfestlegungen zum Message Transfer System bewertet.

Zunächst wird hierfür ein Modell einer Kommunikationsbeziehung vorgestellt, das die zeitlichen Abläufe des Versands und Empfangs von Mitteilungen und Rückmeldungen verdeutlicht. Die Besonderheiten dieser asynchronen Kommunikation spielen an mehreren Stellen eine Rolle. Die Bewertung wird nach einer - weitgehend - einheitlichen Systematik für alle Leistungsmerkmale vorgenommen, die danach beschrieben wird.

Die Bewertung beginnt mit einer vorgezogenen Betrachtung der Aushandlungsfähigkeit des MTS. Gerade weil die Konflikthaftigkeit der MHS-Nutzung bei der Normerarbeitung nicht konsequent mitgedacht wurde, handelt es sich um ein durchgängiges Problem, das nicht an jeder entsprechenden Stelle neu diskutiert werden sollte.

Hieran schließt sich dann die eigentliche Bewertung der Normfestlegungen an.

7.1 Kommunikationsbeziehung bei Anwendung des Message Transfer Systems

Den bisherigen Arbeiten zur Bewertung von Kommunikationssystemen war ein aus dem Sprachverkehr abgeleitetes Modell einer Kommunikationsbeziehung hinterlegt (vgl. Hammer u.a. 1989; Höller 1988-2). Eine Telefonkommunikation ist grob einzuteilen in die Phasen Verbindungsaufbau, Gesprächsphase und Verbindungsabbau. Eine Kommunikationsbeziehung besteht zwischen dem erfolgreichen Verbindungsaufbau und dessen Abbau. Wesentlich ist, daß grundsätzlich von gleichzeitiger (synchroner) Kommunikation ausgegangen werden kann, daß also die Kommunikanten, sobald die Verbindung erfolgreich aufgebaut ist, gleichzeitig miteinander sprechen.

Für eine Bewertung hat dies u.a. die Konsequenz, daß die Kommunikationsinhalte weniger gefährdet sind, weil die Kommunikationspartner während eines Telefongespräches die Kontrolle über das Gesprochene haben. Auch das angesprochene Handshakeverfahren (dazu oben 6.4.1), über das es zur Aushandlung über die Anzeige der Rufnummer kommen soll, setzt diese Phaseneinteilung voraus.

Beides, die Phaseneinteilung und die grundsätzliche Gleichzeitigkeit, kann nicht auf die Kommunikation in einem Message Handling System übertragen werden, zu dessen besonderen Merkmalen ja gerade die asynchrone Kommunikation gehört. Eine Kommunikationsbeziehung über ein Message Handling System ist grundsätzlich durch folgenden Ablauf gekennzeichnet (vgl. Abb. 46): Sie beginnt mit dem Versenden einer Mitteilung durch den Absender. Die Mitteilung wird danach - mglw. auf seinen Wunsch (Deferred Delivery), zumindest aber im Zuge der Übermittlung im Message Transfer System - mehrfach zwischengespeichert, bevor sie dem Empfänger zugestellt wird. Der Absender gibt die Verfügungsgewalt über die Mitteilung mit dem Versand an das Message Transfer System ab. Mit dem Empfang übernimmt sie der Empfänger. Dem Absender steht die Möglichkeit zur Verfügung, eine

Rückmeldung anzufordern. Er erhält damit Informationen zurück, die sich auf einen vorhergehenden Versand und Empfang beziehen und zu diesem Kommunikationsvorgang gehören.

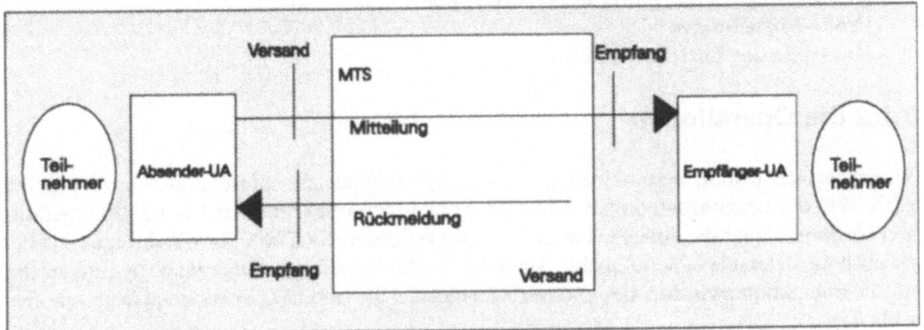

Abb. 46: Modell einer Kommunikationsbeziehung im MHS

Eine Kommunikationsbeziehung wird daher als die Abfolge von Versand und Empfang einer Mitteilung und der Rückmeldung an den Absender aufgefaßt[216].

7.2 Zur Systematik der Bewertung

7.2.1 Die Leistungsmerkmalsgruppen

Die Norm unterscheidet eine enorme Vielzahl eng gefaßter Leistungsmerkmale, auf deren Grundlage eine Bewertung des gesamten Dienstes nicht sinnvoll ist. Die normdeterminierten funktionalen Eigenschaften, die hier bewertet werden sollen, werden auf Leistungsmerkmalsgruppen bezogen. Sie bündeln solche Leistungsmerkmale, die in einem engen inhaltlichen Zusammenhang stehen. Für jede Leistungsmerkmalsgruppe wird hinsichtlich einer Kommunikationsbeziehung nach Abb. 46 betrachtet, wie die zusammengefaßten Leistungsmerkmale den Versand und die Zustellung einer Mitteilung steuern und was der Absender über den Hergang in einem nachfolgenden Report erfährt.

In der Leistungsmerkmalsgruppe "Versand und Empfang von Mitteilungen" sind die Standardabläufe der Mitteilungsübermittlung und Rückmeldung, ergänzt um einige einfache Sondernutzungsmöglichkeiten, zusammengefaßt. Alle übrigen Gruppen bündeln Systemleistungen, die zu einer besonderen Art der Übermittlung und Rückmeldung führen. Untersucht werden folgende Leistungsmerkmalsgruppen:

---

[216] Diese Vorstellung kann grundsätzlich für jede MTS-Kommunikationsbeziehung angenommen werden. Dienstübergänge sind jedoch insofern eine Sonderform einer solchen asynchronen Abfolge, als hier die Abläufe in den betroffenen Diensten konkateniert werden. Hierauf wird im Zusammenhang mit dem Dienstübergang zur Briefpost (7.7) eingegangen.

- Versand und Empfang von Mitteilungen (incl. Report-Leistungsmerkmale)
- Umleiten von Mitteilungen
- Versand über Verteilerlisten
- Dienstübergang zur gewöhnlichen Briefpost
- Probe-Mitteilungen
- Kontrolle des Zustellzeitpunktes

7.2.2 Die Operationen

Wie mehrfach betont, beschreiben die Leistungsmerkmale die Systemfunktionen lediglich grob. Wie die Leistungsmerkmale realisiert werden, wird über die Festlegung der Operationen bestimmt. Über die Analyse dieser Operationen erschließen sich sowohl die funktionalen als auch die datenrelevanten Aspekte des MTS für die Bewertung. Folgende Operationen sind für die Interaktion zwischen UA und MTS festgelegt. Sie sind nach Ports gruppiert (vgl. auch Abb. 41):

Port	Operation
Submission	Message-submission
	Probe-submission
	Cancel-deferred-delivery
	Submission-control
Delivery	Message-delivery
	Report-delivery
	Delivery-control
Administration	Register
	Change-credentials

Tab. 23: Ports und Operationen des MTS

In Anhang 2 sind für diese Operationen jeweils alle Argumente, deren Zuordnung zu den Leistungsmerkmalsgruppen, die Resultate und Fehlermeldungen zusammengestellt.

7.2.3 Schrittfolge der Analyse und Bewertung

Die Bewertung erfolgt entlang der Leistungsmerkmalsgruppen. Innerhalb einer Leistungsmerkmalsgruppe werden jeweils drei Schritte gegangen:

1. Beschreibung der Leistungsmerkmalsgruppe
2. Funktionsorientierte Bewertung
3. Datenorientierte Bewertung

7.2.3.1 Beschreibung der Leistungsmerkmalsgruppe

Tabellarische Zusammenfassung

Für jede Leistungsmerkmalsgruppe werden zunächst in einer tabellarischen Übersicht die Leistungsmerkmale, die damit in Verbindung stehende(n) Operation(en) und die Argumente, die die festgelegten Daten darstellen, zusammengetragen (vgl. Abb. 47).

Operation	Leistungsmerkmal	Status	Argument	Status	Defalut

Abb. 47: Tabellarische Übersicht über eine Leistungsmerkmalsgruppe

In der ersten Spalte wird die Operation benannt, über die das Leistungsmerkmal zugänglich ist. In der Regel werden über die gleiche Operation mehrere Leistungsmerkmale angestoßen. In der zweiten Spalte wird das Leistungsmerkmal benannt.
Die dritte Spalte bezeichnet den Verbindlichkeitsgrad (mandatory, essential, additional, dazu auch 5.4.1), der dem Leistungsmerkmal zugeordnet ist, sowie die Art und Weise, wie das Leistungsmerkmal zugänglich ist. Für letzteres werden in der Norm folgende Bezeichnungen verwendet:

PM (per message): Diese Leistungsmerkmale können für jede Mitteilung genutzt werden und sind über eine Operation zugänglich.

CA (contractual agreement): Diese Leistungsmerkmale können nicht fallweise in Anspruch genommen werden, sondern werden von einem Betreiber auf vertraglicher Basis angeboten. Meistens gibt es keine Operation, mit der man das Leistungsmerkmal anfordern könnte. In diesen Fällen wird es zwischen dem Teilnehmer und dem Betreiber vereinbart und gilt dann für die Vertragsdauer und wirkt solange auf alle Mitteilungen. In einem betrieblichen MHS-System bedeutet das, daß ein solches Leistungsmerkmal von einem Verantwortlichen (z. B. dem Systemverwalter) fest eingerichtet werden muß. In anderen Fällen gibt es zwar eine Operation, mit der man das Leistungsmerkmal aktivieren und deaktivieren kann, es wirkt jedoch ebenfalls auf Dauer und damit für mehrere Mitteilungen.

In der vierten Spalte werden die Argumente benannt, die im Zusammenhang mit der Operation und den Leistungsmerkmalen relevant sind.
Ihnen ist in der fünften Spalte ebenfalls der Verbindlichkeitsgrad zugeordnet.
Die letzte Spalte enthält den Default-Wert des Argumentes (falls definiert). Dieser Wert wird dem Argument standardmäßig zugeordnet, falls es (z. B. durch den Absender beim Versand) nicht belegt wird.

Im Anschluß an die tabellarische Zusammenfassung folgt die detailierte Darstellung der jeweiligen Leistungsmerkmale, Operationen und Argumente. Es wird darauf geachtet, daß die Gesamtleistung und die genauen, durch die Norm bestimmten Abläufe deutlich werden, damit hierdurch die Grundlagen für die Bewertung gelegt werden können.

7.2.3.2 Funktionsorientierte Bewertung

Im Rahmen der funktionsorientierten Bewertung werden stets zwei Schritte unterschieden:

1. Bewertung aus der Sicht der Teilnehmer
2. Bewertung der Konfliktlösung

Bewertung aus der Sicht der Teilnehmer

Als Teilnehmer sind an einer Kommunikationsbeziehung nach Abb. 46 stets Absender und Empfänger beteiligt, in manchen Fällen sind es Dritte, die zwar Teilnehmer am Dienst, jedoch nicht Kommunikanten bzgl. der betrachteten Kommunikationsbeziehung sind.

Aus der Sicht jeweils eines Teilnehmers in seiner Rolle (Absender, Empfänger) werden zunächst die Systemleistungen unter Anwendung der Kriterien Flexibilität und funktionsorientierte Transparenz bewertet. Konflikte werden zu diesem Zeitpunkt nicht betrachtet.

Als Grobklassifizierung wird dem jeweiligen Textblock der Bewertung ein Symbol mit folgender Bedeutung vorangestellt:

(+)   Diese Systemeigenschaft ist insgesamt positiv zu bewerten.

(-)   Diese Systemeigenschaft ist insgesamt negativ zu bewerten

(!)   Diese Systemeigenschaft ist problematisch. Eine Lösung ist außerhalb der Normen zu suchen.

(+/-) Diese Systemeigenschaft kann im Rahmen der Normanalyse nicht bewertet werden.

An einigen Stellen wirken sich die Festlegungen des funktionalen Standards AMH11 auf die Bewertung der Festlegungen der Basisnorm aus. Wo dies der Fall ist, wird mit dem Hinweis "Änderungen durch den funktionalen Standard" hierauf genauer eingegangen.

Eine Reihe von Systemeigenschaften ist allein aufgrund der Normanalyse nicht bewertbar. Die damit zusammenhängenden Fragen müssen in einem anderen Kontext geklärt werden. Aus diesem Grunde ist, falls erforderlich, die Bewertung um die verbleibende Problemstellung und den Hinweis auf den Kontext, in dem sie geklärt werden kann, ergänzt. Es handelt sich dabei im wesentlichen um folgende Felder:

- Dienst- bzw. Produktprüfung: Manche aus der Normanalyse erkennbaren Probleme können erst im Rahmen von Dienst- und Produktprüfungen geklärt werden. Dienst- und Produktprüfungen setzen voraus, daß die konkrete Implementierung der Normfestlegungen vorliegt.
- UA-Prüfung: In anderen Fällen können Probleme benannt werden, für deren Klärung die Untersuchung der Normen zum UA bzw. entsprechender Produkte notwendig ist.

Bewertung der Konfliktlösung

Nach der Bewertung der Normfestlegung aus der Perspektive der einzelnen Teilnehmer(rollen) werden die aus der Einzelsicht formulierten Anforderungen in einer Konfliktmatrix (vgl. Abb. 48) einander gegenübergestellt und die auftretenden Konflikte mit einem Symbol (K) gekennzeichnet.

Diese Konflikte werden danach aufgegriffen und entsprechend den Ausführungen in (6.4.1) diskutiert und bewertet. Die Diskussion wird dort kurz gehalten, wo eine der vorab formulierten Entscheidungsregeln (Regel 1, Regel 2) angewendet werden kann.

Auch im Zusammenhang mit Konflikten werden teilweise Probleme offensichtlich, die wiederum außerhalb der Normfestlegungen geklärt werden müssen und für die der relevante Untersuchungskontext angegeben wird.

		(R)olle 1		(R)olle 2	
		Anforderung 1	Anforderung 2	Anforderung 1	Anforderung 2
R 1	Anforderung 1	*		K	
	Anforderung 2		*		K
R 2	Anforderung 1				
	Anforderung 2				*

Abb. 48: Konfliktmatrix

7.2.3.3 Datenorientierte Bewertung

In der datenorientierten Bewertung werden unterschieden:

- Daten vom Absender an den Empfänger
- Daten vom MTS an den Empfänger
- Daten des Empfängers an den Absender

Daten der ersten Klasse sind solche, die der Absender bei der Erstellung des Versand-Umschlages (in der Regel zur Aktivierung der Leistungsmerkmale) selbst ausgefüllt und dem MTS übergeben hat.
Daten der zweiten Klasse sind diejenigen, die vom MTS über den Hergang der Zustellung (stattgefundene Umleitungen, Verteilerlistenauflösungen, etc.) erzeugt und an den Empfänger weitergegeben werden.
Daten der dritten Klasse werden stets vom MTS erzeugt. Der Empfänger hat hierauf keinen Einfluß.

Entlang dieser Klassifizierung werden die in der Norm festgelegten und mit der jeweiligen Leistungsmerkmalsgruppe verbundenen Daten bewertet. Dabei wird stets der Konflikt zwischen der Anforderung nach autonomer Datenpreisgabe des "Datenlieferanten" und der nach Transparenz für den "Datennachfrager" unterstellt. Die Bewertung der Datenübermittlung erfolgt nach Maßgabe der Ausführungen in (unter 6.4.2).

7.3 Zur Aushandlungsfähigkeit des MTS

Für die Auflösung von Konflikten ist die Fähigkeit des Kommunikationssystems, den Kommunikanten Mechanismen zur Aushandlung von Kommunikationsbedingungen anzubieten, von großer Bedeutung (dazu 6.4.1).

Die nachfolgende Bewertung hängt damit stark davon ab, ob und in welcher Weise das MTS solche Mechanismen anbietet.
Hier stehe ich jedoch vor einem grundsätzlichen Bewertungsproblem. Wenn auch an der einen oder anderen Stelle der Norm erkennbar wird, daß ein Interessenkonflikt zwischen den Kommunikanten erkannt und Möglichkeiten der Einflußnahme durch die Betroffenen geschaffen wurden, so ist die Konfliktlösung bzw. -aushandlung jedoch nicht als grundlegende

Gestaltungsanforderung gesehen worden. Die Norm selbst liefert keine Vorlage für einen allgemeinen technischen Mechanismus, mit dem auf dieses Problem konsequent eingegangen würde.

Will man nun die wenigen vorgesehenen Mechanismen einerseits und die Fälle, in denen Mechanismen gänzlich fehlen andererseits, bewerten, so stellt sich die Frage, wie eine Aushandlung verallgemeinerbar überhaupt realisiert werden könnte. Es bedarf also einer Vorlage, an der man die Norm messen kann.

Das Bewertungsproblem wird zu einem Gestaltungsproblem, dem ich mich im Folgenden widme. Dabei verkenne ich nicht die technische Komplexität der erforderlichen Lösungen. Was an dieser Stelle leistbar ist, ist die Übertragung der im ISDN-Kontext grundsätzlich vorgeschlagenen Mechanismen auf die besonderen Verhältnisse einer asynchronen Kommunikation über ein MHS.

Wenn wir uns auf die Grundsituation einer asynchronen Kommunikation beziehen, wie sie in Abb. 46 zum Ausdruck kommt, so zeigt sich, daß interaktive Aushandlungsverfahren für synchrone Kommunikation nicht unverändert auf die zeitversetzte Kommunikation im MHS übertragen werden können. Nachfolgend soll skizziert werden, wie eine Aushandlung unter den Bedingungen eines MHS denkbar wäre.

Es können zwei Arten, die <u>Vorabaushandlung</u> und die <u>kommunikationsbegleitende Aushandlung</u>, unterschieden werden.

7.3.1 Vorabaushandlung

Bei der <u>Vorabaushandlung</u> werden, bevor die eigentliche Mitteilung verschickt wird, - ggf. mehrere - Aushandlungsschritte vorgeschaltet, bis sich die Beteiligten auf die Bedingungen geeinigt haben oder eine Partei auf die Kommunikation verzichtet. Diese Lösung hat den Vorteil, daß es zu einer echten, mglw. mehrere Zyklen durchlaufenden Aushandlung bis zur Entscheidung kommt.

Die Vorabaushandlung könnte dadurch realisiert werden, daß der Absender einen Mitteilungsumschlag versendet, aus dem die von ihm angebotenen Bedingungen für einen nachfolgenden Mitteilungsversand für den Empfänger ersichtlich werden. Der Empfänger kann auf diesen "Vorschlag" reagieren und dem Absender mitteilen, ob er gewillt ist, diese Bedingungen zu akzeptieren, oder er kann einen "Gegenvorschlag" mit seinen Bedingungen unterbreiten. Hierauf kann nun wieder der Absender reagieren[217]. Es kann so zu den Aushandlungszyklen kommen.

Das praktische Problem einer solchen Aushandlung ist offensichtlich. Jeder Zyklus bedeutet, daß der Absender einen Vorschlag unterbreitet, dieser übertragen und dem Empfänger zugestellt werden muß. Da der Empfänger hierauf reagieren muß, bleibt der "Vorschlag" solange gespeichert, bis der Empfänger ihn zur Kenntnis genommen und sein Ergebnis (Vorschlag akzeptiert oder Gegenvorschlag) zurücksendet. Nimmt man die für Mitteilungen angesetzten Übertragungszeiten von 45 Minuten bis zu 24 Stunden[218] (vgl. Tietz 1989, S. 149) an, so wird schnell deutlich, daß die damit einhergehende Verzögerung der eigentlichen Mitteilungsüber-

---

[217] Vgl. hierzu auch die Vorschläge von Andelfinger u. a. (1991, S. 78 und S. 109).
[218] Die Zeiten sind von der Kennzeichnung als dringend, normal oder nicht-dringend abhängig.

tragung erheblich ist. Selbst wenn man annimmt, daß ein Empfänger gewisse Voreinstellungen in seinem UA gespeichert hat und so in vielen Fällen eine automatische Reaktion möglich ist, bleibt das Problem der langen Übertragungszeiten selbst bei nur einem Zyklus bestehen. Die Vorabaushandlung erscheint daher nur dann praktikabel, wenn die "Aushandlungs"-Nachrichten erheblich schneller übertragen werden. Hierfür sind mehrere Realisierungsmöglichkeiten denkbar, die von einer Vorrangbehandlung von "Aushandlungs"-Nachrichten gegenüber tatsächlichen Mitteilungen bis hin zu direkten End-zu-End-Verbindungen zwischen den beteiligten UAs reichen.

Eine solche Vorabaushandlung wäre eine angemessene Lösung der Konfliktprobleme[219], mit der wir uns der Norm nähern können. Nun stellt sich die Frage, ob die Norm ein solches oder ähnliches Aushandlungsverfahren zur Konfliktlösung vorsieht.

Tatsächlich findet sich in der Norm ein Verfahren, das auf den ersten Blick einer Vorabaushandlung ähnelt. Ein Absender kann nämlich Probe-Mitteilungen versenden, mit denen er die Zustellbarkeit einer nachfolgenen Mitteilung prüfen kann. Eine Probemitteilung besteht nur aus einem Umschlag und führt keinen Inhalt mit sich. Die Argumente sind so belegt, wie sie für eine nachfolgende Mitteilung beabsichtigt sind. Das MTS prüft für diesen Umschlag, ob eine Mitteilung mit gleichen Eigenschaften zugestellt werden könnte.
Probe-Mitteilungen sind jedoch für eine Aushandlung zwischen den Kommunikanten nicht brauchbar. Sie sollen zwar, wie der hier ins Auge gefaßte Aushandlungsmechanismus, Aufschluß über die Kommunikationsbedingungen geben, die hiermit zu erfragende Zustellungsmöglichkeit aber bezieht sich nur auf technische Restriktionen. Die Antwort (Report) erhält der Absender nicht vom Empfänger, sondern vom Message Transfer System selbst. Dem Empfänger wird die Probemitteilung weder zugestellt noch erhält er überhaupt Kenntnis von ihr.
Um einer Aushandlung zu dienen, müßte die Probemitteilung den Empfänger erreichen und er müßte mit einem Report auf die angebotenen Bedingungen reagieren können. Diese Möglichkeit bietet die Norm nicht.

7.3.2 Kommunikationsbegleitende Aushandlung

Bei der <u>kommunikationsbegleitenden Aushandlung</u> werden der Mitteilung die Bedingungen des Absenders mitgegeben unter denen - und nur unter denen - der Absender die Zustellung wünscht. Die Aushandlung ist darauf beschränkt, daß der Absender seine Bedingungen erklärt und der Empfänger sie entweder akzeptiert oder die Mitteilung nicht erhält.

Soweit entspricht dieses gerade der Anwendung der beiden unter 6.4.1 entwickelten Entscheidungsregeln. Die zweite Regel besagt gerade, daß der Absender die Bedingungen, unter denen eine Mitteilung zugestellt werden soll, bestimmt. Die erste Regel gibt dem Empfänger die Befugnis in die Hand, darüber zu entscheiden, ob es zur Zustellung kommt und damit, ob er die Absenderbedingungen akzeptiert. Im Gegensatz zur Vorabaushandlung kommt es so jedoch nicht zu mehreren Aushandlungszyklen, sondern zu einem vom System kontrollierten Abgleich von "Vorschlag" und "Annahme" der Zustellungsbedingungen.
Mit einem solchen Verfahren können die meisten funktionsbedingten Konflikte im Zusammenhang mit der Mitteilungszustellung und auch die datenbedingten Konflikte, soweit es um

---

[219] mit allerdings erheblichen technischen Realisierungsproblemen

die Übertragung von Absenderdaten an den Empfänger geht, gelöst werden. Unzureichend ist es jedoch hinsichtlich der Konflikte, die sich auf die Übermittlung einer Rückmeldung und somit auch bezüglich der datenbedingten Konflikte bei der Übertragung von Empfängerdaten an den Absender ergeben können.

Die für die Mitteilungszustellung anwendbaren Regeln reichen hierfür nicht aus. Eine tatsächliche Aushandlung muß auch sicherstellen, daß mit der Mitteilungszustellung gewährleistet ist, daß sich die Kommunikanten darüber verständigt haben, ob es zu einer Rückmeldung kommt und welche Daten hierin übertragen werden. Das technische Verfahren müßte beides berücksichtigen. Folgendes Vorgehen würde dies sicherstellen:

1.   Der Absender übergibt im Mitteilungsumschlag seine Bedingungen für eine Zustellung. Umschlag und Inhalt werden dann vom MTS übertragen.
2.   Im weiteren Verlauf wird dann dem Empfänger vom MTS zunächst der Mitteilungsumschlag - ohne Inhalt - angeboten.
3.   Hierauf kann der Empfänger reagieren, indem er dem MTS seine Empfangsbereitschaft erklärt oder verweigert.
4.1.   Verweigert er sie, so kommt dies einem Mechanismus zur Annahmeverweigerung gleich. Das MTS stellt den Inhalt dann nicht zu und meldet dem Absender die Ablehnung zurück.
4.2.   Nimmt der Empfänger die Bedingungen jedoch an, so darf das nicht zur sofortigen Zustellung der Mitteilung führen. Vielmehr muß das System sicherstellen, daß auch die Vereinbarungen über die Rückmeldung eingehalten werden. Als Reaktion des Empfängers muß dieser also zunächst die Rückmeldung an das MTS übergeben. Das System muß dann prüfen, ob auch die geforderten Daten eingetragen sind. Erst wenn dies der Fall ist, wird dem Empfänger die Mitteilung und dem Absender die Rückmeldung zugestellt.

Das Zusammenspiel dieser Mechanismen würde gewährleisten, daß die Zustellungsregeln für Mitteilungen eingehalten werden und die Konflikte um das ob und wie einer Rückmeldung gelöst würden.

Die Norm jedoch bietet schon keine Möglichkeit, die Zustellung einer Mitteilung abzulehnen[220]. Eine Mitteilung muß vom UA immer vollständig übernommen werden. Sie gilt dann als zugestellt. Das versagt einem MHS-Teilnehmer das Recht, das ihm als Briefpostempfänger nach § 59 (2) PostO heute selbstverständlich zugestanden wird. Der Empfänger hat im Briefdienst die Möglichkeit, den Briefumschlag in Augenschein zu nehmen und aufgrund der dort gemachten Angaben über die Annahme zu entscheiden. Ein Empfänger(-UA) im MHS kann sich in keiner Weise zunächst über bestimmte Daten der Mitteilung (Von wem kommt sie?, Worum könnte es gehen?) informieren, bevor er sich zur Annahme bereit erklärt.

Es sind wieder allein technische Gründe, die in der Norm zu einem auf den ersten Blick vergleichbaren Mechanismus geführt haben. Im System wird in einigen Fällen die Zustellung von bestimmten Bedingungen des Absenders abhängig gemacht. Das drückt sich darin aus,

---

[220] Zu Ausnahmen hierzu siehe die Erläuterungen zu "Restricted Delivery" und "Hold for Delivery" unter 7.4.

daß bestimmte Argumentbelegungen als "kritisch" für den Empfang angesehen werden (vgl. X.411, S. 325ff, Criticality Mechanism). Der Empfänger-UA muß die hierdurch gesetzten Bedingungen erfüllen können, oder die Mitteilung wird nicht zugestellt. Die Einführung dieses Mechanismus hat jedoch völlig andere Gründe und kann nur auf Argumente angewendet werden, die der UA nicht "versteht". Dies soll die zukünftige Kompatibilität zwischen verschiedenen Versionen der X.400-Implementierungen gewährleisten (vgl. Babatz u.a. 1990, S. 168ff). Es geht dabei also um rein technische Bedingungen, die der Empfänger-UA gewährleisten muß. Der Teilnehmer hat hierauf keinerlei Einfluß.

Schon der recht grundsätzlichen Anforderung nach der Möglichkeit einer Annahmeverweigerung wird die Norm nicht gerecht. Gegen die hier entwickelten Grundsätze verstößt die Norm eklatant bei der Art, wie Rückmeldungen behandelt werden. Der Absender allein entscheidet, ob es zu einer Rückmeldung kommt. Der MTA, der die Mitteilung an den Empfänger zustellt, erzeugt die Rückmeldung auf Wunsch des Absenders automatisch. Der Empfänger kann weder Einfluß darauf nehmen, ob eine Rückmeldung zustandekommt, noch welche Daten übertragen werden.

Damit stehen im MTS **keine zweckmäßigen Aushandlungsmechanismen** für Absender und Empfänger zur Verfügung.

Tatsächlich wurde bisher nur auf die Grundsituation einer Kommunikation zwischen einem Absender und einem Empfänger Bezug genommen.
Es gibt darüber hinaus Absender/Empfänger-Konstellationen, die wesentlich anders geartet sind und andere Lösungen erforderlich machen. Sie ergeben sich bspw. dann, wenn Leistungsmerkmale im Zusammenhang mit Umleitungen oder Verteilerlisten verwendet werden. Hierauf gehe ich bei der nachfolgenden Bewertung an den entsprechenden Stellen ein, ohne allerdings mit gleicher Ausführlichkeit Lösungen zu skizzieren. Es wird nämlich schnell deutlich werden, daß eine technische Realisierung zwar grundsätzlich möglich, ihre genaue Ausarbeitung den Rahmen dieser Arbeit jedoch überschreiten würde.

Zusammenfassend kann festgestellt werden, daß, wie schon im ISDN-Kontext als strukturelles Gestaltungsdefizit offengelegt wurde, auch bei der Festlegung der Leistungsmerkmale des MTS nahezu ausschließlich die Sicht der aktiven Leistungsmerkmalnutzer eingenommen und die Eigenschaften daran ausgerichtet wurden (Höller & Kubicek 1989, S. 27). Derjenige, der ein Leistungsmerkmal anwendet und das System aktiv für sich einsetzt, ist grundsätzlich besser gestellt als derjenige, auf den diese Bedingungen wirken. Er hat sie oft passiv zu ertragen. Angesichts der aufgezeigten Probleme ist es daher verwunderlich, mit welch einfacher Sicht auf die Dinge die Verantwortlichen damit umgehen. So wird in der CCITT-Empfehlung F.410 (Tietz 1989) pauschal festgelegt: "Wenn Verursacher und Empfänger unterschiedliche und überschneidende Anforderungen stellen, sollen die des Verursachers Vorrang haben..." (S. 144).

Andererseits wird an einigen Stellen der Norm deutlich, daß die Konflikthaftigkeit erkannt und auch den Interessen des anderen Beteiligten zur Geltung verholfen wird. So wird etwa nicht alleine dem Wunsch des Nutzers einer Umleitung entsprochen, sondern dem Absender die Möglichkeit gegeben, eine Umleitung auszuschließen. Insgesamt aber sind Anforderungskonflikte nicht als grundsätzliches Gestaltungsproblem erkannt und konsequent in die Norm eingearbeitet worden. Dies würde zwangsläufig zu Aushandlungsmechanismen führen.

Stattdessen werden Konflikte, da wo sie auf der Hand liegen, ohne ersichtliche Abwägung der Interessen zumeist im Sinne des Leistungsmerkmalnutzers entschieden. Der in dieser Arbeit verfolgte konfliktorientierte Ansatz hat daher mit einer besonderen Schwierigkeit umzugehen. Der durchgängig großen Flexibilität des aktiven Leistungsmerkmalnutzers steht andererseits der "Leistungsmerkmalbetroffene" mit geringem Nutzungsspielraum gegenüber. Konflikte, die sich aus einer allseitigen Flexibilität ergäben, treten so nicht auf. Es ginge an der Absicht der Arbeit vorbei, dies so hinzunehmen und die sich eigentlich notwendig ergebenden Konflikte deshalb nicht zu thematisieren, weil das System sie entscheidet.

Aus diesem Grunde werden nachfolgend die in der Bewertung festgestellten Defizite in der Flexibilität gewendet und als - nicht erfüllte - Anforderungen an das System formuliert. Erst dann werden nämlich die Konflikte sichtbar, die sich bei einer angemessenen Normgestaltung in der Anwendung ergäben. Und erst dann kann gezeigt werden, wie nach der Norm mit solchen Konfliktsituationen umgegangen werden soll und eine Bewertung erfolgen.

Damit sollen nun die vorbereitenden Erörterungen beendet und mit der Bewertung der Leistungsmerkmalsgruppen begonnen werden.

7.4 Versenden und Empfangen von Mitteilungen

Unter dieser Leistungsmerkmalsgruppe werden die Systemleistungen zusammengefaßt, die das grundsätzliche Systemverhalten vom Versand über den Empfang bis hin zur Zustellung eines Reports steuern. Die Diskussion dieser Systemleistungen reduziert sich auf die Erläuterung der Basisabläufe und bezieht nur die entsprechenden Argumente ein. Alle anderen Argumente werden erst im Kontext der Leistungsmerkmalsgruppen dargestellt, deren Funktionsweise sie steuern oder auf deren Ergebnis sie sich beziehen.

Damit umreißt diese Leistungsmerkmalsgruppe einmal die zentralen Operationen "Message-submission", "Message-delivery" und "Report-delivery" und nimmt entsprechend breiten Raum ein.

7.4.1 Beschreibung der Leistungsmerkmalsgruppe

Die Möglichkeit, Mitteilungen zu versenden und zu empfangen, bildet den Kern der Leistungen, die das Message Transfer Systems anbietet. In Zusammenarbeit mit dem UA kann ein Absender eine Mitteilung zusammenstellen. Diese Mitteilung kann sich an mehrere Empfänger richten. Bevor die Mitteilung an das MTS übergeben wird, müssen eine Reihe von Argumenten mit Werten belegt werden, über die das MTS über die konkrete Behandlung der Mitteilung angewiesen wird. Die Mitteilung, bestehend aus dem Mitteilungsumschlag und dessen Inhalt, wird dann vom Absender-UA an das MTS, d.h. an den MTA, der im MTS für den UA zuständig ist, übergeben. Hierfür steht dem UA die Operation "Message-submission" zur Verfügung. Nach erfolgreicher Übernahme der Mitteilung durch den Absender-MTA[221] wird die Mitteilung im MTS solange von einem MTA zum nächsten gereicht, bis der Empfänger-MTA

---

[221] Der Absender-MTA ist der für den Absender zuständige MTA. Der Empfänger-MTA ist der für den Empfänger zuständige MTA. Entsprechendes gilt für den UA.

erreicht worden ist. Mit der erfolgreichen Ausführung der Operation "Message-delivery" stellt dieser MTA dem Empfänger-UA die Mitteilung zu.

Wenn die Zustellung nicht erfolgreich war oder der Absender explizit eine Rückmeldung angefordert hat, wird vom zuständigen MTA des Empfängers ein Report über die Zustellung ("Delivery-Report") oder Nicht-Zustellung ("Non-Delivery-Report") erzeugt und zurückgesendet. Dem Absender wird der Report am Delivery Port über die Operation "Report-delivery" zugestellt.

Es folgt zunächst die Darstellung der zentralen Operationen Message-submission für den Versand und Message-delivery für den Empfang von Mitteilungen jeweils mit der Angabe der entsprechenden Basisargumente.
Hieran anschließend werden die Leistungsmerkmale zur Anforderung einer Rückmeldung und die Operation "Report-delivery", die eine Rückmeldung übergibt, vorgestellt.

Zu diesen Basisabläufen beim Versand und Empfang sollen noch folgende Systemleistungen zur Leistungsmerkmalsgruppe hinzugenommen werden: "Auswahl der Stufen der Empfangs-Übergabe" und "Angeforderte Methode der Empfangs-Übergabe"[222].

7.4.1.1 Versenden einer Mitteilung (Message-submission)

Operation	Leistungsmerk-mal	Status	Argument	Status	Defalut
Message-submission	(Basisleistung - kein benanntes Leistungs-merkmal)	basic	Originator-name	mandatory	none
			Recipient-name	mandatory	none
			Original-encoded-information-types	optional	unspe-cified
			Content-type	mandatory	none
			Content-identifier	optional	none
			Content-correlator	optional	none
			Content	mandatory	none
			Message-submission-identifier	mandatory	none
			Message-submission-time	mandatory	none

Mit dem Aufruf der Operation "Message-submission" übergibt der UA eine Mitteilung zum Versand an das MTS bzw. an den für ihn zuständigen MTA. Die Operation ist insofern zentral, als über die Belegung ihrer Argumente sämtliche, dem Absender zur Verfügung stehende Leistungsmerkmale gesteuert werden. Hier sollen nur die Argumente besprochen werden, die von Sonderfunktionen unabhängig der Leistungsmerkmalsgruppe "Versand/Empfang" zugeordnet werden.

Originator-name: Der "Originator-name" bezeichnet eindeutig den Absender der Mitteilung. Es kann sich hierbei um eine O/R-Adresse und/oder einen Verzeichnisnamen handeln.

---

[222] Bei den etwas befremdlich klingenden Bezeichnungen handelt es sich um die offiziellen deutschen Übersetzungen (vgl. Tietz 1989 sowie Anhang 1).

Recipient-name: Dieses Argument bezeichnet eindeutig den Empfänger. Auch er kann aus einer O/R-Adresse und/oder einem Verzeichnisnamen bestehen. Wird vom Absender-UA eine Adresse angegeben, so versucht das MTS die Mitteilung dieser O/R-Adresse zuzustellen. Führt dies nicht zum Erfolg oder enthält der "Recipient-name" nur einen Verzeichnisnamen, so wird dieser durch einen Zugriff auf ein Verzeichnis in eine O/R-Adresse aufgelöst.

Original-encoded-information-types: Dieses Argument gibt an, in welchem Zeichenvorrat der Mitteilungsinhalt kodiert ist. Die Norm selbst kennt nur die sogenannten "built-in-encoded-information-types". Dahinter stehen Zeichenvorräte wie telex, teletex, videotex, voice, ia5-text, etc., die in anderen Normen festgelegt sind. Diese Zeichenvorräte müssen von jedem MTS verarbeitet und ineinander überführt werden können.
Die "external-encoded-information-types" beziehen sich auf weitere Zeichenvorräte, die entweder nicht standardisiert sind oder auf solche, die erst zukünftig festgelegt werden.

Content-type: Dieses Argument bestimmt den Inhaltstyp der Mitteilung und damit den Typ des Datenaustauschformates. Obwohl der Inhalt einer Mitteilung für das MTS transparent ist, gibt dieses Argument dem Empfänger-UA Auskunft darüber, um welche Inhaltsart es sich handelt. Es werden grundsätzlich zwei Inhaltstypen unterschieden: "build-in" oder "external". Die bisher festgelegten built-in-Typen sind:

unidentified: Über diesen Inhaltstyp macht die Norm selbst keine Aussage. Um einen solchen Inhalt verarbeiten zu können, bedarf es anderer - möglicherweise bilateraler - Vereinbarungen für die beteiligten UAs. Ein solcher Inhalt kann also nur richtig verarbeitet werden, wenn zwischen Absender- und Empfänger-UA eine Absprache existiert, in der die Syntax und Semantik dieses Inhaltes festgelegt wurde.

interpersonal-messaging-1984: Dieser Wert gibt an, daß es sich beim Inhalt um eine IPMS-Mitteilung gemäß der CCITT Empfehlung X.420 aus dem Jahre 1984 handelt.

interpersonal-messaging-1988: Dieser Wert gibt an, daß es sich um eine IPMS-Mitteilung gemäß CCITT X.420 von 1988 handelt.

Die "external"-Inhaltstypen erlauben es, daß weitere Inhaltstypen zukünftig definiert werden. Ein solcher Typ wird in der laufenden Studienperiode des CCITT für die Übertragung von kommerziellen Belegen (EDIFACT) als Empfehlung X.435 genormt (vgl. Hill 1990).

Content-identifier: Dieses Argument enthält eine eindeutige Zeichenkette, die für den Absender die Mitteilung identifiziert. Die Eindeutigkeit muß vom Absender gewährleistet werden.

Content-correlator: Dieses Argument enthält nicht näher bezeichnete Information, mit der der Absender Bezüge zwischen Mitteilungen herstellen kann.

Content: Dahinter verbirgt sich der eigentliche Inhalt der Mitteilung, der zwischen den Teilnehmern ausgetauscht wird. Das MTS überträgt diesen Inhalt transparent und interpretiert ihn in keiner Weise. Aus der Sicht des MTS handelt es sich hierbei um eine beliebige Zeichenkette.

Hat der MTA die Mitteilung erfolgreich übernommen, so liefert er als Resultat der Operation "Message-submission" folgende, hier relevante Daten unverzüglich zurück:

Message-submission-identifier: Jede Mitteilung ist im MTS eindeutig durch einen Bezeichner bestimmt. Ein solcher Bezeichner besteht aus einer lokalen und einer globalen Komponente. Die lokale Komponente bestimmt eine Mitteilung eindeutig innerhalb eines Betreiberbereiches (MD), während die globale Komponente die Betreiberbereiche voneinander unterscheidet. Die Mitteilung ist fortan mit diesem Bezeichner fest verbunden. Er wird bei der Zustellung an den Empfänger übergeben und in einem Report an den Absender zurückgeschickt. Auf ihn kann sich der Absender auch beziehen, wenn er etwa eine "Verzögerte Auslieferung" zurücknehmen will.

Message-submission-time: Dieses Datenfeld gibt den Zeitpunkt (Datum, Uhrzeit) an, zu dem der Absender die Mitteilung abgeschickt und das MTS die Verantwortung hierfür übernommen hat.

Content-identifier: Hiermit wird im Resultat auf den vom Absender vergebenen Bezeichner Bezug genommen.

7.4.1.2 Empfangen einer Mitteilung (Message-delivery)

Mit der Operation "Message-delivery" übergibt der Empfänger-MTA eine Mitteilung an den Empfänger-UA. Die Belegung der Argumente beim Empfang einer Mitteilung ist teilweise durch die Mandatory-Argumente fest vorgeschrieben. Die übrigen Werte, die als "conditional" gekennzeichnet sind, hängen von der Steuerung des Absenders, d.h. von dessen Wertbelegung der "optional"-Argumente beim Versand und von den Vorgängen während der Übermittlung im MTS (Umleitung, Verteilerlistenauflösung), ab (vgl. Anhang 2).

Operation	Leistungsmerkmal	Status	Argument	Status	Defalut
Message-delivery	(Basisleistung - kein benanntes Leistungsmerkmal)	basic	Originator-name	mandatory	none
			This-recipient-name	mandatory	none
			Message-delivery-identifier	mandatory	none
			Message-submission-time	mandatory	none
			Message-delivery-time	mandatory	none
			Original-encoded-information-types	conditional	unspecified
			Content-type	mandatory	none
			Content-identifier	conditional	none
			Content	mandatory	none
			Proof-of-delivery	conditional	none
			recipient-certificate	conditional	none

Originator-name[223]: Der "Originator-name" bezeichnet eindeutig den Absender der Mitteilung. Es kann sich hierbei um eine O/R-Adresse und/oder einen Verzeichnisnamen handeln.

This-recipient-name: Dieses Argument enthält den O/R-Namen des tatsächlichen Empfängers. Wurde die Mitteilung nämlich umgeleitet, so unterscheidet sich dieser O/R-Name von dem ursprünglich adressierten ("Intended-recipient-name" (siehe 7.5)).

Message-delivery-identifier: Das ist der eindeutige Bezeichner, unter dem die Mitteilung im MTS geführt wird und der auch dem Absender nach Versenden zurückgegeben wird.

Message-submission-time: Die "Message-submission-time" gibt den Zeitpunkt (Datum, Uhrzeit) an, zu dem das MTS die Mitteilung vom Absender übernommen hat.

Message-delivery-time: Dieses Argument gibt an, zu welchem Zeitpunkt die Mitteilung an den Empfänger-UA ausgeliefert worden ist. Dieser Zeitpunkt wird in einem Delivery-Report auch an den Absender zurückgesandt.

Original-encoded-information-type: (s.o.)

Content-type: (s.o.)

Content-identifier: (s.o.)

Content: Inhalt der Mitteilung.

Wurde die Mitteilung erfolgreich zugestellt, also die Operation "Message-delivery" erfolgreich ausgeführt, so liefert der UA folgende Resultate an den MTA zurück:

Proof-of-delivery: Dieses Datenfeld enthält verschlüsselte Daten, mit denen der Empfänger "nachweisbar" - im Sinne des Sicherheitsmodells - bestätigt, die Mitteilung erhalten zu haben.

Recipient-certificate: Wurde bei der Verschlüsselung ein asymetrisches Verfahren angewendet, so kann in diesem Datenfeld ein Zertifikat übergeben werden, das versichert, daß der Absender das Argument "Proof-of-delivery" tatsächlich mit seinem privaten Schlüssel verschlüsselt hat.

Konnte die Mitteilung nicht zugestellt werden, d.h. der UA hat die Operation nicht korrekt ausführen können, so werden Fehler zurückgegeben, die sich auf Probleme der zeitweisen

---

[223] Die Erläuterung der Argumente ist teilweise redundant, weil eine Reihe identischer Datenfelder in unterschiedlichen Operationen vorkommen. Wo dies vertretbar ist, werde ich auf vorherige Erläuterungen verweisen. Manche Parameter werde ich des öfteren wieder aufgreifen und Aspekte beleuchten, die im jeweiligen Kontext relevant sind. An manchen Stellen verwende ich den gleichen Erläuterungstext. Die eigene Erfahrung zeigt, daß ständige Querverweise, insbesondere auf weit zurückliegende Teile, das Verständnis sehr erschweren.

Empfangsbeschränkung bei der Einhaltung von Datensicherheitsregeln sowie auf die Behandlung "kritischer" Funktionen beziehen.

Soweit sind die beiden Operationen "Message-submission" und "Message-delivery" dargestellt, mit denen eine Mitteilung versendet und empfangen werden kann.

7.4.1.3 Rückmeldung über Mitteilungen

Es werden zunächst die Leistungsmerkmale, mit denen Rückmeldungen angefordert werden können und anschließend die Operation "Report-delivery", mit der dann die Rückmeldung an den Absender zugestellt wird, vorgestellt.

7.4.1.3.1 Benachrichtigung der Empfangs-Übergabe (Delivery Notification), Benachrichtigung der Nicht-Übergabe (Non-Delivery Notification) und Vermeiden der Benachrichtigung der Nicht-Übergabe (Prevention of Non-Delivery Notification)

Die Norm unterscheidet zwei Leistungsmerkmale, die Rückmeldung über eine erfolgreiche (Delivery Notification) und eine nicht erfolgreiche Zustellung (Non-Delivery Notification). Davon wird als drittes Leistungsmerkmal die völlige Unterdrückung jeglicher Rückmeldung (Prevention of Non-delivery Notification[224]) unterschieden.

Operation	Leistungsmerkmal	Status	Argument	Status	Defalut
Message-submission	Delivery Notification	essential PM	Originator-report-request	mandatory	none
	Non-delivery Notification	basic PM	Originator-report-request	mandatory	none
	Prevention of Non-delivery Notification	additional	Originator-report-request	mandatory	none

Die Leistungsmerkmale werden allein über das Argument "Originator-report-request" der Operation "Message-submission" gesteuert. Die möglichen Werte für dieses Argument sind:

"no-report": es wird jeglicher Report unterdrückt,
"non-delivery-report": nur im Falle der Nicht-Auslieferung soll ein Report erzeugt werden,
"report": es soll in jedem Falle ein Report erzeugt werden.

7.4.1.3.2 Sonstige Rückmeldungsmechanismen

Zusammen mit der Anforderung eines Reports können zwei weitere Argumente verwendet werden. Sie legen fest, ob der Inhalt der versendeten Mitteilung zurückgesandt werden soll, und ob auch im Falle einer physischen Weiterleitung eine Rückmeldung erfolgen soll.

---

[224] Trotz dieser Begriffswahl wird hiermit nicht nur die Rückmeldung bei Nicht-Zustellung sondern auch die bei Zustellung ausgeschlossen.

Operation	Leistungsmerkmal	Status	Argument	Status	Defalut
Message-submission	Return of Content	additional PM	Content-return-request	optional	content-return-not-requested
Message-submission	Physical Delivery Notification by MHS	additional PM	Physical-delivery-report-request	optional	return-of-undeliverable-mail-by-PDS

7.4.1.3.2.1 Content-return-requested

Dieses Argument legt fest, ob der Inhalt der versendeten Mitteilung mit dem Report zurück-geliefert werden soll. Dies gilt nur für den Fall einer nicht erfolgreichen Zustellung. Wird der Report aufgrund von Verteilerlisten-Regeln an den Besitzer der Verteilerliste zurückge-sandt[225], so soll der Inhalt fehlen.

7.4.1.3.2.2 Physical-delivery-report-request

Über das Argument "Requested-delivery-method" (vgl. unten 7.7.1) kann der Absender beim Versand einer Mitteilung angeben, in welcher Weise (beliebige Zustellung, MHS-Zustellung, Post-Zustellung, Telex-Zustellung, etc.) die Mitteilung dem Empfänger zugestellt werden soll. Im Falle einer Post-Zustellung kann der Absender über das Argument "Physical-deli-very-report-request" bestimmen, in welcher Weise er eine Rückmeldung erhalten möchte. Über die Wertbelegung kann er festlegen, ob er die Rückmeldung per Briefpost, per MHS oder über beide Wege erhalten möchte.

7.4.1.3.3 Report delivery

Operation	Leistungsmerkmal	Status	Argument	Status	Defalut
Report-delivery	Delivery Notification	optional	Subject-submission-identifier	mandatory	none
	Non-delivery Notification	basic	Actual-recipient-name	mandatory	none
			Supplementary-information	conditional	none
			Message-delivery-time	conditional	none
			Type-of-MTS-user	conditional	none
			Non-delivery-reason-code	conditional	none
			Non-delivery-diagnostic-code	conditional	none

Mit den soweit erläuterten Argumenten kann eine Rückmeldung angefordert und deren Art näher bestimmt werden. Das Ergebnis ist ein Report. Er wird dem Absender über die Opera-tion "Report-delivery" zugestellt[226]. Hierin wird er differenziert über die genaueren Umstände einer Zustellung oder einer nicht erfolgten Zustellung informiert.

---

[225] Vgl. hierzu die Erläuterungen bei der Leistungsmerkmalsgruppe "Versand über Verteilerlisten" unter 7.6.

[226] Zu den Ausnahmen siehe Ausführungen unter "Versand über Verteilerlisten" unter 7.6.

Der nachfolgende Überblick beschränkt sich auf die für den normalen Ablauf relevanten Reportdaten. Die weiteren Reportdaten beziehen sich auf Leistungsmerkmale der anderen Leistungsmerkmalsgruppen und werden dort diskutiert.

Subject-submission-identifier: eindeutiger Bezeichner, unter dem die Mitteilung im MTS geführt wird

Actual-recipient-name: O/R-Name des tatsächlichen Empfängers. Der "tatsächliche Empfänger" ist derjenige, der die Mitteilung letztlich erhalten hat. Wegen möglicher Umleitungen und/oder Verteilerlistenauflösungen kann er sich vom ursprünglichen Adressaten ("Intended-recipient-name") unterscheiden.

Supplementary-information: In diesem Argument steht eine nicht näher festgelegte Zeichenkette, mit der Zugriffseinheiten (AUs) dienstspezifische Informationen (z.B. Dauer der Übertragung im Telex-Dienst) austauschen können.

Message-delivery-time: Dieses Argument gibt an, zu welchem Zeitpunkt die Mitteilung an den Empfänger übergeben wurde. Wurde die Mitteilung auf dem Postwege weitergeleitet, so wird hierdurch angegeben, zu welchem Zeitpunkt die PDAU die Verantwortung für die Mitteilung übernommen hat.

Type-of-MTS-user: Diese Argument gibt den Empfängertyp an, an den die Mitteilung ausgeliefert wurde. Es werden folgende Typen unterschieden:

public: der Empfänger-UA ist im Besitz eines öffentlichen Betreibers
private: der Empfänger-UA ist nicht im Besitz eines öffentlichen Betreibers
ms: die Mitteilung wurde von einem Mitteilungsspeicher empfangen
dl: die Mitteilung wurde von einer Verteilerliste empfangen (und verteilt)
PDAU: die Mitteilung wurde von einer PDAU zur Weiterleitung im Briefdienst übernommen
physical-recipient: die Mitteilung wurde von einem Teilnehmer am Briefdienst empfangen.
other: die Mitteilung wurde von einer anderen Zugangseinheit (AU) übernommen.

Non-delivery-reason-code: Dieses Argument gibt im Falle einer nicht erfolgten Auslieferung einer Mitteilung die Gründe hierfür an. Sie werden durch das Argument "Non-delivery-diagnostic-code" jeweils genauer beschrieben. Als Gründe werden unterschieden:

transfer-failure: Übertragungsfehler beim Ausliefern einer Mitteilung
unable-to-transfer: die Mitteilung konnte aufgrund von Problemen, die an der Mitteilung selbst lagen, nicht ausgeliefert werden.
conversion-not-performed: eine für die Auslieferung notwendige Konvertierung konnte nicht durchgeführt werden.
physical-rendition-not-performed: die PDAU war nicht in der Lage, die Mitteilung physikalisch (als gedruckten Brief) wiederzugeben.
physical-delivery-not-performed: die Mitteilung konnte über die gewöhnliche Briefpost nicht ausgeliefert werden.

restricted-delivery: der Absender hat den Empfang beschränkt, so daß die Mitteilung
nicht ausgeliefert werden konnte.

directory-operation-unsuccessful: Beim Zugriff auf einen Verzeichnisdienst ist ein
Fehler aufgetreten.

Non-delivery-diagnostic-code: Die in diesem Argument enthaltene Information erläutert den
Grund einer nicht erfolgreichen Zustellung näher. Die Norm unterscheidet 48 verschie-
dene diagnostic-codes, auf die bei der datenorientierten Bewertung genauer eingegan-
gen wird. Eine Reihe von Fehlermeldungen bezieht sich auf technische Probleme
(Überlauf im MTS, Inhalt einer Mitteilung für den Empfänger-UA zu lang, falsche Pa-
rameter in der Mitteilung), andere auf Schwierigkeiten bei der Formatumsetzung der
Mitteilung (Umsetzung ist nicht praktikabel, Informationsverlust durch Teilung von
Originalseiten, Verlust von Bild-Elementen, Verlust von Zeichen).
Andere Fehlermeldungen beziehen sich auf Probleme, die sich aus der Steuerung der
Zustellung durch den Absender selbst oder Umstände, die dem Empfänger zuzuordnen
sind, ergeben haben.

7.4.1.4 Beschränkung der Zustellung (Hold for Delivery, Restricted Delivery)

Operation	Leistungsmerk-mal	Status
Delivery-control	Hold for Delivery	additional CA
Register		
	Restricted Delivery	additional CA

Einem Teilnehmer stehen einige Möglichkeiten zur Verfügung, die Zustellungen zu seinem
UA zu beschränken. Im wesentlichen dient dazu die Operation "Delivery-control", mit der er
eine vorübergehende Beschränkung einrichten kann. Sie gilt jeweils für eine Sitzung, somit
vom Beginn bis zum Ende einer UA-MTA-Verbindung. Es handelt sich um die eigenständige
Operation "Delivery-control", der die in Anhang 2 aufgeführten Parameter übergeben werden. Mit ihnen kann die Zustellung auf Mitteilungen einer bestimmten Dringlichkeit, bestimmter Zeichenvorräte, bestimmter Datenaustauschformate, bestimmter Längen und auf bestimmte Datensicherheitsrestriktionen beschränkt werden. Darüber hinaus ist es möglich, den
Empfang von Mitteilungen und Reports ganz zu unterbinden, indem die entsprechenden Operationen "Message-delivery" bzw. "Report-delivery" über das Argument gesperrt werden.

Diese Zustellungsbeschränkungen werden auch über die "Register"-Operation gesteuert, mit
der längerwährende - über eine Sitzung hinausreichende - Einstellungen festgelegt werden
(Adresse des UA, Umleitungsadresse, etc.). Mit ihr werden auch die Standardwerte für die
Zustellungsbeschränkung gesetzt.

Solange die Beschränkungen gelten, können betroffene Mitteilungen nicht zugestellt werden.
Sie werden dann für eine bestimmte Dauer ("maximum-holding-time") im MTA zwischengespeichert. Es wird darauf gewartet, daß die Beschränkung wieder aufgehoben wird. Ist dies
innerhalb dieses Zeitraumes nicht geschehen, so wird die Mitteilung als unzustellbar erklärt
und ggf. ein Report erzeugt. Wird die Sperre zwischenzeitig aufgehoben, so können die war-

tenden Mitteilungen vom MTA entgegengenommen werden. Die Dauer der "maximum-holding-time" ist in der Norm nicht festgelegt.

Der Empfang von Mitteilungen kann auch im Rahmen des Leistungsmerkmals "Restricted Delivery" eingeschränkt werden. Es kann auf zwei Arten in Anspruch genommen werden.

1. Es können O/R-Namen festgelegt werden, von denen der Teilnehmer keine Mitteilungen erhalten möchte. Von allen anderen Absendern werden Mitteilungen empfangen.

2. Es können die O/R-Namen von Teilnehmern angegeben werden, von denen Mitteilungen empfangen werden sollen. Mitteilungen von anderen werden nicht entgegengenommen.

Das Leistungsmerkmal ist über keine Operation zugänglich. Es muß beim Betreiber beantragt bzw. vom Systemadministrator eingerichtet werden.

Die bisher vorgestellten Mechanismen beziehen sich auf den Versand und den Empfang einer Mitteilung und die Rückmeldung darüber. Der Leistungsmerkmalgruppe werden nun einige weitere Mechanismen hinzugefügt, die nicht eigenständig diskutiert und bewertet werden sollen.

7.4.1.5 Auswahl der Stufen der Empfangs-Übergabe (Grade of Delivery Selection)

Operation	Leistungsmerkmal	Status	Argument	Status	Defalut
Message-submission	Grade of Delivery Selection	essential PM	priority	optional	normal

Ein Absender hat beim Versand einer Mitteilung die Möglichkeit, ihr über das Argument "priority" eine Dringlichkeitsstufe zuzuordnen. In der Norm werden die Stufen "urgent", "normal" und "non-urgent" unterschieden. Die Einstufung durch den Absender weist das MTS an, Mitteilungen ihrer Dringlichkeit entsprechend unterschiedlich schnell zu transportieren.
Die vom Absender vorgenommene Dringlichkeitseinstufung wird dem Empfänger mit der Übergabe der Mitteilung angezeigt.

7.4.1.6 Angeforderte Methode der Empfangs-Übergabe (Requested Delivery Method)

Operation	Leistungsmerkmal	Status	Argument	Status	Defalut
Message-submission	Requested Delivery Method	essential PM	Requested-delivery-method	optional	any-delivery-method

Mit diesem Leistungsmerkmal legt der Absender fest, in welcher Form die Mitteilung dem Empfänger zugestellt werden soll. Neben der Zustellung über das MHS, kann sie auch als Telex-, Teletex- oder Telefaxdokument zugestellt werden[227]. Trägt der Absender mehrere

---

[227] Diese Dienstübergänge werden in X.400ff nicht behandelt.

Werte ein, so interpretiert das MTS dies als eine prioritäre Reihenfolge und versucht, die Mitteilung entlang der Werteliste in der entsprechenden Art zuzustellen. Das MTS liefert die Mitteilung nur in einer der gewünschten Arten aus.

Ist die Zustellung nicht möglich, z. B. weil der Adressat nicht Teilnehmer an einem der betreffenden Dienste ist, so wird der Zustellungsversuch abgebrochen und eine Rückmeldung unter Angabe des Grundes der Nicht-Auslieferung zurückgesendet.

Auch der Empfänger hat die Möglichkeit, eine bevorzugte Art der Zustellung zu bestimmen[228]. Wenn sich die Zustellungswünsche von Empfänger und Absender widersprechen, so hat der Absenderwunsch Vorrang.

7.4.2 Bewertung

7.4.2.1 Funktionsorientierte Bewertung

Absender

1.   (+) Einem **Absender** stehen im Rahmen dieser Leistungsmerkmalsgruppe eine Vielzahl von Nutzungsoptionen offen.

Die Grundleistung besteht im <u>Versenden einer Mitteilung</u>. Um eine Mitteilung gleichen Inhalts <u>an mehrere Empfänger zu verschicken</u>, kann er mehrere Adressen angeben.
Damit er im Falle der Zustellung später weiß, wer die Mitteilung unter welchen Umständen erhalten hat oder im Falle der Nichtzustellung die Gründe dafür erfährt, kann er eine <u>Rückmeldung anfordern</u>. Ist er nicht an der Rückmeldung interessiert oder muß er - etwa bei einem Rundschreiben - mit zu vielen Rückmeldungen rechnen, so kann er sie gänzlich <u>ausschließen</u>.
Damit eine Mitteilung den Empfänger schnell erreicht, kann er sie <u>als besonders dringlich kennzeichnen</u>. Das System befördert sie dann bevorzugt.
Damit der Absender auch Teilnehmer an anderen Telekommunikationsdiensten erreicht, kann er <u>verschiedene Zustellungsarten</u> wählen.
Die Systemleistungen geben dem Absender eine große **Flexibilität** bei der Formulierung seines Kommunikationswunsches.

2.   (-) Die Norm legt fest, daß eine Mitteilung, die nicht innerhalb der für die Dringlichkeitsstufe vorgesehenen Zeit zugestellt werden kann, für nicht zustellbar erklärt wird und ein Report über die Nichtzustellung zu erzeugen ist. Das widerspricht offensichtlich der **Transparenzanforderung**. Ein Absender, der eine Mitteilung explizit als dringlich kennzeichnet, wird nicht erwarten, daß sich sein Anliegen ins Gegenteil verkehrt. Das ist nämlich dann der Fall, wenn die Mitteilung, anstatt sie etwas später zuzustellen, überhaupt nicht zugestellt wird und der Absender erst nach dem Empfang eines Reports die Mitteilung erneut versenden kann.
Hier wären zumindest zwei Lösungen möglich gewesen, die den Interessen des Absenders eher nachkämen. Zum einen hätte man beim Versand ein Argument vorsehen können, in dem der Absender angibt, wie in einem solchen Falle zu verfahren ist (z. B. Zustellung trotz Verspätung oder Zustellung nur innerhalb der entsprechenden Zeitgrenzen). Zum anderen hätte

---

[228] Die Art und Weise wie das geschieht, ist außerhalb der X.400ff-Norm im Directory Dienst X.500ff geregelt.

man ein Report-Feld vorsehen können, das dem Absender mitteilt, daß die Mitteilung zugestellt, die Zeit jedoch überschritten wurde. Die letzte Lösung beschränkt den Absender zwar in seiner Entscheidung, würde in vielen Fällen seiner Erwartung jedoch gerecht werden.

3. (-) Die Möglichkeit, jegliche Rückmeldung auszuschließen, ist in der Basisnorm als eigenes Leistungsmerkmal festgelegt und als zusätzlich klassifiziert. Es muß nicht implementiert werden.

Änderungen durch den funktionalen Standard

3.1. (+) Der funktionale Standard schreibt dieses Leistungsmerkmal fest vor.

Fragestellung für eine Produktprüfung

Das Leistungsmerkmal "Requested Delivery Method", mit dem andere Zustellungsarten und damit Dienstübergänge genutzt werden können, muß stets implementiert sein. Das dazugehörige Steuerungsargument "Requested-delivery-method" ist optional, d. h., es kann - muß jedoch nicht - vom Absender belegt werden. Fehlt dieses Argument, so wird vom System "any-delivery-method" als Default-Wert angenommen. So kann es, ohne daß der Absender das explizit wünscht, zu Dienstübergängen kommen.
Dienstübergänge können mit Nachteilen behaftet sein. Während eine MTS-Mitteilung z. B. elektronisch zugestellt wird, damit für andere nicht lesbar ist und in der Regel zugriffsgeschützt abgelegt wird, kommt es z.B. beim Telex- und Telefaxdienst zum Klartextausdruck. Außerdem können für den Dienstübergang zusätzliche Kosten anfallen, die möglicherweise der Absender zu tragen hat

Um dieses Systemverhalten steuern zu können, muß die UA-Software dem Absender das Argument auch wirklich zur Belegung anbieten.

Frage: Wird das Argument "Requested-delivery-method" bis zum <u>Absender durchgereicht</u>?

Empfänger

1. (+) Als Basisleistung kann der **Empfänger** im Rahmen dieser Leistungsmerkmalsgruppe <u>Mitteilungen empfangen</u>. Er kann den Empfang im Hinblick auf bestimmte - meist technisch relevante - Eigenschaften einer Mitteilung <u>beschränken</u>. Er kann den Empfang auch <u>hinsichtlich eines bestimmten Absenderkreises beschränken</u>. Diese Nutzungsmöglichkeiten tragen zu seiner **Flexibilität** bei.

2. (-) Die Flexibilität ist jedoch dadurch **eingeschränkt**, daß der Empfänger keine Möglichkeit hat, gezielt die Zustellung von Mitteilungen zu verhindern[229]. Diese Möglichkeit steht ihm im Briefdienst nach § 59 (2) PostO zu.

---

[229] Auf dieses zentrale Problem, daß u. a. die Aushandlung von Kommunikationsbedingungen unmöglich macht, wurde bereits oben (7.3) hingewiesen. Die nachfolgende Diskussion präzisiert die dort gemachten Aussagen entlang der Normfestlegungen.

2.1.   (+) Das Leistungsmerkmal "Restricted Delivery" bietet dem Empfänger die Möglichkeit, <u>vorab</u> den Kreis derer, die eine Mitteilung an ihn versenden, einzuschränken.

2.1.1.   (-) Dieses Leistungsmerkmal ist nicht auf einzelne Mitteilungen anwendbar. Es bedarf einer Vorabfestlegung des entsprechenden Teilnehmerkreises. Die Norm bietet hier keine Systemfunktion an, die es ermöglicht bzgl. einzelner Mitteilungen über die Annahme zu entscheiden.

2.2.   (-) Auch die Operation "Delivery-control" kommt einer Annahmeverweigerung nicht gleich. Sie beschränkt die Empfangsleistung des Anschlusses unabhängig von den Absenderangaben, die einen Schluß darauf zuließen, ob es ratsam, zweckmäßig oder geboten ist, die Mitteilung anzunehmen. Manche Beschränkungskriterien beziehen sich auf Angaben wie Kodierungsart und Mitteilungslängen und sind daher ungeeignet. Auch die - allein technisch - sinnvolle Beschränkung auf Mitteilungen bestimmter Dringlichkeit, etwa zur Vermeidung von Engpässen im lokalen UA, ist ungeeignet.
Die generelle Unterdrückung von Operationen führt zu einer Blockierung des Anschlusses gegenüber Zustellungen überhaupt, ohne die Möglichkeit der differenzierten Reaktion auf einzelne Mitteilungen.

2.3.   (-) Eine Mitteilung wird über die Operation "Message-delivery" an den Empfänger-UA übertragen und ist erst zugestellt, wenn er die Operation durch ein Resultat beantwortet. Vom UA wird also eine direkte Reaktion auf die Mitteilung erwartet.
Durch die vorgesehenen Resultatwerte ist aber eine Annahmeverweigerung ebenfalls nicht möglich. Das MTS erwartet als positive Antwort entweder ein leeres Resultat oder, wenn dies angefordert wurde, ein "proof-of-delivery" und ein "recipient-certificate". Mit beiden letztgenannten Werten ist gerade nicht die Annahmeverweigerung artikulierbar, sondern im Gegenteil die technische Versicherung, die Mitteilung erhalten zu haben.
Der Empfänger-UA kann daher in einem "Result" keine Annahmeverweigerung zum Ausdruck bringen.

Bei nicht erfolgreicher Auslieferung muß der UA einen Fehler an das MTS zurückgeben.
Eine Annahmeverweigerung ist auch hiermit nicht artikulierbar. Die Fehlergründe sind in der Norm festgelegt mit: Verletzung der vorher durch "Delivery-control" festgelegten Restriktionen ("delivery-control-violated"), Verletzung der zwischen MTA und UA festgelegten Sicherheitsregeln ("security-error") und fehlende Unterstützung einer für die Auslieferung "kritischen" Funktion durch den Empfänger-UA. Keines dieser Argumente läßt es zu, eine Annahmeverweigerung zum Ausdruck zu bringen[230].

---

[230] Die Annahmeverweigerung kann normwidrig und zum Nachteil des Absenders nachgebildet werden. Ein UA kann nämlich eine Mitteilung vollständig empfangen und die im Umschlag mitgelieferten Daten prüfen. Abhängig von seiner Entscheidung kann er dann ein Resultat als Zeichen der Annahme oder aber einen Fehler zurückmelden. Diese Fehlermeldung würde dann einen der zugelassenen Werte tragen. Damit käme dann zwar nicht der eigentliche Grund - nämlich die Annahmeverweigerung - zum Ausdruck, die Mitteilung würde jedoch als nicht zugestellt gelten. Dies hat unzweifelhaft den Vorteil für den Empfänger, hierdurch eine Annahmeverweigerung erreicht zu haben.
Dieses Verfahren führt dazu, daß der Empfänger in den Besitz der Mitteilung gelangt. Sowohl das MTS als auch der Absender müssen davon ausgehen, daß die Mitteilung nicht zugestellt wurde. Ein solches Verfahren stellt eine erhebliche Gefährdung beim elektronischen Postdienst insgesamt

Fragestellungen für eine Produktprüfung

Dem Empfänger stehen nur wenige Möglichkeiten zur Verfügung, seinen Anschluß zu beschränken. Eine davon ist das auf Zeit wirkende Leistungsmerkmal "Restricted Delivery", das nicht implementiert werden muß. Auch der funktionale Standard läßt die Implementierung offen.

Frage: Wird das Leistungsmerkmal "Restricted Delivery" angeboten.

3. (-) **Flexibilität** und **funktionsorientierte Transparenz** sind darüber hinaus eingeschränkt, da der Empfänger nicht selbst über den Versand einer Rückmeldung an den Absender entscheiden kann (vgl. hierzu auch Andelfinger u.a. 1991, S. 107ff).

3.1. (-) Die Entscheidung darüber, ob eine Rückmeldung ergeht, wird allein aufgrund der Belegung des Argumentes "Originator-report-request", also durch den Absender gefällt. Der Empfänger-MTA erzeugt den Report automatisch, ohne daß der Empfänger darauf Einfluß hätte.

3.2. (-) Der Empfänger wird auch nicht darauf hingewiesen, daß an den Absender eine Rückmeldung ergeht. Dies ist umso verwunderlicher, als dem Empfänger mit der Mitteilung eine ganze Reihe von Daten übergeben werden, deren Erforderlichkeit teilweise fraglich ist. Es wäre leicht möglich gewesen, dem Empfänger zumindest das Argument "Originator-report-request" weiterzureichen und ihn damit über die erfolgte Rückmeldung zu informieren.

---

dar. Dieses Problem muß auch in den Normungsgremien diskutiert worden sein. In der Erläuterung zum "Proof-of-delivery", mit dem der Empfänger-UA den Empfang sicher bestätigen soll, heißt es:"Non-receipt of this argument provides neither proof of delivery nor proof of non-delivery (unless a secure route and trusted functionality are employed)" (X. 411, S. 304). Was hier für die "versicherte" Zustellung über "Proof-of-delivery" eingestanden wird, gilt auch für die normale Zustellung. Kommt statt eines Resultates eine Fehlermeldung zurück, so ist keineswegs sichergestellt, daß der Empfänger-UA die Mitteilung wirklich nicht erhalten hat. Der Verweis auf eine "vertrauenswürdige" Implementierung zeigt, daß grundsätzlich davon ausgegangen werden muß, daß die Zustellung einer Mitteilung nie vollständig sicher nachgewiesen werden kann.

Damit können weitreichende Konsequenzen verbunden sein. Ein Vertrag etwa wird mit der Annahme eines Angebotes wirksam. Die Annahme ist eine "empfangsbedürftige Willenserklärung", wobei der Empfang nach Jaburek (1990, S. 51) als Eintreffen der Mitteilung beim UA gilt. Kommt der Empfänger über das beschriebene technische Verfahren in den Besitz der Mitteilung, gilt sie gegenüber dem Absender als nicht zugestellt. Für ihn ist der Vertrag nicht zustande gekommen. Der Empfänger aber hält die Mitteilung in der Hand und könnte zu einem geeigneten Zeitpunkt, mit Verweis auf ein technisches Versagen, auf die Vertragserfüllung bestehen.

Ob sich ein UA in dieser Weise verhält, kann durch einen UA-Konformitätstest überprüft werden: Eine Möglichkeit besteht darin, festzustellen, ob eine vom UA zurückgelieferte Fehlermeldung in der betreffenden Situation überhaupt möglich ist. Die Norm läßt als Fehler nur zu : "Delivery-control-violated", "Security-error" und "Unsupported-critical-function". Sie sind an bestimmte Fehlerbedingungen gebunden. Im Konformitätstest kann geprüft werden, ob es bei der übergebenen Mitteilung überhaupt zu dem vom UA angezeigten Fehler kommen kann.

7.4.2.1.1 Funktionsbedingte Konflikte

Konfliktmatrix

		A Mitteilung ver-senden	Selbst über Rückmeldung bestimmen	mit unterschied-licher Dring-lichkeit senden	Art der Zustel-lung bestimmen	an mehrere Empfänger senden
E	Mitteilungen empfangen					
	Selbst über Rückmeldung bestimmen		K			
	Empfang be-schränken	K				
	Art der Zustellung be-stimmen				K	

Konflikt:
Mitteilung versenden <-> Empfang beschränken

Gegeneinander stehen hier das Interesse des Absenders, Mitteilungen möglichst an jeden beliebigen Teilnehmer senden zu können, und auf Seiten des Empfängers der Wunsch, nicht von jedem beliebigen Teilnehmer Mitteilungen zu erhalten.

Der Absender kann sich auf sein Recht auf kommunikative Selbstbestimmung berufen. Dieses steht gegen das Recht des Empfängers auf kommunikative Abschottung.
Das Schutzrecht des Empfängers ist höher zu bewerten (Regel 1).

1.   (-) Um seinem Recht zur Geltung zu verhelfen, müßte der Empfänger in der Lage sein, eine Mitteilung abzulehnen. Dies ist - wie gezeigt - nicht möglich.

Versand/Empfang im Rahmen arbeitsvertraglicher Beziehungen

Im Rahmen arbeitsvertraglicher Beziehungen kann das Recht auf kommunikative Abschottung eingeschränkt werden. Das Direktionsrecht des Arbeitgebers, der ein berechtigtes Interesse daran hat, daß Mitteilungen, die für die Aufgabenerledigung relevant sind, auch vom Empfänger als Arbeitnehmer entgegengenommen werden, steht dagegen.

Gemäß dem Kriterium der **Mitbestimmungseignung** muß jedoch innerbetrieblich zu entscheiden sein, ob Mitteilungen abgelehnt werden können.

2.   (-) Die Norm läßt keine Gestaltungsmöglichkeiten zu. Eine innerbetriebliche Entscheidung ist nicht möglich.

Konflikt:
Selbst über Rückmeldung bestimmen (A) <-> Selbst über Rückmeldung bestimmen (E)

Hier steht das Interesse des Absenders, einen Nachweis über die Zustellung zu erhalten, im Widerspruch zu dem des Empfängers, selbst über eine Rückmeldung zu bestimmen.

Beide Kommunikanten können sich auf ihr Recht auf kommunikative Selbstbestimmung sowie auf autonome Selbstdarstellung stützen, die ihnen zugestehen, ihre Kommunikationsbedingungen selbst zu bestimmen sowie zu wissen, wohin die betreffenden Informationen gelangen.
Dieser Konflikt ist nicht allgemein auflösbar. Es gilt das Kriterium der **Aushandlungsfähigkeit.**

1. (-) Es besteht keine Möglichkeit der Aushandlung zwischen den Kommunikanten darüber, ob eine Rückmeldung erfolgen soll.
1.1. (+) Hat der Empfänger die Mitteilung im Rahmen der in der Norm festgelegten Funktionsweise jedoch empfangen, dann ist dem Absender zuzugestehen, nachträglich davon Kenntnis zu erhalten. Welche Daten hierzu erforderlich sind, kann damit nicht entschieden sein (siehe hierzu die datenorientierte Bewertung). Dem wird die Norm insofern gerecht, als ein angeforderter Report immer versendet wird, sobald die Mitteilung zugestellt wurde.

2. (!) Die Zustellung eines Schriftstückes kann durch ein Gericht oder eine Behörde angeordnet werden[231]. In diesem Falle ist der Postdienstbetreiber (die Deutsche Bundespost) angewiesen, dem Empfänger das Schriftstück zuzustellen und dem Absender die Zustellung über eine Zustellungsurkunde zu bestätigen[232]. Sollten solche Zustellungen zukünftig auch über elektronische Post erfolgen, so müssen die rechtlichen Voraussetzungen erst geschaffen werden.

Zustellung im Rahmen arbeitsvertraglicher Beziehungen

Die Rückmeldung des Empfangs an den Absender ist geeignet, Leistung und Verhalten des Empfängers als Arbeitnehmer zu kontrollieren (vgl. hierzu auch Andelfinger u. a. 1991, S. 107ff). Dies unterliegt der Mitbestimmungspflicht. Es gilt das Kriterium der **Mitbestimmungseignung** .

3. (-) Eine Rückmeldung an den Adressaten auf dessen Wunsch ist als wesentliches Merkmal in der Norm festgeschrieben. Ein im Betrieb eingesetzter, normkonformer MTA enthält dieses Leistungsmerkmal immer. Wahlfreiheit besteht so für den einzelnen Absender, der einen Report fallweise unterdrücken kann, nicht jedoch hinsichtlich der grundsätzlichen Verfügbarkeit dieses Leistungsmerkmales und der standardmäßigen Einstellung (Rückmeldung bei Nichtzustellung) auf der betrieblichen Ebene.

---

[231] Vgl. § 195 Abs. 2 Satz 2 ZPO
[232] Vgl. § 39 PostO

> **Konflikt:**
> **Art der Zustellung bestimmen (A) <-> Art der Zustellung bestimmen (E)**

Hier steht das jeweilige Interesse der Kommunikanten einander gegenüber, zu entscheiden, in welcher Form das Dokument den Empfänger erreicht. Diese Frage ist im Hinblick auf die Gefährdungen beim Dienstübergang bedeutsam.

Sowohl der Absender als auch der Empfänger können sich auf ihr Recht auf kommunikative Selbstbestimmung stützen, nach dem sie über die Art und Weise der Kommunikation frei bestimmen können.
Dieser Konflikt ist nicht allgemein auflösbar. Es gilt das Kriterium der **Aushandlungsfähigkeit.**

1.   (-) Der Konflikt ist nicht aushandelbar. Das System trifft die Entscheidung. Es räumt dem Absenderwunsch Vorrang vor dem des Empfängers ein.

7.4.2.2 Datenorientierte Bewertung

7.4.2.2.1 Daten an den Empfänger

Die nachfolgend diskutierten Daten werden dem Empfänger mit einer Mitteilung übergeben (Argumente der Operation "Message-delivery). Teilweise werden sie vom Absender, teilweise vom MTS erzeugt. Betrachtet werden hier nur die Daten, die mit den beschriebenen Funktionen der Leistungsmerkmalsgruppe "Versand/Empfang" in Verbindung stehen.

Daten vom Absender an den Empfänger

Originator-name	Recipient-name/ This-recipient- name	Other-recipient- names	Priority	Requested- delivery-method	Original- encoded- information-type
Content-type	Content- identifier	Content			

Daten vom Message Transfer System an den Empfänger

Message- delivery- Identifier	Message- delivery-time	Message- submission-time

> **Originator-name:** Der "Originator-name" bezeichnet eindeutig den Absender der Mitteilung. Es handelt sich hierbei immer um eine O/R-Adresse und ggf. zusätzlich um einen Verzeichnisnamen.

Diskussion:

außerhalb arbeitsvertraglicher Beziehungen:

Die Übertragung dieses Datums an den Empfänger berührt das Kriterium der autonomen Datenpreisgabe aus der Sicht des Absenders. Es trägt andererseits zur Transparenz für den Empfänger bei.

Für Transparenz	Datum	Aushandlung
wünschenswert	sensibel	notwendig

(-) Die meisten Argumente sind optional, d. h. der Absender kann über ihre Belegung entscheiden. Sie sind in der Regel mit einem Leistungsmerkmal verbunden. Möchte der Absender das Leistungsmerkmal nutzen, so ist das Argument technisch erforderlich. Dies gilt grundsätzlich nicht für "Originator-name". Das Datum ist technisch nicht erforderlich, aber zwingend vorgeschrieben.

Anzeige der Absenderadresse im Kontext arbeitsvertraglicher Beziehungen

Im Rahmen von Arbeitsverträgen werden Beschäftigten Aufgaben übertragen. Hierfür übernehmen sie die Verantwortung. Innerbetriebliche Kommunikation dient grundsätzlich der Kooperation zur gemeinsamen Aufgabenerfüllung. Die Absenderadresse steht gleichzeitig für die Übernahme der Verantwortung für die übertragene Information. Dies kann der Arbeitgeber grundsätzlich erwarten.

Andererseits können insbesondere in größeren Organisationen besondere Bedingungen gelten. Existieren dort bspw. Beratungs- und Beschwerdestellen (Gleichstellungstelle, Betriebsarzt, Suchtberatungsstelle), so muß grundsätzlich auch die Möglichkeit anonymer Kommunikation gegeben sein. Es gilt das Kriterium der **Mitbestimmungseignung.**

(-) Die Norm läßt keinen Spielraum, der innerbetrieblich genutzt werden könnte.

> **Other-recipient-names:** In diesem Datenfeld werden dem Empfänger alle anderen Empfänger mitgeteilt, an die der Absender die Mitteilung außerdem versendet hat, wenn der Absender dies über das Argument "Disclosure-of-recipients" angefordert hat.

Diskussion: Durch dieses Datenfeld können schutzwürdige Belange der anderen Empfänger beeinträchtigt werden. Es ist nicht zu unterstellen, daß jeder andere Empfänger damit einverstanden ist, daß die übrigen Empfänger davon Kenntnis erhalten, daß ihm die Mitteilung gleichen Inhaltes zugegangen ist. Darüber hinaus vermittelt die enthaltene Information keineswegs immer das richtige Bild. Hierin werden den anderen nämlich die ursprünglich adressierten Empfänger übermittelt. Durch Umleitungen auf dem Weg zu einzelnen Empfängern können ganz andere Teilnehmer erreicht werden. Aus der Information in diesem Datenfeld werden dann offensichtlich falsche Schlüsse gezogen.

Für den Empfänger der Mitteilung erhöht die Information die Transparenz. Er weiß, wer außer ihm diese Mitteilung erhalten hat.

Für Transparenz	Datum	Aushandlung
angemessen	sensibel	notwendig

(-) Es besteht keine Aushandlungsmöglichkeit.

Priority: Mit diesem Argument weist der Absender der Mitteilung eine Dringlichkeitsstufe zu. Das Message Transfer System befördert Mitteilungen entsprechend dieser Klassifizierung mit unterschiedlicher Übermittlungszeit.

Diskussion: In der Dringlichkeitszuweisung kommt auch die Bedeutung zum Ausdruck, die der Absender der Mitteilung zumißt. Je schneller die Mitteilung übertragen werden soll, desto wichtiger ist es für den Absender, daß diese Mitteilung den Empfänger unverzüglich erreicht. Es ist durchaus möglich, daß der Absender die Bedeutung, die er der Mitteilung zumißt, gegenüber dem Empfänger verbergen möchte, also dieses Datum **selbstbestimmt preisgeben** möchte.
Andererseits gibt dieses Datum dem Empfänger Aufschluß über die Dringlichkeit der Mitteilung. Es erhöht seine **Transparenz** und er ist in der Lage, die Dringlichkeit von Mitteilungen zum Bearbeitungskriterium für eingehende Mitteilungen zu machen.

Für Transparenz	Datum	Aushandlung
wünschenswert	weniger sensibel	wünschenswert

(-) Es besteht keine Aushandlungsmöglichkeit.

Message-submission-time: Dieses Argument enthält den Zeitpunkt, zu dem der Absender die Mitteilung dem Message Transfer-System übergeben hat. Es wird vom MTS erzeugt, an den Absender im Resultat der Operation "Message-submission" zurückgegeben und an den Empfänger weitergereicht.

Diskussion: Dieses Datum macht Aussagen über das Verhalten des Absenders. Es gibt dem Empfänger Aufschluß darüber, wann der Absender die Mitteilung losgeschickt hat. Dies kann vom Absender nicht gewünscht sein. Er muß **selbst über die Preisgabe entscheiden** können. Für den Empfänger erhöht es die **Transparenz**, indem es einen Hinweis zur näheren Einordnung der Mitteilung darstellt.

Für Transparenz	Datum	Aushandlung
wünschenswert	sensibel	notwendig

(-) Es besteht keine Aushandlungsmöglichkeit.

Recipient-Name/This-recipient-name: Dieses Datum bezeichnet den Empfänger mit seinem O/R-Namen. Es wird vom Absender eingetragen ("Recipient-name"). Der Empfänger erhält es im Argument "This-recipient-name". Das Feld wird beim Empfänger so benannt, weil sich der ursprüngliche Adressat vom Empfänger unterscheiden kann.
Requested-delivery-method: Dieses Argument gibt an, welche Zustellungsart der Absender gewünscht hätte (MHS, Post, Teletex, etc.). Das muß nicht mit der tatsächlich stattgefundenen Zustellung übereinstimmern.
Original-encoded-information-type: Gibt an, welche Kodierungsform die Mitteilung bei der Absendung hatte.
Content-type: Gibt an, um welche Inhaltsart es sich handelt, bspw. eine IPMS-Mitteilung (Geschäftsbrief) nach X.420.

> **Content-identifier:** Identifikationsnummer des Inhaltes.
> **Content:** Dieses Argument enthält den eigentlich zu übertragenden Inhalt der Mitteilung.
> **Message-delivery-identifier:** Identifikationsnummer der Mitteilung
> **Message-delivery-time:** Zeitpunkt, zu dem die Mitteilung dem Empfänger zugestellt wurde.

Diskussion: In der Übermittlung all dieser Argumente kann keine Beeinträchtigung schutzwürdiger Belange des Absenders gesehen werden.

Für Transparenz	Datum	Aushandlung
angemessen	weniger sensibel	nicht notwendig

7.4.2.2.2 Daten an den Absender

Bei den hier zu besprechenden Daten handelt es sich um die Reportdaten, die an den Absender zurückgeliefert werden. Sie sind teilweise mit denen identisch, die er selbst mit der Mitteilung verschickt hat. Andere Daten werden vom MTS erzeugt und hinzugefügt. Besprochen werden wiederum nur die Daten, die der Leistungsmerkmalsgruppe "Versand/Empfang" zugeordnet sind.

Daten vom MTS an den Absender

Subject-submission-identifier	Actual-recipient-name	Supplementary-information	Message-delivery-time	Type-of-MTS-user
Non-delivery-reason-code	Non-delivery-diagnostic-code			

> **Message-delivery-time:** Zeitpunkt, zu dem die Mitteilung dem Empfänger-UA übergeben wurde.

Diskussion: Dieses Datum gibt Aufschluß darüber, seit wann der Empfänger-UA im Besitz der Mitteilung ist. Es besagt nicht, daß der Empfänger es gelesen hat[233]. Für den Absender erhöht es den Aussagewert der Rückmeldung. Für den Empfänger bedeutet es die Preisgabe eines personenbezogenen Datums.

Für Transparenz	Datum	Aushandlung
wünschenswert	sensibel	notwendig

(-) Es besteht keine Aushandlungsmöglichkeit.

Im Rahmen arbeitsvertraglicher Beziehungen

Dieses Datum kann zur Leistungs- und Verhaltenskontrolle herangezogen werden. Das Kriterium der **Mitbestimmungseignung** erfordert, daß es innerbetrieblich aushandelbar sein muß.

---

[233] Jaburek (1990) macht diese Unterscheidung nicht. Für die zivilrechtliche Wirksamkeit eines Angebotes hält er es für ausreichend, "wenn es derart in den Machtbereich des Empfängers gelangt ist, daß nach regelmäßigen Umständen mit Kenntnisnahme gerechnet werden kann." (ebd., S. 51)

(-) Es besteht keine Aushandlungsmöglichkeit. Das Datum kann auch innerbetrieblich nicht ohne weiteres ausgeschlossen werden.

Type-of-MTS-user: Dieses Datum gibt an, von welchem Typ der Empfänger UA war. Es wird unterschieden, ob der UA einer Verwaltung (ADMD) gehört oder privat betrieben wird[234], ob die Mitteilung von einem Mitteilungsspeicher (MS) übernommen, über eine Verteilerliste geführt, per Briefpost weitergereicht oder über einen anderen Dienstübergang zugestellt wurde.

Diskussion: Der Empfänger erhält genaueren Aufschluß über den Verbleib seiner Mitteilung und kann erkennen, ob sie zwischengespeichert[235] (Mitteilungsspeicher (MS)) oder im Rahmen eines Dienstübergangs ausgedruckt wurde.

Über den Empfänger sagt es aus, in welcher Weise er Zugang zum Message Transfer System hat.

In der Übertragung dieses Datums an den Absender wird keine Beeinträchtigung schutzwürdiger Belange des Empfängers gesehen.

Für Transparenz	Datum	Aushandlung
angemessen	weniger sensibel	nicht notwendig

Subject-submission-identifier: Gibt die Mitteilung an, auf die sich der Report bezieht
Actual-recipient-name: Gibt den tatsächlich erreichten Empfänger an. Hierdurch erfährt der Absender, wer seine Mitteilung letztlich erhalten hat.

Diskussion: In der Übertragung beider Argumente wird keine Beeinträchtigung schutzwürdiger Belange des Empfängers gesehen.

Für Transparenz	Datum	Aushandlung
angemessen	weniger sensibel	nicht notwendig

Es folgen nun die **"Non-delivery-reason-codes"**, also die Rückmeldungsdaten, die einen ersten Hinweis auf die Gründe einer Nichtzustellung geben. Sie können folgende Werte annehmen:

Non-delivery-reason-code				
transfer-failure	unable-to-transfer	conversion-not-performed	physical-rendition-not-performed	restricted-delivery

---

[234] Die Norm legt die Werte folgendermaßen fest:" public: a UA owned by an Administration; private: a UA owned by other than an Administration". Es bleibt allerdings unklar, ob mit "public" ein UA gemeint ist, der tatsächlich für eine Verwaltung als teilnehmende Organisation steht oder ob damit ein UA gemeint ist, der von einer Verwaltung für einen beliebigen Teilnehmer betrieben wird. Entsprechend unklar ist damit die Bedeutung von "private".

[235] In (Andelfinger u.a. 1991, S. 109) wird ein Hinweis an den Absender gefordert, mit dem er bereits zum Absendezeitpunkt auf eine mögliche Zwischenspeicherung hingewiesen werden soll.

Directory-operation-unsuccessful				

---

transfer-failure: technischer Übertragungsfehler
unable-to-transfer: Zustellungsprobleme, die sich auf die Mitteilung selbst beziehen (Zieladresse nicht eindeutig, Inhalt zu lang, etc.). Sie werden erst durch die "Non-delivery-diagnostic-codes" verständlich.
conversion-not-performed: Konvertierung konnte nicht ausgeführt werden
physical-rendition-not-performed: Eine PDAU konnte eine Mitteilung nicht in der angeforderten Art und Weise in einen Brief umsetzen[236].
Directory-operation-unsuccessfull: Der Versuch, auf ein Directory zuzugreifen, schlug fehl.

Diskussion: Bei diesen Daten handelt es sich durchweg um technische Gründe, warum eine Zustellung nicht erfolgreich war. Schutzwürdige Belange des Empfängers sind hierdurch nicht beeinträchtigt.

Für Transparenz	Datum	Aushandlung
angemessen	weniger sensibel	nicht notwendig

---

restricted-delivery: Dieses Datum sagt aus, daß der Empfänger das Leistungsmerkmal "Restricted Delivery" nutzt. Hierbei legt der Empfänger (durch Positiv- oder Negativauswahl) den Kreis derer fest, von denen er Mitteilungen erhalten bzw. nicht erhalten möchte.

Diskussion: Wird eine Mitteilung wegen dieses Leistungsmerkmales nicht zugestellt, dann ist dies ein Hinweis darauf, daß der Absender nicht zu den sendeberechtigten Teilnehmern gehört. Das erhöht seine Transparenz und versetzt ihn in die Lage hierauf zu reagieren (z. B. durch persönliche Nachfrage beim Empfänger.)
Der Empfänger kann ein Interesse daran haben, daß der Absender nicht weiß, daß er von ihm keine Mitteilungen erhalten möchte, um Rückfragen oder möglichen Belästigungen zu entgehen (Bsp. Werbefirmen oder Belästiger).

Für Transparenz	Datum	Aushandlung
angemessen	sensibel	notwendig

(-) Es besteht keine Aushandlungsmöglichkeit.

Es folgen nun die "**Non-delivery-diagnostic-codes**", die die näheren Umstände einer nicht erfolgreichen Zustellung erläutern. Ich beschränke mich wieder auf die Daten, die der Leistungsmerkmalsgruppe "Versand/Empfang" zuzuordnen sind.

---

[236] Bishehr ist nur eine Art "basic" festgelegt, die wohl von jeder PDAU sichergestellt werden kann. Weitere Arten der Umsetzung können bilateral vereinbart werden. Dieses zurückgemeldete Datum macht aber erst dann wirklich Sinn, wenn mehrere Arten der Umsetzung festgelegt sind und nicht jede PDAU alle Arten unterstützt.

Non-delivery-diagnostic-codes				
unrecognized-OR-name	ambiguous-OR-name	MTS-congestion	recipient-unavailable	content-to-long
invalid-arguments	size-constraint-violation	protocol-violation	too-many-recipients	no-bilateral-agreement

> **recipient-unavailable:** Der Empfänger konnte nicht erreicht werden. Der Grund hierfür wird in der Regel sein, daß der Versuch des MTAs, eine Verbindung mit dem UA aufzunehmen, fehlgeschlagen ist.

Im Rahmen arbeitsvertraglicher Beziehungen

Das Datum deutet, abhängig von der physikalischen Konfiguration, darauf hin, daß das Endgerät des Empfängers nicht annahmebereit war. Es kann zur Aussage über Leistung und Verhalten herangezogen werden. Die **Mitbestimmungseignung** erfordert, daß hierüber innerbetrieblich entschieden werden kann.

Für Transparenz	Datum	Aushandlung
angemessen	sensibel	notwendig

(-) Es besteht kein Spielraum. Ein normkonformes MTS muß dieses Datum im Report setzen. Das Datum kann auch innerbetrieblich nicht ausgeschlossen werden.

> **unrecognized-OR-name:** falsche bzw. nicht bekannte Zieladresse
> **ambigious-OR-name:**Zieladresse nicht eindeutig
> **MTS-congestion:** Die Mitteilung wurde wegen Überlastung des Message Transfer Systems nicht übertragen.
> **content-to-long:** Der Mitteilungsinhalt war zu lang.
> **invalid-arguments:** Im Mitteilungsumschlag waren Argumente, die das MTS nicht verarbeiten konnte.
> **size-constraint-violation:** Die Argumentwerte haben wertbezogene Größengrenzen überschritten (z.B. Anzahl von Zeichen bei einem Textargument)
> **protocol-violation:** es fehlten zwingende (mandatory) Argumente
> **too-many-recipients:** Es wurden zu viele Empfänger angegeben[237].
> **no-bilateral-agreement:** Damit manche Argumente korrekt verarbeitet werden können, ist eine Absprache zwischen den Verwaltungsbereichen erforderlich. Dieses Datum besagt, daß bzgl. eines Argumentes eine Absprache notwendig gewesen wäre, aber nicht bestand.

Diskussion: Die aufgeführten Daten rühren von technischen Problemen her, die vom MTS oder vom Absender zu verantworten sind. Sie geben keine Auskünfte über den Empfänger, fördern aber die Transparenz für den Absender. Er kann bei einem nachfolgenden Versuch auf den aufgetretenen Fehler reagieren.

---

[237] Die höchstmögliche Anzahl von Empfängern ist auf 32767 (!) festgelegt.

In der Übertragung dieser Daten wird keine Beeinträchtigung schutzwürdiger Belange des Empfängers gesehen.

Für Transparenz	Datum	Aushandlung
angemessen	weniger sensibel	nicht notwendig

Zurückgesendete Absenderdaten

Original-encoded-information-type	Content-type	Content-identifier	Content-correlator	Returned-content

Original-encoded-information-type: Art der Kodierung der losgeschickten Mitteilung
Content-type: Art des Datenaustauschformates
Content-identifier: Vom Absender vergebene Identifikationsnummer des Mitteilungsinhaltes
Content-correlator: Verweis auf einen anderen Mitteilungsinhalt.
Returned-content: Inhalt der zuvor versendeten und nicht zugestellten Mitteilung.

Diskussion: Es handelt sich durchweg um Angaben, die der Absender selbst der Mitteilung beigefügt hat und die er nun in einem Report zurückerhält.
Eine Beeinträchtigung schutzwürdiger Belange des Empfängers wird hierin nicht gesehen.

Für Transparenz	Datum	Aushandlung
angemessen	weniger sensibel (Daten stammen vom Empfänger der Daten selbst)	nicht notwendig

7.5 Umleiten von Mitteilungen

7.5.1 Beschreibung der Leistungsmerkmalsgruppe

Unter einer Umleitung wird die Übertragung einer Mitteilung an einen anderen als den ursprünglich adressierten Empfänger verstanden. Es können drei unterschiedliche Umleitungsmechanismen unterschieden werden:

- Umleitung einer Mitteilung auf Veranlassung des Empfängers
- Umleitung einer Mitteilung auf Veranlassung des Absenders
- Umleitung einer Mitteilung bei tlw. unkorrekter Zieladresse auf Veranlassung des Empfängers.

7.5.1.1 Umleitung ankommender Mitteilungen (Redirection of Incoming Message)

Die hierunter zusammengefaßten Leistungsmerkmale realisieren einen Umleitungsmechanismus, bei dem ein Empfänger das MTS veranlaßt, alle nachfolgenden Mitteilungen an eine andere Adresse zu leiten.

Operation	Leistungsmerkmal	Status	Argument	Status	Defalut
Register	Redirection of Incomming Messages	additional CA	Recipient-assigned-alternate-recipient	optional	none
Message-submission	Redirection Disallowed by Originator	additional PM	Recipient-reassignment-prohibited	optional	allowed

Der Empfänger-UA ruft die Operation "Register" auf. Im Argument "Recipient-assigned-alternate-recipient" übergibt er den O/R-Namen des Empfängers, zu dem nachfolgende Meldungen umgeleitet werden sollen.

Der Absender kann die Umleitung einer Mitteilung unterbinden. Hierzu ist beim Absenden durch die Operation "Message-submission" im Argument "Recipient-reassignment-prohibited" der Wert "prohibited" einzutragen. Wird dieser Wert nicht belegt, so wird als Default-Wert "allowed" angenommen.

Im MTS führt dieser Mechanismus zu folgenden Abläufen. Erreicht eine Mitteilung den zuständigen MTA, so prüft der, ob vom Empfänger eine Umleitung eingerichtet worden ist. Ist dies der Fall und die Umleitung vom Absender erlaubt ("allowed" als Wert des Datenfeldes "Recipient-reassignment-prohibited"), so wird die Mitteilung an die Umleitungsadresse weitergeleitet. Ist das nicht erlaubt, so wird ein Report erzeugt und zurückgesendet. Im Datenfeld "Non-delivery-diagnostic-code" wird der Wert "recipient-reassignment-prohibited" eingetragen. Dies weist den Absender darauf hin, daß die Mitteilung deshalb nicht zugestellt werden konnte, weil der beabsichtigte Empfänger eine Umleitung aktiviert und er selbst diese Umleitung unterbunden hatte.

7.5.1.2 Vom Verursacher angeforderter Ersatzempfänger (Originator Requested Alternate Recipient)

Mit diesem Leistungsmerkmal kann der Absender selbst einen Ersatzempfänger bestimmen, der die Mitteilung erhalten soll, falls sie ansonsten nicht zustellbar wäre.

Operation	Leistungsmerkmal	Status	Argument	Status	Defalut
Message-submission	Originator Requested Alternate Recipient	additional PM	Originator-requested-alternate-recipient	optional	none

Der Absender belegt beim Versenden einer Mitteilung durch die Operation "Message-submission" das Argument "Originator-requested-alternate-recipient" mit dem O/R-Namen des Empfängers, der, anstelle des ursprünglich adressierten Empfängers, die Mitteilung erhalten soll.

Das MTS versucht, die Mitteilung zunächst an den Empfänger auszuliefern, der als Empfänger im Argument "Recipient-name" adressiert ist. Dieser Empfänger kann derjenige sein, der ursprünglich adressiert wurde. Allerdings kann sich der adressierte Empfänger bereits dadurch geändert haben, daß die Mitteilung über eine Verteilerliste geführt wurde und das MTS nunmehr ein Mitglied der Verteilerliste adressiert hat. Es kann auch bereits eine Umleitung durch einen Empfänger stattgefunden haben.

Kann das MTS diesen Empfängern die Mitteilung nicht zustellen, so wird sie erst dann an den vom Absender angegebenen Ersatzempfänger ("Originator-requested-alternate-recipient") weitergeleitet. D.h. eine Umleitung durch den Empfänger hat stets Vorrang. Der vom Absender bestimmte Ersatzempfänger wird nur herangezogen, wenn die Mitteilung sonst an niemanden zugestellt würde. Nur gegenüber einem "Ersatzempfänger" ("alternate recipient") hat die Absenderangabe Vorrang.

7.5.1.3 Zuordnung eines Ersatzempfängers (Alternate Recipient Assignment)

Hiermit wird ein Umleitungsmechanismus bezeichnet, bei dem Mitteilungen, die wegen unkorrekter Adresse nicht zugestellt werden können, an eine vorausbestimmte "Sammeladresse" geleitet werden.

Operation	Leistungsmerkmal	Status	Argument	Status	Defalut
	Alternate Recipient Assignment	additional CA			
Message submission	Alternate Recipient Allowed	essential PM	Alternate-recipient-allowed	optional	alternate-recipient-prohibited

Das Leistungsmerkmal "Alternate Recipient Assignment" muß fest eingerichtet werden und ist nicht als Operation an der UA/MTS-Schnittstelle verfügbar. Es kann z. B. von Unternehmen genutzt werden, um Mitteilungen, die offensichtlich an dieses Unternehmen gerichtet sind, bei denen aber nicht alle Adressattribute einen Teilnehmer korrekt bestimmen, an einer Stelle zu sammeln. Für diese Sammeladresse werden bestimmte Adressattribute vereinbart, die zutreffen müssen, damit die Mitteilungen dort zugestellt werden. Die verbleibenden Adressattribute können dann fehlerhaft sein.

Ein Absender kann die Umleitung seiner Mitteilung an eine Sammeladresse unterbinden, indem er beim Versand der Mitteilung durch die Operation "Message-submission" das Argument "Alternate-recipient-allowed" mit dem Wert "alternate-recipient-prohibited" belegt. Er kann dies erlauben, indem er den Wert "alternate-recipient-allowed" zuweist. Wurde kein Wert zugewiesen, so wird als Default-Wert "alternate-recipient-prohibited" angenommen.

Erreicht eine Mitteilung einen MTA, der nach Auswertung der vollständigen Zieladresse feststellt, daß sie keinen existierenden UA adressiert, so prüft er, ob ein Ersatzempfänger festgelegt wurde. Ist dies der Fall, so wird geprüft, ob die in der Zieladresse angegebenen Attribute mit den für diesen Mechanismus erforderlichen und vorab festgelegten Attributen übereinstimmen. Ist dies der Fall, und wurde die Umleitung vom Absender nicht unterbunden, so wird die Mitteilung an den Ersatzempfänger zugestellt. Ansonsten wird ein "Non-delivery Report" erzeugt.

7.5.2 Bewertung

7.5.2.1 Funktionsorientierte Bewertung

Absender

1.   (+) Die Nutzungsmöglichkeiten im Zusammenhang mit der Steuerung der Umleitung gewähren ein hohes Maß an **Flexibilität** für den Absender. Durch die Umleitungsmechanismen werden die Kommunikationsbedingungen für den Absender insofern verbessert, als die Wahrscheinlichkeit steigt, daß der gewünschte Empfänger erreicht oder die Mitteilung an jemanden übertragen wird, bei dem sie in "rechten Händen" ist. Der Absender hat andererseits die Möglichkeit die Umleitung durch den Empfänger auszuschließen, wenn er die Mitteilung ausschließlich dem beabsichtigten Empfänger selbst zuleiten möchte. Der Absender kann selbst einen Ersatzempfänger bestimmen, an den eine Mitteilung weitergereicht werden soll, wenn sie sonst unzustellbar würde. Der Absender kann ausschließen, daß eine Mitteilung wegen tlw. fehlerhafter Adressattribute an eine Sammeladresse geleitet wird.

2.   (-) Die Reichweite seiner Entscheidung ist jedoch dadurch eingeschränkt, daß er nur die Möglichkeit hat, die erste Umleitung einer Mitteilung durch den Empfänger zuzulassen oder auszuschließen oder selbst die erste Umleitung einzuleiten. Nachfolgende Umleitungen können nicht mehr vom Absender kontrolliert werden. Danach kann es zu unkontrollierbaren Umleitungsketten kommen.

3.   (-) Das Leistungsmerkmal "Redirection Dissallowed by Originator" ist in der Basisnorm als zusätzlich eingestuft. Es muß daher vom Dienstbetreiber nicht angeboten werden. Auch das Leistungsmerkmal "Redirection of Incomming Messages" ist zusätzlich. Um die Interessen des Absenders zu wahren, muß sichergestellt sein, daß das Leistungsmerkmal "Redirection Dissallowed by Originator" immer angeboten wird. Das darf nicht an die Möglichkeit der Umleitung durch den Empfänger gekoppelt sein. Es wäre falsch anzunehmen, der Ausschluß der Umleitung durch den Absender mache nur Sinn, wenn im gleichen System auch eine Umleitung durch den Empfänger möglich ist. Mitteilungen überschreiten nämlich die Grenzen eines Systems bzw. Betreiberbereiches. Wenn erst dort die Umleitung durch den Empfänger möglich ist, im System des Absenders die Möglichkeit, die Umleitung zu verbieten aber nicht bestand, so kann es zu einer Umleitung kommen, die der Absender nicht wünscht. Die Basisnorm legt nämlich fest, daß, wenn dieses Argument fehlt, immer unterstellt wird, daß die Umleitung durch den Absender erlaubt ist.

Änderungen durch funktionalen Standard

3.1.   (+) Dieses Problem wurde im funktionalen Standard offensichtlich erkannt und behoben. Das Leistungsmerkmal "Redirection Disallowed by Originator" muß immer implemtiert sein, auch wenn im System des Absenders eine Umleitung durch einen Empfänger nicht möglich ist.

Fragestellungen bei einer Dienst- oder Produktprüfung

Im Rahmen einer Produktprüfung ist festzustellen, ob das Argument "Recipient-reassignment-prohibited" auch tatsächlich an den Teilnehmer weitergereicht wird. Ist dies nicht der Fall, und das Argument ist nicht belegt, so wird stets die Erlaubnis zur Umleitung unterstellt.

Beabsichtiger Empfänger

1.   (+) Die im MTS zur Verfügung stehenden Umleitungsmechanismen erhöhen auch die flexible Nutzung durch einen beabsichtigten **Empfänger**[238].
Er kann eine Umleitungsadresse angeben und Mitteilungen bis zum Widerruf dorthin weiterleiten lassen. Das erhöht seine eigene Erreichbarkeit,, wenn er an der Umleitungsadresse auf die Mitteilung zugreifen kann. Es versetzt ihn auch in die Lage, Mitteilungen anderen Teilnehmern zukommen zu lassen, damit diese in seiner Vertretung die Mitteilungen bearbeiten können.
Die Möglichkeit, eine Sammeladresse zu bestimmen, versetzt insbesondere größere Organisationen, die mehrere UAs betreiben, in die Lage, alle an sie gerichteten Mitteilungen zu empfangen, auch wenn die Adresse nicht vollständig mit einem Teilnehmer übereinstimmt.

2.   (-) Beide Leistungsmerkmale "Redirection of Incoming Message" und "Alternate Recipient Assignment" sind zur Wahrung der Entscheidungsfreiheit des Empfängers erforderlich, aber in der Basisnorm als "zusätzlich" klassifiziert.
Sie werden auch im funktionalen Standard nicht verbindlich vorgeschrieben, sondern der funktionalen Gruppe "Umleitung" zugeordnet, deren Implementierung insgesamt optional ist. Bei Implementierung dieser Gruppe allerdings müssen beide Leistungsmerkmale realisiert werden.

Tatsächlicher Empfänger

Dem **tatsächlichen Empfänger**[239] fehlt es an ausreichender Flexibilität.

1.   (+) Die Anwendung der Umleitungsmechanismen durch andere Teilnehmer kann durchaus seinen Kommunikationsinteressen entgegenkommen. Er erhält so Mitteilungen, deren Kenntnis und Bearbeitung auch für ihn bedeutsam sein kann und die ansonsten nicht zugestellt würden und unbearbeitet blieben.

2.   (-) Andererseits wird eine Umleitung nur durch den Absender oder den beabsichtigten Empfänger gesteuert. Der tatsächliche Empfänger hat keinen Einfluß hierauf. Dabei kann die Umleitung für ihn dazu führen, daß er mit Informationen überflutet oder mit zusätzlicher Arbeit belastet wird.

---

[238] Der "Beabsichtigte Empfänger" ist der Teilnehmer, den ein Absender zunächst als Empfänger einer Mitteilung angegeben hat und der seinen Anschluß umleitete.

[239] Der "Tatsächliche Empfänger" ist der Teilnehmer, der die Mitteilung letztlich erhält.

2.1.   (-) Es gibt keine Möglichkeit für den tatsächlichen Empfänger sich hiergegen zu schützen. Ein entsprechendes Leistungsmerkmal bzw. eine an der UA/MTS-Schnittstelle verfügbare Operation, mit der er die Ablehnung einer Umleitung erklären oder gezielt Umleitungen rückgängig machen könnte, ist nicht vorhanden[240].

Es gibt - wie gezeigt - auch keine Möglichkeit auf eine umgeleitete Mitteilung durch Annahmeverweigerung zu reagieren.

7.5.2.1.1 Funktionsbedingte Konflikte

Konfliktmatrix

		A	BE	TE
		Über Umleitung entscheiden	Über Umleitung entscheiden	Über Annahme der Umleitung entscheiden
A	Über Umleitung entscheiden	*	K	K
B E	Über Umleitung entscheiden		*	K
T E	Über Annahme der Umleitung entscheiden			*

Konflikt:
Über Umleitung entscheiden (A) <-> Über Umleitung entscheiden (BE)

Es steht das Interesse des Absenders, selbst darüber zu entscheiden, ob es zu einer Umleitung kommt und wohin die Mitteilung weitergeleitet wird, im Konflikt mit dem Interesse des beabsichtigten Empfängers, selbst die Umleitung zu bestimmen und so erreichbar zu sein oder die Mitteilung an eine Vertretung weiterzuleiten.

Das Recht auf autonome Selbstdarstellung sichert dem Absender einer Mitteilung zu, selbst darüber zu entscheiden, welche Informationen an welchen Stellen über ihn bekannt werden.
Das Interesse des Empfängers, erreichbar sein zu wollen, kann sich auf sein Recht auf kommunikative Selbstbestimmung stützen. Es darf aber im Konfliktfall nicht zu einem "Zwang zur Information" durch den Absender führen. Die Entscheidung des Absenders ist maßgebend (Regel 2).

1.   (+) Die Norm kommt dieser Anforderung dadurch nach, daß, wenn der Wunsch des Empfängers umleiten zu wollen im Konflikt zum Verbot des Absenders steht, die Umleitung nicht durchgeführt und die Mitteilung für unzustellbar erklärt wird.

2.   (-) Hat dagegen der Absender einen Ersatzempfänger angegeben, die Umleitung der Mitteilung durch den Empfänger jedoch nicht ausgeschlossen, so geht der Umleitungswunsch des Empfängers vor.

---

[240] Vgl. entsprechende Gestaltungsvorschläge von Adelfinger u.a. (1991, S. 80).

3. (-) Hat der Absender beides getan, die Umleitung durch den Empfänger ausgeschlossen und selbst einen Ersatzempfänger bestimmt, so wird, was naheliegend wäre, dies nicht als Umleitungswunsch des Absenders gewertet, sondern eine Rückmeldung über die Unzustellbarkeit der Mitteilung erzeugt. Der durch den Absender bestimmte Ersatzempfänger wird vom System nur herangezogen, wenn die Mitteilung aufgrund eines Fehlers bei der "Message-delivery"-Operation nicht zugestellt werden kann.

Dieses Systemverhalten widerspricht sicher den Erwartungen der Teilnehmer und damit dem funktionsorientierten **Transparenzkriterium.** Sie werden erwarten, daß, wenn sie eine Umleitungsadresse bestimmt und die Umleitung durch den Empfänger ausgeschlossen haben, dann die Mitteilung den Ersatzempfänger erreicht und nicht wegen der Umleitung des Empfängers für unzustellbar erklärt wird.

Im Rahmen arbeitsvertraglicher Beziehungen

Hier gilt wiederum das Kriterium der **Mitbestimmungseignung,** wonach im Betrieb entschieden werden muß, ob Umleitungen eingerichtet und ein Umleitungsausschluß möglich sein soll.

4. (+) Beide Leistungsmerkmale sind in der Basisnorm als additional klassifiziert und müssen nicht in jedem MTS implementiert sein. Sie stehen damit der Anforderung nicht im Wege. Auch der funktionale Standard legt sie nicht verbindlich fest.

Konflikt:
Über Umleitung entscheiden (A) <-> Über Annahme der Umleitung entscheiden (TE)

Der Absender möchte die Möglichkeit haben zu bestimmen, wohin seine Mitteilung gesendet werden soll, wenn sie ansonsten nicht zugestellt werden könnte. Dagegen steht das Interesse des tatsächlichen Empfängers, nicht Ziel beliebiger Umleitungen zu werden.

Der Absender kann sich auf sein Recht auf kommunikative Selbstbestimmung stützen, das ihn mit der Befugnis ausstattet, Informationen an Partner seiner Wahl zu versenden.
Der Empfänger seinerseits kann sich auf das Recht auf kommunikative Abschottung stützen, wenn er ungewollte Informationen ablehnen möchte. Im Konfliktfall geht das Schutzrecht des Empfängers vor (Regel 1).

1. (-) Die Norm steht dieser Anforderung entgegen. Wie gezeigt, kann sich ein tatsächlicher Empfänger weder über ein explizites Leistungsmerkmal noch über die Annahmeverweigerung einer angelieferten Mitteilung gegen Umleitungen wehren.

Konflikt:
Über Umleitung entscheiden (BE) <-> Über Annahme der Umleitung entscheiden (TE)

---

1. (-) Die Diskussion zum letzten Konfliktfall gilt hier entsprechend.

7.5.2.2 Datenorientierte Bewertung

7.5.2.2.1 Daten an den Empfänger

Es handelt sich wieder um die für die Leistungsmerkmalsgruppe relevanten Daten, die mit der Mitteilung übergeben werden.

Intended-recipient-name	Redirection-reason

Intended-recipient-name[241]: Es handelt sich um eine Liste von Einträgen, in denen die beabsichtigten Empfänger festgehalten werden. Der erste Eintrag in dieser Liste enthält die Adresse desjenigen, der zunächst vom Absender adressiert wurde. Jede Umleitung führt zu einem neuen Eintrag, indem jeweils die Adresse aufgenommen wird, an die vor der Umleitung adressiert wurde. Jeder Eintrag wird zusätzlich mit der Zeit versehen, zu der die Umleitung stattgefunden hat.

Redirection-reason: Dieses Argument gibt die Gründe an, die während der Übermittlung der Mitteilung jeweils zu einer Umleitung geführt haben. Es handelt sich um eine Liste von Einträgen, in denen für jede Umleitung einer der folgenden Gründe festgehalten wird:

    "recipient-assigned-alternate-recipient": Der zum entsprechenden Zeitpunkt adressierte Empfänger hatte eine Umleitung aktiviert.

    "originator-requested-alternate-recipient": Die Mitteilung konnte nicht ausgeliefert oder an eine Umleitungsadresse des Empfängers gesendet werden. Sie wurde an den vom Absender angegebenen Ersatzempfänger geleitet.

    "recipient-MD-assigned-alternate-recipient": Der Betreiber des Ziel-MTS konnte die Mitteilung nicht zustellen und hat sie an einen von ihm bestimmten Ersatzempfänger weitergeleitet.

Diskussion: Für den tatsächlichen **Empfänger** erhöhen beide Datenfelder die **Transparenz.** Er erhält einen präzisen Überblick darüber, über welchen Weg die Mitteilung letztlich zu ihm gelangt ist.

Für diejenigen, die auf dem Weg der Mitteilung zum tatsächlichen Empfänger zwischenzeitig adressiert waren, widerspricht dieses Datum allerdings dem Kriterium der autonomen **Datenpreisgabe.** Der tatsächliche Empfänger erfährt entlang dieser Kette genau, wer auf wen umgeleitet hat und damit, welche Teilnehmer zueinander in einer Beziehung stehen und darüber hinaus den zeitlichen Ablauf der Umleitungsvorgänge.

---

[241] In einigen Fällen weicht die Abstract Service Definition von der Abstract Syntax Definition (beides in X.411) ab. Gemäß der Syntaxbeschreibung enthält jeder Mitteilungsumschlag ein Argument RedirectionHistory. Es ist als

RedirectionHistory ::= SEQUENCE SIZE (1..ub-redirections) OF Redirection
Redirection ::= SEQUENCE (
    intended-recipient-name IntendedRecipientName,
    redirection-reason RedirectionReason)

Die Service-Definition nimmt nicht auf die "RedirectionHistory" Bezug, sondern behandelt die darin enthaltenen Datenfelder direkt. Die Darstellung hier orientiert sich an der Service Definition.

Bezüglich der Empfängeranforderung nach **Transparenz** erscheint die Fülle der Daten und die Genauigkeit, mit der der Weg nachgezeichnet wird nicht notwendig. Es erscheint **angemessen**, dem Empfänger mitzuteilen, wer auf ihn umgeleitet hat und an wen die Mitteilung ursprünglich adressiert war, damit er Anhaltspunkte zur Beurteilung hat, warum ihm die Mitteilung zuging.

Für Transparenz	Datum	Aushandlung
(in anderer Form) angemessen	sensibel	notwendig

(-) Es besteht keine Aushandlungsmöglichkeit[242].

7.5.2.2.2 Daten an den Absender

Die folgenden Daten werden dem Absender im Report übermittelt.

Intended-recipient-name	Redirection-reason	Non-delivery-diagnostic-code

Intended-recipient-name: (s.o.)
Redirection-reason: (s.o.)

Diskussion: Beide Daten erhöhen für den Absender die **Transparenz**, da er sich ein Bild darüber machen kann, welchen Weg seine Mitteilung gegangen ist. Sie widersprechen jedoch dem Kriterium der **autonomen Datenpreisgabe**, da Beziehungen zwischen den Adressaten entlang der Umleitungskette ausgeforscht werden können.

Dem Absender wird im Argument "Actual-recipient-name" der Empfänger mitgeteilt, was bereits bei der Diskussion der Leistungsmerkmalsgruppe "Versand/Empfang" als angemessen angesehen wurde. Ihm ist auch zuzugestehen, daß er wissen will, an wen er die Mitteilung ursprünglich adressiert hatte. Damit ist auch das Datenfeld "Intended-recipient-name" angemessen. Eine wichtige Information für den Absender können auch die Gründe für die Umleitung sein, etwa das Wissen darüber, daß die Mitteilung dem eigentlich beabsichtigten Empfänger

---

[242] An dieser Stelle muß erneut auf das Aushandlungsproblem eingegangen werden. Die nun folgenden Konflikte bestehen nicht zwischen Absender und Empfänger allein, sondern betreffen auch Teilnehmer, die zwischenzeitig adressiert wurden. Die unter 7.3 diskutierten Aushandlungsmechanismen setzen immer den Austausch von Mitteilungsumschlägen zwischen den Betroffenen, auf denen die Bedingungen formuliert sein sollten, voraus. Das zumindest ist in diesen Fällen nicht gegeben. Die Umleitenden sind an einer dann tatsächlich stattfindenden Umleitung nicht mehr aktiv beteiligt. Sie haben damit keinen Einfluß darauf, ob und welche Daten über sie übermittelt werden.
Die zu fordernde Aushandlungsfähigkeit muß diese Betroffenen in ihrem Einfluß stärken. Sie müssen zumindest entscheiden können, ob sie bereit sind, ihre Daten zur Transparenzsteigerung hinzuzufügen bzw. hinzufügen zu lassen. Eine solche Entscheidung könnte mit der Einrichtung der Umleitung formuliert werden.
Die oben skizzierten Aushandlungsmuster blieben jedoch unverändert. Ein Empfänger hätte die Möglichkeit, die Mitteilung deshalb nicht anzunehmen, weil entsprechende Daten der zwischenzeitig Adressierten fehlen. Der Absender könnte die Zustellung ebenfalls von diesen Daten abhängig machen.

nicht zugestellt werden konnte und daher auf den selbst bestimmten Ersatzempfänger ("Originator-requested-alternate-recipient") umgeleitet wurde oder daß die Umleitung die Folge einer unkorrekten Zieladresse war (Zustellung an Sammeladresse). Diese Informationen erscheinen zur Erhöhung der Transparenz für den Absender angemessen, ohne die schutzwürdigen Belange der anderen Teilnehmer unzulässig zu beeinträchtigen. Die über die Umleitungsgründe hinausgehenden Informationen, wer auf wen und wann umgeleitet hatte, sind für die Transparenz des Absenders nicht notwendig.

Für Transparenz	Datum	Aushandlung
(in anderer Form) angemessen	sensibel	notwendig

(-) Es besteht keine Aushandlungsmöglichkeit.

Der "Non-delivery-diagnostic-code" kann folgende Werte annehmen:

Non-delivery-diagnostic-code	
recipient-reassignment-prohibited	redirection-loop-detected

recipient-reassignment-prohibited: Die Mitteilung konnte nicht zugestellt werden, weil der Adressat umgeleitet, der Absender die Umleitung jedoch unterbunden hatte.

Diskussion: Dieses Datum berührt das Kriterium der **autonomen Datenpreisgabe**, da es über den beabsichtigten Empfänger aussagt, daß er umgeleitet hatte. Es besagt nicht an wen. Insbesondere innerbetrieblich gibt es aber Aufschlüsse über das Verhalten eines Arbeitnehmers, indem zum Ausdruck gebracht wird, daß er nicht empfangsbereit war.

Für den Absender erhöht es die **Transparenz,** weil er weiß, daß eine Umleitung stattgefunden hätte und auch eine nachfolgende Meldung mglw. nicht zugestellt werden könnte.

Für Transparenz	Datum	Aushandlung
angemessen	sensibel	notwendig

(-) Es besteht keine Aushandlungsmöglichkeit

redirection-loop-detected: Die Mitteilung ist während der Zustellung in eine Schleife geraten. Das kann geschehen, wenn Mitteilungen umgeleitet oder über Verteilerlisten geführt werden. Bei einer Umleitung etwa kann eine Mitteilung einen Teilnehmer über eine Umleitungskette zweimal erreichen. Die Mitteilung wird dann als nicht zustellbar erklärt, weil sie ansonsten ständig kreisen würde.

Diskussion: Dieses Datum berührt das Kriterium der **autonomen Datenpreisgabe**, weil es besagt, daß Umleitungen stattgefunden haben. Wer an wen umgeleitet hat, ist hieraus nicht ersichtlich.

Für den Absender erhöht es die **Transparenz**, weil er weiß, daß Umleitungen so hintereinandergeschaltet waren, daß die Mitteilung in eine Schleife geraten wäre. Einer kurz darauf folgenden Mitteilung könnte es ebenso ergehen.

Für Transparenz	Datum	Aushandlung
angemessen	weniger sensibel	nicht notwendig

7.6 Versand über Verteilerlisten

7.6.1 Beschreibung der Leistungsmerkmalsgruppe

Die Norm sieht die Möglichkeit vor, Mitteilungen über sogenannte Verteilerlisten zu senden. Eine Mitteilung an eine Verteilerliste wird an alle Mitglieder dieser Liste verschickt. Diese Systemleistung erfordert die Zusammenarbeit des MHS mit einem Verzeichnisdienst (Directory Service). Im Verzeichnis sind Verteilerlisten eingetragen und deren Mitglieder festgelegt.

Operation	Leistungsmerkmal	Status	Argument	Status	Defalut
	Use of Distribution list	additional			
Message-submission	DL Expansion prohibited	additional	DL-expansion-prohibited	optional	DL-expansion-allowed

Das Versenden über eine Verteilerliste, also das Erbringen des Leistungsmerkmals "Verwenden von Verteilerlisten" ("Use of Distribution List"), wird einfach dadurch realisiert, daß ein Absender eine Verteilerliste adressiert (Argument "Recipient-name"), die einen gewöhnlichen O/R-Namen trägt.
Um auszuschließen, daß eine Mitteilung versehentlich oder durch entsprechende Umleitungen über eine Verteilerliste geführt wird, steht dem Absender das Leistungsmerkmal "Verbot der Aufgliederung[243] einer Verteilerliste" ("DL Expansion Prohibited") zur Verfügung.

Die Vorgehensweise entspricht zunächst der bei einer gewöhnlichen Mitteilung an Einzelempfänger. Die Mitteilung wird dem MTS über die Operation "Message-submission" übergeben und durch das MTS von MTA zu MTA weitergereicht, bis der zuständige MTA erreicht ist. Nun beginnt eine Sonderbehandlung der Mitteilung.

Eine Verteilerliste ist ein Eintrag in einem Directory System (vgl. Abb. 49). Hierin sind die Mitglieder gespeichert ("mhs-dl-members"). Verteilerlisten können selbst Mitglieder von anderen Verteilerlisten sein (geschachtelte Verteilerlisten). Zu jeder Verteilerliste ist festgelegt,

---

[243] Mit Aufgliederung bzw. Auflösung einer Verteilerliste wird der Vorgang bezeichnet, durch den ein empfangender MTA die an eine Verteilerliste adressierte Mitteilung an die Mitglieder dieser Liste weiterleitet.

wer berechtigt ist, Mitteilungen an die Mitglieder zu schicken ("mhs-dl-submit-permissions").
Dieses Recht kann auch anderen Verteilerlisten zugestanden werden. Außerdem kann eine
Verteilerliste einen Besitzer haben ("owner").

Der MTA, der für die Verteilerliste zuständig ist, löst die Verteilerliste auf. Er wird als "DL
Expansion Point" bezeichnet. Dabei geht er nach folgendem Verfahren vor: Stellt der MTA
fest, daß der Adressat eine Verteilerliste ist, so prüft er zunächst, ob der Absender die Auflösung von Verteilerlisten erlaubt hat. Hierzu wertet er das Argument "DL-expansion-prohibited" aus, das der Absender auf den Mitteilungsumschlag setzen kann. Stellt er fest, daß dies
nicht erlaubt ist, wird ein entsprechender Report erzeugt, falls dieser angefordert wurde.

```
mhs-distribution-list OBJECT-CLASS
        SUBCLASS OF top
        MUST CONTAIN {
                commonName,
                mhs-dl-submit-permissions,
                mhs-or-address }
        MAY CONTAIN {
                description,
                organisation,
                organisationalUnitName,
                owner,
                seeAlso,
                mhs-deliverable-content-types,
                mhs-deliverable-eits,
                mhs-dl-members,
                mhs-preferred-delivery-methods }
```

Abb. 49: Objektklasse Verteilerliste (X.402, Anhang C, S. 137)

Ist die Auflösung erlaubt, so werden zunächst die erforderlichen Attribute der Verteilerliste
besorgt, indem eine Anfrage an einen Verzeichnisdienst gestellt wird. Es wird dann entschieden, ob der jeweilige Sender berechtigt ist, über die Verteilerliste Mitteilungen zu verschik-
ken. Der Sender kann selbst eine Verteilerliste sein, etwa wenn die Mitteilung zuvor schon
über andere Verteilerlisten lief, oder der Absender selbst. Ist dem Sender die Erlaubnis gegeben, so wird die Verteilerliste aufgelöst, indem anstelle der Adresse der Verteilerliste nun die
einzelnen Mitglieder als Empfänger auf dem Mitteilungsumschlag eingetragen werden. Die
bisherigen Argumente werden grundsätzlich übernommen.

Dieser Ablauf stellt sozusagen den von der Norm bzw. den Prozeduren vorgeschriebenen
Standardfall dar. Die Norm verweist immer wieder darauf, daß die genaue Behandlung einer
Mitteilung am "Expansion Point" Gegenstand einer "local policy", also besonderer Regeln für
die Verteilerliste, sei. Diese Regeln werden in der Norm nicht festgelegt. Es wird auch keine
Aussage über deren Darstellung und die Form ihrer Vereinbarung gemacht.

Die dahinter stehenden Vorstellungen werden nur beispielhaft genannt. So wird erwogen, das
Argument "originator-requested-alternate-recipient" nicht in die "aufgelöste" Mitteilung zu
übernehmen oder einen anderen Wert einzutragen (vgl. X.411, S. 398). Damit soll derjenige,
auf den der Absender ursprünglich beabsichtigte umzuleiten, davor geschützt werden, mit
umgeleiteten Mitteilungen überflutet zu werden (vgl. Babatz u.a. 1990, S. 143). Es besteht

nämlich sonst die Gefahr, daß dieser Empfänger die Mitteilung immer dann erhält, wenn sie für irgendein Mitglied der Verteilerliste (evtl. sogar geschachtelt) nicht zustellbar ist.

Um die für eine Verteilerliste geltenden lokalen Regeln durchzusetzen, wurde für die Behandlung von Reports ein aufwendiges Verfahren festgelegt. In den lokalen Regeln kann nämlich bestimmt werden, wer - abweichend vom üblichen Vorgehen - einen Report erhalten soll. Normalerweise wird ein Report von dem MTA erzeugt, der die Mitteilung ausgeliefert hat oder der feststellte, daß eine Mitteilung nicht ausgeliefert werden kann. Er sendet diesen Report dann direkt an den Absender zurück. Wurde die Mitteilung über eine Verteilerliste verschickt, so wird von diesem Verfahren abgewichen. Bei der Behandlung einer Verteilerliste wird zunächst zwischen einem Delivery- und einem Non-Delivery Report unterschieden.

Für einen <u>Delivery Report</u> kann der für die Verteilerliste zuständige MTA entsprechend den lokalen Regeln entscheiden, ob er einen Report an den Absender zurückschickt.
Das weitere Vorgehen hängt dann von der Existenz und Ausgestaltung der lokalen Regeln ab. Die Norm selbst legt fest, daß die Belegung für das Argument "Originator-report-request" nur dann auf die Umschläge an die Mitglieder übernommen werden soll, "if DL-Policy requires and the originator would not receive unrequested reports" (X.411, S. 398). Über den Inhalt einer lokalen Regelung ist in der Norm natürlich keine Aussage gemacht. Sie legt auch nicht fest, was geschehen soll, wenn eine solche lokale Regelung nicht vorliegt. Babatz u. a. (1990, S. 147) weisen aber darauf hin, daß in einem solchen Fall grundsätzlich das Argument "Originator-report-request" so gesetzt wird, daß keine weiteren Delivery-Reports erzeugt werden.

Der Absender erhält also mit dem ersten Report, wenn er erzeugt wird, nur die Information, daß die Mitteilung diese Verteilerliste erreicht hat. Reports über die Zustellung an die einzelnen Verteilerlistenmitglieder wird er in der Regel nicht erhalten.

Die Anforderungen bzgl. des <u>Non-delivery Reports</u> werden nach Auflösung der Verteilerliste auf die Mitteilungsumschläge für die Mitglieder übernommen. Kommt es bei nachfolgenden Zustellungsversuchen nun zu der Situation, daß die Mitteilung nicht zugestellt werden kann, so muß vom jeweils verantwortlichen MTA ein Non-Delivery Report erzeugt werden. Damit aber die Regeln der jeweiligen Verteilerlisten nicht verletzt werden, wird dieser Report nicht direkt an den Absender, sondern den Weg, den die Mitteilung genommen hat, zurückgesendet. Der Report erreicht also in umgekehrter Reihenfolge alle Verteilerlisten, über die die Mitteilung zuvor geführt wurde. Jede Verteilerliste kann damit ihre Regeln über die Zustellung von Reports durchsetzen. Dies kann - nach der beispielhaften Aufzählung in der Norm (vgl. X.411, S. 403) - etwa dazu führen, daß ein Report an den Besitzer der Verteilerliste geschickt, vernichtet oder an die vorherige Verteilerliste zurückgesendet wird.

7.6.2 Bewertung

7.6.2.1 Funktionsorientierte Bewertung

Absender

1.   (+) Die **Flexibilität für den Absender** ist gegeben. Zum einen hat er die Möglichkeit, Mitteilungen über eine Verteilerliste zu versenden. Dadurch ist er in die Lage versetzt, ohne großen Aufwand einen bestimmten Kreis von Empfängern zu erreichen. Er muß die Mitteilung nicht selbst mehrfach versenden.

Verteilerlisten können auch dazu genutzt werden, einem Kreis von Empfängern Informationen zukommen zu lassen, dessen Mitglieder dem Absender nicht bekannt sind, von denen er wegen des dahinterstehenden sachlichen Zusammenhangs aber annehmen kann, daß seine Information für die Mitglieder relevant ist.

Andererseits kann der Absender explizit die Auflösung von Verteilerlisten ausschließen, damit seine Mitteilung nicht gegen seinen Willen an einen größeren Empfängerkreis gelangt.

1.1.   (-) Der O/R-Name einer Verteilerliste unterscheidet sich in keiner Weise vom O/R-Namen eines Einzelempfängers. Es ist daher für den Absender nicht erkennbar, ob es sich bei einem O/R-Namen um eine Verteilerliste handelt. Dies widerspricht dem funktionsorientierten **Transparenzkriterium.** Während etwa der O/R-Name "Ausschußmitglieder" auf eine Verteilerliste hindeutet, kann sich auch hinter einem Namen wie "Müller" eine Verteilerliste verbergen. Mit der Einführung des Argumentes "DL-expansion-prohibited" wird daher nicht nur ausgeschlossen, daß eine Mitteilung im Zuge von Umleitungen später an eine Verteilerliste gelangt und dort unkontrolliert verteilt wird, sondern es muß genutzt werden, um ein versehentliches Versenden über eine Verteilerliste schon beim ersten Adressaten auszuschließen.

1.1.1. (-) Das Argument "DL-expansion-prohibited" ist Teil eines der "PerMessageSubmissionFields". D. h. dieses Argument gilt jeweils für die gesamte Mitteilung. Es ist nicht möglich, die Auflösung von Verteilerlisten für jeden Empfänger zu regeln. Es ist aber durchaus denkbar, daß der Absender in einem oder mehreren Fällen bewußt an eine Verteilerliste sendet, bei anderen Empfängern jedoch ausschließen möchte, daß es zu einer Verteilerlistenauflösung kommt. Seine **Flexibilität** ist in diesem Sinne eingeschränkt.

Empfänger

Die **Flexibilität** des **Empfängers** ist **eingeschränkt.**

1.   (+) Die grundsätzliche Möglichkeit, Mitglied einer Verteilerliste zu sein, bringt für einen Teilnehmer den Vorteil, daß er im Rahmen der damit ausgedrückten Gruppenbelange immer in die Verteilung von Informationen miteinbezogen wird. Er kann davon ausgehen, daß er, wie die anderen Mitglieder, auf dem aktuellen Informationsstand ist.

2.   (-) Mitglied einer Verteilerliste zu sein, bringt den Nachteil mit sich, daß die darüber empfangenen Informationen nicht gezielt an die Einzelmitglieder versendet werden. Die Wahrscheinlichkeit, daß auch irrelevante Nachrichten hierüber versandt werden und es tendenziell zu einer Informationsüberflutung kommt, ist hier besonders groß.

3. (-) Die Möglichkeiten, den Empfang über Verteilerlisten zu beschränken, sind nur sehr eingeschränkt gegeben.

Die Zugehörigkeit zu einer Verteilerliste ist immer auch eine Information darüber, welche Teilnehmer hierin unter welchem Gesichtspunkt zusammengeschlossen sind. Es ist daher in vielen Fällen unerwünscht, daß Außenstehende die Zusammensetzung der Verteilerliste in Erfahrung bringen. Um dies auszuschließen, legt die Norm einige besondere Verfahren fest, von denen aber nicht gesagt werden kann, ob sie auch im Interesse aller Einzelmitglieder angewendet werden.

3.1 (+/-) Voraussetzung dafür, Mitteilungen über eine Verteilerliste zu erhalten, ist die Mitgliedsachaft hierin. Wer berechtigt ist, Verteilerlisten einzurichten und festzulegen, wer deren Mitglieder sind, ist im Zusammenhang mit den Normen zum Directory Service und den konkreten Festlegungen eines solchen Dienstes zu prüfen.

3.2. (+) Im Directory wird auch verwaltet, wer an eine Verteilerliste Mitteilungen versenden darf ("mhs-dl-submit-permission" als Merkmal im Verzeichniseintrag). Ein MTA, der für die Behandlung einer Verteilerliste zuständig ist ("expansion point"), befragt das Directory hiernach. Versucht ein nicht berechtigter Absender Mitteilungen an die Verteilerliste zu schicken, so erhält er einen "Non-Delivery Report" und wird darauf hingewiesen, daß ihm die Berechtigung fehlt ("Non-delivery-diagnostic-code" mit dem Wert "no-DL-submit-permission"). Alle Empfänger sind somit gegen die Zustellung von Mitteilungen nicht berechtigter Absender geschützt. Dem Absender wird der Grund der nicht erfolgten Zustellung mitgeteilt.

3.2.1. (-) Diese Beschränkung gilt jeweils für die gesamte Verteilerliste, so daß sie für jedes Mitglied gleich wirkt. Inwieweit die möglicherweise widerstreitenden Interessen der Mitglieder bei der Festlegung der Versendeberechtigten berücksichtigt werden, bleibt einer Untersuchung des Directory Services vorbehalten. Es ist festzustellen, wie es zur Festlegung dieses Kreises kommt. Dabei ist von Bedeutung, wer ihn festlegt und ob die einzelnen Mitglieder Einfluß hierauf haben.

3.2.2. (-) Ein MTA prüft die Berechtigung nach folgendem Verfahren. Wenn die Mitteilung, die über eine Verteilerliste gesendet werden soll, von einer anderen Verteilerliste geschickt wurde, so wird festgestellt, ob diese Verteilerliste zu den Berechtigten gehört, ansonsten wird der Absender der Mitteilung selbst überprüft. Hierdurch besteht die Gefahr, daß durch geschicktes Nutzen von Verteilerlisten ein Absender Rechte erwirbt, die ihm selbst nicht zustehen.

3.3. (-) Ein einzelnes Mitglied kann kaum spezifische Beschränkungen der Zustellung über Verteilerlisten festlegen. Eine unzureichende Möglichkeit besteht in der Nutzung des Leistungsmerkmales "Restricted Delivery"[244]. Erforderlich wäre die Möglichkeit der Annahmeverweigerung. Eine solche Systemleistung existiert nicht.

3.4. (+) Die oben dargestellte Behandlung von Reports beim Versand über Verteilerlisten gewährleistet, daß nicht der Absender darüber entscheidet, ob ein Report erzeugt wird. Damit wird ein Ausforschen der Mitglieder durch den Versand von Mitteilungen bzw. Probe-Mitteilungen mit angefordertem Report verhindert.

---

[244] Zu den Unzulänglichkeiten dieses Merkmals siehe oben 7.4. ("Versand/Empfang").

3.4.1. (-) Die Abwehr von Ausforschungsversuchen hängt von den lokalen Regelungen einer Verteilerliste ab. Es kommt damit darauf an, wer solche Regeln festlegt und im speziellen Fall, welche Regeln gelten.

7.6.2.1.1 Funktionsbedingte Konflikte

Konfliktmatrix

		A	
		Über Versand über Verteilerliste selbst bestimmen	Rückmeldung über Ergebnis der Zustellung erhalten[245]
E	Über Empfang über Verteilerlisten selbst bestimmen.	K	
	Über Rückmeldung selbst bestimmen		K

Konflikt:
Über Empfang über Verteilerliste selbst bestimmen <-> Über Versand über Verteilerliste selbst bestimmen

---

Das Interesse eines Absenders, eine Mitteilung schnell und ohne besonderen Aufwand an eine Verteilerliste zu senden, von der er annimmt, daß die Informationen für alle Mitglieder von Interesse sind, kann sich auf sein Recht auf kommunikative Selbstbestimmung stützen. Er soll die Entscheidung darüber haben, welche Mittel er anwendet, um sein Nutzungsinteresse zu verwirklichen.

Dagegen steht das Recht des Empfängers, sich kommunikativ abschotten zu können. Er muß die Möglichkeit haben, selbst darüber zu bestimmen, von wem er Informationen entgegennimmt. Im Konfliktfall geht das Schutzrecht des Empfängers vor (Regel 2).

1. (-) Die Möglichkeiten eines Empfängers, sich gegen den Empfang von Mitteilungen über eine Verteilerliste zu schützen, sind, wie dargestellt, eingeschränkt. Insbesondere gilt:

1.1. (+) Im Eintrag der Verteilerliste in einem Verzeichnis kann die Versendeerlaubnis eingeschränkt werden.

1.2. (-) Die Einschränkung wird vom Besitzer der Verteilerliste festgelegt, womit offen bleibt, ob sie mit den Interessen der Mitglieder übereinstimmt.

1.3. (-) Eine individuelle Einschränkung des Empfangs über Verteilerlisten ist nicht möglich. Die dafür erforderliche Möglichkeit der Annahmeverweigerung ist nicht gegeben.

---

[245] Diese Anforderung eines Absenders wurde hier aufgenommen, da die Vorgänge bei der Verteilerlistenauflösung von denen abweichen, die unter der Leistungsmerkmalsgruppe "Versand/Empfang" dargestellt wurden. Vgl. zur Begründung dieser Anforderung die dortigen Ausführungen.

Konflikt:
Rückmeldung über Ergebnis der Zustellung erhalten (A) <-> Über Rückmeldung selbst bestimmen (E).

Der Versand über eine Verteilerliste setzt den Absender der Gefahr aus, daß eine Information aus seiner Hand Empfänger erreicht, denen er die Information nicht zukommen lassen will. Er kann sich dabei auf sein Recht auf autonome Selbstdarstellung stützen, zu dessen Gewährleistung es erforderlich ist, daß er weiß, wohin und unter welchen Umständen Informationen von ihm zu anderen gelangen.

Auch die Mitglieder einer Verteilerliste und potentiellen Empfänger einer Mitteilung können sich auf das Recht auf autonome Selbstdarstellung stützen. Reports geben Aufschluß über die Mitgliedschaft in Verteilerlisten. Die Zugehörigkeit zu einer Verteilerliste aber impliziert auch die zu einer sozialen Gruppe. Die Information darüber, wer zu einer Verteilerliste gehört, ist schützenswert. Die Verhinderung der Preisgabe muß der Gruppe bzw. den einzelnen Empfängern möglich sein. Der Konflikt ist nicht allgemein auflösbar.

Eine Aushandlung zwischen den Beteiligten ist erforderlich[246].

1.   (-) Eine Aushandlung der Bedingungen darüber, welche Informationen und von wem dem Absender nach Versand über eine Verteilerliste zugesendet werden, ist nicht möglich.

2.   (-) Die Lösung, die in der Norm festgelegt ist, ist nicht akzeptabel. Sie legt die Entscheidung über den Report in die Hände einer lokalen Regelung, von der erst im konkreten Anwendungszusammenhang bekannt sein kann, wer sie unter welchen Kriterien festlegt.

2.1.   (-) Das widerspricht dem Interesse des Absenders. Er kann nicht davon ausgehen, daß er einen Report darüber erhält, daß die Mitteilung an eine Verteilerliste ging und dort aufgelöst wurde. Selbst wenn er diesen erhält, weiß er nur, daß die Mitteilung eine Verteilerliste erreicht hat. Reports darüber, wer letztlich die Empfänger der Mitteilung waren, erhält er nach dem Standardverfahren nicht. Bei Nicht-Zustellung hängt die Rücksendung eines Reports an den Absender ganz von den lokalen Regeln entlang der rückwärtigen Kette ab.

2.2.   (-) Es ist auch keineswegs sichergestellt, daß die Interessen des Empfängers gewahrt werden. Es besteht im Gegenteil eine erhebliche Gefährdung für den einzelnen Empfänger. Wenn die lokalen Regeln bestimmen, wer Reports erhält, kann er nicht wissen, wem letztlich die Information über die Zustellung und damit Aufschlüsse über seine Kommunikationsbeziehung mit dem Absender zugehen.
Schon wenn dies der "Besitzer" der Verteilerliste ist, zu der er als Empfänger gehört, ist keinesfalls sichergestellt, daß er damit einverstanden ist.
Aber dadurch, daß ein Report die rückwärtige Kette entlangläuft und an jeder beliebig entfernten Stelle neu entschieden wird, wer einen Report erhält, ist für das Verteilerlistenmit-

---

[246] Bei Verteilerlisten muß die Aushandlung zwischen Absender und mehreren Empfängern stattfinden. Bei einer kommunikationsbegleitenden Aushandlung, bei der das System für den Absender stellvertretend die Aushandlung vornimmt, ergeben sich kaum Probleme. Bei einer Vorabaushandlung mit möglicherweise mehreren Verhandlungszyklen für jeden Empfänger ginge der Vorteil eines geringen Aufwandes beim Versand über eine Verteilerliste schnell verloren.

glied überhaupt nicht mehr überschaubar, wer Kenntnis über diesen, ihn betreffenden Vorgang erhält.

3.   (-) Die Normen X.400ff und X.500ff stehen bei der Nutzung von Verteilerlisten in einem engen Zusammenhang. Verteilerlisten werden in Directory Systemen als ein Eintrag verwaltet und vom MHS genutzt. Die Diskussion der entsprechenden Mechanismen nach X.400 hat Freiräume aufgezeigt, die außerhalb der Basisnorm für das Message Handling zu untersuchen sind. Es sind jedoch auch Fragen aufgeworfen worden, die erst im Rahmen einer Untersuchung für das Directory System zu klären sind.

In der Basisnorm sind sowohl das Leistungsmerkmal "Use of Distribution List" als auch "DL Expansion Prohibited" als zusätzlich klassifiziert. Selbst dann, wenn ein Betreiber Verteilerlisten nicht anbietet, ist das Leistungsmerkmal "DL Expansion Prohibited" erforderlich. Das korrespondierende Argument nämlich wird standardmäßig so gesetzt, daß, wenn es fehlt, ein Versand über Verteilerlisten grundsätzlich als erlaubt angenommen wird. Das macht im MTS, dem der Absender zugeordnet ist, keine Probleme. Verläßt die Mitteilung aber den Zuständigkeitsbereich dieses Betreibers, so ist nicht gesichert, ob im Zielsystem nicht doch Verteilerlisten genutzt werden. Ist dies der Fall, so wird wegen dieser Normfestlegung die Verteilerliste dort aufgelöst. Es ist daher stets zu fordern, daß zumindest die Unterdrückung der Verteilerlistenauflösung in jedem Dienst angeboten wird.

Änderungen durch den funktionalen Standard

3.1.   (-) Im funktionalen Standard wird dieses Problem behoben. Das Leistungsmerkmal zur Verhinderung der Verteilerlistenauflösung muß immer implementiert sein, unabhängig davon, ob das lokale MTS Verteilerlisten unterstützt.

Fragestellungen für Dienst- bzw. Produkttests

Die Möglichkeit, über lokale Regeln das genaue Verhalten des MTA bei der Verteilerlistenauflösung im Anwendungszusammenhang festzulegen, kommt zunächst dem Kriterium der **Mitbestimmungseignung** nach. In diesem Zusammenhang ist zu prüfen, ob eine Implementierung überhaupt die Möglichkeit vorsieht, solche Regeln zu formulieren. Wenn ja, ist zu untersuchen, wer diese Regeln festlegt. Dies soll nach der Diktion der Normdokumente wohl dem Besitzer möglich sein. Dessen Rolle ist genauer zu betrachten. Es ist auch zu fragen, welchen Einfluß das einzelne Mitglied auf die Gestaltung der Regeln hat.
Zu beachten ist jedoch, daß die letztlich festgelegten Regeln auch die Interessen von Teilnehmern berühren, die als Absender und möglicherweise auch als Verteilerlistenmitglieder nicht der Organisation angehören, in der diese Entscheidungen gefällt werden.

Fragestellung für Verzeichnissysteme

Von den lokalen Regeln, die ohne nähere Normfestlegungen im MTA ("expansion point") verwaltet werden, ist der Verzeichniseintrag zu unterscheiden, der eine Verteilerliste als adressierbares Objekt aufnimmt und ihm gewisse Merkmale (Besitzer, Versenderecht, etc.) zuordnet.

Hier ist danach zu fragen, wer solche Verteilerlisten einrichten darf, wer die Mitglieder und wer den Kreis der Sendeberechtigten festlegt.

Die für das MHS dargestellten Verfahren zur Reportbehandlung haben gezeigt, daß das verfolgte Ziel maßgeblich der Verdeckung der Mitgliedschaft in einer Verteilerliste galt. Verzeichnissysteme aber stellen gerade Hilfsmittel zur Verfügung, Anfragen bzgl. der verwalteten Objekte zu stellen. In diesem Zusammenhang ist zu prüfen, wie das Ausforschen von Verteilerlisten durch Schutzmechanismen im Directory zu verhindern ist.

7.6.2.2 Datenorientierte Bewertung

7.6.2.2.1 Daten an den Empfänger

> DL-expansion-history

DL-expansion-history: Dieses Argument informiert über die Verteilung der betreffenden Mitteilung über Verteilerlisten. Es ist eine Liste, in die jeweils der O/R-Name der Verteilerliste und der Zeitpunkt ihrer Auflösung eingetragen wird. Enthält dieses Argument mehrere solcher Eintragungen, so ist die betreffende Mitteilung über ineinandergeschachtelte Verteilerlisten zugestellt worden.

Diskussion: Dieses Datum berührt die Anforderung nach **autonomer Datenpreisgabe**, da es im Hinblick auf den Absender und zwischenzeitlich adressierter Teilnehmer aussagt, daß sie die Mitteilung an eine Verteilerliste versandt bzw. dahin umgeleitet haben.

Für den Empfänger gibt dieses Datum Aufschluß darüber, über welche Verteilerliste, mglw. über welche Kette von Verteilerlisten, er diese Mitteilung erhalten hat. Es trägt zur **Transparenz** für ihn bei, da er hierdurch besser einschätzen kann, in welchem Zusammenhang er diese Mitteilung erhält.

Für Transparenz	Datum	Aushandlung
angemessen	(weniger) sensibel	wünschenswert

7.6.2.2.2 Daten an den Besitzer einer Verteilerliste

Originator-and-DL-expansion-history	Reporting-DL-name

Originator-and-DL-expansion-history: Entspricht "DL-expansion-history", enthält jedoch zusätzlich den Absender der Mitteilung, insbesondere deshalb, weil - wie im hier diskutierten Fall - der Empfänger des Reports nicht mit dem Absender übereinstimmen muß.

Reporting-DL-name: Dieses Datum enthält den O/R-Namen der Verteilerliste, die diesen Report schickt. Damit soll es einem Teilnehmer, der Besitzer mehrerer Verteilerlisten ist, ermöglicht werden, die Reports auf die richtige Verteilerliste zu beziehen. Dieses Datenfeld ist also speziell für die Reportzustellung an einen Verteilerlistenbesitzer geschaffen worden.

Diskussion: Die Diskussion dieser Einzeldaten im Hinblick auf den Empfang durch den Besitzer einer Verteilerliste ist wenig sinnvoll. Es muß bedacht werden, daß das oben funktionsorientiert bewertete Verfahren für die Report-Zustellung bei Verteilerlisten nicht nur dazu führt, daß der Besitzer der Verteilerliste diese Daten erhält. Tatsächlich wird ihm ein Report mit allen bisher diskutierten Daten zugestellt, die auch dem Absender zugehen würden. Dieser Mechanismus, der nach Babatz u. a. (1990, S. 146) darauf gerichtet war, das Ausforschungsproblem bzgl. der Verteilerlistenmitgliedschaft zu lösen, wirft ein weitaus größeres Problem im Hinblick auf die Belange sowohl des Absender als auch des Empfängers auf.

Dies gilt vor allem auch im **Rahmen arbeitsvertraglicher Beziehungen,** wo dieses Verfahren dazu genutzt werden kann, den Kommunikationsverkehr aller Mitglieder einer betrieblichen Verteilerliste in ihrer Eigenschaft als Empfänger von Mitteilungen zu kontrollieren.

Es ist daher unangebracht, eine isoliert auf das Datenproblem bezogene Aussage zu machen. Maßgeblich ist die funktionsorientierte Bewertung oben.

7.6.2.2.3 Daten an den Absender

Originator-and- DL-expansion- history

Originator-and-DL-expansion-history: (s.o.)

Diskussion: Wenn der Report einen Absender jemals erreicht, so erfährt er durch dieses Datenfeld, über welche Verteilerlisten die Mitteilung dem Empfänger zuging.

Das stellt den Empfänger, für den Absender ersichtlich, in den Zusammenhang, der durch die Verteilerliste gegeben ist und berührt das Kriterium der **autonomen Datenpreisgabe.** Wie mehrfach erwähnt, ergibt sich ein besonderes Problem dadurch, daß der Absender über die Anforderung eines Reports auch die gesamte Verteilerliste bzgl. ihrer Mitgliedschaft ausforschen könnte.

Für den Absender trägt die Information zur **Transparenz** bei.

Die Übertragung dieses Datenfeldes in der genauen Aufgliederung der Verteilerlisten an den Absender ist gegenüber dem Empfänger nicht angemessen. Möglicherweise wäre ein Hinweis ausreichend, daß es zur Auflösung einer Verteilerliste gekommen ist, die er ja nicht ausgeschlossen hatte.

Für Transparenz	Datum	Aushandlung
angemessen	(in anderer Form) weniger sensibel	nicht notwendig

7.7 Dienstübergang zur gewöhnlichen Briefpost

7.7.1 Beschreibung der Leistungsmerkmalsgruppe

Grundsätzlich gelten die Festlegungen der X.400 Normen dem elektronischen Austausch von Mitteilungen. Sie legen fest, wie zwischen Teilnehmern Mitteilungen über das MTS ausgetauscht werden. Message Handling Systeme werden aber in einer Zeit eingeführt, in der eine Reihe von Diensten zum Austausch von schriftlichen Dokumenten existieren. Zu nennen sind u. a. der Telex-, der Telefax-, der Teletex- und der Bildschirmtextdienst. Die derzeit noch größte Bedeutung, insbesondere für die private Nutzung, hat der gewöhnliche Briefdienst. Die X.400-Norm trägt der bestehenden Struktur Rechnung, indem sie sogenannte Zugriffseineiten (Access Units (AU)) in ihrem Modell berücksichtigt. Solche AUs nehmen sozusagen stellvertretend für die Teilnehmer eines anderen Dienstes am MHS-Dienst teil und realisieren die speziellen Dienstübergänge.

Durch die Einführung dieser Zugriffseinheiten ist es möglich, Mitteilungen an Teilnehmer an anderen Diensten zu versenden. Während AUs in der Norm allgemein eingeführt werden, wird nur der Dienstübergang zur gewöhnlichen Briefpost in X.400ff umfassend geregelt. Die entsprechende AU wird als PDAU (Physical Delivery Access Unit) bezeichnet. Bei diesem Dienstübergang wird aus einer elektronischen Mitteilung ein gedruckter Brief und ein Briefumschlag erzeugt und dann konventionell weitergeleitet.

Die PDAU ist für das MTS Empfänger der Mitteilung, und wenn sie eine Mitteilung übernommen hat, wird ein Report erzeugt. Wie die PDAU eine Mitteilung übernimmt, wie sie hieraus einen "physischen" Brief macht und wie eine Rückmeldung, etwa bei Unzustellbarkeit, wieder in das MTS zurückgeführt wird, wird von der X.400ff-Norm nicht festgelegt. Im diesem Normzusammenhang kann daher die PDAU zunächst als eine besondere Form eines UAs aufgefaßt werden und gezeigt werden, wie dieser Dienstübergang von den Teilnehmern genutzt werden kann.

Der grundsätzliche Ablauf beim Übergang vom MHS zum gewöhnlichen Briefdienst wird dadurch angestoßen, daß der Absender beim Versand einer Mitteilung durch die Operation "Message-submission" den notwendigen Teil der obigen Argumente belegt. Das MTS reicht die Mitteilung an die PDAU, die für den Empfänger (Teilnehmer am Briefdienst) verantwortlich ist, weiter und übergibt ihr die Argumente im Mitteilungs-Umschlag über die Operation "Message-delivery".

Der genaue Leistungsumfang des Zusammenwirkens von MTS und Briefdienst wird anhand der Argumente beim Versand einer Mitteilung deutlich.

Requested-delivery-method: Grundsätzlich wird der Wunsch des Absenders, seine zunächst elektronisch versendete Mitteilung anschließend über den Postdienst weiterzuleiten, über zwei Argumente gesteuert.
Zum einen über die Angabe der Empfängeradresse im Argument "**Recipient-name**". Verwendet der Absender als O/R-Namen eine Postadresse (postal-OR-address), so wertet das MTS dies als Wunsch, die Mitteilung über den Briefdienst zuzustellen.

Operation	Leistungsmerkmal	Status	Argument	Status	Defalut
Message-submission Message-delivery	Additional Physical Rendition	additional	Physical-rendition-attributes	optional	basic
	Basic Physical Rendition	basic			
	Counter Collection	essential	Physical-delivery-modes	optional	ordinary-mail
	Counter Collection with Advice	additional			
	Delivery via Bureaufax Service	additional			
	EMS (Express Mail Service)	essential			
	Ordinary Mail	basic			
	Physical Delivery Notification by MHS	additional	Physical-delivery-report-request	optional	return-of-undeliverable-mail-by-PDS
	Physical Delivery Notification by PDS	additional			
	Physical Forwarding allowed	basic	Physical-forwarding-prohibited	optional	physical-forwarding-allowed
	Physical Forwarding prohibited	additional			
	Registered Mail	additional	Registered-mail-type	optional	ordinary-mail
	Registered Mail to Addressee in Person	additional			
	Request for Forwarding Adress	additional	Physical-forwarding-address-request	optional	physical-forwarding-address-not-requested
	Special Delivery	essential	Physical-delivery-modes	optional	ordinary-mail
	Undeliverable Mail with Return of Physical Message	basic	Physical-delivery-report-request	optional	return-of-undeliver-able-mail-by-PDS
			Requested-delivery-method	optional	any-delivery-method
			Recipient-number-for-advice	optional	none
			Originator-return-address	optional	none

Die zweite Möglichkeit besteht in der entsprechenden Belegung des Argumentes **"Requested-delivery-method"**. Eine Möglichkeit der Wertebelegung ist hier "physical-delivery". Damit bringt der Absender zum Ausdruck, daß er die Mitteilung postalisch zugestellt sehen möchte. Dies gilt insbesondere dann, wenn er als O/R-Namen des Empfängers einen Directory-Namen angegeben hat. Dann muß das MTS über eine Befragung des Directory-Services feststellen, welche postalische Adresse zu diesem Namen gehört.

In beiden Fällen wird die Mitteilung an die für den Adressaten verantwortliche PDAU weitergeleitet.

Physical-forwarding-prohibited: Dieses Argument kann der Absender nutzen, wenn er grundsätzlich eine postalische Zustellung der Mitteilung wünscht oder zuläßt. Er kann hiermit entscheiden, ob er möchte, daß die Mitteilung bzw. der dann existierende Brief[247] dem Empfänger nachgesendet wird oder nicht. Als Standardwert wird angenommen, daß er dies zuläßt ("physical-forwarding-allowed").

---

[247] Bei der Beförderung innerhalb des Postdienstes wird von einem Brief gesprochen, um ihn gegenüber der elektronischen Mitteilung zu unterscheiden.

Physical-forwarding-address-request: Mit diesem Argument veranlaßt der Absender, daß ihm die Nachsendeadresse des Empfängers in einem Report zurückgesendet wird. Er kann dies unabhängig davon verlangen, ob er die Nachsendung seiner Mitteilung wünscht oder nicht. Als Standardwert wird angenommen, daß er die Nachsendeadresse nicht verlangt ("physical-forwarding-address-not-requested").

Physical-delivery-modes: Über dieses Argument wird eine Vielzahl von Leistungsmerkmalen gesteuert, die in X.400 einzeln unterschieden werden. Grundsätzlich legt der Absender durch die Wertbelegung dieses Argumentes besondere Zustellungsarten im Briefdienst fest. Folgende Wertbelegungen sind möglich:

> "ordinary-mail" : normaler Brief
> "special-delivery": Zustellung durch Boten
> "express-mail": Eilzustellung
> "counter-collection": Abholung am Schalter
> "counter-collection-with-advice": Abholung am Schalter mit Benachrichtigung
> "counter-collection-with-telephone-advice": Abholung am Schalter mit telefonischer Benachrichtigung
> "counter-collection-with-telex-advice": Abholung am Schalter mit Telex-Benachrichtigung
> "counter-collection-with-teletex-advice": Abholung am Schalter mit Teletex-Benachrichtigung
> "bureau-fax-delivery": Auslieferung im Telefax-Dienst.

Registered-mail-type: Zwei Arten von Einschreibe-Briefen werden unterschieden. Ein "normales" Einschreiben und ein persönliches Einschreiben. Mit der Wertbelegung dieses Argumentes kann der Absender bestimmen, ob und in welcher Form der Brief als Einschreiben an den Empfänger gesendet werden soll.

Recipient-number-for-advice: Hat der Absender bestimmt, daß der Brief zur Abholung am Schalter ausgeliefert werden soll und der Empfänger hierauf hinzuweisen ist, so wird in diesem Argument entweder die Telefon-, die Telex- oder die Teletex-Nummer des Adressaten eingetragen. Die Nummer richtet sich nach der Angabe in "physical-delivery-mode". Sie dient dem verantwortlichen Postamt dazu, den Empfänger zu benachrichtigen.

Physical-rendition-attributes: Nach dem Empfang der Mitteilung muß diese in einen Brief umgewandelt werden. Dies geschieht durch Ausdrucken des Mitteilungsinhaltes und Erstellen eines Briefumschlages aus den Angaben auf dem Mitteilungsumschlag. Mit diesem Argument kann der Absender Anweisungen hinsichtlich besonderer Eigenschaften des "physischen" Dokumentes geben (Papierqualität, Druckereigenschaften, etc.). Die Norm kennt allerdings derzeit nur einen Wert ("basic"), der zu einer Standardbriefform führt. Sie macht keine Aussagen dazu, wie das Standardformat aussieht. Sollen bereits jetzt verschiedene Werte unterschieden werden, so bedarf dies bilateraler Vereinbarungen zwischen den Betreibern des elektronischen und des gewöhnlichen Postdienstes.

Originator-return-address: In dieses Feld kann der Absender seine postalische Adresse eintragen.

Physical-delivery-report-request: Rückmeldungen beziehen sich im MTS grundsätzlich auf die elektronische Zustellung. Da eine PDAU aus der MTS Sicht einem UA gleichgestellt ist, wird zu dem Zeitpunkt, zu dem die PDAU eine Mitteilung übernommen hat und soweit dies der Absender verlangt hat, vom MTS ein normaler "Delivery-report" erzeugt.

Damit ist aber noch nicht gesagt, daß die Mitteilung den Empfänger erreicht hat. Um dies sicherzustellen, kann der Absender zusätzlich eine Rückmeldung über die Auslieferung des Briefes erhalten. Dies steuert er über die Wertbelegung in diesem Argument. Folgende Werte sind möglich:

"return-of-undeliverable-mail": Der Brief soll bei Unzustellbarkeit an den Absender zurückgesendet werden.

"return-of-notification-by-PDS": Eine Rückmeldung über die Zustellung soll durch den Briefdienst erfolgen.

"return-of-notification-by-MHS": Eine Rückmeldung über die Zustellung soll durch das MHS erfolgen.

"return-of-notification-by-MHS-and-PDS": Im Falle der Zustellung soll über beide Systeme eine Rückmeldung, im Falle der Nicht-Zustellung soll über das MTS eine Rückmeldung und über den Briefdienst der nicht zugestellte Brief zurückgesendet werden.

Als Standardwert wird angenommen, daß der nicht zustellbare Brief nur über den Briefdienst an den Absender zurückgeschickt wird.

7.7.2 Bewertung

Die Bewertung der Systemleistungen für den Übergang zwischen MHS und PDS muß fragmentarisch bleiben. Das bisher unterstellte Kommunikationsmodell für elektronischen Mitteilungsaustausch ist nicht unverändert auf diese Abläufe anwendbar. Bisher wurde angenommen, daß eine Kommunikation eine Abfolge von Versand und Empfang einer Mitteilung sowie Generierung und Empfang eines Reports ist. Das erfaßt bei der Zusammenarbeit zwischen MHS und Briefdienst jedoch nur einen Ausschnitt der Abläufe (vgl. Abb. 50). Hinzu kommt nämlich die Erzeugung eines Briefes, dessen Versand und die Zustellung an den Empfänger im Briefdienst sowie - nunmehr im Briefdienst - die Erstellung einer Rückmeldung und die Zurücksendung an die PDAU, wo sie in einen MTS-Report umgesetzt wird.

Die funktionsorientierte Bewertung der Leistungsmerkmalgruppe "Dienstübergang zur gewöhnlichen Briefpost" beschränkt sich daher auf Systemleistungen, die vom MTS erbracht werden und läßt das außer acht, was als Anweisung an den Briefdienst lediglich weitergereicht wird.

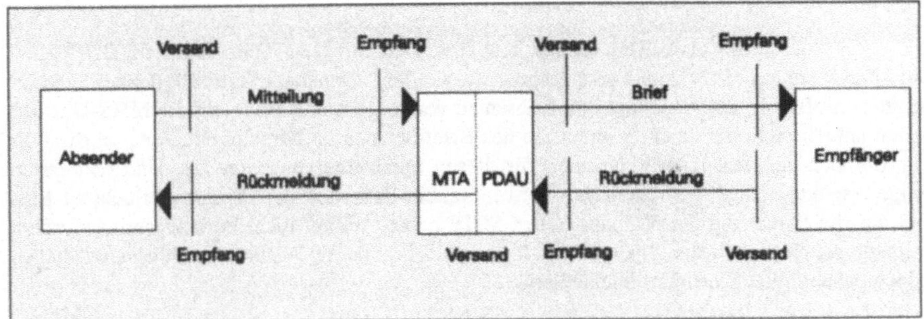

Abb. 50: Kommunikationsbeziehung bei der Zusammenarbeit zwischen MHS und Briefdienst.

Eine Leistung des MTS ist es demnach, daß eine elektronische Mitteilung an den Briefdienst weitergegeben wird und daß ein Absender die Möglichkeit hat, dies explizit zu unterbinden. Dagegen ist es die Leistung des Briefdienstes, Briefe per Boten zuzustellen oder sie postlagernd zur Abholung bereitzustellen.

7.7.2.1 Funktionsorientierte Bewertung

Absender

1. (+) Die **Flexibilität** für den Absender besteht darin, daß er <u>Mitteilungen über beliebige Dienste, darunter den Briefdienst,</u> versenden kann, daß er aber auch die <u>Möglichkeit hat dies auszuschließen</u>.

1.1. (+) Der Absender weist das MTS durch folgende Argumentbelegungen an, eine Mitteilung postalisch weiterzuleiten: Er kann eine postalische O/R-Adresse ("postal-OR-address") als Wert im Argument "Recipient-name" angeben und er kann die postalische Weiterleitung über das Argument "Requested-delivery-method" steuern.
Der Wert "physical-delivery" fordert explizit die postalische Auslieferung. Der Wert "any-delivery-method" überläßt dem MHS die Wahl der Auslieferungsart (z. B. abhängig vom Dienst, über den der Empfänger erreichbar ist). Dies kann dann auch die postalische Weiterleitung sein. Darüberhinaus kann ein Absender mehrere Formen der Zustellung angeben. In diesem Falle geht das MTS davon aus, daß hierin eine Rangfolge ausgedrückt ist und es versucht, die Mitteilung gemäß der Rangfolge auf unterschiedliche Arten zuzustellen.

1.2. (+) Der Absender kann die postalische Zustellung einer Mitteilung unterbinden. Dies geschieht dadurch, daß er weder die postalische Zustellung ("physical-delivery") noch "any-delivery-method" als Wert des Argumentes "Requested-delivery-method" angibt. Das MTS handelt nicht gegen den Wunsch des Absenders. Das heißt, wenn der Absender nur eine Zustellungsart angibt, etwa "mhs-delivery", so versucht das MTS, die Mitteilung nur in dieser Art zuzustellen. Gelingt dies nicht, so gilt die Mitteilung als unzustellbar.

Empfänger

1. (-) Von einer **Flexibilität** für den Empfänger als direktem Teilnehmer am Briefdienst und indirektem am MTS kann kaum gesprochen werden. Zwar hat er die Möglichkeit, wie jeder Postempfänger, die Annahme von Briefen zu verweigern, mit Blick auf die MHS-Normen stehen jedoch nicht die Abläufe innerhalb des Briefdienstes im Mittelpunkt, sondern die Folgen, die sich aus den X.400ff-Normen für diesen Dienstübergang ergeben. Und hier treten einige Aspekte zutage, bei denen die Notwendigkeit, daß auch der Briefpostteilnehmer Einfluß auf die Steuerung des Verhaltens des MHS haben müßte, nicht berücksichtigt wurden. Teilnehmer, die neben der Briefpost auch über einen anderen Dienst erreichbar sind, haben jedoch beschränkte Einflußmöglichkeiten.

1.1. (+) Ein Empfänger, auch wenn er nicht direkter Teilnehmer am Message Handling Dienst ist, kann durch den Dienstübergang aus dem Message Transfer System heraus erreicht werden und elektronische Mitteilungen als gewöhnliche Briefe erhalten. Das erhöht seine Erreichbarkeit und schließt ihn auch bei zunehmender Verbreitung elektronischer Postdienste nicht gänzlich hiervon aus.

2. (-) Dabei können sich für den Empfänger jedoch eine Reihe von Nachteilen durch den Dienstübergang ergeben.

2.1. (-) Er kann als Teilnehmer am Briefdienst in Verteilerlisten miteinbezogen werden oder Ziel von Umleitungen im MTS werden. Er unterliegt damit ebenso wie Teilnehmer am MTS der Gefahr, mit Informationen überhäuft zu werden oder ungewollt Ziel von Umleitungen zu werden[248].

2.2. (-) Für Teilnehmer am MHS-Dienst besteht der Vorteil darin, daß sie sich gegenüber Dritten (Kollegen, Vorgesetzten, Familienangehörigen, etc.) durch Zugriffssicherung in ihrem Endgerät oder auch in einem Mitteilungsspeicher (MS) vor der Beobachtung ihrer Kommunikationsbeziehungen schützen können.
Dieser Vorteil wird ihnen bei einer Briefzustellung genommen. Die Angaben auf einem Briefumschlag - deren Umfang nicht festgelegt wird - geben nämlich kommunikationsbegleitende Daten preis, die bei der Briefpost zwar üblich sind, die aber im MHS verdeckt werden könnten.

2.3. (-) Letztlich führt der Dienstübergang auch zum Ausdruck der elektronischen Mitteilung beim Betreiber. Angesichts der ungeklärten Frage, wer den Dienstübergang zwischen MHS und Briefpost verantworten wird (dazu unten "Dienst- und Produktprüfung"), stellt dies grundsätzlich eine Gefährdung des Post- und Fernmeldegeheimnisses dar. Es kann keinesfalls davon ausgegangen werden, daß der Empfänger bereit ist das hinzunehmen.

3. (-) Ein Empfänger, der nur über den Briefdienst erreichbar ist, hat keine, einer der auch über andere Dienste erreichbar ist, hat sehr eingeschränkte Möglichkeiten, den Dienstübergang vom MHS zur Briefpost zu verhindern.

---

[248] Siehe hierzu die Diskussion der Leistungsmerkmalsgruppen "Versand über Verteilerliste" (7.6) und "Umleitung" (7.5)

Um das zu verdeutlichen, muß auf die Besonderheiten der Zusammenarbeit zwischen MHS und einem Verzeichnisdienst (nach X.500ff) eingegangen werden.

Jeder Teilnehmer an einem Telematikdienst - einschließlich des Postdienstes - kann in einem Verzeichnisdienst gespeichert werden. Hier ist in seinem Eintrag u. a. seine Postadresse, andere Telematik-Adressen (z. B. Telefon- und Telexnummer) und ein Attribut "preferredDeliveryMethod" gespeichert (X.520, S. 199).

3.1. (-) Ist ein Teilnehmer nur über die Briefpost zu erreichen, macht die Angabe einer bevorzugten Zustellungsart keinen Sinn. Eine elektronische Mitteilung wird dann automatisch postalisch zugestellt.

3.2. (-) Denkbar, aber weder in den Normen zum Message Handling noch zum Directory Service vorgesehen, wäre, daß ein Empfänger gegenüber dem Betreiber der PDAU erklärt, elektronische Mitteilungen nicht als Brief empfangen zu wollen.

3.3. (+) Nur wenn ein Empfänger auch über einen anderen Weg erreichbar ist, kann er über die "preferredDeliveryMethod" die Zustellungsart beeinflussen. Hier kann er etwa MHS angeben und damit rechnen, daß ihm eine elektronische Mitteilung auch als solche zugeht.

3.3.1. (-) Dieser Mechanismus kann aber nicht dazu genutzt werden, um spezielle Dienstübergänge auszuschließen. Die Angabe der "preferredDeliveryMethod" gibt ja nur an, in welcher Art eine Mitteilung zugestellt werden soll. Dabei kann es durchaus - wenn auch bisher nur teilweise festgelegte - Dienstübergänge geben, die erst durch diese Angabe provoziert werden. Eine Verhinderung eines Dienstübergangs kann hiermit nicht zum Ausdruck gebracht werden.

7.7.2.1.1 Funktionsbedingte Konflikte

Konfliktmatrix

		A	
		Mitteilungen über Briefdienst versenden	Weiterleitung als Brief unterbinden
E	Mitteilungen als Brief empfangen		K
	Postalische Zustellung von Mitteilungen ausschließen	K	

Konflikt:
Mitteilungen über Briefdienst versenden (A) <-> Postalische Zustellung von Mitteilungen unterbinden (E)

Das Interesse des Absenders stützt sich auf sein Recht auf kommunikative Selbstbestimmung. Für ihn verbessern sich die Möglichkeiten andere Teilnehmer zu erreichen.

Der Empfänger kann sich auf sein Recht auf kommunikative Abschottung berufen und fordern, selbst darüber entscheiden zu können, ob er den Dienstübergang wünscht. Es darf nicht zu einem "Zwang zum Empfang" kommen (Regel 1). Er muß also auch gegen den Willen des Absenders diesen Dienstübergang ausschließen können.

1. (-) Die Norm genügt diesem Kriterium selbst unter Hinzunahme der X.500ff-Festlegungen nicht.
Über das Attribut "preferredDeliveryMethod" kann der Empfänger angeben, in welcher Art er ein Dokument zugestellt haben möchte. Im Konflikt mit dem Wunsch des Absenders ("Requested-delivery-method") aber geht dessen Angabe über die Zustellungsart vor (X.411, S. 285). Das heißt, ein Absender kann den Dienstübergang erzwingen.

Konflikt:
Weiterleitung als Brief unterbinden (A) <-> Mitteilung als Brief empfangen (E)

Das Recht auf autonome Selbstdarstellung stattet den Absender mit der Verfügungsgewalt über ihn betreffende Informationen aus. Wer welche Informationen von ihm in welcher Form erhält, unterliegt seinem Willen.

Der Wunsch des Empfängers, elektronische Mitteilungen auch über die Briefpost zugestellt zu bekommen, kann sich auf sein kommunikatives Selbstbestimmungsrecht stützen. Daraus kann aber im Konflikt kein "Zwang zur Information" abgeleitet werden (Regel 2).

1. (+) Die Norm erfüllt dieses Kriterium. Der Wunsch des Absenders hat Vorrang. Kann eine Mitteilung nicht in der vom Absender angegebenen Form zugestellt werden, dann gilt sie als nicht zustellbar. Ist die Mitteilung zwar zustellbar, aber die "preferredDeliveryMethod" des Empfängers fordert Postauslieferung und steht somit dem Absenderwunsch entgegen, so wird die Mitteilung so zugestellt, wie es der Absender verlangt. Die postalische Zustellung wird also verhindert. Auf eine Zustellungsart, die zwar möglich wäre, aber gegen den Willen des Absenders stünde, wird nicht ausgewichen.

Notwendige Untersuchungen bei Dienst bzw. Produktprüfungen

Viele der für Absender und Empfänger maßgeblichen Anforderungen liegen außerhalb des Betrachtungsbereichs der X.400ff Normen, die ja nur den Message Handling Dienst beschreiben. Sowohl für den Absender, aber mehr noch für den Empfänger, ist die technische und organisatorische Einbindung der PDAU von Bedeutung. Aber schon dies ist aus der Betrachtung der MHS-Normen nicht mehr zu beurteilen.

In vielen Aspekten als Bündelung von UAs aufzufassen, stellt die PDAU doch eine Besonderheit dar. Sie kann in Zusammenarbeit mit einem MTA in Funktionen eingreifen, die einem gewöhnlichen UA nicht zugänglich sind.
In bestimmten Fällen muß das Ergebnis einer Zustellung im Briefdienst als Report über das MHS zurückgesendet werden, wenn dies vom Absender verlangt wurde. Die Gründe, etwa für die Nichtauslieferung, müssen dem MTA mitgeteilt werden, damit er einen entsprechenden Report erzeugen kann. Das bedeutet, daß die PDAU in irgendeiner Weise mit dem MTA technisch kommunizieren muß, um ihm die Daten zu liefern, die sich aus der Briefzustellung ergeben haben und nun als MTS-Report zurückgesendet werden müssen. Das ist nicht im Rahmen der Schnittstellendefinition zwischen einem UA und dem MTA zu realisieren und bedarf einer besonderen Schnittstelle, die aber in der Norm nicht festgelegt ist. Es ist damit

unmöglich die genaue Zusammenarbeit zwischen PDAU und MTA in dieser Arbeit zu betrachten.

Bedeutsam ist zudem, daß mit der fehlenden Schnittstellendefinition einhergeht, daß beide Komponenten nicht auf verschiedene Systeme verteilt und genormt miteinander kommunizieren können. Daher geht auch die Norm davon aus, daß eine PDAU stets mit einem MTA zusammen auf einem physischen System betrieben wird und die PDAU als Teil des MHS zu sehen ist (X.402, S. 110ff). Damit läge der Dienstübergang innerhalb des Zuständigkeitsbereiches eines MHS-Betreibers. Der problematische Übergang von einer MHS-Mitteilung zu einem gedruckten Brief vollzöge sich dann möglicherweise an vielen Stellen, bei mehreren - insbesondere auch privatwirtschaftlich arbeitenden - Betreibern und müßten von dort aus in den Briefdienst eingespeist werden.

Denkbar ist durchaus auch, daß die Deutsche Bundespost Postdienst, die den Briefdienst im Monopol erbringt, selbst MTAs betreibt, die in Zusammenarbeit mit PDAUs den Dienstübergang realisieren.

Diese Anmerkungen verdeutlichen, daß die ordnungspolitische Komponente bei einem Dienstetest von besonderer Bedeutung ist.

Dem seien noch einige Anmerkungen bzgl. der Besonderheiten dieses Dienstübergangs hinzugefügt. Beim Übergang einer elektronischen Mitteilung in einen Brief kommt es zum Klartextausdruck des Inhaltes und zur Erstellung eines Brief-Umschlages. Die X.400-Norm macht keine Aussagen über dieses Verfahren[249]. Da die genaue Zusammenarbeit zwischen MTA und PDAU nicht genormt ist und dies eine Frage der lokalen Programmierung ist, entstehen Freiräume bei der Ausgestaltung des Dienstes, die zum Vorteil des Empfängers genutzt werden könnten. Denkbar ist beispielsweise, daß ein Postteilnehmer der Bundespost mitteilen kann, daß er keine postalische Zustellung elektronischer Meldungen möchte. Eine solche Bedingung könnte in die Zusammenarbeit zwischen MTA und PDAU integriert werden.

Die Reichweite der im Kontext der MHS-Normen zu machenden Aussagen ist bei der Zusammenarbeit mit der Briefpost begrenzt. Einem Dienstetest kommt damit besondere Bedeutung zu. Vordringlich ist dabei die Untersuchung der Zusammenarbeit zwischen einer PDAU mit dem MTS.

7.7.2.2 Datenorientierte Bewertung

Für einen Postbenutzer führt die postalische Zustellung elektronischer Mitteilungen in zweifacher Hinsicht zur Erfassung personenbezogener Daten. Als Adressat einer Mitteilung wird er dem MTS bekanntgegeben und die elektronische Rückmeldung via MTS führt zur Datenerfassung und -übermittlung. Die zu erfassenden Daten beziehen sich dabei auf die Umstände einer Zustellung, aber auch auf die Gründe einer Nichtzustellung.

Die Besonderheiten der Zusammenarbeit zwischen MHS und Briefdienst wirken sich vor allem auf die datenorientierte Bewertung der Leistungsmerkmalsgruppe aus. Der Empfänger wird vom MTS nicht direkt erreicht. Die Mitteilung wird über die Operation "Message-deli-

---

[249] Festlegungen, die allerdings große Freiheiten für die nationale Gestaltung zulassen, finden sich in F.415 CCITT.

very" der PDAU und nicht einem adressierten Empfänger übergeben. Rückmeldungen werden von der PDAU erzeugt und in das MTS eingespeist.

Eine direkte Konfliktaushandlung zwischen Absender und Empfänger ist daher nicht möglich. Sie kann allenfalls dadurch ersetzt werden, daß die PDAU als "Vertreter" des Empfängers agiert. Dazu müßten der PDAU Angaben darüber vorliegen, welche Kommunikationsbedingungen der Empfänger wünscht, von welchen Daten er die Annahme einer Mitteilung abhängig macht und welche Daten er in einem Report zurückzugeben bereit ist.

7.7.2.2.1 Daten an den Empfänger

Die PDAU erhält vom MTA einen Empfangs-Umschlag, auf dem alle die Daten vermerkt sind, die auch ein UA erhalten würde. Bezogen auf die besonderen Leistungen der hier besprochenen Leistungsmerkmalsgruppe werden ihr folgende Daten zugestellt:

Physical-forwarding-prohibited	Physical-forwarding-address-request	Physical-delivery-modes	Registered-mail-type	Recipient-number-for-advice
Physical-rendition-attributes	Originator-return-address	physical-delivery-report-request		

Maßgeblich für eine Diskussion der Interessenkonflikte zwischen dem Absender und dem Empfänger ist nun, welche der Daten - des Umschlages insgesamt - der PDAU-Betreiber an den Empfänger weitergibt. Hierzu macht die X.400ff Norm keine Aussagen. In der Empfehlung F.415 wird dazu lediglich ausgesagt, daß der Brief mehrere "Informationsfelder" umfaßt: einen Briefkopf "wie er allgemein in Geschäftsbriefen vorkommt" (Tietz 1989, S. 174). Als Angaben in diesem Feld werden - nur beispielhaft - Logo, Absenderangaben und Bezugsangaben genannt. Zudem gibt es ein Fensterfeld, in dem die Postadresse des Empfängers sowie ein 30 Zeichen umfassendes Feld, in dem "alle Informationen, die für die Behandlung der Mitteilung und die Auslieferung der körperlichen Mitteilung durch das PDS benötigt werden" (ebd.) aufgenommen werden sollen.

Notwendige Untersuchungen bei Dienst- und Produktprüfungen

Genauere Aussagen über die Daten, die letztlich den Empfänger erreichen, können nur im Rahmen einer Dienstprüfung gemacht werden.

7.7.2.2.2 Daten an den Absender

Physical-forwarding-address	Type-of-MTS-user	Non-delivery-reason-code	Non-delivery-diagnostic-code

Non-delivery-diagnostic-code			
Physical-rendition-attributes-not-supported	undeliverable-mail-physical-delivery-address-incorrect	undeliverable-mail-physical-delivery-office-incorrect-or-invalid	undeliverable-mail-physical-delivery-address-incomplete

undeliverable-mail-recipent-unknown	undeliverable-mail-recipent-deceased	undeliverable-mail-organisation-expired	undeliverable-mail-recipent-refused-to-accept
undeliverable-mail-recipent-did-not-claim	undeliverable-mail-recipent-changed-address-permanently	undeliverable-mail-recipent-changed-address-temporarily	undeliverable-mail-recipent-changed-temporary-address
undeliverable-mail-recipent-new-address-unknown	undeliverable-mail-recipent-recipient-did-not-want-forwarding	undeliverable-mail-originator-prohibited-forwarding	

Für die Rückmeldung über das Ergebnis einer Zustellung im Briefdienst gibt es grundsätzlich zwei Möglichkeiten. Sie kann über den Briefdienst und über das MTS erfolgen. Die nachfolgend diskutierten Daten beziehen sich ausschließlich auf eine Rückmeldung über das MTS.

Physical-forwarding-address: Dieses Datenfeld enthält die Adresse, an die der Brief nachgesendet wurde oder nachgesendet worden wäre (falls der Absender eine Nachsendung unterbunden hat). Da dieses Datenfeld nur bei einer notwendigen Nachsendung erzeugt wird, erhält es jeweils die neue Adresse des Empfängers.

Diskussion: Die Rücklieferung dieses Datums kommt einer Anschriftenprüfung nach § 38 PostO gleich. Dort ist bestimmt, daß eine Anschriftenprüfung unterbleibt, wenn der Empfänger dies beantragt hat (§ 38 (7)) oder wenn der Verdacht auf Mißbrauch besteht (Anmerkung zu § 38 (1)). Dies ist eine Bestimmung des Postdienstes und damit dort einzuhalten. In beiden Fällen ist auch eine Rücklieferung der Nachsendeadresse über das MHS unzulässig.

Liegt jedoch kein entsprechender Antrag vor und die Deutsche Bundespost geht auch nicht von einer Mißbrauchsgefahr aus, so führt sie die Anschriftenprüfung durch. Im Falle einer Rückmeldung über das MTS führt dies jedoch zur Speicherung und Übertragung von personenbezogenen Daten über den Empfänger. Eine Einwilligung des Empfängers hierein liegt allerdings nicht vor.

Für den Absender ist dieses Datum jedoch hilfreich. Er weiß, wohin sein Brief gegangen ist und kann die Postadresse später verwenden.

Für Transparenz	Datum	Aushandlung
wünschenswert	sensibel	notwendig

Type-of-MTS-user: Dieses Datum gibt an, an welche Art MTS-User (UA, MS, PDAU) die Mitteilung ausgeliefert wurde. Im derzeitigen Kontext sind die Angaben "PDAU" und "physical-recipient" relevant. Wie bereits erläutert, werden möglicherweise zwei Reports für eine Mitteilung erstellt; einer dann, wenn die Mitteilung einer PDAU übergeben wurde, und der andere, wenn die Mitteilung zugestellt und die Rückmeldung hierüber in das MTS eingegeben wird. Auf diese beiden Fälle beziehen sich die Angaben.

Diskussion: Beide Angaben versetzen den Absender in die Lage, genauere Aufschlüsse über den Verbleib einer Mitteilung zu erhalten. Schutzwürdige Belange des Empfängers, die es erforderten seine Eigenschaft als Briefpostteilnehmer zu verdecken, können nicht gesehen werden.

Für Transparenz	Datum	Aushandlung
angemessen	weniger sensibel	nicht notwendig

> **Non-delivery-reason-code:** Dieses Datum gibt Gründe für die Nichtzustellung eines Briefes an, die durch "Non-delivery-diagnostic-code" näher erläutert werden. Die hier relevanten Wertbelegungen sind "physical-rendition-not-performed" und "physical-delivery-not-performed".

Diskussion: Beide Daten sind an sich unproblematisch. Sie erhalten erst durch die Diagnostic-Codes nähere Bedeutung.

Für Transparenz	Datum	Aushandlung
angemessen	weniger sensibel	nicht notwendig

Non-delivery-diagnostic-code: Die Angabe in diesem Datenfeld erläutert den Grund einer Nichtzustellung näher. Sie kann folgende Werte annehmen:

> **physical-rendition-not-supported:** Der Wunsch bzgl. der Art des Ausdrucks der Mitteilung als Brief konnte nicht erfüllt werden.
>
> **undeliverable-mail-physical-address-incorrect:** Die Adresse war nicht korrekt.
>
> **undeliverable-mail-physical-delivery-office-incorrect-or-invalid:** Die Angabe über das Zielpostamt war nicht korrekt oder ungültig.
>
> **undeliverable-mail-physical-delivery-address-incomplete:** Die Adresse war nicht vollständig.

Diskussion: Diese Angaben versetzen den Absender in die Lage nachzuvollziehen, warum eine Mitteilung nicht zugestellt worden ist. Sie ergeben sich aus Fehlangaben, die zumeist er selbst oder das MTS in Verbindung mit der PDAU zu verantworten haben.
Eine Beeinträchtigung schutzwürdiger Belange des Empfängers wird nicht gesehen.

Für Transparenz	Datum	Aushandlung
angemessen	weniger sensibel	nicht notwendig

> **undeliverable-mail-recipient-unknown:** Der Empfänger war unter der angegebenen Postadresse nicht bekannt.
>
> **undeliverable-mail-recipient-deceased:** Der Empfänger ist verstorben
>
> **undeliverable-mail-organisation-expired:** Die in der Postadresse angegebene Organisation ist erloschen
>
> **undeliverable-mail-recipient-refused-to-accept:** Der Empfänger hat die Annahme verweigert.
>
> **undeliverable-mail-recipient-did-not-claim:** Der Empfänger hat die Mitteilung nicht abgeholt.
>
> **undeliverable-mail-recipient-changed-address-permanently:** Der Empfänger ist verzogen.
>
> **undeliverable-mail-recipient-changed-address-temporarily:** Der Empfänger hat seine Adresse vorübergehend geändert ("auf Reisen").
>
> **undeliverable-mail-recipient-changed-temporary-address:** Der Empfänger hat seine vorübergehende Adresse geändert ("abgereist").

> **undeliverable-mail-new-address-unknown**: Der Empfänger ist verzogen, und seine neue Adresse ist nicht bekannt.
> **undeliverable-mail-recipient-did-not-want-forwarding**: Die Zustellung der Mitteilung hätte eine Nachsendung im Briefdienst zur Folge gehabt. Der Empfänger hat dies untersagt.
> **undeliverable-mail-originator-prohibited-forwarding**: Die Zustellung der Mitteilung hätte eine Nachsendung im Briefdienst zur Folge gehabt. Der Absender hat dies untersagt.

Diskussion: Bei all diesen Daten handelt es sich um Angaben über Verhalten und Lebensumstände des Empfängers. Es kommt zur Übertragung und Speicherung dieser Daten. Der Empfänger wurde nicht erreicht und erhält somit nicht Kenntnis vom Zustellungsversuch. Von einer Einwilligung in die Speicherung und Übermittlung dieser Daten kann nicht ausgegangen werden.

Für Transparenz	Datum	Aushandlung
wünschenswert	sensibel	notwendig

Zum Abschluß der Untersuchungen werden der Vollständigkeit halber zwei Leistungsmerkmalsgruppen betrachtet, auf die das bisherige Instrumentarium nicht vollständig angewendet werden muß bzw. kann.

7.8 Überprüfen der Möglichkeit einer erfolgreichen Auslieferung (Probe-Mitteilungen)

7.8.1 Beschreibung der Leistungsmerkmalsgruppe

Einem Absender steht die Möglichkeit zur Verfügung, eine sogenannte Probe-Mitteilung zu versenden[250]. Dafür existiert eine eigene Operation "Probe-submission", der grundsätzlich all die Argumente übergeben werden, die auch beim Mitteilungsversand vorgesehen sind. Es fehlt der Inhalt, da es sich um keine tatsächliche Mitteilung handelt. Statt des Inhaltes selbst wird lediglich die Länge der Mitteilung angegeben, deren Versand beabsichtigt ist.

Eine Probemitteilung soll für den Absender Aufschluß darüber geben, ob eine nachfolgende Mitteilung, die mit exakt den gleichen Argumenten und mit der angegebenen Länge verschickt werden soll, zugestellt werden kann. Das Ergebnis wird dem Absender in einem herkömmlichen Report mitgeteilt.

7.8.2 Bewertung

Eine ausführliche Bewertung soll hier nicht vorgenommen werden, da die wesentlichen Aspekte bereits beleuchtet wurden.
Da es sich bei einer Probe-Mitteilung um keine wirkliche, zustellbare Mitteilung handelt, treten die zuvor diskutierten Probleme im Zusammenhang mit der Zustellung, der Umleitung, der Zustellung über Verteilerliste etc. nicht auf.

---

[250] Zu den verwendeten Argumenten siehe Anhang 2.

Wie bei einer "echten" Mitteilung kommt es jedoch zur Erzeugung eines Reports, der dem Absender übermittelt wird. Der Absender hat wiederum keinerlei Einfluß darauf. Das wiegt umso schwerer, als dem Empfänger keine Mitteilung zugestellt wird, durch die er einen Hinweis erhielte, daß möglicherweise ein Report erzeugt wird. Die Probe-Mitteilung und der hierauf folgende Report führen zur Übertragung von Reportdaten, ohne daß der Empfänger es bemerken oder davon wissen könnte. Dies widerspricht ganz offensichtlich dem Kriterium der **funktionsorientierten Transparenz** und dem der **Flexibilität,** da er sich in keiner Weise zu einer Probe-Mitteilung und einem Report verhalten kann.

Die im Report zurückgelieferten Daten stellen eine Momentaufnahme der im System geltenden Bedingungen und Beziehungen dar. Alle bisher diskutierten Daten, die über einen Report den Absender erreichen, können auch als Antwort auf eine Probemitteilung dort enthalten sein. Regelmäßig entfällt jedoch jetzt das Argument, der Absender habe ein Recht darauf zu wissen, wohin und unter welchen Umständen seine Mitteilung gelangt sei.

Andererseits stellt die Probemitteilung eine Möglichkeit für den Absender dar, im voraus die Bedingungen zu erfragen, denen seine Mitteilung unterworfen wäre, um sie zurückzuhalten, wenn er sie gefährdet sähe.

Es stehen sich damit erneut die **datenorientierten Kriterien der Transparenz** für den Absender und der **autonomen Datenpreisgabe** für den Empfänger gegenüber.

Notwendig wäre eine Aushandlung zwischen den Kommunikanten, von der wir wissen, daß sie nicht möglich ist. Der derzeit vorgesehene Mechanismus und die Übertragung der damit verbundenen Daten ohne Einwilligung und Kenntnis des Empfängers ist unangemessen.

Festlegungen des funktionalen Standards

Die Basisnorm schreibt vor, daß das Leistungsmerkmal zum Versenden einer Probe-Mitteilung immer implementiert sein muß. Ein funktionaler Standard kann eine verbindliche Eigenschaft der Basisnorm nicht ausschließen. Im funktionalen Standard wird die Implementierung der entsprechenden Prozeduren deshalb zwar vorgeschrieben, jedoch von der Verwendung durch den Absender abgeraten (EWOS 1991-2, S. 37).

7.9 Kontrolle des Zustellzeitpunktes

7.9.1 Beschreibung der Leistungsmerkmalgruppe

Dem Absender stehen zwei Leistungsmerkmale zur Verfügung, mit denen er den Zeitpunkt der Zustellung beeinflussen kann.

7.9.1.1 Verzögerte Empfangsübergabe (Deferred Delivery)

Operation	Leistungsmerkmal	Status	Argument	Status	Defalut
Message-submission	Deferred Delivery	essential PM	Deferred-delivery-time	optional	none
Cancel-deferred-delivery	Deferred Delivery Cancellation	essential PM	Message-submission-identifier	manda-tory	none

Dieses Leistungsmerkmal wird über das Argument "Deferred-delivery-time" der Operation "Message-submission" gesteuert. Hierin wird ein Zeitpunkt festgelegt, vor dem die Mitteilung dem Empfänger nicht zugestellt werden soll.

Der Absender hat bis zu diesem Zeitpunkt die Möglichkeit, den Zustellungswunsch über das Leistungsmerkmal "Löschen der verzögerten Empfangs-Übergabe" ("Deferred Delivery Cancellation") zurückzunehmen. Hierfür steht eine eigene Operation "Cancel-deferred-delivery" bereit.

7.9.1.2 Angabe des spätesten Zeitpunktes der Empfangs-Übergabe (Latest Delivery Designation)

Operation	Leistungsmerkmal	Status	Argument	Status	Defalut
Message-submission	Latest Delivery Designation	additional PM	Latest-delivery-time	optional	none

Dieses Leistungsmerkmal wird über das Argument "Latest-delivery-time" im "Message-submission" gesteuert. Der angegebene Zeitpunkt besagt, daß die Mitteilung danach nicht mehr zugestellt werden soll. Ist dieser Zeitpunkt beim Erreichen des Empfänger-MTAs überschritten, dann erzeugt er einen "Non-Delivery Report" und stellt die Mitteilung nicht mehr zu.

7.9.2 Bewertung

7.9.2.1 Funktionsorientierte Bewertung

Absender

Diese Leistungsmerkmale werden allein aus der Sicht des Absenders bewertet. Sie sind nicht mccm-relevant, da sie allein die Entscheidung des Absenders zum Versand betreffen.

1.   (+) Beide Leistungsmerkmale erhöhen die **Flexibilität** des Absenders. Er kann Einfluß auf den Zustellungszeitpunkt nehmen und die verzögerte Zustellung rückgängig machen.

2.   (-) Die Rücknahme einer zur verzögerten Auslieferung übergebenen Mitteilung wird in der Norm einem Vorbehalt unterstellt. Sie ist dann nicht möglich, wenn die Mitteilung bereits weitergeleitet wurde. D. h. ein MTA muß eine zur verzögerten Auslieferung übergebene Mitteilung nicht selbst bis zum angegebenen Zeitpunkt halten. Das macht insofern auch Sinn, weil sonst zu diesem Zeitpunkt noch die gesamte Übertragungszeit hinzukäme und die Mitteilung entsprechend später ausgeliefert würde.

Der Absender-MTA kann sie also schon vor diesem Zeitpunkt weiterleiten, wobei dann die anderen MTAs die verzögerte Zustellung sicherstellen müssen. Die Norm sagt nichts darüber aus, wie der MTA sich unter welchen Bedingungen verhalten muß.

Trotz des Problemes der letztlichen Zustellungszeit kann dieser Mechanismus aus der Sicht des Absenders nicht hingenommen werden. Er schränkt seine **Flexibilität** ein und entzieht ihm die Verfügungsgewalt über die Mitteilung. Er widerspricht auch der **funktionsorientierten Transparenzanforderung**, da der Absender, dem das Leistungsmerkmal zur Rücknahme zur Verfügung steht, ein solches Systemverhalten nicht erwarten wird.

Änderungen durch den funktionalen Standard

2.1.   (+) Dieses Problem wird im funktionalen Standard behoben. Dort wird vorgeschrieben, daß die Mitteilung im Absender-UA gehalten werden muß.

Die Bewertung der X.400-Normen zum Message Transfer System ist damit abgeschlossen. Auf eine Zusammenfassung der Bewertungsergebnisse an dieser Stelle verzichte ich. Zum einen scheint mir in der vorangegangenen Diskussion deutlich geworden zu sein, daß die wertenden Einzelaussagen nur im Zusammenhang mit den jeweiligen Normfestlegungen nachvollziehbar sind. Zum anderen folgt nun unmittelbar die Zusammenfassung der Arbeit, in der ich die wichtigsten Ergebnisse dieser Bewertung hinsichtlich ihrer Bedeutung für die gesamte Arbeit einordnen werde.

8 Zusammenfassung

Die vorangegangenen Untersuchungen hatten zum Ziel, zur Klärung von zwei Fragen beizutragen: Von welcher Art und wie stark ist die Prägung, die die Kommunikationstechnik durch die OSI-Normung erfährt ? Und wie ist dieser Beitrag zur Technikgestaltung zu bewerten ?

Die im Hinblick auf diese Fragestellungen erzielten Ergebnisse sollen an dieser Stelle zusammengefaßt und einige Konsequenzen für die zukünftige Normungsarbeit angesprochen werden.

Die Prägung der Kommunikationstechnik durch Normung

Die Prägung der Kommunikationstechnik durch die Normung wurde unter zwei Aspekten diskutiert: Zum einen wurde untersucht, welchen Beitrag die Normung zur letztlichen Gestalt kommunikationstechnischer Produkte leistet und wie groß damit ihre Bedeutung im Systementwicklungsprozeß ist. Zum anderen wurde der Frage nachgegangen, wie die Normen und die in ihnen getroffenen Festlegungen in tatsächliche Eigenschaften von Kommunikationsprodukten überführt werden. Hier ging es um die nähere Bestimmung der Kräfte, die sich anschicken, den Normen zur Durchsetzung zu verhelfen.

Zur Bedeutung des Normetablierungskonzeptes

Zur Klärung dieser letzten Frage wurde ein mehrstufiger Normetablierungsprozeß untersucht. Es hat sich gezeigt, daß die Durchsetzung von OSI-Normen einen zentralen Stellenwert in einer europäischen Normungspolitik einnimmt, die auf die technische Harmonisierung zur Herstellung eines europäischen Binnenmarktes, die industrie-politisch motivierte Konstituierung neuer europaweiter Märkte und die Verbesserung der Wettbewerbssituation europäischer Hersteller auf den Außenmärkten abstellt.

Diese politische Zielsetzung und der besondere Handlungsdruck haben in Europa zu einem ehrgeizigen Normetablierungskonzept geführt, das mittlerweile wohl konturiert und in großen Teilen institutionalisiert ist. Hiermit wird besonders die Normetablierung in den technisch kaum regulierten Bereichen angegangen. Gerade hier ist der Einfluß der OSI-Normen noch gering, und gerade hier, beim Zusammenspiel der "freien Marktkräfte", bedarf es eines umfassenden, auf die konkreten Marktbedingungen abgestimmten Konzeptes, das sich dirigistischer Eingriffe enthält und dennoch zur Erreichung der politischen Zielvorgabe beiträgt.

Das Gesamtkonzept ist insofern überzeugend, als es auf die entscheidenden Hinderungsgründe für die Normdurchsetzung mit den notwendigen und teilweise sehr aufwendigen Maßnahmen reagiert. Dennoch ist der Erfolg von vielen Faktoren abhängig, auf die auch durch dieses Konzept nur beschränkt Einfluß genommen werden kann. Das eine Problem besteht in der Schwerfälligkeit, mit der die Basisnormen erstellt werden. Mit der starken Orientierung auf die internationalen Normen wird das Konzept von der Arbeit in den internationalen Gremien abhängig. Trotz der auch dort sichtbaren Bemühungen um effizientere Verfahren wird die

Normung in manchen Bereichen auf Dauer mit dem Problem zu kämpfen haben, den markt-
bestimmten Entwicklungen hinterherzuhängen.

Das zweite Problem offenbart sich am "anderen Ende" des Etablierungsprozesses, dort wo es
um die Erzeugung der konkreten Nachfrage geht.

Ob die Öffentliche Verwaltung, als der einzige, dem politischen Zugriff unmittelbar zugäng-
liche Bereich, die ihr zugewiesene Rolle einnehmen wird, ist zweifelhaft. Zum einen wird das
davon abhängen, ob sich die Entscheider vor Ort die politisch-strategischen Ziele zu eigen
machen und die konsequente Umsetzung der Maßnahmen betreiben, oder ob sie sich, wie
viele privatwirtschaftliche Anwender, an kurzfristigeren Nützlichkeitserwägungen orientieren
und die im Richtlinienwerk gegebenen Ausnahmeregeln nutzen werden. Zum anderen bleibt
abzuwarten, ob die Öffentliche Verwaltung, selbst bei weitgehender Beachtung der Vorgaben, in der Lage sein wird, die ihr zugedachte Schrittmacherrolle so zu spielen, daß sie auch
auf den privatwirtschaftlichen Bereich ausstrahlt und dort zu einem bedeutsamen Nachfrage-
impuls führt.

Trotz alledem: Die Bedeutung der OSI-Normen wird steigen. Im Bereich öffentlicher Telekommunikationsnetze sind sie bereits heute bestimmend. Selbst nationale Abweichungen
werden hier zurückgehen. Auch im nicht regulierten Bereich werden sie durch das Normetablierungskonzept an Bedeutung gewinnen, ohne daß heute genau vorhersehbar ist, auf welchen Gebieten und bis zu welchem Grad das der Fall sein wird.

Zur Eigenschaftsdetermination durch kommunikationstechnische Normen

Wesentlich ist zunächst, daß eine Determination von Produkteigenschaften sowohl von der
Basisnormung als auch von der Normetablierung ausgeht. Dabei gilt im Grundsatz, daß allein
die Basisnormen die Einzelheiten funktionaler Eigenschaften festlegen und den Normetablierungsschritten die Funktion zukommt, die verbindlich zu implementierenden Eigenschaften
sukzessive auszuweiten und damit die Gestaltungsfreiheit in nachfolgenden Phasen schrittweise einzuengen.

Zur Bedeutung der Basisnormung

Die Untersuchung der im wesentlichen technischen Frage nach der Eigenschaftsdetermination
kommunikationstechnischer Systeme durch OSI-Basisnormen hat ergeben, daß allein kommunikationsrelevante Eigenschaften bestimmt werden. Dabei handelt es sich grob um all die
Funktionen, die in unmittelbarem Zusammenhang mit technischen Kommunikationsvorgän-
gen stehen. Der damit bezeichnete Ausschnitt wurde genauer verortet, um deutlich zu machen, was von Normen direkt bestimmt und was von ihnen nicht reglementiert wird und damit weiterhin der Gestaltungsfreiheit außerhalb der Normung unterliegt.

Die Feststellung, die Normen bezögen sich <u>nur</u> auf die kommunikationsrelevanten Aspekte,
gehört geradezu zur Rechtfertigungsrhetorik der Normung, die stets der kritischen Beobachtung durch die Hersteller ausgesetzt ist, die darauf achten, daß die Normung nicht zu weit in
ihre Produktentscheidungen eingreift. Das klingt nach einer Eigenbeschränkung der Normung, die tatsächlich in weiten Teilen sichtbar wird. Besonders unter der hier eingenomme-

nen Perspektive, aus der heraus auf die Wirkungen von Normen geblickt wurde, ist jedoch festzustellen, daß eine Reihe von Normen trotzdem von großer Bedeutung sind[251].
Und dieser Beitrag der Normung zur Produktgestaltung wird weiter steigen. Geht man von einer technischen Entwicklung aus, bei der traditionell isolierte Systeme und Anwendungen im Mittelpunkt standen und die sich zunehmend auf verteilte Anwendungen zubewegt, bei denen verteilte Resourcen unter einer zentralen Steuerung zusammengefaßt sind, so scheint man sich derzeit in einer Übergangsphase zu befinden. Die OSI-Normung und die mit ihr verbundenen Vorstellungen entspringen einer damals innovativen Sicht auf kommunizierende, isolierte (autonome) Anwendungen, die derzeit noch vorherrscht. Wesentliche Elemente dieser Sicht sind die grundsätzliche paarweise Kommunikationsbeziehung zwischen zwei Systemen und die Kontrolle der genormten Kommunikationssysteme durch die "eigentlichen" Anwendungen, die selbst nicht Gegenstand der Normung sein sollen.

Folgt man dieser Sichtweise, so stehen sich stets autonome Anwendungen gegenüber, die lediglich für eine partielle Kooperation Daten miteinander austauschen. Aber auch die OSI-Normung muß feststellen, daß die bisherigen Modellvorstellungen nicht ausreichen. Ein Indiz dafür ist sicher die völlige Neustrukturierung der Anwendungsebene, mit der auf das Problem reagiert wurde, daß zunehmend komplexere Beziehungen zwischen den Kommunikationsinstanzen auf der Anwendungsebene zu modellieren sind. Außerhalb der etablierten OSI-Normung deuten die Arbeiten an ODP (Open Distributed Processing) auf einen tiefgreifenden Perspektivwechsel hin.

Schon die X.400-Normen sind ein bezeichnendes Beispiel dafür, daß diese Sicht nicht mehr adäquat ist. Durch X.400 wird insgesamt ein komplexes verteiltes System festgelegt. Die paarweise Kommunikation zwischen einzelnen Elementen ist stets im Kontext des Zusammenspiels aller Komponenten zu sehen. Das heißt, die Normung eines MHS ist die Festlegung eines großen verteilten Systems, das viele Prozesse auf unterschiedlichsten Rechnern einer komplexen und durch die Normen festgelegten Steuerung unterwirft.
Die so genormten Prozesse sind nicht mehr die "Büttel" ungenormter Anwendungen, sondern stehen im Dienst eines genormten Gesamtsystems.

Man wird ein Mitteilungsübermittlungssystem zwar nicht als verteilte Anwendung auffassen. Was sich hier jedoch andeutet ist, daß kommunikationstechnische Normung zunehmend zur Normung verteilter Gesamtsysteme wird und sich auf die Normung verteilter Anwendungen zubewegt.

Ein Schritt wird derzeit ganz offensichtlich vollzogen. Zum Dogma der OSI-Normung gehört die transparente Übertragung von Anwendungsdaten. Daß dies auf Dauer keinen Sinn macht, daß auch kommunizierende (isolierte) Anwendungen die zwischen ihnen ausgetauschten Daten verstehen müssen, um sie automatisch weiterverarbeiten zu können, ist offensichtlich. Die Normung von Datenaustauschformaten ist die konsequente Folge. Und die Diskussion darüber, ob das noch OSI-Normung sei, ist zum einen müßig und zum andern Teil einer sich anbahnenden kontroversen Diskussion darüber, inwieweit eine Beschränkung gegenüber inhaltlich stärker bestimmten Anwendungen überhaupt aufrecht zu erhalten ist.

---

[251] Ich hatte die unter Anwendungs- und Benutzungsgesichtspunkten entscheidenden und damit sozial relevanten OSI-Normen grob in den Schichten drei und sieben verortet.

Auch in dieser Arbeit wurde streng die OSI-Sicht eingehalten und Normen nur soweit betrachtet, als sie Funktionen <u>und</u> Daten festlegen. Wenn aber die Normung nicht nur Daten festlegt, sondern auch funktional wesentlich stärker in bestimmte Anwendungsbereiche eingreift, dann wird die - wie auch immer benannte - Normung noch erheblich an sozialer Bedeutung gewinnen[252]. Die in dieser Arbeit angeregte Bewertung von Normen wird dann umso dringlicher. Sie wird auch in dem Maße einfacher, in dem die genormten Systeme ihren infrastrukturellen Charakter verlieren und die Anwendungsbereiche deutlicher sichtbar werden.

<u>Zur Bedeutung der Normetablierung</u>

Hinsichtlich dieser qualitativen Aspekte des Normungseingriffes tritt die Bedeutung der Normetablierungsschritte deutlich hinter die Basisnormung zurück. Trotzdem hat auch die Normetablierung durch die Ausweitung der verbindlich zu implementierenden Eigenschaften erheblichen Einfluß auf die Gestalt späterer Produkte.

Aber auch qualitative Festlegungen werden in den Normetablierungsschritten getroffen. Am Beispiel der X.400-Normen konnte gezeigt werden, daß funktionale Eigenschaften der Basisnorm nicht völlig unabhängig voneinander sind. Schreibt man ein Leistungsmerkmal vor, ohne das mit ihm korrelierende Leistungsmerkmal ebenfalls für verbindlich zu erklären, treten unerwünschte Seiteneffekte auf. Für die betrachtete funktionale Standardisierung zu den X.400-Normen konnte allerdings festgestellt werden, daß diese Seiteneffekte erkannt und vermieden wurden.

Wenn von mir einleitend auf die Normung als eine zunehmend wichtiger werdende Gestaltungsebene hingewiesen wurde, so wird deutlich geworden sein, daß beide Phasen, die der Basisnormung wie die der Normetablierung, zusammen gesehen werden müssen. Ihr Einfluß auf die Kommunikationstechnik ist erheblich und wird, wenn die obigen Überlegungen zutreffen, weiter steigen. In diesem Maße aber werden Hersteller auf der einen und Anwender auf der anderen Seite in ihrer Gestaltungsfreiheit eingeschränkt. In der hier vornehmlich untersuchten Kommunikationstechnik im engeren Sinne, aber auch für Anwendungssystemverbünde oder für verteilte Anwendungen - wie auch immer man dies im Einzelfall abgrenzen mag, - trifft die Vorstellung von einem hauptsächlich betrieblichen Systementwicklungsprozeß nicht mehr zu, mit all den Folgen insbesondere für die hieran ansetzende Partizipationsdiskussion innerhalb der Angewandten Informatik und der sozialwissenschaftlichen Technikforschung.

Zur Bewertung kommunikationstechnischer Normen

In der Arbeit wurde idealtypisch zwischen zwei Formen der Normbewertung unterschieden: die eine orientiert sich eher an der sozial-(wissenschaftlichen) Technikbewertung und die andere eher an der Softwarebewertung. Beide Normbewertungsformen ergänzen sich. Im Mittelpunkt der Arbeit stand die zweite Art. Ihr Gegenstand waren die funktionalen Eigenschaf-

---

[252] Nur hingewiesen werden soll hier auf den Vorschlag der EG-Kommission für ein Programm zur "Forschung und technologische Entwicklung im Bereich der allgemeinrelevanten Telematiksysteme" (KOM(90) 155 endg.), das unmittelbar auch Vorarbeiten für eine frühzeitige Normung leisten soll. Als prioritäre Bereiche werden dort u. a. genannt: Informationsaustausch zwischen einzelstaatlichen Verwaltungen, Gesundheitsfürsorge für Bürger und Bürgerinnen, Fernunterricht und Bibliothekswesen.

ten, mithin die vielen konkreten Einzelfestlegungen, aus denen eine fertiggestellte Norm letztlich besteht. Ihre Aufgabe war es, den Beitrag der Normung zur Systemgestaltung in der Kommunikationstechnik möglichst exakt zu bestimmen und ihn einer Bewertung aus Sicht von Benutzern bzw. Teilnehmern zu unterziehen. Die Ergebnisse richten sich an diejenigen, die die Normung als wesentliche Gestaltungsebene erkennen und nach der Qualität und Reichweite der getroffenen Festlegungen fragen. Sie richten sich ebenfalls an diejenigen, die als Normungsspezialisten selbst an der Normerarbeitung mitwirken und denen hiermit ein Urteil ihrer Arbeit aus einer besonderen Perspektive vorgelegt wird.

Die Vorteile der Normbewertung sind offensichtlich. Mit der Norm liegt der technische Bewertungsgegenstand exakt fest. Eine Bewertung kann somit frühzeitig, noch bevor die ersten Produkte entwickelt sind, vorgenommen werden. Die Bewertung erfaßt ganze Produktklassen hinsichtlich eines gemeinsamen, normbasierten Ausschnittes. Das alles zeichnet die Normbewertung gegenüber einer späteren, reinen Produktbewertung aus.

Es hat sich jedoch auch gezeigt, daß es "die" Bewertung von OSI-Normen nicht gibt. Dazu sind die durch die Normen festgelegten Systeme zu unterschiedlich. Bei manchen Systemen (CC-Systeme) kann mit Blick auf die Norm kaum auf einen bestimmten Anwendungszusammenhang geschlossen werden. Hier scheint erst die Kenntnis der Anwendung eine fundierte Bewertung der verwendeten Normen zuzulassen.

Bei anderen normdeterminierten Systemen ist es möglich, sowohl die Verwendungsart als auch die Rolle der Benutzer und Teilnehmer näher zu bestimmen (MCC- und MCCM-Systeme). Dennoch sind die heute vorliegenden Normen, selbst auf der Anwendungsebene, noch so allgemein, daß die Verwendung der entsprechenden Systeme in sehr unterschiedlichen Anwendungszusammenhängen möglich ist. Ich hatte das als Infrastrukturcharakter bezeichnet. Eine Normbewertung hat hier mit dem Problem umzugehen, daß entweder zwar weithin gültige, aber sehr allgemeine Anforderungen formuliert werden können, oder solche, die sehr speziell aus einem Anwendungszusammenhang abgeleitet werden, jedoch denen anderer Anwendungszusammenhänge entweder nicht gerecht werden oder zu ihnen gar im Widerspruch stehen und insgesamt dem infrastrukturellen Charakter dieser Normen entgegenstehen.

Ein weiteres Problem bringt die Beschränkung der OSI-Normen auf kommunikationsrelevante Eigenschaften mit sich. Dadurch gilt die Gestaltung von Benutzerschnittstellen als lokales Phänomen, in das nicht reglementierend einzugreifen ist. Das macht zum einen Schwierigkeiten dadurch, daß die einschlägigen software-ergonomischen Kriterien nicht ohne weiteres zur Bewertung herangezogen werden können. Zum anderen bleibt damit eine Bewertungslücke, da die Vermittlung der Systemfunktionen auf die Benutzerschnittstelle offen bleiben muß und erst im Rahmen einer Produktprüfung näher untersucht werden kann.

<u>Bewertung von MCCM-Systemen</u>

Diese grundsätzlichen Bewertungsprobleme wurden dann für den MCCM-Systemtyp, also für solche Systeme, die die Kommunikation zwischen Menschen unterstützen, näher diskutiert und ein Bewertungsansatz wurde herausgearbeitet. Er trägt folgende Merkmale:

1. Der Infrastrukturcharakter der Normen macht eine stufenweise Bewertung erforderlich. Hierfür wurden die Bewertung der lokalen Gestaltbarkeit, der anwendungsspezifischen Konfigurierbarkeit und der speziellen Anwendungstauglichkeit unterschieden.

2. Angesichts fehlender Festlegungen zu den Benutzerschnittstellen, des vergleichsweise geringen Eingriffes der Kommunikationstechnik in die inhaltliche Aufgaben sowie der besonderen Bedeutung der durch Normen festgelegten, kommunikationsbegleitenden und personenbezogenen Daten wurden die recht allgemeinen Kriterien Flexibilität, Transparenz und autonome Datenpreisgabe verwendet.

3. Besonderes Augenmerk wurde auf das Problem auftretender Konflikte gerichtet, die dann auftreten, wenn Teilnehmer aus der jeweiligen Einzelsicht konfligierende Anforderungen an ein System stellen. Es wurde näher herausgearbeitet, welcher Art diese Konflikte sind. Es wurde ein Verfahren entwickelt, wie Konflikte aufgedeckt und in Konfliktmatrizen sichtbar gemacht werden können und es wurden Möglichkeiten der Konfliktlösung und -aushandlung diskutiert.

<u>Bewertung der Normen zum Message Handling</u>

Die Bewertung der Normen zum Message Handling hat breiten Raum eingenommen. Hier soll nur schlaglichtartig auf die wichtigsten Ergebnisse eingegangen werden.

Insgesamt ist festzustellen, daß die Normen ein sehr flexibles und mit vielen Leistungsmerkmalen ausgestaltetes System festlegen. Ein genauerer Blick allerdings macht deutlich, daß dem jeweiligen Leistungsmerkmalsnutzer in der Regel eine große Flexibilität an die Hand gegeben ist. Dem steht oft wenig Nutzungsspielraum auf seiten derer gegenüber, die passiv von den Wirkungen eines Leistungsmerkmals betroffen sind.
Dieses grundsätzliche Gestaltungsdefizit hat wiederum Auswirkungen auf die Konfliktproblematik. Dadurch, daß die eine Seite oft nicht in der Lage ist, ihre Anforderung gegenüber dem System zu formulieren, treten eine Reihe von Konflikten überhaupt nicht auf, die bei allseits gegebener Flexibilität sich notwendig ergäben. Dies ist eine besondere Art der Konfliktentscheidung durch Beschneidung von Handlungs- bzw. Artikulationsspielraum. In anderen Fällen werden Konflikte nach der oben zitierten, pauschalen Regel entschieden, wonach die Anforderungen des "Verursachers", d. h. des Leistungsmerkmalsnutzers, stets vorgehen.

Eine konsequente Berücksichtigung des Konfliktproblems hätte als Grundvoraussetzung der Möglichkeit bedurft, daß ein Empfänger die Zustellung einer Mitteilung anhand gewisser Umschlagsdaten verweigern kann. Dieser zentralen Anforderung wird die Norm nicht gerecht. Konflikte und deren Lösung sind nicht konsequent mitgedacht und in technische Leistungen überführt worden.

Es würde der Arbeit der Normentwickler insgesamt jedoch nicht gerecht, wenn man es bei diesem Urteil beließe. An mehreren Stellen nämlich wird deutlich, daß die Konflikthaftigkeit mancher Systemfunktionen durchaus erkannt und nach angemessenen Lösungen gesucht wurde. Beispielhaft zeigt sich das beim Umleiten von Mitteilungen, das nicht allein der Kontrolle desjenigen unterliegt, der umleiten will. Der Absender hat die Möglichkeit, hierauf Einfluß zu nehmen und die Umleitung zu verbieten. Auch bei der "Nutzung von Verteilerlisten" kommt die Absicht der Entwickler zum Ausdruck, ein datenschutzrelevantes Problem, nämlich die Ausforschung der Verteilerlistenmitgliedschaft, zu verhindern. Die dafür entwikkelten, aufwendigen Mechanismen allerdings werfen dann wieder Probleme auf, die bei konsequenter Beachtung des Datenschutzaspektes ebenfalls hätten vermieden werden müssen.

Schwer nachvollziehbar sind zum Teil auch die festgelegten Default-Werte. Ihre Wertbelegung ist bedeutsam, da sie, wenn der Teilnehmer das Argument selbst nicht ausfüllt - weil er es übersieht oder weil man es ihm nicht anbietet - eine Voreinstellung vornehmen. So wird in der Norm hinsichtlich der Zustellung einer Mitteilung an einen Ersatzempfänger (z. B. wegen teilweise falscher Adresse) festgelegt, daß dies, wenn der Absender es nicht explizit erlaubt, unterbleiben soll. Andererseits wird bei einer gewöhnlichen Umleitung immer davon ausgegangen, daß sie erlaubt ist, wenn der Absender keine Festlegung trifft.

Die Gründe für diese unterschiedlichen Entscheidungen mag man erahnen, ohne sie für richtig halten zu müssen. Es verstärkt sich letztlich der Eindruck, daß die Abwägungen in vielen der aufgezeigten Fälle mehr intuitiv vorgenommen wurden. Ein systematisches und kriteriengeleitetes Vorgehen ist nicht erkennbar.

Abschließend soll ein Licht auf die in den Normen festgelegten personenbezogenen Daten geworfen werden. Hier übernimmt die Normung eine ganz besondere Verantwortung. Zunächst steht außer Frage, daß für ein System, das von Menschen zum Mitteilungsaustausch genutzt werden soll, personenbezogene Daten festgelegt werden und festgelegt werden müssen. Die Daten sind in aller Regel im Rahmen der genormten Leistungsmerkmale auch technisch notwendig.

Die datenorientierte Bewertung hat jedoch gezeigt, daß eine Reihe für die Leistungserbringung zunächst notwendiger Daten dann, ohne daß hierfür die Notwendigkeit weiter bestünde, beispielsweise an den Empfänger der Mitteilung übermittelt wird. Nehmen wir als Beispiel das Datum "Intendend-recipient-name", das dem Empfänger angibt, an wen die Mitteilung zunächst adressiert war und dessen Übertragung ich aus Transparenzgründen durchaus für gerechtfertigt halte. Dieses Datum ist für das System technisch notwendig, bezeichnet es doch denjenigen, an den der Absender die Mitteilung verschicken will. Keinesfalls ist aber die Weitergabe an den letztlichen Empfänger erforderlich. Was hier aus nicht offengelegten Abwägungsgründen entschieden wird, ist zumindest umstritten. Ob dies den Normentwicklern bewußt war, muß dahingestellt bleiben.

Die der Normung zukommende Verantwortung ist jedoch noch weitreichender. Das Festlegen personenbezogener Datenfelder ist ja im Grunde ein datenschutzrechtlich völlig unbeachtetes Phänomen. In den Datenschutzgesetzen werden Phasen der Datenverarbeitung, darunter als erste die Erhebung von Daten, unterschieden. Daß diese Daten auch gespeichert werden können, davon wird ausgegangen. Dennoch, gäbe es keine Speicherungsmöglichkeit, fehlte ein bestimmtes Feld in einem Datensatz, so wäre eine mißbräuchliche Speicherung und Verarbeitung dieses Datums auch nicht möglich. So trivial sich dies anhören mag: Genau hier liegt die besondere Verantwortung der Normentwickler. Sie bauen sozusagen die Behältnisse, in denen Daten nicht nur gespeichert, sondern - für den Bereich der Kommunikationstechnik - eben auch übermittelt werden können. Die sich daraus ergebenden Probleme bestehen nicht nur hinsichtlich des hier betrachteten Teilnehmer/Teilnehmer-Verhältnisses. Im Zusammenhang mit den MHS-Normen kann man leicht sehen, daß diese Daten zwischen verschiedensten Zwischenrechnern und Betreiberbereichen ausgetauscht werden. Normen setzen diese Datenfelder "in die Welt". Was dann auf den unterschiedlichsten Systemen mit den konkreten Daten geschieht, ist nicht mehr kontrollierbar. Jede Festlegung eines Datenfeldes, das ein personenbezogenes Datum aufnehmen kann, steht so unter einem Rechtfertigungsdruck. Es muß grundsätzlich - in der jeweiligen Kommunikationsphase und am jeweiligen Ort - technisch zwingend erforderlich sein. Mir erscheinen Zweifel daran angebracht zu sein, daß diese Verantwortung von den Normentwicklern erkannt wird.

Zu den Konsequenzen für die Normung

Die Aufgabenzuweisung an die Normung ist generell einem Wandel unterworfen. In Europa wird sie eingebunden in das große Ziel des gemeinsamen Binnenmarktes. Im Bereich der sogenannten neuen Technologien wird ihr eine zentrale Rolle inmitten der technischen Entwicklung zugewiesen. Und angesichts der sozialen Wirkungen, die von Normen in bestimmten Bereichen ausgehen, sieht sich die Normung fortdauernden Forderungen zur Wahrnehmung der sozialen Verantwortung und zur Beteiligung von Betroffenen und ihrer Verbände ausgesetzt, denen sie zu einem gewissen Grad nachgekommen ist.

Die Einsicht, daß Normen sozial bedeutsam sind, ist also nicht neu. Daß aber über die traditionellen Bereiche des Arbeits- und Gesundheitsschutzes und der Produktsicherheit hinaus auch in der "rein" technischen Normung Entscheidungen von sozialer Relevanz getroffen werden, ist eine sich erst langsam durchsetzende Erkenntnis. Für den von mir näher untersuchten Bereich der Kommunikationstechnik wurde dies in der Vergangenheit mehrfach deutlich. Dabei fehlte es jedoch an einer systematischen Verbindung zwischen dem Normungsgegenstand einerseits und dessen sozialen Wirkungen andererseits. Zur Aufklärung dieses Verhältnisses sollte diese Arbeit einen Beitrag leisten. Die sozialen Wirkungen kommunikationstechnischer Normen sind offensichtlich und dem Normungsgegenstand inhärent.

Daß dies sowohl von den Betroffenen wie von den Normungsverantwortlichen erst spät erkannt wurde und teilweise erst noch erkannt werden muß, ist als Ergebnis eines notwendigen Lernprozesses zu sehen und zunächst niemandem anzulasten. Ich bin allerdings der Meinung, daß die Normung angesichts ihrer offensichtlichen und in dieser Arbeit näher untersuchten Bedeutung angehalten ist, ihrer sozialen Verantwortung auch in diesem Feld nachzukommen. Das hätte weitreichende Konsequenzen, von denen ich nur einige benennen möchte.

Die Transparenz kommunikationstechnischer Normung wäre wesentlich zu erhöhen. Dazu gehört, daß die Verantwortlichen selbst frühzeitig die Bedeutung mancher Normprojekte hinsichtlich ihrer wesentlichen Auswirkungen erkennen. In manchen Fällen wird dann eine breit angelegte Technikfolgenabschätzung und -bewertung erforderlich werden, die von den Verantwortlichen anzustoßen ist und deren Ergebnisse frühzeitig in einen öffentlichen Diskurs einzubringen sind.

Aber auch bei denjenigen, die eine Norm auszuarbeiten haben, die in ihren Grundzügen freilich als Auftrag vorgegeben wird, bleibt - und das hat in dieser Arbeit im Mittelpunkt gestanden - ein hohes Maß an Verantwortung. An sie ist zu appellieren, sich nicht auf Zufall und Intuition allein zu verlassen. Es ist notwendig, die sozialen Implikationen der Entscheidungen systematisch zu ermitteln und dies zur kontinuierlich die Normung begleitenden Aufgabe zu machen. Allein für Systeme zur Unterstützung menschlicher Kommunikation konnte hierfür in dieser Arbeit ein methodischer Vorschlag entwickelt werden. Er läßt freilich Lücken, die es sukzessive auszufüllen gilt.

Wenn es zutrifft, daß die kommunikationstechnische Normung zukünftig noch weiter in inhaltlich näher bestimmte Anwendungsbereiche vordringen wird, wird spätestens dann erkennbar werden, daß die ehedem nachrichtentechnische mehr und mehr zur informatischen Normung wird. Dann aber muß es selbstverständlich werden, auf die Erkenntnisse des Software-Engineerings der Informatik und der partizipativen Systemgestaltung der Angewandten Informatik zurückzugreifen. Die gewissenhafte und umfassende Anforderungsermittlung unter Einbeziehung auch der Betroffenen wird dann auch in der kommunikationstechnischen Normung als eine zwar anspruchsvolle aber notwendige Aufgabe erkannt werden.

Anhang 1: Die Leistungsmerkmale des Message Transfer Systems

Element of Service	Leistungsmerkmal
Access Management	Zugangsmanagement
Additional Physical Rendition	Zusätzliche körperliche Ausgabe-Art
Alternate Recipient Allowed	Ersatzempfänger zulässig
Alternate Recipient Assignment	Zuordnung eines Ersatzempfängers
Basic Physical Rendition	Körperliche Basis-Ausgabe-Art
Content Confidentiality	Vertraulichkeit des Inhaltes
Content Integrity	Unversehrtheit des Inhaltes
Content Type Indication	Anzeige der Art des Inhaltes
Conversion Prohibition	Verbot der Umsetzung
Conversion Prohibition in Case of Loss of Information	Verbot der Umsetzung im Falle von Informationsverlust
Converted Indication	Anzeige der Umsetzung
Counter Collection	Abholung am Schalter (postlagernd)
Counter Collection with Advice	Abholung am Schalter mit Benachrichtigung
Deferred Delivery	Verzögerte Empfangs-Übergabe
Deferred Delivery Cancellation	Löschen der verzögerten Empfangs-Übergabe
Delivery Notification	Benachrichtigung der Empfangs-Übergabe
Delivery Time Stamp Indication	Anzeige des Zeitpunktes der Empfangs-Übergabe
Delivery via Bureaufax Service	Empfangs-Übergabe mittels des Bürofax-Dienstes
Designation of Recipient by Directory Name	Benennung des Empfängers mit einem Verzeichnisnamen
Disclosure of Other Recipients	Enthüllen anderer Empfänger
DL Expansion History Indication	Anzeige über den Zusammenhang der Aufgliederung einer Verteilerliste
DL Expansion Prohibited	Verbot der Aufgliederung einer Verteilerliste
EMS (Express Mail Service)	Expreßbrief
Explicit Conversion	Explizite Umsetzung
Grade of Delivery Selection	Auswahl von Stufen der Empfangs-Übergabe
Hold für Delivery	Aufbewahrung der Mitteilung bis zur späteren Empfangs-Übergabe
Implicit Conversion	Implizite Umsetzung
Latest Delivery Designation	Angabe des spätesten Zeitpunktes der Empfangs-Übergabe
Message Flow Confidentiality	Vertraulichkeit des Mitteilungsflusses
Message Identification	Kennzeichnung der Mitteilung
Message Origin Authentication	Authentifizierung des Ursprungs der Mitteilung
Message Security Labelling	Kennzeichnung der Sicherheit
Message Sequence Integrity	Unversehrtheit der Folge der Mitteilungen
Multi-destination Delivery	Empfangs-Übergabe an mehrere Empfänger
Non-delivery Notification	Benachrichtigung der Nicht-Übergabe
Non-repudiation of Delivery	Nicht-Leugnung der Empfangs-Übergabe
Non-repudiation of Origin	Nicht-Leugnung des Ursprungs
Non-repudiation of Submission	Nicht-Leugnung der Sende-Übergabe
Ordinary Mail	Normaler Brief (Gewöhnlicher Brief)
Original Encoded Information Types Indication	Anzeige der ursprünglich codierten Informationsform
Originator Requested Alternate Recipient	Vom Verursacher angeforderter Ersatzempfänger
Physical Delivery Notification by MHS	Benachrichtigung über die körperliche Auslieferung über das MHS

Element of Service	Leistungsmerkmal
Physical Delivery Notification by PDS	Benachrichtigung über die körperliche Auslieferung über das PDS
Physical Forwarding Allowed	Körperliche Weiterleitung erlaubt
Physical Forwarding Prohibited	Körperliche Weiterleitung verboten
Prevention of Non-delivery Nitification	Vermeiden der Benachrichtigung der Nicht-Übergabe
Probe	Probe-Übermittlung
Probe Origin Authentication	Authentifizierung des Ursprunges einer Probe-Übermittlung
Proof of Delivery	Beweis der Empfangs-Übergabe
Proof of Submission	Beweis der Sende-Übergabe
Redirection Disallowed by Originator	Umleiten durch den Verursacher nicht erlaubt
Redirection of Incoming Messages	Umleiten ankommender Mitteilungen
Registered Mail	Eingeschriebener Brief (Einschreiben)
Registered Mail to Addressee in Person	Eingeschriebener Brief mit Zustellurkunde (Einschreiben - eigenhändig)
Report Origin Authentication	Authentifizierung des Ursprunges eines Berichtes
Request for Forwarding Address	Anforderung nach Weiterleitungs-Adresse (Nachsendeadresse)
Requested Delivery Method	Angeforderte Methode der Empfangs-Übergabe
Restricted Delivery	Beschränkte Empfangs-Übergabe
Return to Content	Vom Verursacher angeforderte Rücksendung des Inhaltes bei Benachrichtigung der Nicht-Übergabe
Secure Access Management	Sicheres Zugangs-Management
Special Delivery	Besondere Empfangs-Übergabe (Eilzustellung)
Submission Time Stamp Indication	Anzeige des Zeitpunktes der Sende-Übergabe
Undeliverable Mail with Return of Physical Message	Unzustellbarer Brief mit Rücksendung der körperlichen Mitteilung
Use of Distribution List	Verwenden von Verteilerlisten
User/UA Capabilities Registration	Registrierung der Fähigkeiten des Benutzers/UAs

Anhang 2: Die Operationen des Message Transfer Systems

(MTS-User/MTS)

Die nachfolgenden Tabellen enthalten die Argumente, Resultate und Fehlermeldungen der Operationen des Message Handling Systems. Für jede Operation ist angegeben, wer die Operation aufrufen kann (Client) und wer sie auszuführen hat (Server).

Die in den Tabellen verwendeten Bezeichnungen haben die folgende Bedeutung:

Die <u>Argumentgruppe</u> entspricht der in der Norm vorgenommenen Gruppierung.
Das <u>Argument</u> enthält den Namen des Datenfeldes.
Der <u>Status</u> legt fest, ob es sich um ein zwingendes (mandatory), ein zu wählendes (optional) oder ein abhängiges (conditional) Datenfeld handelt.
In der der Spalte <u>Leistungsmerkmalsgruppe</u> werden die Datenfelder den Leistungsmerkmalsgruppen zugeordnet.

Submission Port

1. Message-submission (UA (Client) - MTA (Server))

Argumentgruppe	Argument	Status	Leistungsmerkmalsgruppe
Originator Argument	Originator-name	mandatory	Versand/Empfang
Recipient Arguments	Recipient-name	mandatory	
	Alternate-recipient-allowed	optional	Umleitung
	Recipient-reassignment-prohibited	optional	
	Originator-requested-alternate-recipient	optional	
	DL-expansion-prohibited	optional	Verteilerliste
	Disclosure-of-recipients	optional	Versand/Empfang
Priority Argument	Priority	optional	
Conversion Arguments	Implicit-conversion-prohibited	optional	Konvertierung
	Conversion-with-loss-prohibited	optional	
	Explicit-conversion	optional	
Delivery Time Arguments	Deferred-delivery-time	optional	Kontrolle des Zustellungszeitpunktes
	Latest-delivery-time	optional	
Delivery Method Argument	Requested-delivery-method	optional	Versand/Empfang
Physical Delivery Arguments	Physical-forwarding-prohibited	optional	Dienstübergang MHS-Post
	Physical-forwarding-address-request	optional	
	Physical-delivery-modes	optional	
	Registered-mail-type	optional	
	Recipient-number-for-advice	optional	
	Physical-rendition-attributes	optional	
	Originator-return-address	optional	
Report Request Arguments	Originator-report-request	mandatory	Versand/Empfang
	Content-return-request	optional	
	Physical-delivery-report-request	optional	
Security Arguments	Originator-certificate	optional	Datensicherheit
	Message-token	optional	
	Content-confidentiality-algorithm-identifier	optional	
	Content-integrity-check	optional	
	Message-Origin-authentication-check	optional	
	Message-security-label	optional	
	Proof-of-submission-request	optional	
	Proof-of-delivery-request	optional	
Content Arguments	Original-encoded-information-types	optional	Versand/Empfang
	Content-type	mandatory	
	Content-identifier	optional	
	Content-correlator	optional	
	Content	mandatory	

Message-submission (Fortsetzung)

Resultate

Resultat	Status	Leistungsmerkmals-gruppe
Message-submission-identifier	mandatory	Versand/Empfang
Message-submission-time	mandatory	
Originating-MTA-certificate	optional	Datensicherheit
Proof-of-submission	conditional	
Content-identifier	conditional	Versand/Empfang

Fehler

Fehler
Submission-control-violated
Element-of-service-not-subscribed
Originator-invalid
Recipient-improperly-specified
Inconsistent-request
Security-error
Unsupported-critical-function
Remote-bind-error

2. Probe-submission (UA (Client) - MTA (Server))

Argumentgruppe	Argument	Status	Leistungsmerkmals-gruppe
Originator Argument	Originator-name	mandatory	Versand/Empfang
Recipient Arguments	Recipient-name	mandatory	
	Alternate-recipient-allowed	optional	Umleitung
	Recipient-reassignment-prohibited	optional	
	Originator-requested-alternate-recipient	optional	
	DL-expansion-prohibited	optional	Verteilerliste
Conversion Arguments	Implicit-conversion-prohibited	optional	Konvertierung
	Conversion-with-loss-prohibited	optional	
	Explicit-conversion	optional	
Delivery Method Argument	Requested-delivery-method	optional	Versand/Empfang
Physical Delivery Arguments	Physical-rendition-attributes	optional	Dienstübergang MHS-Post
Report Request Argument	Originator-report-request	mandatory	Versand/Empfang
Security Arguments	Originator-certificate	optional	Datensicherheit
	Probe-Origin-authentication-check	optional	
	Message-security-label	optional	
Content Arguments	Original-encoded-information-types	optional	Versand/Empfang
	Content-type	mandatory	
	Content-identifier	optional	
	Content-correlator	optional	
	Content-length	optional	

Resultate

Resultat	Status	Leistungsmerkmals-gruppe
Probe-submission-identifier	mandatory	Versand/Empfang
Probe-submission-time	mandatory	
Content-identifier	conditional	

Fehler

Fehler
Submission-control-violated
Element-of-service-not-subscribed
Originator-invalid
Recipient-improperly-specified
Inconsistent-request
Security-error
Unsupported-critical-function
Remote-bind-error

3. Cancel-deferred-delivery (UA (Client) - MTA (Server))

Argumentgruppe	Argument	Status	Leistungsmerkmals-gruppe
Submission Argument	Message-submission-identifier	mandatory	Kontrolle des Zustellzeitpunktes

Resultate

Resultat	Status	Leistungsmerkmals-gruppe

Der MTA liefert ein leeres Ergebnis nach erfolgreicher Ausführung.

Fehler

Fehler
Deferred-delivery-cancelation-rejected
Message-submission-identifier-invalid
Remote-bind-error

4. Submission-control (MTA (Client) - UA (Server))

Argumentgruppe	Argument	Status	Leistungsmerkmals-gruppe
Submission-control Argument	Restrict	optional	
	Permissible-operations	optional	
	Permissible-lowest-priority	optional	
	Permissible-maximum-content-length	optional	
	Permissible-security-context	optional	

Resultate

Resultat	Status	Leistungsmerkmals-gruppe
Waiting-operations	optional	
Waiting-messages	optional	
waiting-encoded-information-types	optional	
waiting-content-types	optional	

Fehler

Fehler
Security-error
Remote-bind-error

Delivery Port

5. Message-delivery (MTA (Client) - UA (Server))

Argumentgruppe	Argument	Status	Leistungsmerkmals-gruppe
Delivery Arguments	Message-delivery-identifier	mandatory	Versand/Empfang
	Message-delivery-time	mandatory	
	Message-submission-time	mandatory	
Originator Argument	Originator-name	mandatory	
Recipient Arguments	This-recipient-name	mandatory	
	Intended-recipient-name	Conditional	Umleitung
	Redirection-reason	Conditional	
	Other-recipient-names	Conditional	Versand/Empfang
	DL-expansion-history	Conditional	Verteilerliste
Priority Argument	Priority	Conditional	Versand/Empfang
Conversion Arguments	Implicit-conversion-prohibited	Conditional	Konvertierung
	Conversion-with-loss-prohibited	Conditional	
	Converted-encoded-information-types	Conditional	
Delivery Method Argument	Requested-delivery-method	Conditional	Versand/Empfang
Physical Delivery Arguments	Physical-forwarding-prohibited	Conditional	Dienstübergang MHS-Post
	Physical-forwarding-address-request	Conditional	
	Physical-delivery-modes	Conditional	
	Registered-mail-type	Conditional	
	Recipient-number-for-advice	Conditional	
	Physical-rendition-attributes	Conditional	
	Originator-return-address	Conditional	
	Physical-delivery-report-request	Conditional	
Security Arguments	Originator-certificate	Conditional	Datensicherheit
	Message-token	Conditional	
	Content-confidentiality-algorithm-identifier	Conditional	
	Content-integrity-check	Conditional	
	Message-Origin-authentication-check	Conditional	
	Message-security-label	Conditional	
	Proof-of-delivery-request	Conditional	
Content Arguments	Original-encoded-information-types	Conditional	Versand/Empfang
	Content-type	mandatory	
	Content-identifier	Conditional	
	Content	mandatory	

Message-delivery (Fortsetzung)

Resultate

Resultat	Status	Leistungsmerkmals-gruppe
Recipient-certificate	optional	Versand/Empfang
Proof-of-delivery	conditional	

Fehler

Fehler
Delivery-control-violated
Security-error
Unsupported-critical-function

6. Report-delivery: (MTA (Client) - UA (Server)

Argumentgruppe	Argument	Status	
Subject Submission Argument	Subject-submission-identifier	mandatory	Versand/Empfang
Recipient Arguments	Actual-recipient-name	mandatory	
	Intended-recipient-name	conditional	Umleitung
	Redirection-reason	conditional	
	Origination-and-DL-expansion-history	conditional	Verteilerliste
	Reporting-DL-name	conditional	
Conversion Argument	Converted-encoded-information-types	conditional	Kodierung
Supplementary Information Arguments	Supplementary-information	conditional	Versand/Empfang
	Physical-forwarding-address	conditional	Dienstübergang MHS-Post
Delivery Arguments	Message-delivery-time	conditional	Versand/Empfang
	Type-of-MTS-user	conditional	
Non Delivery Arguments	Non-delivery-reason-code	conditional	
	Non-delivery-diagnostic-code	conditional	
Security Arguments	Recipient-certficate	conditional	Datensicherheit
	Proof-of-delivery	conditional	
	Reporting-MTA-certificate	conditional	
	Report-origin-authentication-check	conditional	
	Message-security-label	conditional	
Content Arguments	Original-encoded-information-type	conditional	VersandEmpfang
	Content-type	conditional	
	Content-identifier	conditional	
	Content-Correlator	conditional	
	Returned-content	conditional	

Resultate

Resultat	Status	Leistungsmerkmals-gruppe

Der UA gibt ein leeres Resultat zurück.

Fehler

Fehler
Delivery-control-violated
Security-error
Unsupported-critical-function

7. Delivery-control (UA (Client) - MTA (Server))

Argumentgruppe	Argument	Status	Leistungsmerkmalgruppe
Delivery Control Arguments	Restrict	optional	Versand/Empfang
	Permissible-operations	optional	
	Permissible-lowest-priority	optional	
	Permissible-encoded-information-types	optional	
	Permissible-content-types	optional	
	Permissible-maximum-content-length	optional	
	Permissible-security-context	optional	

Resultate

Resultat	Status	Leistungsmerkmals-gruppe
Waiting-operations	optional	
Waiting-messages	optional	
Waiting-encoded-information-types	optional	
waiting-content-types	optional	

Fehler

Fehler
Control-violates-registration
Security-error

Administration Port

8. Register (UA (Client) - MTA (Server))

Argumentgruppe	Argument	Status	Leistungsmerkmals-gruppe
Registration Arguments	User-name	optional	Versand/Empfang
	User-address	optional	
	Deliverable-encoded-information-types	optional	
	Deliverable-content-types	optional	
	Deliverable-maximum-content-length	optional	
	Recipient-assigned-alternate-recipient	optional	Umleitung
	User-security-labels	optional	Datensicherheit
Default Delivery Control Arguments	Restrict	optional	Versand/Empfang
	Permissible-operations	optional	
	Permissible-lowest-priority	optional	
	Permissible-encoded-information-types	optional	
	Permissible-content-types	optional	
	Permissible-maximum-content-length	optional	

Resultate

Resultat	Status	Leistungsmerkmals-gruppe

Der MTA gibt ein leeres Resultat zurück

Fehler

Fehler
Register-rejected

9. Change Credentials (UA (Client) - MTA (Server))

Argumentgruppe	Argument	Status	Leistungsmerkmals-gruppe
Credential Arguments	Old-credentials	mandatory	Datensicherheit
	New-credentials	mandatory	

Resultate

Resultat	Status	Leistungsmerkmals-gruppe

Der MTA gibt ein leeres Resultat zurück

Fehler

Fehler
New-credentials-unacceptable
Old-credentials-incorrectly-specified

Literatur

Albers U. & Heinze, S. (1990). Daten- und Funktionsdezentralisierung. Ein Ansatz zur Reduzierung von Datenschutzproblemen im ISDN. Diplomarbeit. Fachbereich Mathematik und Informatik, Universität Bremen.

Andelfinger, U., Pordesch, U. & Roßnagel, A. (1991). Gestaltunganforderungen an die Text- und Datenkommunikation in ISDN-Anlagen. Darmstadt: provet

Babatz, R., Bogen, M. & Pankoke-Babatz, U. (1990). Elektronische Kommunikation - X.400 MHS. Braunschweig: Vieweg.

Baconnet, J.-P. (1991). Arrangements for Mutual Recognition in ECITC: European Testing for Certification for Office and Manufacturing. In CEN/CENELEC & ETSI (Ed.), Conformance Testing and Certification in Information Technology and Telecommunications (71-87). Amsterdam, Washington & Tokyo: IOS.

Bahr, K. & Schröder, T. (1987). Internationale Standardisierung des ISDN. In F. Arnold (Hrsg.), ISDN: Viele Kommunikationsdienste in einem System (135-160). Köln: Rudolf Müller.

Balzert, H. (1986). Software-Architekturen zur Realisierung ergonomischer Anforderungen. Software-Ergonomie Herbstschule 1986, 97-134.

Balzert, H. (1988). Trends und Perspektiven der Software-Ergonomie. In H. Balzert, U. Hoppe, R. Oppermann, H. Peschke, G. Rohr & N. A. Streitz (Hrsg.), Einführung in die Softwareergonomie (345-374). Berlin u. a.: De Gruyter.

Barz, H. W. (1991). Kommunikation und Computernetze. Konzepte, Protokolle und Standards. München & Wien: Hanser.

Bauernfeind, U. (1990, 13. Juli). Telekom testet OSI-Eignung im Rahmen von "Roland" aus. Computerwoche, S. 19-20.

BDSB - Berliner Datenschutzbeauftragter (Hrsg.)(1991). Datenschutz bei Telekommunikation und Medien. Materialien zum Datenschutz. Berlin.

Berger, P., Kubicek, H., Kühn, M., Mettler-Meiboom, B. & Voogd, G. (1988). Optionen der Telekommunikation. Materialien für einen technologiepolitischen Bürgerdialog. Ministerium für Arbeit, Gesundheit und Soziales des Landes Nordrhein-Westfalen (Hrsg.), Düsseldorf.

Berghaus, H. (1991). Richtlinienpolitik der EG. DIN-Mitteilungen, 70, 10-11.

Beyschlag, U. (Hrsg.) (1988-1). OSI in der Anwendungsebene. Pulheim: Datacom.

Beyschlag, U. (1988-2). Einleitung. In U. Beyschlag (Hrsg.), OSI in der Anwendungsebene (15-24). Pulheim: Datacom.

Blumann, W. (1985). Eine Einführung in das ISO-Referenzmodell für offene Rechnernetze und einige seiner Anwendungen. Elektronische Rechenanlagen, 27, 323-333.

BMFT & BMWi - Bundesminister für Forschung und Technologie & Bundesminister für Wirtschaft (Hrsg.) (1989). Zukunftskonzept Informationstechnik. Bonn.

Boehling, H. (1991). Europa 1992 - Auswirkungen auf die internationale Normung. DIN-Mitteilungen, 70, 218 - 222.

Böhret, C. & Franz, P. (1982). Technologiefolgenabschätzung. Institutionelle und verfahrensmäßige Lösungsansätze. Frankfurt a. M.: Campus.

Bormann, U., Bormann, C. & Schindler, S. (1989). Aspekte eines Modells zur Strukturierung austauschfähiger Informationen auf der Grundlage internationaler Standardisierung. In P.J. Kühn (Hrsg.), Kommunikation in verteilten Systemen. Grundlagen, Anwendungen, Betrieb (30-55). Berlin u.a.: Springer.

Bräutigam, L., Höller, H.-P. & Scholz, R. (1990). Datenschutz als Anforderung an die Systemgestaltung. Opladen: Westdeutscher Verlag.

Bullinger, H.-J., Fähnrich, K.-P., Hanne, K.-H. & Ziegler, J. (1984). Benutzerschnittstellen an multifunktionalen Büroarbeitsplätzen. Schnittstellenmodelle und Evaluation. In F. Krückeberg, S. Schindler & O. Spaniol (Hrsg.), Offene Multifunktionale Büroarbeitsplätze und Bildschirmtext (141-159). Berlin u. a.: Springer.

Burkhardt, H.J. & Schindler, S. (1981). Structuring Principles of the Communication Architecture of Open Systems - A Systematic Approach. Computer Networks, 5, 157-166.

Casatelli, C. (1991). Setting ground rules for privacy. Computerworld, 25 (11), 47-49.

CCITT - Comité Consultatif International Télégraphique et Téléphonique (1989). Data Communication Networks Message Handling Systems. Recommendations X.400-X.420. Geneva.

CCITT - Comité Consultatif International Télégraphique et Téléphonique (1989). Data Communications Networks Directory. Recommendations X.500-X.521. Geneva.

CEN - Comité Européen de Normalisation (1990). Mehr über CEN. Informationsschrift. Brüssel.

CEN/CENELEC - Comité Européen de Normalisation/Comité Européen de Normalisation Electrotechnique (1990). CEN/CENELEC Geschäftsordnung. Teil 2: Gemeinsame Regeln für die Normungsarbeit. Stand April. Brüssel.

CEN/CENELEC/CEPT - Comité Européen de Normalisation/Comité Européen de Normalisation Electrotechnique/Conference Européenne des Administrations des Postes et des Télécommunications (1986). Memorandum M-IT-01 on the Concept and Structure of Functional Standards for Information Technology (For Interworking in an OSI Environment). Brussels.

CEN/CENELEC/CEPT - Comité Européen de Normalisation/Comité Européen de Normalisation Electrotechnique/Conference Européenne des Administrations des Postes et des Télécommunications (1987). Memorandum M-IT-03 on Certification of Information Technology Products. Brussels.

CEN/CENELEC/ETSI - Comité Européen de Normalisation/Comité Européen de Normalisation Electrotechnique/European Telecommunications Standards Institute (1989-1). Memorandum M-IT-02 (Issue 4) on Directory of Functional Standards (For Interworking in an OSI Environment). Brussels.

CEN/CENELEC/ETSI - Comité Européen de Normalisation/Comité Européen de Normalisation Electrotechnique/European Telecommunications Standards Institute (1989-2). Supplement to Memorandum M-IT-02 (Issue 4). Programme for Development of Functional Standards for Information Technology (For interworking in an OSI Environment). Brussels.

CEN/CENELEC/ETSI - Comité Européen de Normalisation/Comité Européen de Normalisation Electrotechnique/European Telecommunications Standards Institute (1990). European Standardisation. Basic Cooperation Agreement for the Handling of the technical Work. Brussels.

CEN/CENELEC/ETSI - Comité Européen de Normalisation/Comité Européen de Normalisation Electrotechnique/European Telecommunications Standards Institute (1991). Memorandum M-IT-01 (Issue 2) on The Concept of Profiles and Structure of Functional Standards for Information Technology. Brussels.

Christiann, H.-J. (1989) EDI und EDIFACT - Heute: Die Lösung für Wirtschaft und Verwaltung? Anstrengungen der Europäischen Kommission zur Befruchtung von EDI. Tagungsband ONLINE '89, D2, 1-10.

Colas, J.-D. (1991). OSI Conformance Testing Standards - ISO Approach and Status. In CEN/CENELEC & ETSI (Ed.), Conformance Testing and Certification in Information Technology and Telecommunications (125-130). Amsterdam, Washington & Tokyo: IOS.

Cornelius, D. (1985). Arbeitsorientierte Softwaregestaltung. AWA-Arbeitspapier 122. Düsseldorf: DGB-Projektgruppe Arbeitswissenschaft für Arbeitnehmer.

Council of Europe (1989). New technologies: a challenge to privacy protection? Strasbourg.

Coy, W. (1992). Informatik. Eine Disziplin im Umbruch. Infotech, 7(1), 5-9.

Dankbaar, B. & van Tulder, R. (1989). The Construction of an Open Standard. Process and implications of specifying the Manufactoring Automation Protocol (MAP). Working Document 8. The Hague: Netherlands Organisation for Technology Assessment.

DEKITZ - Deutsche Koordinierungsstelle für IT-Normenkonformitätsprüfung und Zertifizierung (1991). DEKITZ Deutsche Koordinierungsstelle für IT-Normkonformitätsprüfung und Zertifizierung. Berlin.

Deutsche Bundespost Telekom (1991). Informationsbroschüre. Zertifizierungsstelle im Bereich der Informationstechnik und Telekommunikation.

Deutscher Bundestag (1983). Zwischenbericht der Enquete-Kommission "Neue Informations- und Kommunikationstechniken". Deutscher Bundestag, Drucksache 9/2442 vom 28.03.1983.

DGB - Deutscher Gewerkschaftsbund (1991). Für eine soziale Gestaltung der Telekommunikation - Thesen und Vorschläge des DGB -. Düsseldorf.

Dierkes, M., Petermann, Th. & von Thienen, V. (Hrsg.) (1986). Technik und Parlament: Technikfolgenabschätzung: Konzepte, Erfahrungen, Chancen. Berlin: Edition Sigma.

Dilonardo, F. (1991). A Comparison Between Conformance, Interoperability, Performance, Development Testing. In CEN/CENELEC & ETSI (Ed.), Conformance Testing and Certification in Information Technology and Telecommunications (377-384). Amsterdam, Washington & Tokyo: IOS.

DIN -Deutsches Institut für Normung (1988). Bildschirmarbeitsplätze. Grundsätze der Dialoggestaltung. DIN 66234 Teil 8. Berlin: Beuth

DIN - Deutsches Institut für Normung (1991). Stellungnahme des DIN zum Grünbuch der EG-Kommission zur Entwicklung der europäischen Normung. DIN-Mitteilungen, 70, 265-268.

Döbele-Berger, C., Berger, P. & Kubicek, H. (1985). Handlungsmöglichkeiten des Betriebsrats bei der Einführung von Neuen Technologien in Büro und Verwaltung. Arbeitskammer des Saarlandes, Referat Presse und Information (Hrsg.). Saarbrücken.

Döttinger, K. & Spaegele, S. (1991). Zertifizierung von Produkten und QS-Systemen im Hinblick auf den europäischen Markt. DIN-Mitteilungen, 70, 12-15.

Donner, H. (1989). Globale Harmonisierung von OSI-Funktionen. Normen für Profile und Test. Tagungsband ONLINE' 89, VII, 2-10.

Dzida, W. (1983). Das IFIP-Modell für Benutzerschnittstellen. Office Management, Sonderheft, 31, 6-8.

Eckert, J. (1990). ETSI - Europäisches Institut für Telekommunikationsstandards (European Telecommunication Standards Institute). Der Fernmelde=Ingenieur, 44(10), 1-35.

Eckert, J. (1991). Internationale und europaweite Normung. ntz, 44, 408-415.

Effelsberg, W. & Fleischmann, A. (1986). Das ISO-Referenzmodell für offene Systeme und seine sieben Schichten. Eine Einführung. Informatik Spektrum, 9, 280-299.

Eichener, V. & Voelzkow, H. (1992). Gewerkschaftliche Normungsarbeit. Die Mitbestimmung, 38(1), 28-31.

EWOS - European Workshop for Open Systems (1991-1). General Information on EWOS. Brussels.

EWOS - European Workshop for Open Systems (1991-2). A/3311 (A/MH11) Access to Public and Private MHS (1988). Common Facilities. MTS end-user to MTS end-user and MTA. Brussels.

Fangmann, H., Scheurle, W., Schwemmle, M. & Wehner, E. (1990). Handbuch für Post und Telekommunikation. Poststrukturgesetz. Basiskommentar. Köln: Bund-Verlag.

Floyd, C. (1986). STEPS - eine Orientierung der Softwaretechnik auf sozialverträgliche Technikgestaltung. In U. v. Hagen, K. Heß, E. Riedemann & W. Wicke (Hrsg.), 10 Jahre Informatik und Gesellschaft. Forschungsbericht. Fachbereich Informatik. Universität Dortmund.

Frankl, D. (1984). Entwicklungsstand der höheren Schichten von Architekturmodellen und deren Anwendungsmöglichkeiten im Bereich zwischenbetrieblicher Integration. Diplomarbeit. Fachbereich Informatik. Friedrich-Alexander-Universität Erlangen-Nürnberg.

Fredriksson, E. H., Bus, J. C. P. & Wedgwood, C. G. (Ed.) (1987). Information Technology Atlas - Europe. Amsterdam, New York, Oxford & Tokyo: North-Holland.

Frese, M. & Brodbeck, F. C. (1989). Computer in Büro und Verwaltung. Psychologisches Wissen für die Praxis. Berlin u. a.: Springer.

Friedrich, J. (1990). Adaptivität und Adaptierbarkeit informationstechnischer Systeme in der Arbeitswelt - zur Sozialverträglichkeit zweier Paradigmen. In A. Reuter (Hrsg.). GI - 20. Jahrestagung. Informatik auf dem Weg zum Anwender (178-191). Berlin u.a.: Springer.

Friedrich, J., Jansen, K.-D., Kaup, N., Laubrock, R. & Manz, T. (1987). Zukunft der Bildschirmarbeit. Bundesanstalt für Arbeitsschutz (Hrsg.). Bremerhaven: Verlag für Neue Wissenschaft.

Gagliardi, D. (1989). Keynote Speech: ETSI. Computer Networks and ISDN-Systems, 17, 244-251.

Garbe, D. & Lange, K. (Hrsg.) (1991-1). Technikfolgenabschätzung in der Telekommunikation. Berlin u. a.: Springer.

Garbe, D. & Lange, K. (1991-2). Zum Stand der Technikfolgenabschätzung in der Telekommunikation. In D. Garbe & K. Lange (Hrsg.), Technikfolgenabschätzung in der Telekommunikation (3-20). Berlin u. a.: Springer.

Gebhardt, H.-P. (1991). Telekommunikationspolitik in Europa. In E. Grande, R. Kuhlen, G. Lehmbruch & H. Mäding (Hrsg.), Perspektiven der Telekommunikationspolitik (238-248). Opladen: Westdeutscher Verlag.

GI - Gesellschaft für Informatik (1989). Informatik und Verantwortung. Informatik-Spektrum, 12, 281-289.

GI - Gesellschaft für Informatik (1991). Ergebnisse der Arbeitsgruppen. GI-FB 8 Rundbrief Nr.1.

Giese, E., Görgen, K., Hinsch, E., Schulze, G. & Truöl, K. (1985). Dienste und Protokolle in Kommunikationssystemen. Die Dienst- und Protokollschnitte der ISO-Architektur. Berlin u.a.: Springer.

Gleim, A. (1991). Europäisches EDV-Beschaffungsrecht. Computer und Recht, 7, 40-44.

Görgen, K., Koch, H., Schulze, G., Struif, B. & Truöl, K. (1985). Grundlagen der Kommunikations-Technologie. ISO-Architektur offener Kommunikationssysteme. Berlin u.a.: Springer.

Gora, W. (1986). MAP. Informatik-Spektrum, 9, 40-45.

Gottschalk, A. (1991). Wem nützt ISDN? Fernmeldepolitik als Industriepolitik gegen IBM?. In H. Kubicek (Hrsg.). Telekommunikation und Gesellschaft. Kritisches Jahrbuch der Telekommunikation (155-172). Karlsruhe: C.F. Müller.

Greuthmann, T. & Ackermann, D. (1989). Zielkonflikte bei Software-Gestaltungskriterien. In S. Maaß & H. Oberquelle (Hrsg.), Software-Ergonomie '89. Aufgabenorientierte Systemgestaltung und Funktionalität (144-152). Stuttgart: B.G. Teubner.

Grimm, R. & Heagerty, D. (1989). Recommendation for a Shorthand X.400 Address Notation. Computer Networks and ISDN Systems, 17, 263-267.

Grimmer, K. (1991). Telekommunikation in Verwaltungen. In D. Garbe & K. Lange (Hrsg.), Technikfolgenabschätzung in der Telekommunikation (223-228). Berlin u. a.: Springer

Groenke, L. (1985). Jahresbericht des Normenausschusses Informationsverarbeitungssysteme (NI) im DIN Deutsches Institut für Normung e.V. für die Jahre 1983 und 1984. Elektronische Rechenanlagen, 27, 279-286.

Gronert, E. (1991). OSI-Erfahrungsaustausch: Pflichtenheft vorgestellt. Datacom 7/91, 31-32.

Grosse, K. (1991). Normen-Konformitätsprüfungen im Eurolab Wiesbaden. telecom praxis, 2/91, 28-35.

GRVI & IKÖ - Gesellschaft für Rechts- und Verwaltungsinformatik - Institut für Informations- und Kommunikationsökologie (1991). Gemeinsame Stellungnahme der GRVI und des IKÖ zum Grünbuch der EG-Kommission zur Entwicklung der Europäischen Normung. Kassel & Dortmund.

Hacker, W. (1980). Spezielle Arbeits- und Ingenieurspsychologie. Deutscher Verlag der Wissenschaften: Berlin.

Häßler, U. (1989) EDIFACT. DV-gesteuerter Austausch von Geschäftsunterlagen nach internationalen Normen. Datacom, 10/89, 98-101.

Halliwell, J. (1991). Arrangements for Mutual Recognition in ECITC: The Open Systems Testing Consortium. In CEN/CENELEC & ETSI (Ed.), Conformance Testing and Certification in Information Technology and Telecommunications (67-70). Amsterdam, Washington & Tokyo: IOS.

Hammer, V., Pordesch, U. & Roßnagel, A. (1989). Gestaltungsanforderungen für die ISDN-Nebenstellenanlage der Hochschulregion Darmstadt (Datenschutz - Datensicherung - Sozialverträglichkeit). Darmstadt: provet.

Handwerg, H. (1988). EDIFACT: Universalsprache für Datenübermittlung. ZPF - Zeitschrift für das Post- und Fernmeldewesen, 12/88, 46-51.

Hartmann, A., Herrmann, T., Korthen, I. & Wulf, V. (1991). Problemanalyse beim Einsatz vernetzter Systeme aus software-ergonomischer Sicht. Thesenpapier zum Workshop am 6. Dezember 1991 in Bonn.

HDSB - Der Hamburgische Datenschutzbeauftragte (1991). Hamburger Datenschutzhefte. Datenschutzkonzept für PC Einzelplatzsysteme Lokale Netze PC-Host-Kopplung. Hamburg.

Hegering, H.-G. (1988). Open System Interconnection - Eine kritische Würdigung. In R. Valk (Hrsg.), Vernetzte und Komplexe Informatik-Systeme (140-160). Berlin u.a.: Springer.

Heppner, A: (1989). Abschätzung und Bewertung von Technikfolgen. Zur Diskussion über Informations- und Kommunikationstechnologien in der Bundesrepublik Deutschland. Regensburg: Roderer.

Herp van, J. (1987). European standardisation Framework. In Commission of the European Communities (Ed.), Forward with Harmonized Conformance Testing Services (5-16). Amsterdam, Washington & Tokyo: IOS.

Herrmann, T. (1988). Grenzen der Software-Ergonomie bei betrieblichen ISDN-Anlagen. In R. Valk (Hrsg.), GI - 18. Jahrestagung. Vernetzte und komplexe Informatik-Systeme (521-532). Berlin u. a.: Springer.

Herrmann, T. (1990). Vernetzte Systeme und multimediale Anwendungen aus software-ergonomischer Sicht. In A. Reuter (Hrsg.), GI - 20. Jahrestagung. Informatik auf dem Weg zum Anwender (517-531). Berlin u. a.: Springer.

Herrmann, T., Maaß, S. & Paetau, M. (1989). Protokoll der Arbeitsgruppe "Software-Ergonomie und vernetzte Systeme". In T. Herrmann (Hrsg.), Beiträge des Bereichs Informatik und Gesellschaft 1987/88. Ergonomie in Netzen (46-56). Forschungsbericht Nr. 266. Universität Dortmund.

Herrmann, T. & Nake, F. (1989). Vernetzung und Software-Ergonomie. Gibt es besondere software-ergonomische Probleme bei der Vernetzung von Computern? Bemerkungen zur Vorbereitung der zweiten Arbeitsgruppe. 8. Arbeitstagung Mensch-Maschine-Kommunikation 1988. In T. Herrmann (Hrsg.), Beiträge des Bereichs Informatik und Gesellschaft 1987/88. Ergonomie in Netzen, 35 - 45. Forschungsbericht Nr. 266. Universität Dortmund.

Hill, R. (1990). EDI and X.400 using P_{edi}. The Guide for Implementors and Users. London: Technology Appraisals.

Hillenbrand (1991). GSM, die Standardfamilie für die Paneuropäische Mobilkommunikation. Tagungsband zur Fachkonferenz "Eurostandards 1991", 27. November 1991 in Düsseldorf.

Höller, H.-P. (1988-1). Datenschutz als Gestaltungsanforderung an ISDN-Systeme. In R. Kitzing, U. Linder-Kosta & F. Obermeyer (Hrsg.), Schöne neue Computerwelt. Zur gesellschaftlicher Verantwortung der Informatiker (82-88). Berlin: VAS.

Höller, H.-P. (1988-2). Datenschutz und Leistungskontrollen bei ISDN-Anlagen und - endgeräten -Kurzgutachten -. Mensch und Technik. Werkstattbericht Nr. 48. Ministerium für Arbeit, Gesundheit und Soziales des Landes Nordrhein-Westfalen. Düsseldorf.

Höller, H.-P. (1991-1). Gestaltungsfreiräume trotz Normfestlegungen. Datenschutz und Datensicherung, 15 (1), 9-14.

Höller, H.-P. (1991-2). Leistungsmerkmale im Widerstreit von Kommunikationsinteressen. In R. Stransfeld (Hrsg.), Diskurs-Protokoll zur Technikfolgenabschätzung der Informationstechnik. V-1. Vorhaben "Datenschutz im ISDN" (72-81). Berlin.

Höller, H.-P. & Kubicek, H. (1989). Leistungsmerkmale moderner Telefonnebenstellenanlagen. Technologieberatungsstelle beim DGB-Landesbezirk Hessen (Hrsg.). Frankfurt a. M.

Höller, H.-P. & Kubicek, H. (1991). Angemessener Technikeinsatz zur Unterstützung selbststeuernder Arbeitsgruppen in der öffentlichen Verwaltung. VOP - Zeitschrift für die öffentliche Verwaltung, 13(1), 21-25.

Höller, H.-P., Kubicek, H. & Bach, K. (1992). Mein Endgerät versteht Deinen Computer. Die Mitbestimmung, 38(1), 40-44.

Huisinga, R. (1985). Technikfolgenbewertung. Bestandsaufnahme, Kritik, Perspektiven. Frankfurt a. M.: Serapion.

ISO - International Organisation for Standardisation (1985). Final Answer to the question on Conformance to OSI-Standards. Geneva.

ISO/IEC - International Organisation for Standardisation/International Electronical Commission (1990-1). TR 10000-1. Information Technology - Framework and Taxonomy of International Standardized Profiles - Part 1: Framework. Geneva

ISO/IEC - International Organisation for Standardisation/International Electronical Commission (1990-2). TR 10000-2. Information Technology - Framework and Taxonomy of International Standardized Profiles - Part 2: Taxonomy. Geneva

ISO/IEC - International Organisation for Standardisation/International Electronical Commission (1990-3). Information Technology - Framework and Taxonomy of International Standardized Profiles - Directory of ISPs and Profiles contained therin. Geneva

ISO/IEC - International Organisation for Standardisation/International Electronical Commission (1990-4). Procedures for the technical Work of ISO IEC JTC1 on Information Technology. First Edition. Geneva.

ITG - Informationstechnische Gesellschaft im Verband Deutscher Elektrotechniker (VDE) (1991). Diskurs-Protokoll zur Technikfolgenabschätzung der Informationstechnik. V-1. Vorhaben "Datenschutz im ISDN". Berlin.

Jaburek, W.J. (1990). Risiken elektronischer Datenübermittlung im Banken-, Handels- und Behördenbereich. Mannheim u. a.: B.I. Wissenschaftsverlag.

Janssen, R. (1989). Migration zur Offenen Kommunikation. Datacom, 7/89, 58-63.

Jonas, H. (1984). Das Prinzip Verantwortung. Versuch einer Ethik für die technologische Zivilisation. Frankfurt a. M.: Suhrkamp.

Jung, R. (1988). Funktionale Standards, Conformance und Interoperability Testing. In U. Beyschlag (Hrsg.), OSI in der Anwendungsebene (113-124). Pulheim: Datacom.

Kämpfer, S. (1992). Die faktische Kraft der Normung. Die Mitbestimmung, 38(1), 11-19.

Kauffels, F.-J. (1989) Rechnernetzwerksystemarchitekturen und Datenkommunikation. Mannheim, Wien & Zürich: BI-Wissenschafts-Verlag.

KBSt - Koordinierungs- und Beratungsstelle der Bundesregierung für Informationstechnik in der Bundesverwaltung (1990). Grundsätze für Datenübermittlung und Datenträgeraustausch (Datenübermittlungs-Grundsätze). Der Bundesminister des Inneren (Hrsg.), Schriftenreihe der KBSt. Bonn.

KEG - Kommission der Europäischen Gemeinschaften (1987). Grünbuch über die Entwicklung des Gemeinsamen Marktes für Telekommunikationsdienstleistungen und Telekommunikationsendgeräte. KOM (87) 290 endg.

KEG - Kommission der Europäischen Gemeinschaften (1989). Spitzentechnologie und Vornormung. DIN-Mitteilungen, 68, 124-127.

KEG - Kommission der Europäischen Gemeinschaften (1990-1). Grünbuch der EG-Kommission zur Entwicklung der europäischen Normung: Massnahmen für eine schnellere Technologische Integration in Europa. KOM (90) 456 endg.

KEG - Kommission der Europäischen Gemeinschaften (1990-2) Public Procurement Group. EPHOS - Future Developments. Brussels.

KEG - Kommission der Europäischen Gemeinschaften (1990-3). Standardisation in information technology and telecommunications. Fact Sheets. DG XIII Telecommunications, Information Industries and Innovation. Brussels.

KEG - Kommission der Europäischen Gemeinschaften (1991-1). Conformance Testing: The CTS programme. XIII Magazine, 1/91, 12.

KEG - Kommission der Europäischen Gemeinschaften (1991-2). European Organisation for Testing and Certification. XIII Magazine, 1/91, 12.

KEG - Kommission der Europäischen Gemeinschaften (1991-3). EPHOS 2. European Community Support for the Preperation of the European Procurement Handbook on Open Systems (EPHOS - PHASE II). Annex IV: Draft EPHOS. European Procurement Handbook for Open Systems. Version 5.0. DG XIII Telecommunications, Information Industries and Innovation. Brussels.

KEG - Kommission der Europäischen Gemeinschaften (o.J.). Conformance Testing Services. Fact Sheets. DG XIII Telecommunications, Information Industries and Innovation, Brussels.

KEG, CEN & CENELEC - Kommission der Europäischen Gemeinschaften/Comité Européen de Normalisation/Comité Européen de Normalisation Electrotechnique (1984). General Guidelines for the cooperation between the commission of the European communities and the European standardization Bodies, the European Committee for Standardization (CEN), the European Committee for Electrotechnical Standardization (CENELEC). Brussels.

Kestens, J. (1991). European Committee for Electrotechnical Standardization-Aims and Collaboration with other bodies. Tagungsband zur Fachkonferenz "Eurostandards 1991", 27. November 1991 in Düsseldorf

Klumpp, D. (1989). Technikfolgenabschätzung in der Informationstechnik. Interdisziplinäre Alternative zum Scheuklappendenken der Fachdisziplinen. Office Management, 8/86, 10-14.

Knight, P.H. (1991). Proving Interoperability in a Business Environment. In CEN/CENELEC & ETSI (Ed.), Conformance Testing and Certification in Information Technology and Telecommunications (385-391). Amsterdam, Washington & Tokyo: IOS.

König, K. (1990) Gegenseitige Anerkennung von Konformitätsbescheinigungen für Telekommunikationsendgeräte. Computer und Recht, 6, 561-566.

Kohlhepp, K. (1989). Das europäische Recht des öffentlichen Auftragswesens. Neue Zeitschrift für Verwaltungsrecht, 8, 338-341.

Korn, P. (1991). Öffentliches Auftragswesen. In C. O. Lenz (Hrsg.), EG-Handbuch Recht im Binnenmarkt (703-725). Berlin: Neue Wirtschafts-Briefe.

Krönert, G. (1988). Genormte Austauschformate für Dokumente. Informatik Spektrum, 11, 71-84.

Kubicek, H.(1980). Interessenberücksichtigung beim Technikeinsatz im Büro- und Verwaltungsbereich. Grundgedanken und neuere skandinavische Entwicklungen. München & Wien: Oldenbourg

Kubicek, H. (1984). Benutzerbeteiligung und Mitbestimmung bei der Planung von Anwendungen der Informationstechnik. Unterschiedliche Einschätzungen aus Arbeitgeber- und Arbeitnehmersicht und Argumente für einen Kompromiß. In H. Strunz (Hrsg.), Planung in der Datenverarbeitung. Von der DV-Planung zum Informationsmanagement (191-219).Berlin u.a.: Springer.

Kubicek, H. (1988). ISDN - der Schnelle Brüter der Kommunikationstechnik. In Unternehmensbereich Kommunikations- und Datentechnik, Öffentlichkeitsarbeit, Siemens AG (Hrsg.), Aktuelles '88. Meinungen, Gedanken, Bilder (41-55). München.

Kubicek, H. (1991-1). ISDN, Privacy und Datenschutz. In D. Garbe & K. Lange (Hrsg.), Technikfolgenabschätzung in der Telekommunikation (71-105). Berlin u.a.: Springer.

Kubicek H. (Hrsg.) (1991-2) Telekommunikation und Gesellschaft. Kritisches Jahrbuch der Telekommunikation Karlsruhe: C.F. Müller.

Kubicek, H. (1991-3). Von der Technikfolgenabschätzung zur Regulierungsforschung - Stand und Perspektiven sozialorientierter Telekommunikationsforschung. In H. Kubicek (Hrsg.), Telekommunikation und Gesellschaft. Kritisches Jahrbuch der Telekommunikation (13-77). Karlsruhe: C.F. Müller.

Kubicek, H. (1992). Partizipative Systementwicklung und die Integrationsmöglichkeiten für KABA. Manuskript, Universität Bremen.

Kubicek, H. & Seeger, P. (1991): The Negotiation of Data Standards - A Comparative Analysis of EAN- and EFT/POS-Systems. Referat anläßlich der internationalen Konferenz "Technology at the Outset" im Wissenschaftszentrum Berlin für Sozialforschung am 28. Mai 1991, Publikation in Vorbereitung.

Lamb, N. (1991). User Requirements for IT&T Conformance Testing and Certification. In CEN/CENELEC & ETSI (Ed.), Conformance Testing and Certification in Information Technology and Telecommunications (17-36). Amsterdam, Washington & Tokyo: IOS.

Lange, K. & Stöckler, I. (1991). Reaktionen auf das Thesenpapier "Problemanalyse vernetzter Systeme". Thesenpapier zum Workshop am 6. Dezember 1991 in Bonn.

Lenk, H. & Bungard, W. (1988). Einleitung. In Bungard, W. & Lenk, H. (Hrsg.), Technikbewertung. Philosophische und Psychologische Perspektiven (7-18). Frankfurt a. M.: Surkamp.

Lloyd, M. (1989). Conformance: Assuring Interoperability. Computer Networks and ISDN-Systems, 17, 367-370.

Löbel, G., Schmid, H. & Müller, P. (1982). Lexikon der Datenverarbeitung. Landsberg: Moderne Industrie.

Lübbert, C., Reichardt, J. & Hänle, J. (1988). Untersuchung zur praktischen Umsetzung des EG-Ratsbeschlusses vom 22.12.86 über die Normung auf dem Gebiet der Informationstechnik und der Telekommunikation (EUGUNIT). Der Bundesminister des Inneren (Hrsg.), Schriftenreihe der KBSt. Band 12. Bonn.

Mambrey, P., Oppermann, R. & Tepper, A. (1986). Computer und Partizipation. Ergebnisse zu Handlungs- und Gestaltungspotentialen. Opladen: Westdeutscher Verlag.

Meine, H. (1983). Auswirkungen des Computereinsatzes auf die Arbeitnehmer. In Friedrich, J., Wicke, F. & Wicke, W., Computereinsatz: Auswirkungen auf die Arbeit. Reinbek: Rowohlt.

Mendoza, E. (1988). Von Standards zu nutzbaren Produkten und Diensten, von Produkten und Diensten zu OSI-Infrastrukturen. In U. Beyschlag (Hrsg.), OSI in der Anwendungsebene (106-112). Pulheim: Datacom.

Mertens, P. (1985). Zwischenbetriebliche Integration der EDV. Informatik-Spektrum, 8, 81-90.

Meyer, B. (1990). Objektorientierte Softwareentwicklung. Wien & München: Hanser.

Mitchel, C., Walker, M. & Rush, D. (1989). CCITT/ISO Standards for Secure Message Handling. In IEEE Journal on Selected Areas in Communications. 7(4), 517-524.

Mohr, C. (1990). Europäische Vornorm und DIN-Vornorm. DIN-Mitteilungen, 69, 104-105.

Müller-Reissmann, K. F., Bohmann, K. & Schaffner, J. (1987). Kriteriensystem zur Bewertung von neuen Informations- und Kommunikationstechniken und ihrer Alternativen. Institut für Angewandte Systemforschung und Prognose. Hannover.

Mund, A. (1989). Firmenübergreifender Austausch von produktbeschreibenden Daten. DIN-Mitteilungen, 68, 371-380.

Murgan, A. T. (1991). Computernetze und Informationstheorie. Forschungsbericht. Universität Bremen. Fachbereich Informatik. Bremen.

Mußtopf, G. (1986). Einführung in das Fachgespräch Mailbox-Systeme. Grundbegriffe und Übersicht. In G. Hommel & S. Schindler (Hrsg.). GI - 16. Jahrestagung. Informatik-Anwendungen - Trends und Perspektiven (179-190). Berlin u. a.: Springer.

Nake, F. (1988). Software-Ergonomie bei Büro-Kommunikations-Systemen. Mensch und Technik. Werkstattbericht Nr. 49. Ministerium für Arbeit, Gesundheit und Soziales des Landes Nordrhein-Westfalen. Düsseldorf.

Naschold, F. (1987). Technologiefolgenabschätzung und -bewertung: Entwicklungen, Kontroversen und Perspektiven. In W. Fricke, K. Johannson, K. Krahn, W. Kruse, G. Peter & V. Volkholz (Hrsg.), Jahrburch Arbeit und Technik in Nordrhein-Westfalen 1987 (89 - 105). Bonn: Verlag Neue Gesellschaft.

Noam, E. M. (1990). Telecom Privacy Policy Elements. Transnational Data and Communications Report, March, 9-19.

Nullmeier, E.: Gestaltung rechnergestützter Arbeitsplätze in Büro und Verwaltung. In E. Nullmeier & K.-H. Rödiger (Hrsg.), Dialogsysteme in der Arbeitswelt (109-121). Mannheim: B.I. Wissenschaftsverlag.

Oberquelle, H. (1991). MCI - Quo vadis? Perspektiven für die Gestaltung und Entwicklung der Mensch-Computer-Interaktion. In: D. Ackermann und E. Ulich (Hrsg.), Software-Ergonomie '91. Benutzerorientierte Softwareentwicklung (9-24). Stuttgart: Teubner.

Oppermann, R., Murchner, B., Paetau, M., Pieper, M., Simm, H. & Stellmacher, I. (1988). Evaluation von Dialogsystemen. Der software-ergonomische Leitfaden EVADIS. Berlin u. a.: De Gruyter.

Oslowsky-Klein & Schröder (1991). ISO-Standards für die offene verteilte Verarbeitung (ODP). Datacom 7/91, 104-110.

Ossenberg, U. (1991). EPHOS. Das europäische Beschaffungshandbuch für Offene Systeme. Computer und Recht, 7, 369-373.

OTA - Office of Technology Assessment (1982). Implications of Electronic Mail and Message Systems for the U. S. Postal Service. Washington.

O.V. (1991, 2. August) DEC begräbt mit Decnet Phase V hochgesteckte OSI-Konzeptionen. Computerwoche, S.15f.

O.V. (1991, 19. Juli) Schleppende Normierung lähmt den Einsatz von OSI in Europa. Computerwoche, S. 1f.

Paetau, M. (1990). Mensch-Maschine-Kommunikation. Software, Gestaltungspotentiale, Sozialverträglichkeit. Frankfurt a. M. & New York: Campus.

Pfau, W. (1989). A vision for the future. Globale Wirkungen von Forschung und neuen Technologien - wachsende Anforderungen an die Normung. DIN-Mitteilungen, 70, 67-69.

Pfitzmann, A., Pfitzmann, B. & Waider, M. (1988). Datenschutz garantierende offene Kommunikationsnetze. Informatik-Spektrum, 11, 118-142.

Plattner, B., Lanz, C., Lubich, H., Müller, M. & Walter, T. (1989). Elektronische Post und Datenkommunikation. X.400: die Normen und ihre Anwendung. Bonn u.a.: Addison-Wesley.

Podlech, A. (1979). Das Recht auf Privatheit. In J. Perels (Hrsg.), Grundrechte als Fundament der Demokratie (50 - 68). Frankfurt a. M.: Suhrkamp.

Podlech, A. (1984). Art. 2, Abs. 1. Alternativkommentar zum Grundgesetz für die Bundesrepublik Deutschland. Neuwied und Darmstadt.

Quander, P. (1989). Europäische Normen und Standards. In F. Arnold (Hrsg.), Handbuch der Telekommunikation (11.3.1.1, 1-36). Köln: Freyend.

Rauterberg, M. (1991). Benutzerorientierte Benchmark-Tests: eine Methode zur Benutzerbeteiligung bei Standardsoftware - Entwicklungen. In D. Ackermann & E. Ulich (Hrsg.), Software-Ergonomie '91. Benutzerorientierte Software-Entwicklung (96 - 107). Stuttgart: B. G. Teubner.

Rayner, D. (1991). Accreditation: National and International Perspectives. In CEN/CENELEC & ETSI (Ed.), Conformance Testing and Certification in Information Technology and Telecommunications (51-56). Amsterdam, Washington & Tokyo: IOS.

Redecker, H. (1986). Rechtliche Probleme von Mailbox-Systemen. In G. Hammel & S. Schindler (Hrsg.), GI - 16. Jahrestagung. Informatik-Anwendungen - Trends und Perspektiven (253-266). Berlin u. a.: Springer.

Reese, J., Kubicek, H., Lange, B.-P., Lutterbeck, B. & Reese, U. (1979). Gefahren der informationstechnologischen Entwicklung. Frankfurt a. M. & New York: Campus.

Reihlen, H. (1989). Auswirkungen des EG-Binnenmarktes auf die technische Regelsetzung. DIN-Mitteilungen, 68, 449-457.

Reihlen, H. (1990-1). Technische Normung und Zertifizierung für den EG-Binnenmarkt. Europäische Zeitschrift für Wirtschaftsrecht, Heft 14, 444-446.

Reihlen, H. (1990-2). Weltweite Normung. DIN-Mitteilungen, 69, 24-26.

Reuter, A. (1990). Binnenmarkt Europa. Das Beispiel der neuen Maschinenrichtlinie. Computer und Recht, 6, 540-544.

Riesenhuber, H. (1989). Entwicklungsbegleitende Normung zur Förderung technologischer Entwicklungen in Europa - Memorandum des Vorsitzes. DIN-Mitteilungen, 68, 121-123.

Rieß, J. (1991). Das europäische Telekommunikationsrecht. Recht zwischen Markt und Technik. Computer und Recht, 7, 559 - 563.

Roden, H. (1990). EDIFACT im Spiegel der grundlegenden Entwicklungen im Europa '92. ONLINE '90, D-2, 2-18.

Rödiger, K.-H. (1985). Beiträge der Softwareergonomie zu den frühen Phasen der Softwareentwicklung. In H.-J. Bullinger (Hrsg.), Software-Ergonomie '85. Mensch-Computer-Interaktion (455-464). Stuttgart: B. G. Teubner.

Rösch, E. (1990, 5. Januar). Mit OSI Zug um Zug in die Praxis offener Kommunikation. Computerwoche, 25-27.

Roßnagel, A. (1990). Das Recht auf (tele-)kommunikative Selbstbestimmung. Kritische Justiz, 23, 267-289.

Roßnagel, A. (1991). Vom informationellen zum kommunikativen Selbstbestimmungsrecht. In H. Kubicek (Hrsg.), Telekommunikation und Gesellschaft. Kritisches Jahrbuch der Telekommunikation (86-111). Karlsruhe: C. F. Müller.

Ruland, C. (1987). Datenschutz in Kommunikationssystemen. Pulheim: Datacom.

Salamone, S. (1991). Attorney discusses how to avoid E-mail privacy woes; employers should be up-front about office policy. Network world, 8 (12), 21-22.

Saltzer, J. H., Reed, D. P. & Clark, D. D. (1984). End-to-End Arguments in System Design. ACM Transactions on Computing Systems, 2 (4), 277-288.

Scheller, A. (1988). Document Standards: Availibility and Products. Computer Networks and ISDN Systems, 16, 138-142.

Scherer, J. (1985). Telekommunikationsrecht und Telekommunikationspolitik. Baden-Baden: Nomos.

Schlecht, O. (1989). Aktuelle Fragen der Normung, insbesondere im Hinblick auf den gemeinsamen Markt. DIN-Mitteilungen, 68, 10-13.

Schmidt, J. (1988). Die Gewährleistung des Datenschutzes bei der Teilnahme an Telekommunikationsdiensten, dargestellt unter besonderer Berücksichtigung der Telekommunikationsordnung. In Schwarz-Schilling, C. & Florian, W. (Hrsg.). Jahrbuch der Deutschen Bundespost (315-355). Bad Windsheim: Verlag für Wissenschaft und Leben.

Schmidt, S. K. & Werle, R. (1991). The Development of Compatibility Standards in Telecommunications, Conceptual Framework and Theoretical perspective. Referat anläßlich der internationalen Konferenz "Technology at the Outset" im Wissenschaftszentrum Berlin für Sozialforschung am 28. Mai 1991, Publikation in Vorbereitung.

Schneider, H.-J. (Hrsg.) (1983). Lexikon der Informatik und Datenverarbeitung. München: Oldenbourg.

Schneider, M. (1988). Message-Handling-Systeme. Im Spannungsfeld technischer, gesellschaftlicher und juristischer Evolution. Computer und Recht, 4, 868-873.

Schneider, W. (1990). Sicherheit bei X.400-Systemen. Datenschutz und Datensicherung, 14(1), 32-37.

Schock, M. (1990). Europäisches System zur IT-Normkonformitätsprüfung und Zertifizierung entwickelt. DIN-Mitteilungen, 69, 102-103.

Schröder, J. C. W. (1989). Software in der Kommunikationstechnik. In P. J. Kühn (Hrsg.), Kommunikation in verteilten Systemen. Grundlagen, Anwendungen, Betrieb (56-69). Berlin u. a.: Springer.

Schulte-Braucks, R. (1990). Der europäische Telekommunikationsmarkt. Gegenwärtige und zukünftige Entwicklungen. Computer und Recht, 6, 672-676.

Schulz, K.-P. (1984). Aufbau und Arbeitsweise übernationaler Normungsorganisationen. DIN-Mitteilungen, 63, 365-374.

SPAG (1985). Guide to the Use of Standards. Revision 2.0. Standards Promotion and Application Group.

SPAG (1990). Another Premier Accreditation for SPAG's Test Centre. The SPAG Standard, Summer, 12.

SPAG (1991). Introducing SPAGS's Multivendor Quality Code of Conduct for Open Systems. The SPAG Standard, Spring, I - IV.

Spengler-Rast & Kampen (1991). Perspektiven und Probleme computergestützter Kommunikation - am Beispiel "Elektronische Post". Wissenschaftliches Institut für Kommunikationsdienste. Diskussionsbeitrag Nr. 70. Bad Honnef.

Spinas, P., Troy, N. & Ulich, E. (1983). Leitfaden zur Einführung und Gestaltung von Arbeit mit Bildschirmsystemen. München: CW-Publikationen.

Steinmüller, W. (1991-1). Wissenschaftstheorie der Angewandten Informatik. Report 4/1991. Fachbereich Mathematik und Informatik. Universität Bremen.

Steinmüller, W. (1991-2). Technikfolgenbewältigung durch Systemgestaltung. Report 10/1991. Fachbereich Mathematik und Informatik. Universität Bremen.

Steinmüller, W. (1991- 3). Technology Assessment bei Informationstechnologien. Report 9/1991. Fachbereich Mathematik und Informatik. Universität Bremen.

Steinmüller, W. (1992). Informationstechnologie und Gesellschaft. Einführung in die Angewandte Informatik. Darmstadt: Wissenschaftliche Buchgesellschaft.

Stenger, H.-J. (1990). Mailboxen. Problem der Beweissicherung in Strafsachen. Computer und Recht, 6, 786-794.

Stöttinger, K. (1989-1). Das OSI-Referenzmodell. Pulheim: Datacom.

Stöttinger, K. (1989-2). OSI und die Normenkonformitätsprüfung. Sonderdruck. Datacom 10/89.

Stöttinger, K. (1991). Interoperabilität und Konformitätstests von OSI-Protokollen. Datacom, 3/91, 31-36.

Stoll, W. (1989). Test von OSI-Protokollen. Berlin u.a.: Springer

Suppan-Borowka, J. & Simon, T. (1986). MAP - Datenkommunikation in der automatischen Fertigung. Pulheim: Datacom.

Suppan-Borowka, J. (1987). TOP-Technical and Office Protocols. Informatik-Spektrum, 10, 218.

Tietz, W. (Hrsg.) (1989). CCITT-Empfehlungen der F-Serie. Sonderband Mitteilungs-Übermittlungs-Dienste und Verzeichnis-Dienste. Serien F.400 und F.500. Heidelberg: R. v. Decker's Verlag.

Triebe, J.K., Wittstock, M. & Schiele, F. (1987). Arbeitswissenschaftliche Grundlagen der Softwareergonomie. Bremerhaven: Verlag für Neue Wissenschaft.

Truöl, K. (1986). Ein Pfad durch den OSI-Dschungel. DFN-Nachrichten, 5/86, 15 - 17.

Truöl, K. (1989). International Standardized Profiles (ISP) - FTAM als Beispiel harmonisierter OSI-Standards. In P.J. Kühn (Hrsg.), Kommunikation in verteilten Systemen. Grundlagen, Anwendungen, Betrieb (5-13). Berlin u.a.: Springer.

Trettenbrein, H.E. (1991) Europäisches Telekommunikationsrecht - Abriß der aktuellen Entwicklung. EDV und Recht, 1/91, 81-85.

Ulich, E. (1986). Aspekte der Benutzerfreundlichkeit. In W. Remmle & M. Sommer (Hrsg.). Arbeitsplätze morgen. Berichte des German Chapter of the ACM (102-122). Stuttgart: Teubner.

Ungerer, H. (1989). Europäische Gemeinschaft: Die Aktivitäten der EG-Kommission im Bereich der Telekommunikation. In F. Arnold (Hrsg.), Handbuch der Telekommunikation (11.2.0.0, 1-33). Köln: Freyend.

VDI - Verein Deutscher Ingenieure (1990). Bürokommunikation. Softwareergonomie in der Bürokommunikation. Berlin: Beuth.

VDI - Verein Deutscher Ingenieure (1991). Technikbewertung - Begriffe und Grundlagen. Düsseldorf.

Verwert, P. (1985). Electronic Mail and Message Handling. Westport: Quorum Books.

Voelzkow, H. (1989). Die Normung von CIM-Schnittstellen. Zielsetzungen, Besonderheiten und Ansatzpunkte für eine sozialverträgliche Technikgestaltung. Arbeitspapier. Ruhr-Universität Bochum.

Voelzkow, H., Hilbert, J. & Bolenz, E. (1987). Wettbewerb durch Kooperation - Kooperation durch Wettbewerb. Zur Funktion und Funktionsweise von Normungsverbänden. In M. Glagow & H. Willke (Hrsg.). Dezentrale Gesellschaftssteuerung (93-116). Plattenweiler: Centaurus.

Volkmann, D. (1991). Europäische Aktivitäten auf dem Gebiet der Zertifizierung. DIN-Mitteilungen, 70, 209-213.

Warner, A. (1991). Normung und Zertifizierung nach 1992. DIN-Mitteilungen, 70, 199-203.

Welsch, J. (1990). Soziale Technikgestaltung durch Demokratisierung technischer Normung - Einige Überlegungen aus gewerkschaftlicher Sicht -. WSI-Mitteilungen, 43, 650-660.

Wende, I. (1991-1). Europäisches Prüf- und Zertifizierungswesen. In R. Stransfeld (Hrsg.), Diskurs-Protokoll zur Technikfolgenabschätzung der Informationstechnik. III-3 (38-40). Berlin.

Wende, I. (1991-2). Normung in der Informationstechnik. In R. Stransfeld (Hrsg.), Diskurs-Protokoll zur Technikfolgenabschätzung der Informationstechnik. III-3 (5-15). Berlin.

Wicke, W. (1988). Methoden der Partizipation bei der Entwicklung computergestützter Arbeitssysteme. In L. Kißler (Hrsg.), Computer und Beteiligung. Beiträge aus der empirischen Partizipationsforschung (117-140). Opladen: Westdeutscher Verlag.

Wiechers, W.K. & Nilsson, S.- I. (1991). Initiatives for the IT&T Sector: European Committee for IT Testing and Certification (ECITC). In CEN/CENELEC & ETSI (Ed.), Conformance Testing in Information Technology and Telecommunications (57-66). Amsterdam, Washington & Tokyo: IOS.

Wildhack, R. (1989). OSI macht noch keine offenen Systeme: Bedarf und Perspektiven weiterer Standardisierung. Tagungsband ONLINE '89, VII-23, 1-8.

Zwingmann, B. (1991). Mitwirkung der Gewerkschaften bei der Normung. Referat zur Tagung des DIN-Präsidiums "Die Europäische Normung und das DIN" am 10. Januar 1990 in Berlin.

Abkürzungen

(nicht technisch)

ACTE	Approval Committee for Communications Equipment
AOW	Asia-Oceania Workshop for Open Systems
AWA	Arbeitswissenschaft für Arbeitnehmer

BDSG	Bundesdatenschutzgesetz
BetrVG	Betriebssverfassungsgesetz
BGH	Bundesgerichtshof
BMI	Bundesministerium des Inneren
BMWi	Bundesministerium für Wirtschaft
BSI	Bundesamt für Sicherheit in der Informationstechnik
BVerfG	Bundesverfassungsgericht

CCITT	Comité Consultatif International Télégraphique et Téléphonique
CEN	Comité Européen de Normalisation
CENELEC	Comité Européen de Normalisation Electrotechnique
CEPT	Conference Européenne des Administrations des Postes et des Télécommunications
COSINE	Cooperation for Open Systems Interconnection Networking in Europe
COUNT	Communications User & Network Technology Exchange
CTR	Common Technical Regulation
CTS	Conformance Testing Services

DEC	Digital Equipment Corporation
DEKITZ	Deutsche Koordinierungsstelle für IT-Normenkonformitätsprüfung und Zertifizierung
DGB	Deutscher Gewerkschaftsbund
DIN	Deutsches Institut für Normung
DIS	Draft International Standard
DISP	Draft International Standardized Profile
DKE	Deutsche Elektrotechnische Kommission im DIN und VDE

EAN	European Article Number
ECITC	European Committee for IT Testing and Certification
ECMA	European Computer Manufacturers' Association
ECU	European Current Unit
ED	EWOS Document
EEA	Einheitliche Europäische Akte
EFTA	European Free Trade Association
EG	Europäische Gemeinschaften *oder* Expert Group
EGUNIT	EG-Ratsbeschluß zur Umsetzung der Normung in der Informations-Technik
EMUG	European MAP Users Group
EMCIT	European Testing of Electromagnetic Compatibility of Information Technology Products

EN   European Norm
ENV   European pre-standard
EOTC   European Organisation for Testing and Certification
EPHOS   European Procurement Handbook for Open Systems
ETCOM   European Testing and Certification for Office and Manufacturing Protocols
ETS   European Telecommunications Standard
ETSI   European Telecommunications Standards Institute
EuGH   Europäischer Gerichtshof
EWOS   European Workshop for Open Systems
EWG   Europäische Wirtschaftsgemeinschaft
EWGV   EWG-Vertrag

FAG   Fernmeldeanlagengesetz
FTZ   Fernmeldetechnisches Zentralamt

GG   Grundgesetz
GOSIP   Gouvernment OSI Profile
GUS   Guide to the Use of Standards

HD   Harmonisierungsdokument

IEC   International Electrotechnical Committee
I-ETS   Interim European Telecommunications Standard
IFIP   International Federation for Information Processing
IMKA   Interministerieller Koordinierungsausschuß für Informationstechnik in der
            Bundesverwaltung
IPSIT   International Public Sector IT Group
IS   International Standard
ISO   International Organisation for Standardisation
ISP   International Standardized Profile
ISPICS   International Standardized Profile Implementation Conformance Statement
ITSTC   IT Steering Committee
ITG   Informationstechnische Gesellschaft
ITU   International Telecommunication Union

JTC1   Joint Technical Committee 1

KBSt   Koordinierungs- und Beratungsstelle für Informationstechnik in der
            Bundesverwaltung
KEG   Kommission der Europäischen Gemeinschaften
KoopA ADV   Kooperationausschuß ADV Bund/Länder/Kommunaler Bereich

NET   Norme Européene de Télécommunications
NI   Normungsausschuß Informationsverarbeitungssysteme

ONP   Open Network Provision
OSITOP   Open Systems Interconnection - Technical and Office Protocols
OSTC   Open Systems Testing Consortium

pDISP	proposed DISP
pENV	proposed ENV
PostO	Postordnung
PPG	Public Procurement Group
prETS	proposed ETS
PSI	Process to Support Interoperability
PT	Project Team
RA	Recognition Arrangement
RARE	Reseaux Associes pour la Recherche Européenne
SC	Sub-Committee
STC	Sub-Technical Committee
SPAG	Standards Promotion and Application Group
TBETSI	Technischer Beirat ETSI
TC	Technical Committee
TDSV	Telekom Datenschutzverordnung
TGA	Trägergemeinschaft für Akkreditierung
TR	Technical Report
TRAC	Technical Recommendations Application Committee
UDSV	Teledienstunternehmen-Datenschutzverordnung
VDE	Verband Deutscher Elektrotechniker
VDI	Verein Deutscher Ingenieure
ZBI	Zwischenbetriebliche Integration
ZZF	Zentralamt für Zulassung im Fernmeldewesen

(technisch)

ACS(E)	Association Control Service (Element)
ADMD	Administration Management Domain
API	Application Programming Interface
AS	Anwendungssystem
ASE	Application Service Element
ASN.1	Abstract Syntax Notation One
AU	Access Unit
BAS	Basic Activity Subset
BCS	Basic Combined Subset
BSS	Basic Synchronized Subset
Btx	Bildschirmtext
CA	Contractual Agreement
CASE	Common Application Service Elements
CCR(S)	Commitment, Concurrency, Recovery Service
CC-Sys	Computer-Computer-System
CIM	Computer Integrated Manufactoring

CS	Computersystem
CSMA/CD	Carrier Sense Multiple Access / Collission Detection
Datex	Data-exchange
DCS	Digital Communication System
Dir	Directory
DL	Distribution List
DSA	Directory Service Agent
DUA	Directory User Agent
DV	Datenverarbeitung
EDI	Electronic Data Interchange
EDIFACT	Electronic Data Interchange for Administration, Commerce and Transport
EDV	Elektronische Datenverarbeitung
FDDI	Fiber Distributed Data Interface
FTAM	File Transfer Access and Management
GSM	Groupe Special Mobile
HDLC	High level Data Link Control
IGES	Initial Graphical Exchange Specification
	Interpersonal Messaging
IPMS	Interpersonal Messaging System *oder* Service
ISDN	Integrated Services and Digital Network
ISPICS	International Standardized Profile Implementation Conformance Statement
IT	Informationstechnik *oder* Information Technology
IuK-Technik	Informations- und Kommunikationstechnik
IUT	Implementation Under Test
JTM	Job Transfer and Manipulation
LAN	Local Area Network
LLC	Logical Linc Control
LT	Lower Tester
MAC	Medium Access Control
MAP	Manufactory Automation Protocol
MASE	Message Administration Service Element
MCC-Sys	Mensch-Computer-Computer-System
MCCM-Sys	Mensch-Computer-Computer-Mensch-System
MCS	Mensch-Computerschnittstelle
MD	Management Domain
MDSE	Message Delivery Service Element
MHS	Message Handling System *oder* Service
MMS	Manufacturing Message Service
MOTIS	Message Oriented Text Interchange System
MRSE	Message Retrieval Service Element

MS	Message Store
MSSE	Message Submission Service Element
MTA	Message Transfer Agent
MTS	Message Transfer System *oder* Service
MTSE	Message Transfer Service Element

| NE | Nutzerelement |
| NM | Network Management |

ODA	Office *oder* Open Document Architecture
ODIF	Office Document Interchange Format
O/R	Originator/Recipient
OSI	Open Systems Interconnection

PC	Personal Computer
PCN	Personal Communication Networt
PDAU	Physical Delivery Access Unit
PDS	Physical Delivery Service
PDU	Protocol Data Unit
PICS	Protocol Implementatical Conformance Statement
PIXIT	Protocol Implementation Extra Information for Testing
PM	Per Message
PRMD	Private Management Domain

RCD	Routing and Conversion Decision
RDA	Remote Database Access
ROS(E)	Remote Operation Service (Element)
RN	Receipt Notification
RTS(E)	Reliable Transfer Service (Element)

SAP	Service Access Point
SASE	Specific Application Service Element
SUT	System Under Test

TCP/IP	Transmission Control Protocol / Internet Protocol
TOP	Technical and Office Protocol
TP	Transport Protocol
TSAP	Transport Service Access Point

| UA | User Agent |
| UT | Upper Tester |

| VLAN | Very Local Area Networks |
| VT | Virtual Terminal |

| WAN | Wide Area Network |

Sachwortverzeichnis

A

ACSE, 148
ACTE, 30
Administration Management Domain (ADMD), 103;
  168
Akkreditierung, 39; 43; 92; 95
Angemessenheit, 234
Angewandte Informatik, 4-5
Annahmeverweigerung, 226; 246; 247
Anwendungs
  -dienst, 60; 61; 77
    allgemeiner, 60; 62; 63; 147
    spezifischer, 60; 63; 134; 147
  -dienstelement, 80; 147
  -kontext, 64; 148; 149; 155; 176
  -profil, 78
  -prozeß, 56; 133; 143
  -schnitt, 47; 114; 115
  -system, 109; 111; 112; 113; 124; 130; 133
anwendungsspezifische Konfigurierbarkeit, 202; 204;
  218; 219
Anwendungsunabhängigkeit, 109; 208
Approval Committee for Communications Equipment
  siehe ACTE
arbeitsvertragliche Beziehung, 203; 218
AS', 111; 113
AS", 111; 114
ASN.1, 59; 147
Association Control Service Element siehe ACSE
assoziiertes Gremium, 42; 74
Aufgabenangemessenheit, 122; 206; 207; 208; 213
Ausführbarkeit, 122; 205
Aushandlung
  kommunikationsbegleitende, 245-48
  Vorab-, 244-45
Aushandlungs
  -fähigkeit, 229; 234; 237; 238; 243-48
  -mechanismus, 236; 243
  -notwendigkeit, 234
  -zyklus, 229; 230; 244; 245
Auto-acknowledge, 164
Auto-alert, 162
Auto-discard, 163

Auto-forward, 161; 164
autonome Datenpreisgabe, 218; 221; 230; 234; 237

B

Basisfunktion, 111; 209; 215
Basisnorm, 15; 24; 18-21; 66-71; 72; 179-87
Bedrohung, 154; 170-71; 175; 195; 197
Bedrohungs
  -klasse, 171
  -typ, 171
Beeinträchtigungslosigkeit, 122; 205
Benutzbarkeit, 205; 223
Beschaffungs
  -handbuch, 96; 101
  -richtlinie, 74
  -wesen, 21
Beschluß zur Normung, 32; 90; 91; 92; 100; 101; 102
Betreiberbereich, 156; 168; 251
Betriebsrat, 218
Betriebsvereinbarung, 219
Bewertung
  der Informationstechnik, 2-5
  der Kommunikationstechnik, 5-7
  Norm-, 9-10; 107; 117-32; 190; 195; 198; 202-4;
  Produkt-, 126
  Software-, 124-31; 198
  Technik-, 1-10; 107; 119-24; 190; 196-98
Bewertungsebene, 120; 121
Bewertungsmodelle, 119;120
Binnenmarkt, 22-24

C

CASE, siehe allgemeiner Anwendungsdienst
CC, 127-32
CCITT, 15; 16; 18; 25; 35; 36-37; 68; 72; 139; 168
CEN, 25; 26-27; 35; 39-41; 42; 75; 83; 90
CENELEC, 25; 26-27; 35; 39-41; 42; 75; 83; 90
CEPT, 30; 41; 42
Certificate, 150; 174; 187; 251; 252; 260
Client/Server, 60; 149; 155

Prüfung des rechtsgemäßen Betriebs von ISDN-Anlagen

von Ulrich Pordesch / Volker Hammer / Alexander Roßnagel

1991. XII, 164 Seiten. (DuD-Fachbeiträge, Band 13) Kartoniert. ISBN 3-528-05160-4

Dieses Buch ist eine systematische Untersuchung der Mißbrauchsmöglichkeiten von ISDN-Anlagen und zeigt auf, wie Konzepte für die Revision bei ISDN-Anlagen entwickelt werden können. Es geht auf Untersuchungen zurück, die die Autoren als Mitarbeiter der Projektgruppe verfassungsverträgliche Technikgestaltung (PROVET) im Rahmen der Begleitforschung zur Einführung einer ISDN-Anlage in der Hochschulregion Darmstadt durchgeführt haben.

In diesem Buch wird ausführlich in die Technik von ISDN-Anlagen eingeführt, so daß kein besonderes technisches Vorwissen für die Lektüre erforderlich ist.

Verlag Vieweg · Postfach 58 29 · D-6200 Wiesbaden 1

Informationssysteme und Datenschutz im Krankenhaus

Strategische Informationsplanung – Informationsrechtliche Aspekte – Konkrete Vorschläge

von Hans J. Seelos

1991. XVI, 140 Seiten. (DuD-Fachbeiträge, Band 14) Kartoniert. ISBN 3-528-05185-X

Ein Krankenhausbetrieb ist nicht zuletzt dadurch, daß es auch Wirtschaftlichkeits- sowie Effizienzgesichtspunkte im Managementbereich verlangt, auf moderne Informations- und Kommunikationssysteme angewiesen.

Gleichzeitig tauchen datenschutzrechtliche Probleme dort auf, wo es um personenbezogene Daten, d.h. Informationen bezüglich konkreter Patienten im Krankenhaus geht.

Das Buch schlägt ein Lösungsmodell vor, das den Anforderungen an Informations- und Kommunikationssysteme in diesem sensiblen Bereich des Datenschutzes Rechnung trägt. Grundlage dieses Modells ist eine verteilte Informatikarchitektur, die auch in anderen Bereichen der EDV-Anwendungen Einsatz finden könnte.

Verlag Vieweg · Postfach 58 29 · D-6200 Wiesbaden 1